灰皮本

我的前半生

爱新觉罗·溥仪 著

民主与建设出版社

·北京·

图书在版编目 (CIP) 数据

我的前半生：灰皮本 / 爱新觉罗·溥仪著 . —北

京：民主与建设出版社，2021.4

ISBN 978-7-5139-3467-1

Ⅰ . ①我… Ⅱ . ①爱… Ⅲ . ①爱新觉罗·溥仪

（1906-1967） – 回忆录 Ⅳ . ① K827=7

中国版本图书馆 CIP 数据核字（2021）第 062597 号

我的前半生：灰皮本

WO DE QIANBANSHENG：HUIPIBEN

著　　者	爱新觉罗·溥仪
责任编辑	周佩芳
封面设计	末末美书
出版发行	民主与建设出版社有限责任公司
电　　话	（010）59417747　59419778
社　　址	北京市海淀区西三环中路 10 号望海楼 E 座 7 层
邮　　编	100142
印　　刷	天津光之彩印刷有限公司
版　　次	2021 年 6 月第 1 版
印　　次	2021 年 6 月第 1 次印刷
开　　本	787 毫米 × 1092 毫米　　1/16
印　　张	32.5
字　　数	513 千字
书　　号	ISBN 978-7-5139-3467-1
定　　价	69.80 元

注：如有印、装质量问题，请与出版社联系。

出版说明

　　清朝末代皇帝、伪满战犯爱新觉罗·溥仪在日本战败后由苏联红军带至苏联，于1950年8月初被押解回国。本书即是由他在抚顺战犯管理所学习、改造期间撰写的反省笔记整理而成。在这本书中，溥仪对包括自身在内的封建残党，在封建旧制度瓦解时倒行逆施，与日本帝国主义势力相互勾结，危害祖国与人民等各种罪行做了详细记录和自我反省。本书作为爱新觉罗·溥仪以第一人称撰写的个人回忆录，具有较高的历史研究价值。在这本书的编校过程中，我们仅针对一些错别字和标点符号做了修正，最大程度上保留了原文。由于个人与历史的局限性，对于一些人物和事件，作者并没有做到理性客观地评价和讲述。读者在阅读过程中要注意联系其他历史材料，进行自我思考与分析，以形成正确的历史认知。

2021年4月

■ 爱新觉罗·溥仪与郭布罗·婉容合照。

■ 额尔德特·文绣与爱犬。

■ 郭布罗·婉容身着洋装。

■ 郭布罗·润麒与爱新觉罗·溥仪及其爱犬。

■ 庄士敦、爱新觉罗·溥杰、郭布罗·润麒与爱新觉罗·溥仪在御花园。

引言　/ 1

第一篇　我的北京时代　/ 001

第一章　我的出生和当上清朝末代皇帝的经过　/ 002

一、我的祖父奕譞和我的祖母叶赫那拉氏　/ 004

二、光绪和慈禧　/ 007

三、慈安太后的死之谜　/ 016

四、肃顺　/ 021

五、戊戌政变中的袁世凯和荣禄　/ 025

六、我的父亲载沣和我的母亲瓜尔佳氏　/ 029

七、庚子事件　/ 032

八、逃亡西安和珍妃的死　/ 034

九、光绪的死　/ 038

十、西太后死后的隆裕太后　/ 042

十一、隆裕和四太妃的关系　/ 044

十二、李莲英与小德张　/ 045

十三、三岁孩子"登极"的滑稽剧　/ 052

十四、我在宫中的家庭生活环境　/ 056

十五、王公、"黄带子"和八旗　/ 065

第二章　关上家门做皇帝的紫禁城生活　/070

一、辛亥革命与清朝封建统治势力的崩溃　/070

二、中华民国首都中央的"小朝廷"　/073

三、"遗老"和"王公大臣"　/080

四、太监　/091

五、我的结婚　/097

六、宫中的皇帝生活琐记　/101

七、我母亲为我自杀了　/107

第三章　我的罪恶思想根源　/110

一、我的老师和封建尊孔思想　/111

二、毓庆宫读书　/113

三、宫中的迷信和信仰　/122

四、我的"敬天法祖"思想　/132

五、庄士敦和我的崇拜帝国主义思想　/137

六、我的残忍性格　/140

第四章　开始正式走上了犯罪的道路　/147

一、张勋复辟　/147

二、盗窃了人民的宝贵文化遗产　/151

第五章　出洋留学的失败　/156

我幼时的好奇心　/157

第六章　我离开了紫禁城　/167

一、回到了醇亲王府　/169

二、日本开始对我伸出魔手来了　/175

三、日本公使馆里的"小朝廷" / 177

四、在日帝魔窟中的一些零星回忆 / 180

第二篇　天津时代 / 183

第七章　我完全成日本帝国主义的"药笼中物"了 / 186

一、在天津日本租界里的所谓寓公生活 / 186

二、和日本帝国主义的勾结 / 188

三、和军阀、政客的微妙关系 / 191

四、和各帝国主义国家的眉来眼去 / 197

五、"遗老"的包围 / 199

六、东陵的挖掘事件 / 202

七、我的反动思想愈发抬头 / 203

八、"九一八"事变和"天津事件" / 206

九、接二连三的所谓"恐怖事件" / 209

十、土肥原贤二和我的互相勾结利用 / 211

十一、汽车厢底的"奇货" / 213

第三篇　前来东北 / 217

第八章 / 218

一、白河上的黑夜枪声 / 218

二、对翠阁温泉旅馆 / 220

三、旅顺 / 222

四、所谓的"四巨头会议" / 226

五、群狗争食的未定政权 / 229

六、日寇的狰狞面目 / 235

七、我是这样当上了伪执政的 / 244

第四篇　长春时代　/ 249

第九章　/ 250

一、百鬼昼行的所谓"新京" / 250

二、卖国密约——伪执政的代价 / 253

三、到长春以来的生活一斑 / 255

四、国际联盟调查团 / 262

第十章　伪满帝制时代 / 264

一、冷酷的家庭生活 / 268

二、第一次访日的丑剧 / 270

三、"枢轴国家"的一根小尾巴 / 276

四、对于日寇的逢迎谄媚 / 277

五、日寇的种种阴谋 / 280

六、吉冈安直 / 304

七、蒙奸德穆楚克栋鲁普和汪逆精卫 / 309

八、第二次访日的内幕 / 312

九、奴化侵略政策与"天照大神" / 316

十、伪满建国十周年和"亲邦"的名词的出现 / 318

十一、"谢恩大使"和"慰问大使" / 320

十二、"献纳"金属的带头人 / 324

十三、伪时局诏书 / 326

十四、给"肉弹"饯行 / 327

十五、所谓"巡幸"的后果 / 330

十六、伪侍从武官 / 333

十七、日伪垮台前夕的尾声 / 335

十八、鬼把戏最后的一幕 / 340

十九、被苏联军逮捕 / 345

二十、在伪满十四年的滔天罪恶 / 346

第五篇 在苏联的五年 / 389

第十一章 / 391

一、赤塔市郊的莫洛阔夫卡 / 391

二、红河子 / 395

三、伯力市内的第四十五收容所 / 398

四、在东京国际军事法庭上我和日寇甲级战犯的初次"对垒" / 401

第六篇　回到了祖国　/ 407

第十二章　我在当时的心情　/ 408

一、我的惶恐不安　/ 408

二、开始了学习　/ 416

三、由抚顺到了哈尔滨　/ 420

四、温暖照顾　/ 425

五、朝鲜战争　/ 428

六、赵厅长的讲话　/ 431

七、志愿军某首长　/ 433

第十三章　第二次到了抚顺　/ 436

一、检举认罪　/ 437

二、通信　/ 440

三、载涛　/ 441

四、李玉琴　/ 445

五、学习和实际紧密结合的改造教育　/ 448

六、参观　/ 451

七、沈阳人民最高军事法庭　/ 487

结束语　/ 491

引　言

　　我写的这本书就是我前半生所走过的既肮脏又见不得人的一段丑恶经历。我所以下定决心要把它写出来的主要原因，既不是"丑媳妇难免见公婆"的消极心情，更不是抱定了"破罐破摔"的自暴自弃心理，而是想从我这哭不得笑不得的"哈哈镜"——说得更确切一点，就是一面"照妖镜"，把我当年的这副丑恶原形赤裸裸地展现在祖国人民的面前，来表达我向祖国人民低头认罪和忏悔的衷忱。同时，也为了要把我这前半生五十年来的一切真人真事，进行自我暴露，比较有系统地摊摆在大家面前，好从我的这段切身体验的新旧对比里，来看过去的反动封建专制制度，曾是怎样坑害人民和欺骗人民的东西；替封建统治者服务的"孔家店"学说和迷信透顶的宿命论以及专门麻醉人民迷惑人民的宗教等，又都是怎样一些杀人不见血的毒刀；帝国主义和资本主义制度以及封建统治阶级，又是怎样地狼狈为奸，怎样地摧毁人类幸福，妨碍人类社会的向前发展。此外，还可以在这一活生生的新旧对比中，看一看我们祖国现在的新社会制度，又是怎样地优越，怎样地和广大人民今后的无穷幸福生活血肉相连，怎样地把形形色色的邪魔恶鬼——当然我更是首先应该包括在内的了——用马克思主义的伟大科学真理，改造成为新人的事实经过。

　　我是在一九〇六年生于北京的一个封建贵族家庭中，从三岁起便当上了封建专制制度总崩溃前夕的清朝末代皇帝。一直到一九二四年我十九岁为止，就在这座"毁人炉"式的皇帝宝座上，把历代专制帝王所摆过的最高统治者的威风，具体而微地耍弄过，历代君王所享受过的吃人肉喝人血的骄奢安逸寄生生活，我也尝受过。就是在这种有形无形的腐蚀剂中，使我一步步地僵冷了作为一个中国人的良心。辛亥革命以后，我还钻了资产阶级革命不彻底的空子，不安分地靠着

"前清逊帝"的政治资本，不但虚糜了多少人民的血汗，在优待条件下，过着依然如故的"小朝廷"生活，并且还在"复辟"的歪风邪气中，危害过一次祖国人民的辛亥革命胜利果实。后来索性是每况愈下地勾结了祖国人民的凶恶敌人——日本帝国主义，当上了伪满执政和傀儡皇帝。不但给我祖国的东北人民带来了不可估计的灾难，还使祖国六亿人民也直接或间接地遭受了一千余万无可补偿的宝贵生命的牺牲和五百亿美元的财产损失。这一切一切更都是我百身莫赎的严重罪恶，我对祖国人民真是无法抬起头来的。

可是像我这样恶事做尽无可宽宥的人，却在伟大的共产党、伟大的毛主席的马列主义阳光下，不但是给我冲洗了浑身沾满了的泥污，并且还把我那满脑袋的根深蒂固的反动罪恶思想也给一次又一次地消了毒，使我有了今天，并且还给予我以争取重新做人的光明明天。我的可爱的祖国，可感激的祖国广大人民，伟大的共产党和伟大的毛主席，你们救了我，你们彻底地救了我，我再也没有任何理由不否定我过去前半生的一切一切；我再也没有任何资格不痛切地做自我反省批判和暴露我的罪恶行为；我不能不从几年来的学习改造中，几年来的事实教育中，来认清封建社会制度的本质，我不能不从罪恶的亲身体验中，来认清帝国主义和封建主义的同声相应同气相求的种种事实；我也不能不分析我所以会成为反动统治集团代表人物的缘故；也不能不从羞愧悔恨的回忆中，好好想一想：唯其是我根本就被旧社会制度给蒙上了眼睛，堵塞住耳朵，麻痹了嗅觉，冻结了良心，所以才会成为这样一个专门想要开倒车而违背人类社会发展规律的大罪人，才会成为一个自往绝路上走的大愚人，这就是我一再犯了无可补赎的严重罪恶的由来。

在社会发展规律的历史车轮的前进下，在封建社会制度毁灭的前夕里，我被当时的社会残余势力，给拖上了摇摇欲坠的宝座，也许可以说这是我的不幸。可是在这由封建社会过渡到资产阶级民主革命更一步一步走向社会主义社会的发展规律中，我却何幸而赶上了伟大的毛泽东时代，何幸而遇见了中国共产党。如果不在这个无产阶级彻底大革命时代，怎能还容许我有了今日？

是的，我居然赶上这一空前的伟大时代，我居然有了今天和明天。如果不是由于共产党领导中国人民彻底摧毁了几千年来的封建制度和百年以来的帝国主义侵略势力和它的走狗，如果不是消灭了吃人的黑暗旧社会而建立了新中国，我当然是会和历史上的那些改朝换代下的被消灭对象一样，要干脆地被埋葬在历史的垃圾堆中去的。

那么，我现在的心情是怎样？唯有在认识自己前半生罪恶的基础上，来完满达成我现在的学习复学习改造再改造的唯一任务，而给重新做人补赎过去的罪恶准备好条件。至于今后问题，则是在走向无限幸福将来的前进方向上，仍须在不断学习改造的反复过程中，来努力争取我自己光明的将来，一直到我的心脏不跳动时为止。

这就是我对于过去的认识，对于现在的决心和对于将来的唯一目标，也就是我叙述我前半生罪恶过程的立志所在。

在我叙述我前半生的具体罪恶经过之前，打算先请各位在我的假设向导与说明之下，先到我们祖国的人民首都北京，去做一次游览。

当然会有不少的人，曾到过北京。也许有的人一向就住在北京城里也未可知。还许有的人虽然没有到北京，但也曾经常在报纸书籍或是图画相片上看过首都北京的名胜和古迹。同时，也可能有的人甚至连图画相片等也都未曾见过。不过是，这些都没有什么关系。请到过北京或是住在北京的各位，随着我的书面上的向导和说明，闭目凝神地想一想我所介绍的朱墙黄瓦翠柏青松的古都风味；没有到过北京或是只看过北京名胜的人们，则请按照各自的随意想象，一方面听着我的说明介绍，一边做一个"神游"我们的人民首都——北京，怎么样？

那么，我们就在北京故宫博物院北边的景山公园正门前下车，开始我们的观光游览吧！

我们走进这座景山公园的正门，首先映入到我们眼帘的，就是景山。

现在这个人民的景山公园，远在五百多年前，它就成为元朝皇帝的"禁苑"。现在的这座形如笔架的五个鞍峰的土山，在当时只是一个被唤作"青山"的小土丘，到了明朝第三代皇帝永乐时代，因为修筑帝宫，曾在这里堆过煤，所以又叫作"煤山"。后来又把挖"筒子河"（紫禁城的护城河）的泥土堆积到"青山"上，才形成了今天这样五个整整齐齐的山峰。到了清朝乾隆时代，又在这山上盖了五座富有诗意的美丽亭子。并在山后修建了八座宫殿，在当时叫作"寿皇殿"，乃是为了祭供清朝历代皇帝皇后的遗影遗物的地方。一直到一九二四年为止，在这五百余年来，一向都是属于皇帝的"禁地"，一般人民只有被劳役和牺牲无数血汗甚至生命替封建统治者去修筑"禁苑"的义务，而没有进这大门槛一步来看看的权利，只能把它看作是一种"可望而不可即"的东西。除了历代皇帝和他的家属以及王公大臣之处，它是和一般人都隔离起来的。就是到辛亥革命以后，它还是和一般人民无缘的，只有在共产党领导下的人民中国，它才会完全被解放出来，重又归还到人民大众之手。例如，过去一直香烟缭绕阴森可怕的"寿皇殿"，现在则是成为载歌载舞、欢笑不绝的少年文化宫。这不只是景山公园一个地方的历史是如此，在整个北京，在全中国，像景山这样例子的地方，还多得很，多到不可胜数的地步。要知道这些事的变化，决不只是某个地方的时代变迁过程而已，而在这一伟大的历史划期变革中，是无数的革命先烈在共产党的英明领导下，不屈不挠地斗争，用头颅和鲜血换取来的。

请再从这座迎面矗立的绮望楼，沿着山麓往东走，走到红墙的拐弯处，再请折向北，然后再往西踏上登山的平坦山道，再走不几步，就可以看到在山道左边有一座矮墙，围绕着一棵古色古香的老槐。这便是明朝末代皇帝朱由检（崇祯）在明代王朝陷于末期病状的时候，在李自成率领的农民起义大军炮击了北京城之后，在城内外的明朝反动统治的大小喽啰都纷纷起义反了正之后，在专制独裁"天子"的金龙宝座已经坍塌下来的情况下，这位末路皇帝便不得不在一六四四年三月十九日气急败坏地逃出了皇宫。也许曾经带着他那个"殉死"的太监王承恩，跑到了景山的最高峰上，向四面看了一下，北京城已经归于起义的农民之手的情景的吧？结果是这位皇帝已成了名符其实的"孤家寡人，光杆天下"，于是就走投无路地不得不吊死在这棵老槐树上了。

在历代的改朝换代中，像是这样的农民起义，像是这样的末路王朝，曾经是出现过无计其数的。就拿我来说，我也就是其中的最后一个。并且我觉得我的罪恶比朱由检还要大得多。因为他固然是一个明朝的末代皇帝，也曾在十八年的专制魔王宝座上镇压过无数善良人民，也压榨过人民，欺骗过人民，可是他却没有向当时关外的满族势力低过头，也没有引狼入室来荼毒自己的同胞。可是我呢？则不但是清朝的最后一个皇帝，并且还一而再、再而三地背叛了人民，最后索性当上了狗屁不如的汉奸头子——伪满皇帝。凭良心来说，我对于祖国人民所犯下的罪恶，比起朱由检真不知要大多少倍，我的人格比朱由检又不知低下多少倍。要不是有了中国共产党，要不是有了新中国，我还能在今天来介绍朱由检的事迹吗？

好吧，对于这段故事，就把它介绍到这里。我们再顺着山路继续往上走，向着景山的主峰前进吧！

经过两座富有民族艺术色彩的美丽而幽雅的古亭，就是景山中峰最高处的"万春亭"了。我们就在这里稍微休息一下，一边看看附近的风光，一边请站在这座三重檐的绿琉璃瓦亭子里，听我介绍一下帝国主义者疯狂侵略的罪行吧！

在这"万春亭"东边山峰上的那两个亭子，一个叫"周赏亭"，一个叫"观妙亭"。刚才我们所走过的那两个亭子，则是一个叫作"富览亭"，一个叫作"辑芳亭"。过去在这五座亭子里，本来各有一尊富有艺术价值的铜佛像。在一九〇〇年英、法、日、德等八个帝国主义国家的侵略军侵入北京时，掠去了其中的四尊。万春亭中的一尊，则被砍断了左臂，这是在后来才被补铸上的。这就是清朝腐败政治的结果，同时也是帝国主义者的又一副侵略罪行的遗迹。此外，像是在前面故宫博物院里的铜鹿、铜鳌等则是曾在日寇盘踞时被他们抢走了，所以现在只留下空无所有的石头座子。据说日寇在侵略战争中，因为它物资奇缺，就把我们的这些民族文化遗产抢走来做屠杀我中国人民之用，这又是和我本身的卖国投敌的滔天罪恶分不开的。

现在请再从这座三重檐绿琉璃瓦亭子里，从那苍松古柏的淡烟轻雾中，俯瞰一下我们人民的首都，六亿人民的心脏——伟大北京城的概貌吧！

向东看，那些宛如童话国里龙宫般的汉白玉栏杆，在那山坡下的一片朱廊翠瓦，在山顶上的那座如同用玲珑白玉雕琢而成的西藏式白塔，以及那隐约可见的绿漪清波，那就是我们六亿人民所喜爱的北海公园。我们从那美丽图画般的北海公园那里，也和景山一样是能找得出封建统治者的罪恶和帝国主义的罪恶遗迹来的。

远在公元九世纪的辽代，就曾在那里建造了"瑶屿行宫"。到了金代，更在那里建造了"瑶龙殿""广寒殿""团城"以及环绕北海的小山等，同时由开封等处运来大批的艮岳山石，砌成了园中的假山。到了一六八一年，清顺治的时候，又修了这座白塔，以及白塔寺（现为永安寺）。更从一七三四年起，清朝统治者更在这里连续征用民工，搜刮民财，建造了许许多多的亭台殿阁，连续施工共达三十年之久。乾隆更借口给他的母亲庆祝八十岁的寿辰，建造了一座"万佛楼"。据说在这幢三层楼里，共有一万个大大小小的佛洞，每个洞里都有一座金质的无量寿佛。请想一想历代的统治者，是怎样一贯地为了自己个人的游目骋怀，不管广大人民的死活，用皮鞭刀枪逼着无数的劳动人民，绞尽他们的财富，榨尽他们的脑力和体力，用来充填自己的无底贪婪和欲望。在过去真可以说是园中的一砖一瓦，一草一木，没有一个地方不浸透着劳动人民的血和汗。

到了一九〇〇年的庚子事件时，所谓"八国联军"也侵入了这个地方，把这一万个金佛全部盗走还不算，并把"阐佛寺"大佛身上的无数镶嵌珠宝以及具有高度艺术价值的雕刻并珍宝等，都给捣毁的捣毁，抢去的抢去。

我们能不能忘掉封建统治者的长期历史罪恶和帝国主义的长期侵略罪行？

就连现在，我们伟大的人民领袖在每年一度的"五一"劳动节和国庆节，检阅人民队伍的天安门圣地，也曾在庚子八国联军侵略我国时，遭受过它们的枪击炮打。在一九四九年，我国人民在共产党的伟大领导下，获得了彻底的革命胜利后，重新修建天安门时，就曾在城楼的梁柱内发现了嵌在上面的帝国主义的弹头。这说明了什么？只有在人民彻底地站起来了的今天，只有在共产党领导下的新中国，才能保护我们广大人民不再受反动统治者的摧残，才能保证我们的祖国神圣领土的完整，不再受外国侵略者的铁蹄蹂躏，才能使我们先人祖祖辈辈遗留下来的用血汗创造出来的遗产，永远供我们六亿五千万人民欣赏学习和发扬光大。

这就是我们可爱的北京在过去的一段辛酸历史的回忆，同时，也是我们在今天可以引为自豪和骄傲的。

请概略地浏览了伟大的北京城鸟瞰市容以后，再请往南看一看！出现在我们面前的不就是那个故宫博物院的北门（神武门）么？在那个围绕着护城河，东西有两个玲珑剔透的角楼，好似一幅美丽图画似的四四方方的红色城墙中，在阳光的照耀下，闪闪发射出金黄色光辉，在那黄琉璃瓦宫殿屋顶上，好像有万片千叠的鱼鳞，纷纷在万绿丛中游荡着一般。那就是曾在五百多年以前，在明朝的永乐时代，搜刮全中国人民的人力、物力、财力大加修建而成的正式的皇宫，然后更在清代继续把它当作皇帝居住的"紫禁城"的地方。可以说它在这五百多年的悠久漫长的岁月里，一直被那三个朝代的最高统治者据为个人私有。那些专靠吃人民的肉，喝人民的血养肥自己的历代专制魔王，不但住在里面过那锦衣玉食、后妃成群、一呼百诺、穷奢极侈的骄荡淫逸生活，并且还在其中聚积过多少次王侯将相之辈，布置阴谋颁发诏旨，征粮敛财，调兵遣将地镇压了多少次的农民起义，屠杀过多少无辜善良人民，也曾在其中堆积过多少全国人民的血汗结晶，来供他们不劳而食的寄生虫们享受啊！

而我呢？从三岁一直到十九岁，也是毫无例外地在其中过了十七年的醉生梦死的生活。这段摧毁人性的封建宫廷生活，还把我从一个普通的小孩子，逐步制造成一个唯我独尊自私自利的清朝末代统治者。使我在这种"富贵尊荣"的腐朽环境中，一天天地腐化堕落下去，最终当上了叛国投敌祸国殃民的大汉奸！

因此，使我在凝神眺望着这座"紫禁城"的景色时，就不能不反躬自问，回忆一下过去反动封建统治清朝的丧权辱国和它的媚外政策。它为了维持自己一家一姓的反动统治地位，不惜断送自己祖国的领土主权，并且还与帝国主义互相勾结，共同来镇压人民统治人民，致使可爱的祖国长期沦为半殖民地半封建的悲惨地位。那时，广大劳动人民所受到的都是怎样的灾难？所过的都是什么样的生活？而这个专靠吮吸人民血汗而自肥的最高统治者——皇帝，又是过着怎样的生活？先不用说别的，就以这种画栋雕梁、琼楼玉阁来说，就足以表现出统治者的穷凶极恶而有余了。

可是到了今天，在这座玉阶金瓦、朱碧辉映的古代艺术建筑物中，却再也嗅不到过去那样的血腥气息和霉烂气味了。因为现在它已在共产党的光辉照耀下，把"独夫天子"所居住的"禁地"，变成广大人民学习、休息和游览的公共地方了。我们劳动人民祖先的民族艺术遗产，现已放出了万丈光芒。它将永远标志着人民的伟大胜利，永远标志着中华民族伟大历史发展过程和共产党毛主席的伟大功绩。它将和苏联的克里姆林宫一样，永远成为世界人民的胜利象征与和平的巍然灯塔。

那么，我们今天的"神游"北京，暂且到此为止。

第一篇.

我的北京时代

第一章　我的出生和当上清朝末代皇帝的经过

醇亲王府

在谈我的出生以前，我想先谈一谈我的出生地北京醇亲王府。

地点是在北京的北城什刹后海北河沿。这个地方，是在北城最著名的一个风景区。从地安门鼓楼的西边起，一直到德胜门的西方，把什刹前海、什刹后海和积水潭三个湖泊结连起来，形成了一片风景宜人的水乡。在夏天真是绿柳荫浓，荷香扑鼻。执竿垂钓的人们，可以一边静听着树间的蝉吟，一边来钓那银鳞跳跃既新鲜又肥美的鲫鱼和鲤子，简直不知道什么是夏季的炎暑。每当夕阳渐渐藏到西山的层岚叠嶂的背后时，又可以在一天的劳动之后沏上一壶香茶，拿着一把蒲扇，坐在那一带柳堤之上，听到一片此起彼伏的咯咯蛙鸣。再加上，一轮明月慢慢爬上星空，把它那美丽的清辉冰影，映入到暮霭苍茫的水面的时候，真许会使人怀疑：这居然就是车马喧嚣的北京城内？而这个醇王府，就是在这样一个"结庐在人境，而无车马喧"的好地方，毫不客气地围上了城墙般的砖墙，硬把这劳动人民在当时的一个绝无仅有的休息游玩地给占去了一大半还多。

这在我们新社会中的人来说，尤其是生长在劳动人民已经当了家做了主的新中国后一代来说，也许不会把这块"后三海"的地方，看成是一个怎样了不起的地域。本来么，在现在的北京，既有中山公园，又有北海公园、景山公园和陶然亭等，说风景有风景，要设备有设备的无数可供游赏和休息的好地方，甚至连郊区的颐和园、碧云寺、香山和西山八大处等，也都可以坐上宽敞而舒适的郊区公共汽车或是出租的汽车，风驰电掣地游玩个够。可是在我出生的一九〇六年前后的情况，就和今天的情况完全不同了。现在的中山公园，在清朝封建统治尚未垮台之前，乃是绝对不许一般人入门一步的社稷坛，又叫作地坛；北海公园则是专供帝王后妃等特权阶级游宴使用的"禁苑"；景山公园更是清朝皇帝祭祀祖先的地方；陶然亭呢，那时，还不过是一片浑塘芦苇，一块废洼遗址和有三间两厅房以及几株老树和一块"谜的墓碣"的一个所在而已。只由于在当时，所有的名园胜地，不是属于"宫苑禁地"，就是属于皇族大官的私有。因此，这个并不出奇的陶然亭便在酸溜溜的文人墨客的诗歌夸大形容下，就自然而然地名满全国了。怎能和现在的既有山又有水，并有奇花名木以及绿毯子一般的草地、富丽堂皇的牌楼和现代化的游泳池、儿童运动场、舞场、图书馆、文化厅等应有尽有的人民大众的陶然亭相提并论呢？所以在那个时代里，什刹后海就成为一个引人入胜的了不起的所在了。

还有这里所说的这个醇王府，并不是我祖父醇贤亲王奕譞从宫中分封出来就住在这个府的。那座老府坐落在北京西城的太平湖，因为太平湖老府中，生了光绪的缘故，所以就连光绪的生身之父奕譞，也不能在这生过皇帝的所谓"生龙圣地"内住下去了，而是按照当时的惯例就得把这个地方当作庙宇或是把它空闲起来。像是北京有名的雍和宫喇嘛庙，那就是清朝第三代皇帝雍正在他当皇帝以前住过的王府，在当时是把它叫作"潜邸"或是"潜龙邸"的。当然，我出生之地的什刹后海醇王府也不例外。就是因为这个缘故，又动员了无数劳动人民，建了一座新的醇王府。这座比过去还广阔还穷奢极侈的新王府，在它将要落成的时候，就赶上了辛亥革命的成功，于是就成了中华民国的国务院。我真替它庆幸，没有被利用为王府，而是成为革命政府的机关。从这里也可以看出在封建时代，人们对皇帝的看法和封建统治者是怎样狂妄自大，以及怎样拿偶像崇拜来迷惑人民借以巩固他们自己的统治的卑鄙手段了。

过去的所谓"生龙圣地"既不能再住，于是便由当时的王朝政府另在这富有野趣的什刹后海的北河沿，动员了无数人力财力重新建了一座拥有房屋数百间，更有山石林木池沼之胜的新"七爷府"。而我就是生在这个府中的。

一、我的祖父奕譞和我的祖母叶赫那拉氏

我生在一九〇六年，我的祖父名奕譞，是光绪的生身之父，生于一八四〇年（清道光二十年九月二十一日），他的母亲是道光的妃（庄顺皇贵妃）乌雅氏。我祖父因为曾帮助慈禧（西太后）杀过肃顺以及管理过神机营等被认为有功，后来就晋封他为"世袭罔替"的所谓"铁帽子王"，也就是世世代代永远承袭亲王爵位的醇亲王。他活到五十一岁，死于一八九一年（清光绪十六年十一月二十一日），是在我出生十六年前死去的。他死后的谥法是"贤"，所以后来人都把他叫作醇贤亲王。

醇贤亲王奕譞和叶赫那拉氏

我的祖母叶赫那拉氏，是西太后的妹妹。据我揣测，她和祖父的结婚，也和西太后的拉拢政策有关。因为我祖父既和恭亲王（我祖父的六兄）杀了肃顺等，造成了东太后慈安和西太后慈禧一同"垂帘听政"的局面，所以西太后当然也就要竭力拉拢他了，所以就使她的亲妹妹和我祖父结了婚。我对于我这个祖母是死在哪一年，现在已经记不得了，并且我觉得没有和她见过面。现在我只把关于她的传说介绍几行，我认为从这里面，也许可以看出一些她是怎样的一个人吧。

我小时曾听旁人说过，她和她姐姐西太后的脾气秉性完全相反，是一个极其拘谨固执的旧式家庭妇女。据说当时同治死后没多久，西太后就在宫中看戏，也叫我祖母进宫去看。我祖母虽然不能不去，但当坐到戏台前面时，却闭着眼睛不看。西太后问她为何闭眼不看时，她便直气噘嘴地说："现在正在国丧中，我不能看戏！"西太后听了她的话也无可奈何，竟至被她给顶得落下了眼泪，叹道："你怎么这样别扭！"还有，从前醇王府的老太监牛祥也曾说过：这位福晋太太真是性情古板极了。自从"光绪爷"进宫以后，她心里真是如同吃黄连的哑巴一样，简直有苦也说不出来，没有法子，只能对于她所生的三位"小爷"（少爷之意）特别疼爱了。她的所谓疼爱的方法，就是怕吃多了生病，永远给他们减食，

因此把这三位小爷都饿成皮包骨。有时，"看妈"（保姆）实在看着不忍，就偷偷地给他们一些东西吃。这究竟不顶什么事，结果是这三位小爷都由于营养不良活活饿死了。所以除了光绪不算之外，二爷三爷四爷都没有了。所以五爷（我父亲载沣）才当上了王爷的。诸位想一想，就连旧社会的母爱都是这样可怕，简直是"爱之适所以害之"了。

还听到旁的太监说过，我这位祖母，在平时真是一个不苟言、不苟笑的所谓典型的"贤妻良母"。据他说，每当我父亲和我六叔（载洵）、七叔（载涛）在小时大声说笑时，我这位祖母便正颜厉色地申斥他们说："笑什么！"还说她信佛甚笃，不杀生，以致在夏天的时候不敢到花园去散步，说什么怕踩死蚂蚁。

我的亲祖母刘佳氏（我祖父的次妻，她是生我父亲和我六叔、七叔的）曾对我弟弟妹妹们说过："你们的那个祖母，她在平日是个忌讳很多的人，像是什么'死''完了'一类的话，她是非常忌讳的。有一年，你玛父（满族称祖父为玛父，呼父亲为阿玛）因为西山的妙高峰'园寝'（即坟地）刚修好，他就带着全家到那里去看，因为看到修得很称心，祖父便高兴起来，于是就叫人把饭拿到坑穴中来吃。那时你那位祖母因为觉得丧气，就不高兴已极，但又不能表示反对，就在那顿饭之间连筷箸也都没有动一下。在和你玛父的兴高采烈对比之下，益发显得她的垂头丧气的状态了。大家看了这种情形，真是既不敢说什么，又不敢笑，那顿饭吃得真难过极了。"

说到这里，使我又想起了一件既荒唐又滑稽的故事来。这是我母亲对人讲的。她说，西太后因为和光绪闹了母子不和的宫闱风波，于是就迁怒到我死去的祖父身上来。有一天她听到了一种无稽传说，说妙高峰的"风水好"，所以才从醇王府出了一个光绪皇帝。理由是因为在醇贤亲王坟茔附近有两棵大白果树，白果的"白"字和埋在地下的王爷的"王"字连在一起，不就是个"皇"字吗？不但出了一个光绪，还许出第二个皇帝呢？于是她就命人把那两棵白果树锯掉。现代的人听了此话，一定觉得做这样事的人，未免太荒诞不经。可是在那个时代里，却是觉得做这样事并不算什么稀奇哩！

再就是把那两棵白果树锯倒了的时候，曾从那两棵老树的树穴里，爬出了不少的蛇来。于是有人又以讹传讹地说，就是因为锯了那两棵树，所以后来才有了庚子的义和团事件①，就是说那些蛇来作祟的。在当时，很多的人都是很相信这种说法，并且是津津乐道的一件事。

我想在这里也把我亲祖母刘佳氏的事情表一表。她是我祖父的次妻，生了我父亲和我两个叔父，她也是一个吃斋念佛的老太太，她是最喜欢我的。我现在谈一谈她为什么喜欢我的缘故。

也许有人会这样想："你是长孙么！在旧式封建家长制度的家庭里，当然是最宠爱承重长孙的呀！"

这种想法，我觉得也有一部分理由。但我认为还不能算是从全面来看这个问题。不过是，这也难怪，因为我的那个家庭环境，太复杂离奇了。请不要性急，我还是得从头说起。

像是醇王府那样的旧家庭里，由于封建家长制的关系，由于"家规国法"都错综在一起的关系，种种不近人情的离奇现象，真是说不尽数不完的。先拿几项和我有关系的例子来说。在醇王府内，不论是男孩子、女孩子，都是一生下来，就分门立户地各自有一个小小势力圈子。普通是每一个人都有附属于他或她的"看妈"（我们把"看妈"呼作"精奇"，她是三人中"职权"最高的一个）、"奶妈"（乳母，我们呼她作"嫫"，次于"精奇"的地位）和管杂务的"保姆"（我们呼她作"水上"或是"水妈"，专管劈柴、烧火、洗衣、做饭等杂事，挣钱最少，职位最下）各一名。不过在男孩子的"势力圈"内有时还有一名太监被拨调过来，女孩子则是只有保姆三名的权利。所以在醇王府内是享受不到一般家庭的父母兄弟姊妹之间的温暖空气的。不但是每天吃饭，各个小集团要各起炉灶；就是玩具日用品之类，也都各有领域，不得互相侵犯。只是做衣服被褥等需要大笔经费的事项，才由各自所属的长辈来担任。

说到这里，我想也许有人对此或者又要产生一种疑问，因为"各自所属的长辈"这句话太难解了，说由父母或是祖母来负责不就行了吗，为什么要用这样绕弯子的艰涩难懂的名词呢？

这也难怪，本来那是封建专制家庭内的事情么，拿现在的合理常识去想是想

---

① 指义和团运动，又称"庚子事变"，是中国19世纪末兴起的一场以"扶清灭洋"为口号的农民运动。

不通的。请看我对这句话的注解。

为什么不说由父母等担任，而偏偏要说"由各自所属的长辈担任"呢？因为在那醇王府内是不能简单地用父母两个字来包括一切的。说了半天话才归入到"为什么我祖母最喜欢我"的这个本题来。按照我家的规矩（说是我家的习惯也无不可）生下来的第一个孩子，是要归我祖母扶育的。我的二弟溥杰则是归我母亲自己扶育（当然不是自己喂奶，因为是各人都有各自的乳母）。至于我长妹韫英（现已死去）呢，则是又该由我祖母扶育了。但是也有例外，我的二妹韫和生下来后，本应由我母亲自己扶育，因为我离开了醇王府进宫去当皇帝的缘故，所以这种"扶育分配律"也就被弄乱，而让我二妹去补我的空缺了。我三妹韫颖呢，仍是按照新的"分配律"归我母亲自己扶育。此外我的四个妹妹和两个弟弟（三弟溥倛几岁时便死了）则是因为由庶母邓佳氏所生，便又把他们编在这一"分配律"之外而由其母亲自己担任扶育。

这就是我祖母所以最疼爱我的原因，也就是当我三岁奉命进宫时，我祖母为我急得患了时发时愈的精神病，而我母亲反倒没有急得怎样的又一个缘故。

不难由此想象得出来，我和我长妹、二妹对祖母是比对母亲还要亲，而我的二弟和三妹则是对母亲近而对祖母要远些。

不但如此，我们家庭中各个成分的"手下"的保姆、乳母、太监、丫鬟之类，也都是忠心耿耿地各为其主。于是就在这种口舌是非的旋涡中，就把父母子女兄弟姊妹的亲爱情分扰得稀薄，因此，封建大家庭中的怪现象，也就层出不穷了，这就是我生身之处醇王府大家庭中的当时环境。至于我进宫后的宫廷环境，请各位往下看就会知道。不过我敢保证，它不但不会比醇王府好多少，并且可以说是只有过之而无不及的。

二、光绪和慈禧

光绪名载湉，是我祖父奕譞的长子，他大约生于一八七一年。他的母亲就是我的祖母叶赫那拉氏。她是慈禧的亲妹妹。同治死了之后，就应该过继一个溥字辈的人[1]，继承同治之后才对，为什么却要过继一个和同治同是载字辈的人为后嗣呢？如果说在当时溥字辈中——同治后一辈的侄子当中竟会没有一个适当的人，那是不切合实际的。像是近支中的溥伦等，都是在当时比较年长的人，为什么偏要立光绪呢？也许有人会认为我的祖母叶赫那拉氏因为是慈禧的胞妹的关系，所以才要立自己的亲外甥当皇帝，这种看法也确有一部分理由。不过是拿西太后的平生政治野心来看，再从她一生中的惯用手段的种种事实来看，与其说是为了亲外甥的缘故，倒不如说是为了要立一个不懂事的孩子，叫他去打着皇帝的招牌，而自己就好再尝一尝垂帘听政的味道。这样想，我觉得倒是确实些和全面些。

现在我想先谈一谈西太后的简单历史，然后再述说她和光绪的关系，我觉得这样做，或许对于那些宫闱中的复杂关系，容易了解一些。那么，就先从慈禧的入宫后谈起吧。

慈禧太后

不过是，在这里，我不能不先声明一下，因为凡是关于宫闱秘事这一类的东西，在清朝统治者执政的时候，一般人是不易得知的。即使是从宫中漏出了一些，一般人也是不敢公然地笔之于书或是随便乱讲。至于拿我来说，我的家人差不多都在为亲者讳的旧礼教束缚下，没有人敢随便谈论自己先人的那些不太漂亮的往事。所以我虽然生在王府，长在宫中，却对自己先人的那些属于秘密的事例，反倒知道得很少很少。但是就在我所知道的范围之内，不管它是真实的历史也好，或是由传闻得来的街谈巷议也好，我打算本着有闻必录的精神，把它尽情地描述了出来。我认为唯有这样，才能从多方面说明旧社会制度的腐朽、堕落、罪恶本质，才能把反动的封建统治者为了个人权力，怎样勾心斗角、不择手段地来满足自己的政治野心和他们的那些既卑鄙又狠毒的惯用手段等，都给全盘托了出来。不论是慈禧抑是光绪，或是我自己，固然谁都有不同的政治环境与政治资本，但我相信，在自私自利这一点上，在为了向上爬而不顾一切的这一点上，则全是如同一个模型中铸出来的东西一样，就拿慈禧青年时代的例子来说。

---

① 清朝皇室的字辈排序为：胤、弘、永、绵、奕、载、溥、毓、恒、启、焘、闿、增。

据说西太后乍一入宫时，是个宫女（宫中丫环），名叫兰儿，咸丰皇帝很喜欢她，便在暗中有了孕。咸丰的皇后钮祜禄氏（后来的慈安太后）听到了她和咸丰的关系（但不知有孕的事情），便趁咸丰坐朝听政的时候，命人把兰儿抓了来，打算对她加以拷问毒打。正在这千钧一发的时候，咸丰赶了过来，就拿"兰儿有孕"这一句话，消灭了这场风波。于是兰儿就被册封为兰贵人[①]，跟着生了同治之后，由于母以子贵，而且因为皇后没有儿子，她就扶摇直上地俨然也成了皇后。当咸丰死于热河，她和钮祜禄氏便成为西、东两位太后了。

按旧社会的宿命论来说，也许曾有人认为是她的命好和运气好。不过是，如果按照实事求是的态度来做分析，她确实是有一些聪明和遇事有办法的人。并且她还有一种封建统治者所应具备的阶级本质，那就是心狠手辣、为了自己不顾一切的"才能"，不然怎么会把曾受过咸丰"顾命"[②]的大臣和亲王，那样不费吹灰之力地给杀掉；把声望地位一切都在自己之上的东太后也给简简单单地收拾掉；害死了珍妃，幽禁了光绪。总之，在当时，她的确是有一种作恶的"才能"的。

在光绪年幼时，固然由东太后和西太后一同执掌国家政权，可是在东太后死后，当时的那个政权便由她一人执掌。不过是，等到光绪渐渐长大之后，"垂帘听政"惯了的西太后，却再也无法老坐在帘子后面了。在这种新情况面前，她当然不能不把国家政权交到光绪之手，而重又回到深宫去过那养老生活。可是，她在那好几年的执掌大权中，早已经培养扶植了一帮心腹羽翼，那些人都是代表当时守旧势力的有名人物，如亲贵中已死去的恭忠亲王奕䜣和后来的庆亲王奕劻，大臣中则是死去的曾国藩和后来的李鸿章、荣禄等。他们都是以西太后为中心而窃权弄势的有力者。先不要说光绪只不过是慈禧的外甥，就拿她的亲生儿子同治来说，在他长大成人由他母亲手里把政治大权接过不久以后，不就把在当时大臣中居首要地位的恭亲王的世袭罔替亲王给一抹到底了么？固然是在政界的表面上，我们只能看到在西太后的转圜之下——直爽地说也可以说是在西太后的矫正之下，立即恢复了恭亲王的爵位。我们能不能光就当时政界的表面动向来看这一新和旧之间的矛盾冲突问题，而认为是顽固守旧的母亲和年少气锐的儿子之间的

[①] 清代宫廷中，后妃一般分为八个等级：皇后、皇贵妃、贵妃、妃、嫔、贵人、答应、常在。

[②] 指临终遗命。

尖锐矛盾表现，仅仅由西太后的婉言相劝，就能够把黜罚"亲贵中的亲贵"恭亲王的这件大事，简简单单来了一个一百八十度的急旋回？真说不定曾经有过怎样的大吵大闹，才把这事给平复下去的呢。请在后面看一看西太后和光绪正面冲突的发火点的实例，就可以想象得出来，这次母子之间的矛盾出现，是带有怎样尖锐性质的了。

而光绪呢，则是因为自己逐渐长大成人，又由西太后手里接过了政权，特别是当时清朝政府的腐朽无能已达极点。国内是由于太平天国①起义之后，清朝统治势力和威望日益减退。在国际间更是在当时的帝国主义列强的压力下，今天割一块地，明天赔一笔款，越发把满族统治者的纸老虎原形现了出来。更加上康有为等的改良主义思想逐渐抬起头来，国内革命势力也在一天天高涨，所以光绪也就在这种内外压力之中，对当时的顽固守旧势力不再感到什么兴趣了。

不过是，改良主义的这种新势力，只是在守旧势力的圈子内，刚刚长出了萌芽，并且它又不是把根子扎到人民群众里面，而是要给清朝封建统治的这座眼看就要倒塌下来的大厦支上一二根支柱而已，所以它和守旧势力比起来，是脆弱而经不起旧势力的一击的。光绪和西太后的主要矛盾就在于此。

不过是，这是从政治全盘上来说的。当然，在人与人的感情之间，在宫廷中的日常实际摩擦之间，在西太后和光绪的个性之间，以及与此有关的种种实例，还有不少。我打算将在后面的各个小题内因人就事地再加以具体说明，在这里不多去牵涉它。现在只把与西太后以及光绪的个人性格有关的几项实际生活琐事加以描述。我认为从这里可以认识到一些封建统治者的狰狞面目和其阶级、制度的本质。

我现在还是按着由母及子的顺序，先从西太后谈起吧！

甲、"老佛爷"和"老祖宗"

"老佛爷"和"老祖宗"这两个名词，都是当时在清宫中的太监和宫女们对西太后的称呼。要是拿现在的心理来想象，当时的这两个词，如果说是一种"昵称"吧，可又在"老佛爷"这三个字中，找不出一些亲昵的含义来。要说是"老

---

① 清朝统治后期，在广西金田起义后洪秀全建立的农民政权。

祖宗"这三个字有些血缘的意味在内吧，可是我总觉得在所谓"亲昵"的成分之外，还含有很多的既尊严又阴森森的感觉。总之，这是在当时宫中的两顶最高的大帽子，既谈不到什么亲昵，更谈不到什么尊严，只能使人听了之后，感到有一种麻酥酥的滋味：既觉得喊人作"佛爷""祖宗"的人，有一种奴颜婢膝的奴才口吻，同时也会使人觉得被人唤作"老佛爷"和"老祖宗"而居然居之不疑的人，也未免有些"那个"。

更从被人呼作"老佛爷""老祖宗"的那一方面来做进一步的分析，这也就是过去的封建统治者，为了要让她手下的人无条件地来服从她，绝对地去尊敬她的一套惯用老办法。因为人家称她作"佛爷"还嫌有些尊而不亲，于是就叫人家唤她作"祖宗"，也就是，在有形无形的人为条件下，好使别人对她永远做人身的依附，使别人要心甘情愿地任凭统治者的喜怒爱憎，生杀掠夺，而事事能够俯首帖耳地逆来顺受。请想，把一些活人都束缚到这样子，还能轻易地起什么反抗的心？这真是把人奴化到底的一种毒辣办法。不仅是要压制、剥削和蹂躏他们的肉体，还想进一步来麻痹他们的思想，征服他们的精神。像是"万般皆由命，半点不由人"的认命思想和"君要臣死，臣不敢不死"的奴才观点等，不都是从这种基本观念上生出来的么？像是封建统治阶级的这种狂妄、毒辣的自私心情，并不止西太后一人如此。就拿我来说，自从我三岁进宫起，就有人称呼我为"万岁爷"或是"老爷子"。请想一想看，一群比我年岁大有八倍，甚至其中还有白发盈头的老人，都把一个三岁的孩子叫作"万岁爷"或者"老爷子"，这岂不是一个滑天下之大稽的大笑话么？可是自从我懂事以来，便也习以为常地毫不觉得奇怪，一直到伪满完蛋，我所"使用"过的人，都曾是这样称呼我。

为什么在当时不会觉得这种称呼是不合理的，而现在则感到肉麻呢？我认为这就是一个人的立场问题。

像是在前半生的四五十年中，一直是站在反人民立场的我，为什么现在会转变到人民这方面来呢？

这都是共产党马列主义从根本上洗涤了我的灵魂，给我除去了蒙眼的布、堵耳朵的塞子，才使我这冷酷贪婪非人的心，又恢复为柔软和知好歹的正常人的心。所以才使我能从"久而不知其臭"的"鲍鱼之肆"中脱身出来，开始懂得了什么是香，什么是臭！

乙、一个马要了一条命

有一天西太后和一个太监下棋，那个太监说："奴才杀老祖宗一个马。"西太后听了"杀"字很觉刺耳，便生气道："我杀你一家子！"于是这太监便被"立毙杖下"。

丙、自行车血案

我听说在同治小的时候，有一个太监买了一辆自行车，教同治骑着玩。被西太后听到，认为太监胆敢拿自行车教皇帝来骑，真是"罪无可赦"。于是这位想要讨同治"万岁爷"喜欢的"聪明"太监，也就在一顿竹板子下，献出了他的生命。

丁、今天天气冷不冷？

我听我的一位老家丁曾说过："有一天太后由早晨一起来，就觉得心里不太痛快，就向一个太监问道：'今天外边冷不冷？'太监回答道：'今天生冷生冷的。'太后发了脾气说：'什么叫生冷生冷的？'就打了他二十大板。"

戊、这是我坐的椅子！

我在德龄所著的《清宫二年记》中，看到有这样一项记载：有一些外国人要到宫中来参观，西太后便把德龄叫到跟前，吩咐她明天当外国人来参观时，"必须注意他们的行动。如果当外国人要往我坐的椅子上坐时，你虽然不必去拦阻，但须用别的话把外国人引导到别的地方去。上次就有外国人坐了我的椅子……"事情固然仅是一个坐椅子的问题，但我认为，从这件事情中，是可以充分看出西太后的既自尊自大（太后的椅子别人不配坐）而又怕外国人的尴尬相来。我觉得这虽是她个人生活中的一段极微小的琐碎细节，但也可以从中看出反动封建统治者是怎样自以为是"既神且圣"，而在另一方面则是对外国人又害怕、又敢怒而不敢言的窘态。同时也可以看出"宁赠友邦，勿与家奴"的潜在反动心理。这种精妙入微的反动统治者的心理分析，不是过来人谁也体会不出的。

己、太后的三顿饭

说来很惭愧，我虽自幼即"生于深宫，长于阿保之手"，但是宫中的每天三顿饭，要丰盛到怎样的地步，我却没有明确数字，可以来做说明。这次我看到潘际垌先生所著的《末代皇帝传奇》一书中，写有一段使我看了也觉得吃惊的材料。因为他曾为了调查这种材料，费了不少的力气，好容易才在北京看到了一个曾在清宫做了二十五年工作的、现已八十多岁的老太监信修明所写的"宫廷琐记"手稿，其中恰有一则"两膳房（指太后和皇帝用的两个厨房）积弊"的材料，所以我就把这段转抄下来，以补我记忆的不足。内容是：

"……太后之份例：每日用盘肉（即猪肘子——原注）五十斤，猪一口，羊一只，鸡鸭各二只，新细米二升，黄老米（即紫米——原注）一升五合，江米三升，粳米面三斤，白面十五斤，荞麦面一斤，麦子粉一斤，豌豆折三合，芝麻一合五勺，白糖二斤一两五钱，盆糖八两，蜂蜜八两，核桃仁四两，松仁二两，鸡蛋二十八个，枸杞四两，晒干枣十两，香油三斤十两，面筋一斤八两，豆腐二斤，粉锅渣一斤，甜酱二斤十二两，青酱二两，醋五两，鲜菜十五斤，秋有茄子二十个，王瓜二十条。"潘先生对此也曾加注解道："名义上，每天为西太后供应的膳食至少是如此，皇帝的享受还要优厚些。"还在该书中，补充了曾在清末做过内务府大臣的金梁，曾根据内廷档案编辑的一部《清宫史略》。其中除做了类似的记载，还在"王瓜二十条"之后，又给补充了照明费和燃料的开销，内容是："白蜡七支，黄蜡二支，羊油蜡七支，羊油更蜡一支。红萝炭：夏二十斤，冬四十斤。黑炭：夏四十斤，冬八十斤。"我还可以另外补充说，这只是说太后的每日三顿饭的开销略数而已。此外，太后和皇帝、后、妃等，还有厨房以外的"茶房"的每日开销呢。至于山珍海味如燕窝、鱼翅、银耳等之类，因为早从各地方的所谓贡献中，堆满了许多库房，根本用不着到市上去买。特别是那些"一食千金"的奢侈食品，不但是白在库房里堆积着，有时还把它用来做看而不吃的装饰品。如用燕窝堆成"万寿无疆"的字样等。这比"朱门酒肉臭，路有冻死骨"还要厉害多少倍哩！说到这里，我还要附带说明一下"茶房"的历史。

茶房是专门给太后、皇帝等准备两饭之间吃零食用的一个单位。在那里，每天都有专门技术的人，在制造糕点、蜜饯和奶制食品、水果、糖馅以及各种干果加工，等等。我虽然不知道每天需要多少开销，但据我过去享受过的经验来说，其开支虽然不能像厨房那样多，但也是相当可观的。

再在潘先生的书中，还说了当时在宫中对比层层中饱、上下分肥的实例，我不想在这里再引用它，只把我所知道的一个实例来做层层中饱的证明就够了。

我曾听到一个绰号叫"胡吵子"的太监说，宫中例有"尝膳"（即在食前先由指定的太监到厨房遍尝每个菜之后，再把它端到太后、皇帝的面前来，意思是预防有人下毒）的制度。可是太后宫里最有权势的总管李莲英，他的"尝"法却是与众不同的，他的"尝"法是把和太后所吃的差不多同等的饭菜都成桌成桌地摆到他的居室来，以准备他"尝"到肚饱为止。

我所举的只不过是层层中饱中的一个环节罢了。依此类推，便可以知道当时清宫中的奢侈与腐败竟自到了什么程度。

说到这里，我又想起宫中层层赚钱的一个实际例子。据说，道光皇帝的日常生活是比较俭朴的。有一天他曾问某大臣说："在早晨上朝之前，你在家里都吃些什么东西？"大臣回答说："很简单，只不过吃几个鸡子而已。"道光听了大吃一惊地说："吃鸡子还说简单？"后来才知道，在宫中当时的公定价格一个鸡子是需要几两银子（大约是二两？我记不太清楚了），所以道光的吃惊，也不能算是"小气"的。

这样的琐事例子，是说也说不完的，暂且把它说到这里为止。接着我想谈一谈光绪的事情。

甲、爱情也没有自由

大家都知道光绪是很爱他的珍妃的，可是他的皇后，则是西太后的侄女。光绪是由于珍妃的关系而不爱她呢，抑或是由于太后的关系而不爱她呢？这是我无从知道的。简单一句话，反正他不爱她就是了。据曾经服侍过光绪的一个老太监说，光绪每当穿过他的皇后所住的地方时，常带着几只哈巴狗，看它们往皇后所住的地方——宫殿的台阶或门帘上撒尿以为快，并令跟着他的那一群太监故意蹾着脚一阵风似的走过去。事情只是如此而已。也许有人认为光绪的举动太幼稚太没有意思也未可知。不过，我却觉得光绪的这种举动，纯粹是为了发泄发泄他那郁藏已久不易发散出来的愤怒罢了。从这点小事上，是可以充分看出光绪在爱情上是怎样得不到自由，更是怎样在苦恼着他。

乙、"肩担日月"

这句话也是听老太监说的：光绪因为心情总是不好，身体是非常羸弱的。而肩上的骨头瘦得出了两个凸出的棱，那些工于谄谀的太监，便说"万岁爷不是瘦而是'肩担日月'，这是当皇帝的'福相'啊！"从这里固然可以说明太监们胡拍乱捧，竟致到了怎样又可气又可笑的地步；同时也可以说明，光绪的这种"福相"，正是他的一副可怜相。

还听说光绪每当气愤到了不能自解的时候，便把一些高价的西洋"八音盒"一个一个地摔到地上。有时还故意在西太后每天派来监视他的特务太监面前，笞打服侍自己的小太监。但这是预先定好的圈套，暗中示意打人的敬事房①太监，不要用力笞打，只要做出形式上的责打就行，事后还曾对自己的心腹太监说过："这是为了给他们看而不是要打你们！"

丙、六亲不能认

"六亲不认"这句话，本是形容过去反动统治者的绝对利己主义的一种讽刺。可是在光绪来说，倒还不是"六亲不认"，而实实在在是连六亲都不能认，都不敢认。就拿他从几岁就当皇帝时说起吧，在封建宫廷中，就没有皇帝把自己的亲人随便接进宫来相会的规矩，尤其是在慈禧那样的太后当权下，再加上她们母子的不和，即使醇贤亲王的福晋叶赫那拉氏，是西太后的亲妹妹，也是没有丝毫的通融。因为"祖制"这两个字，是会压得人喘不上气来的，有时甚至是会压死人的。当然，大权在握的西太后，她是有变更"祖制"的权力，如"垂帘听政"就是一个破例的事。可是对于光绪，"祖制"二字，则是有着充分压服的力量。据说她曾因为政治上的关系，把朝鲜国王的生身父亲大院君，关押在保定很多时候。一方面也就是为了向醇贤亲王示威，暗示他：皇帝的父亲是不准许多事的。就是在这种情况之下，使光绪根本不能随便见到他的父母，也就是这样才使他连六亲也不敢认的。

还听我叔父说过：就是光绪的几个兄弟，也是不能随便见到光绪的面，只是在朝廷正式大宴会的时候，我的叔叔才能有向光绪跪献金杯（大宴会时皇帝使用

---

① 明清时，皇宫内主要掌管太监和宫女赏罚工作的机构，隶属于内务府。

的是纯金的器皿）的机会。就是在那样的时候，也只能是弟弟跪在地上把酒杯献上去，哥哥也只能像是一个木偶似的端坐不动地用手接过酒杯来。最大限度，不过偶然向弟弟微微露出一丝笑容而已。

丁、"打龙袍"和臭肉

据说自从西太后和光绪他们母子反目以后，她对光绪真是用尽了精神上的虐待的方法。例如，在光绪的生日演剧时，慈禧就故意使演"打龙袍"或是"伐东吴"一类的戏。前者是讽刺打"不孝"的皇帝；后者是故意演全军挂孝的戏，借以表示诅咒之意。

又听说，自从光绪被幽禁以后，每天在他饭桌上所摆的菜肴，仍和过去一样，一点也没有被削减，不过是，菜里的鱼肉之类都是腐臭不堪吃的东西。一则为了表示对光绪并没有使他受委屈；一则是故意让他吃不饱。

三、慈安太后的死之谜

就像在上项中所介绍的那样，自从同治当了皇帝，杀了肃顺等之后，慈安和慈禧就以东西两太后的资格，"垂帘"听起政来。固然这时的慈安和慈禧，不论是在宫中的地位上，在当时政治的作用上，她们二人都是一样，并没有什么上下。但在当时社会习惯上，在一般人的心目中，总是觉得慈安比慈禧的资格和声望都高得多。这在从来就不甘久居人下的慈禧来说，当然是一种难堪的事情，所以，在当时的宫中日常生活里，她和慈安之间的摩擦矛盾，自然是免不了的。现在择其中最明显的几项感情冲动的实例来说说。

据说同治在小的时候，因为慈安待人和善，所以他对慈安的感情，有时比对自己的母亲慈禧还要亲密些，因此慈禧就感到很不满意。她不肯反省自己的一贯态度和作风不好，反倒暗恨起慈安来。后来光绪在小的时候，也是和同治小时一样，总是对慈安更亲近些。这更加使慈禧对慈安不满了。

又听说在光绪六年，赴东陵致祭时，东西两个太后自然是要一同来致祭的，不过，慈安这时，在心中却对慈禧有了一种感想：平日在宫中倒还没有什么，今天是在祭祖先，她过去本是由贵人一步一步升起来的人，怎能和自己一模一样地站在一起呢？于是就在这种不可遏止的冲动下，小声告诉慈禧往后退一些，慈禧当然是不肯答应的了。因此险些就发生了两个太后的争吵。但是慈禧毕竟是很乖巧的，虽然她非常恼怒，却还能冷静地抑制住自己，于是就在心里想，在皇陵旁边争吵，太不像话，或许还会招来王公大臣的非笑。想到这里，她遂强忍下这口怒气而向后退了一些。

在这种大庭广众之下，慈禧对慈安是让步了。可是她心中的怨气却没有消。想来想去，又想起安德海被杀的事情来了。

在这里先得补叙一下太监安德海被杀的前后概略经过。

安德海是慈禧最得意的心腹太监。在慈禧等杀载垣、端华和肃顺的时候，安德海确实出过一些力气（详见下项）。所以在两个太后"垂帘听政"的局面形成之后，他在宫中的权力就一天大似一天。据说在当时宫中，除了两个太后，就没有一个人敢来违反他的意思，连同治还得遇事让他三分哩。所以在当时，不论在宫内或是宫外，都给他起了一个爱称——"小安子"。

小安子很善于揣摩、逢迎慈禧的意旨。例如，慈禧平素喜欢看戏，他就竭力替她网罗著名的演员充作"内廷供奉"[①]，同时并组织太监排戏，以讨西太后的欢心。从此，西太后就经常沉溺于观剧的光阴中。据说，当时有个叫贾铎的御史，因为听说小安子有擅权胡为、逢迎西太后看戏的癖好，每演一天戏，所费就达千金之多，于是就奏上了一本。但在这篇奏文中，他并没有敢直接说到慈禧，只是影射地写了一些太监近日胆大妄为，应严加禁止等语。慈禧看到这篇奏章，也意识到他的言外之意，遂装模作样地下了一道懿旨说：责成总管太监认真纠查，如果发现有不法情事，便应由该总管太监揭发，否则定将该总管太监革除治罪，等等。她的这道口是心非、假装好人的谕旨想不到居然赢得了当时王公大臣的称赞，并歌颂她能"从谏如流"。而慈禧呢，只不过拿这番话来作为沽名钓誉的工具而已。在宫中她每日仍然照旧看戏。

后来在同治快要结婚的时候，安德海便怂恿慈禧派他赴江南一带督制新郎

---

① 晚清指皇家戏班升平署中的京剧演员。

皇帝的"龙衣"。慈禧也知道在清代"祖制"中有不许太监无故出京四十里的惯例，但禁不住安德海的巧言诱惑，尤其是他所说的"江南一带舶来珍物很多，趁此也可以多买些带回来"等话，终于打动了追求奢侈豪华的慈禧的心，于是便在口头上准许他去，但仍嘱他须要沿途谨慎，不要惹出事来。

谁知安德海从同治八年六月出京之后，便坐了两只大船，彩旗高悬，张灯结彩，并大吃大喝地闹得乌烟瘴气，还携带戏班娼妓多人，笙管笛箫，深夜不绝。一路上真是说不尽的招摇和数不尽的勒索、纳贿，致弄得人人侧目，敢怒而不敢言。出了当时的直隶省境以后，他的胆子就愈闹愈大，因之他的勒索骚扰也就愈发厉害起来。当他走进山东境内之后，当时的山东巡抚丁宝桢，在忍无可忍之下，就把这种情形，写成奏章，命人送到北京奕䜣处，求其代为转告两个太后。慈禧还想以安德海是奉自己的口头命令出京，想为他解脱，但在慈安的"祖制"铁帽子之下，她也没有办法，只得狠着心，下令丁宝桢，允许他逮捕安德海就地"正法"。

据说，慈安还在"祖制"这一有力法宝下，得理不让人地申斥了慈禧，并说这个守正不阿的丁宝桢应该嘉奖。慈禧在这种境况下，只能是笑在脸上，恨在心里罢了。

还有一种说法，就是当奕䜣把丁宝桢的奏章拿进宫中时，恰巧慈禧正在看戏，于是奕䜣就劝慈安不如趁慈禧未在眼前，迅速下令丁宝桢，命其就地捕杀安德海，以维"祖制"而振肃朝廷的纲纪，慈安对此颇有难色。但在奕䜣"祖制""纲纪"不绝于口的劝说下，并在奕䜣所说的"如果西太后有异议时，王公大臣当据理力争"的鼓舞下，慈安终于听从了不告慈禧而处理安德海的意见。

以上就是关于安德海被杀的两种传说。

当慈禧把近年来的千怨万恨，统统归结到慈安身上时，她又转念一想，慈安的一切，在政治上都比自己要优越得多。尤其是最使慈禧害怕的，就是她有一个最大的把柄，确确实实地掌握在慈安的手里。如果不先把这一危险的"武器"夺过来，对自己真是一个危险万状的事情。于是就在这样的深思熟虑之后，她便想起了一条又阴险又恶毒的计策来。

也许有人要问，慈禧所害怕的事情是什么呢？并且那个"最大的把柄"又是什么呢？

提起这件事来，不用一段倒插笔是说不明白的。那么就回过头来，再从咸丰由于英法联军占领了北京，火烧了圆明园，从北京逃到了热河，后来在热河得了重病的时候说起吧。

且说咸丰由于卧床不起，自知万无好转希望的时候，有一天，就秘密地把他的皇后钮祜禄氏叫到病床旁边，悲痛地向她说："我这次的病，是好不了的了……连累了你也陪着我逃到了这个地方……"钮祜禄氏就连忙阻止道："不要想这个想那个的，请千万好好养病罢！一两天后一定会好的……"咸丰连忙摇手说："你不用安慰我，自己的病自己还不知道么？好是不容易的了！"钮祜禄氏正要用话安慰时，咸丰就有气无力地说："我……我有要紧的话对你说，你不要拿……空话来安慰我。你……好好地听我说。"于是咸丰就把叶赫那拉氏（西太后）"母以子贵"的缘故说给皇后听，更说："我知道你为人过于老实，而她（指西太后）又不是个安分守己的人。我恐怕她将来会闹出大事，而你制不了她，所以我把我写成的遗言交给你。如果她能够安分守己便罢，如果不然你就可以把我这道谕旨向王公大臣发表出来，立即令她自尽，以除后患！"钮祜禄氏就哭着把这份遗言接了过来，秘密藏好。

鸟过尚且有影，又哪里有永远不透风的墙呢？当然这件事，结果是入到西太后的耳中。这次又由于在东陵的这条导火线，西太后便打定了主意，要来一个一劳永逸斩草除根的办法。像那富于心机的西太后，是不肯鲁莽从事的。她就想："不把那份可怕的东西（指咸丰的那道遗旨）先弄到手中，终久是不妥的。可是又怎能和她（指东太后）提到此事呢？有了，唯有如此如此，才能达到目的。"于是西太后从第二天起，便向东太后表示了亲热无比的态度。

有人说，慈禧为了要买得慈安的欢心，有一次慈安得了病，慈禧便演了一出"假割肉计"来欺骗她。但不知这种传说是否可靠。

我们可以先不必去研究它可靠或不可靠，反正慈禧确实是用了假亲热的诡计欺骗了老实的慈安。

据说慈安终于上了她的当，认为慈禧确实真正对自己有好心肠，于是有一次便情不自禁地把咸丰在临死时给她的遗言的事情，都一五一十地老老实实说了出来。慈禧虽认为目的已经达到，但她却不肯放过这个机会，遂又更进一步做出了假惺惺的感激涕零的样子来。以忠厚出名的慈安，当然更架不住她这一套，索性做好人做到底罢，于是就把藏在箱底的咸丰遗言拿了出来，还说："现在咱们这样的姊妹，还用得着这个？"于是就在慈禧面前，把这个唯一可以降得住慈禧的有力武器，用火焚化了。

这时，在慈禧说来，现在慈安太后已经自动解除了她自己的武装，是没有丝毫可怕的地方了。从此她对慈安的亲热，也就逐渐冷了下来。

不过是，慈禧的平素为人，却是不肯得罢手时便罢手的。如果不把慈安这个眼中钉除掉，她是不会甘心的。于是就又有了这样的传说。

有一天，慈安患了一点小病，慈禧就令人给她送了一副药去，于是慈安就死了。也有人说是放毒在糕点里毒死的。此外还有一个传说，就是在慈安暴死那一天早晨，她还坐朝听政，到了傍晚的时候，忽由宫中传出了慈安暴死的消息。王公大臣急忙进宫以后，慈安已经小殓完毕。按照惯例，当后、妃死时，须使其亲属入宫亲视小殓。而这次却未曾沿用旧例，所以人们就愈发疑窦横生起来。于是一般人就传说慈安是被慈禧给毒死的。我虽对于此事，也只是从传说中听来的，但我可以引用另外一个事例，来作为对此的旁证。

同治在十七岁时，和比他大两岁的嘉顺皇后结了婚。他还娶了一个比他小三岁的慧妃，后来又娶了瑜嫔、珣嫔和璟贵人。他在十九岁（一八七四年）时，因为患了"天花"，共病了二十五天就死了。还有一种传说，说他是由于私到宫外冶游，致染了梅毒而死。更有一种说法，说他患了天花之后，由于受到西太后的突然惊吓，致"痘内陷"而死。

至于他是由于天花丧了命，或是由于梅毒而死，抑或是在病中被他的母亲给吓死的，因为这与本问题无关，并且我的手中也没有什么可靠的材料，我认为现在可以不必去研究它。现在我想要做介绍的，就是那位二十一岁就当上了"寡妇皇后"的可怜女人，她不但是当了青年寡妇，就是当寡妇的期间也并没有多久，不久她"殉夫"了！

如果想知道她是怎样"殉夫"的，请听我再介绍介绍她的惨死情形。

当同治病死后，西太后便把痛悼儿子的心，化成为逼死儿媳的借口。她借口同治的病本来不至于死，就是因为受了嘉顺皇后的"引诱"，致使病情恶化，所以才丧了命的。于是就在她严厉吩咐之下，不得给嘉顺皇后送饭吃。这时，嘉顺的父亲崇绮（也是当时一个在京官吏，职位不详）闻知此事，进宫去见他的女儿。在父女两人相向痛哭之下，最后崇绮不能不忍心地对他自己的亲生女儿说了一句："请皇后'尽节'升天吧！"说完就掩面而去。而这位不幸的同治皇后便终于活活饿死，这便是在当时被宣传为"同治皇后殉夫美谈"的一个内幕。

请想一想能够忍心把自己的儿媳活活给饿死的西太后，对她的当前政敌慈安，谁敢保证说她不会下毒手呢？

四、肃顺

自从咸丰十年，英法联军攻陷了我国大沽口，逼近了北京，迫使咸丰带领着百余名宫眷于八月八日逃往热河承德起，一直到他得病和死为止，仅仅才有十个月的工夫。据说在咸丰十一年六月当他病势危笃时，曾把怡亲王载垣、郑亲王端华、协办大学士户部尚书肃顺和景寿、穆荫、匡源、杜翰、焦佑瀛五个军机叫到避暑山庄的离宫内受了"顾命"，立他的六岁儿子载淳为皇太子。过了一天咸丰就死去了。

在这里不能不表示一下，载垣和端华固是两个当时的亲王，他们八个人，虽然同时受到了咸丰的托孤，但是肃顺却成为他们之中的主宰和灵魂，还有一样，就是他们八个人在反对太后干预政治的这一点上，确是一致的，把这种情形交代明白之后，跟着再叙说一下咸丰死后当时的情况。

于是肃顺等三人就以顾命王大臣的身份，使皇太子载淳即位当了皇帝，拟定了新年号"祺祥"，并尊称咸丰的皇后钮祜禄氏和新皇帝的生身之母叶赫那拉氏皇贵妃同为皇太后，然后肃顺等更以参赞政务王大臣的名义，先颁布了新皇帝即位的所谓"喜诏"，跟着又颁布了咸丰死去的所谓"哀诏"。

这时在北京正担任与英法议和并从事留守的王公大臣，是以恭亲王奕䜣为首的。据说奕䜣在当时听到怡、郑二王和肃顺掌握了朝廷实际政权，心中便觉得老大不痛快，于是就在北京王公大臣的会议席上，对当时的政界新局势，透露了一些不满之意。在这帮留守的王公大臣之中，有不少人是和肃顺素有意见的，也有一些人则是看穿奕䜣的心情，所以就一齐对奕䜣说出了不少带有挑拨性的言辞，而这些话就成了鼓舞奕䜣向肃顺等实行进攻的思想准备，这是在北京方面当时的情势。

而在热河这一方面呢？固然是以载垣、端华、肃顺为首的新政治机构已告成立，新皇帝也爬上了宝座，这一切一切在表面上似乎都是风平浪静，可是，在那避暑山庄的幽静离宫内，却正在酝酿并生长着一股跃跃欲试的潜流和暗潮，那就是刚刚当了太后的慈禧的满怀政治野心。

慈禧虽然是由一个皇贵妃"母以子贵"地和慈安并肩当上了东西太后，但她却没有以此为满足，尤其是对肃顺等的独断专行，一切政事都不向太后请示，更是感到了愤懑。于是她就对慈安谈起了肃顺等的坏话。慈安那样的老实人，本来就没有什么垂帘听政的念头，不过是在慈禧的这种危言耸听之下，也对肃顺等起了疑心，认为他们确实是要图谋不轨。

当然到了这样的时候，像慈安那样的忠厚老实的宫廷妇女，是不会有办法可想的。可是慈禧却大露头角变成了当时离宫中的一个"诸葛亮"。她不但强调要把奕䜣找来，还拟定了宣召恭亲王的太后懿旨；并解决了利用咸丰的图章——"同道堂印"的图章，来代替太后尚没有制造出来的玉玺问题；同时还巧妙地套用了三国时代"周瑜打黄盖"的"苦肉计"，把她的心腹太监安德海痛打了一顿，并声言把他押回北京并关进慎刑司①监狱里去。于是安德海就在"押送"之下，脱出了热河，到了北京。

安德海到了北京，立即跑到恭王府和奕䜣密谈了半日，奕䜣就发出了请求要到热河奔丧的奏折。

肃顺等接到了奕䜣的奏折后，当然也知道奕䜣的来意不善，于是也就拿"京师重地"并且"留守责任重大，毋庸前来奔丧"等的大帽子来扣奕䜣。同时在热河也忽然有个叫董元醇的御史，提出了请两宫太后垂帘听政的意见来。肃顺等最忌讳的事情，就是太后干政，于是也立即抬出了"祖制所无"四个字的回马枪，把董御史的意见给驳得体无完肤。末后他们又把太后垂帘的这道大门，给紧紧

① 清朝内务府七司之一，皇宫内审理案件，执行刑罚的地方。掌管上三旗——正黄旗、镶黄旗、正蓝旗的刑名。

地关上说："嗣后如再有这样胡说八道的人，当按律治以应得之罪！"当然不用说，使董御史敢放这第一炮的，是有其政治势力背景的。至于主使他的人是谁？我想谁也不会说是慈安，而一定要说是慈禧干的。

真是一波未平，一波又起，肃顺等才把董元醇的炸弹式的提议捂盖下去，跟着奕䜣就星夜兼程地来到了热河。他们见了面之后，当然会有一场针锋相对的"寒暄"了，结果是肃顺等人多口众，同时他们又把"叔嫂不通问"①的儒家旧礼法的最后法宝祭了出来，迫使奕䜣只能是祭拜一下咸丰的灵柩，而不能去见两个太后。

但是那个曾经被"押送"到北京"治罪"的安德海，此时早在大家"求情"的转圜下，又得到了西太后的"赦宥"，而回到热河照旧供职了。于是在他的传风报信下，奕䜣就装扮成一个宫中的"萨妈"（满族祭祖时的巫婆）模样，利用夜暗，就在当日的夜间，混进了避暑山庄的离宫，见到了东西两太后。第二天早晨八九点钟就跑到了灵前哭奠了一番，并到怡亲王等处辞了行，然后才悠然不迫地回到北京去了。

在奕䜣走了之后，慈安和慈禧的态度，就陡然强硬起来，传出了即日奉梓宫②回京的命令。肃顺等三人就到离宫去陈述应稍从缓的意见，于是在太后和这帮参赞政务王大臣之间，就展开了一场不能妥协的争论。结果还是决定了在九月随同咸丰的灵柩一同返回北京。

慈禧等先灵柩一步回到北京（照例是送灵柩的人须先到一步以便在京迎接灵柩）之后，第一步便命恭亲王奕䜣和大学士桂良、周祖培等率人逮捕了护送着太后的载垣、端华等；更以新皇帝的名义，免了他们八个人的职务；跟着就命令睿亲王仁寿、醇郡王奕譞去逮捕护送灵柩尚未到京的肃顺。结果是载垣和端华是赐帛自尽，肃顺被砍了头；景寿、穆荫、匡源、杜翰和焦佑瀛等都分别罚的罚，免的免。

还有一件事情，不能轻易看过的，就是肃顺等在热河拟定的"祺祥"年号，在处死了肃顺以后，立即由两宫太后下令，使王公大臣另拟新的年号。这时，那

---

① 旧时礼教规定，叔嫂之间不可往来问询，交往过密。
② 指皇帝、皇后或者重臣的棺材。

帮惯于逢迎取宠的王公大臣们，都揣摩着两个太后的意旨，共同拟定了"同治"两个字的新年号。这"同治"的意义就是意味着两个太后一同来治理国政的意思。当然，这个应时而生的新年号立即被采用了。

总之，从这种事情中，也可以清楚看到，封建统治者内部的勾心斗角争夺统治权的丑态。慈禧的政治野心自不用说了，就是肃顺等人，又何尝不是为了自己的权势而在组织着小集团；就是奕䜣等人又何尝不是由于嫉妒肃顺等的权位在自己之上，才和慈禧站在一条战线上去的。

所以从这里面，不但可以充分看出封建制度下的"君臣"关系，同时也可看出那种社会里的龌龊黑暗来。因此，我对此得出了以下的结论：在蓝靛缸中是找不出一块白布来的！

我小的时候曾听人家说，我祖父奕譞很以这次捉拿肃顺之"功"自豪。有一天在王府里演剧，当演"铡美案"的时候，我六叔载洵因为年岁很小，看到陈世美被包拯用席子卷起放入铡刀口下血淋淋地一铡时，便吓得跌坐在地，放声大哭起来。我祖父看到这种情形，便声色俱厉地喝道："太不像话，想我二十几岁时，就亲手拿过肃顺。像你这样，将来还能担当得起国家大事吗？"

我在这里，并不想来分析我祖父所说的这篇话的思想意识内容如何，只是想借他这篇话来证明他和杀肃顺的关系而已。

在这里，我还想把肃顺在当时是个什么角色，借一个旁敲侧击的例子，来旁证一下。

据我所知，那个臭名昭彰的当时大汉奸曾国藩就曾在肃顺那里做过幕府，很得肃顺的赏识。后来曾国藩之所以能够在清廷那样信任下，彻底对太平天国起义做了血腥的镇压，都是由于有肃顺在北京替他做奥援的关系。从这里可以知道肃顺在当时也是一个曾经替清朝反动统治拼命镇压过人民起义的凶恶刽子手。咸丰向他托孤寄寡，我认为或许就是这个缘故。

五、戊戌政变中的袁世凯和荣禄

提起袁世凯和荣禄的关系来，就像是上节中所说的曾国藩和肃顺的关系一个样。袁世凯是给荣禄做过幕客的，而荣禄和西太后的关系，那就是荣禄曾在清宫中当过"护军"（当时的皇宫警察），在咸丰逃往热河时，他曾担任警卫的任务。据说肃顺等打算在从热河回北京的途中杀害慈禧，赖荣禄警卫森严才幸免于难。又加上他善于逢迎拉拢，像是李莲英（事见后）和安德海之流，便都成为他献殷勤的对象。在那个旧社会里，这种善于钻营的人，又怎能不升官发财呢？荣禄就是这样当上了北京的九门提督并当上了直隶总督和军机大臣的。

而袁世凯的钻营拍马、投机取巧的能力，更是比荣禄还有过之而无不及。所以荣禄既是这样官运亨通，袁世凯又怎能被他落下呢，当然也是"三级跳"似的大红大紫了起来。像是他在小站的练兵，不就是由于荣禄的力量么？他后来能够成为北洋军阀的"开山祖师"，不也都是荣禄给他打下的基础么？

在戊戌政变①中，正是十足表现了袁世凯和荣禄、荣禄和慈禧的"连锁关系"。同时也可以看出，这种改良主义的自上而下的改革，虽然在当时和那腐朽、反动透顶的守旧势力相比较，它是有着某种程度的革新气味，但因为它根本不能代表当时全国人民的利益和意志，仍然脱离不了替封建专制统治阶级服务的缘故，所以它根本不会得到人民群众的支持，只不过像无源之水无本之木似的，在那黑暗的社会中，放出微弱的火花，结果仍是被那根深蒂固的守旧势力所压倒而已。

即使这种自上而下的改良主义，在那次政变中一时成了功，尽管它能比以前有些进步，充其量也不过是把当时的资本主义和封建主义勉强给结合在一起，依然是脱离不了那反动统治的真面目，即使能让清朝在当时的摇摇欲坠的统治势力，稍能延命于一时，结果仍然必在人类社会发展的历史车轮之下被轧得粉碎。

现在谈一谈戊戌政变的前因后果。

自从光绪到了十八岁结婚以后，慈禧自然不得不把掌握多年的政权交给光

---

① 指1898年6月至9月21日，发生在清政府统治集团内部的一场政变，以戊戌变法失败，光绪帝被软禁于瀛台，守旧派势力重新掌权而告终。

绪。在当时，这种政权的移交，叫作"撤帘归政"。不过是这种"归政"也只是一种形式，一切重要的政令，仍须报告慈禧认可后才能实行。特别是光绪的皇后，就是慈禧的侄女，并且在光绪身旁的太监之中也有不少人是经常给慈禧通风报信的。所以光绪虽然是亲了政，其实仍然是处于脱离不了慈禧的明中暗中种种的监督。

这时清朝的政治，腐败已达极点，像卖官鬻爵、贿赂公行、结党营私、上下争利等，已成为普遍现象。对外则是自从鸦片战争起到现在，真是办一回交涉就失去不少主权，打一回仗，就多一次割地赔款。最显著的例如台湾、澎湖列岛归于日本帝国主义之手；帝俄霸占了旅顺、大连；德帝国主义侵占了胶州湾；英帝国主义强据了威海卫；法帝国主义夺去了广州湾……真是疆土日蹙，门户尽失。因之全国人民越发看穿了清朝封建统治的腐败无能。就是在当时的官吏之中，如曾经给光绪当过老师，后来又在军机处办事的翁同龢等，也渐渐觉得长此以往，真是不堪设想，非变法革新，就无路可走。于是，在这种情势之下，他们首先就参劾了同在军机处办事的孙毓汶等。因此，在当时的政府中央机构中无形中就形成了维新和守旧的两派对立。结果是维新派（以翁同龢为中心）就拥护光绪，而守旧派（以李鸿藻等为中心）就趋附西太后。在当时的社会中，有着"李党""翁党"的称呼。后来又把他们唤作"后党"和"帝党"，甚至有人把"后党"叫作"老母班"，而把"帝党"叫作"小孩班"。到了光绪二十三年，因为守旧派的李鸿藻死去，该党的党羽，因核心已失，遂去结交慈禧手下的得意人物，如刚毅和荣禄等。于是守旧派的势力反而更加巩固起来了。一方面翁同龢等也不肯示弱，便把在当时以维新自命的康有为荐给光绪。这时康仅是工部里的一个主事，由于他献策积极主张施行新政变法图强，得到了光绪的宠信，新党越发得了势。在光绪二十四年四月，光绪就下了一个决心变法的诏书，并把康有为所荐举的杨锐、刘光第、林旭、谭嗣同等四人等都拔擢在军机处办事（当时名为"军机章京上行走"）。因此，在朝中守旧的人员都纷纷表示不平。再加上在当时所谓的"新政"，都是和清朝历代祖制不相符合的。所以每当改革一个政令，变更一个制度，都必须经过当时的礼部核议，才能施行。在礼部里有个当尚书的怀塔布，他是慈禧的一个表亲，还有一个许应骙，也是慈禧所信任的人物。自然他们是不满意新政的了。于是一切新政，一到了礼部衙门，就经常被搁置起来。

宋伯鲁、杨深秀便上书光绪参劾许应骙阻挠新政。光绪本想严办许，因碍于慈禧的面子，只严命他"明白回奏"（即令他写检讨书）。许遂逐项做了辩解，并参劾康有为"妄逞横议，勾结朋党，摇惑人心，混淆国事"，并请把他"立即斥逐回籍"。光绪看到这个，愈发不满。过了几天，有个叫文悌的御史，便参劾宋伯鲁、杨深秀二人，说他们"欺君罔上，若非立加罢斥，必启两宫嫌隙"。光绪大怒，立即革去了他的职务。文悌忙求怀塔布向慈禧求援，慈禧总佯作不理睬的样子，但却一针见血地迫令光绪罢斥翁同龢。光绪无奈只得忍痛照办。第二天，慈禧更特下命令，使光绪任荣禄为直隶总督，裕禄在军机处行走。光绪不得不从。但光绪也深知这纯粹是由于怀塔布的缘故，便下令把怀塔布、许应骙等六人免了职。于是守旧派大为恐慌，都希望慈禧重理朝政。正在这时，又有一个叫王照的人，连次上书，先是请求剪去辫发，后又请求光绪偕慈禧游历日本。这更如火上浇油一般触怒了守旧派，认为这乃是绝对岂有此理的奏章。特别是这些维新派所主张的"要行新政必须驱逐太监"的说法，更是触犯了慈禧的大忌讳。于是便和李莲英（慈禧的心腹太监）密议，授荣禄一条密计。荣禄随即上书请光绪偕慈禧赴天津阅兵。慈禧遂使光绪定于九月初五日启程赴津阅操。光绪虽然怵于威势，不得不答应，但也在事后犯了狐疑，遂召集康有为等计议此事。康认为此去恐怕凶多吉少，于是就定出了先把荣禄杀死在天津，然后调一万名部队火速来京，在兵围颐和园之后，就把慈禧劫入城内幽禁在西苑到她老死为止的计划。光绪认为当时"京畿"一带的兵权，都操在荣禄的手里，非先物色一个有胆有识的人，使之夺去荣禄的兵权不可。恰好直隶按察使袁世凯来见，光绪因为素日听说他有才能，便在见他时，故意问他新政是否适宜于今日？袁遂极力赞扬新政。光绪更向他试问："如果使你管理军队，你肯诚心为我尽忠吗？"袁的回答光绪很满意，于是第二天便下令擢升他为侍郎，并责成他专办练兵事务。

守旧派看到了这样情形，便越发疑惧起来，遂赶紧向慈禧处报信。因此，慈禧当袁世凯来到颐和园谢恩时，便立即召见了他，并做了耐人寻味的慰抚。

袁世凯临行时，光绪更召见了袁，把一切密谋都告诉了他。并令他到天津立即扑杀荣禄，然后到京包围慈禧。并说如事成之后，就使他继荣禄之后而为直隶总督；更与他小箭一支作为凭证。

袁辞去后立即搭乘该日第一次的列车赴津，把光绪的一切密谋都告诉了荣禄。荣禄于是就在该日的下午五时乘专车来到北京，连忙把此事报告于慈禧。

慈禧立即召集了王公大臣，并把守旧党的首领等也都破格叫了来，遂命荣禄把他带来的数千名亲兵（卫队）留下捉拿康有为等，更命荣禄火速回津堵截康党，不要走脱一人。然后坐轿赶回宫中，不费吹灰之力便把光绪幽禁在瀛台之中了。据说慈禧回宫见到光绪时，因在愤怒之下，曾亲手打了光绪几个耳光，然后才把他拘在瀛台的。

当然是，这个戊戌政变的结果，是以慈禧为首的守旧派势力得到了胜利，以光绪的被幽禁，康有为的逃走和杨深秀、谭嗣同、杨锐、林旭、刘光第、康广仁（康有为之弟）等六人的被杀而告终。这就是前后仅达一百天的维新变政的经过。

此外，我还打算借几个袁世凯和荣禄、荣禄和西太后的内幕事例，作为我对戊戌政变的侧面说明。

甲、我母亲瓜尔佳氏口中的袁世凯

我听说我母亲有一个翡翠的扳指儿，我弟弟溥杰小时曾和她要，她说："这是袁世凯送给你老爷（满族呼外祖父为老爷）的。这是你老爷的遗念品（亲人死后遗留的纪念品），现在给你怕你弄坏了，等你长大了我再给你。"又说这是袁世凯花了几千两银子买来的。"你老爷不好意思要，是我逼着他才留下的。"

还有，在辛亥革命以后，醇亲王府中无论大人和小孩没有一个人不恨袁世凯的，有时看到了袁世凯的相片，我的弟弟们就用小手指头把袁世凯的眼睛挖了去。可是我母亲就不然了。我并不是说我母亲同情辛亥革命，而是说她对于袁世凯的看法。据说每当大家都在咬牙切齿地骂袁时，我母亲经常爱说："这不怨袁世凯，全怪孙文不好。"

乙、慈禧当了媒人

我父亲载沣和我母亲瓜尔佳氏的结婚，是由慈禧当的媒人。当时把皇帝或太后所命令的结婚叫作"指婚"。据说在和我母亲订婚之前，我父亲已订好了一个某家的女儿，由于慈禧的"指婚"，所以这门婚姻便以"拉吹"①完事。在当时慈禧是很重视醇亲王的，同时荣禄又是她的心腹重臣，使这两家结成亲属，这是在当时政治上的一种新的作用。从这里也可以看出慈禧的政治拉拢手段是怎样厉害的了。同时在这里，我还要附带说一下，慈禧对醇贤亲王既是如此极尽拉拢怀柔的能事，那么对恭忠亲王等，当然更是没有放过。例如，把恭忠亲王的女儿，认为自己的义女，封以"荣寿固伦公主"的称号，以及把庆亲王奕劻的三女儿、四女儿（当时呼作三格格、四格格）经常接入宫中，等等，都是慈禧在当时政治上的一种拉拢手腕。还有，关于荣禄和西太后的关系，如何密切也可以从下面的一段传说中得到一些证明。有人说，西太后有一天曾对荣禄这样说过："你的女儿（指我的母亲）很顽皮，无论对谁，她都不放在眼里，真是连我也都不怕。"从这段谈话中看来，我们不但可以看出慈禧对我母亲的疼爱，同时还可以看出慈禧与荣禄的亲密关系程度。像那为了满足自己的政治野心不择手段的西太后，是不会把一个毫无利用价值的任何人放在眼里的，我母亲当然也不能例外。

六、我的父亲载沣和我的母亲瓜尔佳氏

关于我父亲载沣之所以继承了醇亲王王位，以及和我母亲的结婚，早在以上各节中片断做了介绍。我在这里只想把我父亲和我母亲的个人性格和当时的生活环境等加以描述，这样为的是从其中可以看到一些过去封建贵族家庭的花花絮絮。先从我父亲载沣谈起。

听家中一些旧人说，我父亲从小就很怯懦，甚至有人曾说他有些傻气。还说在他小的时候，有一次因为和我六叔打架，被六叔推倒致磕伤了门牙，我父亲就大哭不止，家人劝他，并问他疼不疼了。他回答说："疼倒是不疼了，可是怎样吃饭哪？"家人就劝慰他道："吃不了饭不要紧，今后专门吃面就行了。"于是他就破涕为笑。

---

① 指中断，结束。

醇亲王载沣怀抱溥杰，旁为溥仪

在庄士敦所著的《紫禁城的黄昏》一书中，就曾描述过我父亲过香港见当时的英国总督的情形。大意是说：这个亲王是一个孩子，见了人还羞羞觍觍地不爱说话。更在金梁所著的"光宣小纪"中，也曾形容过他在当了监国摄政王之后，仍是见了当时的王公大臣常对坐无言。即请机宜，亦嗫嚅不能立断。因此，他对于我父的结论是："难矣哉"和"识者早知朝政不能问矣"等的贬词。

我的母亲曾对溥杰说过这样的话："在辛亥逊政后，你阿玛从宫中回来对我说：'从今天起我可以回家抱孩子了。'我听到这样的话，又看到他那满不在乎的神情，就气得我痛哭起来。你将来长大了，可不要学你阿玛那个样子……"我认为这就是我父亲和我母亲两个人不同性格的一个鲜明对照。不过，是我母亲所具有的反动阶级烙印，是比我父亲鲜明得多。所以，这些影响对我和我的弟弟等是相当大的。

我母亲的性格是活泼快活的，见了人也很会交际，吃喝穿戴都很奢华。而醇王府则是一个极其古板正经的老家庭。例如，不但醇亲王是世袭罔替，就是他家中用的仆从，也无一不是父死子袭。甚至家中的厨师，也全是子子孙孙世袭不断的"铁帽子大师傅"。所以他家所做的饭菜简直坏得使人难以下咽。因此我母亲乍一来到醇王府，第一个不满意的，就是伙食太不讲究。她曾向我弟弟谈过这样一段她婚后的回忆说："乍一进这王府的门，和你阿玛第一次在一个桌上吃饭时，就差一点使我哭出声来，势派倒不小，有几个太监在伺候着开饭，都穿着袍褂（清时一种礼服），挽着白袖头，规规矩矩地奔走着，可是当端上菜来的时候，却使我吃了一惊。原来那些衣冠楚楚的太监，个个都是大烟鬼，满脸的烟灰气还不算，更把他们那藏满污垢的黑黄色手指甲，在菜汤中涮来洗去。据说这些菜还是从饭馆子叫来的呢。你阿玛却是狼吞虎咽地在吃着，我真是一看到那种情形肚子就饱了……"所以我的母亲过了些日子便自己另立了一个精美的小厨房。

我父亲对此当然是没有什么异议，可是我祖母（刘佳氏）则对这样的儿媳颇感到不满。到我母亲死的那一天，便立时把那个小厨房明令解散，驱逐出府了。

还听太监们说，在我父亲当上摄政王时，曾把所得的亲王俸禄等装在一个大躺箱内，当时人们都把它叫作"十万箱"。不料这满满一箱的白银不多时候便被我母亲花光了，这次我父亲却生了气。从那时，他们二人便在家庭财政上分了家，不过是我母亲当把自己的钱花光的时候，仍是强硬要求我父亲额外救济的。

瓜尔佳氏

据我弟弟妹妹们的反映，他们从小时，都是不怕祖母和父亲，而独怕母亲，就连我虽然自从三岁就进了清宫，十一岁时才和她见了面，但在见了她的时候，也是有几分惧怕她。因为她和我祖母刘佳氏的作风确有不同之处。我祖母见到我时，总是喜欢得含着眼泪，住了几天临走的时候，照例总是洒泪而别。我的母亲却不然，总爱板着脸对我讲些官话大道理，后来甚至和光绪的妃（端康太妃）互相勾结，各使其心腹太监，通过当时北京步兵统领衙门内的右翼总兵袁德亮（袁是荣禄、袁世凯的旧部下，在中华民国时代，还叫我母亲为"八姑太太"呢），拿出不少的财宝金银，打算买通奉天系的一些要人，利用他们来做颠覆民国、再次复辟的迷梦。当然，这些钱财不是入到太监的腰包中，就是落到袁德亮的手里，可是我母亲却不可一世地非常得意。听说有一次我弟弟看到她那鬼鬼祟祟的情形，曾问她和太监在商量什么事。她说："现在你还小呢，将来长大了，就能明白我在做着什么了！"

我的祖母刘佳氏和我的母亲都是非常迷信的，不过是我的祖母每逢八日（初八、十八、二十八）必吃斋，每日早晚必念《金刚神咒》《往生咒》和《般若波罗蜜多心经》。我母亲则是既不吃斋也不念佛，只是在高兴的时候偶尔念它几次而着重于求圣水和喝香灰之类。我父亲载沣则是自命为破除迷信者，也曾驱逐过给我祖母看病的巫婆，也曾面色苍白地把府中花园内的刺猬一脚踢落在小河之中。可是他逢年按节都从未缺过向天地祖宗十方神祇的烧香膜拜，并且还因为他的生日是阴历正月初五，有人把初五叫作"破五"，他就老大地不高兴。于是就在正月初五的那一篇日历上，贴上红纸，上写"福寿"二字。当有人问为什么把寿写成那样长的腿时，他说："长寿么！"

这些家庭中的日常繁琐例子，只是渺沧海之一粟而已。不过是，我那最初的生身环境，就是笼罩在那种空气之中的。

七、庚子事件

这也是在百年来近代史中人人皆知的重大国耻事件——帝国主义强盗联合起来镇压我国人民反帝正义斗争的严重罪行之一。我不想在这里再重复人人已熟知的那些事情。现在只就和宫闱秘密有关的几项事情，概述如下。

素来就以"宁赠友邦，勿予家奴"而臭名远扬的清朝反动统治政权中的代表人物——西太后，在那对外连战连败、不断割地赔款的颓势下，居然会有了勇气下诏，要和一切外国宣战。

有人说，是被农民起义的压力影响，才敢于这样做的。

也有人说，是由于西太后等迷信了"天兵天将""刀枪不入"的邪说，才鼓起了无计划而且盲目的勇气来的。

还有人说，是由于深恨外国人的蛮横无理已极，才在忍无可忍之下，做出了泄愤之举的。

还有人这样说，是由于"大阿哥"的事，所以才深恨那些外国人；因而又受了载漪等别有用心的鼓动，所以才做出这种儿戏般的对外一齐宣战的。

我觉得以上这几种说法，都有一部分的理由。不过是以上这几种说法，并不是能够各自孤立起来而存在的东西，而是有着相互关联和错综在一起的前因后果。我还是先从西太后和光绪的失和谈起。

慈禧自从幽囚了光绪，重又垂帘听政以来，虽然想要废黜光绪，而另立一个听自己摆布的皇帝，但又恐操之过急，致激出乱子来，于是便宣布了光绪因病不能办理国政而由太后再度垂帘。一方面更下令征求全国名医到北京给光绪医治；

另一方面则是看中了惇亲王奕誴（和奕䜣、奕譞是兄弟）的孙子——端郡王载漪（奕誴的长子载濂袭爵位后，因获罪革除了王爵，而使其弟载漪袭为端郡王）的儿子溥儁，为了使他替代光绪，遂把他唤进宫中，号称"大阿哥"，而使之伺机去当预备皇帝。

再谈一谈为什么偏偏要立溥儁为大阿哥（即变相的皇太子）的缘故。

大阿哥——溥儁是道光的曾孙，端郡王载漪的儿子。载漪是钻了慈禧不信任汉族官吏的空子，他也逐次担任了一些比较重要的工作。又因为他的福晋也渐次得到了慈禧的一些欢心，所以他们的儿子溥儁，也时常被叫到宫里去。载漪看到了这个好机会，便与崇绮、启秀和徐桐勾结起来，打算迎合慈禧仇恨光绪的心情，秘密商定了一个废立的阴谋计划，想使自己的儿子代替光绪去当皇帝。

这里所说的这个崇绮，想大家都还记得，他就是曾在本章第三项中所说过的"饿死殉夫美谈"中的可怜人物——同治皇后的父亲。自从他的女儿被慈禧给活活饿死之后，他由于受了自己女儿的连累，致丢官在家闲居了好几年，结果还是痛惜自己女儿的心，敌不住馋人的官瘾，于是就想怎样才能够向那害死了自己女儿的慈禧讨个好，弄个官儿来做。真是人以类聚。不久，就和想要在中央执政的启秀以及想要设法巩固自己既得权位的徐桐勾搭到一起。为了拉拢荣禄，先由启秀去做说客，碰了一鼻子灰；崇、徐二人亲自去拜访，又被荣禄饷以闭门羹。但他仍不死心，终于在启秀的献策之下，由崇、徐二人直接向慈禧上了废立的条陈。果然这个意见，正合了慈禧的心意，于是她就把王公大臣召入宫中计议，慈禧更开门见山地宣布了自己废立的决心。但由于军机大臣大学士孙家鼐的反对，这场会议遂暂时无结果而散。荣禄遂乘机进言说："废立大事，须要慎重。特别是光绪的罪状不明，恐怕外国出来干涉，反为不美。"慈禧听了也为了难。于是荣禄便顺水推舟地说："现在光绪皇帝年纪已相当不小，还没有儿子，不如先立溥儁为大阿哥，以继承穆宗（同治）之后，将来慢慢再使他去登大宝也不为晚。"慈禧想了半天，也只得同意了他的意见。就在十二月二十四日召集了王公大臣，发表了要立溥儁为大阿哥，以继承同治之后的意见，并假惺惺地问光绪对此事意见如何。光绪能有什么话可说，只是唯唯称是地表示赞同。于是，就在第二天早晨，以光绪的口气，下了一道命令，正式使载漪之子溥儁当上了大阿哥。

在那内政外交样样都得先看外国人脸色行事的濒死的清王朝，像那废立皇帝的重大事情，更非要好好看一看外国列强的脸色不行的了。为了使大阿哥的地位在国际上得到承认，便以庆祝立大阿哥为名，邀请当时各国驻京使节前来参加。不料各国使节都拒绝出席。这一来，光绪是暂时不会从皇帝宝座上被人推下来的了，可是却在慈禧的心中，深深种下了恨外国人的种子。

当然我不能武断地说，西太后在这以前不恨外国人。不过是，要从封建统治者的卑鄙自私心理来分析，像是对鸦片战争以来的每战必败，每败必割地乞和，甚至被撵出了皇宫，火烧圆明园等的屈辱历史回忆，封建统治者也并不见得丝毫无动于衷，只不过是对那些人民遭受涂炭、失去领土主权等的事，在反动统治者说来，恰好像是剪去了他们的头发和指甲一般，只是有被剪去些什么似的感觉，是感觉不到什么疼痛的。可是这次却不然了。立了大阿哥，人民并未遭到什么大屠杀，国家领土也未遭受到什么损失，可是在西太后说来，则不是像剪头发和剪指甲那样，而是感到了切肤之痛和不可遏止的愤怒。因为这和她的切身利益有着极大的关系，所以她对于这次外国人不来参加庆祝会，便以为是最大的无礼，最大的敌意。又加上载漪等别有用心，更多方蛊诱慈禧，并收买和利用了义和团农民起义中的不稳分子，致把"兴中灭洋"的人民伟大口号，变成为"扶清灭洋"的灰色东西。更由于流氓地痞的乘机混入，于是就把生根于广大农民之中的义愤和力量，移植到少数腐败统治阶级的争权夺利的泥沼里去，因而把广大人民爱国、御侮的正义烽火，给彻底地变了质。这就是在庚子事件中，我听说的一些重要内容和内幕。

八、逃亡西安和珍妃的死

据说在一九〇〇年，八国联军进攻北京的兵力，总共才有几万人，可是腐朽透顶的当时统治者的力量真是不堪一碰，战争开始仅仅才一个月的时间，便失去了大沽，丢了天津，一直让敌人长驱直入迫近到北京城下。在一个月以前，还以光绪的名义，大喊大叫要"慷慨以誓师徒……大张挞伐一决雌雄"的西太后，这时只能在三十六策中选出了走为上策的法宝，悄悄地换上普通妇女装束，丢下了文武百官，带上了光绪、大阿哥等，分乘了三辆普通的骡车，慌忙逃命而已。可是她就在这百忙之中，还没有忘掉贬到冷宫的珍妃，她传令太监崔玉贵把珍妃推进宁寿宫后面的井中给活活淹死。

又有一种说法，就是当慈禧临亡命时就令太监崔玉贵从"三所"（即所谓冷宫）把珍妃带到面前，对她说："我本来打算带你一起走，因为沿途盗匪横行，你年纪又轻，恐怕会遇到什么意外的事情，那倒有损宫闱的名誉。你还是现在自尽了吧！"珍妃听了，自知必死，也就顶撞道："皇帝应该留在京里……"慈禧不等她把话说完便大声怒喝道："你死在眼前还胡说什么！"于是便喝令姓崔的太监把珍妃推进宁寿宫后面的井里。光绪看到了这种情形，再也不能眼看着自己心爱的珍妃就这样被人给害死，于是就硬着头皮连忙跪在地上替她求情，慈禧冷笑说："你起来！现在不是你替她讨情的时候，叫她去死吧！也好惩戒惩戒那些不孝的孩子，还可以叫那些'鸱枭'①看看自己的羽毛还没有长得丰满就来啄他娘的眼睛！"珍妃这时已被崔太监扯了出去，尚在泪眼晶莹地不住地回头来看光绪呢！不多时崔太监回报说：已把珍妃推入井中盖上井盖了。慈禧就像是得了胜利似的用眼睛望了望光绪，但她这种对于胜利的快感霎时便消逝了！因为无情的外国鬼子已经一步步地逼近了耳边。她只能逼着呆若木鸡的光绪快上骡车，并叫人把车帘放下，以免有人认出。自己也上了另一辆车子，密闭车帘，并使溥儁跨坐在她的车辕上。另一辆车则是令光绪的皇后和珍妃的妹妹瑾妃乘坐。更坚嘱李莲英道："你不会骑马，但需尽力赶上，不得走失！"这时不敢从前面的宫门走，遂悄悄地溜出了神武门。只有一心想要自己儿子大阿哥去当皇帝的载漪和对满汉种族界限有着十二字诀"汉人强，满人亡，汉人疲，满人肥"的军机大臣刚毅和鼠目寸光、汲汲保持自己禄位的顺天府府尹兼军机大臣赵舒翘骑马随行。当到了颐和园，稍事休息的时候，又有太监来报说："洋鬼子追来了！"于是又如惊弓之鸟似的爬上骡车急急忙忙逃走。急行了六七十里，也找不到吃饭的地方，好容易到了贯市，才投宿到一个回民家里，当然不敢吐露真名实姓的了，只能说是下乡逃难的过路人，路经此处求多关照，等等。吃的是既冰冷又不干净的剩绿

---

① 鸟名，古人对猫头鹰的一种叫法，常用于比喻贪恶之人。

豆粥，夜间只有慈禧一人睡在土炕上，其余的一行人便都睡在地上。就是这样一直挨到怀来县，这时因为一些王公大臣已陆续赶到，护卫的喽啰也有了，才敢露出"慈禧端佑康颐昭豫庄诚寿恭钦献崇熙皇太后"的大架子来。这时都再也不吃绿豆粥睡土炕了，慈禧住的是县太太的房间，光绪则是住上了县衙内的签押房，皇后等则占了少奶奶的屋子，也吃到了县内最上等的菜饭，并且当庆亲王奕劻和军机大臣王文韶赶到时，慈禧还把自己吃剩下的燕窝汤分赐给他们吃哩！尽管如此，还向他们诉苦说："你们在这三天所受的苦，大概也跟我们差不多，我们已经是狼狈不堪了！"

从怀来起身到太原又到西安的沿途，受罪的再也不是这行人了，而是沿途的老百姓。当然沿途的地方官由县直到巡抚总督，谁不拼命地来孝敬过路的太后和皇帝？吃的、住的、花的，虽然赶不上宫中生活的万分之一，但是在沿途各个地方说来，已是一种沉重非常的负担了。反正是用不着地方官自己来掏腰包，强行摊派在广大的农民身上，谁又敢说个"不"字呢？我记得过去曾在一个私人笔记上，看到慈禧一行人在沿途以及到了西安以后的情形，记得似乎有这样一条，就是在逃亡期间，对于随行亲王每日的生活费，是每人五十两白银，其他王公大臣依次递减。姑不论别的，逃难中的亲王生活尚且如此，那么皇帝和太后的生活，更是可想而知的了。

在这里我还想补叙一下珍妃被害的一种原因。我之所以要补叙它的原因，就是因为她也是在封建专制制度下，被黑暗势力给夺去了青春生命的可怜牺牲者之一。从这里是可以充分看出，在当时的宫廷中，曾是怎样暗无天日，是怎样带有血腥气息的。

珍妃和她的妹妹瑾妃，都是当时的侍郎长叙的女儿，姓他他拉氏。据说，光绪在选皇后的时候，本是看中了珍妃的。但在慈禧的压力下，不能不同意选立副都统桂祥的女儿叶赫那拉氏——慈禧的侄女为皇后，而以珍妃姊妹为嫔。既然叶赫那拉氏皇后是由赝造的人为爱情而来，在结婚后，光绪当然仍是要爱珍妃而疏远皇后的。但皇后是有她姑姑——慈禧做奥援的，当然也就会经常向慈禧汇报她在爱情上竞赛不利的消息了，于是慈禧也自然就会恨上了珍妃。这时的珍妃，恰如被老虎给盯上了的孤身旅客一般，只要一有机会，老虎是绝对不会放过的。在光绪亲政之后，有一天，这个妒恨的发火点爆发起来了。

珍妃

爆发的直接原因是，光绪既是宠爱着珍妃，光绪又亲了政，像是珍妃的家中哥哥志锐等，便也钻了这个空子，便也兴风作浪起来。例如，向他托人情纳贿赂的种种事情也就发生了。慈禧是不能放过这一点的，于是就在这种借口下，说珍妃和这些卖官鬻爵的事有关，更抬出"祖制"的大帽子来，狠狠扣在珍妃头上。就在这种得理不让人的前提下，摆出了最高家长——帝母太后的威风来，责打了珍妃几十大板，并把珍妃和她的妹妹都降号为贵人，又把珍妃贬入冷宫之内不让她和光绪有见面的机会。这固然也只是当时宫闱中的一段家庭风波，可是在那朕即国家的封建制度下，母子的失和，兄弟的不睦，都是会把这种风波的影响扩大到当时的政治上去的。光绪既是眼睁睁地看到自己心爱的珍妃，受到了这样的摧残和侮辱，可在"以孝治天下"的封建道德束缚下，是无法向自己的母亲——慈禧去反抗的。不过，公然反抗既不能，心中的愤恨却是封建道德所限制不了的东西。光绪又怎能不恨这别有用心的老家长，又怎能不想摆脱慈禧的严格约束？所以我常想，像是在戊戌政变中的兵围颐和园的计划等，这固然是由于新旧两派的尖锐矛盾和冲突，谁又能说在某种程度上没有家庭的关系在内。

再想慈禧在那所谓"八国联军"已经逼到眼前，在那手忙脚乱准备逃走的瞬间，还没有忘掉杀害珍妃的性命，可以说慈禧的心毒手辣已经到了怎样的地步。不过是，这种凶狠毒辣的形象，并不是慈禧个人所独有的，我认为古今中外掌握生杀予夺之权的专制独裁者，差不多谁都有这一套本领。正如鲁迅先生所说的："见羊现凶手相，见凶手现羊相。"像是慈禧在她一生中的杀肃顺、害慈安、饿死儿媳、打死太监、溺死珍妃等的一连串狠毒行为，并不能掩盖她对帝国主义的卑屈顺民行径。同时也反省到我自己的身上，我就是有着这样的两种不同人格的。我对日本帝国主义又何尝不是卑躬屈节地去逢迎谄媚；对在自己势力下的软弱者，又何尝不是像吃人的魔王一般？总之天下的乌鸦一般黑，旧社会里的反动统治阶级，谁也逃脱不了鲁迅先生的锋利匕首的。

九、光绪的死

光绪自从四岁当上皇帝起，一直就在慈禧的抚养管教下成长起来，固然在慈安活着的时候，他还曾是两个母亲的儿子，但在擅于争强斗胜的慈禧势力下，他一向是受着慈禧的绝大影响的。慈安死了以后，更不用说，他就完全落在慈禧的掌握之中。他的生身父醇贤亲王和生身母叶赫那拉氏，尽管前者和慈禧有叔嫂之亲，后者更是有姊妹之谊，但在皇帝高于一切的祖制宗训的绝对压力下，在慈禧的防范备至的情况下，他是根本尝不到家庭骨肉温暖的滋味。可以说，自从他入宫之日起，直到他结婚为止，他是从来没有懂得什么才叫家庭和爱情。但我所说的结婚并不是指他和叶赫那拉氏皇后而言，因为他和皇后的结合，根本就不是出于他的本意，只是由于慈禧的压力，才把他们给生拼硬凑到一起，与其说是他结了婚，是得了一个佳偶，倒不如说是更添了一双慈禧监视他的眼睛。他所挚爱的是珍妃，但在慈禧的阻力下，在皇后的妨碍下，他们的爱情生活，并没有享受怎样长久。自从他结婚起直到他被幽禁，一共不到十年之间，总算是有了一些在政治上的权力，因之也就有了生活上的自由和爱情上的自由。除了这一段所谓他的"黄金时代"，一直到死，都完全陷于不能自由和有恨无处发泄、有理无处讲的情况之中。

光绪皇帝

我从前曾在照片中看过光绪在颐和园内被软禁的地方，在他住的正殿两旁都砌上短墙，以断绝来往的交通，只有正门可以出入。在殿中尚有他曾经坐过的黄缎褥垫，坐的地方已被他磨得开了花。并听人说过，不给他换新的，也是对他的一种惩罚之意。坐垫尚且如此，其他可想而知了。在瀛台幽禁他的地方，则是四面环水的一个水榭，本来是个很好的游览地方，自从光绪被关在那里之后，便把通到池岸的桥梁拆去，它便形如孤岛了。每天早晨由太监给架上了一节浮桥，一到晚上便被拆去。总之，一直到他死时为止，完全成了一个徒有其名的皇帝。在他后半段宫廷生活中，可以说是没有丝毫人生乐趣。

在政治方面更是提不到话下了。对外是帝国主义列强的欺负日甚一日，除了赔款割地，谢罪道歉之外，简直成了他们的俎上肉。在国内也是资产阶级革命的怒潮，已经由潜流暗脉逐渐变成为此起彼伏澎湃而来的怒涛。继太平天国之后，专门和清室腐朽势力相对抗的各种会门，也逐渐面目一新，纷纷集合到革命的势力之下，在各地不断燃烧起打倒满清的怒火。再加上维新派和守旧派的明争暗斗，官场的黑暗龌龊，满族的官员、士兵的腐化堕落，催促立宪的舆论呼吼，铁路风潮、矿山风潮的联翩而来……就像破屋更遭连夜雨一样，四面八方都把进攻的矛头，指向了清廷的腐朽黑暗统治。到了光绪三十四年十月，他那积忧成病的身子，便愈发支持不住了。当这年慈禧寿辰的那天，他已因病不能率领王公大臣向西太后拜寿，只能在那天的早晨拖着重病的身躯，由太监扶掖着从瀛台上了轿，到了慈禧的面前，一嗽二喘地磕了头。据说慈禧看到了他那颜色憔悴、形容枯槁的样子，也居然动了一些怜悯之念，并对他做了从来未有的温言安慰，但慈禧也在寿日狂欢之后得了痢疾，到了第三天，慈禧和光绪便都不能坐在宝座上听政了。

嗣后光绪的病势愈发沉重，慈禧就决意立我为嗣，驳斥了奕劻主张立溥儁的意见，而把我接入宫中，并命我父亲载沣任监国摄政王。

然后她又命奕劻赴瀛台到光绪病榻前传达这件事，这时光绪已经瘦成皮包骨了，只睁着眼睛在喘气。在他病榻旁边只有一两个老太监服侍着他，连皇后和瑾妃也都不在身边。据说奕劻看到了这种情形，也不由得落下泪来。光绪看到他也热泪盈眶，有气无力地说："你来得正好，我已叫皇后禀报太后，说我现已病到这个样子，恐怕不能长远侍候在太后的膝下，请太后赶紧给我过继一个儿子，我就是死了也可放心……"奕劻就把太后选我为嗣的事，婉婉转转地告诉了光绪，光绪听了沉默半晌之后，才吞吞吐吐地说："找一个年岁大些的岂不更好吗？不过是，这是太后的意旨，谁敢违背呢？"奕劻并把使载沣为监国摄政王的事也告诉了光绪，他这才像是放下了心似的点点头。

因为我父亲已经当了摄政王的关系，遂有了和他潦倒一生的胞兄做了一次临死前的见面的可能。这时光绪的胆子也壮了起来，遂把二十多年来的旧恨新仇，声泪俱下地倾泻出来，并说："荣禄根本是太后的心腹人，我倒不怎样恨他，至于袁世凯他出卖了我，不杀他我死也不甘心。听说太后近日病势也很不轻，不过是我也病成这个样子，大概我是不能亲手来报此仇的了！你是我的亲弟弟，务必把袁世凯给我杀掉。"并拉着我父亲的手千叮咛万嘱咐地叫他千万不要饶了袁世凯，并上气不接下气地写了五个大字，秘密地塞到我父亲的手里说："这就是我的遗言。"

不久，我父亲去见光绪的事就由太监传到了慈禧的耳中，因为到了这个时候，这已不仅仅是慈禧和光绪二人之间的问题，而是成为"帝党"和"后党"的最后你死我活的问题。光绪如果早死一天，那便是万事大吉，还不至于有什么大事发生，但如果慈禧死在前头，而光绪尚未失去知觉，那么这出"大报仇"的历史剧，就会出现在当日的整个政界，就不只限于袁世凯一人了。像那一贯狐假虎威的李莲英，推珍妃入井的崔玉贵等，恐怕都会有人头落地之虞。在这杯弓蛇影、草木皆兵的时候，慈禧听了这样的消息又怎能不起疑心呢？何况是惯于说小话的太监，便有添枝添叶地报告说，光绪前几天听说太后生病曾面有喜色，这怎能不使慈禧大动其怒。于是慈禧就恶狠狠地说："好！我决不能死在他前头。"

这天下午，光绪的病果然危笃了。关于他的死，也曾有两种传说：一说是慈禧使人给光绪送去一服药；一说是贴了袁世凯所呈献的膏药之后，就不能起床了。

不管光绪是服了慈禧的汤药，或者贴了袁世凯的膏药，反正是光绪死在慈禧的前一天，"大报仇"的戏是唱不成的了。

慈禧听说光绪病已垂危，仍不敢放心，便支撑着年老病重之躯，亲到瀛台去问病。这时光绪早已昏迷不醒，慈禧便命人在他未断气之前，把寿衣礼服给他穿上。正穿之间，光绪醒了过来，便用手来拦拒，不肯听任摆布。直到该日下午五点钟，他就抱着未报之仇，含冤茹恨地闭上双眼死去。这是光绪三十四年十月二十一日的事情，慈禧亲眼看到光绪死去之后，才匆匆地回到自己的宫里去。

至于我的父亲载沣在受了光绪的遗命之后怎样处理袁世凯的问题，据说是在第二天慈禧也相继死去之后，才召开了一个各亲王等出席的秘密会议。在席上把光绪亲手交给他的遗嘱取出，乃是朱笔歪歪斜斜写出的"袁世凯处死"五个字。庆亲王奕劻看见了这一遗嘱大吃一惊。但他在这种弟弟要给哥哥报仇的场面下，又不敢公然提出反对的意见，他为起难来了。不过他本是一个在当时腐败透顶的宦海浪潮中饱受过洗炼的人，他是由一个远支的普通贝子，竟自混到世袭罔替庆亲王地位的仕途老手。在慈禧当政时，他就一贯以对上阿谀逢迎，对下不负责任，卖官鬻爵贪赃受贿闻名，因此，不仅得到了慈禧的宠爱，也得到了权臣荣禄等的欢心。像是拼着命硬往上爬的袁世凯之辈，更都是早就用金银珠宝把他喂得肥肥的了。所以，他略事沉吟之后，便想出了怎样对待既年轻又怯懦的监国摄政王的计策来。他看了看这张由二十年来血泪所灌注的光绪遗嘱之后，便假惺惺地说："王爷明鉴，这件事恐怕得慎重考虑考虑……"我父亲抢着说："先帝自从戊戌政变以来长期被幽禁在瀛台，所有一切忧伤困苦的情形，叔叔总应该知道。现在先帝含恨而崩，不杀袁世凯，恐怕先帝九天之灵，也断难瞑目！"说着不觉热泪盈眶。但是这个老奸巨猾的庆王叔父是不会被他侄子的这几句话给吓退了的。他装作老成谋国的样子，沉痛地说："王爷说得对，我也是这样想，不过是，现在两宫新丧，王爷摄政为日尚浅，畿辅兵权又都操在袁世凯一人手中，如果操之过急，激出兵变等事，那又怎能对得住先帝在天之灵？"果然这几句话，真是把这位监国摄政王给吓回去了。他见我父亲默不作声，便打开了一个下台的缺口说："我听说袁世凯正患足疾，不如先给他几天假，打发他回到原籍，再徐为后图吧。"被他给玩弄在股掌之上的摄政王，当然只有勉强点头而已。于是，袁世凯也就得到了这个风声，立即以"足疾"为理由呈请辞去一切职务，匆匆收拾财物，携带家属跑回彰德府安阳县养病去了。我弟弟曾说，看到他在安阳所照的身披蓑衣、手执钓竿的渔装照片，这并不是他"遁世渔樵，无心问世"的一种表现，而是他欲擒先纵的一种欺人伪装。

这就是光绪之死的一个尾声，也是我父亲载沣所谓替兄报仇的一段经过。

还有一段有关光绪生平遗事的小消息。

在我小时，曾在北京戏剧界享有盛名的余玉琴——艺名余庄儿——他对光绪是无条件地爱慕，就是到了民国以后，他不论是在什么地方或是在什么人面前，只要听人说出了光绪或德宗两个字，他立时就会放声痛哭，这是历试不爽、千真万确的事。虽然在当时也没有人向他问过和光绪的关系，但也有人揣测说："在戊戌政变时，他大约曾以内廷供奉的资格，在光绪和康有为之间，传递过什么消息。"也有人说他曾得到光绪的特别赏识，可惜在当时没人向他打听过为什么他要哭的原因。我觉得如果是能从他口中说出来的话，定可以有一些有关宫闱秘史的材料，可以补历史传说之不足的。

十、西太后死后的隆裕太后

据说西太后在光绪死后，关于使我继承谁的问题，也曾费了一番唇舌。按照慈禧的本意，是只使我继承同治之后，但在奕劻的婉言说服下，慈禧才勉强地同意了过继同治兼祧光绪的意见。

在第二天慈禧吃午饭时，据说曾昏倒在椅子上，后来自知病将不起，便令军机大臣草拟遗旨，看了之后，向王公大臣说："我的几次垂帘听政，是因为时势所迫不得不如此。今后对于妇女干预国政和太监擅权应该严加限制，和妥为防范……"说到这里便说不出话来，不久便死去了。这就是隆裕没有垂帘而由我父亲当了摄政王的缘故。

西太后死了以后，隆裕太后虽然没有垂帘听政，但在重要政务上，仍是有听报告和裁夺之权。不过是她并没有慈禧那样的野心，只是专门在自己的享受上想要去模仿慈禧的奢华生活而已。自一九〇九年改元为宣统元年以来，她也想给自己修建一个宫廷中消遣的地方，于是就在御花园左侧的延禧宫里，召集技术工人，兴造一个水殿。原来的计划是在水殿的周围，挖出一个富有艺术性的池子，再把玉泉山的水引入宫中，要使荡漾清液萦绕着半西式的水殿，窗棂门户都拟用透明的厚玻璃装嵌，这样便可以在水殿中来欣赏那藻荇横斜、游鱼上下的龙宫生活。隆裕也曾自己写了一块"灵沼轩"的匾额。虽然预定的享受计划是如此，但是由于辛亥革命的发生，跟着清朝的统治就垮了台，因之这座水晶宫式的殿堂，也不得不在修建的半途中停了工。一直到一九二四年我退出紫禁城为止，这座豪华的宫殿半成品，还是在枯池无水、墙柱骨立、铁户生满红锈的残破状态中矗立在废墟般的院子里。

还有在该年的中元节，慈禧的灵柩还没有运往东陵安葬时，隆裕为了追悼她的姑母兼婆母慈禧，便在清朝封建统治总崩溃的前夕，在北京做出了一件耸人听闻的阔法事来。

她命人特别定制了一只大法船，都是用顶好的绫罗绸缎糊扎而成，长约十八丈，宽有两丈，在船上像是金瓦银柱、碧檐丹户的亭台楼阁，以及殿阙池囿等，无不齐备。真可以说是实现了"五步一楼、十步一阁"的过去对于秦代阿房宫的幻想。并且殿宇中的陈设家具等，也都是应有尽有，样样逼真。还扎有数十个辑手篙工和侍从等，也都高矮和真人一般，衣帽鞋裤等项都是用实际活人穿的真东西。在上边还扎有一个美丽的宝座，两旁有扎成的太监和宫女多人侍立着，仪杖器皿，一概俱全。在宝座下面，还扎有身穿金银彩绣、官帽礼服的官吏，跪在地上，犹如平日面见文武大臣的情形一样。当中更悬有一个用上好黄色缎子制成的大船帆，在上面写有"普渡中元"四个大字，在船外还围绕不计其数的红白莲花，每朵花上都燃有巨大的蜡烛。那灯光灿烂、锣鼓齐鸣、僧道唪经、百官跪拜的大排场，直使当时的北京市民大吃一惊，都扶老携幼地聚到这里看热闹。在监国摄政王用我的名义恭敬庄严地举行了大祭之后，更用无数的人民把这只大而无用的大法船运到东华门外，把这个白白耗费了数十万两白银制成的大"纸活"霎时间用火化为灰烬。

在过了两个月之后，慈禧大出殡的前三天，又烧了不计其数的松亭、松轿、纸人、纸马、楼库、器皿之类，到了出殡的那一天更是铺张浪费得到了发疯的程度。有一眼望不到边的金瓜钺釜朝天镫之类仪仗行列，有一队一队的鹰狗骆驼行列，有成排成排的假作哭泣的举哀专员，有五彩缤纷的旌旗幡旆，有和尚道士喇嘛的钟鼓齐鸣……一队队的行列都在慈禧灵柩前面一步步走着，更由摄政王载沣骑马前导，隆裕带着我和妃嫔等都坐着车跟在柩后送葬。道路的两旁有无数的官员和军警随行护卫，一直由北京向东陵进发，光只东陵埋葬慈禧的一个坑穴就花掉了八百万两的国库白银。此外，这次由出殡到安葬的花费，据说曾把粒粒皆辛苦的人民血汗结晶白白糜费掉一百二十五万两白银以上。

光绪的殡葬比慈禧早约半年，据说：尚是竭力从俭，但还花费了四十五万两之多。

就是从这样的事例中，也可以看得到封建统治者的一生是怎样残酷剥削压榨人民来供自己无度挥霍。每天吃的、喝的、使的、用的，哪一样不是从全国人民的一滴汗一滴血换来的东西，真是一顿饭就抵农民一家几口人吃几年也吃不了的糊口之粮，一件衣服就能抵劳动人民多少家人的穿用几辈子。此外，盖宫殿，修园囿，赡养不计其数的后、妃、嫔、嫱、宫女、太监，以及皇族大臣，并养兵、筹饷等的莫大费用更是无法估计的了。不仅如此，就是到了他们临死的前后，还得征求全国的名医，募聚全国的珍药，豪奢惊人的祭奠，铺张得吓人的殡葬，等等。哪一样不消耗人民大量的膏血！足见这种剥削寄生的生活，简直是在喝人民的血，吃人民的肉，甚至连骨髓也都要把它敲出来吸干。这种杀人魔王般的君主专制制度，如果不早日推翻它，广大人民还能有什么活路可走！可是我在过去却认为"惟辟作福，惟辟作威，惟辟玉食"，乃是治人者应该独享的福气，认为这就是天经地义。现在想起来，不但悔恨过去，也感到惊讶，为什么我在过去竟会有这样严重反动的思想意识？现在才认识到这就是因为所站的立场不同，所以，对于事物的看法也就完全不一样了。

在慈禧的大出丧中，可以说这完全是清朝封建反动统治的一种临终前的回光返照现象，这种回光返照式的荣华残梦，此后并未继续多久，到了第二年的一九一〇年，当我父亲不得不把自己哥哥的仇人袁世凯卑词厚礼地请回来主持残局大政的时候，隆裕也就不能不为无有军饷而需要拿出内帑（宫内存款）来而痛哭流涕了。接着在中华民国南京政府成立以后，为了清室退位的问题在召集王公大臣的御前会议上又哭了一次。最后一次则是在宣布退位诏书上盖章时，又大哭了一场。她在慈禧死后，所做出的政治上的表现，概略就是如此。到了一九一三年春天，她就死在北京的宫中了。

十一、隆裕和四太妃的关系

因为慈禧的遗命，使我继承了同治兼祧了光绪的缘故，所以，在我当上了末代皇帝之后，光绪的皇后，自然被推为隆裕皇太后了。所以，自从慈禧死后，她便是我在名义上唯一的母亲。此外固然还有同治的瑜妃（后称敬懿皇太妃），珣妃（后称庄和皇太妃），瑨妃（后称荣惠皇太妃）和光绪的瑾妃（后称端康皇太妃），但当隆裕太后当时在宫中"说了算"的时代，她们四个人是根本说不上和我的母子关系。

在封建制度下，特别是在封建专制制度的大本营——清宫中，对于嫡庶之分是异常严格的。例如，当隆裕有时和我一同吃饭时，隆裕和我都高高坐在椅子上吃，而瑾妃只能在"同桌"（即陪食之义，在当时宫中叫作同桌）的名义下，站在地下吃饭。

还听说那三位同治的妃，因为我有继承同治的身份，为要和隆裕平分春色地争着当我的母亲，曾和隆裕闹翻了脸，当然闹翻的结果是"庶"字敌不过"嫡"字。况且，隆裕是握有太后大权的，所以这三位"庶"字的妃，便被软禁在西六宫，即所谓的冷宫里。直到一九一三年隆裕死后，这三位才由西六宫出来。据说瑜妃曾指着隆裕的尸身说："你也有了今日！"于是，瑜妃等三位便和光绪的瑾妃联合起来，把当时的宗室王公召集到小朝廷内，逼问他们："今后将给予我们以怎样的地位？"所以，便从那天起，我才开始向并着坐在一起的四位磕了头，一视同仁地称她们为"皇额娘"。

从此，我才算完成过继同治兼祧光绪的家庭使命。

十二、李莲英与小德张

过去在北京，只要一提到清代太监的事情，差不多的人便都会联想到慈禧时代的李莲英和隆裕时期的小德张。他们二人，都是曾在清宫中利用太后对他们的宠信，干了不少贪赃受贿，甚至左右政局的事情。从这里也可以充分看到当时的政治已经腐朽到了怎样的地步，封建统治者的堕落已经到了怎样的程度了。那么，按照次序先从李莲英说起。

先说李莲英的作恶才能和向上爬的本领。

李莲英绰号"皮硝李"，据说他在入宫以前，曾贩卖过皮硝。在安德海活着的时候，他在慈禧眼中，也还只是一个二路角色，自从安德海被杀之后，他才一步登天地露出了头角。

据说安德海被杀时，慈禧还不知道，直到山东巡抚丁宝桢把办理此案的经过报告到京时，李莲英才知道这件事，遂连忙把此事报告于慈禧，慈禧

李莲英

听了还是半信半疑，认为这或许是一种谣言。后来听李莲英说"听说慈安太后已经下了好几道密旨，大概不能是谣言"时，才命他到外边打听明白，快来回报。

李莲英奉命后，立即跑到恭亲王奕䜣处去探问，奕䜣无法，只得把经过情形，从头到尾都告诉了他。他遂趁这个机会对奕䜣说："太后的脾气王爷您是知道的，如果我一五一十地把这件事报告上去，太后恐怕不会答应的！"奕䜣仍是一本正经地打着官话说："遵照祖制怎能不这样办呢……"李莲英别有用心地打断奕䜣的话，微笑道："您提起祖制来，奴才还敢说什么？可是两位太后的垂帘，这也不是祖制呀！怎么王爷您又赞成了呢？"这一番话把奕䜣堵得闭口无言。于是李莲英就装腔作势地告辞要走。这时，恭亲王却沉不住气了，便拿出另一副面孔来，向他说出了真心话，并托他设法在慈禧处给他转圜。这时李莲英才正式献策道："大公主（奕䜣的女儿、慈禧的义女）在宫里太后很喜爱她，可以请大公主从中调停。"说到这里把话顿了一下，又看一看奕䜣的脸上的颜色，然后又继续说："……如果这样也办不好的时候，奴才可以替王爷尽一些力量！"奕䜣听了不由得高兴地说："那么，全仗着……"李莲英不等这句话说完便狡猾地笑了一下抢着说："奴才将来仰仗王爷照应的地方多着哩！这一点点的事，王爷请放心罢。"于是，奕䜣就把慈安的密谕底稿交了出来，李莲英就喜形于色地告辞而去。

慈禧看了这张底稿之后，果然大怒起来，便要到慈安处去质问。李莲英便胸有成竹地说："这件事也不是慈安太后自己一个人的主张。"于是把奕䜣对此的关系说了出来，这就是为了使慈禧省悟到自己的理亏，而不至于意气用事去找慈安自讨没趣。慈禧是很乖巧的，便在他这一暗示下，把找慈安的勇气消去了一半，但仍是怒气冲冲地坐在椅子上闷不作声。李莲英便过去用手轻轻地给慈禧捶着背，良久才在慈禧的怒气稍微平息下去之后，慢慢地说："安德海总管在外也实在过于招摇，听说他一走出都门，便扬言说奉了太后的密旨，而使沿途的督、抚、州、县捐献相当的巨款，所以才会闹出这样的事来的……"慈禧听了也不由得说出："竟有这样的事情，不过东太后也不应该瞒着我这样做呀！"正在这个时候，奕䜣的女儿荣寿公主来求见。慈禧就余怒未息地向她大声说："你阿玛做的好事！"公主听了装作不懂的样子呆站着，这时李莲英就赶紧从旁插嘴说："就是为了安总管的事情……"公主这才连忙跪在地上叩头，就把自己因为经常住在宫里，素日不知道外边的事情做辩解，更说因听到了此事曾大吃一惊，赶紧回家向她父亲去打听的事情说了一遍，又把听到的安德海在外招摇情形也做了汇报，跟着又把丁巡抚密奏到京，和她父亲奕䜣因慈禧正在看戏未敢贸然惊动，以及如何奏明慈安，如何遵照祖制做了处理的经过，做了详细的叙述。慈禧听了叱道："你总是回护着你的阿玛！"李莲英见太后怒气已渐渐平复，便插诨似的说："您快给您'皇爸爸'谢恩吧！只要您一出来，什么事都能过得去。"于是就在大公主的叩头赔礼之后，这场应有的风波，便算是不了自了。足见李莲英之所以能够代替安德海一直得到了慈禧的宠信，并不是没有原因。看他所弄的这些花样，也就可以知道他在当时的宫中，是个什么样的人了。

再说颐和园和李莲英的关系。

我们谁都知道，在北京西郊的那个颐和园是慈禧把当时兴办海军经费中的三千万两银子，用偷天换日手段挪来修建的。可是给这一罪恶行为实际牵线的人，却是李莲英。我们对于这件事，固然忘不了慈禧，但也不能忘掉李鸿章，尤其不能忘掉这个李莲英。

先从所以要兴办海军的由来说起。

因为在一八八四年中法役时，清朝的南洋海军在马江之战中吃了大亏，致使闽海舰队剩下的舰艇无几。因此，清朝的反动统治者，迫于国内的舆论，便也高唱起"锐意兴办海军"的高调来，于是就在北京设置了海军衙门，委奕譞为总办，奕劻和李鸿章为会办，善庆和曾纪泽为帮办。凡事都必须由这五个大臣共同协商办理。

奕譞和奕劻以及善庆，本来对于海军的事情，都是一窍不通。为什么偏要把他们摆在那里呢？那就是因为一个是醇亲王，一个是庆亲王，一个是满族官员的缘故，这样在海军中，不就是形成了满三汉二的优势地位了嘛！不过这只是表面上的一种形象，说实话，曾纪泽呢，充其量也不过是由于他父亲曾国藩的缘故，并且他本人又曾和西洋人做过一些接触，他也曾倡导过兴建海军的议论，所以，他也就占据了海军创造者首脑中的一个席位。实际上能够办些事的，在当时只有李鸿章一个人。

办事是办事，经费是经费。李鸿章对于筹措经费这件事，也确实感到了头痛。因为每当他向清朝中央政府方面去请求款项时，总是被慈禧予以批驳的多，加以允许的少。

不过李鸿章在当时的政界中，乃是一个出名的老奸巨猾。他觉得慈禧之所以要采取这样的刁难手段，其中必有文章，于是他就打定主意，设法求见慈禧一面。

当然，在君臣各打官话的谒见时，是探听不到什么内情的，他就借着这次到京的机会，在暗中寻找着开窍门的钥匙。结果是从李莲英处得来消息说："太后近年来打算过一过安静悠闲的生活，想修建一个园子。但因为没有款项可筹，因此总是闷闷不乐。"在李莲英的这种有意说出和李鸿章的有心听取这一机缘凑合下，李鸿章只稍稍沉吟了片刻，悟得了话中的含意之后，便若有所得地连忙走到李莲英的耳旁，小声嘀咕了几句话。只见李莲英一面听着，一面不住地点着头。于是，李鸿章就高高兴兴地回到他的任地天津去了。

从此以后，李鸿章每当再向朝廷请求款项时，便再也不受批驳而是一请就准的了。

原来李鸿章的"附耳妙计"就是为了迎合慈禧的享受主义意旨，提议以筹款兴办海军为名，责成各省的地方官每年须向中央筹拨定款，好使慈禧从其中提出一半来，充作修建颐和园之用。这就是颐和园和李鸿章，特别是和李莲英的关系。

再说李莲英在当时政界中的潜势力。

在北洋的海军已经兴办了一两年之后，由于慈禧和李鸿章的互相拉拢利用，致把全国各地筹拨过来的人民血汗，平白地耗费了不少。但尽管是在封建统治者为所欲为的黑暗时代里，也得做出一些表面成绩来，才能掩盖一下全国人民的耳目。于是就在胡乱购买了几只军舰，形式上训练了几千名海军之后，便大吹大擂地宣布成立了新式海军。这时，慈禧便也煞有介事地特派醇亲王奕𫍽为阅操大臣，到天津来阅操。李鸿章听了便选派能干的官员给奕𫍽筹备行辕，并坚嘱务要准备得尽善尽美才行。不料这时，由宫中又来了一封密函，李鸿章看了，便又使准备行辕的人在行辕之内，再特别布置一个房间，并吩咐承办的官员，这个房间的局势，虽然要比奕𫍽住的地方稍降一等，但须力求其格外精致、清雅才行。并再三叮嘱务须妥善布置，不得稍有遗漏。承办官员们虽然是唯唯连声地不敢多问，却都狐疑了起来。在这个房间内，究竟是谁要来住呢？在行辕内外的布置都做得妥妥帖帖之后，李鸿章还不放心，在贵宾到来以前，更亲赴行辕查看了一遍。对于奕𫍽所要住的正房大厅，倒也不过是大略看了一遍，就算查看完毕。对于那个略降一等的厢房，却是非常仔细地做了周密的检查并且还挑出不少的毛病来。例如，这样的设备未免太粗枝大叶，那样的铺陈未免过于简陋，等等。官员们越发暗中惊讶起来，这间厢房到底是谁来住呢？为谁准备的呢？比醇亲王住的地方还显得重要，可是为什么却又不住正房呢？大家所抱的这个闷葫芦直到阅操的钦差大臣到来以后，才被完全揭破。

当李鸿章去迎接醇亲王奕譞，彼此做了寒暄之后，便立即向奕譞的一个随员，满脸堆笑地去打招呼并恭敬谦和地连声称他作总管。这时大家才知道，原来厢房里的这位贵宾就是在当时赫赫有名的太监李莲英。

到了行辕之后，李鸿章便照例同奕譞周旋了几句话，便又陪同李莲英到了这间曾经是个谜的华丽厢房。李鸿章还口口声声地说：“多多屈尊，请总管多加原谅。”可是李莲英却只是随随便便地看了一下，淡淡地说出了“费心”两个字而已。

这次装饰门面的大阅操不打紧，却又把层层剥削下来的海军经费，又给白白地糜费了一大笔，反正是由李鸿章随意一报销就算完事。再多花些也不过是慷他人之慨，还有谁能来过问呢？

自从这次阅操回来之后，李莲英在官场中的幕后势力和威风更是上涨了不知有多少倍，致使在宫中服务的人，都暗中呼他为“九千岁”。于是就有一个叫朱一新的御史上了一本奏折，文章有“李监随醇亲王阅兵，恐蹈唐朝监军覆辙”等语，不料慈禧看了后，却勃然震怒，立命把这个御史降了级。从此以后，更没有一个人敢非难李莲英的了。一般蝇营狗苟、钻营拍捧成性的官迷们，便都纷纷麇集在李莲英的门前，致使李莲英的臭名声一天大似一天。

李莲英贪赃受贿的一例：

听说过去有个姓王的大官僚，在袁世凯失败以后，曾在天津旧日本租界过长期的寓公生活，他常自豪地说平生曾做过一次很露脸的事，他说：“我曾奉了袁项城之命，秘密地把白银二十万两送到李莲英处，他见了这份厚礼，便佯作吃惊道：‘这如何使得，袁宫保不是要我的脑袋吗？’我听了这样的话便为了难，但情急智生地对他道：‘我们的袁大人倚仗您大力维持的地方多着哩，这不过是一点点孝敬之意，您要不赏脸收下，我可怎样回去交差呢？并且这件事，只有您和我们袁大人知道，这点小小的来往，又有什么关系呢？您收下这份礼物，不但是我们袁大人高兴，就是我这个做小差事的，也是感激您的盛情。您收下，就如同救了我一样啊！'李听了，想了一会儿，才放心地收下了。我回去把此次交涉的经过报告了袁项城，他曾拍着我的肩头高兴道：'老弟，你真有随机应变之才。像这样的事情，如果今天换了别人，非把这事搞糟不可！'我之所以得到袁项城的赏识，就是由于我的口才啊！"

李莲英的残忍性格之一例：

在德龄所著的《清宫二年记》中曾对李莲英的残忍成性和助纣为虐的行为做了概略如下的一段记载。

西太后是很珍惜自己的头发的，每天有一个专门给她梳头发的太监，和盘挽旗装的头髻。有一天这个太监因病请了假，临时换了一个太监来代替他，他知道慈禧最怕自己的头发脱落，今天担任起这一艰巨的差事，未免觉得心慌，但又不能辞，只得硬着头皮干，不料越是心慌，手脚就越发忙乱起来。于是，在他的木梳上，果然落下了一根很长的头发，再加上他又没有那个专门给慈禧梳头的太监的本领，不能把梳落的头发悄悄地藏起来，因此，他就越发心慌手乱了。按理说，偶尔落了几根头发，慈禧是不会感觉到的，可是却在镜中看见了他那张惶失措的样子，于是便问道："把头发梳掉了吧？"这一问不要紧，吓得他跪在地上直发抖。慈禧看到他这种样子就愈发生起气来，厉声道："把这头发照旧给我长到头上去！"他愈发害了怕，哭起来了。慈禧便命人把他带到下面，重责了几十大板。事后李莲英来了，慈禧便把适才发生的事告诉了他，他听了狠狠地说："一顿板子把他打死就得了，那样的人，留着也没有用处。"德龄对此事曾批评李莲英是个阴险狠毒的人，处处逢迎着慈禧的意旨，除了对自己以外，对谁都没有好心。

现在我再介绍一下小德张的事情。

小德张，也有人叫他小张德，我记得他的大名叫作张兰德，在隆裕处为大总管。在清宫中虽然没有李莲英擅权专势期间那样暴戾，但在慈禧死去后直到隆裕死时为止的三年之间，对当时政界的影响，有的地方是有过之而无不及的。

小德张和袁世凯的勾结。

从戊戌政变以后，一直到慈禧的死，袁世凯一直是在李莲英身上苦下功夫的，而从一九一一年袁世凯二次出山大显身手之后，所抓住的对象则是小德张。

利用他在隆裕面前的地位，使他充作给自己暗中效力的内应。

至于袁世凯在这历史重大改变中，对于奕劻和小德张等馈赠了多少贿赂，局外人固然无从得知，但从庆王府的富名满全国和小德张的房产遍京津来看，充分可以想象得到，袁世凯是充分地把他们给喂饱了。据说袁还欺骗奕劻说，将要立他的儿子载振为皇帝，因此颇得到奕劻在政治上的大卖力气维持他。

暂且抛开奕劻，光就小德张来说。自从辛亥革命以后，他便在北京永康胡同明目张胆地新建了一所穷奢极侈的大宅第，房屋之多，院宇之大，轮奂铺设之华美讲究，真是令人吃惊的。在他的这所宅第中，还修了一座专门模仿故宫御花园里养性斋的楼房，论起考究程度来，真是比清朝时代的各王公府邸还要高多少倍。

不仅在北京如此，就是在天津的旧英国租界内，他也曾盖有高大的西式楼房，这种阔气真是就连当年的李莲英，也万万赶不上他几分之几的。

原因就是袁世凯钻了清朝反动统治的空子，小德张也钻了资产阶级革命不能彻底的空子，所以他们才能够在人类历史向前发展的转折过程中，一个篡夺了辛亥革命的胜利果实，一个则是得到了袁世凯的巨额运动费，成为一个清朝历史中最有名的阔太监。

小德张的威风。

我乍一进宫当了皇帝，每到隆裕太后处问安的时候，如果碰到了他，还须照例先向他搭话，称呼他一声"张俺达"。当时连我对他尚须这样，那么其他的人对他，又该是怎样地恭维？听说他每天吃饭的时候，顿顿饭都有几十种的菜肴摆在桌上，并且他任凭自己的喜怒随意责打太监等。

在宫中他这样作威作福，还不能算是稀奇，奇怪的就是当辛亥革命成功隆裕死了之后，他还能在天津的外国租界内，以一个寓公的身份，做出一件骇人听闻的杀人惨案呢！

据我的岳父荣源说，有一天曾有一个阔家妇女跑到旧英国租界地的巡捕局哭求救命，她说她就是前清太监小德张的姨太太，并说他家中规矩奇严，童仆婢女经常要遭受他的笞杖，这次却认为她有玷家声，非要处死她不可，所以才拼命逃出来请求保护等语。尽管她九死一生地逃了出来，尽管她号啕痛哭地呼请救命，可是在那钱能通神的万恶旧社会中，她最终又被送回好不容易才逃出来的虎口，果然不几天，她就被小德张给大卸八块，尸首装入大皮包中，悄悄地被拿到市郊之外，掩埋起来完事。

从这里可以看出小德张的淫威，绝没有因为清朝封建统治势力一倒便被消灭掉，而是更在有钱能使鬼推磨的半封建半殖民地社会里，重又生下根发了芽，改弦更张地另以一副金钱万能的面貌，出现在当时的社会中。他仗着金钱的魔力能使一些可怜的妇女来做太监的妻和妾；能使一些中华民国的公民，在他的颐指气使下，受着他的奴役，受着他的竹板皮鞭；能使已经逃出他毒手的人，重又回到他的手里来，任凭他的摆布；能随意把人害死，分尸灭迹而不怕案情暴露……这是当时的社会就能容许他这样干下去，连一个为惨遭祸害的牺牲者表示同情，或是打抱不平的人，也找不到，这说明了什么？这既可以说明封建残余势力的可恨可憎；同时也可以说明殖民统治者的唯利是图，丝毫没有一点人性的地方。因此，还可以说明封建残余势力和帝国主义的一鼻孔出气的共同反动本质。此外，还可以说明帝国主义强盗是怎样把抢夺去的租界特权，除了利用它当作策划侵略阴谋的策源地之外，还利用它来作为包庇危害我们国家的失败军阀、亡命政客和无处容身的匪徒特务之类的逋逃薮[①]，好把这些人民的敌人保存下来，准备留作有朝一日充当汉奸走狗之用。至于一般人民，即使他们有天大的冤枉灾祸，这些租界当局是不会为他们表现出一点点同情之念的，是绝对不会为这些可怜的人去得罪他们所豢养的走狗的。

由这里更不由得回想到自己曾经身为帝国主义"药笼中物"时代的种种情形。言念及此，真是觉得悔恨得无地自容和惭愧得抬不起头来。因而使我愈发清楚认识了什么是反动阶级本质，什么是人民的立场。

十三、三岁孩子"登极"的滑稽剧

我先从三岁初次进宫的回忆说起。

---

① "逋逃"意为"逃亡的罪人、流亡者"，"薮"指人或物聚集的地方，"逋逃薮"是指逃亡者躲藏之地。

当我初次被抱进清宫时，虽然年龄仅三岁，但还有一些强烈的印象留在我的记忆之中。固然都是一些零星片段的东西，可是直到现在还能记忆，足见在当时对我的刺激是怎样大了。首先，使我永远不会忘掉的，就是当我初次看到西太后的时候，在那刹那之间，使我感到的是一种异常的惊恐。

因为我突然在一个陌生的地方，更看到了许多极其陌生的人，在那阴森森的床帐内，扶拥着一个瘦削得怕人的老太婆坐在床上，立时我就被吓得大哭了起来。我对于这件事的记忆就止于此，但后来长大后，又听到别人对于此事的补充说：

当时西太后看见我哭了，便叫人给我去拿糖葫芦。不料我用手把它接过来以后，就把它一下摔在地上，一边哭着，一边连喊"要嬷嬷（即乳母）""要嬷嬷"地闹个不休。

我这一喊"要嬷嬷"不要紧，后来在外边就传开了，说我哭着要找一个叫"毛毛"的孩子，并且还有枝添叶地说，叫"毛毛"的这个孩子，是我在醇王府时，经常陪我玩的一个对象，所以我才这样哭喊着要找他的。

暂且抛开这个莫须有的孩子问题，把话头掉转过来再谈慈禧。当她看到我这种不识抬举的样子时，她是感到了老大的不痛快，便说："这个孩子真别扭，让他上那边玩去吧！"于是我就被带到别的屋子里去了。

在这间屋子里，我又有一段片段的记忆：我仿佛记得这间屋子的周围都安装着玻璃，里面的纸窗都垂放着。这时正是夕阳向这里反射的时候，恰好就把在窗外来来往往的许多梳旗装"两把头"（即京剧中"坐宫"里的"铁镜公主"的装束）的王妃命妇的影子，映了出来，这时我看得出神就笑了起来，还连声喊道："看走马灯啊！这走马灯多么好看哪！"

这就是我入宫以来头一次被吓哭的概略经过。

我第二次被吓哭，是在光绪和慈禧都先后死去之后，我被我父亲硬给抱上了"宝座"，也就是所谓"登极"那一天的事情。

在一九〇八年，当我父亲载沣抱着我坐上了太和殿的皇帝宝座上后，正在那金鞭三响，金钟玉磬齐鸣，云锣鼍鼓铿锵迭奏，文武百官各按品级长跪叩头的时候，我这三岁的孩子，便又在这种素未曾见的大场面下，又被吓得大哭起来。当然，这位肃穆庄严的监国摄政王，由于我的这种"失仪"行为，把他急得满头大汗。在这样的时候，他既不能拿出惯性的父亲威风来呵斥我不许我哭；又不可能做出什么逗哄小孩子的举动，来让我破涕为笑。据说他曾在技穷之余，只能小声地安抚我说"别哭，别哭，快完了，快完了"而已。但在当时，饱受作弄和惊吓的我，绝不是他这几句不解决问题的温言所能安静下去的，我仍然毫不客气地在天子宝座上，向着王侯将相、济济百官号泣不已。这次我父亲可真急了，便顾不得什么体统不体统，而命令恭敬鹄立在两侧的侍从，把止哭的最后一个法宝——纸糊的老虎玩具递到我的手中。这个办法生效了，我不住地玩弄着它不哭了。于是这一幕"三岁孩子登极"的趣剧，才算是礼毕如仪。

我这一哭不打紧，却引起了当时一些醉心于唯心论的高官显宦们的口里嘟囔和心头懊丧，他们认为这乃是历代历史中所仅见的不祥之兆。尤其我父亲所说的"快完了"这样的话，更成为他们杞人忧天的唯一资料。到了辛亥革命成功，清朝封建统治被推翻之后，这些位大人先生，更振振有词地在茶余酒后大谈其"谶纬之学"和事后诸葛亮之见呢。

在一九二三年前后，曾一度当过清室小朝廷内务府大臣的金梁，就曾把这件事大笔特书地记在他所著的"光宣小记"里，内容是这样的：

"宣统登极，余未在京。有人赴太和殿观礼，见摄政王拥上座。上泣啼不止，左右颇惶窘。王招近侍进一物，上玩弄，始止哭。众既讶为不祥，而又疑不知所进何物。私问之，则庙会所售玩物曰虎小儿者也。"

以上所列举的就是过去我这个三岁孩子，在封建统治者的政治野心摆布下，被拖出了自己的家庭，离开了自己的父母，而当上了清朝末代皇帝的一些概略经过。

我第三次被吓哭，是在慈禧出殡的那一天。那时有很多的王公大臣和侍卫、太监等，都簇拥着我在慈禧的灵前叩头。在这种不寻常的情况下，我又被吓得大哭起来。不过，这次的哭，却和上次的哭不同，因为，在上次是由于我的不该哭而哭，致招来慈禧心中不大乐意，而这次哭则是哭对了，因为是应哭而哭。

照例在丧中祭奠时，必须举哀。说起举哀来，也是在过去旧社会制度中相沿成风的一种形式上的礼节。就是在祭奠时，照例得有两名或数名太监分站两旁，从口中连续喊出"嗳！""嗳！"的悲鸣来，这就是表示在哭泣，也就是所谓的"举哀"。请想这种貌合神离的假哭，只是由两行面无戚容、有声无泪的太监，规规矩矩地排列着，一个个口是心非地发出一种类似哭而实际上并不哀的哭声来，这不是引人发笑的滑稽场面是什么？像是这种专讲形式而不求实际的虚伪表现，在旧社会中，特别是在清宫中，真是触目皆是，指不胜屈。这就是封建王朝的种种制度愈来愈趋于腐化，愈来愈成为极端形式化的一种实际表现。

像是这种既可笑又可厌，并且还会使人憎恨的滑稽剧，居然能在光天化日之下，以国家盛典的形式，在全国人民的视听之下，扮演出来，真可以说是封建制度家天下的一个特征。本来一般的封建地主阶级，就是把这一部分土地和农民，硬给霸占为私有。每当老地主死去，只要是他的儿子或孙子，不管是几岁的儿童也好，或是吃奶的婴儿也罢，他们都有继承他们父亲而为下一代地主的权利。何况是身为封建地主阶级的中心的中心——最大封建主的皇帝，当然是更把私有的范围扩大起来，而成为"普天之下，莫非王土，率土之滨，莫非王臣"的大局面的了。我就是在这种坑人的制度下，从不懂事的三岁儿童时代起，就被人称作什么"真龙天子"或是什么"皇上""圣上""圣主"以及"万岁爷"之类，而我也终于居之不疑起来，认为这乃是当然的事情。人家向我叩头，对我跪着说话，甚至对我"碰头"（即叩响头。按旧例，在进级进等时，臣下须向皇帝把头磕在地上作响，叫作碰头谢恩），我也是司空见惯，不以为怪，不要说我的老师在朝贺等正式见我时，得向我三拜九叩地行礼，还须向我称臣，就是我的长辈如伯父、叔父甚至祖父辈的人，也得对我请安叩头，并自称为奴才（按清朝惯例，汉人称臣，满人称奴才）。甚至连我的父亲也得算是我的臣下，也须对我叩拜和自称为奴才的。不过是，在我当了皇帝以后，由于太后和王公大臣的细心体贴和在煞费苦心的研究下，才想出一个通融的办法来。就是在新年和我的生日等正式朝贺时，我父亲可以避而不见我。这样，他就不必向我来行君臣大礼了。至于平日，当我见到我父亲的时候，就按照家礼而向我父亲请安而不叩头。并且我也不喊他为父亲，只称他一声王爷。此外，对于我的母亲和祖母也都准此而行。换句话说，这只是一种私情而不是公开的礼节。

在过去封建制度的严格束缚下，我就是这样过着皇帝的生活。要不然，怎么要称呼皇帝为"至尊"呢？我过去的"唯我独尊""自命不凡"的思想，以及我那多年的皇帝迷，总而言之，都是从这样的饱含毒素的日常生活环境中，一点一滴地日积月累而成的。回想起来，真使我不能不痛恨过去的一切。

十四、我在宫中的家庭生活环境

我从一九〇八年三岁起，一直到一九二四年我十九岁时为止，都是过着宫廷的生活。现在回想起来，真使我觉得如同是做了一场光怪陆离的荒诞噩梦一样。在当时认为是理所当然、丝毫不足为怪的事情，但在今天想起来，简直觉得是怪诞到不可思议的地步。在我说来，过去那段迥异寻常的童年生活，可以说是给我整个的前半生打下了一个无穷无尽的罪恶的坚固基础。我恨那万恶的封建君主专制制度，更恨那罪恶的吃人肉、喝人血的寄生生活。同时也恨我自己，还恨那在过去对我溜须奉承的人们。我唯有把它痛痛快快地揭露出来，唯有把自己过去的一切罪恶暴露出来，这才是我今天学习改造过程中应有的态度，这样对于我，是对旧东西的一刀两断，对于旁人也是足供新旧对比的一些参考资料。

那么，我就按照衣、食、住、行的次序说起，先拿衣服穿戴来说。

清朝时代最尊重黄色，尤其是明黄色，认为只有皇帝、皇后等才能使用，自亲王以下只能用杏黄而不能用明黄。所以我所穿的朝服（等于大礼服）里子、系的腰间带子，甚至帽里子、坐垫、包袱之类，无一不是明黄的颜色。因此，这种"崇黄病"也就深深浸入我的头脑，认为只有自己，才配使用这种颜色。就连偶尔看到我的弟弟妹妹等，穿有近似明黄色的衣饰时，我也会板起脸来，叫他们换掉。至于雇用人等，更是连接近黄色边缘的东西，也不敢上身的了。

至于要谈起皇帝所穿的春、夏、秋、冬四季衣服来，也真够麻烦死人的。除了便服以外，还有朝服、袍褂（等于普通礼服）、行装、戎装、等等，真是和安徒生所著的"皇帝的新衣"那篇童话一个样，衣服是会把一个活人给生生捆住的。最讨厌的，就是得按一年二十四个节令的转移，来穿适合于节气的衣服。关于具体的种类名称，我现在已经忘得差不多了，现在只举尚在记忆之中的几个名称来概其余吧。例如，在春、秋时，有薄棉、夹衣、单衣，等等之分。在夏季光是纱类，就分有多少种，如实地纱、铁线纱、明纱之类。在冬季则有各种各样的毛皮衣服，如珍珠毛（胎羊的一种）、银鼠、银灰、大麦穗羊皮（滩羊皮）、天马（狐之一种）、青白獭、貂皮之类，都是以毛的长短、底绒的厚薄，来适应寒暖的程度的。

专门掌管皇帝所用的"冠袍带履"四项用品的地方，叫作"四执事"。在这个单位中也有十几名太监，专门担任着应乎季节调换衣履等项的工作。此外，在历代皇帝皇后忌辰（死的日子）时的素服，和历代皇帝皇后诞辰（生日）时的"花卉"（即吉服之意），等等，按期准备，也都是他们重要工作中的一部分。

按季更换衣服这件事，不但是我如此，就是在京的王公大臣，也都得按照"四执事"所按期发表的应穿衣服种类，各自按时更换（在过去关于更换衣服的日期和某王某大臣的请假谢恩、呈献贡物以及升级或调动工作等的每日政治概况等，都有一种粗印的小纸折子，每天在宫内分发给上朝的官员，当时把这种极其原始的印刷品，叫作"宫门抄"。据说还是后来政府公报的最初老祖先哩）。皇帝和那些王公大臣，当然不会由于更换几套棉、皮、罗、纱的衣服感到什么经济上的压迫，可是在京中做小官吏的，则未免对此要叫苦连天。不过是，在当时仍是有"穷思通"的妙法，可以用来补救的。那就是在棉袍棉褂的周围外缘镶上一条应乎节令的毛皮，还有名称呢，当时都把它叫作"出锋毛"。这样就可以鱼目混珠地把差使应付过去。最可怜的，莫过于有关"蟒袍"（即穿吉服时，穿在"褂"内的锦绣云龙花纹的礼服，名叫"蟒袍"）的小官吏哀话了。那就是一般的小官吏因为位小禄薄，有的连吃饭都发生问题，怎能买得起在宁绸或库缎之上绣有金银彩线的高贵衣料呢？但他们也不是没有窍门可找，他们会用高丽纸糊成的纸袍，在上面用彩笔画出张牙舞爪的金龙、彩色斑斓的海水，以及什么云、罗、伞、盖、花、贯、鱼、长之类的美丽民族图案来，这样就可以混杂在文武百官之中，高视阔步地在品级台前，朝见君王了。

在这里我还想附带着谈一下我在宫中时所戴的帽子。在穿朝服时，照例要在朝帽的中央顶上，安有一大串的珍珠，它的名称是"朝冠"。这是只有皇帝、皇后才能戴的朝帽。在穿袍褂时，则须在"昆丘帽"（春秋和冬季用）和"纬帽"（专门夏季用）上安有一颗大橄榄形大珍珠，叫作"珠顶冠"。再次一等的礼帽，则是在同上的帽顶上，安有一个用红线结成的大帽结（俗称为算盘疙瘩，正式名称为盘龙结顶冠）。这也是只有皇帝一个人才配戴的官帽。在穿便服时，我小时所戴的便帽，则是和一般的瓜皮小帽并无大差，只是上面的红算盘疙瘩要比普通的帽结大些，帽子周围的几块瓜皮也不是黑色的，而是在彩色缎子上绣有金线的长寿字之类的花纹，帽子前面，照例还要安上一颗珍珠，珍珠之下还要安上一块宝石，帽后还垂有一指绺差不多八九寸到一尺的红线穗子。至于我十四五岁以后，所戴的便帽，则是普通的红结黑缎瓜皮小帽，不过是帽前的珍珠宝石尚未去掉而已。

其次，我再说说关于饮食的事情。

在过去的旧社会中，很多人都传说，"皇帝的吃饭是吃一看二眼观三"。这是一种想象，是不合实际的，并且也不合乎中国的文法。"吃一看二"这还讲得通，至于在"看二"之后，又加上"眼观三"三字，则反倒有些讲不通了，总之，这种传说的由来，只不过是为了形容皇帝的奢华享受而已，是可以不必在字眼词句之间找什么确实根据的。现在我想谈一谈关于我在清宫中吃饭的事情。

一般人所说的吃饭，到了皇帝身上，便变为"进膳"。一般人所说的开饭或打饭，到了皇帝那里，则须说是"传膳"。一般的厨房，在皇帝则被叫作"御膳房"。一般人每日所吃的饭，在皇帝则称为"膳"。这固然只是一些字面上的差别，然而在改换字面的含义中，则并不只限于字面上的问题，而是在其中蕴藏有严重的阶级区别，这就和皇帝不说"我"而称"朕"一个样，就是为了要把皇帝的一切一切，都和普通人做出人为的天地的差别，好用来表示皇帝的绝对特殊性和至高无上的权威。同时也说明了这就是特权阶级的狂妄自大和一贯奴役人民的反动本质。

我在宫中，每天吃饭的情形是这样的，在我吩咐传膳的一声令下，便由在我身旁的太监（当时呼作御前小太监）应声虫似的把这声传膳的命令传到屋外的太监（殿上太监），然后更由其次的殿上太监传到鹄立在门外候令的御膳房太监，然后更传到其次的……就用这种逐个递传的方式，把这个传膳的声音，由我所住的养心殿，通过遵义门，更经过西长街直到几百米外的御膳房那里。

开饭的情形就更特别了，就如同旧社会结婚时"过嫁妆"的情形一个样。由冠戴齐整的御膳房太监把成桌子的菜都摆在许多盒子里，一齐端上来，再由小太监接过来给摆在桌子上。菜共有二三十种，点心有四五种，粥类有四五种，咸菜之类有十几种。端到屋里以后，先放两个一尺多高的红木桌架子，在上面再放上两张像是炕桌那样的长方黑漆桌子，和这两个桌子相连接，更放上一张八仙桌。在我椅子旁边还放一个长方形的长脚儿，那是为放咸菜和小菜之类用的。盛菜的盘碗并不大，都是烧有"万寿无疆"四个篆体字的彩瓷器皿。盘碗之上，都盖有银盖。每个菜内都放有约三寸长的一个银牌。据说是防范有人下毒药。其实有些毒沾到银质器具上并不见得能使银质物品变色，反而沾上一些鸡蛋黄和带碱性的白米粥之类的，它倒是会呈现一种黑黄色。现在且不必研究银质物品验毒是否合乎科学原理，从这里也可以看到封建制度下的专制皇帝，不论何朝何代，他们都是经常害怕有别人来暗算。因为，他们素日的所作所为，本来都是鱼肉广大人民来养活自己的罪恶勾当，当然他们要经常疑神疑鬼地来图谋尽可能地自卫了。像是那种日日夜夜战战兢兢的害怕心情，也是只有和人民为敌的专制魔王，才会深刻尝到的一种特别滋味吧！

皇帝所吃的菜，当然是多得惊人，可是"多而不精"这句话，却是最适合于说明御膳房的饭菜味道的。因为当时宫中厨房积弊过深，除了层层剥皮之外，它那暮气沉沉的工作作风，处处仍然脱离不了因袭光绪时代御膳房的成规惯例。菜都是在前一顿饭的时候，预先把它做好，放在炉灶上不使它冷却，所以每当听到传膳的接力式命令，便可以立即摆到盒内，鱼贯而来地端到我跟前。当然这样的菜，是不可能好吃的了。换句话说，就是和上祭的供品差不多，只是为了摆样子而已。

在隆裕太后活着的时候，她在每顿饭时，都给我送来七八种菜，她死之后，便改为四个太妃每人给我送五六样菜吃。这些菜都和我那"御厨珍馐"不同，都很精美可口。因此，我自己厨房的菜，就成为供我看一看的东西，而由别处送来的菜，则成为我每餐必吃的主要副食品了。

现在再谈一谈当时御膳房的机构组织概况。

掌管这个厨房事务的，有总管一名，各级的太监百余名，担任烹调的有二百余名。最可笑的，就是虽然在数字上，有那样多的大师傅，但在实际上，他们却不见得都有洗手做羹汤和烹羊宰牛的才能，他们也都是在封建王朝的家长式制度影响下，和皇帝以及亲王等一样，差不多也在世袭着祖和父的家传职业。例如，父亲死了，他儿子便可以顶替他父亲的名字，到厨房来工作，至于会做菜与否，那倒是次要的问题，甚至还有不少只挂上一个空头名字而不到厨房来工作的名誉御厨师哩！

在当时宫里，除了御膳房这一庞大机构之外，隆裕在世时，尚有太后专用的御膳房，而后四个太妃也各有专供自家用的厨师二三十名。

不但厨房如是，就是专门承做糕点的茶房以及治病的医生和药房等，也是各有各自的机构。现以御药房和太医院为例，皇帝有自己专用的贮存药材和配药的药房机构，有院长、副院长各一名，御医百余名的太医院。在同治的三个妃处另有一个药房叫作"寿药房"，也有医师二三十人。在光绪的瑾妃处，同样也是另有自己的药房和二三十名医生。

还有一件很可笑的事，就是每天在我吃完每顿饭之后，我那里带班的太监，还得照例向太后——后来则须遍到四个太妃处报告我的进餐状况。照例是到了太后或太妃处双膝跪倒，跪在地上说："奴才报告，万岁爷进了一碗白米或老米膳（就是白米或老米饭），半个馒首或是一个烧饼，一碗粥或是半碗汤。"最后还得附加上一句"进得香"（就是吃得好）来作为这篇报告的结语。这就是表示太后和太妃在挂念着她们的儿子，也就是表示她们在抚育着她们的儿子，而在尽着为母之道。其实前往报告的人，是背诵着千篇一律的词句，虚应故事地在说着未必完全切合实际的报告词，而听取报告的人，也是把这一天两次的报告，当作是左耳入右耳出的应有的东西。在今天想起来，在封建制度下特别是在积习重重的宫廷中，就是母与子的关系也会把它变成为一幕笑死人的滑稽剧的。不过是，在当时，这样的事，还是在日常生活中，绝对不可缺少的一桩重要行事呢。

附带再谈一下我在宫中喝水的问题。

在那时，宫中既没有自来水可喝，也不喝井里的水，而是每天在喝着北京西郊玉泉山的所谓"天下第一泉"的源头活水。要问这样的水是怎样取法？那就是每天有一辆或两辆大车，车上满载金属的大水罐，上面都用黄色棉布套罩着。大车插有三角小黄旗一面，上写有"上用"两个字，不论是谁都不能妨碍这个御用拉水车的行动。不但是在清朝统治政权当令时如此，就是在清朝政权被推翻直到我十九岁出宫为止，这种取水车也从来没有间断过。

总而言之，不论是帝王自己的享用，也不论是宫廷中的层层剥削机构的腐败透顶制度，我认为这些盘剥寄生的东西，就如同是寄生在人体中的蛔虫、绦虫一样。不但是这种寄生体的本身，一向全靠窃取人体内的营养来生活，而且还滋生出无数专靠吸取膏血而生存的寄生虫来。可是我在过去却错误地认为像是那些专靠我吃饭的太监等，都是抱住我死啃不放的寄生者，并没能认识到我抱住死啃不放的又是谁？还不是当时全中国人民的无数血汗和脂膏！至于围绕在我身旁的那些白吃饭的家伙，又哪一个不是从我所榨取来的劳动人民结晶中，来分取一些残渣余沥的分肥者。并且比较起作恶的程度来，他们还都是同时又受到我的压迫和榨取的可怜虫呢。这就是帝王的生活，也是我所饱尝的万恶寄生生活。

也许有人会认为，像我所尝过的那些养尊处优的宫中生活，一定都是舒服自在到了顶点的吧。当然不能说享受得还不到家，不过是，在那荒唐怪诞不近人情的宫廷生活中，我不但是挨过饿，并且还做过旧社会中小瘪三那样抓吃抓喝的事情呢！

在我六岁那一年，因为我吃糖炒栗子吃多了，就生了病，太后因为疼爱我，便完全推翻"我爱吃什么就给我什么，我爱吃多少就给我多少"的惯例，而亡羊补牢地定出了一个限制我吃饭的新办法，于是我就连续吃了一个月左右的糊米稀粥，结果是把我饿坏了，饿得像是一只饿狼似的。

有一天太后同我在"中海"边观鱼，她就命太监拿一些干馒头块递给我当作鱼饵。我因为饥肠辘辘，饿得实在难过，看到了这些鱼饵——干馒头，怎能不眼红呢？于是就利用大家都在看鱼喂鱼的机会，偷偷地把一块干馒头连忙塞在嘴里。当然我那种偷吃的本领还很幼稚，就被眼快的人给发现了。不过身为太后的人，是不能说出皇帝偷嘴吃的话来的。可是自从那天以后，我却再也得不到喂鱼的好机会了。

还有一次，我在宫中西大街散步时，看到由各王府贡献给太后的节礼，都是装在食盒之内，大大小小地陈列在那里。我就本着人类生存的本能，立刻跑到食盒那里掀开盖子一看，原来在那个盒子中，装满了香味扑鼻的熟猪肘子。这当然比那干馒头更能引人垂涎了，于是我就抓起一个肘子，拼命地往嘴里填。跟随我的太监，看到了这种情景，怕太后知道此事，他们会受到有亏职守的处分，便连忙飞奔过来，从我手中往外抢。就在这种各自立场不同的你争我夺的激斗中，因为他们人多势众，我却人小力单，最终这块已经到嘴的肘子，又没有能够让我随心所欲地吃到肚子里。

此外，还有一件令我不大愉快的回忆，也是由于我的贪嘴而来。

我小时常到我身旁太监住的地方去玩，看到他们在吃什么，我也过去要尝一尝。有一次我闻到他们烙馅饼的香味，便走过去抢了一个吃了就走。

这还没有什么，不过有一次却吃出麻烦来了。这就是有一次我一连吃掉了六张春饼，事后负责太监知道了此事，怕我吃多撑出病来，便想出了一个异想天开的消食新法。方法是使两名太监架起我的两只胳膊像"砸夯"似的把我的身子提起往坚硬的砖地上蹾，一连蹾了二十几下才算是"医疗"完毕。那次我所以没有被六张春饼给撑坏，引用他们所说的话来说，就是仗着这一猛蹾才会遇难成祥地帮助了我的胃部消化。可是我在今天，却自己在庆幸着，居然没有把我给蹾出盲肠炎来。

其次，我想谈一谈我的乳母王二嬷的事情。因为这也是和我吃的问题有关，同时，也是和封建专制制度的残忍本质，有着莫大关系的。

我的乳母姓王，就是我在乍一进宫时，大哭大喊要找的那个"嬷嬷"。她从十九岁就因为家计贫寒，不得不把自己亲生的儿子，一狠心寄养在亲戚家，而到醇王府去当我的乳母。我不但在三岁进宫时，还在吃着她的奶，就是到了宫中之后，仍然是继续在吃着，一直到我九岁用牙咬伤了她的乳头，才算是不得不断了奶。光就这件事来说，现在的人听到了，也一定觉得可笑。但是在旧社会中还有人这样说，我的身体所以如此健康，未尝不是由于长年吃了人奶的缘故。有人说这样的话，我认为并不算奇怪，因为在旧社会中的某些人不可能懂得生理上的常识，同时，在那封建王朝的势力下，每月拿出几块钱来，就能把贫苦家庭妇女的母子关系给隔断。不但如此，就连人家一辈子的家庭幸福也能在这几块钱的压力下，使她不得不牺牲掉。

据说醇王府对待乳母比对待一般老妈子要优厚得多。但这并不是说对乳母会有怎样的温暖照顾，只不过是如何以比较丰富的饲料来喂乳牛一样，目的是为了要多挤出她的奶来而已。因此，给乳母吃的东西，差不多都是一些富有营养的食品，例如，经常使她吃些蒸肘子、炖肥肉之类的。不过是，这些好吃的肘子和炖肉之类，并不是让乳母舒舒服服地吃下去，而是让她忍受着痛苦不敢不吃。因为，是在这些油腻肥厚的东西中，既不许放盐，更不许蘸着酱油等带有咸味的调味料来吃，就等于强迫她无病而长期吃无盐食物一个样。理由是吃了带咸味的食物，会对婴儿不利。因此她为了要活下去，为了自己的爱儿，只好无条件地去履行这种当乳母的义务！这就是过去封建家庭中，对于乳母的所谓优遇。

但是我乳母所遭受的精神上、肉体上的痛苦还不止于此。当我入宫以后，我那乳母唯一心爱的儿子，终于死在别人的家里了。这时在宫廷中，为使我的吃奶不致受到影响，便下了一道冰冷的严厉钳口令，说是如果有谁胆敢把乳母儿子死去的消息传到她的耳中，便对谁严惩不贷。因此，我那可怜的乳母，一直过了多年之后，才得知她的儿子死去的消息。

再次，便是我"住"的问题。

自从我入了清宫之后，便住在钟粹宫，后来又住上了长春宫，是在敬懿太妃所住的太极殿后面。当我稍稍长大之后，便移到养心殿去住。那个养心殿是一座"工"字形的房屋。据说从雍正起一直到我，都是曾在这里住过的。就是在这座宫殿里，也曾有几代君主，过了多少年的骄纵放荡生活，干过多少样残害人民的血腥罪恶啊！例如，咸丰就曾和镇压太平天国起义的大汉奸曾国藩在这里行过最隆

溥仪在养心殿配殿前

重的君臣抱见礼；就连我也曾在这里见过祖国人民的叛徒张勋……总而言之，这个养心殿是和清朝的几百年历史有关的。

在这座历代帝王曾经住过的华丽宫殿中，虽然在表面的殿壁楹柱上随处都能看到什么"中正仁和""节用爱民"并"无逸"等的美词丽句，同时，也可以看到整整齐齐排列着的"历代圣训"等充其量都不过是装饰门面而已。在实际上，这些位威震一时的统治者，全都是些外强中干的怯懦独夫，不然，为什么会在这座统治全中国的大本营——养心殿的寝室中，会居然没有忘掉开一个暗藏在画轴后面准备随时逃命的暗门呢？这就和每个菜必须派专人尝了之后才敢吃，每剂药必须使专人尝了之后才敢服用一样。像是那些"君有疫，饮药，臣先尝之"的鬼话正是封建专制君主为了掩饰自己的疑心暗鬼丑态，所以才使专门给自己捧臭脚的奴才，给造出这种强加于人的额外义务的。并且这种随时准备逃走的事情，也不是孔家店学说中所称许的什么"安不忘危，治不忘乱"的所谓有备无患。实际上确是这些位一贯残民以逞的君主们，在其内心里，总是害怕被骑在自己身下的广大人民群众，随时都有翻身而起的可能，所以才这样处处提心吊胆，经常过着食不甘味、寝不安席的草木皆兵的生活。所以他们所谓的朝乾夕惕，所谓的宵衣旰食，这只不过是那些专制帝王一种自欺欺人的烟幕，实际上正是他们战战兢兢害怕人民革命的实在心情。我觉得孔老二所谓的为君难，也许就是指这种为君的可怜相而说出来的真心话吧！为什么我们新中国的人民领袖毛主席以及以苏联为

首的各人民民主国家的各位人民领袖，都能扎根在人民之中，和人民成为血肉相连的关系，而处处受到广大人民群众的热爱和衷心拥护呢？这就是前者天下皆瘦而我独肥，后者则是诚心诚意为广大人民服务；前者是以一小撮的封建专制独裁者来统治，剥削着绝大多数人民的人民公敌，而后者则是为了绝大多数人民的独立和自由，而领导人民站了起来，打碎了几千年来紧紧套在人民身上重重桎梏的人民救星——共产党。这就是二者在阶级本质上的根本不同之处，二者是不能相提并论来做比较的。

此外，在宫中给皇帝服务的单位据说共有四十八处之多，例如，管做饭的叫御膳房；承做糕点糖果的叫御茶房；掌管图书笔砚的叫懋勤殿；担任冠袍带履的叫四执事；保管钟表的叫自鸣钟；专门在内廷抬轿的叫尚乘轿；从事音乐戏剧的叫升平署或南府；兼作为虎作伥的角色而以太监打太监出名的地方，则叫作敬事房……诸如此类，全部的单位名称我也记不清楚。总之，在当时曾有这么多的单位，这样多的人，在伺候着这个皇帝。此外，还有担任治病的太医院，担任绘画的如意馆，和担任宫外骑乘的"銮舆卫"等庞大臃肿的机构尚不在内。

管理这四十八个单位的有一名高级太监，当时把他叫作四十八处都总管。其下尚设有九个总管分掌着几个单位的管理事务。另外在我身旁的还有总管一名、二总管一名，带班两名和御前太监两组各约十名内外，他们是在带班的率领之下轮流着隔日一上班来服侍我。此外，还有担任房内外清洁整顿的太监几十名，在当时叫作殿上太监。像是太后和尔后的四太妃以及我的妻子等处，也各有一群县体而微相当数目的总管太监等服侍着她们。

宫中太监的数目，西太后在世时曾有过三千多名，后来逐渐减到一两千名，辛亥革命以后，虽然由于太监的来源枯竭，然尚有八九百名之多，后来在我解散了大批太监之后，在宫中尚有百余名上下之数。不过是，却又添补了非太监的普通雇佣人不少，小朝廷的架子并未瘫倒下来。

现在谈一谈关于"行"的问题。

先说一说我在宫中行动时的皇帝排场吧。

按照定例，太后和皇帝就是在日常从甲宫到乙殿或是偶尔到御花园散步时，也得像一窝蜂似的有多少太监前簇后拥着，大约总得有几十个人的程度吧。走在最前面做开路先锋的是皇帝的打手——敬事房的太监，他的任务就如同汽车上的电气喇叭一个样,像看到了人或是在尚未看到人而有碰到人之虞时,他便会源源不断地在口中用舌头和唇的动作发出"嗤""嗤"的声音来。目的是为了要报告人说:皇帝驾到,要急速回避的意思。在他相当距离的后面,有两名总管太监鸭步鹅行地走在皇帝的前面,叫作摆队子。在他们之后,就是行列的中心——太后或是皇帝了。照例是有两名太监分为左右搀扶着前进(我幼时也曾受过这样的待遇)。在这后面还有一大队的太监各司其事地紧紧跟随着,形成一条不甚规则的长长尾巴。其中有徒手随行的,有捧持"马扎"(折叠式小凳子)准备随时坐下休息的专职太监,有手捧包有备换衣服的专人。还有药房的太监,则是挑着常备的药品,如灯心水、菊花水、芦根水、竹叶水、竹茹水等,如在夏季还得准备有藿香正气、六合定中、金衣祛暑、香糯丸、万应锭、痧药等暑药,以及帮助消化油腻或食伤的三仙饮,等等。还有御茶房的太监携有糕点糖果以及常备热水壶之类,另外还有拿着雨伞旱伞的专人。最滑稽的莫过于殿在长尾巴后面的专门捧持大小便器的太监了。如果不愿坐轿时,最后方还得跟着八人抬的一顶黄色空轿。光就轿子而论也是有暖轿和凉轿之分。在夏天用纱窗纱帘的纱轿,冬季则用内部装有灰鼠和貂皮的暖轿。至于在新年时,或是正式典礼时,轿子内部画着佛像,在轿前除了两名摆队子的总管外,还须有两名身着五颜六色绣衣,各执一个金练垂悬的金质香炉,香烟缭绕地走在轿前。这时,抬轿的太监也都须穿上红色带花的衣服,戴着插有黄色羽毛的帽子。这就是皇帝在宫中的行动排场。

十五、王公、"黄带子"和八旗

在那清朝封建专制的家天下时代,那些专门给专制君主做爪牙的横行无忌的皇亲贵族就如同专制帝王的大大小小卫星一样围绕着它,形成了一个黑暗势力的大威力圈,他们就是凭借着这种黑暗势力统治祖国广大人民达二百余年之久的。

他们这些特权阶级的形成,也是按照着宗法家长制度的原则,以血缘的亲疏远近关系来决定近支皇族、远支宗室、觉罗和满蒙汉八旗的塔形层次的。

1. 近支皇族

在近支皇族之中，也是有着不同的等级地位的。例如，亲王就有三种：第一种是在清初时代的所谓开国征战中，曾经立过功劳的皇族，例如，射死张献忠的肃亲王豪格，下江南的豫亲王多铎，如借着汉奸吴三桂叛变而带兵入关统治了全中国的睿亲王多尔衮等八大家。在清朝势力巩固以后，便都被封为世袭罔替的亲王——铁帽子王。第二种是历代皇帝的儿子被封为亲王的。不过这种亲王却不是世袭罔替王爵，而只是限于他一生的爵位。他死后，他的儿子必须降袭一等为郡王，再下一代则须更降袭一等为贝勒，一直降到公爵（辅国公、镇国公）为止。最后的一种是既不论他已经降袭到什么样的爵位，也不论他的血统远到什么程度，只要是被认为有了功绩，便也有可能被封为世袭罔替的亲王。如奕劻贝子的被封为庆亲王，我祖父奕谭以及奕䜣郡王被晋封为醇亲王和恭亲王就是这样的。

亲王之下为郡王、贝勒、贝子之爵，然后是公（镇国公、辅国公），之后是将军（镇国将军、辅国将军、奉国将军、奉恩将军十等）。

2. 远支宗室

在同样的远支宗室中，也仍是有着亲疏远近大小高低的层次的。

宗室在过去也呼之为"黄带子"。因为在清朝统治时代，凡是比较宗支近些的宗室，不论有无爵位，都得在腰间照例系上一条杏黄色的带子。别看这一条黄色带子，没有什么了不起，然而在当时的"尚黄时代"中，普通人是绝对不准系的，因为它标志着宗室的特权身份，在当时的社会中，是起着横行无忌的特殊作用的。因为有了这一特别标志之后，便可以狐假虎威地去欺压一般人民，就是为非作歹，也受到当时法律的保护。据说对于黄带子，不论是谁也不许侵犯他们的身体和诟辱他们的祖先。辱骂他的祖先，就等于辱骂当时皇帝的祖先一个样，这在当时那还了得！不但如此，就是和他们去打官司时，一般人民所受的待遇也是和他们完全不同的。普通人到了公堂之上，须跪在地上和地方官说话，而黄带子则可立而不跪。普通的人有时还得伏在地上受拷打，跪在地上受骂，而黄带子则是既打不得尤其是骂不得。这些还都算是小事，最令人不平的，就是不论多么大的地方官，也没有杀黄带子的权力。除了"宗人府"（专门办理皇族宗室案件的皇帝直辖机关）能够秉承皇帝的命令来惩治这些"龙子龙孙"外，任何人也是奈何他们不得的。所以，在当时的黄带子，简直成为封建社会中经常威胁人民、荼毒社会的一群地痞恶霸，在清朝二百余年之间，真不知曾欺侮过多少有冤无处诉的广大人民。

其次，就是"红带子"了，当时也叫他们为"觉罗"，是比黄带子的支派要远些的爱新觉罗氏的宗族。因为他们也都是宗室的关系，虽然腰上所系的带子颜色不同，但那也只是和黄带子来做比较的问题，对于一般人民，他们仍是有着吓唬人的政治资本的，像是在街上的横冲直撞、打人骂人、为非作恶、遇事生风的无赖举动以及在地方官面前的摆架子，等等，也都是比黄带子并没有一些逊色，同样在旧社会中也曾抖了二百多年的威风。

最后，再谈一谈"八旗"的事情。

在八旗之中，也仍有着"满八旗""蒙八旗"和"汉八旗"之分。当然是在满族皇帝的一统江山里，满族的八旗要占最优越的地位。其次才数得上蒙古族的八旗。到了最后才轮得上身为汉奸的汉族八旗呢！

八旗本是当时军队的一种编制。在清朝的统治势力达到全中国之后，八旗的官兵便在开国有功的名义下，成了一批养尊处优的寄生团体。他们逢年按季受着优厚俸银、充足禄米的经常豢养，官职也是祖祖代代世袭的职位。只要家中子弟到了法定的适龄时期，便可以在一种骑马射箭的形式上的测验之下，就能够当上只领饷银而不必身入营门的八旗兵将。有的则被分派到各省的要去冲当那监视人民的特务和镇压人民的刽子手。田地房屋是应有尽有。孩子一生下来，就被记入旗丁名册内，可以说是绝对用不着发愁没有拿钱不办事的官儿做。根本也不必顾虑什么一家人的生活问题，只要能在一年之内，固定的几次轮训参练时，前往画个到，便算是义务已经尽到，而可以优游岁月的了。所以，在清朝二百多年来，就把那些曾经号称"朔方健儿"的八旗兵士，逐渐养成为一群不劳而食，只知吸鸦片、干赌博、酗酒、狎妓、提笼架鸟的无业游民。坑害了他们还算小事，可是在这二百多年来给予全国人民的灾祸，真可以说是说也说不完的。

这都是谁的罪？

怪他们这些人吗？

他们在当时，也不过是被野心帝王利用过的一些可怜的炮灰。全部的罪恶，仍然是得由这些统治全中国的封建君主来承担这所有一切的。

关于所有的王公、"黄带子"以及八旗人等的具体的骄纵不法生活的细情，我想用不着一件件地来做介绍，只要本着射人先射马的宗旨，把我所熟知的醇王府内的概略情形以及其他各王府中的几项突出的事例举出来，也就可以举一例百，依此类推的了。

醇王府的概略组织是这样的：

总管王府事务的有长史一名，这是由宫中所派，然在实际上他只是一个高高在上的名誉官。实际能够帮助王爷作威作福，瞒上压下的，则是管事处里的管事官，就如同宫中的四十八处都总管一样，只是不是太监而已。在管事处之外，尚有庄园处，乃是假借王府的势力，亲自下乡逼勒佃户、督促田租的实际负责人。就和"白毛女"中的穆大管家一个样，确是个迫害农民的罪魁祸首。此外还有随侍处，则是专门在主人出门时，做簇前拥后的护卫工作的。另外还有厨房管烹饪，司房签出纳，裁缝处担任缝纫事务，祠堂主管祭祀祖先和神佛仪式，等等。

在内院还另有首领太监一至二名，回事太监二至四名，服侍老福晋、少福晋、王爷以及世子等的大小太监共十余名，散差太监（担任洒扫杂役的）二十余名，以及老妈二十八名，丫鬟几名，等等。总计起来也会有百数十名之多（还有马厩、车房、看管"纳寝"坟墓的专人和管理花园别墅的专人等，尚未计算在内）。

总之，亲王府也就是仅次于宫廷的一个特权阶级的存在。

宫中有"宫中则例"，府里也有"府规"。像是责打太监、丫鬟，酷使"拨役"（在王府中有一种世世为奴的使用人，当时呼作"拨役"。据说就是过去在战争中捉来的俘虏，由分封时连土地一齐拨过来的），威逼佃户以及种种骄纵残狠的情形，可以说是在二百余年来一直是有加无已的。

我现在列举几桩在王府中比较突出的令人发指的实际例子。

在清初礼亲王府中，曾有王爷平日很宠爱的一个伶人。有一天，这个伶人曾向王爷打听当时政治上的一件事情，这位王爷马上变了脸，就把他立毙杖下了。事后，还有人称颂这位草菅人命的杀人凶手能识大体和公正无私呢。

在清末时，豫亲王府中素以虐待丫鬟闻名。每当笞打丫鬟时，总是使受责的人，自己把竹板子取来，然后自己再褪退裤子，伏地受笞。不论责打多少，也不准受责的人转动一下身躯，如果稍一转动，便把责过的笞数全部不算，重新由第一板打起，直到全数答完才许起立。起立之后，还须向主人叩头谢罪，才算罢休。就是到了中华民国以后，还听说这个府中的老福晋曾亲手打死一个丫鬟呢！

在醇王府的妙高峰阳宅（坟地内的别墅）内，一次因为失了盗，遂把看坟人中的一名嫌疑者，交给当时地方衙门处以死刑。

我还听我弟弟说过，他幼时曾看到祖母抽屉中放有佃户们所具的"甘结"①，上面写有"下次定当如数补足欠下的田租，如再不补足时，情愿受法律上的制裁，决无异议"等语。从这里可以想得出饱受剥削的贫苦佃户，是在怎样威胁之下，才会写出来这样的血泪字据，真说不定在这几张农民的"甘结"背后，会有多少卖儿鬻女、家破人亡的惨剧等待着这些穷而无告的贫苦人呢！自从看了"白毛女"电影之后，愈发使我有此感觉。

像是这些使人愤恨的罪恶事实是说也说不完的。总之，这就是封建帝王统治下的普遍事实真相。反正那些惨遭祸害的，都是一贯被压在他们身子底下的所谓"小民"。他们的死，也就如同一只羊一只鸡鸭被人宰掉一样，还有谁来同情？既然能把猪羊鸡鸭之类的欢蹦乱跳的生物，为了要吃它们，而把它们说成是"人间一口菜"，那么对于王府福晋打死丫鬟，王府庄园处逼死佃户，在那样黑暗反动统治的社会中，把它们说成是"严肃治家"和"惩戒刁民"，又何足为怪呢？在那样人吃人的血腥社会中，是不会找到什么人道主义，什么人格和人权来的。

尽管那些反动统治者，在那样长期间内欠下了那样多的血债，可是在人民打垮了这些恶魔的统治之后，对待他们却既不是报复，更不是记恨前仇，而是拿着人道主义的无限恩情，普遍地施加到他们的身上。这真是只有在人民的天下，只有在人民已经当了家、做了主之后的新中国，只有在共产党领导的人民民主专政政权下，才能够有这样以德报怨的无比宽大政策，才能在马列主义改造社会、改造人类的伟大科学理想下，把这帮杀人不眨眼的鬼卒和魔王，都一个个地有了脱胎换骨、重新另做新人的机会。

这就是我对这第一章的全部总结。

---

① 旧时交给官府的一种画押字据，表示自己愿意承担某种义务或责任，如不能履行则甘愿接受处罚。

第二章　关上家门做皇帝的紫禁城生活

一、辛亥革命与清朝封建统治势力的崩溃

自从义和团人民伟大运动在我国北方展开以后，首先是洋务派官僚如李鸿章、张之洞、刘坤一辈，便在帝国主义的操纵下，把对外投降、对内镇压的反动卖国政策公然地实行出来，形成了"东南互保"的奇怪局面。跟着以慈禧为首的守旧派，也因为遭到了帝国主义的痛打，便也随风转舵地来了一个一百八十度的大转变，和洋务派合作起来。于是，这些反动统治势力就更进一步地配合着外国侵略军队，内外夹攻来镇压起义的人民了。

当帝国主义各国在一九〇〇年共同派遣侵略军到我国来的初期，曾经大喊大叫要用武力来瓜分我国，但由于中国人民在这一反帝伟大斗争中表现出民族团结的巨大力量来，因此使它们不得不把各自的如意算盘重新另打一遍；更由于帝国主义列强之间因为分赃不均的问题，已由同床异梦的矛盾，逐渐扩展到争食相咬的地步。这时，美帝国主义害怕各国乘机把它们的势力圈变成它们的殖民地，使自己的侵略利益受到排挤，就把保持中国领土完整及行政完整的挂羊头卖狗肉的骗人幌子挑起来，达到"门户开放，机会均等"的分赃目的，于是，把维持清朝反动政权来作为"以华治华"的新侵略方针了。

辛丑条约签订以后，不独各帝国主义国家的侵略本质越发暴露无遗，就是清朝反动政府的卖国殃民本质，也同时暴露得清清楚楚。再加上九亿八千多万两的庚子赔款以及一连串随之而来的丧权辱国条约等，就愈发激起广大人民的无比义愤。

除了辛丑条约后的大赔款之外，尚有各个地方对于教堂教民不计其数的地方

赔款也都跟踪而来。难道说这些赔款都是由清朝反动统治者的身上拿出来吗？难道地方的官吏能够自己拿出来吗？不是的，仍然是由广大人民身上去想办法。这些都是通过榨油式的苛捐，敲骨吸髓式的苛税，从人民群众中硬挤出来的。

跟着，日本和帝俄两个帝国主义强盗又在我国东北打了一年零七个月（1904年2月至1905年9月）的分赃不均的仗。可是当时的反动清朝政府，却眼看着外国的军队在自己的领土上进行着不可容忍的战争，眼看着自己的同胞在两军炮火之下纷纷丧失生命，在两支外国侵略军的蹂躏之下，使我国无数人家的田园庐墓化为灰烬，使一家老幼妻离子散，颠沛流离，而不知羞耻地宣布了中立。这种历史上绝无仅有的奇事，竟会在清朝政府唾面自干的政策下，堂而皇之地做了出来。并且还在这种无理取闹的战祸结束后，更恬不知耻地承认了打赢了的强盗——日本来继承帝俄在我国东北的种种非法利益。不但如此，还变本加厉地给予这个殖民地的新"主人"以窃据我东北的种种新权力。

再加上这个腐败透顶、反动到家的清朝统治政权，在这样的坏事做尽、脸面丢尽的情况下，反而要一箭双雕地既想借着图谋自强的机会来敛财；更想借着这个机会来增强自己镇压人民的武装力量；同时还可以借以缓和一下国内的尖锐阶级矛盾，于是就要出来一连串假维新的卑鄙花招，想来缓和一下国内人民的仇恨心理。例如，什么编新军、废科举、办学堂、派遣留学生、颁布商律，以及后来的准备君主立宪，等等，便都成为筹饷理财的好借口，而愈发加紧了对广大人民的无情压榨和多方欺骗。

广大人民就是在这种忍无可忍的情势下，在各地纷纷展开了抗捐拒税的正义斗争的，例如一九〇二年刘永清、景廷宾领导下的河北广宗人民的蜂起起义，一九〇三年广西人民的反抗捐税的农民起义，一九〇四年在夏廷义领导下的乐平人民的反捐拒税群众性大运动，等等，都和百川汇海一般，集结成为资产阶级和小资产阶级反对清朝反动统治的伟大革命斗争洪流。

尽管在帝国主义和封建势力的结合下，英、法、德、美四国银行团的联合侵略机构已告完成，日本和帝俄也把化敌为友的阴谋企图和分占我国东北利益的实际行动表现了出来，尽管这些帝国主义强盗们想要给气息奄奄的清朝反动政权拼命来打强心剂，好利用这帮忠顺奴才，来替它们做一个挡箭牌，尽管清朝反动统治者调兵遣将接二连三地镇压了多少次的革命势力，但在各地的纷纷起义的影响下，更在各地保路运动的浪潮推动下，成为我国民族历史伟大转折点的辛亥革命，便终于在一九一一年十月十日在武汉爆发了。于是，湖南、陕西、江西、云南、上海、浙江、贵州、江苏、安徽、广东、广西、福建等地都先后宣布了独立，沿江的海军也起义参加了革命。清朝的反动统治势力，便在这种历史伟大转变的车轮下，宣告土崩瓦解。

结果是清朝的"皇族内阁"破了产，穷余的一策只能是求助于北洋军阀的大头子袁世凯了，同时各帝国主义也对清朝这个扶不起来的阿斗灰了心，于是，也都认为除了袁世凯之外，再没有别人能阻挡中国革命的洪流了。因此，袁世凯就在这帝国主义和封建残余势力的复杂微妙关系中，登上了当时的时局舞台，采取了利用革命来压制清朝，同时又利用清朝来打击革命的双重手法，完全把清政府的军政大权安安稳稳地弄到自己的手中，以此作为达到他的野心的政治资本，而开始去干那篡夺革命胜利果实的政治讹诈勾当。

结果是，虽然以孙中山先生为首的革命的南京临时政府于一九一二年一月三日正式宣布成立，但由于资产阶级和小资产阶级领导下的革命政权，没有彻底的人民革命性的缘故，终于在君主立宪派士绅的参加和前清政府官僚的混入下，在当时各帝国主义国家的明枪暗箭的阴谋破坏下，在袁世凯的加紧卖国的罪恶活动下，致使袁世凯的政治骗局成功，而使这一个伟大的辛亥革命，虽然在根本推倒数千年来的封建君主制度方面，做出了民族革命的辉煌灿烂的成就，并且也给我国社会发展，开辟了一条划时期的康庄大道，但是，却在革命不能彻底的致命伤下，与敌人做了妥协，特别是没有能够把帝国主义和封建势力当作同一敌人来看，所以结果是使这一伟大的革命事业，在国内外敌人的合谋夹攻中，以暗淡的失败而告终。

不过，辛亥革命乃是我国社会向前发展中的一个重要转折点。这一点，却是肯定的，是谁也抹杀不了的。

二、中华民国首都中央的"小朝廷"

自从辛亥革命以后，根据当时的所谓"清室优待条件"，我仍旧居住在紫禁城，仍然保留着"皇帝"的所谓尊号，仍然是居之不疑地在中华民国对待外国君主的礼遇下，过着关起家门当皇帝的养尊处优的生活。

从这里也同样可以说明一九一一年的辛亥革命只是打倒了清朝的反动统治政权，并没有挖出几千年的根深蒂固的封建君主的根子，并且也没能够把帝国主义和封建残余势力的勾结给一刀两断，所以才会在当时，出现了一种不伦不类的怪现象。就是在北京首都内，既有堂堂的中华民国政府和中华民国大总统，同时在那里的紫禁城内，又有依然如故的清室存在，并且还须由中华民国政府每年拿出四百万两的民脂民膏，豢养着这群包藏祸心、口服心不服的一小撮封建余孽，使他们在合法存在的掩护下，拿他们过去的政治地位和声望，来作为危害中华民国的政治资本。在光天化日下，居然有这种荒唐滑稽的怪事。

我就是曾在那扑朔迷离的时代中，一直就在"优待条件"的障眼法下，过着紫禁城小朝廷的安富尊荣享受和寄生生活的。

"优待条件"的全文如下：

第一款　大清皇帝辞位之后，尊号仍存不废。中华民国以待各外国君主之礼相待。

第二款　大清皇帝辞位之后，岁用四百万两。俟改铸新币后，改为四百万元，此款由中华民国拨用。

第三款　大清皇帝辞位之后，暂居宫禁。日后移居颐和园。侍卫人等照常留用。

第四款　大清皇帝辞位之后，宗庙陵寝永远奉祀。由中华民国酌派卫兵妥慎保护。

第五款　德宗陵寝未完工程，如制妥修。其奉祀典礼仍如旧制。所有实用经费，并由中华民国支出。

第六款　以前宫内所用各项执事人员，可照常留用，唯以后不得再招阉人。

第七款　大清皇帝辞位之后，其原有之私产由中华民国特别保护。

第八款　原有之禁卫军归中华民国陆军部编制，额数俸饷特别保护。

此外，还有"关于清皇族待遇之条例"从略。

所以，我从一九一一年起一直到一九二四年止，都曾在那小朝廷体制内，拥有给我办事的各个机关和人员。如宗人府、内务府和看守历代祖先陵墓的守护大臣并内务府大臣管辖下的"上驷院""銮舆卫"以及护军，等等。另外，还有实亡而名存的什么御前大臣、"御前行走"、御前侍卫和在乾清门每日轮流值夜、从头等到三等的乾清门侍卫，等等。终于使我在那封建专制思想意识仍然极其浓厚的宫廷生活中，把我唯我独尊的封建统治阶级的反动本质，毫无遗憾地给培植繁育起来，而成为一个极端自私自利、狂妄自大的罪恶典型人物。

在那几年的小朝廷生活中，曾使我认为最突出的事例是：每当元旦和我生日时，各王公大臣等，仍和当日清朝统治势力尚未被推倒前一样，从他们的各自府第、邸宅中，就把清朝的蟒袍补褂、红顶花翎打扮停当，并带着恰如其分的仆从家丁，仍是由官衣官帽骑在马上的"顶马"（开路前驱）和率由旧章的从骑簇拥着他们从大街小巷官气十足地齐集到神武门前下车下马。然后更在神武门，有的坐上宫中特许的二人肩舆，有的则跨上特许的乘马（按照清朝的旧制，对于王公大臣，有赐乘二人肩舆和特许紫禁城骑马的优遇办法），有的则三五成群地结队步行到乾清门外，等待着箫鼓齐鸣、钟磬迭奏的朝贺。虽然在那时，保和殿、太和殿已被划出小朝廷的势力范围之外，但是乾清宫却仍然被用作点缀小朝廷最后"尊严"的唯一处所。而这些专摆虚架子的满蒙王公、有名无实的大臣和恋栈不去的遗老们，便都在这种三跪九叩的礼节中，重温一下过去的旧梦，也可以说是聊胜于无地过一过开倒车之瘾吧。

这在当时已经可以算得上够稀奇古怪的了。可是稀奇古怪的事还不只此。就连当时的北洋军阀历任大总统，也是无例外地在上记这样的节日里，按例要派遣总统府内的大礼官或是侍从武官长，作为总统的特使来到乾清宫向我致贺。

现在就以我的生日为例。

这种祝寿仪式，也是按照清朝当时接见外国使节的仪式来做，我照例得衣冠齐楚地高高坐在乾清宫木质台阶上的中央宝座上，一声不响地如庙中的泥像一样。台下两旁分站有两行"御前侍卫"，一个个都是正颜肃目地在腰间倒挂着绿鲨鱼皮鞘的腰刀，就好像是庙中泥塑的牛头马面一般，拱卫着我。桌上照例还放有一个黄匣子，里面放有我的答词。等到总统的专使读完代表总统的祝词之后，就由当时的"内务府大臣"绍英走上那木质台阶上，在我的桌子前跪下，然后由我从那个匣子里取出我的答词来，交给绍英，绍英跪着接过后，便站在台子前照纸宣读一遍。然后，这位专使便向我行三鞠躬礼，礼毕退出。于是这幕千古罕闻的奇剧便在礼成的宣告下，照例结束。

我现在重复一遍刚才我所说过的话：

这在当时已经可以算得上够稀奇古怪的了，可是稀奇古怪的事，还不只此。那就是在我结婚那一年（一九二二年）过生日时，中华民国大总统派来的专使是总统府侍从武官长荫昌。因为他本人是个满族，又曾在清末当过陆军部尚书，所以，在他正式演完了他代表大总统身为专使的一套照例仪式以后，他忽然灵机一动，别出心裁地恢复了他过去当清朝爪牙时代的原形，恭敬严肃而义形于色地对我说："现在我还要代表我自己给皇上行礼！"于是，就身穿着中华民国的陆军上将大礼装，跪倒尘埃向我三跪三起共磕了九个头。因为这是在预定礼节之外的追加仪式——也可以说是义务出演，所以不但是我觉得有点局促不安，就是绍英以及在我左右两旁雁行排列着的侍卫等，也都觉得对这突然发生的意外奇遇有些手足无措起来。

在当时不但是对我如此，就是在四位太妃办正寿时，也曾有过当时的警察总监薛之珩以及步军统领聂宪藩和左翼总兵袁得亮、右翼总兵申振林等，身着中华民国的正式礼服和军装，以私人资格向办寿的太妃鞠躬致敬以后，掺杂到身穿清代服装的王公大臣中，一同喝着喜酒哩！

现在姑且退后一步说，像什么薛之珩、什么聂宪藩等，因为他们在当时，都是些北京当地的地方军警机关的负责人，连大总统尚且如此，他们就是偶尔来凑凑热闹，表示一下敬意，也还算是说得过去的事情。至于像是在端康太妃办正寿时，身为奉系高级将领的张景惠，也居然身穿高级军官大礼服，跪在地面上给太妃大磕其头，我觉得无论怎样说，也是有些说不过去的吧。当然端康太妃在当时，把此事当作引以为荣的自夸事项之一，可是从国体这一方面说来，则是一篇使人气愤的糊涂账。真可以说是已经到了太不像话的地步了。

谈完了封建残余的小朝廷和北洋军阀政府的暧昧关系之后，我想再谈一下这个不安分的小朝廷和当时的封建军阀等的勾搭关系。现在就举几项较为突出的事例来说吧。

　　我记得在我十六七岁的时候，当直隶派的大军阀头子吴佩孚在他的根据地洛阳，志得意满地大办其寿的时候，我也曾在郑孝胥的怂恿下，特地准备了一批相当丰厚的寿礼，写了匾额，由那个唯恐中国不乱的郑孝胥，给亲自送到洛阳去。这是为了什么？不言而喻，送礼的目的是卑鄙无耻、不堪告人的。简单一句话，就是为了要去拉拢他。

　　还有，当冯玉祥任陆军检阅使带兵驻在南苑时，我那汉文老师陈宝琛也曾对我说："听说冯玉祥治军有方，和一般军阀不同。"并说打算赴南苑去做访问。言外之意，就是想去看一看这位不同于一般军阀的冯玉祥，究竟是个怎样的人物，甚至还可以意味着借此想要打开一条向他去做拉拢的道路。于是我的这位老师便不辞辛苦地跑了一趟南苑，以个人前来慰劳的名义见了冯玉祥，并和他谈了一些话，回来以后还向我盛赞冯玉祥的军纪严明和经常从事修桥补路的勤俭耐劳精神呢。不过是，他在这以后并没有再去访问过，我觉得大概是认识了冯玉祥的为人，同时也许是自己感觉到冯检阅使对自己的这个宣统帝师的资格是不怎么感兴趣的吧？也许是认识到这个冯玉祥是和冯麟阁、肖耀南之类的"吃着刘秀的饭想给王莽做事"的军阀确有不同之处，而不会向封建残余的空头牌位有什么憧憬的吧？反正是他没有再去第二次则是事实。我的父亲载沣，也曾在同一时期，在南苑兵营做过专程拜访。其概略的经过是这样的：我父亲被让进客厅以后，看到有一个身穿灰布军衣的大汉站在那里，他认为这个人一定是冯检阅使的随从兵，于是便问他道："冯检阅使在营里吗？"只听那人答道："我就是冯玉祥。"我父亲听了大吃一惊。回来之后，他还时常地对人讲这段只重衣冠不重人的失败史呢。

　　此外，像是身为湖北省督军的直隶派将军肖耀南，就曾在我结婚时特地送来了一份贺喜的"奏折"。末后署名是臣肖耀南谨奏的字样。有一年广西的军阀白崇禧也曾在郑孝胥的勾引下，曾到达小朝廷里做过一次不公开的参观。虽然他没有和我见面，但听说他曾看到了宫中的"崇禧门"三字，认为和自己的名字相同，便欣然地在这"崇禧门"下照了一张纪念相，似乎有些引为自荣的样子。又如，在我结婚时张宗昌也曾亲自到宫中来致贺。我父亲那时尚在管理着宫中的事务，便以我的名义赏赐张以紫禁城骑马的优遇。他为此还到宫内亲自致谢。

　　还有承做直军军衣而发财的大奸商王九成，也因为中了《施公案》《彭公案》等旧小说的毒，便一心一意想要从皇帝手中——哪怕是废帝也好，得一个黄马褂穿穿，于是便假借钱能通神的力量，摇身一变，掺混在王公、遗老的堆中去，逢年按节来到紫禁城向我磕头致贺，同时也给我父亲和我岳父等所谓小朝廷的亲贵送过相当的重礼。最妙的地方，就是每当他到宫内来时，预先总是把一叠一叠的钞票塞满怀中，见了给他端茶倒水的太监，便掏出一把纸币递过去，对给他叩年贺节的太监不消说是要"施舍"更多的纸币了，就是对偶尔接过他的帽子或是给他开开门或是打打帘子的太监，也都是一把一把地给钱。所以，在当时有不少太监都在背后纷纷谈论着他。有的俏皮地说，他是个散财童子。也有的衷心景仰着他，而把他叫作活财神爷。因此，他走到哪里，哪里的太监便如蝇逐臭一样，竭力向他去贡献必要以上的殷勤，为的是想要得到他的额外的馈赠，至于他究竟如愿以偿地穿上了黄马褂没有，我却不记得了，也可以不必去追究它。总而言之，在那个时候，一个不值一钱的黄马褂尤其如此，何况是这个虚架犹存的小朝廷，怎会不生出摇惑人心甚至是侵蚀国体的危险作用呢？

说完了几项小朝廷勾结军阀和蛊惑当时社会人心的事例以后，我还想暴露一下这个封建余孽的大本营——清宫小朝廷怎样和当时的帝国主义勾结的几桩实际事例。

在我十六七岁时，日本横滨、东京一带地方发生了很猛烈的大地震。这时我的老师陈宝琛就对我说："在日本发生了这样严重的地震灾害，我们如果在这时捐助它一些财物，未始非计。"但是，在那时专靠一些时与时辍的优待经费来过日子的小朝廷，怎能有余钱来周济别人？结果只有把据为自己私有的祖国劳动人民的一些宝贵血汗结晶——一批古物以及珍珠手串和几万元钱，由陈送往日本公使馆，充作别有用心的"捐赠"。据说当时的日本驻我国公使芳泽谦吉，听了陈宝琛的吊慰辞和看到这些东西之后，曾兴奋得喊出"万岁"来。我记得当时还有人这样说："我们这里捐助日本震灾的东西，比中华民国大总统的捐赠还多哩！"不用说别的，就拿这句话的弦外余音来说，就可以充分表示出仇视中华民国和向日本买好的卑鄙龌龊心情来。也可以说，这就是封建残余势力和帝国主义相吸相引本质的暴露，还可以说，这就是跨进汉奸哲学门槛的第一步，同时也可以说，是我在那小朝廷中和日本帝国主义将要开始进行勾搭行为的一条重要伏线。

此事过后不久，日本便派了一个议会代表团来到北京，对那次援助受震灾民的各界人士一一登门致谢。同时，日本公使馆也与陈宝琛联络，说希望到宫中对我当面表示谢忱。于是，我就在御花园中的绛雪轩内准备了茶点接待他们。当时的日本公使芳泽谦吉以及日本议会代表团十余人都来了，向我表达谢意。这次茶话会就是我一生中初次和日本帝国主义分子的彼此见面。这次固然是一次普普通通的茶会，也许有人认为这是一件不值得一提的小事，可是我却觉得这就是封建余孽和日本帝国主义分子公然互通声气的一个开端。

这次在绛雪轩作陪的，都是我在当时认为是不错的一些人物，如我的老师陈宝琛和朱益藩，有我的宗族载泽、溥忻、溥儒、溥杰、宪原和我的岳父荣源。此外还有郑孝胥、绍英、耆龄等。

再在我结婚时，当时驻在北京的各外国公使以及使馆馆员，也差不多全部来到紫禁城观礼。而后又由"内务府大臣"陪同他们到乾清宫的西暖阁，在梁敦彦（前清的外交官吏）的翻译下，一一向我和我的妻子婉容做了姓名介绍。后来，我的父亲载沣和绍英等就在乾清宫大殿内设了个酒会招待他们。我只是在酒会开始时，前往会场举起了酒杯，照着梁敦彦所拟就的英文谢词念了一遍，然后同他们干了杯就回去了。

然而在我身边的一些遗老们，却竟把这次外国使节团的个人观礼和以个人资格来祝贺认作是辛亥革命以后在清宫第一次招待外国公使，同时还不惜自己往脸上贴金地说："这就是外国和'清室'的一种友谊的表现。"

本来这也难怪，在这些目光如豆、崇洋媚外已成习性，无时无地不想向后开倒车的老家伙们，在他们的心目中，认为能和各外国使节有了往来，这就是无比的光荣和值得雀跃的大喜事。他们认为这样一来，这个小朝廷的局面，便是千秋万岁之业，更进一步说，他们的这碗封建残余饭无疑是可以吃得更长久些了。

至于我呢，在这种环境中，在这样的空气内，当然也不例外，在内心中，感觉到一种暗暗的高兴，就仿佛有了一种无形的仗恃，认为自己这个存在，乃是一种了不起的存在，因此也就越发滋长了狂妄自大的心情，于是，由小朝廷而企图实现大朝廷的梦想，也就水涨船高起来了。

酒会以后，我那英文先生庄士敦，便兴高采烈地陪着这些外国人，到我所住的养心殿来了。不料却使那位英文先生竟大大地扫了兴。因为有一个外国老太太，看到了站在院中的我，便问庄道："他是谁？"因为我在那时，已把清朝的礼装（袍褂）脱下，换上了便衣，并在头上戴上了一顶外国的猎帽。当然在那只认衣服不认人的外国老太太的眼中，就不认识我了。他们参观了养心殿和御花园之后，便都告辞回去了。事后这位庄士敦先生曾满怀不快地对我说："为什么把'袍褂'脱掉换上了便服？外国人都是喜欢看中国的旧式礼服的。"又说："为什么偏偏戴上了那样的帽子？那是外国人在骑马打猎时专用的东西。穿着中国的便衣而戴上了外国的猎帽，岂不是太难看了！"他认为我这样是在外国人面前丢脸。后来每当他谈到这件事时，还是怏怏不快呢。

从这里也可以看出，庄士敦把外国人陪到养心殿，其目的也只是为了满足一下那些外国人的好奇心理，并不是特意要对我表什么敬意，所以才对我脱换袍褂表示了不满。至于帽子的问题，当然是由于我的"老赶"①，不过，他的深为不满，我认为与其说是因为我丢了脸，倒不如说是我没能满足那些外国人想要饱开眼界的心理要求。可是像我以及那些遗老之辈，却还痴心妄想地以为外国人的前来观礼和祝贺，是对小朝廷的要好，真未免也太过于天真了。

同时也可以看出，这种痴心妄想的发生，正是由于自我以次的反动封建余孽，处处想钻空子，来达到反动的政治野心，所以才会随时随地发生这种自欺欺人的错觉和自我陶醉的盲目乐观情绪。说是可怜吧，其实是可耻并可恨的！

总之，这次的酒会，也是自从辛亥革命以后，这一小撮的封建残余分子，想要挟帝国主义国家以自重的又一实际上的表现。同时也就是把封建统治者的崇洋媚外本质，又一次公开地暴露出来。

此外还有一件不堪回首的可耻回忆。那就是在一九二三年夏天紫禁城西北隅——建福宫区域内十幢宫殿失火时所发生的事情。

当火灾发生之后，除了北京市的所有消防队都陆续赶来扑救之外，各外国使馆的救火组织也都赶来应援。同时也有些外国的绅士、太太之类的混在使馆的消防队中，进了平日不易进来的紫禁城，而麇聚在火场。这些"好心肠"的外国人，虽然不能说他们是趁火打劫，但是趁火凑热闹的心情，则确乎是有的。有一位四旬开外的英国妇女，就曾在那救火的百忙之中，仍然也未能忘掉西洋人的

---

① 方言，意为没见过世面，或指没见过世面的人。

优越感和他们对殖民地的特权，竟自对于和她毫无一些关系的中国消防员，拿出指挥者的架子来，口中连连喊着"快去""快去"，一面用她手中的扇子当作武器，在中国消防员的面颊上、脖子上拼命地乱打。事后，庄士敦曾把那因为打中国人而沾有斑斑血迹的"凶器"——那把扇子拿到我这里来，并居功似的向我说道，这是某英国太太，在"督励"救火时，所使用的扇子，请我在扇子上签个字，俾作永久的纪念。在庄的思想中，似乎还认为这是一件"国际美谈"哩。我听了之后，也就欣然地答应了他的这一要求，遂在那沾有祖国同胞血迹的扇子上签上了当时的我的英国名字"Henry"几个字。

现在回想起来，深觉得当时的我，真是连起码一点点中国人应有的良心也没有。

扇子上的那些血迹，正是自己祖国同胞的宝贵的鲜血、神圣的鲜血！并且那些血，也就是被外国人给打出来的血、可痛的血！我不但是对自己祖国同胞受到帝国主义分子的残酷殴打，没有丝毫感到作为一个中国人所应有的民族义愤，反倒认为这确是英国某太太为了给我救火，而表现出来的"功绩"，居然竟会怡然无动于衷地在那可耻可恨的所谓"纪念物"上签上了自己的名字。并且那个外国名字的Henry几个字，又表现了什么呢？还不是十足地表现了醉心西方国家、崇拜帝国主义的殖民的劣根性是什么？可是当时的我，竟会做出这种毫无民族气节的、只知自己不知其他的可耻行为来。足见后来的背叛祖国和当上了大汉奸头子，并不是无因的，更不是偶然的。也可以说是早在北京的小朝廷时代，就播下了罪恶种子！

三、"遗老"和"王公大臣"

一提起"遗老"和"王公大臣"几个字样，我仿佛就觉得嗅到一种霉烂腐臭的气味而感到头痛。北京有这样一句谚语："一度经蛇咬，三年怕井绳。"我真觉得对于"遗老"和"王公大臣"这两个过去的名词有些害怕。当然，我无论如何也不能把前半生的无数过错和罪恶，都推到"遗老"和"王公大臣"的身上，而把自己看成是一个"遭连累者",也决不能把我过去利用他们,倚靠他们的事实,来个干脆不认账。不过是,按照实事求是的学习态度来做客观上的分析,这些位至死不肯剪辫发,或是即使剪去了辫发,但见了我必跪倒称臣的所谓"遗老"——连后来所谓的"遗少"也包括在内,他们的的确确是水泄不通地包围了我几十年,并且是毫不客气地用手捂住了我的双目,使我看不到一些带有新生命的活活泼泼的新事物;同时更是毫不留情地堵住了我的两耳,使我听不到新生命的呼吸和脉搏的声音;还塞住了我的鼻孔,使我辨不出什么是香什么是臭,而且还用有形和无形的"法绳"(家法之法)紧紧地捆住了我的手足……使我怎能不怕这些道貌岸然、别具心胸的遗老!至于那些位所谓"龙子龙孙"的王公和"三代家奴"的大臣们,纵然对于我,起不了像"遗老"那样的"向后——转!"作用,但是在"偶像我""神化我"方面,确是起了不少的促进作用。我就是在他们这几十年来的"磕头请安""皇上奴才"的空气中,把我给捧到高空中以致几乎把我跌死的。我对这帮好像粪里蛆虫一样的"王公"和"大臣"又怎能不从心里怕他们?现在分门别类地先从"遗老"说起。

他们为什么要以"遗老"二字来做标榜呢?就是那些在清朝时代曾以八股文、试帖诗起家的老翰林,或是享尽了封建时代为官之乐的学究官僚以及一些由人而"进化"成为书中蠹虫的食古不化的家伙们,在他们的唯一显亲扬名的老靠山——清朝封建统治势力在革命浪潮之前倒塌下去之后,他们既无从认识到为什么要革命的起码原理,也未能认识到旧的东西为什么被淘汰的客观原因,尤其是不可能认识到在今后应走的道路究竟在哪个方向,所以,只能意气用事地在"小我范围"内来否定一切的新东西,来仇视所有的新事物。再加上纲常名教的旧毒素和儒家正统思想从中作祟,结果是在种种不如己意的俨然事实面前,便只能是拿过去曾在殷末周初,因为不肯去吃周家的粟饭,而最终饿死在首阳山下的伯夷叔齐来标榜自己,借此姑且作为安慰自己的麻醉剂和提高自己声价的骗人招牌而已。

不过是,在当时的成千成百的所谓"遗老"之中,也并不都是同一类型的老古董。也就和他们之中有胖有瘦、有高有矮一样,他们想当"遗老"的心情和动机,也并不是能等量齐观的。概括地说来,大致可以分为以下几种:

有的是因为受了孔家店的遗毒深,在他们头脑之中,再没有一点点空隙来容纳新的东西。也可以说恰恰像是书籍中的蠹鱼一个样，完全变成了一些食古不化的书呆子。例如，闻铁路而伤心、见电杆而陨涕的清末某御史；如为了争取给同治立后而以"尸谏"闻名的吴可读；以及到了民国以后尚且在光绪陵墓处"庐墓植树"好几年的梁鼎芬，等等，我认为就是属于这一类的。因为他们认为甘心去做一姓家奴就是"忠"，清朝就是自己的国家，皇帝就是他们唯一的主人。所以凡是属于这一类型的人，他们的外形表现是：至死不肯剃掉辫子，绝对不肯做中华民国的官……可以说是除了碰到马列主义改造社会、改造人类的科学阳光以外，他们都是些死不回头的盲目殉教者。

还有一种，就是顽固纵然顽固，所受的儒学毒素也很深，但他们认为要做一姓家奴也并不是毫无代价的东西。何妨拿"遗老"之名，博取一个所谓在当时社会上的地位如什么"太子少保""太保""太傅"之类的头衔。这些有名无实的头衔固然在当时已显得过了时，并且也不会由此而得到什么物质上的实惠，但是在他们看来，这些仍是在死后"出讣文""续家谱"时的"光荣资料"。他们不但是把那些"南书房行走""毓庆宫行走"以及什么"懋勤殿行走"的有名无实的老古董头衔当作是生前必争的事业，就是对于死后的"谥法"，也都是这些位老先生们斤斤计较和寤寐以求的最后目标。例如，赵尔巽在死后，就曾拼命托人请我给予他"谥法"。还有康有为在死后，也曾由于我身旁另一派学究们胡嗣瑗等认为康曾"得罪"过慈禧，死后不应"赐谥"，于是康的弟子徐良等，便声言要和阻挠赐谥的老头子以老拳相见。就连我的启蒙老师陈宝琛和那臭名扬溢的郑孝胥等，我都认为他们确是属于这一类的。

我记得在陈宝琛七十寿辰之前，在毓庆宫给我授课时，他忽然无意中看到了"老鹤无衰貌，寒松有本心"两句诗，他便本能地想起了自己的办寿大事，同时也想起了满足自己虚荣的妙法，于是就向我说："臣生日时，就请把这两句写成对联赐臣作寿吧！"他得到我的点头之后，便向他的老同事朱益藩说："皇上在念书时，看到了'老鹤无衰貌，寒松有本心'两句诗，就说这两句诗恰像老师，老师过生日时，我就把这两句写成对联给老师吧！既是皇上这样说，就请你把这两句写成对联请皇上照着写吧！"固然在他办寿之日，他对他家中的广大贺客曾做出这样的吹嘘来，我在紫禁城内是无从听见，不过是他对他的老同事尚且如此不老实，那么，对其他贺客也就更可想而知了。

郑孝胥更是如此。因为他的虚荣心比陈宝琛更大得多，大得到了形成政治野心的程度。他是不以有名无实的"太保""太傅"之类作为满足的，而是以积极图谋恢复清朝封建统治，而使自己能成为"中兴功臣"为一贯梦想目标。例如，在他的出庐第一炮中，就是以怂恿我勾结吴佩孚开始的。他不但经常吹嘘他的拉拢吴佩孚之功——虽然没有什么效果——还经常居功地说，段祺瑞曾要把某部总长的椅子给他，他都没有接过来坐，只是愿意在我身边帮助我来做"恢复祖业"的"不朽事业"。

他还经常好以夏朝的"臣靡"自居，常说"臣靡"年已八十余，尚能逃到有鬲氏那里，终于凭借着有鬲氏的力量，恢复了夏朝，而使少康得到中兴。好个"臣靡"，好个有鬲氏，更好个夏少康！像他这种惑乱人心的胡说八道，我在当时还认为他确有"志气"，确有"见解"，确和一般行将就木的老头子不同，确实不辜负陈宝琛的推荐，于是也就把他认为是我的"股肱心膂"人才了！

他的胡说本领还不只此。他还经常痴人说梦般地发表他那个自画自赞式的"治国平天下"的杜撰理想，甚至在自吹自擂时，自己把自己感动得声泪俱下。例如说："要想中国能够富强统一，就必首先实行'门户开放'和'利益均等'，这样才能使各外国列强在我国西北投资开发，这样才能使中国西北的无限资源，供世界多少多少年之用。开发了大西北之后，将来便可以把'中华帝国'的首都分设在北京、南京和帕米尔高原之上，这样中国的前途，真是洋洋无穷尽的了。"

所以，就在他当上了伪满第一任汉奸总理之后，虽然在日寇的种种拘束压力下，不能不把多少年来深藏于心的所谓"计划"，极力加以改头换面和缩小，但是什么"门户开放"和"利益均等"的字样，仍然一度曾出现在伪满当时的宣言内，或是送入到他的记录唱片内而成为永久不可磨灭的铁案罪证了。

再说那个臭名仅次于郑的罗振玉，在从见到我时起，便经常不断地向我出卖他的既顽固又荒唐的一贯谬论。例如说："中国为什么会有这样的连年内战，还不是因为群龙无首的缘故！没有君主，便不可能希望中国的统一。"并且还不惜旁征博引地说："日本之所以强大，就是因为在它国内有了天皇这个中心，有了明治维新的缘故。"甚至还大言不惭地拿着梦呓当真话来说，而对着我讲："列祖列宗（指我的历代祖先而言）二百余年的深恩厚泽已经深入人心，所以就是到了现在，人心之中仍然思旧。"最后他的结论，也总不外乎是："皇上春秋鼎盛，又为人心所向，将来一定能够中兴无疑。"

固然是我把陈、郑、罗三人都列在同一类型内，但在同一类型之中，他们三个人仍是有各自不同的地方。

例如，陈宝琛却并没有赞成我去东北来做日寇的汉奸走狗，可是郑和罗呢，则是不但赞成我往这泥坑里跳，并且还千方百计地替我勾结日本帝国主义的军阀。平心而论，顽固的程度、罪恶的程度，郑、罗比陈要严重得不知有多少倍。至于他们二人则是五十步和百步的程度，可以说是不相上下的。

我现在再算一算这些遗老们曾经怎样包围我的一笔总账。

在我那位陈宝琛师傅推荐了郑孝胥和罗振玉后，在当时，我确曾觉得郑、罗二人是和那些气息奄奄的遗臣不同。尤其是郑在谈天论地时的唾沫乱飞和他那擅长表演的声泪俱下的激昂态度，更是吸引了我，这就是使我对于他另眼相待的一个最直接的基本原因。所以，我在一九二二年前后就破格地特派他为小朝廷内的"总管内务大臣"，位在旧有的绍英、耆龄和宝熙以及我的岳父荣源之上。后来又添了一个金梁。于是就在那小朝廷的小小范围内，还曾掀起了一场狗争食的小风波。后来在老髦圆融的所谓"陈宝琛老太傅"的居中调停下，我才把这个最不安分的郑孝胥改派为"懋勤殿行走"，同时也把罗振玉派在"南书房行走"。于是，又在陈、罗的呼朋引类下，在"南书房"除了原有袁励准和罗之外，更添了朱汝珍、景方昶、杨钟羲和王国维等人。这样，把我层层包围在中心的遗老网就形成了完全合围的新形势。一直当我到了天津，还是在这换汤不换药的包围圈中，使我过着弃之可惜、食之无味的鸡肋式生活。不但在天津如此，就连我后来从天津而旅顺，由旅顺而长春的汉奸生活中，也是和郑孝胥、罗振玉之辈的积极"帮忙"分不开的。

我既是痛恨我自己的过去，就得痛恨我过去的自己，同时，我也痛恨这帮由始至终拖我下水的万恶"遗老"。

另外，还有一种不同类型的所谓"遗老"。那就是有一些颇有冒牌或是挂名之嫌的人了。当然这些位老先生，也差不多都是饱受孔孟之毒的老前辈，要不然就是些曾在清末时代，做过一些不甚大也不太小职位的官僚。他们为了要提高在当时所谓社会上的地位，或是为了要借以抬高自己在当时社会上的所谓名声，甚至有的则是为了要借着过去的"探花""状元"之类的久已过了时的空头资本，来弄些不劳而获的收入，于是有的人便"不熟假充熟"来和那些所谓"老牌""名牌"货的"遗老"靠靠近便、套套交情，以便能在那专门练习开倒车的"遗老"园地中，分取一席地位。固然那些画饼充饥的"太保""少傅"和那些"文忠""文肃"之类的身后虚文，说穿了都是些不能兑现的空头支票，但在他们看来，这些都可以作为"生荣死哀"的廉价剔庄货①。还有的人则是纯粹为了吃饭的问题，不得不钻一下当时社会新旧交替、思想混乱的空子，靠着自己混来的旧社会地位，可以拿"不费之惠"的文章笔墨给人家写个许褒不许贬的墓志铭，或是在人家的神主牌上点个"主"，或是作一部只谈过去的书籍，等等，作为一种糊口的方法。例如，过去在北京曾以"梁疯子"闻名的梁巨川，就是为了要博得一个"清代遗士"的名儿，便写好了所谓递给当时小朝廷的"遗折"（给皇帝的遗书，在过去叫作"遗折"），而投入到积水潭内自杀身死。究竟为了什么自杀，总不得知，但在"遗折"内自称"殉清"则是事实。结果便以一条命换来了一个"文忠"的谥法。又如清末最后的一个状元刘春霖，就曾以他那时已久的科举资格，换取了上海帮会头子杜月笙的重礼厚聘，从北京到上海都在杜的隆重接待下，尝到了比过去当状元还要威风的滋味。到了上海之后，他便穿上了从京剧班戏箱中找出来的清代衣冠，坐上了特制的八人官轿，在牌伞骑从等前后簇拥之下，进了杜氏宗祠，然后就用朱笔在神主牌上点了一点，于是这场"庄严隆重"的"点主"仪式便算是"礼毕如仪"。这位末代状元也就饱载而归。这岂不是由于这些"挂名"的过去头衔，而得到了"废物利用"的好处了吗？又如曾在小朝廷末期当过几天内务府大臣的金梁，不是也曾靠他的所谓"遗老"的资格，写出一些清代的零星掌故来作为不无小补的收入的么？此外，他还曾大吹大擂地宣称，说要著作一部清代的"循吏传"（也许是附在他所著的"光宣小纪"之内的一篇？现已记不清了），于是就把预定将要收入列传中的人物姓名发表出来，而向那些预定人选的"光荣人物"去索取因人而异的"润笔费"。即使预定人选中有谁死去，也不成问题，因为仍可以向他的孝子贤孙去信索取。只要该子或孙希望其祖或父能够"名列金史"（不仅是清史）的话，便不愁他们不把这笔"入

---

① 旧指廉价出售的次等品。

传费"拿出来。所谓"金史"的价值和作用就在于此。

此外，像是该当于这种类型的所谓"遗老"的人，还多得很，这不过是其中的一两个例子，其余以此类推可也。

我还认为该当于这一类型的人物，也可以作为"遗老"之中的一些"殿军"的存在，因为他们所起的遗老作用比较小些的缘故。

现在再说一说所谓的"王公"和"大臣"。

先从"王公"和"大臣"的定义来说。

"王公"就是指前清时代的宗室中的"王、贝勒、贝子、公"等；"大臣"就是指在清末职位高的官员来说。

不过是，所谓的"大臣"们，差不多也就是前清的"遗老"，只因为这帮所谓的"大臣"，都是曾在清末做过相当大的职位，所以他们的党羽也比较多，他们为非作歹的罪恶和影响也比较大。现在先从"王公"说起。

凡是够得上王公爵位的人，不用说都是过去清朝的贵族。就是到了辛亥革命成功、清朝反动统治势力垮台以后，他们仍是在"优待条件（乙）"的作用下，仍然都过着不减昔日的剥削阶级的寄生生活。

就连一般的宗室觉罗和八旗人等，尚且由于过惯了二百余年来的不劳而食的寄生生活，致把他们坑害得成了肩不能担、手不能提的人中废物，何况是比他们的享受生活还要超过不知多少倍的"王公"，自然更是被那二百多年的荣华富贵给弄得不成个样子了。

固然，他们也都曾饱受了封建统治制度的种种熏陶感染，满脑袋顽固的反动思想，特别是腐蚀人的纨袴习俗和靠天吃饭的消极怠惰习性，更是长期成为他们的膏肓之疾，所以，除了善于摆空架子坐吃山空以外，便什么本领也没有了。

因此，对于这些过去的王公亲贵以及他们的子弟，从全面看来，我认为是这样的：比较好的一些人则多数是成为孤芳自赏、自视甚高的文学艺术家，经常以画几笔画，吟几首诗，或是研究一些经史子集，甚至佛学之类，来自得其乐，对国家政治以及社会上的当前现实等，则很少有关心的了。特别是在其中，像是狭隘民族主义以及消极心理等，更是相当普遍。还由于清朝二百余年来的所谓"家法"的限制，致使他们在那过去的长时期中，连随便出京四十里的机会都得不到，而只能在北京的府中称王，所以广见世面的机会，在他们是不容易得到的。

例如，恭亲王溥伟携带家属到了大连以后，其家中的某"宝眷"曾向人发表过这次旅行的感想道："真想不到咱们城（指北京城）外，还有这么大一片水（指海而言）哩！""宝眷"如此，王公的子弟可知，所以他们在旧社会里，所见到的所谓"世面"是有限得很的，是远远比不上那些曾以"赶考"起家的所谓一般"遗老"。

在辛亥革命，公然挑出了反对共和制度叛旗的，在北京当时的几十家王公中，则有肃亲王善耆和恭亲王溥伟两个。善耆是极力反对清朝的所谓"逊政"的。所以在袁世凯掌了政权以后，他便感到了身边的危险。为了一姓的尊荣，他竟不惜要和人民革命的势力为敌，充分发挥了封建统治阶级和帝国主义同病相怜的反动阶级本质，竟和包藏祸心的日本浪人①川岛浪速等在天津互通了声气，终于搭乘了日本的军舰而到了旅顺，成为彻底供日本帝国主义利用的可耻工具。

据说他从北京出走，在日本帝国主义的卵翼之下，奔赴旅顺途中时，这位"王爷"尚不知他自己现在已经身入日寇的樊笼之中，还慨当以慷地勃发了诗兴，吟出一首"出都口占"的五言绝句诗。诗如下：

　　"幽燕非故国，长啸返辽东。回马看烽火，中原落照红。"

从这寥寥二十个字中，我们就可以看出这位脱出他久惯施展威风的封建统治势力的总根据地——北京以后，抱着无限凄凉、无限愤恨的"笼中王爷"，在那急忙逃命的一路之上，曾是怎样在咬牙切齿地痛恨着革命势力，曾是怎样地在口中嘟囔着不肯认输的空口大话，同时也是怎样地表现了他那卷土重来的梦中野望的啊！

如果是拿现在的语言，把这首公然向人民挑战的"反诗"译出来，那么，它的大意就是这样的：

　　"河北的北京一带地方，

---

① 指日本幕府时代失去禄位而四处流浪的武士。明治维新后，在中国、朝鲜进行各种非法活动的野心勃勃的日本人也称浪人。

本来就不是我们爱新觉罗氏的国土。

丢了就丢了吧，

这又有什么关系！

我在嘴里哼着小调儿离开它就算了！

走着走着，

勒转我的马头，

看到了那些通向北京的无数烽火台，

啊！

中原一带的河山，

都浸在血红的斜阳返照之中。

哼！

咱们走着瞧吧！"

　　他就是抱着这种气哼哼的心情和满肚子仇恨到了日本侵占下的旅顺，而当上了敌人股掌之上的所谓"寓公"的。

　　但他在这段"寓公"期间内，也并没有老老实实地来当他那关起家门的"王爷"，仍是在日本帝国主义分子的玩弄和操纵下，去干那唯恐国家不乱的阴谋颠覆活动。

　　其中最突出的罪恶表现是，在日本大隈重信组阁的时代，由大隈替他勾搭上当时的财阀大仓喜八郎，替他拿出一百万日元的组织叛乱经费。于是，就在这位肃亲王善耆和恭亲王溥伟以及前清的陕甘总督升允三人的联合行动下，买收了蒙古族的败类巴布扎布，使他率领着携有山炮两门和日本人八名参加的千余名匪徒，高举着前清的黄龙旗从哈尔滨的河畔侵入了海拉尔，一直打到了郭家店，才被当地的讨伐队给顶了回去。最后是以巴布扎布被他部下的起义士兵所杀而告终。这次的武装叛乱事件一直闹了一年左右。在这次叛乱之中，善耆曾把他的第七子宪奎（金璧东）和巴布扎布的两个儿子——甘珠尔扎布和正珠扎布互相交换以为"人质"。后来，善耆的第九子宪贵又和巴布扎布的女儿结了婚。这就是善耆和日本帝国主义互相勾结利用，危害祖国人民严重罪行的概略经过。

　　最无耻的是，据说大仓喜八郎之子喜七郎，在伪满卖国汉奸政府成立以后，曾一度亲身到东北来找当时的关东军，还厚颜无耻地来索取他父亲的那一笔血腥的一百万日元的欠账呢。结果是，他因此窃取了我国东北的不少非法利权。

从这件事迹中，不独可以看出封建王公的反动罪恶本质，同时也可看清日本帝国主义为侵略不择手段的卑鄙贪婪本质，还可以由此看出资本主义财阀的唯利是图、无孔不入的吸血本质来。不但如此，我们还可以从中看出封建残余势力和帝国主义事事狼狈为奸的同一反动阶级本质来。

至于那个恭亲王溥伟，也是和善耆一样，始终对我国的辛亥革命抱有顽强的反对态度。据说在清朝封建势力已处于总崩溃的前夕，溥伟仍是和善耆站在一起，在当时的隆裕太后亲自主持的"御前会议"席上，对让出政权一事，做了极端的反对。后来由于我父亲以及庆亲王以次的各宗室王公，都在人民革命力量面前低了头，又由于袁世凯暗杀手段的厉害，他于是也卖身投靠到帝国主义的怀抱里去而脱出了北京。不过他投的不是日本而是德国帝国主义，所以他就到青岛去做德帝势力下的"寓公"了。在第一次世界大战时，日本帝国主义就趁着德帝国主义无暇顾及东方的机会，抄了德帝的后腿，而把青岛又攫窃在自己的势力下。这在溥伟看来，只不过是又换了一个新主人而已，于是，便又立即倒向日帝的怀中。等到青岛在我国人民的正义力争下，物归原主的时候，这位恭亲王便在这块祖国领土上立不住脚，于是也就立即跟着他的主子退到了大连，而和善耆一样受着日帝的长期豢养。并在这段被豢养的期间，也曾给他的主人，卖了一些力气。他还和善耆组织了一个"宗社党"，专门计划推倒民国、进行复辟的阴谋活动。最突出的除了"巴布扎布事件"以外，就是在"九一八"时，他曾在日帝浪人的操纵之下，想要和我分一杯羹，尝一尝当汉奸头子的滋味哩。

那就是在日寇于一九三一年侵占了我国东北之后，他也大肆活跃起来，例如，组织"四民维持会"和换上了前清亲王的礼装拜祭沈阳的北陵东陵，等等，足足也大闹了一气。后来虽然是由于没有我的"道行"大，因而没有得中日寇"最高利用品"之选，但也一直到他死时为止，每年都在受着由日帝方面供给他的万余元的特别豢养津贴呢。

至于其他在北京的所谓一般前清王公，其绝大多数都在过着花天酒地的阔人生活。有的因为挥霍过度债台高累，致盗卖祖坟，而做了囹圄之中的贵客；有的甚至拉上了洋车或是变成了烟客和吗啡鬼。只有极少数洁身自好的人以及少数虽然是循规守法、安分守己地过着并不能算坏的生活，但由于贵族习气犹存，不能从事正当工作，只靠着典当押卖来过那有今日无明日的"信天翁"式日子，致变成为落魄公子的人。这便是前清王公的归趋的概略。

以下我想再谈一谈所谓的"大臣"。

"遗老"和"大臣"在其反动本质上，并没有什么严格界限，只是在旧社会里所谓地位和影响上，有着大小不同的差别。所以，在这里只把所谓"大臣"中的一个特别的例子，作为聊供类推的重点介绍。

在一些前清的大官之中，最被认为顽固到底至死不变的典型人物，就得算是升允了。他在辛亥革命时，曾身任陕甘总督的要职。他听到武昌起义后，便带领着他手下的倾巢人马，举起了"勤王"的大旗，开到了陕西。这时清朝退位的"诏书"也来到了这里，他便跪在"诏书"的前面，大哭了一场，离开了军队，只身取道帝俄的边境逃到了哈尔滨，然后就在日帝既扶植袁世凯又扶植清朝反动统治残余势力的两面手法侵略阴谋政策下。和日本的浪人工藤铁三郎和斋藤源内等互相勾结起来，亡命到日本去了。他就在这段所谓亡命的时期内，曾作了一首既博得日帝浪人间的传诵又赢得"遗老"们赞叹的所谓"咏志"的诗：

"老臣犹在此，幼主竟如何？傥射上林雁，或逢苏武书。"

后来他便从日本回到了天津，在罗振玉等的扶助下，过了不少年老不安分的日本租界寓公生活，一直到他死为止。

像是尔后罗振玉和工藤铁三郎的互相勾结，以及在"九一八"事变前后他们的非法阴谋活动，等等，穷本溯源，都是由这个升允的一脉贯串的顽固反动思想而来的。如果是在"九一八"当时，他不病死在天津的话，那么他一定会成为大汉奸中的一个有力分子的。关于和他的反动思想相辅相成而来的一些后话，当在后项中再做缕述，现在姑且把它介绍到这里。

四、太监

太监这种存在，就是中国封建专制制度的一种最不人道的产物。在古代所谓的"寺人""阉人""阉宦""宦官"，都是对受过"宫刑"的罪人的一种称呼上的沿革。在古时是使用这些人来做那些看门或是洒扫苦役的。后来由于帝王宫中的后妃、嫔嫱、姬妾、宫女之类愈来愈多，使用一般男子充当仆役，便有了很多不便之处，于是便逐渐广泛地使用起太监来。到了这个时候，当太监的人，已经不再是那些受过"宫刑"的人，而是由普通的人来充当了。有的自幼就被贪图富贵而不顾儿子终身幸福的父母所摧残，也有的是自己本人为了要向上爬，致不惜残害自己肢体去找那寻求富贵的捷径，而甘心去当太监的。

不过是当了太监，也不能百分之百地享到自残生理的所谓"酬报"。有的人当了一辈子太监，却永远处在层层压制之下，去过那牛马一般的苦生活，也有极少数的人，凭借着偶然的侥幸机会，得到了皇帝等统治者的看中，而去过那富比王侯的生活。像是在清宫中，曾和那小德张一同进宫的洪兰泰，就是当了一辈子的苦太监，最终潦倒而死的一个实际例子。

据说明朝是太监极盛时代，太监的数目，最多时竟达到十万名。像是在明朝的有名太监魏忠贤、刘瑾、王振之辈，都是在当时不独威震宫内，而且是威震全国的人。他们都有操纵皇帝生杀大权的莫大势力。

清朝的太监虽说较明代为少，但在最多时亦曾达三千余名，尽管清朝鉴于明季宠任太监的流弊，曾由历代君主三令五申地严戒太监的干预政治，但在慈禧时代的皮硝李（李莲英）和隆裕时代的小德张，却也都是结交大臣、贪赃纳贿的有名太监，都曾闹得乌烟瘴气，一塌糊涂。总之，因为那些当太监的人，他们是有机会能够每日接近君主，而收到近水楼台之利的，并且他们的思想知识，又都是在普通人的水平线下的居多，所以他们的假势欺人、营私舞弊的事，是自然会不断发生的。

在清代宫中的太监，也和封建专制制度下的其他阶层一样，是有着严然的等级制度。例如，"都领事"（即都总管），他便是统辖宫廷中的四十八个单位的太监头子。据说清代皇帝在祭天上表文时，照例在表上要写上皇帝和最高级大臣以及都总管的名字，并说这是意味着"一君一臣一奴"的意思，也就是代表全般社会的意思。在都总管下，尚有大总管、二总管、带班首领、御前小太监、殿上太监、一般太监和最下层的"地方打扫处"太监等之分。总管便有权责打其管下首领以次的太监，依此类推。也是和封建社会中的其他阶级一个样，都是在宝塔形的一层压一层的等级制度下，显示出家长宗法制触须的到处延长。现在想讲一下，关于从我眼中所看到的，我耳中所听到的关于太监的几个实例。

1. "钱粮名字"和"御制名字"

从前在宫中的太监额数，虽然有固定的限额，但在无形之中，仍是有一种严格的自然限制，那就是认师父的制度，一般是在入宫时须得认一名宫中在职的太监做师父，自己再以徒弟身份拿出一些倾家之有无的钱来，买个名字而进入宫中。所以，在当时的宫中，例如有一个叫李德顺的太监，他的本来姓名根本就不是李德顺，而是王庆平，而现在他所顶替的这个李德顺的名字，甚至是几十年或是百年前的一个人的姓名。他既是顶替这个有名无人的姓名入了宫，他便得丢掉自己的真姓真名，而以这个沿用已久的旧姓名，变成为有册可稽的宫中太监李德顺了。当时把这种名字叫"钱粮名字"。其次是"御制名字"。这是当某一太监，能够在偶然幸运下，被选中为伺候君王的"御前太监"时，那么，他就有可能得到皇帝的赐名之恩。当时把这种名字叫作"御制名字"，不过是当时过境迁老病物故之后，这个"御制名字"便又成为供后来者"冒名顶替"的所谓"钱粮名字"了。

再者，当太监在宫中当差时，固然是有着凛然不可侵犯的尊卑上下之分，但是在宫外，他们却有一种"行会"式的互相扶助组织，在这种组织中，也有相当的公积金，供作他们之间的养老、埋葬之用。这是本着他们之间的"同类爱"而做出来的互助义务组织。都是在有钱者多摊，无钱者少摊或不摊的精神下，积年累月设置起来的。例如，在北京西郊海淀附近，就有一个"太监公墓"。其中所埋葬的并不只是清朝时代的太监，还有不少明朝太监的坟墓也在其中。不过是，阔太监的坟要大些，墓碑也讲究些，而一般的太监则是按照个人的身份财力各有大小之不同而已。并且在那里还有专门担任看守坟墓的人（不是太监），一直到了民国十六七年的时候，仍是如此。

2. "替僧""打手"和"牢狱"

在清朝旧制中，每一代皇帝，照例要有一名太监替皇帝去当喇嘛。把这种"太监而喇嘛"的人，当时叫他作"替僧"。凡是当了"替僧"的人，虽然不能套用"太监而喇嘛"的公式而去享有太监加喇嘛等于皇帝的"福分"，但是他却有太监加喇嘛加皇帝等于"替僧"的资格。所以，凡是选中为"替僧"的人，他便可以经常在相当优厚的待遇下，过他那一辈子不劳而食的寄生生活。我在宫中时，就有一个照例的"替僧"。他的任务是除了按照规定一个月念上几遍藏经之外，其余的日子就是以"替僧"的资格，身上穿着喇嘛的服装，手中提着鸟笼子，到街上游逛作消遣的。

宫中还有一个专门保管内廷档案，抄缮年节等日的礼节单子并掌管打人的单位，叫作"敬事房"，除了普通的师父打徒弟用不着劳这帮正规化打手的大驾以外，像是总管责打其管辖下的太监时，特别是君王责打太监时，照例就得劳他们亲自下手了。例如，皇帝发出厉声"传敬事房"的口头命令时，于是这些专业打手便"雄赳赳"地把满装竹竿或竹板的黄布口袋拿了来。当听到责打多少的吩咐后，挨打的人，便须柔顺地趴卧地上，高耸双臀恭候打。而"敬事房"的太监这时便"狐假虎威"地从袋中抽出打人的工具，同时更"叭"的一声，把满盛笞具的布袋用力掼在地上。然后便按照吩咐下来的数目，用力笞在受笞者的双臀上面。同时还有人站在一旁高声"一、二、三、四……"地喊出笞打的数目。这就是清宫中以太监打太监的概略情形。

在宫中除了"敬事房"这帮御用打手之外，还有一个更进一步的惩罚机关，就是在内务府大臣管辖之下的宫廷专用监狱——"慎刑司"，凡是被认为应从重严办的太监，便交到这个"慎刑司"里去加以审讯、监禁和行刑。"慎刑司"这三个字从表面上看来仿佛是个好字样，因为慎重用刑谁能说不好呢？不过这也如同在过去专制时代从那嗜杀成性的专制魔王口中所喊出来的"刑期无刑"一个样，其表面的字句和内容是完全不相同的，甚至是截然相反的。就拿"慎刑司"来说吧，它并不是什么"慎刑"，而是专门看着主人的颜色，秉承主人的意旨，而专门蹂躏人权和草菅人命的机关。当然，在那清朝统治的二百余年之中，只由于专制君主的一喜一怒、一爱一憎而致在这"慎刑司"中受过淫威滥刑的太监等，真可以说是不计其数的了。

3. "灯火小心"

在那人间天上的"紫禁城"中，每当夕阳西下，暮色苍茫的时分，便可以在那静悄悄的"乾清宫"周围，听到一种神秘而带有凄厉的呼声，那就是从康熙时代起，每日无缺地一直狂喊了一百多年的一个同样声音。所喊的内容是"搭闩，下钱粮，灯火小——心——"九个字。"搭闩"就是说要在门上搭闩，"下钱粮"就是说要把门上了锁，"灯火小心"就是提醒注意火烛预防火灾的意思。因为按照清宫定例，每天到了天色黄昏的时候，除了各处的太监和在乾清宫东侧"日精门"值夜的侍卫并值夜"侍医"之外，其他一切男性工作人员，都须完全退出"乾清门"之外。到了这个时候，便有一名"敬事房"的太监绕着"乾清宫"的周围走廊一周，边走边喊上记的九个字。并把"小心"两个字的声音特别拖长，于是各处的太监（如"尚书房""南书房""懋勤殿""日精门""月华门"……等处的太监之类），每处都有一名太监站在自己单位的门口，当"敬事房"太监走了过来喊到"心"的时候，他便也随声附和地喊出一个"超长音"的"心"字来。这便是他们一天最后的一次照例"差事"。

这种定例，据说是创始在康熙时代。

有一天康熙曾吩咐太监到了晚间关门时，必须各自点查一下门上好了闩和锁没有，并须加意预防火灾。于是便相沿成风，经过了一百多年，虽然是每天晚上都照例实行，从无一次间断，但却愈来愈形式化了。到了后来，简直变成为一种完全形式上的滑稽行动。只是随帮唱影地喊出一个"超长音"的"心"字来，便算是完成了"门禁"和"防火"的任务，至于什么"闩不闩""锁不锁"的问题，反倒成为次要的东西了。

从这里不独可以看出"三年无改于父之道"的家长制度的遗风来，同时也可以看出清朝统治阶级，不但是在政治生活上已经腐败得到了臭不可闻的程度，就是在日常生活中，也同样是腐朽到了只剩下一个形式上的空壳的地步。从前对于推陈出新曾有"化腐朽为神奇"的赞词，但是这里却可以拿"变腐朽为滑稽"来作为结论了。

4. 受过我连累的可怜的太监们

在我小的时候，有一天在御花园和隆裕太后一同散步。那时当太后走路时，照例得有两名太监分为左右搀扶着她。不过是，我在这里非要附带加几句注解不可——太后既非老态龙钟也非腿上有毛病，而是由于以下两种原因：其一是清朝贵族中的一种惯性排场，其次是满族妇女都穿有奇厚的鞋底，没有人搀扶可能会有跌倒的危险。这时，我也在太后的身边走着，搀扶着太后前进中的两名太监中之一，名叫陈德的人，一个不小心踩了我的脚，我便哭了起来，于是这位"爱子心切"的太后，便唤来敬事房，即刻责打了他几十大板。

陈德固然是不幸，但由于他的粗心，踩了皇帝的脚，以致挨了几十板子，在那封建专制的清宫中，姑且可以算是尚属说得过的事情吧？可是还有比他尤其不幸的太监受过我的连累呢！

在我十几岁的时候，我渐渐地懂得爱起时髦来。于是，我就经常令身边的两个姓李的太监，到街上店铺里给我买些洋袜子、皮鞋之类的东西。不料事被端康太妃知道，她认为皇帝而穿洋袜子、皮鞋那还了得，于是把我叫了去，大声训斥了半天。这还不算，更把给我买东西的两个人，每人重责了二百大板，直把他们打得皮开肉绽不能行动，并且还把他们从我身边撵走，罚在"地方"充打扫苦役。

5. 我曾收拾过太监的"残局"

我由于年岁的增长和所受的唯我独尊空气的"潜移默化"，我的脾气也就与日俱增起来。因之任凭自己的喜怒责打太监的事情，也一天天地多起来了。同时，历代专制君主所经常爱犯的"独夫疑心症"，我也未能例外，发完脾气之后，随之而来的便是疑心生鬼，总害怕受到责罚的人会要怀恨和图谋报复。于是，就在察言观色之下，越发觉得自己是一个孤独者，真是除了自己之外，差不多到了别无可信之人的程度。

后来，在一九二三年夏初某夜晚，在清宫西北角方面发生了很大的火灾，就在几小时之内，便把"建福宫"附近的"静怡轩""慧曜楼""吉云楼""碧琳馆""妙莲华室""延春阁""积翠亭""广生楼""凝晖堂""香云亭"等地方都烧成一片焦土。

虽然在当时只以"失慎"二字了事，甚至还有人认为是由于我在"建福宫"西花园内"敬胜斋"小戏台内看了电影的缘故，所以才使电线走的火。但是我已经多少年没有在那里看电影，而且平日又不开电灯，怎么会有漏电之可能？所以，我总疑惑是有某些太监当盗窃了其中的古物珍品之后，为了灭迹才放的火，所以尽管在当时并没能够究查出什么原因来，但我对太监的疑团却愈积愈深。

不久，在我所住的"养心殿"东套院的东厢房"无逸斋"的窗户上，又有人在夜间塞上了一团棉花，点上了火，幸被另外的太监发现，立即把它扑灭，未致延烧成灾。这时愈发使我认为这是太监因为怀恨而干出来的。

不料却又听到一种完全出我想象之外的怪话，有些太监竟在我背后偷偷传说这次的火，是我自己放的。我听了这样的话以后，已不是再生太监的气，而是害怕起太监来了。我想，太监既是把我恨到这种程度，谁敢说他们不能聚众谋乱或是对我施行暗害呢？我更想，既是如此，倒不如先发制人，把太监一齐驱逐掉。

在我决心想要驱逐太监的前两三天，我真是愈想愈怕、愈怕愈想，简直弄得我连睡觉也睡得不安稳。于是我便对我妻子婉容讲，叫她在夜间不要睡觉，要坐在屋中看守着我，并叫她注意听风，如有什么风吹草动，就要立时唤醒我。我还在我床边放有一件应变的武器——木棍，以备万一，这时我的庸人自扰已经到了草木皆兵的程度。

于是，我就在这两三天的"杯弓蛇影"之后，终于在某一天下定决心，就以看我父亲载沣为名，到当时的醇王府去搬救兵去了。当我把这一决意告诉了我父亲之后，这个胆小怕事的醇亲王，在一起初，大摇其头，只是拼命地劝我先回宫去，慢慢再做商量。于是在他那满头大汗、气急败坏的神情中，使我看出了他的弱点，原来他所怕的，就是我赖着不走啊。我就以"如不答应即日驱逐太监，我便待在这里，决不回宫"来作要挟。结果，他屈服了，就由"内务府大臣"通知了当时的京畿卫戍总司令王怀庆和步军统领聂宪藩以及警察总监薛之珩。他们来了之后，我就请求他们帮助进行遣散太监的工作。他们便都应允了我的要求，表示准备在必要时帮助宫中护军维持秩序和协助办理遣散太监回家的工作。于是，就在当日一天之内，除了在三位太妃及我妻子处留有少数太监，把宫中几百名太监都遣散了。至于他们被遣散之后，如何还乡和维持目前的生活，我是连想也没有去想，只是把他们一概逐出宫门完事。我等到太监都遣散完毕后，才如释重负，回到宫中。后来由于三位太妃对我说太监太少不够用，我遂把三位太妃处的太监，每处更多留下三十余名。

不料我这种神经质的疑神疑鬼病所引起的驱逐太监的这件事，却被当时各报纸当作一种引人入胜的好材料，竟自把它大加美化，做了好些不符实际的渲染和赞扬，差不多都刊出大字标题，写着"废除了几千年以来太监制度的英明举动"等的字样。真是天知道！我的内心深处所藏的东西，是和这些"英明"之类的字句无有任何相同之处的。可是在当时，我对于这种不虞之誉，丝毫也未感到什么受之有愧，反而竟自我陶醉在这些赞扬词句之中，居然也竟自恬然无耻地大得其意，认为自己的这一手，干得很"漂亮"，自己确是一个了不起的"维新人物"。

五、我的结婚

在谈我的结婚以前，我想先从我订婚时的情形谈起。

在谈我的订婚情形以前，我认为还应该和光绪订婚时的情形做个对比才行。

光绪在订婚时，首先是由西太后从无数候选对象中，给选出几个人来，然后再让光绪自己从中挑选。挑选的方法是叫这些候选的对象都到宫中来，像是一批商品一样，一个一个摆在光绪的面前。这时光绪手中拿着一柄"如意"（玉饰物），看中了谁，便把这个订货票式的如意递到谁的手中，那么，这个被贴上订货票——被递给"如意"的女性，便算是中了选而成为皇后了。

在我订婚的时候，因为在那时，已经由"大朝廷"收缩成为"小朝廷"的局面，不可能再去摆像过去那样"大朝廷"的架子，不过是，在一些满蒙族的过去大官之中，就连退了任的中华民国大总统徐世昌先生也不能例外，他们都是衷心愿意使他们的女儿，也能尝一尝当皇后的滋味，哪怕是废帝的皇后也好，对于这一点，他们却是不以为意的。所以就得将就一些，委曲求全地稍微变通一下办法。因为，在那时已不可能把谁家的"千金闺秀"当作当面任凭挑选的"商品"来看，于是就"通权达变"地拿她们的相片来供我随意选择。这种"新式"的挑选方法，是把征集来的一些候选对象的相片一张一张地摆在我的面前，并把那种"如意"，也变成了一支普通的铅笔，只要我随心所欲地在那张相片的旁边或后面，记上一个随意的符号点，也可圈圈，那么，这个"订货"的符号，便可以等于亲手把"如意"递过去一样。这样便算是"良缘"已定，"佳偶"到手。

淑妃文绣

我就是在十六岁的时候，使用了这种新方式订的婚。我把这个符号，画在文绣的照片上了。可是我在当时所认为的这个"良缘"却被某一太妃的"母权"给冲散。她不满的理由是：文绣家既贫寒，相貌又不怎样。于是，这次的"贴票订货"便被宣告无效，还得重新把那些照片重行摊开再摆一次。于是，我也就得放弃成见，重新另挑一次。这次我的铅笔则是落在郭布罗·婉容的相片上了。论家底，论容貌，这位太妃满意了，可是却又有一位太妃提出了一个"公平合理"的折衷新方案来。那就是："文绣既是一度中选，岂能遗弃，可纳她为妃！"于是我就平白地有了"一妻二妾"，也就是婉容当上了皇后，文绣做了淑妃。

我的结婚是在一九二二年十二月一日。那年我是十七岁。婉容和我同岁，文绣则是比我小两岁。

按照清朝的旧制，妃是要比皇后先一天入宫的。为什么理由我不知道。只能以"这是旧制"四个字来回答。

我的结婚仪式，不用说，全都是些封建和迷信相结合的无数繁文缛节，也就是几百年来相沿成风的所谓古礼。真是既麻烦死人，又没有什么意义，既虚靡浪费又惹是生非。总而言之，都是表现封建统治阶级奢侈腐败本质的一些"活广告"而已，我想也用不着糟蹋时间来描述那些，只把其中能够看出一些当日问题的事情择要加以叙述就够了。

皇后婉容

1. "小朝廷"的兴风作浪

自从辛亥革命以后，除了"张勋复辟"的几天"热闹"，就要算这次我的结婚为最"热闹"的了。

到了我结婚的那一天，多年散居在全国各地的所谓"大臣""遗老""遗少"之类，就如同惊蛰后的虫豸一样，都从冬眠中醒了过来，纷纷扰扰地来"上表称贺"，也有的把他们在过去所刮到的民脂民膏，也都"慷慨"地拿了出来，作为对我的"贺礼"，真是从图书古玩之类起一直到银元金镑止，应有尽有，纷至沓来。其中还有从来未曾见过面的人，或未尝闻过名的人，也都从全国各地麇集到"小朝廷"中来，做了一次辛亥以来未曾有的大规模"朝贺"。

满族王公不用说，就是蒙古族王公等，也都不远千里来参加这次的"典礼"。

因为这次前来"朝贺"的人数过多，所以，他们只能按照过去的官职等级依次排列起来，从"乾清宫"的所谓"丹陛"上一直排到"乾清门"外，在后半部的人，不用说看不到我的脸，就连"乾清宫"也看不见，只是在遥远的地方瞎磕一顿头而已。

就是当时的大总统黎元洪，也曾为了我这一婚礼忙得不可开交，在结婚前既派专人把一份厚礼送到婉容的家，另外还派总统府大礼官黄开文为专使，在陆军中将王恩贵、韩泽暐以及陆军少将和上校各一名的随同下，向我做了照例对外国君主之礼的正式贺礼。

这时，各外国驻我国的公使以及馆员等差不多也全来凑个热闹，纷纷以观礼和祝贺为名来看中华民国时代的这种不伦不类的怪现象。那几天真是把整个的北京城给闹得乌烟瘴气。虽然在当时，也有不少远见之士，认为在中华民国已经成立多年之后，这个"小朝廷"反倒一天天嚣张起来，竟致不安分到了这样的程度而表示了不满和忧虑，但是在当时这种满城风雨的情势下，也只能皱起眉头叹息一声道"这样岂不有些喧宾夺主，实在太不像话了，太不像事了"而已。

一方面在我结婚典礼中，也是铺张得到了过分的地步。那一天不但是在"神武门"上彩棚高扎，警卫森严，就是在"神武门"附近也是车水马龙，拥挤不堪，就是在当时的"北上门"（现在景山公园正门）内也有很多武装军警排列待机。同时，还有临时派来的岗哨几步一岗地在马路上持枪警戒。无怪在当时的天津《大公报》上，会发出了"……这些站岗兵，仿佛是一种陈设品似的。或者因为苦人太多，怕闹事？故特地叫来弹压亦未可知。"的疑问号来了。

结婚仪式的具体经过：

十一月三十日午时为"淑妃"妆奁的入宫。

三十一日丑时"淑妃"入宫。

十二月一日午时为"皇后"妆奁的入宫。

同时，寅时"皇后"入宫。然后行"皇后淑妃的册立礼"。

二日我和我妻子（淑妃在当时由于嫡庶的关系，她却无权参加）一同到景山内的"寿皇殿"向历代祖先行礼。

三日午时我在"乾清宫"受贺。

从我结婚的第二日起，接连在"重华宫"中"漱芳斋"演了三天戏，当时在京的有名演员，差不多都被邀参加。

这便是我结婚的全部经过。

2. 当时的几项琐记

皇帝的结婚在当时叫作"大婚"，定亲叫作"纳采"。在拜天地之后，尚有所谓"册立"之礼。皇后所坐的花轿叫作"凤舆"。娶亲的叫作"迎亲大使"——有正副二人，正大使为"庆亲王"，副大使为"郑亲王"。他们都穿着清代旧日礼装，手中执节，如画中苏武所执的一样，骑在马上，由宫中捧着所谓"圣旨"，在中华民国政府所派来的步军统领衙门马队、警察队马队、保安队马队的簇拥保卫下，向婉容的住宅进发。更有两班军乐队走在前面。后面是黄缎银顶轿一顶。其后还有无人乘坐的三顶黄缎银顶车。此外还有包括龙凤旗伞和鸾驾仪仗共七十二副，后面还有四架黄亭，其中装有印玺和"皇后"礼服之类，还有宫灯三十对。其中最鲜明而又滑稽的对照则是既有完全清代服饰的所谓"清室官员"，又有中华民国政府派去的穿戴着军警制服的人员，既"严肃"又"和谐"地在首都北京大马路上并肩走着，如果是在现在的人看来，除了做梦之外，是再也看不到这种离奇现象的了。

此外，像是我的岳父荣源和婉容的一个哥哥和一个弟弟，在所谓"迎亲正副大使"尚距其家门很远的时候，他们父子便都早已跪在胡同里的家门外，在人山人海看热闹的市民环睹之下，跪候着"圣旨"和"圣节"的到来。这种奴才心情，也是现代人所绝对不能了解的，只是因为社会制度的不同，人们对于光荣和耻辱的看法，也完全相反了。从这里还可以认识到旧社会制度麻痹人的力量，实在是到了怎样可怕的程度，竟至把是非邪正、好坏黑白都能给颠倒过来。尤其是像我这样从旧社会中漂流过来的人，抚今追昔，真使我不寒而栗。

六、宫中的皇帝生活琐记

辛亥革命以后，虽说是清朝封建统治者在政治上的反动势力已被彻底推翻，但是在当时紫禁城的小圈子内，我仍旧算是一个至高无上的封建专制大家长。因为，在那小朝廷内，依然是我说了算。我一直就是在那种唯唯诺诺的声浪中，在那人莫予违的日常生活环境中成长起来的。像是北京人所爱说的"纨绔习气"或是东北人所常说的什么"秧子脾气"之类，还都不足以拿来形容我过去的一切一切。如果想要形容得更确切一些，说我是个"纨绔之中的大纨绔"和"秧子之中的大秧子"，那倒还有些贴题。我现在想把我那过去的骄纵放荡的幼时生活，分期择尤地记述如下。因为，从这里不但可以找出我在那以后的病根所在，同时也可以看出封建制度的腐朽实质。这就是我不怕繁碎杂乱，特意要写出这项生活琐记的缘故。

1. 戏侮人的例子

在前面已经说过，在那专门给我看病的太医院中就有一百几十名的大夫。我对于其中的大夫们，差不多都没有见过面。因为每当我有病时，我总爱找永和宫端康太妃处的大夫给我看，因为那里的大夫都是过去曾在太后那里做过工作的人，比我这里的大夫要高明得多的缘故。

不过是，我虽不让我这里的大夫给我治病，但却时常把他们两个两个地叫来给我诊脉，既不是为了要考验一下他们的医道如何，也不是叫他们来给我检查一下身体的健康情况，我的目的只是要看一看他们长的都是什么样而已。

按照宫中的惯例，医生当给太后或皇帝等诊脉时，在病人面前要放一个小茶儿，儿上放置两个小枕头。病人就坐在炕上把自己的左右两手分放在两个枕头上。这时两个大夫便须分左右跪着各诊一脉。诊完一脉之后，这两个大夫便一同站起来，彼此交换一下左右的位置，再跪在地上一同诊另一手上的脉，等到把左右两脉交替诊完之后，更须跪着不动，一同说明诊查出来的病状，然后才一同走出，共同开方。

我虽然根本没有病，但是这些大夫一来是看不出我究竟是否有病；二来他们都是"志在当差"，所以就不能不诌出一些不关痛痒的病情来，而且还得装模作样地共同开出服之无害的药方，这样才能算是差事完毕一同退去。当然，他们所开的方子我是不能用的。这只是我在平日闲居无事，偶尔拿他们开开心罢了。我曾这样叫过他们有十几次，每次都是两个大夫一起来，可是竟没有一次碰到过同样的大夫，足见在当时"太医院"内的赋闲医生是怎样多的了。

还有一次，我叫了两个大夫给我诊完脉以后，便命太监把这两位"御医"带到"养心殿"的"西暖阁"内，并从外面关上了门，因为在"西暖阁"内有许多拐弯抹角的小房间，都是富有变化犹如"迷宫"一般的地方，于是这两位大夫，便在东拐西转、左冲右突的屡次碰壁中，完全成了迷途的羔羊，最终在呼吁无门的情况下，忘却了自己的"太医"身份，其中一个竟致急得哭了起来。我听到哭声才觉得满了意，于是就让太监给他们开了门，把他们领了出去完事。

还有一天，我曾半开玩笑地对一个"毓庆宫"的太监绰号叫"和尚"的人说："你不把这块干狗屎橛子吃下，我就打你！"乃没有想到他真的从地上捡了起来放在嘴上咬了一口。我不但没有同情他的心，反倒认为他太"埋汰"，就从此不屑理睬他了。

在我小时，曾买有很多傀儡剧用的木偶，还有一个演傀儡戏的小舞台。这时有一个"殿上的太监"会耍木偶，在他演完之后，我便"赏赐"他一盒子油糕，不过是在给他以前，我曾主张从我练习力气用的铁沙子口袋中，取出一些铁沙子来偷偷放入油糕里给他吃，为的是要看他崩牙的狼狈情况。但由于我那好心肠的乳母提出了"折衷案"，才改在油糕里放些生绿豆进去。这样，才既达到了我取笑的目的，又免了铁沙子崩坏牙齿的危险。

我还做过这样的恶作剧：因为我听说当时在宫中曾任总领事的张德安，平生非常吝啬，我便有时带着一群太监到他住的地方去，故意唆使大家狂喝他的茶，为的是叫他看着心痛，有苦说不出。这还不算，有一次我把茶壶中放入自己的小便，倒出来让他喝，他认为是茶，便不辨滋味地一饮而尽。

2. 无轨道的日常生活

在我小的时候，吃饭睡觉，还按定时，到我稍稍长大以后，便完全任意而行，想怎样便怎样，于是寝餐行止便没有一定的规律了。

那时，服侍我的"御前小太监"，照例分为东西两班隔日轮流交代。西班里的太监一般都比较拘泥老实些，我便不愿意和他们玩耍。因此每当他们上班时，那天我睡觉的时候必早。至于东班的太监们，因为他们比西班活泼有趣些，所以每当他们值班的那一天，我便尽兴地玩闹。例如，夜间带着他们在"养心殿"外，中央"抱厦"上，用绳子把许多毡毯之类扎成很多的小房间，并在其中摆上种种陈设和器具，然后让太监在"养心殿"内用火炉做菜和调制点心。有时还向端康太妃的厨房要菜来吃。直到深夜还带着他们狂嚼大饼和种种的炒菜，饱餐之后，有时还同他们玩化装游戏，如穿上买来的军装，手提棍棒和舞台上的刀枪之类，乱杀乱砍一气，有时则拿着玩具马枪，到各处乱跑乱闹，有时化装成妇女，有时带着他们"捉迷藏"……一直闹到凌晨三四点钟才肯睡去。第二天早晨还须早起赴"毓庆宫"读书。请想这样的生活中，还能安心读书吗？

在夏天大雨过后，有时还带领着太监把院中各个沟眼全部堵死，并和他们轮流地用水龙带抽出井水，使院中积水达到半尺以上，我则穿上皮靴在院中蹚水为乐。

我在十二三岁时的日常生活，差不多就是这样的。

固然是在当时的宫中，有四位太妃做我的母亲，可是真正的家庭温暖滋味，我却一点也没有尝受到。尽管每天我都要到四位太妃处去问安，但是在我们母子见面以后，身边的空气却总是冷冰冰的、空虚的和寂寞的。我耳中所能听到的，也只限于半固定性的什么"皇帝歇得好"（即睡得好）和"皇帝进得香"（即吃得好）以及"今天冷应当多穿点衣服"之类的寒暄语。至于我呢，则除了"嗻嗻，是是！"，也只有问一问"皇额娘歇得好"和"皇额娘进得香"而已。除去这样的谈话材料之外，也实在找不出什么可谈的话题来。过了这样枯窘无味的几分钟之后，照例便会听到"皇帝玩去吧"的吩咐。于是我便告别了"慈母"而又回到自己说了算的小天地里来，也就是说回到自己所率领的那群太监堆中去。不但我如此，就是我那四位母亲又何尝不如是呢？还不都是各自带领着自己的一群太监宫女过着独立自足的生活！同在一个桌子上吃顿饭，是除了逢年过节和办正寿之外很难碰到的"家庭盛事"。

这就是宫中的所谓家庭生活，也就是我在童年和青年时代的生活。所以使我从幼时起，就习于毫无纪律的放纵生活，就成为一个"小朝廷"内的"暴君"，所以使我从幼时起就被培养扶植成为一个骄奢淫佚、狂妄无知的加料大寄生者。还不是这个家庭的这种制度给带来的。

前些日子，我看到了"李时珍"的影片。看到李时珍给一个王爷的儿子治病时，那位"王爵的世子殿下"虽然不过是一个十岁上下的孩子，却也居然旁若无人地坐在摆满山珍海味的食桌前面，许许多多的男仆女婢都争先恐后地在侍奉着他的情形，我愈看愈觉得和我小时候的情形差不多。总之，不管是明代王爷的府中也好，或是清朝皇帝的宫中也好，也不管他们之间的规模大小如何，反正是那种骄傲自大、徒食自享、颐指气使、愚昧狂妄的情形，就如同天下的乌鸦一般黑一个样，都说明该阶级的丑恶本质。我还在"宋景诗"的伟大历史影片中，看到了同治和东西两太后坐朝听政的一个场面，更是使我对自己的过去，有了进一步的深刻认识。真觉得那种场面，等于儿戏，也是一场噩梦。同时也深自庆幸自己能够赶上新中国的新时代而感到骄傲。

在我结婚以后一直到一九二四年，我十九岁为止的宫中生活，虽然在其本质上和我童年时代并无什么差别可言，在其外形上则是更染上了一些光怪陆离的新颜色，也可以说是随着年岁的增长，所沾染上的毒素也就与日俱增起来。本来么，在那种腐败愚昧的家庭环境中，是只有每况愈下，断不会有什么好转或是醒悟之可能的。

例如，当我把那些惯于欺上压下、逢迎谄媚的太监去掉之后，代替太监的却又是一帮普通的"男仆"，在我的淫威之下逼着他们来给我当奴才，所差的仅仅是他们不是太监而已。

当然，随着我年龄的增长，我的心情是会有些改变。例如，我这时已对于搭小房间和玩枪弄棒不感兴趣了，那时认为有兴趣的则是购买乐器、组织乐队和率领着这些仆从练习脚踏车和上房爬墙之类的"新消遣方法"。特别是对于脚踏车最为爱好。曾把当时在北京骑车有名的李学勤（小李三）邀入宫中，并求他加以指导，甚至为了使自行车可以在宫中畅行无阻，竟致把很多门槛都用锯锯掉。后来还在宫中的"东长街"附近，练习过开汽车哩！

还有时通过我那英文教师庄士敦，把英国、美国公使馆的军乐队招到宫里去约有三四次，每次都是使他们在院中吹奏。每次演完之后，便在院中拿酒肉点心之类慰劳他们。我虽不亲自出席招待，但也颇以此为乐。

庄士敦也曾把英国司令官带到宫里来参观并访问我，也曾把印度的诗人泰戈尔和当时被称为"诗圣"的徐志摩等带来见我。此外，如上海的犹太人大资本家哈同夫妇等，也曾在端康太妃的招待（因为哈同和端康太妃母家有来往）下和我见过面。曾给西太后画过像的美国老姑娘柯尔也到我这里来过好几次。

从上记的零星片段中，也可以看出在我当时的生活中，已渐渐有了一些变化。那就是在我那满脑袋的封建专制思想意识里，已经渐渐添入了一些崇拜西方资本主义国家的成分了。

这时，我已渐渐对那种宫廷小圈子生活感到厌倦，总想看一看"紫禁城"外的新鲜景色，但由于陈规旧矩处处拘束着我。有一次我的老师陈宝琛病了，我便以正正堂堂的探问师病为理由，尝到坐汽车走大街的快乐滋味。于是我就一步一步地试探着扩大访问的范围，如探望我的父亲以及我的叔父等，最后则是把范围扩大到游颐和园和玉泉山了。当然我每次出门，都得编成一列几十辆的小汽车队，并且每一次的开支也是大得惊人。但是我不去管它，目的不是开开眼么，达到了这种愿望，便心满意足了。最滑稽的是有一次我赴颐和园时，曾命司机把汽车加速开驶，在我屡次催促之下，竟达到每小时60—70公里的速度。这时可把随我出游的"内务府大臣"绍英老先生给吓坏了，据说吓得他在车中紧闭双目，双手合十，高声大念"南无阿弥陀佛"不止。

3. 我的"疑病"和"治病"

在宫中时，因为我身边既有很多古代医书，又有许多大夫和专供我用的现成药房，所以我就不知不觉地对"治病"这件事，感到有兴趣。对于那些艰涩难通的古医书之类，我只不过是在无事之时不求甚解地去阅览它，倒还没有给我以怎样的影响。后来因为得到了一部通俗易懂的《验方新篇》，不料它却坑害了我。不知道是什么缘故，自从看到了那些骇人听闻的奇病异症之后，便引起了我想入非非，神经过敏，常疑心自己有病，愈疑心就愈害怕，愈害怕也就愈疑心，总觉得自己身上这里有病那里也不舒服，简直把我折腾得不亦乐乎。例如，有一次我手上长了一个小疮，我便自起矛盾地认为这确是"疔毒"无疑，于是便拿红线把手腕紧紧捆牢，一面就按照书上所载的专治疔毒症的"菊花饮"或是什么"护心散"之类，把药抓好煎服。也时常无缘无故地找大夫来看。我的汉文老师朱益藩颇通汉医医术，我更是尊他为"儒医"而经常找他给我诊治。有一次我觉得小腹有些痛，便认为这是"受了寒"，便在深夜用电话叫他快来，一方面更叫"内务府大臣"下紧急开"紫禁城门"的命令。像是这样一点小病便采用这种紧急求救的方式，也不止这一次，而是多少次地这样来做，既不论三九严寒，也不管三更半夜，只要是我的"疑心病"一发作，便总是这样迫不及待地去飞调他来。

我的那位朱老夫子，有一次竟给我开了一个"破釜沉舟"的猛方，叫我服用爆竹里的火药，并说这是专治受寒的。我虽然既怕病又衷心敬服我这位老师的高明医道，但是我怕死的心更强于怕病的心，因为我知道火药的厉害，所以这次却没敢照方服用，更"福至心灵"地现出了"宁可牺牲别人，也要保全自己"的反动阶级本色来，就命两个太监本着"君药臣尝"的儒家古训精神，先替我尝一尝这火药的滋味。后来这两只"替罪羊"齐声来报告我说："吃了以后，肚子里难过得很。"因此我也就在"惜命"的前提下，把我那块"疑心病"算是暂时给压下去了。

还有一次，我因为觉得有时候喉咙中有痰，便又害怕自己要得"紧痰绝"，遂赶紧找来"太医院"的大夫给我医治。这位大夫在"望闻问切"的诊断以后，也就毫不客气地给我使用了祛痰剂的王牌猛药"礞石滚痰丸"作为药引，还配合着使用了不少的汉药药材，另外还让我喝竹沥水。就是在这位医生的猛攻猛打的治疗方法下，连续医治了约一个半月。

后来听人说，幸亏我身体平素算是不错，所以才经得起这种猛治，否则非把身体弄坏不可。

像是这样的事情，尚不只我幼时在"清宫"中如此，就是到了天津以后，以及后来在伪满时代的十四年间，我一贯总是在疑心着自己有病和不断地在中西药杂进下，过着"斗病"的生活，至于注射等，还未把它包括在内哩！

总之，在我前半生，凡是所到之处，随时都贮存着不少的中西丸散膏丹之类，差不多用不着赴街上去买，都能自给自足。尤其荒唐的就是有时当我找来大夫看病之后，经常把大夫的处方，任凭自己的主观愿望随意予以增减。甚或有时不问大夫就一面翻着药书一面自行医治，直到伪满垮台为止，我一向都是如此。

七、我母亲为我自杀了

我从三岁起，就离开了我的母亲。一直到了我十一岁，我母亲才被允许一年进宫两三次来看我。虽然每次少则必住上四五天，多则八九天才回去，但是我对于她的感情也不过普普通通，并没有对她感到什么特别亲热。因为我们母子二人之间的骨肉情分，早已被那冷如冰的封建专制制度给一刀两断了。即使说尚没到一刀两断的程度，也是被这段难以逾越的"君臣关系"铁墙给两下完全隔绝了。我母亲是在一九二一年我十六岁的时候死去的。而她的死，则是与我和端康太妃的争吵有关。

在我十四五岁时，端康太妃由于我追逐时髦，狠狠地训斥了我一顿，并打了两个太监每人二百大板。自从发生了这件事之后，她便效仿了西太后对待光绪的老办法，每天派她宫中的六七名太监，轮流地来"服侍"我，其实就是派他们来做监视我的"特务"。我在当时的环境下，当然是敢怒而不敢言的了，我就这样地忍耐了不少的日子。有一天，我真觉得有些按捺不住，便抓一个题目和她派来的太监大闹起来。当然，一个当太监的，不管他有多硬的靠山，在这种情势下，是不能不向我磕头赔罪的了。而太妃呢，也知道我是对她的一种"取瑟而歌"的间接示威，便也知趣地把这个太监叫了回去，不久把那几个"特务太监"也都撤走了。

我想顺便在这里概略叙述一下我这四位母亲的各自的性格。

端康太妃不但是所使用的太监很多都是曾在太后宫里使用过的人，就连她那里的大夫以及厨房里的工作人员，也差不多都是太后所遗留下来的一些基干人员，而她的一举一动，也就在有意无意之中，模仿起西太后、隆裕太后来。因此，在她所住的那个"永和宫"的势力圈子内，是经常飘流着一种和那三位太妃迥然不同的浓厚专制气氛的。

敬懿太妃，因为我幼时曾住在和她的"太极殿"相衔接的"长春宫"的关系，所以我幼时对她的感情，总比和那三位太妃要亲近些，就是她对我也是在无言之中，似乎更关切些。她对于端康太妃的骄傲跋扈的平日行动，也颇为不满，只不过是面和心不和地过着表面平静的生活罢了。

荣惠和庄和两太妃，平日也是很老实和蔼的。不过她们二位都有不少迷信和忌讳。例如，荣惠太妃最忌讳说"醋"字，在吃饭的时候，她那里的太监都不能说出"醋"字来，而只能给它起个代名词，把"醋"叫作"忌讳"。而庄和太妃那里的忌讳尤多。如不许人说"吃梨"，因为"梨"字和"离"字同音，须说吃"平安果"。还有"完了"二字，也是在忌讳之列的。如果问"您吃完了么"的时候，须说"您吃得了么"。其他尚有许多，举一以概其余吧。

这就是我那四位母亲的脾气、作风各自不同的地方，跟着我要说我和端康太妃翻脸的经过。

关于这次争吵的直接导火索，是因为有一天，端康下了一道命令，把太医院的御医范一梅开除了。我听到此事后感到非常气愤，当然这也和我平日对她的种种不平不满有关。我就想：过去隆裕太后在世的时候，我和太后坐在一起吃饭，她不是还拿一个"瑾妃"资格，站在地上吃的么？……我于是就给她下了个结论：她本是一个妾的身份，而不是妻的身份，并不能算是我的母亲。现在她既这样对我毫不客气，我为什么要怕她呢？于是我愈想愈觉得可气。但是在那家长制度凛然不可侵犯的宫廷中，我还不敢下定决心当面向她去做质问，便把此事告诉了陈宝琛，并和他做了一番商量，而他居然会赞成我这样做，同时在我身边的大总管张谦和也怂恿我这样做。于是，我就鼓足了勇气，到她那里质问她为什么开除了范一梅。当然她是不会向我让步的，于是我们母子便闹翻了脸争吵起来。我更粗暴地扬言不承认她是我的母亲。我表明了这种决裂态度之后，便愤愤地回去了。

端康太妃便在盛怒之下，急时抱佛脚地把我的祖母刘佳氏和我的生母瓜尔佳氏叫到宫里来，并迁怒于她们，对她们做了严厉的斥责。她们在这种情形下，也只得向太妃赔了礼。但太妃还不甘心，更把我父亲载沣和各王公大臣连我的老师们也在内，全都叫进宫来，大约也是想套用一下西太后降服光绪的老办法来压制我吧。于是她便把我如何对她无礼的情形，声泪俱下地宣布了出来。但是这些王公大臣已不再是当年的荣禄或是袁世凯，对于我们母子之间的家务争吵，又有什么解决的妙法，只能是对她做了一阵不关痛痒的安慰。而我呢，也不肯对她示弱，便也把这些"宗亲国戚"（除我父亲）等叫到我这里来，我也同样对他们晓晓不休地讲了一大篇我的道理。当然，他们对我也是毫无办法的，也不过是唯唯诺诺地说出一些不解决问题的调停话而已。最后，我还是在我祖母和母亲的努力说服下，才勉勉强强地到端康面前下了一跪，并且认了错，这场风波才算是在我和端康之间平息下来。

可怜我的母亲在她临回家去的头一天，还来看我，并谆谆嘱咐我尔后千万不要再做这样鲁莽的事，我也对她表示了今后一定不再如此。

我却万万没想到，我的母亲在回家之后的第二天就吞服鸦片自杀了。此事发生以后，我父亲等并没有对我表示，我母亲的死是因为我而自杀，只说是得了一个"紧痰绝"的急病死了。我闻知这一噩耗之后，便连忙到我母亲家中去哭奠。这是我自从三岁入宫以来，头一次出"紫禁城"，也是头一次回到了生身父的家中，不过是这次的回家，却不是什么愉快的事，而是和我那生身母做了人生的永别。

我母亲的自杀，还是在死后多少日子由我弟弟对我讲了才知道的。

第三章　我的罪恶思想根源

我常听到"射人先射马，擒贼先擒王"的这样一句古诗。我常想，为什么在我的头脑中会有这种严重的种种反动罪恶思想，为什么这种坏思想会支配了我整个的前半生，会让我犹如飞蛾投火一样，偏偏往死路上走？

归根结底是有一个根源的。

这个罪恶的根源是什么？就是封建统治阶级的反动本质。

自然是，自己在过去所犯下的种种严重罪恶，自己绝对应该完全负起责任来。不过是要想真正认清自己过去的一切丑恶罪行的由来，并真正从心里认清自己的过去的罪恶，不把这一来源有目的总源头和在中途汇集过来的一些暗脉潜流，分门别类地辨别清楚，是绝对不行的。所以，我想在挖掘这一罪恶的根源的同时，更想把它的支流别派也一并暴露在光天化日之下，这样不独给自己能来一个彻底大消毒，还可以更进一步对自己的过去罪行能有一个比较有系统的认识。

固然凡是一种坏思想的形成，都不是一朝一夕之故，更不是简简单单拿反动阶级本质几个字所能包括一切。不过是，尽管它的形成曾经经过了日积月累的熏陶感染，是需要经过了萌芽、成长、繁茂和成熟的几个必经阶段，并且也是有着千条万缕的复杂错综关系，但是从大处去看，并从全体来做分析，仍然是会有一个极其鲜明的总轮廓和互相交织着的来龙去脉可以寻求的。因此，我认为我那罪恶思想的构成，是由下列的四项基本毒素互相结合而成的。

1. 封建统治思想为主，尊孔崇儒思想为辅。

2. 极端狭隘的民族主义思想和上记两种思想的互相结合。

3. 迷信和"敬天法祖"思想的互相作用。

4. 帝国主义思想和封建统治思想的彼此吸引作用。

总之，彻底毁掉了我前半生的，就是上记的四项主要毒素。我现在想逐个地把它们加以引例分析。

一、我的老师和封建尊孔思想

从我六岁的时候起，便由隆裕太后给我物色好毒化我灵魂的工程师——启蒙的老师。最初是在清末当过状元尔后做过大学士的陆润庠和曾被称为是福建才子、二十岁点了翰林，三十岁就当上内阁学士兼礼部侍郎的陈宝琛，以及曾中过满汉双榜进士的满文老师伊克坦三个人。后来陆润庠死了，又陆续加上了在当时颇有文名的徐坊和在少年时代就入了翰林的朱益藩，以及在清末曾被称为闻名的辞章学家梁鼎芬三人，当了我的汉文老师。

我从六岁起一直念到十七岁，每天都到宫中的西部毓庆宫去读书，性质是属于家塾一类的。教学的范围很狭窄，除了所谓"十三经"①以及《通鉴辑览》等封建历史之外，便什么也没有了。所以像是普通一般学校中的课程，如物理、化学、三角、几何之类，我都根本没有学过，只是抱定了汉文一门死啃。尽管如此，可是我的汉文程度，也没有什么值得自满的地方。因为我当时的念书，除了在我十二三岁以前，尚是按部就班地上学以外，从那以后，便渐渐地成为兴之所至的读书了。我那时非常贪玩，性情又不太勤勉，更加上我的那些位老师，又都是深深中了封建礼教毒素的老学者，所以他们对于君臣的界限，看作是一个绝对不能逾越的高墙，对我非常客气，不肯十分加以约束。后来更由于我的年岁渐大，就愈发事事随我之便。我愿意念时就念，不愿念时，就派人告诉老师让他"放假"。尽管我对于旧书读得并不多，且是读得不深不透，但是它的反动实质，它的封建专制毒素，却是深深地灌入我的头脑，并且是根深蒂固地在我的前半生中占了统治地位。所以我更认为皇帝确是应该站在一般人们之上，应该统

---

① 指《诗经》《尚书》《周礼》《仪礼》《礼记》《易经》《左传》《公羊传》《穀梁传》《论语》《尔雅》《孝经》《孟子》这十三部儒家经典。

治着国家和人民，同时任何人都必须无条件地服从着皇帝，效忠于皇帝，认为君臣、父子、夫妇等的关系，乃是伦常大义，尤其是忠和孝，更是人人应遵的"天经地义"的原则。不忠于君，不孝于亲，就是"大逆不道"，就是"乱臣贼子人人得而诛之"的人，特别是"犯上作乱"这件事，更是不可容忍的弥天大罪。我还狂妄地认为自己就是代表整个国家的一个存在，凡是不忠于我，就是不忠于国家，就是万恶不赦的大罪人。为什么孔丘的学说会这样合乎封建统治阶级的口味，为什么它会被历代帝王尊奉为至高无上的国教，为什么会对孔丘本人，那样"信极尊崇"地称他为"万世师表"？还不是由于他的学说，完全都是十足地为历代的专制魔王服务，完全符合于封建统治阶级的利益，完全能够被利用为束缚广大人民言语行动的无形枷锁么。所以，在他的所谓忠，就是要亿万的被压迫人民，都要在"君命臣死，臣不敢不死"的咒语下老老实实地甘心跪着挨刀，而不敢生出丝毫的反抗心情。所谓的孝，就是要普天之下的亿万子弟，都要在"父叫子亡，子不敢不亡"的麻醉剂下面，无条件地维持着家长制的绝对威权。唯其如此，才能使封建统治者，在法律、牢狱、官吏、军队等有形的暴力机关之外，更有补其不足的思想意识上的无形桎梏，牢牢套在各个家庭中的所有成员身上。这样，对于广大人民才能进行无情的内外夹攻，这样，才能使儒教这个"软中硬"的武器，配合着封建统治者在经济、政治、文化等方面的支配力量，巧妙地在思想方面发挥出它的麻醉性能来，这样才能达到封建统治者经常所妄想的要永远骑在人民头上，以吃人肉喝人血来养肥自己"万世皇帝之业"的卑鄙自私野心。

而我呢，自幼就是在这种食人而肥的帝王家庭中成长、壮大和教育、培植起来的，所以我对于这种"德不孤，必有邻"的孔孟学说，很容易就"声入心通"地无条件加以推崇，并五体投地生出了无条件的信仰，认为这才是人世中永恒不易的唯一真理。因此，我就被培育成为一个极端愚昧落后、自大自私、专门想开倒车的典型人物，终于江河日下地在最后成为一个甘心背叛祖国人民的民族大罪人。

总之，这个儒教思想，不但是给我潜在于心的专制封建毒素给追了肥而使其出了土，发了芽，并且还给我青年时代的"恢复祖业"的狂妄政治野心，奠定了强固的基础。这也就是使我一步一步堕入罪恶泥沼的出发点。

另一方面，由于我对孔孟的学说的盲目崇拜，由于我习惯于唯心的主观论点，所以我对人类历史，一向都抱有错误看法。例如，我曾认为人类社会历史的发展，全是由于少数的英雄伟人所一手推动。认为只由于这些帝王、将相、英雄、豪杰的天才和智慧，才会创造出新的历史。同时还在其中又掺入了不少迷信的因果报应成分，认为这些人之所以能够有这样的聪明睿智，都是由于他们在前世自己种下了善因，所以在今世才能获得这种种冥冥漠漠之中的善果。所以我认为，每一个朝代的毁灭都是由于出现了昏庸无道或是懦弱屠幼的帝王和腐朽无能的王侯将相，或是由于奸臣的篡夺等而来。每一个朝代的兴起，则是由于"奉天承运"的帝王、能臣、良将的力量所造成。后来，由于几年来不断地学习改造，才清楚地认识到，这种错误想法，都是由那些封建统治者以及他们所豢养的"耍笔杆奴才"所硬造出来的谎话。他们是为了要掩盖人类历史车轮向前发展的真相，更为了企图隐蔽人民群众的伟大智慧和力量，才拿这种迷信的唯心说法来故意夸大帝王将相的个人作用。像是附有"乾隆御批"的《通鉴辑览》，司马光的《资治通鉴》，专门夸耀清朝威武的《大清开国方略》和《圣武记》等，都曾深深地影响了我，使我愈发对于"圣君贤臣"的作用有了铭肝镂骨的盲信。现在，才如梦初醒地认识到，所有历史上的改朝换代，决不是什么"天与人归"，而是由于当时的广大人民实在忍受不了统治者愈来愈凶的残酷统治，为了要活下去，才大家站起来从事革命斗争。这就是促使某一朝代的兴起和促使某一旧朝代倾覆的直接推动力量。后来，由于那些野心家利用并篡夺了人民革命的胜利果实，跟着他们自己也就摘下了为人民着想的假面具，变成以暴易暴的新统治者，于是改朝换代的局面便在历史中再三反复着。所以整个的人类历史，也就是由劳动人民群众一手创造出来的人类向前发展的各个过程，也就是劳动创造人类历史，创造人类社会的科学真理所在。

二、毓庆宫读书

我每天读书的时间，是从早晨八时起至正午止。每天到毓庆宫之后，到了法定的时间，便由我口中说出一个"叫"字来，于是就一个挨一个连续不断地像是空谷回声一般，由我身边的太监把这个"叫"字传到懋勤殿太监的耳中，更由他们的嘴传到我老师的耳中和陪我读书的伴读者（最初只有毓崇一个人伴我读书，后来又加上了溥杰陪我读汉文，我叔伯弟弟溥信陪我读英文）耳中，于是他们便应声而至，这一天的功课就开始了。

在老师和伴读者进来之后，老师这时是拿老师的资格来见我，所以只对我挺直一下身子，愣一愣神，就算是做完了见面礼。至于伴读者，他们却不能拿同学的资格来见我，所以他们得跪地向我请安，作为见面的礼节。做完了这套形式之后，便由侍立一旁的太监接过老师等的"官帽"，放在面窗长几上的帽筒上，然后他们鱼贯退出室外，我们的授课便开始了。

至于授课的方法，则是采取了读几遍和讲一遍便算完事的办法。当日的生书先由老师带头先念，我们也都放开了喉咙，就像和尚念经似的随读一遍，然后再由老师默听我们朗诵个七八遍，便算是把当日的生书课业做完。跟着就是对读过的陈书的复习，也只是我和伴读者齐声温习一遍的程度。然后就是对对子——老师出上联，我们对下联，或是老师出题，我们作一首七言绝句，但这是很少作的。然后就是由老师讲几页《御批通鉴辑览》或是《大学衍义》等书，最后写一篇"仿"——也是由"照描""跳格"而"临帖"的次序，逐步加以提高，于是就到了下课的时候了。

在上午的时间内，大约由两个老师分别负责上记的课程。在中间的休息时间内，照例给老师和伴读者准备一些糕点果品，到了正午下课后，便给他们准备一顿午饭。

我现在想就各位老师在授课中的突出事例，介绍其中的两三项。我觉得从这里，也可能从中找出一些当时的真实迹象来的。

先从陈宝琛说起吧。

他从我六岁起直到我十七岁为止，无间断地给我授业。不但我对于他要比对其他老师亲昵些，就是那四位太妃，以及我父亲以次的所谓"王公大臣"，也都是对于他表示着相当的尊敬和信赖。就是在反动报纸杂志上，也居然把他说成是"帝师"中的首位和把他列在A级"遗老"之列的。

陈宝琛

他的性情是和蔼的，为人处世也很圆满，并且富于忍耐性。虽然在我小时，他也曾经常皱着眉头，拿"君子不重则不威"来批评我的顽皮，但我并不怕他的皱眉和批评，总是接着他的"君子不重则不威"的话尾，拿"学则不固"来抹稀泥。

他不但是我的启蒙老师，教会了我读书识字，同时也曾毫无愧色地完成了污染我灵魂的"地道工程师"的工作。他曾把封建统治者所必备的本领，成本大套地传授给我，使我在日常的言语行动中，一天天地把它逐渐具体地表现出来。他时常从老近视眼镜中双眼眯成两道缝向我赞叹道："有王虽小元子哉！"来表示他对于我的爱和期许。因之我就愈发以"天之元子"自居起来，认为除了天地祖宗之外就得算我为大。

他还善于把他在清朝时代当一品大员的事，铺张渲染成为一幅太平天下的景象，同时，更把辛亥革命以后的军阀割据混战局面，归咎于共和制度的不好。他就是经常这样拿这种带有歪曲性的新旧对比，来作为守旧排新的泄愤工具的。例如，拿当时某遗老所作的谩骂中华民国的对联"民犹是也，国犹是也，何分南北？总而言之，统而言之，不是东西"（即暗射"民国总统不是东西"之意），当作一种美谈资料来说，并称赞这是一个绝妙好辞的讽刺。同时他还画龙点睛地拿"旁观者清"的四个字横批，作出挑拨性的结论来。请想一想，像是这种富有煽惑性的日常讲话等，又怎能不把我满肚子的狭隘民族主义，犹如火上浇油一般地给煽动起来？他还特别强调书中所写的"忠孝节义"等，这类带有麻醉性的事迹和意义，使我认为这就是"亘万古而不磨"的"天经地义"，和人人必须遵奉的"金科玉律"。这还不算，他还善于把"非圣人者无法，非孝者无亲，此大乱之道也"之类的铁帽子，高高祭在空中，作为排斥"邪说"，随便用以扣人的唯一法宝。他还把"敬天崇祖"思想和"尊君亲上"思想，巧妙地配合起来，例如，经常拿歌颂清朝历代皇帝——尤其是康熙和乾隆二代如何"勤政爱民"和怎样的"丰功伟绩"并"龙种自与常人殊"一类的话，结合到我的身上，而使我在不知不觉之间，就产生出一种居之不疑和舍我其谁的错觉来。

对于袁世凯，当然是被他经常当作谩骂材料的，就连对孙中山先生，在他也是毫无例外地加以冷嘲热讽。可以说，从既当中华民国大总统，又兼清室太保的徐世昌起，直到在当时文坛上、政界上颇负盛名的樊增祥、易顺鼎以及临死还没有忘记请求"清室赐谥"的赵尔巽等人为止，在他的眼中，都认为不是"伯夷叔齐"，而是"遗老"中的变节分子。因为他们之中有的做了民国的官，有的拿了民国的钱，所以他们都是应该被列入《贰臣传》中的人物，不能和自己的"遗老"身份相提并论。就以我结婚时的一个事例和其他的二三事例为证，就可以看出这种见解在当时对我的影响如何了。

在一九二二年十二月一日天津《大公报》上，就曾以"大婚汇闻"为标题在其中并有这样一行的小题目："徐太保礼单干犯宸禁"，其下原文为"……前大总统徐世昌，曾为前清太保。至今清室犹有太保徐世昌名（并未辞职，或云尚领太保之俸）。因清帝大婚，徐送礼四色：一为如意，二为紫榆八合圆桌，三为采缎尺头，四为屏风。礼单具名徐世昌谨赠五个字，清帝颇不谓然，说徐世昌还有太保之职，如何用'徐世昌谨赠'五个字？他如果是现任总统，我们应该尊敬他，他既不是民国职员，又系皇室太保，未免不合规矩！"其实这并不是我的不满，实际上就是这些"遗老"对他的挑眼，不过，这种看法的影响，对我却是相当大的。又例如，在奕劻死后，曾请我给个谥法，我父亲认为应给他以一个美谥，我认为他曾勾通袁世凯，加速了清朝统治势力的崩溃，是不能给他以什么忠、贤、良、康之类的好字眼。于是就在折衷的办法下，把密字作为赐予他的谥法。至于这个密字究竟作何解释？我现在久已忘掉，反正不是一个"美谥"就是了。我的老师们对于我的这种青出于蓝的学究式见解，还称赞过我"圣明"呢。还有当赵尔巽托人请求我赐谥时，我也曾认为他是属于贰臣一流的人，终于拒绝了他们的请求。像是这种既反动又愚蠢的事例，还多得很。总之，这些都足以证明我灵魂深处的反动本质是从哪里来的。还有，在张勋背叛民国，干出复辟的罪恶勾当时，这位陈宝琛老师，也不知道是从哪里忽然来了一股勇气，竟会把好好先生的面具揭了下来，露出了反动学究的本来面目，居然不惜落井下石地提出了应把黎元洪赐死的高见来。这时我虽然只十二岁，也听得大吃一惊，就是满脑袋糨糊的张勋，也没敢采纳这种冒失献策。我现在再谈一谈他的家庭情况。

当然，在他那样老守旧的家庭里，事无大小，都得在他那老家长的绝对支配下来处理。其实并不尽然，在他家中青年一代要从封建专制桎梏下挣脱出来的新的气氛，经常要和他那死守旧阵地的顽固保守思想发生着不断的摩擦。并且这种新的萌芽还在暗中一天天增长着。尽管他曾因为他的一个小儿子不肯去做古书中的蠹鱼，而拿出了家长的权威，进行过"家法管教"，但是他的那种外强中干的腐朽保守力量，已经在他的儿女面前也只能是吓唬不了人的纸老虎。例如，每当他下朝回家之际，当他的马车快要进胡同的时候，给他赶车的人，必定要把脚下的车铃踩得山响，为的是预先暗示家人，表示老头子就快要到家的意思。于是他的这些儿女们，在听到了这一照例的警告之后，便把开放着的家门紧闭起来，把放在院中的桌椅和糖果、汽水之类，连忙藏入屋中，大家都把这种快活嬉笑的场面，立即变成为一种死气沉沉"端庄中正"的空气，然后才迎接老头子走进家门。当然，他看了这种严肃家风，是会感到满足而自诩为治家有道的了。固然像是这样的家庭中难念的经卷，绝不止于陈家一家，因此，我想凡是封建专制家庭，谁家也是会各有一本这样的东西的，从这里也可以看出，任凭顽固守旧的反动力量怎样想要摧毁寻求幸福、自由的新生力量，其结果，不是新生力量被摧毁而是旧的力量渐次被削弱，最后则以统治势力的全部崩溃而告终。小而一家，大而一国，或是整个社会，所有一切守旧势力失败的过程，差不多都是如此。

我的这位老师，大约在平素也是在遵守着人生一世洗三次澡的原则（就是说生下来洗一次，结婚时洗一次，死后沐尸一次）的吧？每一到了夏季暑气蒸烘的时候，从他身上就会发散出一种既酸又咸，莫可名状的臭味来。因此他的一个得意门生——佟济煦就曾委屈宛转地对他做了忠告说："老师！还是常常洗澡好，因为洗澡对于个人的身体健康会有些好处。老师不是常患有一种皮肤病吗？我想能常常洗个澡，一定很快就会好的。"这位陈老夫子，听了这一娓娓动听但不入耳的门下弟子的忠告后，便满心里地不受用，但他究竟不愧是个饱读孔孟之书的人，对于动心忍性的涵养功夫确是有了相当程度，并未拿出使弟子难堪的颜色来作回敬，只是正颜肃目地反问道："你说的这番话，也有些道理。不过是老朽余年虽未经常洗澡，却也健饭如恒，可是你呢，却不断地洗澡，为什么还不免于时常闹病呢？"当然，老师既然绷着脸说出了这样不厉而严的歪理来，他的这位高足因话不投机，便也只好一揖而退了。

我在这里还想就便介绍一下我这位老师"桑梓情殷"的旧社会中所谓的美德：

因为他是福建人，所以对福建的同乡总是抱有一种带有宗派性的同乡爱。他的交游，他的来往，总是福建省人居大多数，每当他会客之际，总是在客厅之中会流露出一种压倒的乡音来。像是从清宫时代起一直到伪满时期止，一向在我身旁的佟济煦和那臭名不可向迩的大汉奸郑孝胥等，都是因为和他有同乡关系，才在他的所谓荐贤下，给弄到我身旁来的。固然是这种狭隘乡土观念成为他个人身上的一种毛病，但是受到他的影响，也遗给了我，带来不少的罪恶后果。

还有，在我十五岁时，由于爱时髦的关系，以及西洋老师曾嘲笑过辫发的关系，我也渐渐对辫子失去了兴趣。不过，像是"身体发肤，受之父母，不敢毁伤"的这句古训，我是知道的，发辫乃是清朝祖制，这种道理我也是认识得清清楚楚的，所以我就想如果要公开地把辫子剪掉，不用说一定会遭到麻烦，倒不如拿起剪子来自己剪去了事，于是就用剪子把它剪下去了。果然对于这种不比寻常的宫中"大事"，有的太妃曾为此而流涕，也有的为此而深加惋惜。就连我的这位老师，也同样是对此觉得满怀不快。但是他对于我却又无可奈何。劝阻吧，已成为无的可放之矢；默认吧，又觉得实在憋气。于是就在我的面前，对于步我后尘的毓崇，意味深长地挖苦道："你把剪下来的辫子卖给西洋妇人做假发，倒是可以得一笔钱的。"这就是这位老先生本着古代儒臣事君之道，推陈出新地发挥了"成王有过，则挞伯禽"①这儒意的。

其次，是我的陆润庠老师。他是苏州人，因为他擅写一笔所谓馆阁体的楷书字，所以，在当时的清宫中，随处都可以看到他的笔迹。他的性格虽不似陈的随和，但对于我，却是严守着"虽师，臣也。虽徒，君也"的严格礼教，未敢越过鸿沟一步，并且也曾不遗余力地拿"君君、臣臣、父父、子子"的纲常名教理论来灌输我，培育我。不过是，在他给我授课的几年中，也曾有过一次例外的感情爆发。这一次是由于我过于顽皮淘气，才把这位老师给惹得暂时忘却了"君为臣纲"而恼火起来的。原因是：有一天我总不肯规规矩矩地读书，不断地把身子摇来晃去，左扭右转地闹着，并且还想离开读书的席位走下椅子。他在最初还是下气怡声地拿着所谓君臣的礼貌，含含蓄蓄地用话来打动我。当时的我是绝不会体会到老师这种取瑟而歌的弦外余音的，所以仍然是不以为意地仍要下地。这时他见此法不灵，便又稍稍加重了语气，来做进一步的谏净，但是仍嫌轻描淡写无济

---

① 出自《礼记》。周武王去世后，他的弟弟周公辅佐年幼的周成王，周公将自己的儿子伯禽送进宫去做成王的伴读。当成王犯了错误时，老师便责罚伯禽，以此来警示成王。

于事，我的闹法反倒加剧起来。这时，他有些忍耐不住了，便摘下了他那恭而有礼的斯斯文文的面具来，暂时忘却了尊卑上下之分，大喝一声道："不许动！"我在这种素来未听到过的晴天霹雳之下，立时老实起来了，身子也不敢乱动了，也按部就班地读起圣贤的书来了。

从这段事实中，也可以证明，我在幼时之所以那样放纵任性，都是由于在我身边，上自老师下及保姆太监，都只知道把我捧得愈高愈好，而不知道捧得愈高跌得愈重的真谛。如果当时能多有一些真正爱人以德的人，或许我还不会狂妄自大得到了那种要疯的程度。嗐，徒然"计算死去儿子的年龄"是没有用处的。只有拿过去当作一面自戒现在和自警将来的镜子，才会有些用处。我只有抱定这种心情来回溯过去，谈述过去，这样才能对我的学习改造有些裨益。这就是我在抚今追昔中的现在心情。

最后，我想再谈一件陆老师和我幼年的趣事，作为对他介绍的收场吧。有一天我在念书时，曾把袜子和鞋一齐甩掉，老师这时就过来为我捡鞋和袜，我便趁势把脚往上一抬。恰巧我的足趾就挂住了他的胡须，结果是他臭臭之声不止，我哈哈笑声不绝。

现在再谈一谈我那徐坊老师，我对他的印象较浅，因为他在当时并没有什么特别突出的地方。我只记得他的眉毛很长，我常夸奖说："老师的眉毛长得真好哇！"他听了也就大得其意，眉飞色舞起来。我就趁他得意之际，一面夸着，一面用手摸他的长眉，于是就出其不意地把其中最长的拔了下来。这固然只是顽皮学生淘气的一种琐事，但是在那迷信成性的太监们口中，则是把徐老师的死，牵强附会到我的身上来。他们曾活灵活现地说："他的寿眉（当时把长眉叫作寿眉，说是长寿之征）被万岁爷拔掉，他怎能不死？"

从这段无知的谈话中，不独可以看出太监迷信的心理，同时，还可以看出他们对皇帝的看法。比如他们常爱说，皇帝说的话是"金口玉言"，最灵验不过。所以认为被皇帝拔去了寿眉，也就是我那徐老师致命的主要原因了。

再次，是我那梁鼎芬老师。他是广东番禺人。据说光绪死后，他曾自告奋勇地到光绪墓茔上去种树，一直在梁格庄住了很多的日子。他曾在茔地那里照了一张身穿清代官服，头戴官帽，手把锄头种树的相片。他死后，他家里人就请陈宝琛在他那张相片上题上一首七绝的诗。我记得那首诗的内容是：

补天回日手何如？冠带临风自把锄。

不见松青心不死，固应藏魄傍山庐。

这首诗的前两句是在赞叹着他那两只能够恢复清朝祖业的手，在今天却在光绪的陵墓上拿着锄头来种树。后两句是说他为了要求永远守护着陵内的松树，但没能看到树木长成便死了。所以他愿意埋骨陵旁乃是当然的。

梁鼎芬

不用说，从这二十八个字中，不独可以看出梁鼎芬的愚忠透顶，同时也可以看出陈宝琛的反动透顶本质来。因为他那惋惜清朝灭亡的牢骚不平心情，在字里行间，已经彻底流露无遗了。还有当梁鼎芬给我当上了老师的时候，还对我替他自己的"耿耿忠心"作了当面的大言吹嘘。他得意扬扬地说：当他正在光绪陵墓植树的时候，有一天夜里忽然来了一名刺客，把短刀搁在他的脖上要杀他，他便从容不迫地对刺客说：要杀就杀好了，我在陵上被杀，实为于愿已足。该刺客因为看到他这种视死如归的忠义不屈气魄，便被感动得把刀子收了起来，并开诚布公地把受了袁世凯之命来暗杀他的始末经过，全盘托了出来，最后并劝他务须速离此地，免得再遭毒手。他当即拒绝了刺客的好意劝告，并慷慨地告诉刺客，说他决不能怕死而离开此地，一定要看到松树长大之后才走。

从这件事情看来，便可以清楚看出这位梁鼎芬曾是怎样冥顽不化甘心去当一姓家奴的奴才嘴脸，同时，也可以看出他那自吹自擂的丑表功式的奴才心情。另一方面也可以看出封建反动统治者用政治上有形无形的压力，怎样来束缚人民，麻醉人民的无孔不入的阴毒手段。而这个梁鼎芬，就是由于他自幼就饱受了封建社会中所谓忠和孝的毒素，更加上他的家庭成分、仕宦的经历等，于是就把他这个甘心做奴才的典型人物给制造成功了。而我呢，也是在这种封建统治阶级的教育培养下，恰恰成为他所依附的对象，也成为赏识他的知音者。像是在他死后，给他以"文忠"的谥法，就充分说明了我在当时的封建社会末期的头子地位既曾影响了他，他的反动透顶思想和行动同时也曾影响了我。不然就是这样，就是陈宝琛等所谓的遗老，也都是我既影响了他们，他们也影响了我的。不过是，拿我来说，我所受的这种影响比他们要更大和更深刻罢了。像是"一姓尊荣"的"家天下"思想，就是由此而来，更由此而逐步加深的。

还有我的梁老师，因为他平日最喜欢吃一些大油大肉的东西，特别是最爱用荤油拌热饭来吃，并且是食量又大，所以他时常拉稀跑肚。时常在走进了紫禁城之后，忽然在二人肩舆中大泄其肚，有时当进了毓庆宫大门以后，忽然稀屎淋漓顺腿而下，弄得臭不可近。每在这种情况下，不是由于搀扶他的宫中侍役劝他中途回家，就是他同寅的老师们劝他免课一日。再每当到了这种时候，他总是一面在口中不住地嘟囔着狼狈已极或是狼狈得很，而意兴阑珊地登车归去。

有一次竟在给我授课之中，忽然忍不住，要腹泻，于是就气急败坏地对我说："臣要告外！""臣要告外！"我因为不懂得"告外"这两个字的意思，便睁大了眼睛，连声追问他："什么是告外？"他愈急不可耐，我也就愈加逼问不已。最终在这外既未告成，内实忍不住的紧急情况下，便犹如开了闸门一般，稀屎满裤，臭得使人不可向迩。这时我才恍然大悟，不再追问。他也只得踉跄退下，临时停课回家。

就连我那位平日道貌岸然、不苟言笑的朱老师，也曾为了他的同寅经常坏肚子，作了一个宝塔铭式的小品嘲弄之词，附带着把它抄录于下：

梁

节士

吃鱼翅

一箸两匙

吃饱就拉屎

端便盆无停止

臭气熏人皆笑之

最后，我还想叙述一下我那满文老师伊克坦。他是个满族，虽然也曾教过我好几年的满文和满文习字，但由于他后来多病，时常不能前来授课，同时，也因为我在平时生活中，无一不是使用着汉语——北京话，那种一曝十寒式的满文教育，终究是没能起什么作用，现在不但满语单字差不多都已忘个干净，就连那些最基本的字母也都记不全了。

这位老师的脾气和陈、朱各位老师不同，是非常急躁的。后来更因为多病，他的神经便愈发尖锐起来。时常以陈宝琛为对象，在毓庆宫前院的老师休息室中，为一些不相干的事而拍桌子大吵。就连在我的读书房子里，也有时能够听到他尖嗓的怒声，不过是，却始终听不到陈宝琛的恶声回击。不久他便死了，我的满文也就干脆不再学了。

三、宫中的迷信和信仰

儒教的"三纲五常"思想都是补法律之不足而替封建统治阶级服务的。那么，这种迷信和信仰也同样是被统治者经常利用来麻痹广大人民的，它同样是能够补足法律等暴力而不及的有利工具。

同时那些狡猾的统治者，还把儒家所倡导的什么"奉天承运""天与人归"等一类的鬼话，巧妙地和迷信论中的"因果报应""轮回转世"等结合起来。为的是好拿这些看不见的绳索桎梏，和有形的法律、牢狱等暴力机关联合起来，一同来向广大人民进攻。因为这种善报恶报之类的东西，会对人民的愤恨不平起釜底抽薪的作用。所以这种暗箭式的武器，要比那些明枪明刀，还不易防。

封建统治者既被认为是"天命攸归"的"真龙天子"，那么，他当然是一个非凡的人了。所以他的这种成功，也就是早在他前生就被预先注定了的。而那些挨饿受冻、呻吟于皮鞭木棍之下，过着牛马不如生活的被统治者，不用说，也都是些早就命中注定应该吃苦遭罪的人。换言之，也就是在"地狱轮回"中，早就注定今生应受的"前世恶报"。既然如此，那么对于统治者的反抗，便是根本没有意义的，穷苦人民的翻身，也就是根本不可能的了。所以说，这种强迫人们低头认命的阴毒方法，就如同素称杀人不见血的鸦片一样，让人中了它的毒而不自觉，甚至还让人把它当作是祛病延年的灵药，时时刻刻地离不开它。像是旧社会中的童养媳认为受到婆母和丈夫的打骂，这都是自己的命苦，换句话说，就是她受的折磨虐待，乃是命中注定，理所当然、无可避免的事。又如旧社会的店铺中的学徒、妓院中的娼妓、阔人家中的使女等，他们也都是在由命不由人的认命观念下，忍受着痛苦生活。这不就是让受压迫者永远以不修今生修来世的低头认命想法来俯首帖耳，甘受摧残的么？在旧社会中所谓的安分好人以及忠仆义婢，其实就是被这种宿命论给征服了的可怜牺牲者。这些，不都足以说明这种麻痹人心的药剂——迷信思想的害人作用么？

那些万恶的专制吃人魔王，就是利用这种精神、思想上的枷锁，妄想要来维持他们万年统治的帝王基业的。

同时，这种腐蚀人的毒害作用，也同样殃及他们的子子孙孙，致使他们后代的孝子贤孙们，也在这种自欺欺人的政策下，逐渐忘却了他们自己作为一个普通人的资格，而错觉地认为自己确是一个非凡的人，认为自己确是一个"奉天承运"的天造地设的统治者。于是更拿这种祖传的毒素，想要继续维持他们以国为家的所谓祖业。而最为鲜明不过的实际例子，就是《大清开国方略》等自欺欺人的书籍。在其中除了反复地作着"口不应心"的"勤政爱民"和"待中守正"之类的虚言假语外，更不惜费尽多少笔墨，把"爱新觉罗氏"子子孙孙的非凡性特别做了大力渲染，更不惜厚着脸皮赝造出一连串的荒唐幼稚鬼话。例如说"爱新觉罗氏"最初的起源是在长白山顶的天池上，有三个所谓仙女，当她们正在天池中洗澡时，忽然有只神鹊把衔在口中的朱果丢了下来，恰恰坠入一个叫佛库伦的仙女的口中，在她吞下了这颗朱果之后，便有孕而生下了男孩子，就是爱新觉罗氏的始祖——布库里雍顺。这就是说，这位始祖乃是"天生的圣人"——奉天承运的唯一"圣人"，因此，他的子子孙孙，全都是天女的后代，也就是注定世世代代统治人民的最高统治者。我在过去，就是这样完全相信自己确是一个了不起的帝王之资。在我前半生中曾经支配过我的一切极端狭隘的民族主义思想和那唯我独尊的自私自利封建统治阶级思想，都是曾在这迷信和信仰的温床上发芽并成长起来的，然后更在那专为封建统治服务的孔家店反动学说中，得到了更富有政治性的所谓根据，然后更由于崇拜帝国主义思想的火上加油，于是，就把我的前半生完全毁灭掉了。

现在先拿当时宫中的几项迷信实例来做说明。

1. "殿神"

宫中的太监，对"殿神"是一贯异常信仰的。要问"殿神"是什么？按照他们的话来说，就是"四大家"——长虫、狐狸、黄鼠狼和刺猬，并说这四种动物——"殿神"，都是曾受过皇帝封为二品顶戴的仙家。太监们还活灵活现地互做警告说，夜间千万不可到乾清宫的丹陛上去走，否则就会被"殿神爷"给扔到丹陛之下。他们也惯于引经据典地宣传说：过去曾有两个太监因在街上吃了牛肉（他们认为牛肉是大五荤，不应吃），回来之后，果然受到了"殿神爷"的责怪，罚他们在天一门（御花园内供真武大帝的庙门）外树皮上擦嘴，直擦得皮烂血流才算完事。事后问他们为什么要在树皮上蹭嘴？他们回答说：当时心里一迷糊，就在树皮上蹭开了……还有在养心殿专门负责洒扫的所谓殿上太监，他们向例也是分两组轮流上班工作。各组在接班前，照例都得先给养心殿中央的"殿神"磕头之后，才敢开始接班。据说是为了祈求"殿神"保佑他们在值班中不要犯什么过错。此外，逢年遇节，还在养心殿中庭，摆上整猪整羊和其他的供品祭供"殿神"。在每月初一、十五两日，也照例要以烧酒、鸡蛋、豆腐干和"二五眼"（一种干点心）给"殿神"上供。还有每当太监们要开锁进入久无人居的房屋和库房时，照例先要大喊一声"开殿！"或是"开库！"之后，才敢推门入室。据说，是为了预先知会"殿神"一声，以免无意碰到或致使冲犯。诸如此类的活见鬼事情，在当时的宫中，是随处都有的。我从幼时，就是在这种迷信旋涡里的宫廷生活中，相信了"殿神"之说。不过是，我的相信和太监们的相信不同。太监是害怕"殿神"，而我则不但不怕它，反倒对它抱有一种亲密和信赖之感。因为太监们都说"殿神"是受过皇帝封赠的仙家而专门保护着宫殿仓库，尤其是专门保护着皇帝的。所以在当时，也就觉得这些"殿神"——长虫、狐狸、黄鼠狼、刺猬之类，还都是专门替我服务的忠实部下哩！

像是这种荒诞不经的胡说八道，固然都是些不值一笑的迷信，不过是，也可以从其中看出那些宫中奴隶的可怜相来的。

那些被专制淫威给吓破了胆、麻木了手足的宫中太监们，为什么每当上班当差之前，必须先要至至诚诚地给"殿神"叩头，求其保佑在值班中平安无事呢？这还不是和过去的海员们，每在航海之先，必先向海神龙王磕头烧香的心理是一个样的么？可见那些可怜的宫廷奴隶在伴君如伴虎的提心吊胆的情况下，是怎样对惯以喜怒杀人的君主，抱有战战兢兢、朝不保夕的危惧心情啊！

同时，也可从其中看出那些惯用神道愚民的狡猾统治者，居然亏得他竟会想出一个可补卫士刀剑之所不及的无形警察——"殿神"来，既可以利用它来保护自己的珍宝财货不致为太监所盗，还可以更进一步，利用它来保证自己头颅的安全。本来么，太监既认为"殿神"是守库的专家，当然他们不敢轻易去动库房的锁；既认为夜间到乾清宫丹陛上去，都会遭到殿神的嗔怪，当然不敢偷偷进入君王的寝室；既认为"殿神"是受有皇封而是专门保护皇帝的仙家，当然更不敢稍萌对皇帝有什么不利的想法了。总而言之，这不都是那些狡猾阴险的独夫们所凭空捏造出来的以神道自卫的种种方法么？

从这里还可以知道，太监对于一般的人民，固然是一种替皇帝捧臭脚的特权阶级，但他们在专制暴君的面前，则是又成为一小撮任凭宰割的可怜人。

迷信并不能专怪太监的愚昧无知，而是应该恨那假神欺众的狡猾统治者。

2. 我怕雷的故事

在我小的时候最怕打雷。每当闪电耀眼、疾雷震耳的时候，我便会想起那长着尖尖的鸟嘴、双手分拿一锤一凿、背生双翅的"雷公"和那手执双镜闪闪发光的"电母"来。再加上每当雷电交加的时候，那些不知趣的太监们，照例总是要说出那套"红闪照妖精，白闪照人心"的煞风景的成语来。他们哪里知道，在他们这样言之无心的照例谈话材料中，是蕴藏有对我吓唬的成分的，使我不由得就会联想到那幅坏人遭雷殛的画面来，立刻就会在我面前浮映出一个人直挺挺地跪在大雨滂沱的地面上，从浓云中射出一道白色光，直指向他或她的头顶。同时在他身上，还照例要现出几个大字，如不孝逆子或是不孝翁姑之类。尽管在当时，我并没有认为自己就是应遭雷劈的坏人，但我却是害怕着。害怕到了极点的结果就是，每逢雷轰电闪到了相当厉害的时候，我便会出于本能钻入床帐之内，蜷伏避雷。我也曾听到太监说，光绪在小的时候，也是和我有相怜的同病。不过是每逢打雷的时候，他倒是比我勇敢些。因为他不是消极地钻到床幔中去躲避，而是积极地率领着一帮太监，一齐敲锣打鼓来遮混这种"可怕"的雷声。

这固然仅是我孩童时代的一件个人小事。不过，若从我那继父也曾怕雷的这件事来看，也可以说专制君主大抵胆小，并不是什么偶然的事情。为什么和我差不多同年岁的一般小孩子，却都不这样怕雷？我认为这也是颇耐人寻味的一个问题。因为一般家庭中的父母，既不会在他们孩子的提议之下，全家都一齐来敲锣打鼓，也不会看到自己的孩子钻到被窝内避雷而不加以说服和制止的。从这里也可以看到那些封建统治者们，他们是怎样没有普通人的一般常识。同时还可以看出，我的迷信思想，确是从儿童时代就已经深深地扎下了根，所以才会在我的整个前半生中，曾起了不少恨煞人的作用和笑死人的滑稽丑态。

3. 几段不成其为神话的神话

在我妻子婉容曾住过的储秀宫庭院中，陈列有一排铜制的鹤鹿之类。在左边一只铜鹿的后脚上，有一块不是很深的凹形击痕，并在凹痕之中积有略带赤红色的锈。而宫中的太监也许是只知道铜锈是绿色的，而不知道合金的铜（当时呼作风磨铜）偶尔会产生含铁性红锈的道理吧？所以就少见多怪地望风捕影说：在乾隆下江南的时候，这只铜鹿也随着跑到江南去保驾，不料却被乾隆给射了一箭，正中后腿，于是这只自讨无趣的铜鹿，便又无精打采地跑回储秀宫原处来了。不用问，它那后肢上的凹痕，当然会被说成是箭创，而那红锈也当然就是所谓的血迹了。

其次，是又一个所谓的神话，那就是在御花园西鱼池附近靠墙处，有一棵古松，在松树附近的壁上并有乾隆亲笔题的"咏盖松"的诗。不料那些文盲的太监便又以讹传讹地编出神话来了。当然他们一提起乾隆来，除了下江南之外，就没有别的话题了，于是仍以下江南为题，借题发挥道，在乾隆爷下江南的时候，这棵伞松也去保驾，它就在一路之上，跟在后面拿着伞一般的阴影给乾隆爷遮着太阳。所以乾隆爷在回来之后，便把这段神松保驾的事写到墙上了。这就是神松也在讨封哪！

其实只要是个识字的人，一看到墙上的诗句，便会知道这并不是什么神松在讨封，更不是这株老松曾到过江南去溜须拍马，只是由于它长得亭亭如盖，颇为古秀，致引起了乾隆的诗兴而已。

还有，我在幼时所住的长春宫西厢房台阶左边，有一块长方形的石枕。据太监说，该宫西南墙外中正殿房檐有四条金光耀眼的金属制的龙，其中的一条时常在夜间到长春宫院中的大铜缸内喝水。也不知道是在某代皇帝的时候，便用铁钉把那条龙钉在房檐上，并制造了一个石枕以为镇妖之用。从此，这条龙便再也不能下来喝水了。并把那块石枕叫作"龙枕"。

更有一段关于皇帝帽子上的珍珠的神话。据说，这颗珍珠，是乾隆曾在圆明园一条小河上夜间散步，忽见河内发出火光，便用鸟枪向发光处打去，不料打中了一个大蛤蜊，把它剖开一看，发现了这颗大珠，于是就把它当作自己帽子上的顶珠。据说，这颗珠子时常不翼而飞，更时常回到原处。后来经过高明人的指点，说这乃是一颗通灵的宝珠，所以才能这样来去自如。并建议如果在珠下部钻一个细孔，它便不能随意忽隐忽现了。照法施行之后，这颗珍珠便果然老老实实地做了皇帝帽子上的顶珠，一直传到我在伪满垮台时，逃到大栗子沟把它失落为止。

其次，是在宫中御花园内供有真武大帝的钦安殿后西北角台阶上，经常放有一块砖，如果是把它揭开一看，便可以看到该处阶石上有一个几寸深的脚印。太监们对此又有了一种传说：说是在乾隆某年，乾清宫曾失过一次火，这时，这位真武大帝便显圣了。只见他从殿中走出来，就站在这个地方，向着失火的方向用手一指，立时那猛烈的火焰便消灭了。这个足迹就是在他救火的时候，留下来的遗迹。在当时，我对这件事，当然不用说，是完全相信的。

现在我再谈一谈我在幼时的所谓孝心。

在我八九岁的时候，有一天忽觉身体不舒服。我那里的总管太监张谦和，便拿来了一颗紫红色的药锭让我吃。我问他这是什么药？他说这是在他睡觉的时候，梦见一个白须白发的老神仙给他的仙药，叫作长生不老丹。我听了大喜，不觉在我脑子里又把那二十四孝的幻影浮现出来，于是就把那药拿到四太妃处，请她们也分尝一些仙药，便都可以长生不老。现在想起来，一定是那个制造美谈的张谦和，利用他走在前面给我开路的机会，预先把这仙药的来历告诉她们，所以当我以仙药奉母时，她们都对于我有这个孝心，表示了异常高兴。当然，我更是心满意足的了。

不料过了一些时候，我手上偶然长了一个小疮，便由御药房取来一种药研来涂抹。定睛一看，原来就是那个所谓的长生不老仙药，而现在则是以一种普通的紫金锭的姿态出现在我的眼前。尽管这出仙药的幻术，已经当众出采泄露了其中的秘密，尽管我对于仙药变为普通紫金锭的这一事实，也曾多多少少地感到了一些幻灭的悲哀，但是这并未能减少我对于神仙的迷信，依然是看破虽然看破，迷信我自迷之。

在这里，我还想叙述我对上记各项回忆的一些感想。

从以上各项中，就可以知道我从幼时起，就是在这样充满迷信空气的宫廷中成长起来的。还可以由此看出，宫中的迷信性质，还和当时社会上的一般迷信不同。因为在宫中的迷信中，总是含有一种反动统治者所固有的罪恶性。像是所谓的殿神、所谓的铜鹿和伞松的保驾以及什么皇帝帽子上的珍珠或是"真武显圣"之类，哪样不是为了要把皇帝给绝对神圣化起来，哪一样不是要把专制帝王渲染美化成一个有"百灵相助的圣天子"？要不然为什么在当时的宫中，不以太监们为造谣生事或妖言惑众而居然容许这种拍捧式的神话流传到多少年代，终于竟达到畅言无忌的程度呢？足见这类的迷信，对于统治者是有益处的。也就和反动统治者禁止进步性的字刊而提倡培养奴化思想的《施公案》《彭公案》等奴化小说一个样，是别有一种会心之处的。

我就是从幼年便相信了这种带有毒素的一连串鬼话，所以才使我把这迷信思想和"敬天法祖"思想以及政治上的自私野心等都结合到一起。所以，久而久之这些便都汇集成为一种引我走上了无穷罪恶道路的综合推动力。

就是由于我在幼时，便把迷信的根基巩固起来，所以在我长大以后，便对于看相、算命、求签、卜卦等迷信的事情，无不盲信到令人失笑的地步。不过是，在我说来，则是一出"笑不得的悲剧"。因为，在其中是含有毁灭性的成分和罪恶性的因素。

例如，在宫中时，我就曾到真武大帝神案前，求过卜询自己前途休咎的神签。我那陈老师也常到北京的关帝庙，替我的前途命运摇卦。当然求签也罢，问卜也罢，所求所问的，都是些有关政治前途的妄想痴念，都是些不可告人的反动野心。这还不是饱含罪恶毒素心理的表现是什么？

不但陈宝琛一人如此，就是那位梁老师，他也是一个扶乩①的迷信者；我的岳父荣源更是一个扶乩和"推背图"的专家；就连我那朱老师也是迷信"天眼

---

① 中国古代道教的一种占卜术，又称扶箕、扶鸾、降笔、请仙等。一般由担任被神明附身角色的两名鸾生手扶乩笔在沙盘上写出字迹，以此预测凶吉，按照神明的指示行事。扶乩时所设的神坛称为乩坛。扶乩所得的批语即为乩语。

通"的知名之士……不但在北京时，我的周围环境是这样，就是到了天津之后，也是时常有"卍字会"中的基干分子，如下野的军阀许兰洲、苏锡麟之辈，都曾向我鼓吹过老祖的灵验和乩坛的神妙。此外，还有自称把《大悲咒》念到"八神"的时候，自己的眉毛便会发光的前清旧军官赵月修，也曾和我有过往来。更如在我身边的陈毅老先生，也曾以马兰峪东陵在被掘盗前曾有人听到了陵内哭声的鬼话，来对我讲。此外，还听到许兰洲所讲的，人向空中和狐仙讲话的鬼话，等等。就是从天津到了东北之后，这种迷信的空气，还是依然笼罩在我的身边。例如，当那位眉能放光的赵月修，在到了长春，经过我的实际考验（方法是熄灭电灯使其念《大悲咒》，终于眉毛未能放光）后，看破了他的"道行"。但我在当时仍认为他是体弱年老，并未敢立即诽经谤道。还有在伪宫内府当过处长的商衍瀛和当过伪侍从武官长的张海鹏等，也是经常把红卍字会的事向我介绍。并说老祖还赐给我一个法名叫作"一人"；并且加我以"九锡"之礼；且命令我须"奉行天道"。当然，我对这种神宠是恭敬而欣喜地接受了。他们还把老祖的乩语拿来给我看。反正在当时，在我手中有不少由叛国投敌得来的人民膏血，我便拿出一些来作为布施……我就是这样在迷信的自慰之中，度过了我的前半生。就是当苏联军进兵解放东北，敌伪纷纷逃窜的时候，我还是没有忘掉我那本《未来预知术》小书。到了通化大栗子沟之后，还曾在六神无主的时光里，经常以《未来预知术》来卜问不可预知的未来哩！

不但如此，就当我到了社会主义国家苏联之后，也还是可听到从我住的房间中，流露出哗啦哗啦的金钱摇卦声。

不过是，我在卜卦时，也有一个自欺兼自慰的独得妙诀，那就是不得吉卦决不罢休。尽管摇得不吉的卦，只要向空磕几个头重新另摇，迟早总会得到吉卦。我就是这样对待我的未来的。

真是，自从回到祖国之后，我才放下了随我几十年之久的"自慰良伴"；自从经过学习再学习的阶段之后，才真正懂得什么才是自己真正的未来。

惟有祖国人民，惟有共产党和毛主席，才把我从无穷罪恶深渊中拉上来，同时，也给我扯下了蒙住我双眼达三十多年之久的蒙眼纱，使我既能认识了自己过去的罪恶，也认识了曾和罪恶作着同栖共生的迷信思想。因为现在我已经清清楚楚地认识到，我现在的《未来预知术》已不再是那本坑害我过去前半生的迷信小册子，而是只有在认罪的基础上来悔恨过去，争取现在和将来，才是我真正的未来预知术！

现在再谈一谈宫中的信仰问题。

据说满族在关外时，一般的信仰是祖先、佛和关羽以及观音菩萨。尔后到了北京之后，便逐渐把信仰也复杂化起来。不过是从其中仍可以看出一部分过去的民族固有色彩。例如，"神杆""王爹爹和王妈妈"以及祭神等就是如此。

什么是"神杆"？"神杆"一般又把它叫作"祖宗杆子"。不但是在清代宫中有这种"神杆"的遗物，就是在各王公府第，以及满族一般住宅内，也都是在自己祭祖先的房外庭中右侧，竖立一个长枪形的木杆，在枪头状的物体下面，有一个方形像是量谷物的升那样乩东西，其中放有杂谷之类，据说是为了使乌鸦和喜鹊来吃。对于"神杆"，一般都是认为极其神圣的东西，就连它映在地面上的影子，也是绝对不许任何人用脚去踩的。至于喂乌鸦喜鹊的由来，据说，是由于爱新觉罗氏的某代祖先中，有个叫樊查的人，大约也是像后来所谓的各民族部落间打冤家的缘故吧，樊查就只身一人从敌人围攻中脱出，在敌人追击之下，正在无路可逃时，忽然有一只鸦鹊之类的鸟，立在他的头上，敌人以为是棵橘树，便没有到这里来搜寻，于是樊查才脱了险。"神杆"上面盛谷物的升，就是为了放入谷物来报答救命鸟的恩德。并且满族人从来都对乌鸦和喜鹊不加伤害，据说也是为了这个缘故。

至于"王爹爹、王妈妈"的问题，当然在一起初，是有一种纪念意义的。不过是由于年代久远，又加上形成了封建王朝之后，百事都日渐形式化、偶像化，因而把当初的本来意义都被湮没下去。但是，后世子孙在富贵生活中，把祭祀祖先这种事情，更加神秘化和神圣化起来，只知因袭旧例，照章行事，而在恭敬有余实质不问的悠久岁月中，致把长年祭祀的对象也都弄不清楚，纯粹成为一种盲目的祭奠和不知所谓的虚礼了。我就是因为这种缘故，所以对过去在宫中每日必祭的对象，竟会不知其为何许人，更根本不知道要祭祀它的道理，只是照例虚应故事地向它磕几个头便算完事。

现在只就我关于此事的所闻，记述于下。

有人说，在清代宫中以及各王公府第中，和自己祖先一并祭祀的两个布制男女偶像，就是明朝的万历皇帝和皇后。一般所谓的"王爹爹和王妈妈"，就是

"万历爹爹和万历妈妈"的一种音讹。

还有一种说法：在明末，有一对住在东北的姓王的老夫妇，因为对曾被明朝将军李成梁掳去养马的清代祖先努尔哈赤（清太祖）有过好处——经常照顾他，最后还帮助他脱走——所以在清朝统治势力成功之后，为了纪念他们，为了永远不忘他们的恩德，所以就在后世子子孙孙祭供祖先的地方的西墙上，也把"王爹爹和王妈妈"的偶像挂起，一直经过了二百余年。

这就是连后世子孙也都茫然不知其究竟，而一直向之盲目祭奠了多少代的，关于"王爹爹和王妈妈"的信仰和传说。

现在再谈一下宫中祭祀祖先时的概略情形。

按照清宫中的传统习惯，不但逢年遇节要祭祀奉先殿和寿皇殿，就是每月的初一、十五，甚至是每天都得举行繁简不同的祭祀仪式。

在乾清宫后面的坤宁宫，就是宫中专门祭祀神佛和远代祖先的地方。在一年三百六十五天当中，除了历代皇帝、皇后的忌辰（死的日子）之外，每天都得杀一口猪来致祭。在那里有"萨摩"（女巫）数十名，其中最高级的叫作"萨摩太太"。在皇帝亲往致祭之前，首先，由她们在神前用满族语言做祈祷。当我的轿子走上了坤宁宫前方交泰殿的台阶时，在坤宁宫专门担任祭神的太监，便用手在坤宁宫的纸窗上连打三下，这时，坐在屋中地上的二十余名太监，便一面弹着弦子，一面从口中连续不断地喊出噢、噢的声音来。当我走进屋中时，另有两名太监把一口活猪抬到屋内中央，更由两名萨摩把白酒灌入猪耳朵内。当猪把头摆动的时候，据说，这就是"神佛"已接受到祭品的一种表示。这还有名堂呢，叫作"领牲"。"领牲"之后，才把猪抬走下锅。这时弦子的声音戛然止住，我便跪在神前，等"萨摩太太"再念一遍满族语言的祈祷文之后，我就向上行三跪九叩礼，礼毕退出。

我还听说，过去在祭神以后，还有"吃神肉"（祭肉，也叫"福肉"）的仪式。这时太后和皇帝分坐在屋内的南北两炕上，各在面前放一小桌，上置割肉小刀和筷箸并食盐、大米饭等。王公等跪在地上，在他们面前，也放有刀、箸、盐和米饭。吃肉时，是把各自面前的大块白煮肉，自己用小刀割下来蘸盐来吃。这时皇帝须和一名宗室王公，在太后前带头跳一种满族古式的舞——"喜起舞"。音乐是用一支箭在簸箕上划出一种音节来伴舞。皇帝跳完后，各王公便依次二人二人地起来跳舞。据说这种舞，是古代满族在祭祀时或是在战争胜利时表示欢欣鼓舞的一种民族传统舞法，很有原始时代的纯朴风味。不过是，到了后来，这种大家同欢的民族跳舞却在君臣上下的封建礼教的束缚下，完全变成了封建宫廷专用的东西。参加这种仪式的人，只能是，在品级礼制的束缚下，一个一个规规矩矩、不言不笑地跳着，高踞上位的太后和皇帝也只是正襟危坐、心不在焉地观赏。真正的民族气氛，真正的同欢共苦的团结精神，在这时早已变成为徒具形式的无聊礼节。吃肉是一种形式上的吃，跳舞和观舞也成为貌合神离的点缀品了。

四、我的"敬天法祖"思想

在清朝所谓家法中，首先被列入皇帝所必须奉为最重要信条的，就是"敬天法祖"四个大字。固然在这四个字后面，还有"勤政爱民"四个大字在跟着。不过这后边四个字只能作为装饰门面的东西而已。因为，在历代皇帝的阶级本质中，是根本找不到"勤政爱民"这四个字的踪影的。

现在先谈一谈为什么要"敬天"的问题。

在古代，因为人类的知识有限，无法探知宇宙的秘密，所以，人们对风云雷雨、日月星辰等大自然的作用，都起了一种莫名其妙的盲目崇敬恐惧的心理。因此，封建统治者就利用这个虚无缥缈的天，作为他们的护身符，既可利用天的神秘来吓唬一般人，同时还可以利用它来神化自己的存在，于是"敬天"这两个字，就成为专制统治者骗人的好工具了。一来可以表示这个所谓的"天子"，就是由于受到了"天命"，所以才拿"天之元子"的资格，公然骑在人民的头上。其次，则是为了把封建统治势力的宝塔式层层压力作用，能够尽量地发挥出来，所以就拿对自己毫无压力可言的"天"，压在自己头上，而制造出"父天母地"的一套幻想来。然后更利用什么"爱民如子"或是什么"子庶民也"之类的骗人谎话，制造出一套"天地君亲师"的"纲常名教"无形桎梏。就利用这种由下及上的政治和经济上的密网，笼罩住整个当时社会，因而借以建立和维持唯我独尊的专制统治地位。

至于"法祖"这件事，也是与"敬天"有着密切不可分的联系。为了维系封建统治者"一姓永久尊荣"，就非把"法祖"这个铁帽子，狠狠扣在自己的后代子孙头上不可。以我为例，我就是在那"法祖"空气最浓厚的清宫中，把我的头脑完全被弄得昏天黑地的。例如，在我所住的养心殿中央，就有一个皇帝通常召见文武大臣的"宝座"；在后面屏风上有乾隆亲笔的"御制诗"；上面还高悬着雍正亲笔的"中正仁和"大匾额；在左右两边的紫檀木大案上，整整齐齐堆放着历代皇帝所遗留下来的所谓"圣训"；在西暖阁的西墙上，还挂有一幅全国各省文武官员的职名表。固然这已是事过境迁、等于明日黄花的一种装饰品，但是在当时，却是仍旧有使人感到一种"家天下"的威风。

在读书时更不用说，因为儒家所倡导的什么"慎终追远"，什么"三年无改于父之道"以及"无念尔祖聿修厥德"和"无忝尔所生"之类，处处都是和清朝"家法"中所俨然揭出的"敬天法祖"思想可以互相为用的。在毓庆宫我读书之处的西墙上，就有醇贤亲王奕譞写给光绪的一幅占多半墙的字幅，头一句就是"谨以家法敬临民"的字样。可以说在宫中随处都可以看到这种关于"敬天法祖"的座右铭。在这种有形的耳濡目染、无形的潜移默化下，又怎能不把我弄得习与性成而五体投地呢！

以下我引一些有关"敬天"的例子。

1. 求雨

在清朝时代，每逢天旱成灾的时候，那个当皇帝的人，便得照例表示一下"关心民瘼"的心情。一方面既可以大吹大擂把"饥溺为怀"的假面具戴在脸上；同时也可以叫一般人民看看，"天子"是和"天"有着特别亲密的关系的，好叫他们畏威感德地不敢萌什么非分之想。只要是皇帝到天坛或是在宫中，向着蓝色天空磕上几个头，焚上一张"告天"的表文，便算是"爱民如子"的责任完全尽到。至于下雨不下雨，那倒是次要的问题，下了更好，就可以老着脸皮说这是我"求下来"的；不下雨呢，也没有什么关系，过些日子再向天磕几个头，焚一道表便算完事。至于人民由于天旱饿死多少，那更是次要又次要的事情，是与这位"天子"无关的。偶尔当这位专制独裁者高了兴，下一道"上谕"，拨给灾区一些杯水车薪的赈灾粮款，便算是尽到了百分之百——甚至是百分之二百以上的责任，同时还可以博得一个"爱民如子"的美名。以晋朝的惠帝为例，有一天他听到了全国饥馑饿死很多人的消息后，便来显示他的天纵聪明，给人民做打算道：为什么不吃肉糜而竟活活饿死呢？这就是封建统治者为人民着想的一个好例子。

每逢皇帝在求雨之前，照例先得在"斋宫"这个地方做一次为期两天或三天的斋戒沐浴。在清顺治八年，并定了一项有关斋戒的清规戒律条文，大致内容是：

"大祀三日，中祀二日。凡陪祀致斋各官，不理刑名，不宴会，不听音乐，不入内寝，不问疾吊丧，不饮酒茹荤，不祭神，不扫墓，其有疾者皆勿与。"

这固然是给参与陪祀的文武百官规定出来的斋戒方法，至于皇帝的斋戒，那也只是大同小异而已。如把不入内寝改为不入后宫之类的名词，就成为皇帝的斋戒规则了。

我虽然没到过天坛，但是到宫内天穹宝殿求雨的事却做过几次。尽管在当时，已是在清朝反动势力总崩溃之后，但在小朝廷空架子还被允许存在的当日，对于求雨这个所谓皇帝差事，还是关起家门继续做着。不过这并不是说，不在其位仍然尚为百姓求着什么"天佑"，在实际上只是由于自己尚未肯放下"天子"的臭架子来，仍然希望保持这个和"天"打交道的特殊资格，所以尽管到了一九一二年一月后，仍然在做着这种自己安慰自己的求雨。

反正这种求雨的事，只是一种"恋栈"的可耻的表现。只要是适逢其会地下了雨，便可以在关紧大门的紫禁城中，重温一下帝王的残梦了。每当到这样的时候，那些满脑袋封建毒素的老学究——我的各位老师和那些坐井观天的老太监们，便会认为这雨是我给求下来的，而纷纷向我欢呼而拜贺了。像是诸如此类的欺人自欺的事情，在当时宫中是很多的。这只不过是在其中较为突出的一个例子。

2. 信佛

固然严格地说，"敬天"和"信佛"，在宗教支派上纯粹是两码事，但是这在当时的宫中，在当时我的眼中看来，二者是有些混同之处的。特别是拿宫中的祭神来看，像是把自己的远代祖先和关羽以及观音大士并王爹爹王妈妈等都供在一个地方，也就可以知道所谓当时的信仰云云者，也就是一锅糊涂粥式的信仰而已，所以我对于天，对于佛的信仰分界，也是在知其然而不知其所以然的模糊概念下，马马虎虎地做了盲目迷信。就拿宫中迷信佛教来说，也可以说到了相当的地步。像是在我过去所住的养心殿东西配殿（厢房）内，就供有许许多多佛像和清朝历代祖先的纪念遗物。就是在养心殿的西暖阁里，也供有许多佛像、佛塔和经卷、法器，等等。每逢初一、十五，还照例有许多喇嘛在养心殿院中和中正殿等处乐声铿锵地在唪经。总之，在清代的宫中既把"敬天"和"信佛"混同起来；同时也把崇祖的思想毫不客气地交织其中。于是这种混合式的宗教迷信空气，就把我弄得晕头转向，糊里糊涂起来，同时也把信仰和迷信的界限也都犬牙错综到一起。因此，就使我在前半生中，一直过着神神怪怪的疯子般的生活。

现在再谈一谈"法祖"的例子。

由于我在那封建制度宗法式的宫中，过着"朕即国家"的唯我独尊生活，所以对创立这一"家天下"基业的历代祖宗就有了一种无条件的崇奉心理。再加上什么以孝治天下和祖功宗德的祖训或师传，就使我对于"法祖"的观念，更有了根深蒂固的巩固和发展。例如，我在伪满时，祭沈阳北陵时，就曾恍恍惚惚地觉得在供桌后的空墙上，现出了我祖先皇太极的影像。固然在当时有些昏庸顽固的所谓"遗老""旧臣"都曾摇头晃脑感激无量地认为这是由于我的孝思不匮感动了祖宗神灵所致；我自己也曾认为这确是我的精诚所感。但在现在想来，这只不过是等于神经病的一种幻视，也就是多年以来，"崇祖法祖"的精神教育结果，所以才使我生在二十世纪的当日，尚在过着几世纪以前的神话式生活。请想一想，这种封建制度下的反动残余毒素，竟致把我弄成这样半疯子的地步，还能说它不厉害、不可怕吗？

还有，当我看到"祖训"中所说的，在年节时，应有一种欣庆吉祥的气象。我便在年节中，极力主张多说吉祥话，并尽可能使家中眷属都穿上红红绿绿的衣服，戴上花花朵朵的簪饰，等等。就是我弟弟溥杰也曾尽力主张在年节时应当充分保持高高兴兴的气氛。因为这是祖宗说出来的话，所以就绝对支配了我的头脑。

还有，当我听到了"按照清宫的老规矩，在皇帝面前不论任何人都不得互相敬礼，因为至尊只有一个，在他面前而向旁人行礼，就是不敬，就是不可容忍的罪过"这样的话时，我便变本加厉地实行了这一条。有一次，我的叔父给我祝寿来到长春，因为他不知道我这里的新规矩，便在我面前和别人打了个招呼，我便板起脸来，对我叔父大发了一阵雷霆。现在回想起来，觉得我当时那种不近人情的骄傲自大面目，我那满脑袋封建思想，真使我悔也悔不及，愧也愧不及。

还有，我在长春时，曾亲自抄录了雍正的"祖训"给我的侄子们上过课。我不独自己有了这种盲目的"法祖思想"，还曾把这种毒素灌输给别人哩！

还有，我不但由北京到了天津，甚至由天津到了东北，每逢到了历代祖先的诞日、忌日和年节等，我还大概都穿上过去清代的衣冠，向祖先上供祭奠，一直到了伪满垮台为止。

以上列举的，并不是着重介绍形式上的祭祀等仪式，而是着重地在说，这种"法祖思想"所给予我的种种影响。也就是说那种根深蒂固的反动阶级本质，对于我前半生的思想行动，所给予的种种不良影响。因为这种影响，是既助长了我的政治野心，又助长了我那为了一姓尊荣而不择手段的种种罪恶的行动。

现在我才初步认识到，所谓的"法祖思想"，就是要求后世子孙的一切言行，都必须绝对遵奉祖先"遗训"和他们的所作所为，用来作为导引自己言行思想意识的一切准则。也就是说，我应把六亿人民的祖国看作是爱新觉罗氏一家一姓所私有，而把整个国家都看成是由自己祖先给打出来的江山，也就是由他们创造出来的私有财产。这也就是在过去封建社会中"家天下"思想的一种表现。为什么我会把辛亥革命看成是自己一家一姓的失败，为什么会把张勋背叛民国，看作是"忠臣"的行径？就是由于这种反动思想不断滋生成长，所以，才会在最后做出了勾结祖国人民的敌人、出卖祖国人民的罪恶勾当，而当上了日本帝国主义的汉奸走狗！古代谚语中，曾有这样几句话，就是"涓涓不塞，遂成江河；两叶不去，将用斧柯"。像这"敬天"也罢，"崇祖"也罢，由于它的逐渐滋长，终于使我前半生，完全陷于每况愈下的地步。总之一句话，"种瓜得瓜，种豆得豆"。从我三岁起，就开始播下了这一罪恶的种子。从我三岁起，就给尔后的一切罪恶开辟了道路。

五、庄士敦和我的崇拜帝国主义思想

庄士敦

我从六岁起一直到十四岁，都是专门学习着所谓"五经四书"。到了我十四岁的那一年，才开始学习英文。我那英文老师是英国人。姓名是：雷湛奈尔德·弗莱明·庄士敦。他从一九〇〇年起就曾给当时的香港总督当过秘书一类的职务；尔后又当过一任英帝国主义侵占我威海卫时的所谓行政长官。他是个终身独身者，曾在亚洲过了二十多年的生活，并且还遍游了我国二十几个省份。他平日经常自夸的是："中国的四大名山，除了北岳恒山之外，我都到过。"当然他还会说一口好中国话，对中国的经史子集以及佛经等，他都曾下过苦功夫钻研。他不但钻研过我国唐宋诗词，并且还是对这方面的一个爱好者呢！只有一样，在他说来却是一件遗憾的事：就是他对于写我国的方形汉字，确是感到了十分棘手。我曾看到他所写的汉字，写得是歪歪扭扭幼稚得很。

当时的一般中外人士都承认他是个所谓的"中国通"。我在当时也觉得他的确是一个很了解我国风俗人情的人。现在想起来，什么"中国通"，什么能了解中国的风俗人情，他不但是英帝国主义派遣到我国来的特务，而且还是一个曾经当过殖民地统治者的祖国人民的敌人哪！

他之所以能够给我当上英文先生，在名义上固是由于当时的中华民国大总统徐世昌的推荐，其实则是由一个前清的大官僚资本家、大汉奸李鸿章的第三子李经迈（他曾随同我叔父载涛到外国考查过陆军）给介绍的。

当他乍一来教书时，因为他是一个外国人的关系，我每天还是按照预定的时刻到毓庆宫去学习英文。后来日子多了，彼此也熟悉了，我那"逃学"的老毛病便又复发，甚至有时也让他"放假"一日，他也无可无不可地做了通融。

在一起初授课时，固然他已被列在"帝师"之列，但由于他毕竟是一个外国人，所以每当他授课的时候，总有一个太监侍立在一旁。过了些日子，庄士敦觉得这种监视有些讨厌，尤其这是在教汉文时向来所无的一种创举，于是他愤怒了，就给我父亲写了一封发泄不平的信。结果是，后来在他授课时，也把这种监视的眼睛给撤销了。

我记得有一年在过年的时候，他到宫里来，宫中的太监是不懂得什么内外之分的，所以对于他也就采取了和对中国老师毫无差别的对待：按照一向惯例，纷纷向这位外国老师叩年讨赏，不但是每日给他斟茶倒水的懋勤殿太监饶不了他，凡是和他有些瓜葛的各个小单位，例如，当他每次进宫时，所必须通过的门，那么这些看门的太监，便会有向他揩一下油的资格。于是，这位庄士敦便深深感到了不满，而发了一阵空牢骚。其实，在旧社会里，是只许州官放火，不许百姓点灯。今天想来，王公大臣既然贿赂成风，又何必单独责备那些可怜的太监呢？久经中外官场的庄士敦爵士，如果说对贿赂一事完全外行，也不能令人相信，他的不满也许因为他不幸成为一个难以抗拒的索贿对象，而自己并非心甘情愿吧！

我和他学习英文的时间是排在下午的。固然我一共和他学了三年多的英文，但总的说来，也是在一曝十寒式的用功情况下，做了学习。只是普通的会话和英文四书之类尚算对付（但须仰仗我的汉文老师的帮忙），像是什么英文报纸和一般的英文书籍等，我则是无师便不能自通了。

尽管如此，可是由于我和庄士敦那几年的接触，却给我添了不少所谓时髦的习气；还给我对于西方国家的盲目崇拜，以及尔后的滚入于帝国主义的泥潭，打下了最初步的基础。

庄士敦时常对我讲述他赴各国以及赴我国各地游历的所见所闻。同时他也未曾忘掉替英国以次的各西方国家做吹嘘。例如，夸耀欧洲列强的如何文明，如何繁华，如何富强之类。于是就使我渐渐对之生出一种油然向往的心情来。因之也使我逐渐感觉到宫中的一切，确是有一种说不出的腐败气息。那时，我时常在心中暗想，我从三岁起就来到这个深宫，先不用说旁的，就连一个人随便到街上走一走、看一看的起码自由都没有。真是的，如果老是这样过下去的话，岂不就得在这个小皇城圈子内了此一生？由此我便有了要往西欧国家去留学的念头。在另一方面，又由于我所读过的中国历代历史中，对于历代的末期皇帝在每一个改朝换代中，差不多都没有什么好下场。因此我就想，在成立了中华民国，推翻了清朝统治政权之后，我还被留在皇宫之中，过着"关门天子"的生活，像是这种"燕巢幕上""鱼游釜底"的生活，难道能够永远继续下去吗？恐怕迟早是难免要发生危险的。尤其是军阀在连年打着内仗，甲起乙伏地永远看不到安稳的局面，真说不定哪一天，在哪一位军阀的手里，就会把这个"优待条件"取消。进一步，甚至连我这条生命，也恐怕搭在里头。倒不如来个远走高飞，到欧洲国家那里去留学，开一开眼界倒也不错。从此，就使我那颗徒然向往的心，更进一步变成为我的艳羡和渴慕了。

在我学习英文的这段期间，也和当时城市的小资产阶级家庭中的时髦青年学生一个样，产生了一种只知模仿欧式的皮毛，滥用外国语的新倾向来。例如，庄士敦曾给我起了一个"亨利"的外国名字，我觉得很高兴。后来还给我爱人婉容也起了一个"伊丽莎白"的名字。此外我的弟弟妹妹也都是人人有了一个外国名字，在彼此称呼时，总是什么"玛丽"呀"莉莉"呀地叫着，并且还把"我""你""他"以及什么钢笔、墨水之类的名词，也都拿英语掺进彼此间的中国话来用。这恰恰是和当时社会上所流行的那些密斯王、密斯脱李之类的所谓时髦语一个样，真是使人听着肉麻已极，像是这种殖民地习气的蔓延，现在回想起来，还使我觉得身上有些麻酥酥和脸上有些热乎乎的呢！

还有那位庄士敦先生，他的确是有一种能够适合当时环境的"保护色"的。他和陈宝琛等在一起的时候，居然也会模仿他们的风度和习惯，装出一副"帝师"的架子来。例如，当我"赐"给他以头品顶戴和貂褂时，他便也衣冠楚楚地改扮起来摄影留念；当我给他的西山别墅写了"乐静山斋"四字匾额时，他也知道把它刻下来，并且还朝衣朝帽地扶着它照出相来分送知友；他还本着《论语》中"士志于道"的意思，拿"志道"两个字来配合"士敦"的"士"字而当作自己的"雅号"；有人喊他一声"庄师傅"，他也会欣然色喜地来答应；他还会向那帮老学究做自我宣传，例如，在他的英国家中，把我以及各王公大臣送给他的东西特别陈列在一间大厅里，永为纪念，并说在他的故乡中还建立了一座"五柳先生祠"等，来作随乡入俗的迎合手段。总之他在这些地方，的确不愧是一个旧社会中的"中国通"。

后来，在我十七岁结婚以后，便是到了我汉英两门课完全毕业的时候。这时因为再用不着叫他来教英文，便派他去管理颐和园的事务。于是这位庄先生便高高兴兴地当上了颐和园的"山河之主"，一直到一九二四年我离开清宫以后，他才算是和我脱离了关系回到英国去了。

后来我在天津时，他也曾到天津来看望过我。当我到了东北之后，他也曾到长春来访问过我。那时日本帝国主义方面，对于他的不远千里而来，很是伤了不少的脑筋。既不能公然拒绝他到东北来，但对于他的到来，又觉放心不下。据说他由英国到东北来，路经日本的时候，就有不少的"日本朝野名流"给他开过欢迎会，更在日本报馆记者对他做了多少次的明察暗访之后，才到长春来的。他在长春住了些时日就回英国去了。后来他就死在他所买来的苏格兰某小岛上。

其实，日本帝国主义对他的猜疑，也是枉费心机。因为他对我当上了伪满洲的傀儡，不但没有什么反对的意思，并且还表示过为我而高兴呢。若问我对于这位英文教师的师徒关系如何？我想可以引用一本描写我的书的话为证："这皮夹是你自己买的？进口货？我旁敲侧击地试探着……'噢，您问这个吗？'溥仪轻描淡写地说：'是那个英文老师庄士敦给我的，里面原来放着他的相片，后来给我扔了。我现在就用它放起这几张照片（我过去妻子的相片）来啦！'他笑了起来。我想，那位苏格兰老头儿如果有他的西方在天之灵，为了这个理由又该责备溥仪一番了。"

这就是别人对此事所下的结论。

我也同意他的这个结论。

六、我的残忍性格

从我幼时起，一直就在那封建专制制度淫威起着绝对作用的宫廷中，看惯了折磨人、打人、骂人的人吃人的情形。所以，我也就觉得"峻法严刑"不独是"治国服众"的妙诀，就是在"齐家"之中，也是必不可少的一件法宝。于是乎就把我逐渐变成为一个富有残忍性的吃人魔鬼了！

不过是，把我由一个普通的人，变成为一个灭绝人性的恶魔，在这一段过程之中，是可以充分看出自有其一种逐渐发展变化的步步程序的。因此，我还是先从我幼时说起。

在我小的时候，固然也有时向太监等发一发脾气，不过是，他们并不怕我。

相反地，每当我过分地大动肝火时，在我身边的总管太监张谦和必定会拿出保姆而兼"医生"的态度来，满有信心地宣布道："万岁爷心经里有火（就是说心中急躁是由于有了'肝火'）了！"于是，就在他一声令下，开始用一种极其巧妙的方法来给我"泄火"。方法倒也很简单，只要他们把这个有了"肝火"的孩子，请到一间空屋子内，然后从外面把门一关，就可以达到"泄火"的治疗目的。当然，一个孩子被人给关到一个空屋中，欲出不能，呼吁无效时，是会急得如热锅上蚂蚁一般要大叫大闹的了。但是，目的是为了要给我医治"肝火"，所以任凭我怎样周章狼狈地用手来捶门，怎样暴跳如雷地用脚来踢门，怎样喊破喉咙地大声来叫门，门外的那些"医生"们是一概置之不理的。结果是非把我逗哭了不可。不过是，光是流出了眼泪，发出了哭声，还是无效，非得等我号啕大恸得达到了"医学上"的许可水平程度，他们才会开门把我"赦免"。这时我当然是会老实了，当然是不敢再轻易发脾气了。

他们把这种每试必灵的治疗方法，叫作给我"败一败火"或是"出一出火"。

在这种对我极其不利的环境下，即使我有时，还不免向太监发一些脾气，但已不敢过分地来发火，因为他们有"泄火""出火"的有力应付手段。所以在那个时候，太监对于我，不但有时会有恃无恐地来做反唇相稽，甚至有时他们的火比我的火还要大些，所以结果差不多都是在他们的大吵大闹下，而以我的让步而告终。

不过是，尔后当我的年岁一天天长大了起来，我的两臂也逐渐有了一些力气之后，我便不再那样惧怕太监了。即使在那时他们还敢和我做大声的争吵，但是他们却不敢对我挥动拳头，可是我的拳头却可以无须客气地打到他们的身上。这种新发生的情势好转，不用说对我是有利的了。就是在这种新局面下，才把"主客地位"掉转过来，于是他们都逐渐地怕了我，而我则是相对地脾气越来越大了。

于是，我就经常吹毛求疵地动手去打他们，后来又找到了可以利用打手——敬事房太监的窍门：只要我上下嘴唇一动，我要打哪个对象，他就得乖乖地趴在地上挨板子。我就是在这种新的有利情势下，愈发具备了封建专制者的"品质才能"，而拿打人、骂人当作一种日常生活中的普通事情了。

我的那种绝对身份等级思想，我那唯我独尊、不管他人死活的绝对自私自利的反动本质，都是由这种"毁人炉"式的封建专制制度，给逐渐培植涵育起来的。

从先有这样一句古代谚语，说是"从善如登，从恶如崩"。我就是在这种反动罪恶的日常环境中，使我的封建统治阶级所具有的反动思想意识，也随着年龄的增长而日益发展起来。人吃人的残忍性格也就在这种发展再发展的过程中，逐渐到了灭绝人性的地步。

这时，我便对屈服在我残暴势力下的所谓童仆之类，更变本加厉地制定出一些把人压得喘不出气的规章条款来，打算拿这些严酷的"家规"来防止他们的违抗，而供自己任意奴役。

像是这种虐待佣人的残酷作风，不但是到了天津还是如此，就连到了东北以后，也仍然是依然如故，并且是有加无已，越来越凶。

固然那些所谓的规章，都是由于我的猜疑心重和神经过敏，才一条一项积累而成。但那些由于自己的灵机一动而随时制定出来的东西，也是会有增无减，并且它的周密程度和苛刻程度也自然是会随着疑心暗鬼的程度发展而随之向前发展的。现在把那些条款的内容总括起来，择要记录如下：

（1）不准彼此随便说话，以防结党营私。

（2）不准互相包庇袒护。

（3）不准舞弊赚钱。

（4）当同事犯有过误时须立即报告。

（5）上级对下级犯错误的人，须在发现之后立即加以责打。如果放任其过，罪加一等。

因为在我的平生性格中，就有"见羊现凶手相"的封建统治阶级所具有的冷酷无情、残忍凶暴的一面；同时又有一种害怕因果报应的极其浓厚的迷信思想，在我的内心深处潜存着。所以在定好这些杜渐防微的种种条款后，除了强逼他们逐条遵守切实奉行之外，还在后面附加了一项预先准备好的誓词，叫他们对天明誓。誓词如下：

"如果我违背了上述规则，甘心承受'天罚'，定让我遭'天打五雷轰'的恶报！"

　　这就是在我前半生中，曾费尽心机制造出来的"规章"——约束限制使用人的"自制家规"。

　　到了伪满以后，我的这种残忍暴虐行为，就愈发有了发展，终于达到杀人魔鬼的地步！

　　我在那时惯用的惩罚手段是：

　　除了自己亲自动手打人之外，还有命人用竹板责打手心，打耳光和用板子打屁股等的事情。此外甚至还用了惨无人道的狠毒办法，用来对待穷苦无告的孤儿。例如"灌凉水""跪铁链""过电""站木笼"之类，都是我在伪宫中，制定出来并经常实施的血腥罪恶勾当。

　　我在伪宫中，真是连一个苍蝇都不敢打杀，一个蚂蚁也都不愿踩死，并且还经常地吃斋，日日夜夜地诵经念佛，可是对自己手下的佣人，则是忍心害理地制出一个号咷呻吟、日夜不绝的人间地狱来。我的前半生可以说是完全在祖国同胞的流血流泪的惨痛岁月中度过的，完全靠吃人肉、喝人血和在敲骨吸髓的罪恶中养肥了我自己。我不但是虐待了伪宫中的用人和投靠于我的宗族子侄，并且还帮助日寇祸害了全东北的人民，甚至还把种种的残酷灾害扩大到祖国全体人民的身上。我真觉得没有什么话可说，除了低头认罪，任凭处置之外，我实在无话可说，实在没有抬起头来的勇气！

　　至于我曾怎样灭绝人性地用酷刑峻法来对待那些受害者的具体例子，因为那些事例，是多到不可胜计的地步，我只举出其中几个最突出的罪恶例子来做证明。

　　在北京、天津和东北，都曾有过这样的例子。

　　因为当时的"使用人"坐了一下我所坐的"宝座"，经人告发后，我便大怒，重重责打了他们。理由是："皇帝坐的地方，别人坐了，那还了得。"这是"自我神圣化"的一种表现，也是封建专制毒素到了顶点的一项事实证明。

　　在长春时，我的一个小侄子，因为看到我治痔疮的坐药，便无意中说出这像个枪弹的一句孩子话来。不料我听了正中了我的迷信忌讳（"这不是意味着我吃枪弹么"的一种迷信忌讳），便勃然大怒，不过我并未直接下令惩罚，却阴险地示意于那些在伪宫中的子侄们，教他们自动地去惩罚这个无父的孩子，于是这个可怜的孩子，就在我不出头的唆使下，挨了一大顿板子。

还有一次，一个专门担任洒扫的孤儿，因为经常吃不饱，饿得没有办法，便偷偷进入了我的专用厨房去偷东西吃。发觉之后，他当然是只有受皮肉苦的了。至于他为什么要偷，为什么不让他吃饱的原因和理由，便连想也不去想，只是拿打和重重地打来解决一切。

以上所举的三个例子，固然已经足以充分现出我的凶狠狰狞面目了。但是在我说来，这还只是一些日常茶饭的其小焉者，我还在长春，欠下一笔打死孤儿的血债哩！

这一罪行的经过是这样的：

有一个叫孙博元的孤儿，因为受不了这种经常的折磨、日夜的酷使，便乘机逃走了。在那有伪禁卫队严守着的外廊，有伪护军把守着各个宫门，更有无数的狗腿子、特务之类的所谓他的层层上级者严密监视网——伪宫内府，像是这样一个孤苦伶仃的可怜孩子，真是插翅也逃不脱的。结果他当然是被捉回来了。捉回来之后，除了饱受了一大顿毒打之外，还被处以"监禁空房"的惩罚。但是这种不宣告期限的监禁，尚不是被关到一间空房子内，便算完事，还有其他附随而来的对他折磨的方法哩！例如，在他的两腿上系上铁链，并把铁链一端压在沉重的物体上，以防其再度逃脱；又如还在我"兴之所至"把上下唇一动的时候，就可以叫他品尝一下"跪铁链"的滋味。就这样任意摧残、不断折磨的几天工夫，就把这个"求生不得、求死不能"的可怜孤儿，给毁得憔悴不堪。后来，在他苦苦哀告立誓决不再跑之后，才把他释放出来。请想，这种残酷的人间地狱，谁又能受得了！当然他还想要逃出去，想要活下去的。于是他又逃跑了。这次逃跑的情形更惨：他这次并不是真个地往门外脱逃，而是往空缸里去钻。也许他是想在无人的时候从缸里爬到伪宫外面去呼吸自由新空气的吧？也许他是宁可死在缸里，也不愿意去受那难以忍受的痛苦生活的吧？他就是躲在一个空缸里过了两天的不吃不喝、忍饥耐苦生活的。结果当然是又被发现抓了回来。于是，在当时给我当随侍的严桐江就来报告我，说已经把孙博元捉了回来。我听了这番报告之后，还恶毒地命令他说："先给他些东西吃，然后再重重地管教他！"可是严桐江等却已经"先打后奏"地把孙博元给毒打过了。

本来这也难怪他们。因为在我那阴险狠毒的"家规"下，他们怎敢不为了"自救"而拼命地打这个"两次图逃未遂"的孤儿？不然他们是会根据我所制定的"治家"条例，而受到"罪加一等"的严罚的！

这个为了要活着，为了要逃出魔窟而做了最后挣扎的可怜孤儿，就是在两天没有吃东西的冻饿交加和担惊害怕并无情毒打下，他的面色越发变得惨白了，呼吸也愈发急促起来了，终于到了濒死的状态之下了。

我听了这一报告之后，也慌了手脚，便立即命人打电话把黄子正大夫接来，进行了急救，但是已经来不及了。这个不幸的孤儿，便终于死在我的"家法"之下！

再我之所以要接医生来做抢救，也并不是我对这个孤儿孙博元产生了什么"慈心"，也不是我动了什么自责和后悔之念，而是由于我的迷信思想在支配着我。我怕打死了他，会冤魂不散而来向我"索命"，更怕由于因果报应欠下了来世的人命血债。

在这个孤儿已经在我的毒杖下丧失了他的宝贵青春生命之后，我便抱着"亡羊补牢"的自慰心情，带着打死这个孤儿的凶手，急急忙忙地一同跪在佛坛之前，一面不住地磕头，一面还给这个牺牲者诵经念咒来超度他的屈死亡魂，同时还"不揣其本"地厚着脸皮严命这些凶犯，每天要用竹板自己打自己手心几下，以示杀人后的"忏悔"，并且还把这种"忏悔"的期限定为半年。

这就是我在这一血腥杀人事件后，所做的全部"善后"的处置。

像是我这种事事不知"反求诸己"徒知"嫁祸于人"的卑鄙狡诈手段，也就是历代封建统治阶级一贯使用的常套老手法。例如，清代皇帝每年当处决全国"狱囚"时，总是要在冬至那天，在身上换上素服，装模作样地上表于"天帝"，并把决定要屠杀的牺牲者姓名，也一一列在表上，用火焚化。目的是为了表示自己的杀人，是由于"万不得已"；同时也为了使人们看，自己对人民的生命是怎样地加以"重视"。像是这种"好话说尽，坏事做尽"的假仁假义的欺人方法，是根本瞒不住广大人民的亿万雪亮双眼的。任凭那些暴君的爱憎喜怒而被立毙杖下的人，被严刑折磨而死于非命的人，在一道口头命令或是一张便条的威力下，便不问情由如何而被就地正了法的人……每年之中，会有多少这样的牺牲者啊！那些惯用的邀买人心的老手法，不是也和我在这次杀人事件中的所作所为，完全一般无二么？尤其是只知归罪于下手的人，而绝不反省一下，究竟这些下手行凶的人，是奉了谁的命令？是执行了谁的意旨？何况这些下手的人，并不是出于本心而是迫于不得已，出于自救，所以才干出这样的罪恶勾当来的。按理说，充其量，像是严桐江只不过是一个帮凶的角色，只不过是个奉命杀人的刽子手，而这个真正杀人的主谋犯，真正的元凶大憝，却恰恰是我自己而决不是他们！

第四章　开始正式走上了犯罪的道路

一、张勋复辟

　　是的，当张勋背叛中华民国实行复辟罪恶勾当的时间，是在一九一七年七月一日，正当我十二岁的时候。

张勋

　　固然在当时，我还是个小孩子，并且也确是被那个臭名千载的"辫子兵统帅"——张勋，重又把我抱上了皇帝的宝座；固然是在那场见不得人的丑剧之后，也曾听到陈宝琛对我说："段祺瑞认为这次的复辟，都是由张勋一个人给制造出来的。是他来逼迫'清室'的孤儿寡妇，并非出自'清室'的本意。因此对'清室'的'优待条件'，仍可一仍其旧。"但是平心来说，我这个小孩子，虽然不是自己要往"宝座"上去爬，但在当时，我对张勋那次所制造出来的既成事实，却并不是无动于衷，更不是未曾欣然色喜，总之，在当时的我，早已经成为一个"半拉子"的封建统治者了。

　　大约是在张勋叛国的前一年吧？年月日我现在虽然已记不清，但是我还记得，当他那次到北京来时，曾到清宫见了我一次。那时我因为要接见陌生人，不知应该说些什么话才好，于是我那陈宝琛老业师便教导我在见他的时候，应该说什么样的话。当张勋见我时，仍然是跪拜称臣，我也就按照老师的传授，一五一十地向他说了几句慰劳的寒暄语。果然张勋听了很高兴，并对我的这种慰劳表示了感激之意。为什么张勋会如此呢？因为他自从到了民国之后，依然没有把他的那条辫发剪掉，借以表示他始终忠于一姓的决心。不过是，当袁世凯在世的时候，他确曾一贯忠心耿耿地替袁效力，自从袁死之后，他才毫无顾忌地要拉下脸皮阴谋复辟的。

关于复辟的阴谋这件事，张勋曾在过去的所谓"督军团代表会议"上就已经秘密做出了决定。到了一九一七年，因为当时的大总统黎元洪和国务总理段祺瑞在政治势力上的尖锐摩擦，冲突已形成表面化，张勋遂趁此机会以调停黎、段之间的纷争为借口，别有用心地率领他部下的一部分军队来到了北京。过了几天之后，他便出人不意地宣布了清朝的复辟。于是那些自命为前清遗老、专门梦想开倒车的封建余孽，如康有为、刘廷琛之辈，都纷纷麇集到张勋的周围，打算混水摸鱼地讨个重要职位，重温一下尚未过足的封建官瘾。当时给张勋当参谋长的万绳栻，也是主张复辟最有力的一个，这就更给这帮猎官的"遗老"们，打开了一个"方便之门"。

在七月一日那天，张勋突然气势汹汹地带兵进入清宫，并纠合了很多"逐臭之夫"声言要见我。我这时正在毓庆宫读书，不过陈宝琛却是早已与闻其事，便胸有成竹地告诉我说，张勋的来意，就是打算实行清朝复辟，并且还反复叮咛地嘱咐我，须立即应允他的要求。我在当时虽然还是一个十二岁的孩子，但听到这样的话，心里也觉得很高兴。因为我从小时起，一直在受着封建统治的专制毒素教育，再加上宫中的一切生活环境和物质条件的影响，因此我一向就是把国家看成是爱新觉罗氏祖祖代代传留下来的一姓私有物。何况那反动阶级本质的烙印，在当时已经深深在我头脑中起了相当的作用，所以尽管我在当时还是个小孩子，但对于"清朝复辟"这四个字的意义，已能从心里感到有一种不由自主的欢欣激动。

于是我就回到了"养心殿"，见到了张勋。他见了我之后，便像是逢场作戏似的伏地向我叩头，并大言不惭地对我说明了来意。大意是，由于中国近几年来的政局混乱，久矣民不聊生，因此人心现已倾向于恢复大清，实行帝制。并说："只有这样，才能重拯斯民于水火之中，而使之重登于衽席之上。"并着重表示：他代表各省官民一致拥护我重登"大宝"。又说：当他在徐州召开会议时，各省督军都已表示赞成复辟。于是我也就表示答应了这一要求。据说，张勋还见了宫中的四位太妃，对她们也曾重复了这一篇话，当然，那四位太妃更都是求之不得地表示了认可。

　　然后便由张勋和他的羽翼以及那群苍蝇般的遗老，就像分赃一般，用超速度决定了伪内阁的名单。经我草草过目之后便公布出去了。我记得其大致内容是：张勋任伪内阁首席议政大臣兼领北洋大臣。其他如王士珍、袁大化、陈宝琛、雷震春、张镇芳、刘廷琛和梁敦彦等人，也都当上了伪议政大臣等职位。不料正在那短短十一天的开倒车迷梦方酣之际，段祺瑞就在马厂誓师进兵讨逆。而这出复辟的历史丑剧，也就在讨逆的几声炮响中匆匆地闭了幕。

　　张勋虽然也曾调兵遣将地做了一连串的困兽之斗，但在那邪正相形大势所趋之下，只能是节节败退，缩入到北京城内。

　　这时在南苑的空军，也起来协力于对张勋的讨伐，并且还先声夺人地在清宫投下了三颗炸弹。一颗落在御花园内水池中，将池子炸毁了一小部分；一颗落在西长安街的"隆福寺"外——"储秀宫"东墙附近，未炸裂；一颗落在"乾清门"外，炸伤轿夫一名。

　　尽管在这次轰炸时，据说当时是因受到段祺瑞的劝阻，致未继续大肆轰炸，但是，对于当时的清室，以及所谓的王公大臣，确是给予了精神上的一个大打击。

　　当听到炸弹声时，我正在书房和老师谈话，我当时心中非常害怕，太监们便簇拥着我急忙回到养心殿寝室内隐蔽。在当时，既没有防空的设备可言，更没有关于防空的起码知识，只是把窗外遮太阳用的长竹帘（宫中叫作"雨搭"）放了下来，以防炸碎玻璃伤人而已。那四位太妃，也都在各自的宫殿里，被太监扶掖着藏在寝室深处。据说荣惠太妃竟躲匿在桌子底下。至于所谓的各王公大臣，也都在事后变颜变色地陆续跑到宫中，向我和太妃遥致问候之后，便又都一筹莫展地各自回家。

　　不到几天之后，段祺瑞指挥下的讨伐军便乘胜攻入北京。当那些叛军缩到南池子张逆住宅附近，做最后挣扎的巷战时，我和四位太妃也都在各自寝室中，被拂晓攻击的枪炮声所惊醒。于是便又各自在太监或宫女等乱作一团的情况下，再把挂在窗外堪称唯一"防御武器"的"雨搭"放了下来，据说这次是为了防御流弹。这时，因为宫中的内外各门都紧紧关闭，以致外面的消息也一概杜绝。只仗着当时的"护军统领"毓逖，经常通过"奏事处"太监，把一些赝造战况传了进来。其实，真正当时的情况，毓逖也同样无从得知，只是为了"安定人心以防意外"起见，特意诌出一些迎合当时反动心理的假消息而已。例如，他报告说："张勋获得全胜，段祺瑞的军队全被歼灭。"果然我和太妃听到这样"喜讯"之后，便都高兴异常。于是那帮见缝就钻的太监们，便又造出一些应运而生的"神话"来。例如说："怪不得在今天早晨枪炮还没响以前，就听到有两只乌鸦在养心殿房脊上，一问一答地叫唤着。原来它们是给'报喜'来的。"又说："今天早晨，听到在'养心殿'的'西暖阁'后面，有叮叮当当盔甲的声音。"接着更自圆其说地继续自加注释道："这就是'关老爷'（在'西暖阁'内供有关羽像和'青龙偃月刀'）出来'显圣'，是为了要保护'万岁爷'和四位'老主子'的！"等到下午外面枪声渐次平息下来之后，太监们便又传出了新的谣言说："御花园钦安殿内所供的'关帝'和'赤兔马'身上都出了汗，这也是出来'显圣'到四处奔驰保护累出来的。"当然我和四位太妃，是不会相信这种暗合心意的神话的了，于是就在惊魂甫定之下，又从各自的"避难掩蔽"下钻了出来，都不约而同地先后到钦安殿去叩头致谢。到了第二天，才正式得到了"内务府"的报告，说张勋业已一败涂地，逃到荷兰公使馆去了。这时大家才都如梦初醒地把脑袋耷拉下来默不作声。

还有当叛军的败相日益浓厚时，那些乌合麇聚到伪内阁当上伪阁僚的各位"大臣"等，便如同"树倒猢狲散"一般，纷纷狼狈辞职鼠窜而去。最后只剩下罪魁祸首张勋和三朝元老王士珍以及我那老师陈宝琛等尚未辞职。有一天，陈宝琛急急忙忙来见我，要求赶紧拿出皇帝办事的小印来捺用，为的是要把一张公事交张勋转交张海鹏（当时东北军阀中的冯德麟、张海鹏、汤玉麟等都参加了这次的叛变），使其悄悄脱出急归东北，任命张作霖为东三省总督，好求援于他协助复辟，以挽救当前的危局。而这颗小印，照例是放在一个方形木匣内。匣子尽管在我身边，但开匣的钥匙，则一向是归我父亲载沣掌管，每次开匣取印捺用时，都得由宫中"奏事处"的太监从我这里拿去木匣交我父亲开匣用印，用完之后，仍由我父亲亲自把匣锁好，再经过"奏事处"太监之手，送回我这里保存。但在这垂死挣扎之际，已再没有工夫做那种繁琐的手续，于是我那位陈老夫子便"情急智生"，采取了"通权达变"的"非常手段"，砸毁了木匣子的锁，在张勋所拟定的那张所谓"谕旨"上盖了印，便由陈宝琛把这张"病急乱投医"的阴谋文件，匆匆交到张勋手中去了。不过后来张作霖对此始终并未做出什么表示来，总之，这件事又是以枉费心机而告终。

几天之后，就以张勋逃入荷兰公使馆而使这段复辟的罪恶迷梦结束了。但是我在这出丑剧的尾声中，还串演了一场丑剧中的丑剧哩。

那就是当张勋彻底失败之后，我的父亲和陈宝琛等，把预先早就准备停当的再度退位"诏书"拿了出来，做了一个关上宫门自欺欺人的颁布手续。在我听了那篇老着脸皮晓晓分辩言辞中所着重表明的如："……这完全罪在张勋而与清室无关。现在自己仍愿还政于中华民国……"等无耻谎言时，我居然被那句"还政于中华民国"的话给刺激得哭了出来。于是在我身旁的太监们，也有人随声附和地哭了起来。这就是在我十二岁时所干出来的事情。足见在当时，我的年岁虽小，可是我那与人民为敌的反动阶级罪恶本质，却是不能和我的年龄做比较的！

二、盗窃了人民的宝贵文化遗产

在一九二二到一九二三年之间，我因为受了庄士敦的影响，以及我对于当时宫中生活方式的不满，又加上我对"小朝廷"尔后命运的不安，因此便产生了要到欧洲去留学的念头。当我把这种心情和希望向当时有关人士透露出来时，不料却遭到我老师以及家属中"权威人士"的极力反对。对此表示赞同的，只有庄士敦一人。

他们反对的主要理由是：

中华民国对清室的"优待条件"，早为国际上所公认，中华民国又怎能单方擅自废止？

其实，他们反对的本意却不在此。

请想一想，为什么在张勋复辟时，他们却谁都没有想到"优待条件"的事？再者，在那"优待条件"中，有没有"许可背叛中华民国"的一项条款？为什么在复辟时，早把"优待条件"中明文规定的义务，完全忘个干干净净，而到了现在的时候，却又把中华民国无权从片面加以废止为唯一理由？并且还满怀信心、厚颜无耻地拿这种不值一驳的歪理来，作为反对我自动辞去这种优待而出国留学的有力借口？

他们也不想一想"优待条件"和我出国留学，可又有什么关系？更不想一想，既是发生了像张勋复辟那样的事件，明明是先从受优待的"清室"这一方面，违背了人家之所以要"优待"的本意。在复辟失败之后，所以尚未废止"优待条件"的主要原因，只是因为当时的北洋军阀政权，根本就不是真能给人民办事、对人民负责的革命政府，并且那些位政治"巨头"们，也是和过去的清朝有过相当瓜葛的旧历史人物，所以才让清室钻这个空子而捡了几年的"优待便宜"。按正理说，能继续受着"优待"，已经是一件意外的奇事了，怎么还能居然自觉满有理地公然扬言中华民国没有取消"优待条件"的权力呢？足见这帮寄生于当时"小朝廷"内的大人先生们，是善于睁着眼睛说梦话，并且是如何只知依赖着外国——所谓国际上的力量，认为外国是可以，并且应该干涉自己国家的内政，同时他们也确是在希望着帝国主义列强来干涉自己国家的内政。这种丧失民族气节、只知自顾自的反动丑恶奴才嘴脸，这种封建余孽的反动阶级本质，真可以说是已经到了丧心病狂的程度。所以我认为，他们之所以竭力反对我出国留学，并不是真个地在重视着这一项类似空文的"优待条件"，而只是要拿"优待条件万万岁"来安我的心。尤其是对于我打算在出国同时，自动辞退"优待条件"这件事，感到了十分惊慌，所以才拿这样的话来作为借口。总之，他们最害怕的，就是有关他们的吃饭问题。因为像我这样的"饭东"一走，他们的祖传"铁饭碗"，就有立时被打破之虞，所以才会作出这种"齐心戮力，众谋金同"的反对。

至于在我这方面呢，也有我自己的一个如意算盘。因为，我在当时曾认为到外国去留学，不但可以避免日后可能发生的生命危险；自动辞退那篇逐渐名存实亡的"优待条件"纸面文章，还可以博得一个"开明"的美名；并且到了外国，多多少少总能得到一些"新知识"；还可以在将来学成回国之后，拿这种"留学外国"的新政治资本，来作"伺机观变"之用；同时，到了所谓必要之际，也可以依靠外国——帝国主义国家的奥援，一方面再纠合那帮所谓遗老之类，来恢复过去自己的"祖业"。

他们的内心实话既不能对我做公开的阐述；我的潜在私图当然也不便对他们做无保留的倾叙，所以，在我和他们之间，是有一段无形的墙壁在隔着，只能在同床异梦的心情下，各自怀着不可告人的鬼胎，而各自做着自家的打算。

双方的意见既不能合拍，我那有利于我而不利于他们的留学计划，当然就得搁浅。但是我却没有甘心于这次的碰壁，于是就想起了一个"做好准备，徐为后图"的办法来。

我的同母弟溥杰是非常赞成我出国留学的。因为他自幼也是一个彻头彻尾具备了封建统治反动思想的野心家。他不但无条件地赞同了我的那种如意算盘，并且还变本加厉地向我提出了"须要立即积极进行"的具体建议，并自告奋勇，表示愿意担任这一窃运的实际罪恶行动，同时还表示了要和我一同出国留学的决心。

于是，盗窃祖国人民宝贵文化遗产的罪行便开始了。

我们兄弟二人就狼狈为奸地首先求我叔父载涛，在天津旧英国租界戈登路，为我购买一幢楼房。然后就由溥杰利用他每天上午陪我读书的机会，每天一包袱、一包袱地把宫中由明、清两代不断从人民手中掠取来的我国民族艺术文化结晶，都择尤地陆续盗运出去，一直这样干了半年之久。

在那次所窃运出去的宝贵人民遗产中，现在想起来最使我觉得痛心和不胜内疚的，都是些出类拔萃、精中取精的唯一珍品。现在所列举的，只不过是其中的九牛一毛程度。例如，在墨迹方面，有晋代王羲之的《曹娥碑》和《二谢帖》的手卷；有他儿子王献之的真迹；钟繇的字；僧怀素的草书；唐欧阳询的墨迹；宋赵构（高宗）的字；司马光的《资治通鉴》亲笔原稿；米芾和董其昌的字等。至于元代赵孟頫的字，那就更多了。在绘画方面，有唐王维的人物；阎立本的真迹；宋徽宗的画；宋马远和夏珪以及马麟各自画的《长江万里图》；张择端的《清明上河图》，等等。手卷、册页和挂轴等共计起来，约达千儿百件之多。在古版书籍方面，则是把"乾清宫"西侧"昭仁殿"内所藏的全部宋版、明版的珍贵书籍全部盗运出去。至于书籍的名称，早已记不清楚。现在抄录一下潘际坰先生所引用的《故宫已佚书籍书画目录四种》——"一九三四年国立北平故宫博物院印行"——中的一段便可知其概略：

"这本只为少数人所留意的书，原是由'清室善后委员会'在一九二六年第一次出版的。'弁言'的全文如下：

"民国十四年三月十九日，点查毓庆宫至'余字九六四号分号五十四'时，发现题名'诸位大人借去书籍字画玩物等糙账'一册，内有'宣统庚申年三日记'等字样。当时颇讶其可随意借取，继又于是年七月三十一日点查养心殿至'吕字五二四号'，更发现'赏溥杰单'一束，又'收到单'一束。二者大致符合。内计宋、元、明版书籍二百余种，唐、宋、元、明、清五朝字画一千余件，皆属琳琅秘籍，缥缃精品，天禄书目所载，宝笈三编所收，择其精华，大都移运宫外。国宝散失，至堪痛惜。兹将三种目录印行，用告海内关心国粹文化者。"

潘先生更继续记述说："从'赏溥杰书画目'看来，自'宣统十四年'（一九二二年）七月十三日'赏'起，一直'赏'到同年十二月十二日，足有五个月之久，这与溥仪所说的'大约有半年'是符合的。

"第一天'赏'的是十种宋版书：

宋版毛诗　四册

宋版韵语阳秋　一套

宋版玉台新咏　一套

宋版卢户部诗集　一套

宋版五经　一匣四套

宋版纂图互注南华真经　一套

宋版和靖先生文集　一套

御题宋版尚书详节（解）　一套

宋版帝学　一套

宋版孙可之文集　一套

最后一天'赏'的是三十卷画，这里面有：

唐寅野航雨景。周之冕花卉真迹。赵孟𫖯乐志论书画合璧。

马远山居秋爽图。赵伯驹蓬瀛仙馆。文徵明赤壁赋图。

宋人摹顾恺之听琴图。仇英画五百罗汉。

黄公望溪山无尽图……等

"张择端《清明上河图》共'赏'掉了两卷：一在一九二二年农历十一月十八日；一在十二月初八日。

"从这份目录还可以发现'赏赐'的单位大多用十，最常见的是三十，偶尔也用五作单位，如十一月初九日就'心硬'了一点，只让溥杰开了一份共收到二十五件的清单。仅仅'赏'一部书的时候也不是没有，但那不是十几套，就是四匣、八匣，而且是极其珍贵的善本。如九月二十八日，溥杰收到宋版《资治通鉴》一部，十八套……"

总之，被我们偷窃出去的这些无价可估的祖国人民宝贵文化遗产，就是这样一批批地到了天津的，目的是为了在将来如果离开了北京就可以依靠出卖这些东西过活；并可靠它充做赴帝国主义国家留学的费用，同时还可借之作依靠外敌力量，好再骑在祖国人民头上。我现在痛切感觉到，盗窃祖国的珍贵民族文化遗产，当然是一件无可补赎的严重罪行，但是想以此来达成自己的一姓尊荣野望，那更是罪大恶极，无可宽宥的。

至于那些人民宝贵遗产的最后命运是，在天津的时候，我曾从其中拿出几十件将它们变卖。其余的全部，则是当我在伪满时，有一天担任监视和支配我的日本关东军司令部中将参谋吉冈安直忽然对我讲："务希把那一大批书画文物从天津运到新京（长春）的'宫内府'来。否则将会有人这样想：'满洲国皇帝为什么要把他的东西不存放在满洲国内，而偏偏要放在满洲国土之外的天津？'这很可能使人怀疑你仍想要回天津去住！"我听了他这语中带刺的说法，只得托他设法把这些东西从天津运到长春来。后来在日寇将要垮台时，我曾把其中的一部分带到通化大栗子沟，这些东西的下落，我就不知道了。

这便是我盗窃人民宝贵文化遗产的经过，也是我的反动思想在过去的行动中，又一罪恶的事实表现。

第五章　出洋留学的失败

在上项内我已将如何受了我那英文教师庄士敦的影响，如何想要赴外国去留学，如何遭到了反对而作罢，如何窃运清宫古物，准备做他日留学经费的种种经过做了叙述，现在我想把在一九二二年我怎样想要脱出"紫禁城"而赴英国留学的失败经过记述于下。

当我和溥杰把那一批批的祖国人民文化结晶——书籍、绘画和古玩等，从清宫中窃出到相当数目之后，我们便在协议之下，得出了一个结论：不如找个相当的机会，先脱出这座"紫禁城"再说。只要能够溜出了这座小小城圈，便可以求得当时驻北京的外国使馆帮助，而"正正堂堂"地赴英国去留学了。到了这个时候，即使再有人出来反对，在这木已成舟的既成事实下，也就可以不怕他们了。

不过是，怎样才能从这既有随身太监经常守在身边，又有宫中各单位的太监等把守着各个宫门，宫廷外围更有"护军"的处处岗哨，在神武门外边，还有十六师的一团武装兵士持枪守卫着的环境下，冲出这重重叠叠的严密"包围网"呢？

在我和我弟弟这两个充满封建反动思想的脑袋里，除了知道盲目依靠外国人之外，是再也想不出什么另外方法的。于是就在那"三十六计"之中，把依存帝国主义势力作为"上计"。

首先，当然是要和那唯一赞同我出洋留学——特别是赴英国留学的庄士敦做初步的"请教"了。他当然是表示了绝对赞成。于是，我更进一步地托他给想个具体可行的办法，他遂想出了一个"求当时驻作北京的外国首席公使——荷兰公使欧登科"的办法来。于是，除了先由庄士敦预做准备之外，我更不揣冒昧地亲自给他打了电话求他帮忙，溥杰也是不熟假充熟地登门面求他给予援助，结果是得到了他的应允。不过是，他的条件是：外国公使馆的汽车无法开进宫中去，所以只能派一辆汽车在宫外等候。只要我能溜出"神武门"外，坐上了他的车，他便可负责使我能达到赴英国留学的希望，并且还把派车的日期、时间都约定好了。

因为得到了他这确有把握的答复，我便兴高采烈地连忙收拾随身应用的东西，预备到了约定的夜晚，就可以设法混出宫去。预定脱出的路径是，打算临时打开宫中西北部"延晖阁"附近的小角门，好从那里逃出。因为从那里走不几步便是"神武门"的缘故。

第一步的工作重点，就是先须买通在我身边的太监。买通的方法倒很简单，只要拿出钱来就行。于是我便拿出相当的金钱分给了他们，他们也都欣然地接受了。也不知道是谁给走漏了风声，遂把这一计划的概貌传到我父亲的耳中。我父亲在当时是有支配内务府大臣以下权力的，而遍布在宫城内廊的"护军"，又是在内务府大臣的直接统辖之下，于是就在我父亲的一声令下，登时紫禁城内外便全部临时戒了严，断绝了内外各门的出入。结果这一煞费苦心的脱逃计划，便以完全失败而告终。

在当时说来，这一失败，确是对我的一个大打击。就是在过了相当岁月之后，每一回想起来，还觉得相当遗憾哩。可是在现在，我已经认识到，那次的脱出如果成功，我当然是能够到英国去留学，可是留学的结果呢？也只不过是愈发多染上一些崇拜帝国主义的思想，而使我成为一个进一步醉心西风的人物。固然是我也许因此而不致于当上日本帝国主义的走狗，但是，焉知道不会给英帝乃至美帝当上走狗？因为我那封建统治阶级的反动思想本质，早是被证实了要和帝国主义者勾结到一起而和人民为敌的。不管它是英帝也罢，抑或是日帝也好，结果它们还不同样是个帝国主义？充其量，也不过是躲了一枪而挨上一刀罢了。结果，同样是会走向背叛自己祖国人民而且毁害自己的道路的。

我幼时的好奇心

因为我幼时在清宫中的生活，是建立在大家的"齐拍共捧"之上的缘故，所以就把我弄得到了完全不知道天有多高、地有多厚的程度。我当时的日常生活，可以说是在完全"无轨道"的情况下，想什么便干什么，想到哪里就到哪里，既受不到起码的正当批评，也看不到起码正常的榜样，所以我在那前半生中，经常是在"不可以常理论"的状态中，保持任情任性和从心所欲的态度、作风。

很多人常常说我幼时富于"好奇心"，但是我却不敢以好奇自居。当然就某种程度来看，也未尝不可以勉强附于好奇之列，不过我当时的那种"好奇"，却还不能和一般人所谓的好奇同日而语。因为我在当时所好的"奇"，在今日看来，都是些有违一般逻辑的离奇之事——也可以说是一些无意义的事。总之，我的毛病都是被那种不近人情的离奇环境，也就是被那"与常人殊"的统治阶级特殊环境给制造出来的。

我想举出其中的几个例子作为介绍。

1. 我的西餐

我在宫中时，习惯把西餐叫作"洋饭"。固然在当时我也曾"习闻其名"，但没有能够尝到它真正滋味的机会。有一天，我终于下定"一尝异味"的决心，便叫太监到当时的六国饭店——现在的北京国际饭店去买。结果是连做西餐的厨师和大批材料并刀、叉、盆、碟之类，都应有尽有地带到宫里来了。于是就利用当时"御膳房"的炉灶来做，一共做出了十几种几个人也吃不了的菜。做好之后，饭店里的人说要到我吃饭的地方去摆设刀叉和布置餐桌等项，当即遭到了有关太监的严词拒绝，摇头摆手地向他们说："那可不行，非由我们去办不可，你们只要把菜做好就行。"于是，太监们便把做好的汤和菜，大盆、大盘子地一齐往上端，足足摆满了一大桌子。我虽然"好奇"心盛，颇想饱尝一回外国的风味，但因为它是外国饭，又不能不"自我慎重"一下，于是就想起了"君吃臣尝"的"保险"方法来，先叫太监们去尝一尝那一大盘子"黏糊糊、黄澄澄"的东西——黄油和那"干巴巴、异味扑鼻"的东西——"忌斯"。太监们奉命各尝了一口之后，都不约而同地做着鬼脸皱紧双眉说："啊！太难吃了，太难吃了！"我听到了这样回答，就使我的"好奇热心"因之冷却了一半。恰巧那次的汤，又是用乌龟做的，这在当时的宫中，连牛肉尚且被认为是"大五荤"中之一而不肯入口，现在居然把一大盆乌龟汤摆到食桌上面，真是听到了"乌龟"这两个字，就会让人食欲大减，甚至还会使人觉得有些恶心，何况要把它吞下去呢。所以我就根本没敢尝试。别看这次，虽说是我"破题第一遭"的西餐，我并没有怎样去吃，而且这第一个印象，对我又不怎样佳妙，但由于菜肴的出奇丰盛和太监们的趁机中饱，那一顿西餐，竟至花费了数百元之多。

我这次头一遭吃西餐，虽然以我的彻头彻尾不识货而告终，但在后来，却以我妻子婉容的从旁帮助，才终于得到了吃西餐的起码知识。那就是在我们结婚之后，有一天我对我那一妻一妾——婉容和文绣提议道："我们今天吃'洋饭'好不好？"当然她们都是极端赞成的了。于是就如法炮制，和上次一样，把多得惊人的西餐端来摆满一大桌子。正要举箸（因为我尚不习惯于使用刀叉）来吃时，婉容见状似乎是吃了一惊，于是就扑哧一声笑了出来说："这样吃法太'老赶'了，应当每人一份地分盛在盘子里吃！"于是她就由分盛汤菜起一直到怎样使用刀叉等为止，都做了"技术"上极其生动的说明，并做出了极富自信的实际示范动作。我在当时，固然觉得被这种技术上的问题束缚得很是别扭，但从那次起，就逐次体会到了其中的"奥妙"，而学会了吃西餐的全套"本领"。

2. 打电话的问题

我因为羡慕人家在家中安置电话，便在我所住的"养心殿"里也安装上了。是在哪年哪月安装的，现已记不清，反正我记得是在我结婚以前的事情。在我正式安装以前，我身边的那些位"非先王之法言不敢道，非先王之法行不敢行"的老古董人物，也曾对此史无前例的"新事"做了大力反对。在他们说来，也是自认为满有理由而振振有词的。他们的第一个理由是：宫中从来就没有安装过这样的东西。因此，不独现在不应该安，就是在将来也不应该有。其次的理由是：以皇帝之尊，而随便和外界用电话交谈，殊非"君人者所以自重之道"，所以电话是不应该安装的。不过我在那时年岁已不算小，并且是好奇心切，所以任凭他们怎样咬文嚼字地给我扣帽子，我也是决心已定，概不再听他们的那一套了。结果，他们究竟没能拗过我，我终于安上了电话。

我安上电话之后，心中不由得高兴异常，当然是要"先打为快"了。第一个掠入我头脑中的通话对象，就是当时在北京颇负盛名的"杂耍"演员徐狗子。于是我连忙翻开电话簿来查，等接通了号码之后，果然听到一个男人的声音前来答话，这时我心中突觉慌乱起来，也不管对方答话的人是否是我所要找的通话对象——徐狗子，更不管对方听到了没有，便匆匆忙忙叫了一声"徐狗子"，赶紧把电话机挂上了。

自从尝到电话的这种滋味之后，我便开始和我的家属大通其电话。既不管是深夜或清晨，也不顾虑对方讨厌与否，一谈话就得谈一两个钟头。有时还在电话中放送"八音盒"等的音乐，以供他们欣赏。当时这个"养心殿"，简直有些像有线广播站了。

还有一次，我又想起了当时在北京剧界，被誉称"武生泰斗"的杨小楼，便又往他家打了电话。这次我已不像上次给徐狗子打电话时那样心中无底，已经到了能够镇定心神而开玩笑的程度，于是便模仿京剧中念白的声调向对方问道："你是杨小楼吗？"这时听到对方也在笑着回答道："哈哈……您是哪位呀？哈哈……"我于是更用京剧白口说了几句什么话，便在对方哈哈大笑之中把电话机挂上了。

这两次的利用电话开玩笑，还算是"不失其为天真"的胡闹。但还有一次则是完全越出了开玩笑的范围，而成为欺骗人的恶作剧了。有一天，我给一家大饭馆打电话，向它订了一桌酒席，并让它给送到一个捏造的地方去。当然这家倒霉的饭馆，一定是上当无疑的了。后来因为听人说，捏造别人名义打电话，电话局是能够调查出来的，因此我就不敢再这样随便滥用电话了。

还有一次，则是我忽然灵机一动，想起了当时在北京曾以"鱼目混珠"享名的胡适。我所以要给他打电话的理由，既不是由于仰慕他在当时的"盛名"，尤其不是要向他讨什么教，简单一句话，还是因为"好奇"，也完全和给杨小楼老板、徐狗子师傅打电话一个样，这次也只是想要看一看这位胡适博士究竟是个什么样的人而已。所不同者，只是在上两次曾以"无名氏"的资格出现在电话机口，而这次则是以真名实姓来"自报字号"罢了。因为我在当时的大多数报纸上，也曾再三看到他的"尊姓大名"——仅仅是他的姓名而已——同时也曾听到那些老先生对他的不满和讥笑，甚至就连我那个英文老师庄士敦也曾说过："胡适就是'胡说'。"我还记得有一天庄士敦曾把一本胡适的诗集拿来给我看，并指着他所作的"匹克尼克来江边"的那句"新诗"大加讪笑说："何必非把中国现有的'野餐'二字，说成英文的'匹克尼克'不可呢……"所以我也就想要亲眼"瞻仰"一下这位新诗人的丰采光华如何了。那次我打电话时，恰巧是由他本人亲自来接，当他问我是谁，我就回答说："我是宫里……宣统。"接着我就向他说明了想要见他一面的意思。后来，他果然到我这里来了。当时我还想，他也许不会来的吧？可是他居然真来了。尤其使我觉得新奇的，就是他不但爽爽快快地到清宫中来见我，并且当他一和我见面，竟毫不迟涩地称我为"皇上"。我当然对于这位新文学家也以先生二字来称呼了。至于在那次我和他谈话的内容，现已记不清楚，不过，我只记得那次谈话的时间并不算长而已。

可是，我和这位胡适博士的见面，却又在我的左右人们中间，引起了一场不大不小的风波。不过在这场"风波"中，也表现出两种不同的看法和截然相异的结论来。

一种意见是对此表示不满的。他们说："皇上怎能把这样的'新文学家'找到宫里来呢？尤其是这样和他'破格'谈了话，岂不是于'体统'有碍？"

还有另一种意见，则是和前者纯粹相反，表示了"往自己脸上贴金"的扬扬得意神色。他们说："看看！连胡适这样的人，都让咱们皇上给'化'过来了！"

其实，这两种说法都是胡说八道。不过胡适这个人，却实实在在有愧"新文学家"这四个字。因为在他的灵魂深处，不但有一种和封建残余反动势力异途同归的共同之点，同时，还有和资本主义反动阶级思想同流合污的另一面。不管他在当时嘴里怎样说着假开明的诱人词句，他的整个立场根本就是和广大人民的利益相反的。他只不过是利用当时新旧思想尚在混沌时期，披上了一件"五四革命运动"的外衣，一时迷惑了当时一大部分渴望新空气的青年，在实际上他却是和帝国主义者一个鼻孔出气。看他后来竟自完全滚入美帝的怀抱之中，终于甘心自绝于祖国人民这件事，就可以知道这个胡适博士，究竟是个怎样角色了。

一九二四年，我从清宫出来住在我父亲家中时，他还亲自到过当时的醇亲王府见了我一面。也许是为要表示一下"博士"对"皇帝"的关心吧？但只是对我谈了一些普通客套话之后便辞去了。

后来，当我住在日本公使馆时，有一天，我在楼上看到有一辆小汽车开到我的楼前停住，从车中走下来一个人。我定睛一看，原来又是那位胡博士驾到。这时因为我对他的"奇"已经"好够"了，便借口没有工夫而挡了他的"大驾"。

从此之后我遂没有再看到他。

3. 金齿和大帽子大鞋

我在宫中时，因为很羡慕人家镶金牙，便让牙医也给我特制了一口金牙。不过我的这副金牙，是和一般人的不同，而是名实相符的满口金牙。也许是这种镶牙法在技术上有困难吧，我的那副金牙却总未能舒舒服服地套到我那上下两槽牙齿上，因此只能是把它当作是藏在匣子里的"特制义齿模型"来供自我观赏。

此外，我还在鞋帽铺里订制了一项用两只胳膊尚不易围拢的"大口径"的瓜皮小帽，和一双能容一个两岁前后的孩子睡在里面的"特大单脸棉毛窝"。若问我为什么要订制这样的东西？我也没有什么充足的理由可作答复，而只能这样地回答：一来是因为"有钱无处花"，二来是为了"偶尔兴之所至"，姑且做出来看看而已。

后来我在出宫以后，听人说那顶出奇的大帽子和那双特制大鞋，还被陈列在建福宫烧迹上的小玻璃亭子内，并对此附有说明，说这两种东西，都是过去在清宫中祭神时所用的"仪器"哩！

4. 大便的"游戏三昧"[①]

有一天，我忽然来了"兴会"，便派一名太监，送一个大包裹到醇王府，说是"赐"给我弟弟溥杰的东西，按照当时的惯例，我所派去的太监一到"王公"之家，他们便须把这个太监当作"天使"（天子所派出的使者）来看待。当"天使"进入屋中时，照例先得把我所"赐"的东西摆在堂屋中央桌子上，领受"赐物"的人，这时须站在桌子右方和"天使"相对（他站在桌左方）而立，然后这位"天使"便正颜肃目地宣布这是"皇上赏给谁的东西"。于是"受赐"的人便向着放在桌中央的东西磕三个头，这样才算是"受授之礼"全部演完。然后这位"天使"便以太监的身份向"王公"请安。在请完安退出时，"受赐"者仍须把他送到院中之后才算完事。

不过这次却与一向惯例颇有出入。我弟弟溥杰因为忽然得到了这种"礼物"

---

① 佛教用语，出自《摩诃般若波罗蜜经》。原意为排除杂念，使心神平静，后指用游戏的态度对待一切。

甚是高兴，便在做完"拜受"之礼后，在"天使"面前连忙把那大包裹打开来看。不料打开了一层布包之后，又是一层布包……一层一层地开了十几次，才露出一个大纸包来。谁知这个纸包，也是左一层、右一层地用纸包裹着。等他费了好大力气剥到最后一层纸包时，这固然是听溥杰在事后所说的："用手一拿，觉得里面软乎乎的，等到打开了这最后一层纸包时，只觉得一种臭气扑鼻……"于是他就"哎呀"一声，当着"天使"面前把"赐物"摜在地上，也忘了"恭送天使"就转身洗手去了。原来纸包里是我拉的一根"大屎橛子"。

我这一大开玩笑不要紧，我那位素日"持家谨严"的祖母刘佳氏还因此有了一点小小误会，她认为这是我对我弟弟的一种不满的表示，于是就责备我弟弟道："这都是因为你常常借口有事不爱到宫里去，所以才给你送这样东西来的！"

5. 牛和狗

我从幼时起，就爱饲养一些动物之类。这固然也是和普通一般的孩子一样，并没有什么特异之处。不过，与一般不同之点，就是我所饲养过的东西，都是一大批、一大批地饲养着，并且还委派专人来管理，我只是在高兴的时候拿这些东西作为一种消遣而已。更严格些说，也就是奴役别人来供自己的开心罢了。例如，我曾养过成屋子的各种各样的鸟、大批的猫、大群的狗、满院子的缸里金鱼，骆驼、牛和猴子等也都饲养过。我甚至还在玻璃盆中养过蚂蚁，大瓦缸中养过蚯蚓，至于蟋蟀、蝈蝈之类，更是应有尽有，提不到话下的了。不过是，那些被我喂养的对象，也只是某一时期、某一阶段中的一时对象而已。在我来说，也只是"兴之所至"的一种嗜爱，过了那一阵子热气，便又见异思迁而去另找其他的消遣东西。现在我想谈一下关于其中"牛和狗"以及其他的一段回忆。

"牛和狗"的问题，也是在我结婚前的事情。那时我很喜欢看牛和狗打架。当我看到牛见了狗，便把它的头低伸到地面上，用那两只角对准了狗的方向而左右摇摆从事防御的姿态，以及狗见了牛便矫捷地围着牛连吠带跳而伺隙进攻的情形，便兴味津津地大有百看不厌之感。所以，我就时常把牛牵出来，把狗也放出来，看它们的争斗作为消遣。有一次，那牛因为遭到狗群的四面袭击，便掉转牛头向西长安街狂奔而去。那群狗当然不肯放松也就乘胜急追，跟踪不舍，就是因为这种缘故，差一点儿没有闹出伤人的危险来。不料我的这种游戏取乐情形传到了荣惠太妃耳中，她既不是珍惜牛，也不是为了狗，尤其不是怕伤了人，而是引起了她的一种另有深心的忧虑。在她看来，狗欺负牛，乃是有关整个爱新觉罗氏子孙前途运命的非常重大而又深刻的事情。但她又不愿意直接向我劝阻，于是就在几天几夜的深筹苦虑之后，想出了一条用牛刀割鸡的"妙策"来。她遂在某一天，利用我弟弟溥杰每日伴我读书的机会，悄悄派太监把溥杰叫到她所住的重华宫那里去，作出一种悲天悯人的表情，并用沉痛已极的声调对他叹息道："唉！我听说'你们皇上'（即是'你们的皇上'之意）这些日子常让狗来咬牛，把牛的身上都咬成了伤。你知道在"推背图"（预言朝代兴废的迷信书籍）里，不是拿牛来象征咱们清朝的嘛！这样让狗来咬牛，我想这不是一个好兆头，这件事关系可大啦！可是我自己又不愿意直接去劝阻。我思前想后地想了好几天，我想还是你在今天回家后，把这件事好好地对'老福晋'——指我的祖母——说一说，叫她到宫里来一趟，想法子劝一劝。因为这件事关系太大，我不能睁眼白看着不想个法子呀……"溥杰听了这番期待殷切的谆嘱，便回家对我祖母作了传达。我祖母听了这样的话，也认为这乃是有关全族前途运命的大事，便自告奋勇地把这一"重要任务"担当下来。果然，不久宫中太妃便正式召我祖母进宫，于是她便在见我之后，翻来覆去绕了一大阵弯子，就把狗不可咬牛的大道理，用暗示的方法对我做了煞费苦心的劝阻。后来因为我对看"狗牛相斗"的兴趣逐渐减退的缘故，便没有再因此而惹起老太太们的焦灼和懊恼。

6. "古董房"的"秘密"

在宫中东北角，有一个叫"古董房"的殿堂。我小时听说在那里有几间从来就没有人敢进去的空房，一向都是锁上加封地密闭着。我仍是在"好奇心"的驱使下，便想探求一下它的秘密，打开那多少年来一直没有人打开过的门。当时在宫中任"四十八处督总管"的老太监张德安，从多少年来就住在这个"古董房"的东配殿（厢房）内，当他听说我要打开那他所认为万万打开不得的神秘房门时，便吓得魂不附体一般而向我痛陈万不可开的理由。理由是什么？就是："这几间房子绝对开不得。因为多少年来就没有人开过一次，并且这是'口口相传'的相沿旧例，如果把它打开，一定会发生最可怕的不祥事件……"他愈是这样空洞而笼统地讲理由，愈是这样担忧害怕，就愈发激起了我的好奇心，于是我就愈发非要打开看看不可。这次他被我逼得实在没有办法了，便把太监们平日最擅长的"绝招"向我施展了出来：跪在地上向我苦苦地哀求。我终于在他的"最后绝招"下败了北，同时也是我为他的"神秘危言"所慑服，才没有固执我那非打开看看不可的所谓最初决心。

7. 强盗与鬼火

我在天津时，因为听人说在南开大学附近，时有绑架勒赎的盗帮出没，我为了要满足一下自己的好奇心，便以多为胜地带了一大群荷枪实弹的仆从，分乘了几辆汽车，等到天黑之后，特到那里一带找强盗去。在当时，不论我到什么地方去，一向都有一名由日帝驻津总领事馆派来的日本人便衣警察跟在后面。这次因为他不知我的用意所在，也只得疑团满腹地一同去了。结果是在往返徒劳下，什么也没有遇到，终于败兴而返。

不久，我又听说在天津"墙子河"附近时有"鬼火"出现，于是又燃起了想要见识见识"鬼火"的热情，遂坐上汽车前往"观赏"。结果也是在黑夜之间的凸凹不平的道路上，颠簸了好几个小时，然后一无所见地颓然归来。

如此说来，在当时的我，真是有要和"剪径强人"①一较身手的胆量么？特别是像我过去那样既佞神又信鬼的人，真有想看一看"鬼火"的"勇气"的么？

不是的。我只是靠着人多势众，想来满足一下自己所谓的好奇心罢了。现在回想起来，当时的那种"既害怕，还想看""又胆小，复好奇"的矛盾心理，正是和过去旧社会中的王孙公子的所作所为一般无二。拿过去历史上的突出实例来说，像是明朝的正德（武宗），不就是在十六岁时，曾用自己的名义封自己为大将军，并特意使用"分身术"的办法，给大将军的自己，另起个"朱绶"的名字，而带领着军队奉着皇帝——另一个自己的名义而作出了"凯旋"的滑稽戏的吗？这能说他是勇敢？这绝不是什么勇敢，而只是万变不离其宗地在封建统治阶级的反动本质——惯于"强凌弱，众暴寡"的阶级本质支配下，也就是鲁迅先生所一语道破的"见狼现羊相，见羊现凶手相"的阶级本能下，更把它和自己的

---

① 指拦路抢劫的强盗。

"无轨道"生活方式互相结合起来，所以就产生出"龙种自与常人殊"的特殊行径了。

我认为像是这种"奇妙"而复杂的"贵族心理"，可以说是古今一样、中外相同的。

所以唯有同一阶级出身的人，才会深切感到古往今来彼此之间的共同心理作用。

第六章　我离开了紫禁城

在一九二四年十一月，我十九岁的时候，正是直系军阀曹锟、吴佩孚和奉系军阀张作霖在打内战——第二次奉直战。这时，直系中的冯玉祥忽然发出了"停止内战"的宣言，便班师回了北京，把当时的"贿选大总统"的曹锟监禁在"延庆楼"内，彻底弄垮了吴佩孚的势力，并在北京成立了以黄郛为首的临时内阁。这时，驻在紫禁城外的"内城守备队"（该部队先为陆军十六师的一部，在直系当权的时候，是否归"少军统领"抑或"卫戍司令"管辖，我现已记不清了），也被冯玉祥军队予以改编。这个消息是当时的内务府大臣绍英和荣源报告给我的。

如前所述，我曾内心暗自考虑过：这样地住在宫中，迟早总会发生个人生命的危险。而现在，专门担任守卫紫禁城的部队既被改编调走，不言而喻，第二步就会摊到我的身上。因此我就愈发惊惧起来。我遂对家中人说："现在内城守备队既被改编调走，可能在最近就会出事。我住在这里很危险，还是设法到外国使馆躲避躲避才好。"但大家仍是认为：中华民国和清室签订的"优待条件"是早为"国际"所公认的，中华民国又怎能片面地破弃它？同时，他们更极力安抚我，叫我安心。过了两天，果然冯玉祥部下的鹿钟麟就奉了冯将军的命令到宫里来了。

关于这段事，有一段很有趣的当时内幕话。

在将要令我退出紫禁城的前夕，当时的临时内阁总理黄郛和警察总监张璧以及鹿钟麟三个人，对于应当怎样进行此事，曾做了一度协商。黄张两人都主张交鹿去办此事。于是鹿钟麟就在心中盘算："最好不要打草惊蛇，必须用迅雷不及掩耳的手段才行。因为在清宫中还有相当护卫的人，如果把事情弄僵，在宫中真个动起手来，那些外国使馆又将要'借题发挥'来横行干涉……"在决定了这一方针之后，大家又谈到需要多少兵力的问题。于是，鹿钟麟就向他们二人伸出了两个手指头来。

黄郛就问："要两万人？"

鹿钟麟微笑着摇了摇头。

黄又追问："那么，两千人？"

鹿又摇摇头。

"难道只带二百人？"黄又说。

鹿还是摇着头，然后满怀自信地向他们二人说："只需带二十名手枪队就行！"

在议定之后，第二天鹿钟麟就率领着二十名手枪队，自己也在身上塞上了两颗手榴弹，就和张璧一同进入清宫。

进入宫门后，他每遇到一个人便喝声"不许动！"而把他"钉"在那里，就这样碰到一个人就"钉"住一个人地找到了当时的内务府大臣绍英，向他说明了这次的来意，并限定我须在二十分钟以内离开紫禁城。

储秀宫桌子上未吃完的苹果

当然，这位官愈大胆愈小的绍英，忽然遇到了这样一位武装的"不速之客"，又听到这样斩钉截铁的严厉要求，真不亚于忽然听到晴天霹雳一般，立时手足无措起来。鹿钟麟看透了这位内务府大臣的真正"本领"，于是就更进一步地威吓说："现在已经在景山上架好了大炮，预定过了二十分钟之后，就要向宫中开炮轰击了！"少停之后又说："我可不能陪着你们一同牺牲在自己的炮火之下！"说着就猛然从怀里把两颗手榴弹掏出，"啪"的一声用力摔到绍英面前的桌子上。绍英一直活到当时，从来就没有见过这样的阵势，不由得立时震抖了一下，面如死灰地吃吃说，当即报我知道，务请息怒稍待，同时又作着苦脸向鹿苦苦央求，希望再放宽一些时间，好给我留下收拾行李的工夫。鹿钟麟看出他已完全屈服，便顺水推舟地说："嗯，好罢。再放宽你们二十分钟限！"一面转身吩咐手枪队兵士说："告诉弟兄们，再以二十分钟为限！"

这时，我正和我妻子等在储秀宫闲坐谈话，忽然看见内务府大臣绍英、宝熙和荣源等神色仓皇地跟跟跄跄走了进来，气喘吁吁地对我讲："冯玉祥现派鹿钟麟、张璧来通知废止'优待条件'，并限令皇上本日下午须立即离开皇宫！"

而后我的老业师陈宝琛、朱益藩和我父亲载沣也都先后慌慌张张地赶到宫里来；庄士敦也闻讯赶来，但走到宫门外遭到哨兵阻止未能进来见我。陈宝琛、朱益藩对我讲：将和庄士敦商议，设法求外国驻京公使馆来营救我。当他们走后，我立即表示愿意接受冯玉祥将军的要求，在四十分钟以内离开紫禁城。

这时，冯军方面已给我准备好汽车。第一辆坐的是鹿钟麟，我坐了第二辆，婉容和文绣坐的是第三辆，张璧则是坐上第四辆，绍英等人则坐了第五辆。于是就"浩浩荡荡"地到了我父亲所住的地方——德胜门内什刹后海北河沿的"醇亲王府"。

一、回到了醇亲王府

当到了我父亲家门口的时候，鹿钟麟还走过来和我握了手，并问我："今后还是打算自称皇帝？还是要当个平民？"

我回答说："我愿意从今以后当一个平民。"他听了这话以后，便对我讲：

"好，那么我们就保护你！"

张璧总监也和我握了手。然后他们更安慰我说，临时政府绝不会对我做什么不利的事情，还谆谆说明，现在既是中华民国，还同时存在着"清帝"称号的不合理，并勉励我仍可以一个中国公民的身份而为祖国效力。张璧还着重地对我讲：

"现在既是成为一个公民，就有选举和被选举权。如果将来能为国家出力，也可能被人民选为大总统呢！"

我在当时，也就迎合着他们的心理，说了一套言不由衷的话，大意是：我本来对于废止优待条件和废除帝号就认为是当然的事情。并说，完全同意你们的说法，等等。在当时，还有许多兵士等为我的这篇话鼓掌哩！

　　这时陈宝琛、朱益藩也见到了庄士敦，在他们的协议之下，当然是除了哀求帝国主义国家的远伸"贵手"之外，他们是再不会有其他高明办法的。于是庄士敦便去见那位荷兰公使欧登科，求他对我加以"援助"，结果是荷兰公使欧登科、英国公使麻克类和日本公使芳泽谦吉等，就到当时的我国临时政府外交部向外交总长王正廷提出了公然干涉我国内政的无理要求，公然蛮横无理地要求必须保证我个人生命的安全等。从这里也可以充分看出帝国主义国家对于那一小撮封建余孽是怎样痴情未断、藕断丝连。同时，也可以充分看出封建残余分子帝国主义者如何串通勾结、相依为命的反动阶级本质来。也可以由此认识到，在反人民方面，他们彼此之间的"相需相求"关系，竟自到了怎样程度！

　　从这以后，我就住在我父亲家中。表面上，固然是在冯玉祥军队的保护下过着"风平浪静"的生活，不过那表面上的平静，并不等于真个地平静无事。在那些位所谓"遗老"的庸人自扰的东奔西走中，在那帝国主义分子"见缝下蛆"的阴谋策动中，在我那惶惑不宁、疑心暗鬼的"闭门思过"生活中，种种反动因素都在不断酝酿并四下汇积着极不平静的暗流。并且这种潜伏着的各种毒素，还正在蕴积着一股含有爆发力的暗力——爆发罪恶的潜在力量，而这种力量正在日益活泼和表面化。

　　当然，在断绝了醇王府和外界一切交通的头一两天，是找不到什么反动迹象的，但在恢复了和外界的联系以后，我那几位老师和郑孝胥、罗振玉等便陆续赶来见我。有一天，郑孝胥竟把日本驻北京公使馆的一个换上了便衣的武官和一名日本医生带来见我。并叫我借口有病必须赴医院就医为名，第一步先脱离我父亲的家，第二步便可以把我送到日本兵营内去住。并力说唯有如此，才能保障我的一身"安全"，才能免遭冯玉祥的"毒手"。但是自我父亲以次的家属人等，都反对我这样做，认为这是一种盲目冒险的行为。他们的意见是：住宅周围都有"冯军"把守，各门口更是监视森严，另外在附近还有好几道岗哨线，如果贸然出去，遭到阻止反为不美。特别是如果藏藏躲躲而被查出，那就越发自找苦吃了。还有一种意见是：如果在我脱出以后，冯玉祥向他们要人，他们又怎能负起这一重大责任？我也认为我家人的这种意见是稳妥的。尽管我在当时心中也很不安稳，但也认为这种"孤注一掷"的方法过于冒险，便没有听从他们的劝诱，而使郑孝胥和日本帝国主义分子的阴谋计划的第一步没能立时实现。

这时，日本方面的机关报——"顺天时报"也别具肺肠地写出了一连串对我表示"支持"和"同情"的文字；还极力对冯玉祥将军让我"出宫"的这一事实做了歪曲。例如，故意使用"逼宫"之类的煽惑性字眼，并编造出"老太妃流血殉清朝"等的无稽谣言来。这都是日本帝国主义分子对我国一贯使用的阴谋毒计，为了要钻一切可钻的空子，便无孔不入地等待着，并制造着往里钻的机会。他们是唯恐我国不乱，唯恐我国各族人民能够团结，所以他们不论何时何地，决不肯轻易放过一切可乘之机，真是时时刻刻也没有忘掉挑拨、离间、拉拢、诱惑等的阴谋活动。特别是大力培植、利用民族叛徒这件事，更是他们处心积虑的重要目标之一。所以，在这个时候，他们的阴谋诡计的矛头，整个地指向了我。

跟着罗振玉又走来告诉我，说他已到日本兵营见了竹本大佐，曾求他设法保护我一身的安全，并居功地得意扬扬对我说，竹本已经答应了他的这一要求。还说，竹本将派几名日本宪兵，时常骑马到我父亲家门口附近巡哨，如果发生将对我有什么不利的情势时，他们便可以立即向日本军队长报告，他就可以临时派兵出来干涉，而把我接进日本兵营去。当我听到了这一专门以外人为靠山的可耻消息后，还觉得"赖有此尔"而心安意得哩！

不但帝国主义分子曾对我这样"热心关切"，就是封建军阀——奉系的张宗昌，也在醇王府的"大管事"喀拉莽阿（张文治）的掩护下，穿上便衣化名为"李大夫"来见我，表示了他对于我的"关心"与"同情"。

不久，冯玉祥的军队便撤去了，只留有警察在门外站岗。这时，陈宝琛、郑孝胥、罗振玉以及庄士敦等更是争先恐后地不断到我这里来，并极力对我讲：住在这里随时都可能发生危险。并劝我不如趁冯玉祥军队撤去的机会，赶快先离开这个地方再说。结论是：唯有住在东交民巷的外国使馆区域内才能"安全"。他们的这样主张，当然是最能合我心意的，于是我便和陈、庄秘密商议，最好先要瞒住我父亲和其他家属而悄悄从这里脱走。

脱走计划的第一步，是借口赴麒麟碑胡同探望一下较我晚几天出宫的敬懿和荣惠两位太妃——这时庄和与端康两太妃已故去——当见了她们之后，仍旧假装镇静地回到醇王府来，为的是免人生疑且使对方愈发对我放松了戒备。第二步便是在第二天利用前一天早出晚归的"信用"，以出门看房子为名，并扬言等找妥了房子之后，便搬出醇王府。于是我就和庄士敦同坐一辆汽车，先到东交民巷的一家钟表店里，假意看一阵表。目的是：因为那时我父亲派来的大管事喀拉莽阿也乘车跟在后面，为要先甩掉他，我就在看表之后声称身体不舒服，就和庄士敦一同去德国医院看病，那位大管事虽然能陪同我看房，但却没有理由继续跟踪到德国医院，于是，他就只好甘居被"甩"之列，把车开回醇王府向我父亲报告经过去了。当我到了德国医院以后，陈宝琛紧跟着也赶到了。庄士敦便主张我可以到英国公使馆去住，于是，他就赴英国公使馆办交涉去了。后来交涉的结果是：英国公使麻克类以馆舍狭小难容我们多人去住为辞，因之投靠英帝的道路没能走通。不久郑孝胥也赶到，郑遂主张我可以赴英国以外的另外一个帝国主义国家的公使馆去求"庇护"，以免在英国方面扑了空之后束手无策。于是，更由郑出头赴日本兵营找竹本大佐去交涉。交涉的结果，日帝方面并没有像英帝那样"不开面"，我遂和郑孝胥由德国医院后门溜出，上了马车径直向日本兵营驶去。

这次赴日本兵营去进行交涉联络和日本方面的"慨然应允"，都不是一件偶然的事情，而是早就由罗、郑二人和日本帝国主义分子做好事先的勾结、拉拢。例如，前文中所说的罗振玉曾勾结日本武装乘马宪兵，使之横行无忌地在我国首都内给我"寻衅"，准备挑衅；郑孝胥带来日本军官和医生等，哪一样不足以充分说明这一点而有余？就以郑孝胥在这一天——一九二四年十一月二十九日，即农历的十一月初三日——所作的两首诗和一段日记文来看，也就可以看出郑、罗之流的真正心情来的。

两首七言绝句的诗题为"十一月初三日奉乘兴幸日本使馆"。他还不怕麻烦地在题下加了注解："陈宝琛、庄士敦从幸德国医院。孝胥踵至遂入日本使馆。"

诗如下：

乘日风兮载云旗，纵横无人神鬼驰。
手持帝子出虎穴，青史茫茫无此奇。

是日何来蒙古风？天倾地坼见共工。
休嗟猛士不可得，犹有人间一秃翁！

从这两首诗，可以充分看穿这个郑孝胥，究竟是一个怎样顽固、反动和如何狂妄自负的民族叛徒来的。同时，封建统治者的一姓家奴形象，也可以从这两首诗中看得清清楚楚。如果把他的这两首诗，用现代语言加以"意译"的话，那么，就是这样的：

> 趁着黄尘滚滚的狂风，
> 和"皇帝"坐上一部车子。
> 在那飞沙走石、路少行人的街道中，
> 飞快地"逃"了出去。
> 我居然把一位"皇帝"，
> 用手从"龙潭虎穴"中"搭救"出来。
> 在那悠久绵长的过去历史中，
> 恐怕没有这样"动人"的"奇事"罢！

> 那一天的蒙古风，
> 到底是从哪里来的？
> "共工"这个古人，
> 曾把天都给碰塌，
> 把地都给弄裂。
> 不要像汉刘邦那样，
> 在自作的《大风歌》中，
> 徒然地叹息着
> ——得不到猛士罢！
> 要知道：
> 现在还有我这个"秃头老翁"哩！

他还在这一天的日记里，记了一大段自吹自捧的无耻文字。因为他的那段"佶屈聱牙"的"古文"已被潘际坰先生给译成"活灵活现"的现代语言了，我就把它抄录在下面吧：

"十一月初一，共产党散布传单和平民自治歌，又发了反对帝国主义的传单各几万张。初二，西方报纸说，冯玉祥将要采取第三次围攻北京的行动。皇帝召我去谈话，而且叫我赶紧另找房子搬出来。初三，陈宝琛和罗振玉来，秘密地谈了一些情况。陈说：'非常紧张！'于是我们就决定请皇帝住进德国医院。当日午饭后，我到什刹海的醇亲王府去，在鼓楼遇见陈的马车，车上的人告诉我：'皇帝已经到苏州胡同去啦！'这样我就赶到苏州胡同，没有见着人，因此我又到德国医院。上了楼，看见皇帝在窗下徘徊，只有陈宝琛一个人陪着。陈对我说：'庄士敦已经到荷兰使馆、英国使馆接洽去了；张文治也赶紧报告醇亲王去了，都还要回来的。'我就请皇帝住进日本使馆。皇帝命我先跟日本使馆方面的人谈一谈，于是我去拜访竹本，告诉他皇帝已经出来了，就要来啦。竹本跟他们的公使芳泽谦吉一谈之后，对我说：'请皇帝自己决定他的行动吧！'这时候，突然刮起了大风，黄沙蔽天，几步以外，就什么都看不见。我回到德国医院，恐怕用汽车不听使唤，商议请皇帝坐马车；又怕医院门前人多嘴杂，于是叫人把马车拉到后门口，一个德国人拿了钥匙跟着去开门，一个护士领着皇帝下楼，开后门，上马车。由我和一个童仆陪着皇帝乘坐。原来从德国医院到日本使馆有两条路，都有大约一里多长。一条是从东交民巷东口往北走，一条是往北先经过东长安街，再往南走。我大声关照马车夫道：'再到日本使馆去！'马车夫贪图往北走的那条路近一些，于是赶着马车过了东长安街。这时皇帝吓得叫了起来：'街上很多中国警察啊！你们为什么要走这条路呢？'可是马车正在飞快地奔驰着，已经来不及掉头。我说：'没有多远的路，谁能知道马车里会有皇帝呢？请皇帝放心吧！'等到马车从东长安街往南拐，我又对皇帝说：'这里已经是使馆地界了！'就这样我们进入了日本使馆。竹本、中平两个日本人，把皇帝迎进日本兵营；跟着陈宝琛也来了。当我们的马车走过东长安街的时候，大风又刮起来了，飞砂走石，马车几乎都没有办法前进一步了。我们在昏暗的光线下走进了屋子里，休息了一会儿。皇帝说：'醇亲王府只知道我是去德国医院的，庄士敦、张文治一定会到医院找我的，最好通知他们一声。'我于是又到医院，这时醇亲王载沣等人都已经到了那里，就请他们一同去日本使馆。来探望皇帝的大臣也有几个人。皇帝命我去通知段祺瑞，又命张文治去通知张作霖。于是我回家写了一封信给段，叫我的儿子郑禹亲自送去。到了夜晚，风停了，满天星斗。我的儿子郑垂、郑禹带着点心、水果到日本使馆去，献给皇帝享用。日本公使芳泽谦吉把他自住的三间房子，作为皇帝的寝室。这次侍候皇帝的童仆是李体育，十四岁。马车夫是王永江，助手名叫王小龙。"

从他那两首诗和这一篇日记中，处处都表现了他一贯的敌视祖国人民的反动思想意识，也充分表现了他和日本帝国主义互相狼狈为奸的内幕概况，还表现了他那迷信天命的顽固思想和甘为"一姓家奴"的封建统治阶级的反动本质；同时，也把我在当时的害怕祖国人民群众和依靠帝国主义国家的卑贱丑秽嘴脸，一齐暴露无遗。就是后来到了天津，以及最后到了东北当了汉奸后，我和他们的卖国奴嘴脸，也都是可以由此类推，看得一清二白的。所以，我认为抄录上记的这些东西，正可以拿它们当作一面"照妖镜"来看，可以让那副在过去见不得人的嘴脸，从这些自供中，自己把自己刻画出来。

我还认为，从我出宫的这段记述中，还可以清楚看出冯玉祥将军的这次行动，是完全符合我国广大人民的普遍意志的。就拿鹿钟麟先生在当时所说的"宣统太不安分了！"这句话来说，再拿我一九二四年十一月二十九日以后的种种罪行来看，就足以充分证明冯将军的这一行动，是出于为民除害的本心，是百分之百的正确。因为我的确是太不安分了！

此外，还可以从这一整个事实过程中，既可以清楚看出帝国主义者的种种阴谋诡计和那帮所谓遗老的一贯反动本质；也能够清楚看出帝国主义分子和反动封建残余分子之间的一些勾勾搭搭的情形；还可以看出北洋军阀和清朝反动统治残余势力"一莲托生"的本来面貌；特别是资产阶级革命所以不能彻底的根本原因，也可以从这些事实中约略看得出来。归根到底一句话：冯玉祥将军的这次行动，确是大快当代人心，确是能够符合我国人民大众长远利益的一件事。这就是我从抚今追昔的反躬自省中，得出来的结论。

二、日本开始对我伸出魔手来了

固然在以前，日本帝国主义者的魔爪，便想伺机抓住我，并且我也曾通过那些遗老的媒介，向他们做过一些无言的意会心照，而和它们发生了"一点通心"的"灵犀"作用。不过是我在那个时候，仍是可以"东家食、西家宿"地自由徘徊于日、英两个帝国主义者之间的一个身子，还没有把自己的身躯，一头倒在单方面的怀里，所以日本帝国主义分子对我还得保持相当"客气"的态度、相当的距离。例如，在我尚未决定赴日本公使馆以前，芳泽谦吉曾装模作样地对郑孝胥表示过："请'皇帝'自己决定他的行动吧！"像是这样的语气，可见他们那时对我，还只是第一步想要把我当作他们"药笼"中的"预备物品"，所以还得做出表面上的遮遮盖盖。如果从芳泽谦吉的语气中去做分析，可以看出：他分明是满心期望着我能够投到日本公使馆里去，但为了在表面上站稳日帝在国际外交上的立场，所以才故意扭扭捏捏地说出"让你自己决定行止"的话来，这正是日本帝国主义一贯擅长的狡猾外交辞令。它们是唯恐我国不乱的，所以才有缝就钻地尽量施行它们对民族感情的挑拨离间奸策，甚至还公然物色、培育和收容我国的一切反动分子，以供它们在将来所谓必要时选择与利用。例如，当我到了日本公使馆之后，还曾亲眼看到曹锟的心腹王毓芝（兰亭）就在日本的"保护"下，过着亡命政客的使馆寄生生活，而这仅是我所能看到的一个例子而已。至于在所谓公使馆界内、租界区域内和"附属地"内专门做"寓公"的人，在当时真是指不胜屈，到处皆是。总之，这些帝国主义在我国内的势力圈子，正是形成了一连片藏垢纳污的大大小小"逋逃薮"。从这些历史废物垃圾箱中，经常放出种种的毒素来毒害自己的祖国人民。帝国主义者就是这样利用他们在我国的特殊权力，来搜罗、制造一批批能供他们驱策的利用工具。而我则是在封建残余和帝国主义的互相吸引作用中，自投罗网地滚到他们的魔掌中来。从此，我不但开始变成了他们所豢饲的"笼中鸟"和任其宰割烹调的"俎上肉"，并且还愈陷愈深地成为罪恶泥沼中的"中心人物"。古来曾有"一失足成千古恨"的民族谚语，我就是在那一九二四年十一月二十九日开始"马失前蹄"的。以下我想从我的这一初入"魔穴"说起。

我到日本兵营见了竹本以后，不大的工夫，日本公使芳泽就来了，于是就把我"殷勤"地接到日本公使馆去住。芳泽还对我故弄玄虚地说，对于我住在日本公使馆，必须向他的政府拍电报告，听候正式指示。过了几天之后，他又故意郑重其事地对我买好道："现在日本政府已经对你避居日本公使馆的事情，正式予以认可，并承担对于你的"保护"。"其实，这件事，早已是"司马昭之心，路人皆知"的一个公开的秘密。日本帝国主义对我国一贯包藏的祸心谁不知道？它那种假惺惺的态度和它那既得便宜还卖乖的行为，谁还能看不出？况且我国当时的各种报纸，真可以说几乎没有一家不对日帝的野心与阴谋，不做义愤填胸的笔诛墨伐和痛快淋漓的揭发暴露。只是我和那些遗老之类，由于始终是站在反动的阶级立场上，所以才在"痰迷心窍"的不治症状中，不但根本看不出它的毒谋辣手，听不进祖国人民的齐声怒斥和大力警告，而且还处处害怕人民，和人民相远，而专门想认贼作父，和自己祖国人民作对到底。这就是只顾自己眼前的所谓一己私利而置一切于不顾的反动阶级本质在作祟。足见这种反动阶级本质，它是怎样能够毁灭一切的可怕东西，可恨东西！

三、日本公使馆里的"小朝廷"

那个芳泽公使不但是义形于色，他把他自己所住的三间房子腾出让给我住，他的妻子也为我抛弃了她那公使夫人的架子，亲自出来照料一切，并"彬彬有礼"地接待我。

芳泽谦吉也和"顺天时报"采取了一致的论点，对我表示了充分的"同情"和"支持"，还另具深心地对于冯玉祥将军的这一站在人民立场的正当行为，做了歪曲。他的目的是什么？不问可知，挑拨、拉拢、买好、卖乖样样俱全。可是在当时，这个早被反动阶级本质给支配得服服贴贴的我，不用问，当然是认为唯有日本帝国主义者，才是自己的"救命恩人"！

后来，芳泽把另外一所小楼房整个腾出来供我和我的家属住。于是在日本公使馆中，又逐渐具备起具体而微的"小朝廷"面貌来了。在那所小楼房中，既有过去曾在"清宫小朝廷"内当过"侍卫"之职的宗族人等轮流"值班"的专用房间；也有特为那帮遗老——陈宝琛、郑孝胥、罗振玉、王国维、杨钟羲、袁励准、朱汝珍、柯劭忞、商衍瀛等作聚议协商之用的特设房间。此外，还有男仆十余名，太监三四名，老妈、使女并厨房工作人员等的居室……"小朝廷"的空架子，又算是在日帝势力范围内重新搭起来了。

既然在日本公使馆中，许可我"开疆辟土"成立了一个又小了一号的"小朝廷"，那么，所谓的皇帝排场，自然更需要努力恢复并继续保持下去的了。而日本帝国主义分子对于这一点，倒是颇能"体贴入微"和多方"赶来凑趣"的。他们也居然都板着面孔，同样"皇帝"和"皇后"地叫着。

日本帝国主义者尚且对我如此，那些王公、大臣、遗老各位，自然更是不肯落后而感奋兴起地麇集在我的周围的。他们依然是和在清宫时一样，"臣"和"奴才"不绝于口，磕头礼拜不绝于目，"小朝廷"的威风煞气依然如故地存在着。所不同的，只是把地点从紫禁城，移到东交民巷的日本公使馆里罢了。

在一九二五年的元旦（春节）那天，我还是在我当时所住的楼上小客厅内，紧靠着南墙——因为房间虽小，还要保持"天子南面而立，臣庶北面而朝"的体统的缘故——摆上了一个"略式宝座"——普通的洋式椅子，而高坐其上受着曾经一度中断现又恢复过来的三跪九叩的"大礼"。虽然因为房小人多，不免使多犹过江之鲫的衮衮诸公暂受些拥挤之苦，而且也把"咫尺天颜"弄得更缩近了不少，但也因时制宜地采用了"多分批，少挤人"的权宜之计，解决了当时"朝贺"上的技术安排困难。不过是，在那"依稀风景似当年"的、差强人意的"元旦庆典"之中，却发生了一件使唯心论者皱眉摇首的——所谓"小煞风景"的"干噪事件"。

曾经当过中华民国成立多年之后的清室内务府大臣金梁，当然在这"遗老大至，王公咸集"的"小朝廷庆典"中，绝对不会少了他的这一份的。不过是在他随众跪拜如仪，礼成退下之后，他却不甘于在磕完一顿头之后便平平凡凡地登车回家，而想要特别显露一下他的"出类拔萃，不同凡响"的地方，于是便在那挤得透不过气来的楼下小会客室中，放声干嚎了几声之后，分开了目瞪口呆的王公大臣，掩面匆匆走去。如果是表演到此便算是闭幕的话，那么，这位金大臣所扮演的这出"哭朝"好戏，也只能算是演了一半而有"功亏一篑"之嫌，所以他就在过了一两天之后，把这出"哭庙"的始末缘由和自己的"肝肠肺腑"，都在《顺天时报》的文艺栏中，以金梁的真名实姓，投了一篇"五言古"的诗稿。诗的原题现已不能记忆，只清清楚楚记得其开首的四句：

元旦朝故主，不觉哭失声。虑众或骇怪，急归掩面行……

虽然这四句，只能算是这首诗的一个冒头，未能以"一斑"而概"全豹"，但我认为在这四句一共二十个字中，也已经足够描绘出这位金息侯老先生的整个反人民而甘为一姓家奴的没有出息的形象了。他不但没有出息，而且还很卑鄙与狡猾。因为他那首登在日本帝国主义机关报上的诗，不但可以给他的"哭朝"好戏，添补上一段带有所谓"艺术"性的"很好"尾声，还可以把他的"耿耿孤忠"传遍他们的"士林"，甚至海外瀛寰哩！

此外，我认为特别值得一提的，就是在我二十岁整生日的时候，芳泽夫妇和日本公使馆参赞以及武官等都曾来向我致贺。这还不算数，芳泽还"慷慨"地把他楼下自己专用的大客厅腾出，临时借给我作"坐朝受贺"之用。虽然在该大厅中央，也不是"宝座"，仍是以一把普通椅子暂供我坐，但是这并没有妨碍我高踞其上，坐受那帮封建余孽的"排班罗拜"。

日本帝国主义分子对我既是这样"体贴照顾"；而列位王公大臣对我又是如此"未能忘旧"，那么那位曾给英国公使"拉纤"未成，致使我成为日本公使馆中"嘉宾上客"，因而悒悒于心的庄士敦先生，当然也决不肯示弱于人而甘拜下风的了。于是他便大掏自己腰包买来了不少西洋点心和洋酒之类，而且还替我邀请了当时在北京各帝国主义国家的公使、馆员以及他们的家属等，在日帝的魔窟中，为我大办其"二旬正寿"。不但是杯盘狼藉地闹了大半天，我还收到他们很多的寿礼呢。

就是在平日，我在日本公使馆中的"寓公"生活，也并不感到怎样凄清与寂寞。除了和近水楼台的日本人时做往还之外，庄士敦也曾带我到其他各帝国主义公使馆去做访问。英国公使也曾招待过我和婉容以及陈宝琛、郑孝胥等共进午餐，等等。在当时，我还觉得这种火山口上的生活，比起紫禁城内的宫中生活，还怪不错的哩。

四、在日帝魔窟中的一些零星回忆

我从三岁起，就一直过着"深居九重"的宫廷生活，根本就不可能有随便走出警卫森严的紫禁城，而到市街上去开开眼界的机会。最大限度，也只能是在我十七八岁以后，偶尔在车队鱼贯跟随的大排场下，到我父亲、岳父、老师或叔父家中，或是到颐和园之类的地方，去做那难得的访问和难得的游览。至于北京的市容是怎样，北京街道是土马路还是沥青路，什么店铺在卖着什么东西等，我一向是只有耳闻并未目睹。因此我就常想，如果有机会的话，我非得到北京市内各处看一看不可。

到了日本公使馆以后，我认为这正是大开眼界的良机已到，于是就在某一日的深夜十二点钟以后，等住在楼下的日本警察睡熟的时候，悄悄带上一两名使用人，各自骑上脚踏车，蹑手蹑脚地溜出了日本公使馆的大门，偷偷到市内各处去做"无人之境"的黑夜车上观光。不过，当时在我心中，是存有一种互相矛盾的感觉：一方面是抱有"多年夙愿一旦实现"的快感；一方面则是抱有"如果被市内巡警识破了我的'庐山真面'那就糟了"的害怕心情。所以每当"溜号"的时候，我总是在头上戴上一顶猎帽，身上穿上运动用短衣裤，提心吊胆地对市容做"车上的观花"。因此每当我经过警察的岗位时，总是要两足紧蹬车轮，俯首急驰而过。

有一次，我骑车到了东安市场、紫禁城外和地安门外的一带地方，东安市场那里，早已是客散摊空场门紧闭的状态，因此我只能是在那路灯暗影下，抬头瞻仰瞻仰我向往已久的东安市场概略轮廓而已。再当我到了住过十七年之久的紫禁城外时，不由得我那满脑袋的反动阶级本能——满心想要恢复"祖业"、复辟清朝的迷妄政治野心和对于冯玉祥将军的仇恨都紧紧结合到一起，于是我就像是疯子似的下了自行车，向那座已经深深融入夜幕之中的黑魆魆的紫禁城北门——神武门拿出"悲怆激烈"的蚊子般声调，说了一声意味深长的"再见"。当我把那股"无限激情"发泄完了之后，登时又觉得心中空虚起来，然后就像是做贼一般，贼头贼脑地赶紧跳上了脚踏车，抱着感慨无量的心情，急急忙忙离开那里，绕过了景山，顺着宽阔平坦一直向北的马路，穿过了地安门，经过鼓楼西侧，往西向着什刹后海、我父亲的家门口驰去。到了那里之后，我很想出其不意地跑进去看一看我父亲和我祖母，但又转念一想："这可不得了，这事情如果被冯玉祥将军得知，那还了得！"于是又把心一横，连忙扭转车头，头也不敢回地一溜烟离开了什刹后海。

我还如法炮制地到过闻名已久的前门和大栅栏等处。

这种担惊害怕的"深夜游览"，一连偷偷做了好几次。最后的一次是，当我游兴阑珊回到日本公使馆的大门口时，忽见那扇一向通宵不闭的大门，这次却紧紧关闭起来。我无法，遂绕到后边的小角门那里，不料那小角门也同样关闭着。最终不得不硬着头皮去叫门，这才由看门的中国人给我们开门放我们进去。后来听我的佣人对我讲：公使馆的人，已经知道了我夜间私自外出的事，并且对此也有了防备。我听了这话之后，从此便再也不敢黑夜私溜了。

第二篇

天津时代

我在北京日本公使馆住了几个月之后，罗振玉又来建议说，这里不是我久居之地，主张我应该挪到天津去住，以便将来能赴日本留学。我遂同意了他的这一意见。他还说，最好是在天津日本租界里找一个住处，于是就使朱汝珍到天津去物色，结果他看中了"张园"。

"张园"是清末官僚张彪的房子，张在清末任湖北省提督——第八镇统制，辛亥革命武昌起义时被赶下了台，把搜刮来的民脂民膏盖了一个游园出租，来过他的富家翁寓公生活。

我得到了朱的报告后，就把我想要到天津去住的意思，告知了芳泽，他也表示了同意，他更把我想要移住天津的事情，告知了当时的执政段祺瑞，段表示：在我移住天津时，途中他可以酌派兵力进行保护。我听了这一回答之后，便又和罗商议，结论是：段执政他哪里来的兵，还不是得用冯玉祥的军队？于是便又害起怕来。后来当我和罗与芳泽商洽的结果，芳泽就决定派几名日本警察和日本驻津领事馆的警察署长某秘密把我护送到天津日本租界去住。

当我临出发赴天津之前，曾到芳泽夫妻处去告辞，并对他们表示了感谢之意，最后还同他们夫妇一同干了杯。

我回到我住的小楼后，便声言要往英国公使馆去看跳舞会，于是便在日本公使馆参赞池部某和上述日本警察的"护卫"下，从公使馆的后门溜出去，步行到了北京东车站，上了一辆三等兵车，我这时为了怕被别人识破，便把平素决不轻易摘下来的眼镜也摘了下来，并把我那顶常戴的猎帽也深深地往下戴了又戴。这都是我害怕自己的同胞，猜疑自己的同胞，并且还要远远离开自己的同胞，所以才这样鬼鬼祟祟地做出了许许多多骗人的花招的。

当我们这一帮人上了这节车厢之后，池部便用中国语向车中的人说："这些都是日本人。"这就是他预先设好的"防御线"。从他这短短几个字的一句话中，是可以使人感到有一种日本人对中国人的无比优越感的。因为是日本人的缘故，便可以随便进入人家军用的车厢里；因为是日本人的缘故，就可以使人奈他们不得。在他的这句话中，是充满了狡诈和威压之感的。而我呢，也就混在日本人堆里，拿着猜疑和恐惧的心情来对待自己的祖国同胞；相反地，可是拿乞怜感激以及信赖的心情，在祖国同胞面前，贴在日本鬼子的怀抱里。回想起当时自己的卑鄙无耻心情时，不但自己也觉得有一种莫可名状的羞愧与悔恨的心情，并且还觉得自己对自己的过去，简直是要呕的。

在这列车尚未开动的时候，忽然有一位中国军人对我们这帮牛鬼蛇神道："这是兵车，请你们到别的车厢里去吧！"于是我又和这帮鬼子在一起，上了另一辆二等车，进入到这节车厢之后，不料那个罗振玉和他儿子罗福葆早在这里坐着呢！这时占据了这节车厢的，有我和罗氏父子以及我带来的三个佣人。其余则是那个日本警察署长和那些日本公使馆警察了。池部看到我已在位子上坐好之后，便回去"交令"去了。

当这趟列车快到天津之前，每到一个车站，就有一两名日本警察进入车中，所以，当我到了天津车站时，在车中已经有了相当数目的日本警察。在我正要下车的时候，站台上有很多自己祖国的同胞要上这辆车。这时，那帮日本警察便又把他们的殖民地统治者威风拿了出来，不分青红皂白便向那人群中横冲直撞过去，而让我优先地下了车。

当我在这帮鬼子前簇后拥下，下到站台时，在站台上早已站满了日本帝国主义分子，其中有当时日本驻天津总领事吉田茂和领事、副领事并天津日本驻屯军的军官以及日本警察等数十名。吉田茂还走过来和我握了手，更表示了所谓的欢迎，以及要对我加以"保护"的意思。在站外，他们还给我准备了汽车，把我送到了张园。不料到了那里之后，大门还关着，于是便临时改住日本租界的大和旅馆。过了几天之后，罗振玉来告诉我张园已经租妥，我遂移到那里去住，开始了天津日本租界里的寓公生活。我的妻子婉容和文绣等，也都在日本帝国主义的挟持下到了天津，和我又聚到一起。

第七章　我完全成日本帝国主义的"药笼中物"了

一、在天津日本租界里的所谓寓公生活

我从一九二五年到一九三一年在天津的这段生活，真可以说是充满了腐朽、堕落、阴谋诡计和反动透顶的罪恶气息。生活的主要来源是靠着存在外国银行里的民脂民膏，靠着和当时的地方军阀对于"清室庄园"土地的"坐地分肥"，靠着房阀吃房租的资本主义剥削方式，靠着把我从宫中盗窃出来的祖国人民宝贵文化遗产中的一部分卖给外国人，另外一部分则是自从我到了日本公使馆之后，散居在国内各处的封建余孽——"遗老"等都曾纷纷给我寄来了不少的钱而补助我那不劳而食的坐吃寄生生活。

此外，在天津这一段的寓公生活中，也可以肯定地说，始终都是在日本帝国主义分子的所谓"保护"和卵翼之下，数年如一日地一贯受着他们的衡量、考查、拉拢和培育。例如，我在天津的整个时期内，简直是没有一天不在受着由日本总领事馆派来的日本警察及其走狗——日本租界的"华捕"的周密"保护"。他们都住在我的院内，不论我每次见什么人，出门到哪里去，所有的一切行动，无一不被记录在他们的日记本子上，无一不是他们向日本总领事馆做汇报的材料。所以，每当我外出的时候，必定有一个日本便衣警察形影不离地跟着。因此，我平日的一举一动，日本帝国主义分子都知道得巨细无遗。

那时我在张园里的排场，还是相当不小。供我使唤的仆人仍有几十名之多，还有一个专门给我办事的"遗老荟萃"之处，叫作"清室办事处"的存在，还有北京的宗族人等轮流交替地赴天津我这里来"值班"；不论是日本官吏还是军官等在见我时，差不多还都是称我为"皇帝陛下"，在我身旁的那些所谓"逊清

遗老"以及他们的"克绍箕裘"的所谓"遗少"，并那些所谓的"王公大臣"之类，更都是逢年按节地麇集到这个张园来给我排班叩拜的了。不但如此，这一大批大的、小的、老的、少的封建余孽，还经常把我的移居天津，叫作"天子蒙尘"，把张园呼作"行在"①哩！就连到了一九三一年的时候，还是关起门来，在我的那个小小范围内，公然使用着"宣统二十三年"的私年号呢。而我呢，也就是在这块"别有天地"的迷茫幻境中，仍然自命为清朝的"第十代皇帝"。不过是，连我在内的这群封建残余分子，并不甘心于这种解嘲式的有名无实生活，为了变虚为实，便和那些时代落伍者的其他封建余孽，以及那些已经丧失了政治生命的失意政客、下台军阀，并包藏祸心唯恐中国好起来的帝国主义分子，勾勾搭搭地结下了不解的冤缘。我就是在这种内外反动影响的复杂错综的关系中，把我的狭隘"民族主义"思想和恢复祖业的迷梦以及仇视一切进步新事物的反动情绪，都紧密地结合到一起。结果是，使我在那"只见饵来不见钩"的盲从与盲动的实际行动中，终于愈陷愈深地当上了甘心出卖自己祖国人民的"天字第一号"大汉奸。若不是幸而遇到了在共产党领导下的人民新中国，我不但早就成了帝国主义的"殉葬刍狗"，还得把那张汉奸皮一直披到棺材里去呢！

现在我想记述一下，我在天津时代的一些骄奢腐朽生活的零星实例。

因为我从小就住在宫中，固然是服饰器具一切等类，都是奢华已极，但对商店内的种种新奇货色，则是平生素未开过眼界，所以，到了天津之后，看到外国商店中五光十色的舶来商品，真是使我目眩神迷，看什么都新奇可爱。又加上在当时的手中，"傥来"的金钱仍相当丰裕，于是我就见什么爱什么，爱什么买什么，而大买特买起来。如汽车、钢琴、留声机、广播无线电匣、宝石、钻石，等等，前后不知乱买了多少次。我的妻子婉容也是和我不肯相让地大买一气，如购买高级装饰品和大批做衣服，等等，所花的钱也到了惊人的程度。

一方面我也时常同我父亲、岳父和弟弟妹妹等，常到外国饭店大吃大喝。不过是，对于自己本国同胞所开的中国饭馆，我则是连一次也没有主动去过。在天津的那几年中，只有一次，还是由于我父亲的招待，我才在"福禄林饭店"内，破例地吃了一顿中国人做的西洋菜。

---

① 又称"行在所"，指皇帝巡行暂住的地方。

若问这是什么缘故？一言以蔽之，就是怕人认出了我是谁，所以只能在外国经营的饭铺内活动，而从来未敢在自己祖国同胞所开的店铺内露一露头。

还有一次，我在德国人经营的"起士林"点心铺内吃东西，看到店内坐满了中国人，便悄悄向店内的工作人员打听那些人都是谁。当听到那些人都是北京故宫博物院内的工作人员时，便连忙从木椅中站起，仓皇出门登上汽车赶紧离去。

我为什么会这样？不用问，因为我所特别害怕的，就是被我认为是与革命甚至与革命沾边的本国人民。这不是在我自己和人民之间，自己给挖了一条深深鸿沟是什么？总之，这就是由于我在当时的立场上来看待一切的缘故。

二、和日本帝国主义的勾结

那个日本驻天津总领事吉田茂，果然是一个"了不起"的帝国主义分子，他不但能以"美酒佳肴"时常笼络我们夫妇二人以及在当时堪称为"主宰我灵魂"的陈宝琛、郑孝胥和罗振玉等，还善于从精神方面，来做阴谋的侵蚀。例如，有一次他曾特意招待我赴天津日侨小学校参观，对我所做的殷勤接待和恳切说明等，一切都不用说，因为那些在当时的我看来，都是自认为是理所当然的事情。而在这里所要特别提出的，就是下面这件事。

当我在参观前后一往一返的沿途之上，都有日侨小学生，夹路手摇日本国旗，欢声雷动地对我做了热烈的迎送。我这个傻瓜，在当时竟为这种别具肺肠的行动所感动，不由得在心中暗想："自己本国的人，竟自那样对待我，不但硬把我从宫中撵出来，甚至还要对我做更进一步的迫害，可是人家日本人，却对我这样好，不但是日本政府救了我的性命，就连一般的日侨小学生也都这样诚心诚意地尊重我和这样热心地欢迎欢送我……"愈想就愈发觉得自己本国人对自己的"冷酷无情"和日本人的"亲切可感"。

当这位吉田茂总领事夫妻离任回国时，我和我妻子都亲自到码头去送别。当临行握手时，还恋恋不舍地对他们流下了惜别热泪呢！

以上所举的只是吉田茂的一个例子。至于在吉田走后，继承他的历任总领事之类，所谓日本的外交官，他们对于我的拉拢手段，也都不比吉田茂差多少。因为他们都是给日本帝国主义侵略政策忠实服务的"一莲托生体"，所以对于我的方法手段，并没有什么高下优劣之分。

不但日帝外交方面是这样，就是历任的天津"日本驻屯军"司令官以下的军官等，也都是和他们的外交官一个样，时常地约我和婉容以及我的那帮羽翼，吃饭喝酒地进行"联欢"。当然，当时的我，也有时要趋之唯恐不及地还请他们的了。

每当新年或是我的生日，那些外交官和军官之类，也都照例要来祝贺。在日本天皇的生日时，日本的驻津司令官还邀过我去参观他们的营房。

我记得有一个日本的过去华族（水野子爵？）有一年到中国天津来见我，把日本在"南北朝"时代的一个所谓"忠臣"，在樱花树刮掉了的皮上所写的两句暗示忠诚的诗："天莫空勾践，时非无范蠡"写在一把日本扇子上送来给我。这岂不就是暗示我："你既然是能生在今天的世界里，就不是平平白白地生长出来的，况且在你的身旁和周围，也并不是没有能够对你拼出生命来'尽忠'的'忠臣'啊"的深远意思？这只是在我记忆之中的一个显著例子罢了。此外，还有很多这样的例子。总而言之，不论是日本帝国主义当时的所谓外交官，抑或是当时的所谓军人和所谓政客，甚至是偶尔"慕名"来访的日本人，既然是到我这里来的，可以说是差不多都抱有一种什么所谓使命和目的，所以总免不了或多或少要以抬捧、挑拨、煽动等不稳的言辞，来对我做一些火上浇油的、精神不得安定的逗引我的行动。像是这样随时的煽动和诱惑、暗中腐蚀和浸润的外来的力量，对于当时的我，确是起有很大坏作用的。

我在当时，也不知道怎么，不但丝毫没有感到什么奇奇怪怪的事——对于"额外同情"的奇奇怪怪的事情，反倒在我的心眼里，生出了一种感激的心情。同时还使我对日本的所谓"天皇制"的反动制度，生出一种艳羡的心情，认为日本帝国主义的所谓"君臣道义"的行动非常彻底，所以它才会在所谓明治维新的伟大事业以后，以一个区区东洋三岛的地方，做出了轰轰烈烈的事业来，一跃而变成为世界上"列强"之一，归根到底，都是它把所谓"尽忠报国"和"忠君亲上"的"道德精神"，一直始终一贯地保持到现在的缘故，所以才一跃而成为"列强"，睥睨了世界……可是中国却是怎样呢？由于失去了帝制这一个中心，所以才群雄割据，各自争取地盘，才一天不如一天地成了群龙无首军阀混战的局面。

这是一方面。还有另一方面，则是在我左右的那些饱读孔孟之书的老古董们，如郑孝胥等老古董就曾对我说过："你要知道，要想复辟，必须先有实力，可是我们现在呢？没有一丝一毫的实力可言！得怎样办呢？那么，就先必须依靠外援，借它们的实力才行。而列强中的日本，既是我们的近邻，况且又是一个强大的君主制的国家，它的武装力量，又是强大异常，特别是它平素又对我们抱有相当的好感，这是绝好的外援，我们不依靠它还有谁能依靠呢……"像是这种和日本帝国主义首相田中义一那篇臭气冲天的所谓"上奏"有同样格调的议论，在当时听入我的耳中，却是觉得言之有理而点头称赞的。于是，在我那充满头脑的反动统治思想中，既从日本帝国主义方面，不时地送来别有用心的煽动言辞，更从我那些"左股右肱"之中，经常不断地在我耳旁，吹出这样的反动谬论，我于是一天一天地愈发堕入到不可救药的病势当中了。

我还记得，在一九二八年日本帝国主义因为北伐革命战争的节节胜利，为要挽救北洋军阀面临崩溃的命运，遂混水摸鱼地派出了侵略军白占了我国的山东济南。不久，驻天津的日本军司令官借着这个机会，特意派使司令部的参谋，到我这里来，对我做了一阵胡吹乱嗙，如日本武装力量如何强大，中国军队如何不值得一击，等等。我在当时，并没有对日寇侵占了我国的领土，屠杀奴役了我国的人民而感到一个中国人所应有的愤怒，反倒使我对于日寇愈发生出一种崇敬和畏惧的心情，认为日本军国主义确是了不起，而我中国军队确是脆弱无能。这正是日本帝国主义者想要借机进一步向我做夸大宣传，想要使我从思想上拜倒在"唯武器论"的压力下的用意所在。

再拿当时的我说，正是由于我所中的封建专制毒素过深，更由于在我身边的那帮老反动家伙经常在我耳边嘀嘀咕咕地煽风纵火，再加上日本帝国主义分子的见缝便下蛆，所以我就完全当上了"唯武器论"的俘虏。起初是由于百年以来的祖传民族自卑感，使我对于帝国主义列强有一种先入为主的恐怖心理，于是就由盲目的恐怖变成了漠然的艳羡，更由于羡慕变成了崇拜，由崇拜又变成了想要勾结利用它的政治野心。这种野心和我那朝思暮想的清朝复辟结合起来，于是养成了我那卖身投靠在所不惜的罪恶思想。从此便给我想要勾结日本和它想利用我的

"同恶相济"方面打开了道路。

总而言之，封建统治者，确是和帝国主义有着"亲戚"的关系。即使在封建末期和资本主义初期，曾有过尖锐的矛盾冲突，但是在封建势力垮台，人民力量起来后，它们在反对社会历史向前发展上，在这一点是会联合起来向人民进攻的。特别是日本帝国主义是在所谓"天皇制"的罪恶龙骨上，架起来的罪恶温床，所以对于我这个封建余孽头子，更是有着易于互相吸引的地方，尤其是我在天津的这段时期，更是我加速往罪恶的泥沼里爬的一段捷径。

三、和军阀、政客的微妙关系

从前我国有一句"物以类聚，人以群居"的古话。就以我在天津时代，和那帮台上台下的军阀政客互相往来的勾搭一事来看，就可以知道这句古老谚语，确是有它的一番逻辑的。

我在当时，本是一个人所共知的封建余孽大头目，由于自作自受的缘故，致不敢再在自己生身故乡的北京住下去，而成为一个藏在日本帝国主义阴影下的隐蔽人物，长年过着不敢在光天化日之下，和自己祖国同胞公然见面的阴暗生活。照常理来想，前清的退位皇帝是应该和中华民国的军阀政客有着"冰炭不能相容"的严重矛盾才对。固然那些军阀和政客在其中也有的是已经被人打下擂台的"落魄好汉"，但其中也正有不少是在当日政治舞台上出名的角色，像是这样的人物，怎能又和我发生微妙的关系呢？结论就是反动阶级本质"同声相应""同气相求"的关系。

例如张作霖和我的"三角关系"。

在一天夜间，在我岳父荣源和张作霖的亲信——阎泽溥的介绍下，我曾到天津"曹家花园"去见张作霖。张当即走出房门来迎接我。当他走近我的时候，没承想他居然跪在地上向我大磕其头。我对于他的这种态度，在当时我还认为他是不肯忘旧，颇堪嘉许哩！进入屋内以后，曾和他谈了半天话。他不但对我当时的生活很表示关心的样子，并且还对于冯玉祥的令我出宫，表示了很不以为然。然后更用一种略带责怪的口气问我，在我出宫之后，他便带兵到了北京，在那时已有足够的力量可以保护我的安全，为什么我还要逃到日本公使馆去？还说，我如果愿意到"奉天"（沈阳）去住的话，他可以负责保护我，并且是异常欢迎的。还说可以让我住在"奉天故宫"内，最后还赠给我数万元，说是为了补充我的生活费用。

张作霖

我在当时，也只能是点着头听他来说，并且也顺口搭音地对他做了一番恭维。当我告辞时，他又亲自送我出了大门。当我临上车的时候，他还义形于色地对我说：

"在日本租界内，如果日本鬼子对您有什么不好的地方，您只管告诉我，我自会去对付他们！"

当他说出了这样的话时，我更是只能含糊其词地唯唯答应而已，因为"保护"我前来的日本便衣警察就站在我的汽车门旁边，张所说的话，当然全都听到他的耳中。

当我回日本租界时，张还特意派出一些卫兵，分乘汽车护送我到了租界的边缘才回去。

后来，果然当时的日本驻津总领事有田八郎便饱含"醋意"地对我这次访问张作霖，提出了口头抗议。当然他不能从正面来责难我，只能是勾心斗角地表示：我到"中国地"去见张作霖，他对此不能满意，并且还对准了我的弱点而威胁我说，如果今后再这样随随便便到"中国地"去，他将无法再尽"保护"之责。

我还能有什么话可说，只能是向他道歉了事。

从这里既可看出封建思想充满脑袋的张作霖，对于过去的最高封建统治者的衷心崇敬心理，同时也可以看出他恨日本人和怕日本人利用我的焦灼心情。

另一方面，还可以看出日本帝国主义者怎样想拿我当作他们的备用"奇货"的野心，同时还可以从中看出日本帝国主义者的平日居心来。他们当然不能让我还有一条能和张作霖接近的道路可走，当然不会让我有一分一秒能够回过头来看一下的余裕和机会。

至于我呢，一来是想要从当时的实力派张作霖身上，能够找出一些"奇迹"般的东西来；同时却又扭扭捏捏地害怕日本帝国主义分子的嗔恚，所以只能是，以受到张作霖三个头，来作为"末代皇帝"的一种自慰资料而已。在当时，我的实际心情是：既想偷嘴吃，又怕烫了嘴。

再谈一下李景林、张宗昌、毕庶澄等奉系军阀和我的一些关系。

我到天津之后不久，当地的奉系军阀李景林——当时任直隶督办——便来访问我，除了对于冯玉祥的让我出宫加以诋毁之外，并着重地把叫我离开紫禁城这桩事，特别冠以"逼宫"的字样，而表示对我的同情与支持。他还手拍胸膛对我说：到了天津，便可一切放心，他可以对我尽保护之责。我听了这番话，当然犹如久旱逢甘雨一样，对他很是感激。不独他在任时期内，我们曾做了多次往返，就当在他下台以后，也还曾和他见过好几次面呢。

张宗昌

其次是张宗昌。不但我在天津曾和他见过多次面，就是当张作霖被日本帝国主义分子炸死，张宗昌率领"直鲁联军"残部和张学良军队开了火，在山海关附近受到了张学良和白崇禧军队的前后夹攻，张宗昌只身坐渔船逃往旅大的时候，他还使他的部下金卓（满族，"九一八"后曾任伪满中将）把给我的密信，用油纸包好藏在酱咸菜篓内，秘密送来天津交到我手。这固然是被称为"长腿将军"的张宗昌在走投无路的时候，忽然想到了我，而想要从我这里得到一些什么援助，可是身为天津日本租界寓公的我，又有什么方法可以帮助他呢？但我又不愿失去他的欢心，便由胡嗣瑗写了一封"敕诏"式的空口慰问信，交金卓带回。我固然不是说，我的那封无补实际的空头信，在当时曾起了什么作用，只是想要借此来证明一下我在当时的不肯过安分生活的实际心情而已。

还有，曾在青岛一带显耀一时的"直鲁联军系"的毕庶澄和曾继李景林之后为直隶督办的褚玉璞并徐源泉等人，也都和我见过面。特别是毕和我更较熟悉。每当他到天津来的时候，差不多总要来看望我，我也有时约他一同吃饭，等等。有一次他还约我到他指挥下的军舰去参观……他和我的感情是相当不错的。后来当我听到他被张宗昌枪决的时候，我还为他难过了许多日子呢。

写到这里，使我又想起关于他的一个可笑传说来。这一传说是和"汉玉"有关的。

先说一说所谓的"汉玉"。汉玉并不是汉朝的玉，其实就是旧玉的一个总称，就是曾经被装入棺中，经过长年的土蚀、血浸以及其他的浸蚀作用，而成为红色或土色以及黑色的旧玉，在旧社会中，有钱的人差不多都喜欢用高价购买，当作古董来看。

就是因为我在当时，手中尚藏有不少块汉玉，并且我也很喜欢这类东西，所以我平日不论是穿中装或是西服，照例都要挂上几块汉玉。关于汉玉，过去还有一种迷信传说，说如果人在身上挂有真正的汉玉，万一跌倒，或是碰到什么危险的事情，那么，在汉玉上便会出现一条裂痕，而人便可不致受伤。上面所说的那个毕庶澄就是很喜欢汉玉的，我也送过他几块。后来当他被枪毙之后，曾听到一种可笑的谣传：说他在中弹倒地之后，多时尚未断气。有人发现了他身上挂有汉玉，便悟到他所以没有立即断气的原因。等到把那块汉玉取下之后，他才瞑目而逝。

其次我想谈一谈下台军阀和失意的政客。

因为我在当时，曾始终不断做着妄想使封建清朝复辟的迷梦，就如同病急乱投医一样，所以对于解甲军人和穷途政客，做了不少勾结拉拢，因为那些人，和正在台上的人物不同。他们既可以信口开河乱说不负责任的"好听"的话，并且还可以肆行一系列不负责任的行为。因此，我便可以多从他们口中，听到一些自己所想听的话。尽管他们的话，差不多都是靠不住的，但是，我在当时却可以从其中得到一些望梅止渴，也可以说是饮鸩止渴的自我安慰。

例如奉系的下台老军阀许兰洲（过去曾是张勋的部下），就曾和我有过往来。后来由于他的介绍，认识了他的一个旧部下，叫作刘凤池的失意小军阀。因为许兰洲曾向我夸奖过他的才能，所以我就先入为主地和刘亲密地结识了。我们不但谈得很投机，他也表示愿为我尽力。

于是他就开始替我"尽起力"来了：他曾向我建议，叫我拿出一些古玩、玉器和金表之类交给他，他可以拿这些东西四处给我联络一些军界人物，以便使他们共同"襄赞复辟大业"。这样的"香饵"，我又怎能不吞？他既是拿这种悦耳的好话来打动我的心，我又怎能不把藏在我手中的一些人民血汗结晶，大大方方地拿出来，求他替我做这一本万利的"好买卖"？像是这样的"钓鱼妙法"，他对我并不仅仅这一次，而是照方抓药地做了好几次之多。每次当他对我声明要替我"尽力"时，我总是慷慨解囊，从无吝色的。

尔后，他更逐渐把他所要"尽力"之处扩大起来，不但要东西，并且有时还张口向我要求替我"尽力"的旅费。后来，索性开门见山地对我大哭其穷。他说他家境很是"清贫"，并且是"清贫如洗"，需要我予以接济，并且是需要经常的接济。在当时，因为我的政治野心，已经到了深入膏肓的程度，所以对于他的这种贪而无厌的要求，没有一样不是在"心甘情愿"的心情下，对他进行尽我可能的接济的。即使在我手中金钱异常吃紧的时候，也总是想尽办法，甚至不惜用剜肉补疮的方式来讨他的欢心。

当然，他也并未白白接受我的物质援助，也曾给我介绍了一位他的"同行"——失意军官毕翰章。这位"毕老总"也是从一开始，便沿袭了刘凤池的平日工作作风，时常以赞助复辟的甘言，来向我换取物质上的好处。后来刘凤池又进一步给我出了"高招"，教我可以对于一个素昧平生的"准中国军人"——张学良部下的日本人中国军官"黄慕"送一些礼品。理由是：为了拉拢他。我在当时固然也觉得这种高见未免有些过高，但由于这是出于自己身旁谋士的献策，只好抱着不妨一试的心情，任他去做摆布。

不料那位黄慕先生也居然在收了我那份既唐突又冒昧的礼物之后，到我家中来了一次，不过他并没有和我谈到什么有关实际的问题，便寒暄而去。当然这一炮所放出的结果，又是以一颗不炸之弹而告终。

虽然，刘凤池一向并没能拿出什么实际成绩给我看过一次，而只是无止境地、再接再厉地光向我伸手既要东西又要钱；虽然我也渐渐觉得这个人似乎有些蹊跷，但仍是抱着放长线钓大鱼的耐心，并没有对他露出一丝什么颜色。可是这事却被陈宝琛听到，于是便紧皱双眉苦劝我不要再搭理这个骗子，我这才下定决心和刘断了来往。

后来听说，这个骗子由于不安分过了度，终于在当时的黑龙江，死于大军阀万福麟之手。

不久，我又认识了胡毓坤，也曾和马占山见过一面。不过他们对于我，却从未谈过关于所谓复辟的事。

后来，帝俄败残军官——白匪头子谢米诺夫也曾到天津见我。郑孝胥很是器重他，于是对我又来献策，说他现仍有很大潜在势力，可以趁此机会好好加以联络，将来"有事"之际，当能获得他一臂之助也未可知。我当然对于这种富有蛊惑性的"远见"，是不会不言听计从的了，就把存在银行生息的六万元慷慨取出，交郑转交于谢米诺夫之手，作为接济他伺机招兵买马帮助清朝"反把"之用。那个老白匪，自然是对于这种意外的收入无有拒绝之理，不过是，自从他这次歪打正着雀跃而归之后，结果却如同大石投海，以后消息全无。

还有一次，陕西发生了严重旱灾。为了救济受灾人民而四处奔走的朱庆澜曾到天津来见我。我除拿出一些珍珠和不少貂皮、狐皮外，还卖了一所坐落在日本租界里的小楼房，把钱交朱充作赈济之用。郑孝胥对于我的这种做法，曾表示极端赞同。这也难怪，本来我这样做的目的，并不是对自己祖国的罹灾同胞，抱有任何真正同情，而是抱有一种不堪告人的卑鄙目的，那就是为了要沽名钓誉，而给自己将来的政治野心预先打下基础，所以才肯这样大破悭囊而毫无吝色的。要不然，我为什么在当时看到报纸上登载了称赞我的"乐善好施"记事，便扬扬自得地做着会心的微笑；为什么听到朱庆澜夸奖我比张学良捐助得还多的时候，我就会内心暗喜而欣然自慰呢？

还有一个"安福系"的小政客费玉楷，也是同刘凤池一类的人物。他也是经常拿"策动复辟"来作为混入"张园"的入门票的。我既然对于过去的刘曾作过一掷千金的所谓豪举，那么对于这次的费胖子，也当然会同样地慷慨大方，并且是予取予求，从无拒绝的了。费还时常去找我弟弟溥杰，并拉他下馆子，等等，也想利用他作为向我替他说好话的人。有一次也不知道他使用了什么法术，居然把"安福派"的大头子段祺瑞领到当时英国租界戈登路我父亲的寓所里去。我和我父亲、弟弟一同和段见了面。那时我和段倒没有什么话可说；我的父亲和弟弟更都是木然坐在那里；只有费一个人，就好像是旧社会中的媒婆似的大掉其天花乱坠的广长舌，替我和段口沫乱飞地撮合了一大阵。结果是段祺瑞倚老卖老地自吹自捧一顿，并以"收拾残局、舍我其谁"作为结论。于是这次的意外会见遂告终了。

又有一次，费玉楷忽来对我说，他已和炸死张作霖的日本帝国主义刽子手河本大作大佐取得了联系，将对张学良的卫队进行阴谋策动，等到他们哗变以后，就可以把这一骚乱扩大起来，变成为实行复辟的武装政变等语。但这事又被陈宝琛、郑孝胥、胡嗣瑗等听到，纷纷对费的招谣生事加以非难，并劝我再不要见费的面。我也觉得这个胖子的随便胡搞对我不利，便一刀两断和他断绝了往来。

不料费玉楷却老羞成怒，对荣源进行威吓说："我卖了这么大的力气，现在竟不再理睬我，我非到国民政府去控诉他——指我而言——的阴谋颠覆中华民国的罪行不可！"

荣源也未肯示弱，向他反击道："你又何必扯这套呢？我劝你算了罢！你要知道，你给'张园'的那份自告奋勇的亲笔信，现正握在'皇上'手里，你控告不也是白费么！"

在这以毒攻毒的一番反驳下，费也泄了气，从此便不再来纠缠我了。

四、和各帝国主义国家的眉来眼去

在天津的那段时期内，我固然完全失身在日本帝国的魔掌之中，但也并未断绝和其他帝国主义国家眉目传情的关系。同时它们对我也还是继续着不即不离的挑逗行为。例如美、英、法、意等各帝国主义国家的驻军司令官以及各国总领事、领事等，也都经常和我保持频繁的交际往来。特别是英国司令官，由于庄士敦的关系，和我的交往更比较多些。像是英国的历任司令官和一般军官等，都时常和我进行酒宴酬酢。每年"第一次欧战胜利纪念日"那天，当举行公祭"无名战士纪念碑"和阅兵时，他们也曾约我前往参观。还有，当英国国王乔治五世的第三子访问我国，路过天津时，也曾特意访问过我，我也曾举行茶会招待了他，并一同摄影留念。后来，当他回国时，我还托他把我的照片带给他父亲——英国国王。不久他父亲也来信向我致谢，并经过英国驻天津领事馆把他的相片送给我。还有，每年当我生日时，英、美、法、日等各国司令官等，也都要到"张园"向我致贺。当英国国王生日时，英国司令官也曾邀我参加过一次他们的庆祝宴会。

不但英国人如此，美国司令官也曾在新年时，约我参加过他们的酒会，也曾约我参观过他们的飞机。

还有一年，当意大利驻天津军队司令官离任回国时，郑孝胥又见有机可乘，便劝我可钻这个空子给法西斯匪首墨索里尼写一块"举世无双"的匾额，交其带回表示一下同气相求的拉拢之忱。我遂欣然如法照办，并把我的两张照片也托其携回分送与意大利皇帝和那个墨索里尼呢。

为什么郑要这样劝我呢？

这也是不足为奇的一件事：因为郑在平日异常钦仰墨索里尼的为人，并常常向我夸奖"墨首相"的"非凡"反动才能，认为像他那样的人，才的确够得上一个"世界上的英雄"人物。但同时他也没有忘掉自令。他常说"他就是我的墨索里尼"。可是，我在当时也并没有对他的这种"自况"，表示过什么异议，因为我在当时，也曾把这个血腥的法西斯盗魁，看成是一个不世出的"杰物"哩。

后来，当继任的意大利司令官走马上任时，也把意大利国王和墨索里尼给我的相片带来，作为对我的回敬。这个新司令官还锦上添花地特意招待我在他们的司令部内检阅了军队的分列式，并设宴招待了我。

从这些实例中，我那一贯不肯老实安分，经常和那些帝国主义分子勾勾搭搭的主要概略轮廓，是可以充分看出来的。我为什么能和他们相处得来？他们又为什么能那样看重我？还不是在群分类聚的原则下，彼此都在同一反动阶级立场中，各怀心意地在做着尽在不言中的互相勾搭和卑鄙打算。

同时，我也由于这些帝国主义分子，都经常异口同音地呼我为"前中国皇帝"或是呼我为"满洲皇帝"以及什么"陛下"之类，以致冲昏了头脑。所以愈是常常听到这些别有用心的常识以外的恭维，便愈发加深了我那俨然自居的阿Q心情，于是我那"再坐一次金龙宝座"的痴心妄想，也就愈发炽烈起来。我的罪恶念头，和这些帝国主义分子的相辅而成的作用，确实有着密不可分的一脉联系。

还有，当我未赴天津之前，罗振玉虽然也曾主张将来我可赴日本留学，但我自从到了天津之后，因为已经尝到寓公之乐，便又产生了安土重迁的心情。同时我的家族人等也反对我出国留学，我遂不愿再离开天津远赴日本。后来便又想出一个"我既可以安居天津来享'清福'，同时又可以给我培植'人才'的一举两得的新办法"来。特别是我的"难弟"溥杰也不肯老实安分地待在家里，非要尝一尝当军阀的滋味不可，于是就决定让他和我的内弟润麒一同投考日本陆军士官学校，专门学习军事技术。因此就替他们聘请了在天津日侨学校充当中国语教师的远山猛雄教他们日本语。当他们二人学习了约半年之后，便由我给他们拿出了旅费、学费，叫远山把他们领到日本去了。不料当时的日本士官学校方面，忽然板起脸来，以"无有地方实力者的保送"为理由，拒绝了他们投考；同时他们三人在日本东京大吃大喝了几个月，把旅费和预定的学费全部花光，最后则是由远山的情急四处奔走，终于钻上了日本财阀大仓喜七郎的门子。在大仓"慷慨"担任了他们的全部学费和生活费的新情况下，他们就放弃了想当军阀的初衷，改入了当时日本东京的所谓"贵族学校"——"学习院"高等文科。一直到"九一八"以后，我当上了伪执政为止，都是在和我素昧平生的大仓财阀的帮助下，使他们毕了业的。

我呢，不用问，当然是想把他们二人培育成能帮助我在搞不堪告人的野心工作时的股肱心膂。而他们二人呢，也都是和我一样，野心勃勃地想从日本军国主义的"军阀育成所"——日本士官学校中，抓弄一些作恶的本领回来。我们就是在这种卑鄙的罪恶企图下，做出了这段事来的。

于是溥杰便改名为"金秉藩"，润麒也更名为"郭继英"。这都是我给想出来的。若问"秉藩"二字的意义？那就是暗示在将来想要秉承着清朝末季大汉奸曾国藩的遗志，而中兴清朝的意思。"继英"二字的意义则是意味着将继承明朝开国元勋沐英之后，而致力于"复我山河"的意思。

至于他们二人考入的日本士官学校，则是在我当上了伪满执政以后的事情，在此不再多叙。

总之，就拿这件事来看，也可以充分看出我想要设法勾结日本帝国主义，和大力给自己制造背叛自己祖国人民的罪恶工具的野心来的。

五、"遗老"的包围

在北京清宫时，在我身旁所谓的"遗老"，主要还只是我的几位师父，并且在那时，还有自我父亲载沣以次的"王公大臣"等，分掌着小朝廷中的所谓一些权势，所以在那时，"遗老"对我的包围阵势，还未完成"合围"的局势。等我到了天津之后，我那里不但形成了"遗老清一色"的天下，并且也完成了"遗老"们对我的包围圈。这时，他们对于我的影响，真可以说是到了无所不包的程度。

固然说，在天津时代，那些"遗老"之流确曾包围了我，然而在那所谓的清一色局面中，他们相互间也并不是没有意见冲突和思想矛盾，并且他们之间的摩擦，也是极其深刻的。因此在他们那仅仅几个人之中，不但发生了严重宗派之别，甚至还经常发生互相诋毁和彼此倾轧的事情呢。

陈宝琛、朱益藩、胡嗣瑗和景方昶，是当时在津"遗老"之中的所谓"保守派"。他们的政见是：不可轻举妄动，应以注意自身安全为第一要务。也就是要"伺机观变，静以俟时"。

郑孝胥和其长子郑垂二人，在当时"遗老"之中，是被称为好大喜功的盲进分子的。他们所坚持的反动方针是：积极地和帝国主义国家勾结，采取见缝就钻的方式，以实际行动来策划复辟的罪恶阴谋。

罗振玉则是独树一帜地始终一贯的亲日分子。他素来主张专门依靠日本帝国主义者，企图倚靠多方的拉拢、勾结，来达到借日寇实力，实现复辟的罪恶阴谋。

现在既是要把他们在当时的同床异梦的派别关系搞清，我想再讲一下他们彼此之间的复杂关系。

郑孝胥的政治野心，在当时那些人之中，可以算是最大的。并且他的狂妄自负，也是几倍于一般"遗老"。常自夸是个了不起的人物，甚至不独羡慕意大利法西斯头目墨索里尼的为人，并且还以中国的墨索里尼自居。

陈宝琛对郑的个人感情，虽然尚不算坏，但对于郑的狂妄自负，则大不以为然。常说郑所说的话，都是些大而无当的空话，也时常在郑背后私下俏皮地说："苏龛（郑的字）倒不如改叫'疏龛'（疏狂无用之意）还许恰当些。"

胡嗣瑗则是一个既偏激又顽固的食古不化的书呆子，因之和郑氏父子的矛盾尤为深刻。他们之间，是经常互相轻蔑的。

罗振玉则是既和陈说不来，也和郑合不到一起，对于胡也是芥蒂很深。后来他离开天津悄然回到旅顺去住，不过却从来未和我割断联系。到旅顺后和谢介石结合到一起，专和日本帝国主义分子去作勾结，继续阴谋策动复辟的事情。罗对谢信任颇深，常拿出钱来接济他。谢有时也到天津来和我要钱，我也给过他几次旅费，叫他相机四出为我活动。

不过，陈、郑两派对于反对罗振玉这一点却是一致的。他们都认为罗是一个只图私利的人，同时又是一个政治掮客。

至于我，对于上记诸人的看法，则是这样的：

对于陈宝琛和胡嗣瑗我比较信任，特别是和陈有相当长的历史关系，所以对他的意见，一向都很尊重。但也有时由于他过于持重，特别是在和郑孝胥的对比之下，总觉得他有些暮气。

对于郑氏父子，在当时的信任是较深的。特别是对于他们父子的那种剑拔弩张、唾沫横飞的上下五千年、纵横十万里的谈天论地态度，是颇有使我心折之处的。

对于罗振玉，虽然有时也很相信他，但因为经常听到别人对于他的闲话，总是免不了既想利用他又有疑心他的地方。

在这里，我想附带引用一个关于罗的例子。

我在伪满的时候，因为听说罗在大连，开设了一家古玩铺（墨缘堂），经常以贩卖铜器、玉器、明器等等古董玩物赚了不少钱，有一天，便叫他把铺中的汉玉拿来给我看看。当我看了之后，却使我吃了一惊，因为他家的汉玉，竟没有一块真东西，完全是一些仿古赝造的假货。从这件事，也就可以看出他的贪图货利的本色来。

在这里，我还得再附带声明一下：我固然没有专门考证古玉的知识，但因为我过去在清宫中，曾看到很多的古玉，并且也由于我曾经很喜爱它的缘故，所以一看到假东西，便会自然而然地辨别得出，也可以说是由长期观摩而来的经验吧。

六、东陵的挖掘事件

我记得大约是在一九二九年的时候，在河北省遵化县马兰峪的清朝乾隆和慈禧的坟墓（都属于京东马兰峪东陵的范围内），被当时的地方军阀孙殿英——即孙魁元指挥军队给挖掘了，并把坟内的殉葬物品全部劫掠一空。

我听到这个消息之后，心里悲愤异常。尤其是在那敬先崇祖的旧礼教环境中成长起来的我，更认为这乃一件和我不共戴天的深仇大恨了。同时，住在天津的那些"前清遗老"，特别是在我身边的那些封建残余分子，如陈宝琛、朱益藩、郑孝胥、罗振玉、胡嗣瑗、万绳栻、景方昶、袁励准、杨钟羲、铁良、袁大化、升允等，全都悲愤填胸地对我做了犹如吊丧一般的吊慰。还有散居各地，靠过去做官时掠夺来的人民血汗来过富家翁生活的"遗老"等，也都纷纷给我寄来不少供我修补祖先坟茔之用的经费，我就是在这种火上浇油煞有介事的紧迫而凄怆的空气中，召集了可能出席的"遗老"等，开了一个应付这一事件的会议。结果是决定以全体的名义向当时国民党政府，提出了对孙殿英的共同控诉，要求给孙以严厉的惩罚。

同时，我每日还在家中，摆上了香案祭席，供上了乾隆和慈禧的牌位，每日要举行早、午、晚三次祭奠，每天都有一帮封建余孽前来拈香行礼，一直到把坟墓完全重新修复为止，共闹了不少日子。每天真如同在办丧事一样，把整个"张园"都笼罩在悲哀凄惨的空气之中。我还对我家里人表示过，祖茔被掘，乃是我身为后世子孙的奇耻大辱，是可忍孰不可忍，我誓必报此大仇，以慰祖先在天之灵！当我作戏般地关着家门发表了这篇声明之后，就在我的家属痛哭失声的声浪中，拿一把鼻涕一把泪的帮衬作用，把这种悲壮的气氛愈发加浓到饱和点的程度。还有人声泪俱下地向着虚空立誓说："不报此仇，便不是爱新觉罗氏的子孙"哩。

不但在我这里，每天这样装模作样地闹着，就是分住在全国各省的许许多多"遗老"，也都纷纷向蒋记国民党政府，提出非严惩孙殿英不可的强硬要求。

在当时，曾一度听说蒋介石已派阎锡山查办此事。还听说即将对孙殿英进行审讯。不料过了些时候，这类的"喜讯"，又都一个一个地变成为使人感到幻灭失望的噩耗，因为已听说蒋对孙已决定不予追究了。

当这样的消息传来之后，我当然是更要咬牙切齿地痛恨着蒋介石的了。从此，就愈发激起了我对国民党政权的仇视；一方面，更由于日本帝国主义分子的"见缝下蛆"，时常借题发挥地进行挑拨离间汉满民族感情的恶毒宣传；再加上在我身旁那些封建残余分子——"遗老"等，更都是有枝添叶，变本加厉地纷纷喷放出仇视共和、醉心帝制的反动大道理来；同时，更加上我那平素潜在于心的梦想开倒车的狂妄政治野心，于是我就在这内外夹攻、互相影响的连锁综合毒素作用下，使我愈发不由自主地一步步走上了甘心卖国投敌的罪恶深渊！

我认为，这次东陵的盗掘事件，确是愈发使我加紧了步伐投入历史罪恶泥坑里去的极其重要的推动力量之一。

七、我的反动思想愈发抬头

在我的反动思想中，最为主要的是什么？

像是在以前各项中所列举出来的，如什么"狭隘民族主义"思想，什么梦想要"恢复祖业"的政治野心，以及自私自利、不择手段的反动阶级本质，等等，早已经一一做了择尤的暴露和相应的自我分析与批判，并且也不想在这里再去重复它。在这里我所要说的，只是想借着一桩比较突出的例子，证明一下我那始终以皇帝自居的反动病症，是随着我的年龄增长和黑暗生活环境的向前发展而逐渐加剧的。

在别人看来，也许会觉得那种情形，只是我个人的一段可笑材料而已，可是从我本身说来，那还是一段不忍回首的悲剧材料呢。

我在前半生中，总共只听过梅兰芳先生的两次戏。头一次我记得大约是在一九二三年端康太妃办五十岁整寿的那一天，我在清宫中看到的。第二次大约是在一九二七年的前后，我在天津的时候，到剧院去看的。

看一两次梅先生的戏，这在一般中国人说来，当然不是一桩什么有关思想立场的重大问题。可是在我说来，则不那么简单了。不但和我的思想立场大有关系，甚至和我前半生的罪恶根源，也是有着密切不可分的重要关系。

不信请看下述的事实。

按照清宫的旧例，在宫中演剧时，除升平署的太监担任一部分演剧外，尚须把当时在社会上的有名演员，以名角的资格都找进宫中，使之各演其拿手的好戏。在当时，把这些被指名邀入宫中演剧的人，都叫作"内廷供奉"。像是曾在过去享有"戏剧大王"盛名的谭鑫培，被人称作"老乡亲"或"孙处"的孙菊仙以及名青衣陈德霖、名武生杨小楼、名老旦龚云甫和王瑶卿、王凤卿、侯俊山、王长林、钱金福、朱素云等，都是过去在宫中演剧时，必不可少的主要角色。至于梅兰芳、余叔岩、尚小云等，则是由于我在当时的报纸、杂志，久仰了他们的盛名，所以在那次临时邀入清宫特别参加出演的。于是演完了戏以后，我更在养心殿特别接见了梅兰芳、余叔岩和杨小楼一次，并每人赠送了一只鼻烟壶作为纪念。不料这件事传到在我身旁的那些位封建礼教思想极其浓厚的老学究耳中之后，他们便对此说了不少闲话。例如说："皇帝不应该亲自接见优伶。特别是对于那些——他们所认为是在身份上'大有问题'的人，竟赐以那样破格的厚礼；尤其是那些鼻烟壶又都是乾隆年制的珍品，实在是太不像话了"，等等。所以我在平生第一次听完了梅先生的戏以后，所得到的并不是什么余韵绕梁之类的快乐回忆，而恰恰是给我留下了一种懊恼的情绪。

我第二次听梅先生的戏，则既不是身在清宫，又不是什么皇帝和供奉的关系，而只是以一个普通市民的资格，平平常常地和妻子在一起，抱着轻松欣快的心情到普通戏院去观赏的。而后来所得的结果，却同样是使我没有得到什么赏心悦耳的回忆，仍然是和第一次一样，给我留下了一种有苦说不出的难过心情。

为什么会这样？那么请看一下这次的事实经过吧。

我的妻子在和我结婚以前，就没短看过戏，所以她也是一个很喜爱京剧的"戏迷"。在和我结婚以后，在那和普通社会完全隔离的宫廷生活中，当然是不可能有随随便便看戏的自由，但她仍在不得已而求其次的通融办法中，时常利用留声机来过她的戏瘾。及至到了天津之后，因为已经没有那四四方方小"皇城"的从中隔阂——尽管"张园"里的生活，还不免仍有"与常人殊"的许多地方，但比起当日的宫中礼教束缚来，则确是有一种会使人感到鸟雀出笼之感。所以，我就在她煞费苦心的布置下，动员了她的姨夫等，使其招请我们二人到日本租界的某戏院内，去看了一次好不容易才得以一饱眼福的梅兰芳先生的拿手好戏。

不料偏巧冤家路窄，正当我们高高兴兴来欣赏梅先生的美妙艺术的时候，恰好在楼下池座里，那位道貌岸然的胡嗣瑗老先生，也正在自得其乐地听着戏呢。当他偶然一回头，看见了我和我的妻子等都坐在楼上包厢中也在看戏的时候，他便忘了孔老二"推己及人""人亦乐其乐"的"恕道"，而把"只许我乐，不许他们乐"的独特片面大道理涌上头来。固然在当时，他并没有套用张飞的"闯帐"而来一个"闯楼"，但在第二天见我时，却对我大发其脾气。理由是："以'皇帝'而杂坐于众人之中观剧，实在有损'天子'的尊严。"最后并对此自下结论说：现在我既是这样"有失君德"，足见这完全是他——所谓这帮"辅弼之臣"有亏"职守"之所致，所以他唯有对我引责求退卷铺盖回家。尤其最令我难堪的是：他还提出了"应该对于请我们听戏的——按他的话来说，就是对于'致吾君于不义'的'罪魁祸首'严加申斥以儆效尤"的难题来。请想一想，由于我妻子的请求，人家才既搭工夫又花钱地请我们去看戏，我又怎能在看完戏之后，忽然板起脸来反向人家大兴问罪之师呢？像是这种违反人情的疯子举动，即使我在当时，尚是一个与常人隔离有十万八千里，罹有极浓厚"皇帝迷"的重症患者，但也拉不下脸来做那在人情道理上绝对说不出去的事情啊！我不得已，只好是低三下四地向那盛怒之下的胡老头"赔不是"罢。除了赔礼认错之外，为了要彻底打消他的挂冠而去的那股牛劲，我就拿出了一件貂皮筒子来，作为旌表他"直言敢谏"之功的赏品。于是他才在名利双收、"回嗔作喜"的心情转换下，开始又来称赞我是一个"纳谏如流"的"明君"。于是这出平地风波的"辞朝"好戏，才无事闭幕。

自从我接到了这一次的严厉"教训"之后，一直到了现在，我还是"拳拳服膺"地保持着平生只看过梅兰芳先生两次戏的多年旧纪录呢。

至于我的妻子婉容，则是一直到她死时为止，也没有再看过一次京剧。

这固然是胡嗣瑗的反动封建旧礼教思想给闹出来的使人笑不得的大笑话，但是，从这件事情的经过中，却仍然可以明了地看出，当时在我头脑中的封建统治阶级思想是何等严重。如果在当时，我根本没有以皇帝自居的心，便根本不会去理睬胡的那一套封建书呆子见解，也就绝对不会把这样一桩根本平凡的小事情，会让它变成为一件严重得使人透不过气来的无理取闹。足见这件事是应该怪他，但同时更是仍然要怪我自己才是正理。

关于听戏的事，固然只能介绍到此为止，但是这一余波，却并不能到此算完，因为这种反动的毒素，一直是在支配着我的头脑。

有一年，当时的瑞典国皇太子曾到我国来游历，在北京的时候，他曾拜访了他所向慕已久的梅兰芳先生。尔后他路过天津时，也曾说要到"张园"来见我。不料那第二次看梅先生戏所得到的"教训"，仍然深深印在我的脑海之中，所以我便把这种"来自师父"的封建量人尺度，从梅先生身上又量到这个瑞典皇储身上来。我就想，他以一国皇太子之"尊"，而亲身去访问北京的一个"伶人"，实属不知自爱已极。而这种不爱身份的人，现在又要来访我，我若见了他，岂不是也会贬损了我的"声价"？结果是赏他以一顿闭门羹完事。

总的看起来，这件事的起始时，首先是由于胡老先生的这一顿吵闹，不但是把我在当时好容易刚要渐次走近普通人那边去的一条道路，给一下子完全堵死；继而也可以说是，对于我那愈来愈和人民距离远的反动思想，确是由于胡的所赐，而起了火上浇油的效用；就是由于这种自视与人殊的反动思想逐渐抬起头来的结果，所以才使我终于走上了甘心去给日寇当"儿皇帝"的那条绝路的。

总而言之，从这件事例中，不但可以充分看出"遗老"们对我的绝对坏影响来，同时也可以清清楚楚地看出我那反动罪恶思想意识的逐渐抬头和向前发展的经过概貌。

当我乍一回想此事时，还觉得自己过去的那种绳扎索绑式日常生活，未免有些自觉可怜，但经过自我反省和分析之后，过去的种种，哪一样不是由于咎由自取，岂但毫无可怜之处，而且是着着实实地可鄙可恨哩！

八、"九一八"事变和"天津事件"

自从日本的所谓"明治维新"以来，其国内即由封建社会时代开始过渡到资产阶级的革命时代。不过，日本由于当时国内的种种实际条件，才使那逐渐抬起头来的资产阶级势力，在这一社会革命中，仅仅采取了和封建统治势力同流合污的妥协办法，而未能起有扫除封建残余的积极作用，于是就把那封建大地主"天皇"以次的封建余孽，也都一股脑儿地包容在资产阶级新兴势力下，所以就换汤不换药地在封建割据的遗址上，换上了"天皇制"的老招牌，而大踏步地走上了资本主义——帝国主义的道路。

在一八六八年，所以要把一个十六岁的睦仁（即明治）抬出来利用为明治维新招牌的主要原因，就是因为旧有的、由封建藩阀——诸侯所操纵的地方分权割据的社会，它的经济制度已经成了限制并阻碍当时日本社会生产力发展的障碍物；同时，在当时国内资本主义前期的商业资本，已经在当时国内渐次抬了头。而当时商业资本所要求的则是自由贸易、发展生产和谋取高额的利润。所以对于阻碍这一前途的地方实力割据、重重叠叠的关税和封建锁国政策下的限禁对外贸易，则形成为当时新兴势力的死对头。更由于一八五三年美国舰队的侵入日本，打破了日本的封建锁国政策，因此，日本的政治、经济就不得不向现代的中央集权的资本主义国家制度方面，做大踏步的前进了。

所以说，明治维新这一新制度，是建立在资产阶级与封建贵族联盟基础上的一种东西。因此贵族才仍旧保留下巨大的土地权，仍旧维持着旧日特权阶级统治的所谓秩序。至于农民的革命力量，反倒被资产阶级和封建贵族的联合势力所压抑。对于广大农民的封建剥削，不但未因"革新"而消除，而且更把这种剥削方式和资本主义的剥削方式互相结合在一起，致使这种双重的压榨力量，一齐落在日本劳动人民的身上。而且是更把当时所标榜的所谓"尊王攘夷"的政治口号，也变成以"天皇"为首的中央集权专制统治——"天皇"制和向外进行帝国主义侵略的代用名词了。

例如，当明治维新的气势，刚一笼罩住日本全国的时候，代表封建残余势力的西乡隆盛，便第一个暴露出帝国主义者的本质，放出了"征韩论"的侵略第一炮，但最终在代表新兴资产阶级的巨大压力下，不得不暂时收起它的凶恶锋芒。于是资本主义第一阶段的初步资本积累和国内自由竞争便搞起来了。

但是，日本的由资本主义发展到帝国主义的这段过程，是比较短促的。因为它是在英美两大帝国主义国家的操纵和大力援助下，既击败了腐朽透顶的清王朝，又战胜了处在人民革命边缘的沙俄，并且又吞并了我国的台湾和朝鲜全土，更借着清政府的庞大赔款以及对我国殖民地的物资掠夺等，它就愈发有了对我国大陆进行扩大侵略的可能性。像是那臭名千载的"廿一条"和那狗争食式地钻进我国青岛，以及那受尽世人唾骂的《田中上奏文》等等，都曾是给日本帝国主义的所谓"满蒙政策"与后来更进一步的所谓大陆侵略计划预先打下罪恶基础的清晰蓝图。

尤其是日本帝国主义在一九二七年春季，爆发了严重的经济恐慌，从台湾银行起，一连串倒闭了十几家大银行。在这一危机刚刚过去之后，一九二九年的世界资本主义国家的普遍经济危机，又袭击了日本全国，致使工商业相继倒闭、破产，工人的大批失业，农民的大量挨饿受冻，成为席卷东瀛三岛的猛烈风暴。因此，劳动人民反抗日本统治阶级的斗争日趋激烈，而当时日本帝国主义的法西斯统治者，便愈发加紧了对我国的疯狂侵略。到了一九三一年九月十八日，便硬给制造出一个"柳条沟爆破事件"，出动了待机已久的侵略军队，袭击了我国沈阳。这时，蒋介石反动政权，因为对内采取了集中力量来实行反共反人民的罪恶政策，对外就采取了"不抵抗主义"的卖国政策，所以日本帝国主义者，才如同进入无人之境一般，一方面使用武力，一方面大力扶植、利用汉奸卖国贼，把长春、吉林等各重要地点，都相继踏在他们血腥的侵略泥靴之下，而开始侵占我东北的整个神圣领土。这时，美英等帝国主义国家，也都采取了暗中和日本帝国主义做讨价还价的互相妥协，以便纵使这条专门咬人的疯狗，去咬社会主义国家苏联的不可告人的国际阴谋政策，所以就一方面派出以李顿为首的"国际联盟代表调查团"，到东北来做"实地调查"，企图把这块土地由日本独占变为国际共管；一方面又在默认暗许之下，容许了日寇对我国肆无忌惮的疯狂侵略行为。于是，当时的东三省以及热河省的全部，便都相继沦陷为日本帝国主义的正式殖民地了。

在"九一八"事变发生后不久，在天津也发生了由日本帝国主义如法炮制出来的所谓"天津中日冲突"事件。据我在天津时所使用的人——祁继忠的目睹：在所谓"事件"发生的那天早晨，他在日本租界内，曾看见一个身穿中国便衣的日本人——仿佛像是土肥原贤二的模样——正在大街上集合了一大批甘心给日寇当祸害自己祖国的汉奸，发给他们以买取民族良心的钞票和屠杀自己兄弟姊妹用的枪械子弹呢！

固然那次的阴谋颠覆活动，曾在当地军警的大力压制下，使日寇未能得逞，但是处心积虑由来已久的日本帝国主义分子，并没有甘心于那次的失败，仍在不断计划和鼓动着层出不穷的毒恶阴谋。

九、接二连三的所谓"恐怖事件"

当一九三一年九月十八日，日本帝国主义侵略军占据了沈阳等地之后不久，当时在天津的"日本驻屯军"司令官香椎浩平中将便派人约我到他的住处去谈话。当我进门之后，看到屋中坐有一个和我素不相识的日本人和罗振玉在一起，经过香椎的介绍，才知道那个日本人叫上角利一，是板垣征四郎的私人亲信。这时罗振玉便把原为吉林省省长，在那时已经投降了日寇的大汉奸熙洽的一封信拿出来递给我看。内容大意是"劝我速赴东北主持大计"之类的无耻滥调。我正在持信沉吟之际，罗振玉便从旁极力怂恿我速下决心，答应熙洽的这一"为人民设想"的要求。并说，我可以不必多顾虑，如果我愿意赴东北的话，日本可以用军舰来接我，敢保万无一失等。香椎也趁势从旁劝我，应该赴东北去做主持。我遂向他们表示，容我回去好好考虑之后再做决定。

说实在话，在当时我听了这样的消息，并看到了这样的信，这本是我曾经寤寐以求尚且求之不得的"好事"，我又怎能不愿意去干呢？只是因为这样的事，乃是有关自己前途命运的紧要关头，所以才想在回去之后，好好思量一下，再和我的那些"智囊"细细斟酌商榷一番，然后再定行止。所以，我就匆匆回到"静园"（也是在日本租界内。我在此时已由"张园"迁到安福系亲日派——汉奸陆宗舆的租房内去住），赶紧请来陈宝琛和胡嗣瑷商议此事。结果是陈、胡二人都对此表示反对，认为这样的事，来得未免过于突兀；并且轻易应允，也未免过于轻率冒险。特别是他们二人都不相信罗所说的"日本将派军舰来接我"的话。陈宝琛的主要论点是，首先应该注重到我一身的安全，并且还沉痛地说："去时容易，要回来时可就难了！"我遂听从了陈、胡二人的意见，拒绝了香椎等的要求。虽然这个香椎浩平曾又一次对我做了重申前议的劝告，我仍然没有答应，再度加以拒绝。

然而日本帝国主义分子，它们是有"办法"的。于是便在我的身旁，接二连三地发生了一连串的所谓"恐怖事件"。

首先是：有一天，一个人手里拿着汉奸赵欣伯——在当时我和赵尚不认识——的名片，给我送来了两筐水果。那位"送礼"的人把那两筐"礼物"交到我家佣人的手中之后，便匆匆地走了。后来打开筐子一看，竟发现其中藏有两颗炸弹。我当时恐慌已极，便连忙把此事告诉住在我家中的日本警官知道。他便立即用电话把这件"非常之事"报告给日本警察署，于是就跑来几名日本警察和日本陆军军官，把这两个炸弹拿去，说是将进行试验和调查。后来日本方面正式通知我说：

"据调查研究的结果，那两颗炸弹都是由'东三省制造'出来的东西。"

"赵欣伯的名片"和"东三省制造的炸弹"，真是引起了我满腹的疑团："这是和张学良方面的阴谋有关；这是和国民党方面要对我进行暗害有关……"疑惧交并的结果，除了愈发依靠日本人，我认为实无其他出路可走。

其次是：过了几天之后，在我常去吃西餐的英国租界内，"维多利亚饭店"里的一个服务员，忽然给我家来了电话，忠告我今后再不要到这家饭店来吃饭，理由是：

最近曾有人到该饭店内四处询问："溥仪到这里来了没有？"

这位对我颇有"好心肠"的饭店服务员，并且还"亲切"地附有"注解"道："曾看到在这个人的衣服内，还带有手枪和短刀等凶器。"

在这篇观察尽致并形容得怕人的注释之后，他还不惜使用画龙点睛的艺术方法，斩钉截铁地把结论告诉我说："这个人是从张学良那里来的！"

我接到了这一"好意的警告"——也许应该说是"热情的忠告"之后，当然要吓得发抖了，当然又得求救于日本警察了。因为我在当时，既没有冷静考查这一消息真伪的精神余裕，更不会有对此等事的起码常识，只是认定了这是张学良派人来暗杀我无疑。再把这件事和上次的"炸弹事件"结合起来看，我愈发觉得张学良是不会容我再活下去的了。

现在回想起来，世界上哪里会有这样进行暗杀的笨蛋？首先，那样气势汹汹、满脸威风杀气地逢人便大声喝问某某人到这里来过没有？这岂不等于安心要打草惊蛇？其次是把杀人的暗藏凶器，放在使旁人一望而知的地方，岂不等于把一个大木牌挂在自己胸前，并且还在上面用大字标明"我就是奉命前来暗杀某某人的，敬请提防"一个样？恐怕在古今中外暗杀史上，绝对不会找出这样笨的凶手来的。还有，这件事的最后"杰作"之处，则是"那个人是从张学良那里派来的"那句结语，更是笨得出奇和蠢得有趣的一个断语。我常想，恐怕这种超艺术的画龙点睛法，不但不会使被点上眼睛的纸上画龙破壁飞去，一定还会把那条被画得栩栩如生的龙，给点成一条瞎了眼睛的死龙不可。

最后的所谓"恐怖事件"，就是那几封要无赖的恐吓信了。内容也用不着我来介绍，反正是一些吓唬人的流氓语罢了。

总之一句话，这些所谓"恐怖"的来源，绝不是由张学良那方面而来，的的确确都是由日本帝国主义分子，给一手造成的恐吓、威胁我的奸计。目的更是不问可知，只是为了要使我自动地感到天津不利于我的所谓危险性，而能俯首帖耳地早日离开天津，前往东北去跳火坑而已。

综观以上所述，日本帝国主义分子所施展出来的种种阴谋诡计，固然是够得上阴险得可怕和狡猾得可恨的程度，但是在事后的今日回想起来，他们的那几套奸谋毒计，同时也拙笨得到了相当的高度。

不过是，对此再往下分析一下的话，请想一想看：固然是日本帝国主义分子的蠢笨愚劣，已经到了相当的程度，可是这个曾经被他们给玩弄于股掌之上的我呢？居然竟会被他们的那几套拙笨的狡计给吓得骨软筋酥、屎滚尿流，终于无条件地整个上了他们的阴谋圈套，认为张学良真个要对我下毒手，我真是其愚不可及的了！

归根到底，还是由于我自己的阶级立场的问题。

人只要立场一歪，尔后的一切行动，便都会随之坍倒下去。

当时的我，最主要的就是坏在这一点上！

十、土肥原贤二和我的互相勾结利用

从以上所列举的一连串蛛丝马迹中，完全可以看出日寇曾是怎样处心积虑和一心一意地想要把我拖入背叛自己祖国人民的罪恶泥沼的一贯阴谋诡计。我现在，当然要痛恨那些不把我坑害到底不肯罢手的日本帝国主义战犯们；也当然要痛恨那些曾经多少年如一日，自幼即大力培育我的封建统治阶级罪恶思想和不断极力怂恿我往那万劫不复的罪恶泥坑中去跳的"前清遗老"；同时，我当然也不能不特别痛恨我自己——甘心自投绝路的过去的我。唯其是我从小时起，就把一心想做皇帝的反动罪恶元素充满了自己的脑袋，所以才会终于使我经常利令智昏，所以才会让我这样不择手段地做事，所以才会令我每况愈下地甘心当上了人所不齿的大汉奸，背叛了自己的生身祖国，祸害了自己祖国的广大人民。干脆一句话，都是那些封建统治的反动阶级本质，毒害了我前半生的所有一切。

土肥原贤二

就和在我身边所连续发生的"恐怖事件"前后，那个曾以一贯阴谋颠覆以致臭名四溢的日寇大特务头子土肥原贤二大佐，便到天津来见我，正式来拉我下水。在当时，他和我之间，主要的谈话内容大致是这样。

首先，仍是第一步要求我先赴东北，等将来成立了"新国家"之后，就可以由我去主持一切。并以甜言蜜语向我做保证说："日本一定会尊重这个国家的领土主权，一切都可以由你自主。"并说，如果有任何外来的力量，胆敢对于这个"新国家"进行干涉，或是使用武力的时候，日本一定要对此进行积极援助而和它做共同"防御"。最后并说，诸事请我安心，等等。

他就是用这种花言巧语来对我做了对症下药的诱惑的。而这个毫无民族气节的我，竟在这种私利冲昏了头脑的情况下，完全相信了他的骗人鬼话，居然认为这乃是"恢复清朝祖业"的千载一时的良机，同时还认为这个土肥原贤二，乃是在当时关东军中大名鼎鼎的重要人物之一，所以就完全相信了他的话，无条件地应允了他的要求。

固然我在当时所受到的愚弄欺骗，就如同是"周瑜打黄盖"一样，完全出于我的心甘情愿和自作自受，但是却使我从这一无可补赎的罪恶教训中，更清清楚楚地认识到帝国主义者和汉奸之间的关系，那就是"以利合，以利分"，六个字足以尽之。因为，日本帝国主义是想利用我来实现它的侵略统治野心，而我则是想利用日本帝国主义来达成我使清朝封建统治复活的迷梦。于是二者之间，便生出同床异梦的当然结果来。就是说日寇用"利"字来做钓取汉奸的香饵，汉奸则是为了这一"利"字，才自愿地上了钩。所以我对此的结论是：汉奸应该恨帝国主义者祸害自己祖国与同胞，应该恨他彻底坑害了自己，而不应该恨他在当时为什么要欺骗、玩弄自己。这纯粹是立场的问题。如果不这样对待这一问题，那就等于说，日寇如果没有欺弄我而真正帮助我复了辟（当然帝国主义者是不会这样干的）的话，那么，难道就应该感谢它的么？因为我联想到立场的重要，所以拉拉杂杂地做了以上的心理分析。

还有，当一九四六年，我从苏联赴日本东京，在远东国际军事法庭上对日本帝国主义战犯受审作证时，曾听说土肥原战犯当时在天津得到了我答应赴东北的诺言后，他曾立刻把这一消息用电报报告到日本的陆军省。从这里也可以完全看出日本要利用我，本是早就预定好的一贯阴谋计划——早就决定好了的既定计划。同时还可以看出，我之所以走上背叛祖国、给日寇当走狗的这条罪恶道路，也是由于我的多年处心积虑，才会产生出来的罪恶后果。

十一、汽车厢底的"奇货"

当我会见了这个血腥大特务头子土肥原贤二，答应了这一万劫不复的卖身契约之后，我并没有把这件"机密大事"告诉我自幼的业师陈宝琛和一贯与陈作同样主张的胡嗣瑗，因为他们的持重审慎的主张，这时在我耳中听来，已经不再像以前那样悦耳了。只是极秘密地把这件事告诉了一贯热衷冒险不顾一切的郑孝胥和他的儿子郑垂。足见我本是从心里愿意潜赴东北去干那卖国求荣的罪恶勾当的。因为恐怕陈、胡二人从中阻挠，所以我才向那和我志同道合的郑氏父子去披心沥胆而悄悄协商"大计"。果然他们父子二位并没有辜负我的所谓"知人善任之明"，立时对我表示了完全赞成，于是我就决定令郑氏父子和我一同潜赴东北。阴谋甫定，果然日本驻津部队司令部的翻译官吉田忠太郎便跑来和我商洽赴东北的具体办法。当协议妥当之后，他更谆谆地叮嘱我：

"此事千万不要让日本领事馆方面知道，因此必须首先瞒过院中日本人警察的眼目才行！"

固然吉田并没有把非隐瞒不可的理由对我明讲；我在当时也未便多问，但我现在想来，大约当不会出于下述的这一原因：

这就是日本帝国主义者所惯用的一套手段。为了顾虑它的政府立场，逃避世界人民的正义指责，所以才想出这种掩耳盗铃自欺欺人的愚蠢办法来。请想我自离开清宫以来，不论是在日本公使馆里，抑或是在天津的日本租界内，他们不都是一向把我放在手掌之内！甚至从北京到天津的脱逃，也是在他们的阴谋策划下实现出来的！他们这些年以来的处心积虑，甚至不惜搭工费力地把我当作它的"药笼中物"，为的都是什么？还能说日本军部想把我从天津偷运到东北去，日本当地的总领事馆等机关单位会不赞成？这就和日本政府的堂堂内阁首相田中义一在一九二七年公然地唆使部下炸死了邻国的地方首领张作霖之后，只归罪于少数执行政府秘令而实际下手的负责凶手便算是了事一个样。所以我认为它们这次也只是为了先放出"日本领事馆根本未曾与闻此事"的烟幕来，好让他们在事机败露时，预先站好了脚步。足见日本帝国主义者的阴毒狡猾手段，是怎样可恨和如何可怕。

我于是就在吉田忠太郎辞去以后，更千万火急地把郑氏父子这一狼一狈找来，说日本军部现已和我约定好，今晚即派出一只小运输船，停泊在白河岸边等我，还让他们父子二人届时先到那里等候。然后我就在当天晚上，秘密溜进自己院内的汽车库，把那辆天蓝色敞篷小汽车的顶棚卸下，把自己的身子塞进顶棚和座位之间的后方空隙内，屏气息声地蜷伏着。于是就命人把这辆"空车"开出家门。因为这次干的乃是不可告人的事情，所以连平日自家用的司机也不敢使用，并且我还是在先把身子藏在车底之后，才叫粗通此道的用人把车开出的。据说由于这位二流子司机的驾驶技术欠佳的缘故，几乎把这辆潜藏"奇货"的车子撞到大门之外的电杆上。当然伏缩在车中的我，在那颠簸震荡之下，是需要相当忍耐的了。不过是，由于对此后前途的危惧不安已和痴心妄想错综交织在一起，也就顾不了许多，总算是尚未被谁人发现，而把我——这个车厢底的"帝国主义奇货"载运到走向罪恶道路的头一个关口——日本人经营的饭馆"敷岛料理店"。

这时，这个吉田忠太郎也鬼头鬼脑地溜到"静园"大门口来巡风，当他看到这辆车子已经开出了大门之后，便跟在汽车后面"盯梢"。因为那些日子，正是日寇驻津的侵略军队无事生非地向我国当地驻军疯狂挑衅，因而发生了双方之间的局部武装冲突之后，所以双方都在严重地做着戒备。当日寇的侵略军兵士拦住了这辆汽车要进行检查时，吉田忠太郎便跑了过来，制止了这个兵士，并打开了堆在路口的障碍物，把这辆"空车"放了过去。

当把这辆汽车开到那家日本饭馆之后，仍然是第一步先把这位技术不甚高明的临时司机支开，然后才把我从车底小天地里"解放"出来。在这家日本饭馆内，除了跟踪而来的吉田忠太郎之外，还有日本陆军军官真方勋大尉。他们二人便连忙给我罩上了一件日本军的军服外套，并把日本军的一顶军帽给我扣在头上。于是我这个乔装的日寇便和那两个日本帝国主义分子有恃无恐地坐上汽车，到了白河的约定地点。

到了那里，果然看到有一只小汽船在停着。当我忐忑不安地走进舱中一看，便看到了郑氏父子以及上次在香椎浩平处曾经和我有过一面之识的上角利一并工藤铁三郎——即后来的"工藤忠"，日本浪人，清末时曾在当时的陕甘总督升允处当过"部下"，这次据说是由罗振玉打电报把他从日本特意约来参加这一阴谋活动的——另外还有大谷某以及日本兵士二十余名和叫诹访绩的一名带队军士，都在那里等候着。我看到郑氏父子之后，心情才觉得稍稍安稳些。后来听说，在该舱内尚暗放有一大桶汽油，据说是日寇当局准备在事情败露无法脱身时，便在这桶汽油上点火，以便连人带船同归于尽，俾作消灭阴谋罪证之用。我在当时，是丝毫不知死的魔影已是暗暗贴在我的身后，尚和郑孝胥做着"滹沱麦饭"的幻梦呢！

关于"滹沱麦饭"的丑恶故事，容在下边再说，这一段"汽车厢底的奇货"丑史，暂且说到这里。

第三篇

前来东北

第八章

一、白河上的黑夜枪声

在平日里恰好像是一条金黄色软带蜿蜒不断地漂向沙碧海中一般，用它那安闲而恬静的金色晴波缘把那些大小不同、形色各异的船只，从那左弯右拐的津沽独特风味的黄土地缝中，源源不绝送到渤海湾中去的白河，可是今天晚间映入我的眼中，却完全与往日大有不同，只觉得那条淡淡融入夜幕魔性般黑影中的蛇行流线，也不知是什么缘故，已经不再是那样幽静、动人心弦、富有诗意，荡漾金波像变成要吞噬掉一切似的魔龙血口。因为，那天晚上在我来说，固然是正要走进多年渴望已久的罪恶迷梦世界，但是，与其说我是抱有一种孤注一掷的赌客心情，倒不如说是拥有一种说不出的渺茫哀愁气味。

说是做贼心虚也可以，说是一种空虚心境也差不多，总而言之，当时的那种又喜欢又惧怕被人察觉的无耻汉奸心理，真是复杂多端，不是用笔墨能够形容得出来的。

不但是我，就是"老江湖"的郑孝胥和他那青出于蓝的儿子郑垂，以及日本帝国的强盗们，也都是带有一种极其紧张的颜色，大家都默默无言地坐在各自的座位上，只能听到那单调的船底划浪的声音。

愈是紧张，愈觉得时间这个东西就好像是故意要专门和人作对似的，把每一秒钟的长度，恨不得都要把它延长到一分钟，甚至比一刻钟还要长些。

这时，忽然听到离船不远的岸上，传来了一声低沉但是清晰有力的怒喝声：

"停船！"

这一晴天霹雳的喝令停船命令，是从守卫着自己祖国神圣领土的勇敢士兵口中，喊出来的正义呼声。果然是邪难归正，于是就在这艘贼船中，引起了种种的惊扰的反响。立时就有一种鬼鬼祟祟的零碎声，打破了开船以来的沉闷空气压力。

我当然不必问，早被守卫自己祖国的同胞勇士的怒吼，给震得目瞪口呆，只能是木然坐在那里。郑氏父子并不比我强多少，也都是睁大了眼睛惊恐异常，有时又像是乞怜似的看一看这伙日本狗强盗。两个日本浪人上角利一和工藤铁三郎，也同样现出了束手无策的惊惶样子。只是日本帝国主义者的那群人，尚在他们的头目的指挥下，从船舱上了船上甲板，弯着身躯东奔西走；有的架好了机枪伏在甲板上做着预备放的待机姿势，也有的端起步枪做好了卧射的准备。这时船上的灯火忽然一齐熄灭，同时又听得从岸上发出了一声清脆的枪声，于是这艘贼船便发出了一阵异样的机器吼声，只觉船身一歪，便像是一阵风似的直掠岸边向前急驶而过了。

这时这艘贼船的满船贼匪，才都像是缓过一口气来似的小声谈起话来。不久舱内的灯也亮了，也听到了一阵阵空虚的笑声。当到了大沽，在等待换登日本商船"淡路丸"时，他们把日本士兵所吃的酱汤、咸白菜、鸡蛋、日本酒和米饭端来分给大家吃，那个自夸自负已成固癖的郑孝胥便在他的儿子郑垂的翻译下，摆出一副"脱险英雄"的神气来，慷慨激昂地和日本帝国主义分子们哈哈大笑地干了杯。上项所说的"滹沱麦饭"云云，就是从这里发生的，就是因为郑等和我在这只贼船中吃了一顿日本侵略军中的大麦和大米的混合饭，于是这位对封建旧历史颇有心得的郑孝胥，在后来伪满汉奸政权成立不久的时候，他便亲自写出"滹沱麦饭"和"不忘在莒"八个字，命人刻在两颗木质图章上送来给我，前者是套用东汉刘秀在兵败之际渡滹沱河时，只有他的部将冯异卫护着他，不独给他烤干了被雨水淋透的衣服，还亲自炊了麦饭给他吃的故事，固然在表面上是以"中兴"汉代封建王朝统治的"光武"来比我，其实还更是自己暗暗以冯异自命，不但是称颂了大树将军——冯异的所谓"功劳"，还暗暗启示我："可不要忘了你的劳苦功高的'大树将军'郑孝胥啊！"至于后者——"不忘在莒"的意义，则只是聊作陪衬地以春秋时代鲁昭公的奔莒来做警戒，叫我坚持反动立场所谓"安不忘危"而已。在这两个图章的意义来说，前者是主，后者是宾，前者是主题，后者是陪衬。

然后，我们这一群魑魅魍魉便在大沽口改搭了日本的商船"淡路丸"到营口去，而那批从天津一路上担任"保镖"的二十几名日本帝国主义的喽啰，便算是任务达成而回到天津复命去了。

二、对翠阁温泉旅馆

当时的这个大沽口，拿我回想过去的心情来说，它对我确像是旧社会中所惯于形容的"鬼门关"一个样。自从我这个身子搭上了日本商船"淡路丸"后，更算是整个地把自己所有一切，都毫无保留地甘心交到日本狗强盗的手中。唐人的诗中有"无端更渡桑干水，却望并州是故乡"这样的诗句，固然在一九三一年的当时，我在那股子封建统治阶级罪恶思想的邪气笼罩下，不但根本不可能认为这正是自己的丧心病狂和要往绝路上走，反倒认为陈宝琛等人彼善于此的持重论点为消极，为老朽为无用，而认为郑氏父子的鲁莽灭裂、自速死亡的办法为积极，为可取，于是就认为日寇的侵略行为是自己一个天与良机而兴致勃勃地犹如盲人骑瞎马一样，从此便愈陷愈深地陷到汉奸的罪恶深渊中。

现在谈一谈在当时船中的一些丑态吧！例如：郑孝胥在"淡路丸"上的那种自认为不可一世地侈谈他的"治国平天下"的所谓"大抱负"的丑态，以及当听到船长所说的"从望远镜中发现了几只船艇，大概是张学良派来的船只，也未可知"的推测时，这帮各自心怀鬼胎的日本帝国主义分子以及我们这群走狗们，便都慌作一团，特别是我更是沉不住气，于是就把我所携带的几支手枪交到日本浪人上角利一与工藤铁三郎等，叫他们可以拿着我的凶器准备朝自己同胞的身上去放。又如当这个"淡路丸"在营口入港时，因为海水退潮的关系，不能上岸，这时便有外国人税关人员要上来检查，我就把携在自己身旁的祖国人民宝贵血汗——珍宝之类，周章狼狈地交到日本帝国主义分子的手里。一方面上角利一出来和税关人员联络，另一方面又把日本的军帽扣在我的头上，把日本的军人外套又给罩在我的身上说我是日本人，以便欺瞒税关的人员……诸如此类的丑行丑闻是很多的。

第二天早晨，我和郑氏父子便在日本帝国主义分子的摆布下，抱着盲目的

"雄心"下了淡路丸，第一步登上了祖国东北土地——营口。这时，在码头上早有日本侵略者关东军参谋板垣征四郎所派来的——曾经在日本大地震时杀害了日本共产党斗士大杉荣和他的几岁幼子，因而博得反动统治阶级极端喝彩的血腥杀人凶犯甘粕正彦，以及其他的很多日本帝国主义分子，都在那里鹄候着。我就和这帮强盗一窝蜂似的到了在汤岗子日本人经营的温泉旅馆对翠阁。

这时，早有素以亲日闻名的罗振玉和给我当了多年喽啰头目的佟济煦等也都在那里等着我，在我的当时心情说来，是觉得我们这帮所谓"君臣"又在日本的势力下，渐渐已汇聚到一起，因之也就给我更壮起了一些胆子，同时也给我增添了不少乐观的情绪。

日本侵略者的军队，真如水泄不通一般，在旅馆周围，布下了戒严的严阵。旅馆的楼上，完全被我和麇集在我身旁的人以及与此有关的一些日本帝国主义分子给包占，和外界完全断绝了交往，不论是谁也不许随便闯进来。

当我乍一到这家旅馆时，满心里还以为在此也不过略洗一洗"征尘"之后，便可以直入当时的"奉天"省城，便可以在日寇的帮助下，一把便可以将东北的军政大权毫不费力地抓到手里，所以对于这个平生第一次尝到的温泉滋味和那别具风味的朝夕飨应也感到了相当的满足。同时，在那里也曾听到日本帝国主义侵略军队在附近从事演习的枪炮声音，可是在当时的我，并没有对日本鬼子在自己祖国的神圣领土上，疯狂地训练侵略军队使他们好更多地去屠杀蹂躏自己祖国的兄弟姊妹，而生出一些民族应有的起码良心，反认为自己现在的这座靠山确实是坚固可靠，因而也就认为自己的前途，也确是洋洋无限而大有可观。

不过是，这种不可告人的心中暗喜，并不能确确实实地继续永存下去，因为一天的二十四个小时，在第一次、第二次这样地消磨下去时，还不觉得什么，等到第三天、第四天也同样地这样平凡度过之后，才开始在我的心中感到有一些焦灼气味了。特别是这种焦灼的气味，更是随着每一个二十四小时的平白消逝而相对增大着，于是潜藏于内的所谓雄心和对前途的乐观也就渐渐变成了一种空虚和可望而不可即的幻影，并且这种虚幻的感觉也是随着一天天的消磨，而逐次加深着。因此我就不能不在焦急的冲击下，向上角等去追问何日首途赴沈阳的消息，但结果总是在模棱两可、不着边际的回答下，例如以"去是一定去，不过一时还不能，因为……"之类的话来做搪塞。当时我听到了这些口惠而实不至的空话答对后，固然也曾感到了相当的焦躁和某种程度的空虚哀愁，但仍是在热衷和野心的支撑下，耐心地等而又等。我就是在这种心痒难熬的情势中在那对翠阁里住了约一个星期左右。

有一天，上角和甘粕来对我说：现已接到板垣大佐的通知，叫我搬到旅顺去住。

为什么不叫我"长驱入沈阳"而偏偏叫我到那不是政局中心的旅顺去住？当然，当听到这种无有商量余地而且无从了解理由的高压式传达后，在我心中是感到有一种轻微的失望和本能上的狐疑。不过是，问上角或是甘粕全都是等于白费，只能是像一头被蒙上双眼的磨驴一样，在主人的吆喝和驱使下，昏天黑地地围着磨盘瞎转而已。全仗着那一点点自我安慰的盲目乐观力量的吸引着我，虽然在蒙头转向的环境中，仍然能够本着曙光在即的信心，在日本帝国主义分子的架弄之下，疑喜参半地坐上火车前往旅顺。

三、旅顺

当我从汤岗子到了旅顺之后，就被簇拥到市内某处的日本军某机关的一间冰冷的空房舍内，在那春寒料峭的时期，我进入屋内以后，也未能把穿在身上的西式斗篷脱下。该单位的负责人只给我端来了一杯茶，便叫我在那里等候了很长的时间。我这时的心情好像是和当时的寒度有关似的，觉得有些寒心的感觉。好容易那些日本帝国主义分子才和旅顺的大和旅馆接洽停当，于是我才搬到那里去尝"候缺皇帝"的滋味。当然，在这个大和旅馆内也是和对翠阁的情形一样，把整个楼上房间全部都给包占下来，划定为自我以次的这帮原班人马专门使用。不过郑氏父子却不被限制在这一小圈子内，因为他们是另有妙用之处，所以他们独有随意往返于旅大之间的"自主权利"。至于我则完全成了被隔离的对象，除了有时候在日本帝国主义分子别有用心的"招待"下，到过"日俄战争"当时的"二〇三高地"（所谓的"尔灵山"）、水师营等地所谓"战迹之处"去听日本帝国主义分子对当年战况的自吹自擂夸大宣传，以及其他地方，如参观旅顺博物馆和星之浦大和旅馆等处外，不但我一向没有随便出入大和旅馆一步的自由，就是和我的妻子以及两个妹妹并随我多年的胡嗣瑗和我堂兄溥伟随便见一面、谈谈话，也都会受到日本帝国主义分子的多方限制和刁难，当然在其中也是有着里里外外的很多复杂内情的。

现在先从我妻子到东北来说起。

在当时曾以日本女间谍身份大出风头的金璧辉（即川岛芳子），又号东珍的这个民族叛徒，她本是前清"肃忠亲王"善耆的第十四女，由于日本浪人川岛浪速和善耆相互勾搭利用的结果，这个金璧辉便当了川岛浪速的干女儿，从幼时便在日本受着毒化的教育，所以到了"九一八"事变爆发以后，她便在日本帝国主义军阀的豢养之下，在当时的间谍特务帮中渐渐露出了头角。当我到了东北之后，因为我的妻子婉容和我的二妹韫和与三妹韫颖尚留在天津，她便把婉容也当作她的"奇货"，于是便在她怂恿和包办之下，就把我的妻子和我的二妹三妹，也借着日本侵略军方面的"包运力量"给带到东北。到了大连之后，她就把她们安置在大连黄金台大和旅馆的分馆里，当然我的妻子就要求前来见我了。可是在板垣征四郎的严令之下，竟不许可她们到旅顺来和我相见。经过几次的要求和碰钉子之后，我的妻子便疑了心，认为我已被日寇给暗害，于是就大闹起来。结果，由这个女间谍把这种情形反映到日本侵略军方面去。也许是由于板垣之辈表示了让步的关系吧？这帮围绕在我的周围的日本浪人特务，如上角和甘粕等便出来做转圜，结果算是在日本帝国主义者派来的宪兵佯作不闻不见的网开一面默许下，许可我的妻子到旅顺来见我一面，并且还限定只能暂住一宵，下不为例。

其次把胡嗣瑗见我的情况谈一谈。有一次郑氏父子曾来对我讲，日本军部方面只限定指名的几个人（郑氏父子、罗振玉、万绳栻等）可以随便来见我，此外的人，不许任意出入，就连在日本人方面也是只限定于上角利一、工藤铁三郎、甘粕正彦，以及担任"警卫"的日本宪兵和"关东州"警察等有数的几个人。

当那次婉容和我做离津以来初次的相见时，她曾告诉我说胡嗣瑗也来到了大连，很想前来见我，但由于日本军方的限制，他无法到这里来，于是我便使郑孝胥转告日寇方面说，我很想和胡相见。经过郑和上角、甘粕等的磋商结果，限令胡嗣瑗只能到这里见我一次，但绝不能许可他留在我的身边，见完之后，须立即回大连去。我在当时听到了这种咄咄逼人的意外回答，当然是感到十分不自在，但处在这种权威之下，只能是把不平不满咽在肚里，并未敢提出怎样质问的意见来，仅仅是在满腹疑团暗生闷气的情势中厚着脸皮，忍而又忍地强自忍耐而已！事后我才逐渐明白：这就是由于郑氏父子和上角、甘粕互相勾结勾通一气，想要由他们几个人来包办我的一切，所以才会出现了这种情形。

当经过了无数挫折和刁难见到我的时候，竟致对我咧开大嘴哭了起来，我只能是抱着空虚的心情向他做些空空如也的空头安慰吧！他一方面抹着眼泪伤心地对我诉说道：真想不到他在我身旁多年，到了今日，竟致连见我一面，也居然受到这样严格限制，同时也对郑孝胥吐露了很多不满意的话。可他的哭诉、我的疑愤交并，结果仍是抵不过日本帝国主义军阀的一道口头吩咐。这个无限伤心和满腹牢骚的胡嗣瑷，当然是只能在见我一面之后，便悄然地回到大连度那临时寓公的生活去了。

不但胡嗣瑷如此，就连当时曾和日本帝国主义分子做了不少勾结拉拢的我的堂兄清朝恭亲王溥伟，也曾因为想要到这里来见我而遭到日本帝国主义分子的阻挠而不能来。而我呢，也只有厚着脸皮忍受着这一切一切。

又过了些日子，这帮帝国主义分子便叫我搬到前清肃亲王宪章（善耆早已死去）的楼房里去住，这时我的妻子和我那两个妹妹才被允许到旅顺来和我住在一起。

有一天，上角利一说奉到板垣参谋的命令，叫他问问我认识马占山不认识，我对他讲：我和马占山曾见过一面。后来他们就让我给马占山写信，劝他尽早放弃抗日的武装斗争来共同建立将来的新政权。于是上角就把我的这封信拿出交到板垣之手，后来这封信被退回来了，因为已经用不着，但不管寄与未寄，我的那种甘心去给日寇当走狗和助长它对我国东北进行侵略的凶焰，并想从内部来分化抗日力量的汉奸罪恶是不能稍有轻重之分的。因为，是我不仅自己已经当了民族的万恶不赦的叛徒，还恬不知耻地拼命替自己的民族敌人——日寇出力，还想要把正在从事抗日正义战争的人也拉到汉奸的罪恶深渊去，不论从哪一方面想，也都是在自己的良心上绝对不可赦的罪恶。

不久，日寇关东军司令官本庄繁又派他的参谋板垣征四郎到旅顺来正式通知我，要我去当所谓新国家的执政，还对我斩钉截铁地说明这次不意味着清朝的复辟，而是要建立一个包括有满、汉、蒙古、日、朝鲜五个民族组成的新的"满洲国"，还做了图穷而匕首见式的露骨说明，说日本人同样也要在这个"国家"里当官吏，并把这个所谓新国家的首都也给指定了，就是长春，把它改名叫新京，同时也把所谓的国旗给制定了出来，说是采用五色的图彩，还把伪国旗的样式也一同告诉了我。我听了这一番话之后，真不亚于受到了满瓢冷水的浇头，觉得我这个已经够渺茫和空虚的前途，尽管不断有我那多年以来的热衷复辟的欲火和那侥幸乐观的心情给我鼓气，然而现在到了这种地步，也不由得大泄其气，而感到越发渺茫和空虚了。当时我心中就暗想：这样一来，我那多年的处心积虑、朝思暮想、勾结拉拢，岂不是一旦付诸流水？不由得想到这个口蜜腹剑的土肥原，他竟撒那种口是心非的大谎，使我终于上了套，而出了天津，真是使我愈觉得土肥原可恨，日本关东军可恨。尤其是像这种事事擅做主张、处处肆行支配的蛮横态度，不仅根本不是来帮助我复辟清朝，而且连我个人的自主权利都不承认。这种自食前言的欺骗行为，使我无法忍受下去。于是我就在这种失望、懊恼和怨愤之下，把心一横拒绝了板垣的要求。他看我这样，最终愤愤而去。

到了晚间，我还在隐忍自重的不愉快心情下，勉强地宴请了板垣一次。好个"胸有鳞甲"的板垣，在这次宴会上对白天那件事，好像忘了似的一句话也没有提及，只是拿一些风花雪月的谈话资料毫无芥蒂、东拉西扯地谈着。我也是苦在心头笑在面上和他做着貌合神离的应酬。可是这个笑里藏刀的日本狗强盗——板垣就在第二天摆出阵势，把郑孝胥、罗振玉、郑垂、万绳栻都叫到大和旅馆，严命郑孝胥等向我传达他对我发出的所谓最后通牒。它的内容大致是：如果我不接受军方的要求，我就是它们的敌人，它们就要采取对待敌人的手段……

同时，我的所谓心腹郑孝胥现已在"新国家"未来"国务总理"的好饵下红了眼睛，于是便对我拿出了自从在北京清宫内和我初次见面那天起，经过天津时代迄今为止，多少年来也没有拿出过一次的勇气做了向来所无的强烈胁迫。不过是，胁迫的方法，因为专对我的关系倒也简单得很，就是他看准了他所熟知的我身上的一处弱点，狠狠地给我一下子，向我坚决地表示：如果我拒绝了板垣的要求，他便扔下我一走。在这句话表面上来看，可以说是对我"尚不失其诗人敦厚之旨"，但是隐藏在这句"敦厚言辞"骨子里的东西，对我来说，确实藏有相当的恐吓性的成分在内，因为这就等于暗示我说，如果你不肯乖乖地听话，那么今后你的生死安危，我"秃翁"就都不管了！在那千古艰难惟一死，贪生怕死的我说来，这种丢下不管的恐吓，自然是我最怕的一种威吓。

除了这位郑老先生对准我的要害，给了我这样一个从正面猛攻之外，他的那位"克绍箕裘"的郑垂公子也配合着他父亲的中央突破战法，同时又从我的侧面向我做了一次架秧子式的牢笼战术。他是用表示深深理解我和同情我的自家人面孔对我做了譬解，他的大意是：我们中国不是有个"不入虎穴，焉得虎子"的古谚语么？我们现在是完全被攒在日本军部的掌握之中，我们现在如果违抗他们的政治意图就一定闹得彼此决裂不可，真是一旦决裂之后，我们的安全又怎能保得住呢？依我看，不如本着通权达变、见机行事的灵活方针，第一不要讨眼前亏吃，我们不妨将计就计，我们现在不如先答应下日本方面的要求，等到将来我们掌握了政权，把我们的实力培养起来之后，那时不但再也不用怕他们，又焉知我们不能另想法子去对待他们呢？所以现在最好是先答应下他们的要求，将来的事情到将来我们自会有办法的。

我本来对于日寇又崇又怕，尤其是它的狠心辣手，像是对张作霖的往事，对我来说，更是殷鉴不远的一面好镜子。这次我所以敢于拿出这样坚决的态度做了拒绝，也不过是由于我的彻底失望和受骗后的懊丧以及怨愤的冲动，所以才敢于拿出外强中干的勇气，做了一次自忘其身的一朝之愤，等到日寇板垣提出了最后要求，更配合着郑孝胥拿出的对我的最后法宝——一去就击中了我的致命弱点后，那时，我已经是成了一个以疑惧不安代替了"勇气"的虚空架子，尤其是如果郑秃翁——我的这个灵魂真要从我的躯体里一旦飞去的话，我岂不是就要变成为一只茫漠无依的失路羔羊？

就在我这方寸无主、进退维谷的紧要关口，那个郑垂又用软功夫扯了我一把，于是我就在：前有日寇军部，后有郑氏父子的分进合击下完全败北，遂无条件地应允了日本帝国主义的这一要求，而当上了大汉奸——伪满执政。

四、所谓的"四巨头会议"

在伪满当时——提起这个罪恶的始作俑者——"四巨头会议"来，人们就会清清楚楚地知道所谓"四巨头"云者，就是指着汉奸张景惠、臧式毅、熙洽和马占山而言，也就是张代表着"哈尔滨特别区"，臧代表着"奉天省"，熙代表着"吉林省"，马代表着"黑龙江省"的四个地方，在当时能够作为一个地区的"代表"当然是称得起够得上所谓"巨头"了。

可是在当时的事实呢？

在当时的事实是这样的：

在一九三二年二月的中旬左右，在沈阳市旧教育会里，曾开了一次所谓第一次"四巨头会议"，别看这个"四巨头"在字面上好像是四个了不起的人物，其实说穿了，简直是不值半文钱的昏头昏脑、既肮脏又胆怯的一些见不了人的东西。

当时参加了这一会议的人，除了上述的张、臧、熙、马之外，还有一个赵欣伯，一共五个人。

为什么有五个人参加而偏偏把它叫作"四巨头会议"呢？

因为那个赵欣伯并不代表当时东北的某一个地方的实力派，只是因为他和日本帝国主义分子有着一贯的腐臭关系，所以他也就以一个无地可代表的"代表"资格，在汉奸和日寇之间，起了罪恶的桥梁作用。

不但在那四个所谓"巨头"之外，有了一个姓赵的"准巨头"，并且还在那"巨头"之上还有一个"超巨头"的存在哩！那就是"九一八"事变中重要罪魁祸首之一的当时的关东军参谋板垣征四郎。

据说当时的会议，是采用合乎这帮旧官僚旧军阀口味的不拘形式的"唠嗑"方式，因为在那个会场里，甚至连鸦片烟具也都准备得齐齐全全，让这帮卖国贼们不但可以坐着计议，就是躺着协商，也未必不可。即使愿意一边吸着鸦片喷云吐雾地来磋商"国家大事"，也是悉听尊便毋庸客气的。反正是只要能听从会场主人——板垣的吩咐就行。所以那个在当时被称为"中国通"的板垣真是无日无夜、形影不离地和这些"巨头"鬼混在一起。不但是全般会务都得由他一人把持，就连应该讨论的议题也都是由板垣给准备得既完全，又周到。只要是到会的各"巨头"能够本着识时务者为俊杰的诀窍，在应赞成时赞成，应鼓掌时鼓掌，便算是不失其"巨头"的身份，而能够有沾得上名利双收的好机会。

当正式开会时，在每个"巨头"面前，都放有由板垣预先给准备好的黄牛皮纸口袋，袋内装有用铅字油印好的议题文件。这次被列在议程之上的议题内容，是关于东北"独立"的问题，和组织"东北最高政务委员会"的问题，以及用这个伪最高政务委员会的名义通电宣布东北"独立"，并和南京国民党政府脱离关系的问题。在这次会议的结果，当然是第一步先决定了成立这个"东北最高政务委员会"，跟着就把这个"官大望重"的张景惠抬上了"委员长"的地位，然后那余下的三个"巨头"，也都各自当了"副委员长"，于是就立即以这些"委员会委员长"等的名义宣布了"独立"和通电脱离南京政府。

据说，在这个所谓会场的楼下，还有日本人三宅福马、驹井德三、宇佐美胜夫和坂谷希一等，从事于一些伪政府组织法和其他有关法令的起草。这头一次会议的大致情况就是如此。

至于所谓第二次的会议，据说是在沈阳张景惠的家里召开的。在这次的会议上决定了筹备伪国家机关房舍和其他的问题等。

这是所谓第二次会议。

到了晚上，忽然又由板垣临时通知说召开第三次会议，这次的会场是在赵欣伯的沈阳家里。

当这几个所谓巨头匆匆赶来，各自就了议席之后，又由这位板垣参谋好像是变幻术似的发表说，上午所决定的事情，现在可以毋庸立即着手准备。然后又奇峰突起地叫他们讨论一下关于"新国家"的国号、首都的地点，以及制定伪国旗的问题。

与其说是板垣叫他们讨论，倒不如说是板垣在做逐次的说明，而让他们来听一次课而已，因为伪满洲国的所谓国号和以"新京"（长春）作为首都全部是板垣所给予决定好的名称，只不过是叫这些"巨头"给做一个形式上的承认手续而已。不过是在议定所谓伪国旗时，却意外发生了一些所谓"范围以内"的小小波动。那就是当有人主张仍旧使用五色旗时，板垣摇了摇头。又有人主张复活清朝时代的黄龙旗时，板垣又皱了皱眉，结果，仍旧是板垣由军服兜掏出了一个小旗子的样品来，在桌上把它左叠右折地做了说明，于是这个样品便在大家的赞同之下，变成了受人切齿和唾骂达十四年之久的所谓伪满洲国的国旗。

此外，熙洽等大汉奸对伪满洲国的政体问题也曾有过一场"范围之内"的直言争论。

张景惠是企图把自己的这把头号椅子继续维持下去，因而便竭力主张应该维持现状地干下去；熙洽则是在他的"君君臣臣父父子子"的封建等级制度思想毒素的支配下和他的"狭隘民族主义思想"的作怪下，便极力主张帝制；臧式毅则是因为自己才从日寇宪兵队的铁笼中被放释出来，而余悸犹存的缘故，便没敢表示自己究竟的意见，只是不即不离地保持着首鼠两端的态度；而马占山则是由于旧军阀的老朋友关系的缘故，所以附和了张景惠的意见。

最后仍是由于日寇关东军的裁可，采用了伪执政制度，然后并指定了专人，从事伪建国宣言的起草，据说当时还准备了三项法令——即所谓"人权保障令"和"运用旧刑律的临时法令"以及"大赦令"，决定和伪建国宣言一同发布，更决定由熙洽指派张燕卿等前往长春筹备各伪傀儡政权一切工作，这便是所谓第三次"四巨头会议"。

总之，这三次所谓的"四巨头会议"，因为都是在板垣的紧紧操持一切的情况下，把刺刀和日元的力量紧密地结合在一起的缘故，同时更以牧人赶羊的方式，更杂以变幻术的手法，所以一切问题，便都直截了当地通过了所谓每个"巨头"的点头，巧妙地把日本帝国主义的如意算盘变成盗用三千万民众意识的实际侵略行动了。尽管这些"巨头"素来有着水火不能相容的深刻内心利害矛盾，但是终于在这个板垣的手掌中，把这些不同的历史阶段中的封建余孽，都给变成为同恶相济的汉奸集团了。并且这三次的所谓会议，哪一次都不超过两小时以上的时间，便都把日寇的侵略意图，给超速度地完成下来，同时也可以认为这些汉奸们都是在日本帝国主义者的鞭笞鞍勒之下，发挥出超速度的力量，把这个卖国利敌的大任务给完成下来的。

五、群狗争食的未定政权

在"九一八"的日本帝国主义侵略炮弹在我国东北炸裂以来，一直到完全把日寇操纵下的伪政权组织起来为止，在这一段醒龊混沌的乌烟瘴气时间中，在当时的整个东北土地上的各个反动阶层中间，真可以说是随时随地都能看得到群狗争食的幻灭情景。因为这群狗都是在日本帝国主义者"以华制华、分而治之"的殖民统治政策下，在奴化培植的罪恶温床上，先期育成备用的各种品质不同、药效各异的东西，为的是要在需要之时使其能够既收到互相制约又收到互为表里之用的"药笼中货色"，这里我想先从当时的概略轮廓说起。

以我为首的封建反动余孽为一派，以张景惠为首的过去地方封建军阀又是一派，以于冲汉为首的老牌亲日旧官僚又是一派，以熙洽为首的过去曾为地方军阀现又在"狭隘民族主义思想"下打着圈子的阴谋复辟的封建分子又是一派，以袁金铠为首的"文治派"官僚又是一派，以臧式毅为首的慑于日寇的实力而不敢不唯唯听命的旧东北政权中有力者又是一派，还有以赵欣伯为首的彻头彻尾亲日分子，以及以凌升为首的蒙古族旧王公，并以溥伟为首的"宗社党"人，又是各成一派，固然还有许多可以另成派别的汉奸人物，但总体来说，以上几项便可以把当时的反动派别约略加以概括的。

不过是，如果再把那几个反动大派别更进一步地加以分析时，还可以分出更细致的宗派来的。例如我和郑孝胥、罗振玉，以及郑和罗之间等，从表面上看来，固然同样是以阴谋复辟为目的而聚在一起狼狈为奸的，但是我们之间却不是一个始终无间的整体，而是有着各自不同的目的和心理的。更如张景惠和马占山等，固然同是过去的地方军阀，又有着历史上的关系，并且在当时的情况下还需要狼狈为奸和互相利用的地方不少。可是在他们之间有着各自不同的当前利害左右着他们。又如于冲汉、赵欣伯、张海鹏、袁金铠等汉奸的相互关系，总括地说：也都是各人拨弄着各自的如意算盘，各人依靠着各自的日本人靠山。

而这种分崩离析散沙一盘的状态，也正是日本帝国主义所欢迎的地方，同时这也是日本帝国主义者曾费尽苦心和气力，对这些民族败类进行制造和利用的一种局面。因为只有这样，才可以收到以华制华的最后效果，才能够实现其分而治之的殖民地统治的建立，而这些汉奸走狗，有的是受日寇的长期培植，有的则是在日寇的临时垂青下中了选，总之都是在日寇的要弄下，各自本着自己的历史背景来合演这出异曲同工的卖国丑剧。

伪满这些傀儡丑角，既是由多方面聚起来的零碎货色，因之在当时的群狗争食场中，确是把旧社会反动各阶层的丑恶面目发挥无遗。

仍是先从我说起。

　　我在当时当然是和郑氏父子以及罗振玉之辈一个鼻孔出气的。但是自从后来郑孝胥力图包办我的一切，想拿我作为他的招牌而和日本军部以及日本浪人等打成一片，甚至排斥异己，也就是排斥在当时为我所信任的陈宝琛和胡嗣瑗以后，我对于他便在不知不觉中，采取了近而不亲的态度。对于罗振玉则是一方面由于他迎合我的心理，常常用"复辟清朝"的话来诱惑我，因此我信任他。但是另一方面，罗振玉又是陈宝琛、胡嗣瑗、郑孝胥攻击的对象，陈、胡等常对我说：罗说的话是不可靠的，一切都是为了他自己，而不是为你。因而我也就怀疑了他。我对罗就有了既不能不用，又不能不疑的矛盾心理与感情，所以只能采取疑信参半、敬远相兼的态度。至于郑和罗之间的关系，则更是远从我在天津时期一直到了这时为止，都在过着互相妒忌彼此对立的深刻矛盾生活，特别是在这红了眼睛争权夺利的情况下，更是把从来二者之间的利害关系弄得越发尖锐起来。

　　至于张景惠和我，更是没有什么关系可言，只不过由于日寇的强力撮合才勉勉强强做了同床异梦的伴侣。我不过是在卖国政治资本的来头上比他大了一些，所以我也就在日本帝国主义者的衡量尺度上被衡量得大了一点，因此我也就比他爬得高了一些。而他呢，也只是看在日本主子的面上，才大材小用地向我委曲低下了头。在一九三二年前后，他和我的关系也就是"只此而已"，至于他和熙洽、马占山以及臧式毅等人，同样也是在脸上服心不服的内在盛情下，做着互不相下的勾心斗角。张是念念不忘于自己在东北所谓的老资格和旧地位；熙洽则是始终要把我抬出来企图复活爱新觉罗一家一姓的反动统治；马则脚踩两只船，既想跟在张的身后，从日本帝国主义者方面捞得较大的便宜，同时对于日寇的心狠手辣，又确实有些害怕，特别是生怕自己好容易因事变而得到的新地盘发生了动摇，所以总是满怀戒心地做着暧暧昧昧的试探工作。

　　在"九一八"事变时，由于张景惠和日寇的相互勾结利用，日寇关东军参谋板垣征四郎曾给了张景惠三千支枪和一些弹药，让他编成一支警察队，替日寇对东北的侵略和对人民的镇压做帮凶。后来在日寇多门二郎师团侵占齐齐哈尔之后，这支叛国助敌的伪警察队便替日寇守备齐齐哈尔，使日寇腾出兵力来扩大侵略，进一步镇压人民。因此日寇关东军就以黑龙江的省主席的钓饵，使他做出更有利于日寇的罪恶活动，当马占山投降了日寇后，又把他任命为伪东省特别区行政长官，而把黑龙江主席的地位给了马，这就是张景惠在伪满政权成立之前和日寇关东军互相勾搭的概略情况，也就是张之后出席所谓"四巨头"卖国会议的一个基点。

另一个卖国贼就是曾有长期亲日历史，专靠亲日起家的于冲汉，他是想靠亲日老牌子，利用当时的混乱局势，企图独树一帜，对于我既是表现着不即不离的态度，对于地方实力者以及土豪劣绅兼而有之的"文治派"，也是想以老交情作为暗送秋波的一点灵犀，来维持一个他们所谓的老朋友的势力圈子。同时，对于日寇的亲信走狗如赵欣伯等，他也同样表示了虚怀包容的器量，好借此拉拢他们。

在"九一八"事变后，这个大汉奸于冲汉首先便自告奋勇地成立了伪奉天省"地方自治指导部"和省内各县开始了正式联系，派专人到各县做所谓的宣抚工作，拼命替日寇的侵略行为做辩护，甚至说成是仗义援助，旨在铲除张家父子的军阀统治势力。他扬言日寇毫无领土野心，让人民安心生产，不要乱动，借此安抚当时惶惑不知所措的一般人民的心。还催促各县也都成立所谓的地方自治机构，在县长没有走开的地区，就使县长担任该会的委员长；对于县长已离去的地方，则扶助当地的土豪劣绅，来担当维持局面（"治安"）的责任。对于缺乏镇压人民武器的地方，则负责向日寇交涉，拨给相当的枪支弹药；因此还对于缺乏经费的地方，则负责交涉使官银号通融以需要的金钱。于是很快就对省内纷纷起来要抗日的人民群众，给以严重的打击，因而更大大地帮助了日本帝国主义的殖民统治。

本来在"九一八"当时，日寇拿出来实行侵略我东北的武装力量，只有不满两个师团的兵力，所以日寇所焦虑的就是各地方——特别是"奉天省"内的治安。如果是治安不能维持的话，那么，不但吉林、黑龙江的局面会因此而受到大影响，并且日寇的侵略兵力有限，也无法对各个地方进行全面的镇压。尤其是眼看国际联盟又将有所谓的调查团到东北来，如果各地治安无法维持，那么，日寇的这次甘冒大不韪制成的全盘侵略计划便有彻底破产之虞，所以日寇唯一的希望，就是把"奉天"弄成个小康局面，然后对于国际舆论，便能有施展的余地。而这个自治指导部在如此情况下，就是这样地替日寇侵略帮了大忙，替日寇逐步侵略我们整个东北铺平了道路，因此，说这个指导部就是后来伪满政权的一个母体也并未过言。

又如臧式毅等，既消极又热衷的那群汉奸们，则是既在日本帝国主义者的刺刀威力下丧失了魂魄，成了甘凭摆布的行尸走肉，同时对于网开一面的日寇，又抱有一种"识时务"的态度，结果是只要能保住性命，巩固汉奸政治地位，叫我干什么我就干什么。主子对其他的汉奸则采取了不肯得罪人的八面光的态度，所以不管是帝制也好，临时政务委员会制也好，执政制度也好，五色旗也好，甚至黄龙旗也好，是一概不把它放在心上的。

至于为了向上爬奔走了半辈子最后当上汉奸大官的张燕卿、谢介石，以及在当时以"大和民族宠儿"自居的赵欣伯，还有在"九一八"日寇侵占东北，以伪交通委员会委员长的名义替日寇大卖力气，得到日寇宠信的丁鉴修，想要借助日寇势力去从事蒙古"独立"活动的凌升或是想要借着和日寇有所谓老交情又有前清封建余孽、贵胄本钱而来个混水摸鱼，尝尝"中兴皇帝"滋味的溥伟等，可以说是没有一个不抓住了他们各自的日本朋友的大腿不放，想要在这块群狗争食的场面上，大显一下自己的身手，而向着各不相同的方向，力竭声嘶地叫吠着奔走着。

从这些卑鄙丑恶得使人不忍卒睹的种种怪现象中，一方面固然清楚地反映了这帮毫无民族气节的民族败类的罪恶本质，同时更充分说明了日本帝国主义阴谋毒辣的丑恶面目和手段。这些叛国投敌分子所以能够形成这种百鬼昼行的黑暗局面，归根结底，是日寇以华制华、一贯侵略政策的具体表现。

还是先拿我来说，为什么日寇欢迎我到日本公使馆去住，为什么又把我弄到天津日本租界去做寓公，为什么用尽了阴谋诡计又把我从天津运到东北来？这不都是日本帝国主义者早在多少年前，就安下了侵略我国的祸根和给我埋下了罪恶伏线么？

对张景惠也是如此，为什么在"九一八"事变后要交给他三千支枪，使他组织伪警察队？为什么要把他架弄到"四巨头"的首位上？为什么要拿金钱职位来钓取他？这些罪恶活动，也都决不是偶然的事。

对于冲汉也是如此，不也是远从张作霖军阀地方政权时代起就和他互相勾结狼狈为奸地盗取了我国鞍山的地下资源，到了"九一八"以后更以巨额金钱和高官作为换取他出卖民族的饵食？真是在数十年的一贯方针下，在喂养着他和拉拢着他早就拿他当作了侵略野心布局上的一个有用基石的。

对于熙洽也是既用武装的威力先夺去他的胆子，又利用我来勾引他的心，最后则是用手枪的直接威吓和利用过去在日本士官学校的所谓"师生之谊"来做整套的"驯兽"工具，终于把他制得服服贴贴，使他在伪满十四年中起了极其重要的罪恶作用。

又如对于袁金铠和臧式毅等也都是尽量地利用了他们的过去地位和名声玩弄他们于股掌之上，有的则是用利禄来羁縻、引诱，有的则是用釜底抽薪的办法，先把他抬出来，然后再使他的最亲信的分子去分化他的势力，或是使用下马威的恫吓老办法先挫折一下他的旧日威风，然后更利用"饥则附人"的养鹰原理给他开个鸡肋式的方便之门，叫他既不失原来地位，又不能抓住实际的权力……诸如此类，这就是日寇一贯利用和操纵汉奸的所谓有效的驾驭方法。

因此，伪满傀儡政权的大大小小汉奸们并不能成为一个有团结力的汉奸团体，只能是各个在日本主子的策御驰驱下，各人抱着各自的野心幻想各人奔向各自的前程。所以这帮人虽然在当时都被日本帝国主义给罩在伪满洲国的大轮廓内，但是在这个大圈圈之中，仍然是各自保有一个小圈子，并且还都是不约而同地各自有着一条引线，完全操纵在日本帝国主义分子的手里。因此，他们只能是在日寇的操纵之下，做着"各如其分"的汉奸傀儡动作，一直这样当了十四年的日寇忠实走狗，直到一九四五年为止。并且这帮汉奸从其各自的过去历史来说已经早是些个"冰炭水火"般的存在，至于到了伪政权成立以后，更是在日本帝国主义分子的无孔不入支配下，整个形成了它的殖民地统治。在我们这帮汉奸说来，更是非靠着各自的向日寇邀宠献媚，是不可能去分取卖国求荣的一杯羹的。所以这帮人都在拼命地争妍竞媚，犹恐来不及，即使其中的某些人由于个人的欲望还有时不能满足，而对于日寇的所作所为有些个人的不平不满，他们是谁也不敢公然见于辞色。因为在每一个人的身后，除了有担任监视的眼睛，还有不少想要取而代之的候缺人在等着。因此直到日寇垮台为止，这帮高级汉奸们差不多都是在甘心情愿的表情下，扮演着义仆殉主的无耻奴才角色。

日寇的罪恶是滔天的，是擢发难数的。

这些丧尽民族气节的汉奸们更是罪无可逭的。

如果站在人民立场来看待这一问题，就从这帮民族叛徒认贼作父，自绝于祖国人民的民族叛徒的这一点来说，我们这些人的可恨可杀实在比原来就是强盗的日寇还更可恨可诛。

群狗争食的丑剧，这还只是个开端，直到"八一五"为止，这样的丑剧不但是一直没有停过一次锣，并且还是演得愈来愈火炽呢！

六、日寇的狰狞面目

当日本帝国主义分子，在开始想要拉谁上圈套的时候，总是一贯地先要满脸堆下笑来和他做亲热的招呼，等到这个被拉拢的对象也居然报以一笑的时候，它便会愈装出一副既慷慨又义气的面孔来，真仿佛是恨不得把它身上穿着的衣服也脱下来给这个人披在身上，恨不得把它正在吃着的东西，也塞到这个人的嘴里来。

等到这个对象，真正拿它当了好朋友以后，它便又会装出一副又亲热又不见外的面孔来，时而向着这个人套近乎，时而又大拍老腔。

等到这个人完全上了套，整个当上了它的俘虏的时候，它就会变成一副要支配一切的主子的架子来，毫不客气地下命令，毫不留情地做呵斥，甚至推翻过去的一切诺言，以至什么手段都做得出来。正如日寇战犯前关东军铁道守备队参谋长河本大作（河本大作是杀害张作霖的凶手之一）自己暴露的话，日本帝国主义看你有用，便利用你，如果不能利用，便消灭你。这正是日本帝国主义对汉奸惯用的手段。

固然，日本帝国主义者在对待它的不同的对象时，是各有一套不同的办法，并不是千篇一律的死套子，不过是，总起来看，最基本的手段，是绝对离不开帝国主义凶狠毒辣的本质。

同时，也可以看看日本帝国主义者在牢笼里培养汉奸，掌握和使用汉奸的惯用老办法。我现在想就日寇在我国当时的东北，把他们的浸透东北人民鲜血的双脚暂时站稳了以后，对于这些汉奸开始进行驱使时，所表现出来的神色——即狰狞面孔的几个例子进行说明。

对于我的实际例子，已经在我到了东北，特别是到了旅顺以后的介绍中，做了记述，现在我想在这里再择出几项比较突出的实例来证明一下日寇在当时的狰狞面目，是怎样现露出来的。

多门二郎和熙洽。"九一八"事变一爆发，在第二天日本帝国主义侵略军的第二师团便在长春袭击了南岭的"南大营"和宽城子的兵营，并乘势即将进一步侵犯吉林。熙洽这时就以该省的所谓最高负责人的资格，召集了地方法团和军政首脑等人在吉林开了一个应付时局的紧急会议。熙洽在会上说明了张作相不在省，张学良又奉蒋介石命令不许进行抵抗，那么在这种情势下，吉林省城的军队，就得全部撤出才行。地方法团代表们听到这个消息大为惊慌，结果是决定派人去迎接多门二郎，把地方上的一切权力完全交到他手，认为这样，地方治安便可以不致受影响。于是就在这军人怕死、绅商爱财的卖国决议下，由熙洽派遣安玉珍和张燕卿赴长春向多门二郎去送降表。这时，多门的军用列车，已经由长春开向吉林。安玉珍等走到半路就和日寇第二师团的兵车相遇，于是他们便上车见了多门，传达了熙洽投降的决意。多门听了以后，便严厉地命安和他坐在一起，并威吓说："如果沿途之上有了一声抵抗的枪声，便立时枪毙你！"于是这两位替熙洽投敌的代表，便初次尝到了当汉奸的真正滋味！

这一满载侵略军队的列车，果然没有碰到一粒子弹的接待，便安安稳稳地到了吉林。熙洽闻讯，便拉了日本侨民的商务会长三桥某当作人身的保险证到车站去欢迎多门的大驾光临，但是因为日寇的武装戒备极严，没有能达到"降将军"所期的目的。

后来，熙洽又一度带着翻译刘燏熏到市内名古屋旅馆去见多门。多门端坐在楼上一室内，参谋军官列坐两旁，就仿佛是要举行什么受降典礼似的把熙洽领了进来。这时，日寇的士兵便持枪把住了屋门，多门装模作样地摆出十足的征服者的大架子，厉声地问吉林的部队一共有多少，现在都住在什么地方；同时，还命他把所有的枪械都缴纳出来，最后还命熙洽负责组织伪临时政府。因为熙洽在当时曾表示了把交代的事务办好以后，便离开吉林它去的意思，多门立刻变了脸，站了起来，气势汹汹地给熙洽与以二十分钟为限的考虑时间。说罢，就带领着那帮狐假虎威的参谋等愤愤而去。这时，只把熙洽和那个刘翻译剩在这间空屋子内，同时更有一名日寇侵略军的下级军官，仿佛是怕这两位"客人"闷坐，以至感到寂寞似的，便一脚跨进屋门，手持手枪对准了熙洽做了瞄准，还另有一名手持步枪的士兵，也像是前来"凑趣"似的对准了熙洽做着"立射预备——放"的姿势。

据说熙洽在这时候，只剩下有木坐不动、狂吸雪茄的自由了。不料那位刘翻译却比熙洽还沉不住气，他害怕自己也要遭受池鱼之殃，便向熙洽行了一个羊羔跪乳礼，同时还涕泗滂沱地对熙洽痛陈利害，劝他不如姑且答应下多门的要求，然后徐为后图也并不晚。于是，这一双膝落地，这一顿鼻涕眼泪，这一篇呕心呕肝的掬诚苦劝，特别是他所说的那句堪作遮羞下台之用的徐为后图四个字，便是一字一字地钻入在熙洽的心灵深处。

正在这时，和熙洽在平日时有来往的日本驻吉林某领事，便和多门狼狈为奸地扮演了一个装好人的尴尬角色，于是就满面堆欢地走了进来，拿出了对熙洽既同情又热诚的语调，并用他的手拍着木坐不动的熙洽的肩头，做了一番花言巧语的游说。就在这所谓有台阶可下的绝处逢生的情况下，熙洽也就松了口气，表示应允了那些卖国投敌的罪恶要求。那位以介绍人自居的日本领事，见他们的奸计得手，便用手拍着胸脯对熙洽说："事情好办，只要能够把地方治安维持住就行。这些事我可以向多门师团长去说。"于是这个狡诈多端的多门二郎便立时换了另一副面孔，嘻嘻哈哈地走了进来，热情地向熙洽握了手，并且把熙洽过去曾在日本陆军士官学校留学时的师生关系也搬了出来，同时还摆上了点心和洋酒之类，表示了老师欢迎学生的诚意。这时，这个在软硬双管齐下的战术中弃甲投降了的熙洽便和他面前的敌人——多门等载笑载言地磋商起卖国的具体方案和步骤来了。在这里，我们也不要忘记那位曾经在几分钟前，尚在跪地痛哭的刘翻译，现在早已破涕为笑地翻弄其如簧之舌，在丧权辱国的会谈中，也相应地发挥了他的桥梁作用。

多门更作出老师处处照顾学生的样子，关怀地嘱咐说："你组织临时政府的时候务须把过去厅长以上的职员全部排除在外，只要是认为可靠的人，你就可以随意委派，来充实这一机构。"并告诉熙洽应当把国民党组织一律剔除馨尽。最后则是用金钱关系来作为攻心的最后一着说道：在动用吉林省官银号的公款时，只要有熙洽的盖章和多门的认可盖印就行。

于是，熙洽便在这威逼利诱的两面夹攻下，向日寇低了头，开始以化险为夷的庆幸心情去组织伪政权了。他在重新坐在吉林省"最高首脑"的椅子上召集了又一次所谓地方法团军政首脑的会议之后，便做出了伪临时政府的组织大纲，在三十日就成立了这个伪政权组织，并通电宣告了吉林所谓的独立，即日正式和当时的国民党南京政府脱离关系，同时更以伪吉林省长官的名义发出了投敌的布告。

这时熙洽便又在"孔家店"的封建思想毒素发作之下，在那潜在于心的"狭隘民族思想"的支配之下，竟异想天开地主张起拥护我的意见来。于是他就把这种意见告知了他过去的老师——多门。不久，日本帝国主义分子白川义则大将曾到吉林来"视察"，因为熙洽是在"九一八"事变后，第一个免胄投敌的民族败类，所以就叫他组织"东北联军政府"，目的是要利用熙洽的地位和实力，来实行"以中国人打中国人"的阴毒政策。熙洽表示自己的资望不够，非把我请出来不可。在之前第二篇内所介绍的罗振玉带熙洽的信到天津的那件事就是熙洽在这以后干出来的勾当。

罗振玉更把他的亲信谢介石介绍给熙洽，熙就重用了谢，立即派他充当伪交涉署长。这就是熙和罗开始正式合流的初步。

从此这个熙洽便完全成了日寇的走狗和利用的工具，一直到日伪垮台时为止。

1. 伪治安维持会的小风波

在"九一八"日本侵略者侵占了我国东北沈阳以后，便将当时的辽宁省主席臧式毅拘押在日本宪兵队内。日本帝国主义的奉天特务机关长土肥原贤二便当上了沦陷后的伪奉天市长。在当时，人心惶惶，银行都关上了门，商店也停了业，省和各县的联系完全陷于被割断的状态。人们大有朝不保夕、不可终日的情势。

但是，这时在当地商务会内的一些所谓"有头有脸"的资产阶级分子，便和当地的旧军阀残余以及在野官僚们勾结到一起，更在日本帝国主义分子的操持下，组织了伪"地方治安维持会"，推选高毓衡、阚朝玺、李友兰、张成箕等为"委员"，更推举"文治派"的大头子袁金铠当"委员长"，更改名为"奉天治安维持会"，帮助日本侵略者，企图麻痹祖国东北人民的抗日意识，努力于沦陷下的所谓治安的恢复。

首先就把实业厅恢复起来，跟着又复活了官银号，这就使形如死街的当时的"奉天市"，在经济上生出了一缕活气。接着又遣散了"奉天兵工厂"的一万余名工人，因为日寇怕他们进行反抗。同时逐渐地和省内管辖下的各县恢复了联系，这就给日本帝国主义省了大量兵力，使日寇越发巩固他们的侵略统治势力。并且把公安局也复活起来，还从日寇手中领来了一批枪械，成立了帮助日寇镇压自己同胞的反动武装力量。就是这样帮助日寇统治者干了三个多月的卖国助敌的工作。

这帮汉奸们无条件地甘心给民族敌人去忠实服务的另一个原因，就是他们都是有自己的目的的。他们是想混水摸鱼，在这群龙无首的局势之中创造出自己一派的势力来。他们是想假借日本帝国主义侵略者的势力，假借这个所谓治安维持会的名义，更假借他们在过去军阀时代中的声望地位来达到他们的政治野心。所以于冲汉也另集结了一部分人，成立了"地方自治指导部"，并且还别有用心地劝袁金铠，不如把这个临时性的东西扩大为全省范围的"省公署"，以便把旧的省组织包括在新的伪省组织内。正在袁沉吟不决之际，臧式毅又在日本帝国主义的刺刀之下做了屈服而被释放出来，当上了伪奉天省长。同时，日本帝国主义匪首本庄繁的大红人赵欣伯也继土肥原贤二之后被任为伪奉天市长，于是，在这群汉奸之中，又起了一场你抢我夺的可耻风波。这个赵欣伯在当上了伪市长以后，便倚仗着他背后的"硬靠山"去行使他的职权，想要把这个临时性汉奸机构——伪奉天治安维持会所占用的房舍收回，但是又怕这帮声望在己之上的袁金铠等拒不交出，便带了一群武装的接收队伍去做硬性的逼交工作。那个圆滑得已经到了老奸巨猾地步的袁金铠，当然是善于观看风色，一看到风头不顺，他便丢下了一贯的热衷和野望，另戴上了一副所谓清高旷达与人无争的老汉学家的假面具来做欲取姑与的暂时退却。可是曾以清乡名义滥杀人民出名的"阚大刀"——阚朝玺，却不会见风使舵的妙诀，仍是搁不下旧军阀的架子，向着气势汹汹前来收房的赵"新市长"毫不留情地破口大骂。赵当然是并没有把这个"阚大刀"看到他的眼里，于是便也忿忿而去，去找他的撑腰者本庄繁来给他做主，并且还把这种狗咬狗的汉奸之间的争权夺利丑事扩大成为阚的"敌意抗拒日本军部命令"。于是，本庄繁便拿出殖民地统治者的威风来，立即使这个曾经威震东北的阚将军尝了两个月在日本宪兵队里"做客"的妙味。于是，就在这种"医治"汉奸百医百效的方法下，终于使这位阚将军放弃了多少年来的八面威风。他在得到恩释之后，便在无可发泄之中，把自己的名字"朝玺"二字，改为"潮洗"。据推测，这区区两个字的后面，也仿佛是含有无限意义似的。一来可以拿潮洗二字向殖民地主人——日寇来表示一下洗心革面的"悔悟之忱"；另一方面则是可以借这潮洗二字，来发泄一下向上爬反跌跤的汉奸伤心情绪，也就是想以这种含蓄极深的两个字，借以表示一番当汉奸的满腹抑郁牢骚而已。这不是等于说"付诸东流吧"是一个样的么！于是，这个伪治安维持会便算是寿终正寝，而袁金铠则是当上了伪省公署的高等顾问。

从这个当时的小镜头里不但可以看到这些汉奸彼此勾心斗角争权夺利的丑态；还可以看出汉奸在当时，确是对日本帝国主义侵略者做了不少的帮凶工作；同时还可以看到日本帝国主义者对汉奸的驾驭手法。话归本题，这也就是日寇在当时横行无忌、狰狞面目的小小一斑。

2. "吃人嘴短，拿人手短"

在伪满政权初成立以后，所谓第一次伪阁议，当然还是得按照关东军高级参谋板垣征四郎所传达的关东军司令官的计划行事。在当时日本人的伪总务厅长驹井德三的主持下，在伪阁僚——"总长"的面前桌上，预先放好一份一份的牛皮纸口袋，袋内装有早由关东军给立好了的，更由日本帝国主义分子给起草并印就的所谓议案。在当天这些议案中，最主要的是：伪政权各部、各省的机构中的日本人官吏的配备比率数表。熙洽看了这样的议案，便"不揣其本而齐其末"地发了脾气，怒声怒气地向驹井德三质问说："这个比率表是从哪里来的？"新政府"刚成立，这样的东西，是由谁给做出来的？"并且还继续追问道：日本军部也没有对我说过这样的话，这到底是怎么一回事？

于是，这个伪总务厅长便拿出了殖民统治者的态度，对于他的名义上所谓上级的总长把脸一翻，拍着桌子厉声制止熙洽的发言，并且还念起专门制伏汉奸的紧箍咒大声说："这是日本关东军的命令。""满洲国"政府对这样的事情，是没有发言余地！然后对准了汉奸的致命穴道扎了一针说道："在成立"新政府"的时候，哪一个人没有伸手去接关东军给的'机密费'（郑孝胥得了一百万元，各伪部总长也都各得了二三十万元不等）？等到把钱拿到手里之后，现在又想出来捣乱，你们要知道，这个'满洲国'是日本人拿鲜血换来的！"

熙洽在这当场出彩的大栽跟头下，大憋其气，不过是谚语说得好："吃人的嘴短，拿人的手短"，既是拿了人家的钱，还充得了什么好汉，只好是忍下这口窝囊气。可是驹井德三却因为制压汉奸有功，立时从伪总务厅长的职位，升格为伪国务院总务厅长官。从此他更可以高高坐在各伪部总长之上，颐指气使地来支配一切。而这位熙先生呢，则只能是在悻悻回家之后，把那笔形同卖身契的三十万元罪恶钱，交到他的那两名心腹喽啰张燕卿和谢介石之手，而硬充好汉地严声吩咐道："我们'满洲国'建国，用不着日本关东军的'机密费'，把它给退回到关东军去。"这两个头目便唯唯连声地把钱接到手里走出去了。据说这两位"识时务的俊杰"，并没有让他们的长官去吃失欢于日本主子的大亏，而是在为熙洽着想的情意下，把这笔奉命退回的赃款，平分春色地分为两份，每人往自己的腰包里揣入了十五万元，然后向熙洽报告说是完成了退回的使命便算了事。

据说，熙洽直到伪满临垮台时为止，方知道这三十万元的究竟去向。不过是，熙洽在伪满的十四年之间，总算是始终尚未失去日寇的欢心，因而也就使他终于成了从贼到底的汉奸。这也正是因为他既是出卖吉林首先叛国投敌的叛徒，又成为日寇所最信得及的汉奸。

3. 古版今刻的"王孙泣路隅"[①] 图

在一九三一年十月的时候，那有着以前清贵胄的政治资本，想要借着日本帝国主义侵略我国东北的刺刀势力，来尝一尝中兴君王滋味的恭亲王溥伟，便仗着他"宗社党"老牌子而在日本浪人、中华民族叛徒等的架弄下，戴上了从柜顶上找出来的宝石顶和三眼花翎的清朝礼帽，穿上了从箱底下翻出来的过去所谓清代礼服——行装，在腰间更把尘封锈涩的绿鲨鱼皮鞘腰刀挂了起来，还在脚上穿好了除了在舞台上，平日不能轻易看到的乌缎官靴。在装扮停当以后，便以一个所谓嫡系皇孙的资格，带了一群专门捧臭脚和架秧子的所谓临时仆从，大吹大擂地前往新宾（即清代的"兴京"）清朝远祖坟墓和沈阳的东陵、北陵大祭其祖。

不过这并不是说，他对于多年以来从没有祭扫过的祖坟，忽然间又生出了一

① 原句为"腰下宝玦青珊瑚，可怜王孙泣路隅"。出自唐代杜甫的《哀王孙》，描写了安史之乱长安陷落之后，被委弃的王孙在路边哭泣的场景。

种孔家店借以迷惑人的什么慎终追远或是什么孺慕不改的旧礼教的观念来，实际上则是想要拿这种消灭多年的汉家官仪来卜察一下当时一般人心对于帝制的——也可以说是对于他的向背如何而已。就拿他自己对于这次大出政治风头后的感想来看，就自供出这次所以要来一个所谓人心测验的动机是在哪一边的了。

当他在这次堂而皇之地祭完了祖墓以后，曾对人发表了这样的感想：“真没有想到在我这次祭祖的影响下竟聚集了这样多的人……”他并不知道，所谓那么多的人，只是对于他的奇形怪状，凑聚起来看一看热闹而已，并不是什么人心所向的表现。而他却在野心迷梦的昏头昏脑下，竟自发生出对自己影响力的盲目估价来，足见他对于这次所谓意料之外的收获是曾感到怎样望外之喜的了。因为他从这次的招摇行动中得到了“信心”，所以就更加“东套头、西拉拢”起来，乌烟瘴气地闹得不亦乐乎。

尽管这位饱尝寓公风味已久而“起蛰思蠢”的“王爷”，在他的名望地位上，自以为是得到了锦上添花的好成绩，尽管在他身旁，有一些日本浪人在四处替他兴风作浪，尽管有一批封建残余的官僚迷和野心家都想借着这位“王爷”的“威光”享受一下攀龙附凤的重过官瘾滋味，但是“强中更有强中手”，那些杂牌的地头蛇之类，究竟是敌不过我这名牌老货——清末皇帝。

有一天，驻朝鲜日本侵略军高级参谋金子定一中佐，在沈阳的满铁医院内借了一个房间，使用肃亲王善耆的儿子宪立，把那位风云中的王孙——溥伟请了来，于是就在宪立的翻译之下，对这位正在兴高采烈往上爬着的龙子龙孙下了一个军令如山的逐客令。据说内容大致是：

“你的这种政治活动，是和关东军的现行政策大有抵触，希望你赶快断了这种念头，立即老老实实地回大连做寓公去！”

溥伟听到了这种晴天霹雳般的口头最后通牒后，真不亚于冷水浇头一般，立时便把他那满腹的望外之喜变成为意外之惊。因此，就在这瞬间由沸点变成零点以下的急剧心情变化下，他终于被逼得暂时放下了自己的王爷架子，而显露出他的“弱者”本能来，声泪俱下地对这位作为命运支配者的日寇做了招人怜悯的哭诉。

他这番痛哭陈情的大致内容是：

“现在已经把事情发展到了这样地步，投资帮忙的人也有了，愿为羽翼的人也有了，名声也闹出去了，而忽然叫我偃旗息鼓抱被褥回家，在这种势同骑虎的情势下，可叫我怎么办？这些人怎能容我抽身便走？并且这次的出山打擂本是买空卖空式的一种没有实际本钱的买卖行为，我不但对于这群众星拱月的谋臣策士无法遣散，就是住店多日的房饭钱我也无力支付，现在叫我立时撒手回大连去，我就是想走，他们也是不会放我走的。"

像是这样的事，对于这位路隅的王孙，固然成为无法摆脱无从解决的致命难关，可是在那赫耀一时的日寇关东军说来，这样的事简直是一些提不到话下的鸡毛蒜皮的小事。本来么，连人家的国土都能随便侵占，邻国的人民都能随便屠杀的法西斯强盗来说，对于替"王爷"偿付一些店里的房钱、饭费之类的小事情和驱散一群逐臭的蝇子那又算得了什么。于是，金子定一便把适才的威风煞气收了回去，立时换出了颇含笑意的另一副面孔，同时也把打雷般的声音缩小到慈父训儿那样的程度说道：

"没有关系，一切都好办！都不成问题，这些都可以由我们军部负责给你解决，只要你能撒手撂下一走即行。"

于是金子便命宪立给这位"铩羽归去"的恭亲王买了回到大连去的车票，并且还体贴入微地给了他路上所需的一些路费，而迫使他登上了意冷心灰的回家之途。

至于对他所欠下的店钱之类的偿还以及那帮梦想攀龙附凤的人们，当然都会由日寇的金子参谋给负责处理。不过是，从这幅王孙泣路隅的画面中，是能够更看出以下的种种实际问题的。

一向专门驻在朝鲜担任镇压朝鲜人民的日寇军，一大部分为什么会在"九一八"事变爆发同时，就能够立时审过鸭绿江开到我国东北来和当时的日寇关东军并肩从事于罪恶的侵略战？如果不是日寇侵略军的参谋本部早就有了统一的罪恶的计划，是绝对不会做出这样迅速的扩大侵略行动来的。这不是对日寇法西斯强盗处心积虑的罪恶企图又一个明显的实际证明么？

同时，还可以由此看出日本帝国主义对于组织伪满政权的阴谋毒策，也是早有既定的方针，从以下的事实经过中，可以明显地说明：尽管那些日本浪人乘机四处纵火，尽管那些汉奸都各有各的仗恃与神通，但是操纵整个局势支配一切的仍然是日寇侵略军。这就是溥伟之所以被撵下了擂台而我之所以被抱上了伪执政椅子的一些内幕。

　　还可以从这一段事例中，看出日寇对于汉奸是如何分批培植，如何因时适地地利用了他们，就如同晋代陶侃连竹头木屑都不肯丢弃，而把它分类储存起来，等到后来急需造船时，便物尽其材地做了有效的利用一个样。例如，为什么偏偏要用朝鲜军的参谋和溥伟做交涉，而不用板垣、石垣之类的人？还不是因为这个金子定一曾在日本士官学校的中华民国留学生队中当过中队长，因而和善耆的儿子宪原、宪基、宪开、宪方等都有过师生之谊，所以才使金子对溥伟去下逐客令，同时利用宪原等的弟弟宪立来做翻译，并使他去担当强迫登程的解差，这也是有着周至的用意在内的。

　　请想一想，日寇对于汉奸的使用，是不是早就胸有成竹而早就从多年以前就预先替自己的侵略行为筹措得完完备备？而这些也就正说明日寇为了实行它的侵略野心政策，而预先埋伏好的种种线索之一端。

　　王孙泣路隅的事例，暂且介绍到这里为止。

七、我是这样当上了伪执政的

　　自从我对板垣征四郎无条件地答应了愿去当伪执政之后不久，日本帝国主义者便操纵着伪最高政务委员会，嗾使那些所谓代表各地方实力派的"巨头"，冒充了代表当时三千万东北人民的代表，第一次到旅顺来见我。他们就好像是一排传声筒和扩音器似的，异口同声地说着虽不愿意说，但又不能不那样说的口是心非的"好话"。例如说什么"衷心"邀请我，"衷心"拥护我出来担任"执政"等。而我这个正在准备停当，待聘下山的人物呢，更是和作戏一样，不但是在事前就已经知道将有这批人要到这里来演一顾茅庐的连台戏，并且也就早由郑、罗两位左辅右弼的谋士，和操纵我当时整个命运的全能主宰——日本帝国主义分子预先给准备好，并已经排练纯熟了怎样对于这"第一顾"去作照例推辞的"台词"。于是，这两方面的汉奸角色，便在日本帝国主义分子的综合导演下，即使那帮不远千里而来的代表们把劝进的台词背得又烂又熟，同时也使我这个高卧房中待聘者就按照总导演的预定排演计划，装腔作势地做了第一次的"固辞"。于是这出"第一顾"的"打炮戏",就算是扮演完了。

这出"第一顾"中的演员们回去之后不久,于同年二月左右,又来到旅顺做了第二次的所谓请愿。在这次冒充代表民意的所谓代表,在人数上又比上次多了不少,如张燕卿、谢介石、冯涵清、林鹤皋、凌升和赵仲仁等之类的种种角色,当然,这次是要再接再厉地来请求我允许担任伪执政的了。于是,我就在预定的计划下,便点了头表示了应允。

跟着就在一九三二年二月底赴长春就任,当火车经过汤岗子时,又在对翠阁做了一次旧地重游,并在那里住了一夜。我到了这个地方之后,那张景惠和赵欣伯又代表着赝造的所谓民意来欢迎我到长春去当伪执政。

次日,就在这戏剧性的过场逐幕排演的同时,我也就更进一步地沉陷到更深的罪恶泥沼中去。

我到了长春车站之后,就看到有许多日本鬼子和汉奸等都整列在那里迎接我。此外,还有被敌伪宪兵警察给逼出来的所谓代表民意的代表以及一群从吉林被架弄来的封建残余分子之类,也都手里拿着黄龙旗来凑热闹。

可是当时的我,却在这种戏中戏的人为空气中,被感动得落下了感极而泣的无耻眼泪。

我在当时,并不是不知道日寇在垄断着当时所有的一切,更不是已经满足于执政(没能当上皇帝)的当时处境,同时也清清楚楚地知道这帮鬼子和汉奸都是各怀鬼胎。可是为什么我却对于这种制造出来的欢迎,竟会感动得流出了泪?如果我在当时不是被"领袖欲""皇帝迷"冲昏了头脑,又怎能够表现出这种"悲喜交集"的丑态来呢?特别是当我一眼看到那帮封建余孽——满洲旗人,手里拿着前清的黄龙旗向我欢呼的时候,更是使我生出了"不图重见汉宫仪"的感情,觉得自己仿佛又重新回到老家一样。足见这种封建统治阶级的反动阶级本质,真是除了看得见自己当前的一些鼠目寸光的私利之外,连最起码的一般理智和最小限度的民族良心都没有了。这也就是和"鱼只见饵而不见钩"的原理一样。

我到了长春的次日,便在日寇关东军司令官本庄繁、参谋长三宅光治、高级参谋板垣征四郎以及石原莞尔参谋等的参列之下,举行了人人唾骂的伪执政就职典礼。

当郑孝胥代我宣读了伪"执政就任宣言"后,我就在日寇汉奸的层层围绕下，当上了万恶不赦的伪满傀儡头子，更在院中升起了遗臭万年的伪国旗。

尔后更在院中举行了一个敌伪正式合流的庆祝酒会。并且，这帮毒蛇怪兽又合摄了一张纪念像，把这一滔天罪行的铁一般的历史丑态完完全全地留了下来。

郑孝胥对我讲，他已接到了本庄司令官的正式授意，说要他来坐这伪国务总理的椅子。自然我也就立即点头答应了。于是他就把早就拟定好了的各部编制和伪总长的名单拿来交我过目之后，便以我的名义予以发表。同时还决定令谢介石以伪外交总长的名义对各国发出了要求承认伪满洲国的所谓通告。

从此，这个专门帮助日本法西斯强盗残害自己同胞的伪满汉奸政权，便在日寇的卵翼下，正式建立起来了。这就是说，以我为首的这批毫无民族气节、卖国求荣的汉奸集团，从这天起，便开始了从实际行动中去助纣为虐，而对我东北人民进行统治、镇压、奴役、掠夺等的罪恶活动，并且还以此为基础，更进一步去助长日寇的凶焰，致使它的侵略势力更扩展到我们的大半个中国。不但是我祖国人民所受到一切灾祸，我应当负完全的罪恶责任，就是亚洲各国人民所受到的日寇侵略祸害，也都是由于日寇在东北占有了这一重要军事基地的缘故，所以我对此也必须负罪恶完全责任。

总之，拔本塞源，这都是由于我的封建统治阶级的反动思想——绝对利己主义的思想，完全支配了我的头脑，所以才不论碰到什么事情，总是首先把自己的个人利害放在第一位上。不但是对于自己的盲目向上爬，是一向不择手段，就是对于为要保存自己的既得地位或是为了苟全自己的性命，也是不择手段的。例如，为了想要复辟清朝的一姓统治势力，便不惜勾结外敌来践踏自己祖国的神圣领土和屠杀自己祖国的人民，因为害怕日寇的翻脸无情，便事事屈从，不敢稍有违抗，哪怕屈辱到不能忍受的地步，仍然还要忍了又忍，去做那"唾面自干"式的谄媚逢迎。我在祖国东北的沦陷期中，就是这样十四年如一日地当着日本法西斯强盗饲养下的最驯顺的忠实走狗。我不但丧心病狂地忠实执行了日本帝国主义对我东北人民所进行的屠杀、镇压、奴役、掠夺、欺骗、侮辱等殖民地统治政策，并且还"变本加厉"地支持了它的法西斯血腥侵略战争，把整个东北变成为它的主要军事基地，大大增强了它的侵略自己祖国，并侵略亚洲各国的狂暴势力，给自己的祖国人民以及亚洲各国人民带来了史无前例的大灾难。

更具体地说，例如在我这罪恶行为的十四年间，由于我一手所签订的卖国密约和种种卖国协定，以及由我签名盖章颁布的伪诏书和经过我的所谓裁可、签名盖章而实施的各种伪敕令、伪法令，并随之而来的各种残害人民的政策等等，哪一样没有给我东北以及全国人民带来了不可估计的灾祸，所有这一切严重罪恶的后果，完全是我一手所给造成。所以，我过去所犯下的罪恶真是擢发难数，万死也不足以蔽其辜。

第四篇

长春时代

第九章

一、百鬼昼行的所谓"新京"

自从这个长春被污染上了"新京"的臭名衔以来，果然它真不愧是个鬼子和汉奸的汇萃之处，立即现出了新殖民地首府千奇百怪的景象来。在街头巷尾到处都可以看到趾高气扬、横冲直撞的日本帝国主义侵略者的兵士；耀武扬威的腰拷日本军刀，足穿长统皮靴的关东军军官；高插着有关东军特权标志的小旗，坐在汽车内不可一世的日寇法西斯将领；狐假虎威地抱着鸡犬皆仙的优越感而挺胸叠肚的日本人；满身东洋气息，嘴留仁丹胡满口日本式名词的鬼子特务和日本翻译；志得意满，官僚架子十足的傀儡政权中的卖国"新贵"；鸭步鹅行，满口诗云子曰，好像是惊蛰出土的昆虫似的封建残余古董；解开腰间皮带打人，随便开口骂人，扛着轻机枪逛窑子的伪军兵士；见了日本人点头哈腰，满脸堆笑，见了自己同胞便横眉立目、盛气凌人的伪警察；斜拷皮盒子六轮手枪、臂缠特务符号、昂头阔步、虎视眈眈的日寇宪兵，等等。在当时的长春，从整个表面上看，简直可以说是已经到了"有人皆魑魅，无处不肮脏"的幻灭地步。我举当时的几个实例来介绍一下在沦陷当时的悲惨龌龊的情况。

1. 女扮男装的川岛芳子

从来就以和日本帝国主义分子特别是和日本法西斯军官有紧密联系而臭名昭彰的前清肃亲王女儿金璧辉——川岛芳子，这时便也以日寇女特务的姿态在东北大肆活动起来。她在一起初，是以身穿马褂长袍，头戴镶有珍珠宝石瓜皮小帽的男装，以奇形怪状来大出风头，后来索性改成肩列伪将级军官的满金肩章，身

川岛芳子

穿伪满军服的男装女将了。并且还自称为司令。所到之处，总是照例要带着一群青年鬼子和汉奸以及流氓特务之类，作为她的保驾打手，而神气十足地出入于饭店、舞场之类的公众场所，真是达到了路人侧目的地步。而当时的日伪报纸、杂志以及电影、广播等，更都把她捧得上了天，不是称她为男装的美人，便是把她描绘成为一个"巾帼英雄"的形象，致使在当时一些不知道她究竟底细的人，也盲目地认为她是一个了不起的人物，甚至还有人竟自给她加上了"谜的女杰"的绰号。因此，她也就更加得意忘形起来。因为她完全是凭借着日寇的势力，对于日寇军部方面，尤其是因为她和当时的日本宪兵特务，经常保持紧密的联系，所以当时一般人即使受到她的欺侮和敲诈，也是敢怒而不敢言。所以她也就愈发肆行无忌起来。至于一般汉奸们，则更是不敢对她稍有一些违逆的了。

在当时的这种百鬼昼行的时代中，特别是这个女怪物闹得更厉害，因而颇有一些"耳食之流"的人物，认为她确是一个神出鬼没、不可捉摸的神秘存在，其实，说破本是不值半文钱的。只是因为她不但经常乱搞男女关系，并且还善于吹牛说谎。例如，她说曾用跳伞落到海拉尔去诱说抗日的苏炳文将军，致遭其部下枪击而弹头尚留在体内，以及教给日本某师团长骑马等的无稽之谈，来作为哗众取宠的材料，所以她的行动就愈发神秘了起来。其实她只不过是一个被日寇军阀尽情玩弄的、堕落到了不可救药程度的卖国女贼而已。

据说，她的结果是在一九四五年日本帝国主义无条件投降以后，便被国民党军队从北京捉到南京去，在惩治卖国女间谍的罪名下，结束了她龌龊丑恶的一生。

2. "翊卫军"的兵士

在伪满十四年中，一直担任保护伪宫的这支武装部队，在一起初是被叫作"翊卫军"的（后来改编为伪"禁卫队"和伪"禁卫步兵团"）。名义上虽然是个军，其实在当时，也只不过是拥有约一个营内外步兵的兵力，并且还是由熙洽从吉林各伪部队内拼凑而成。据说，在乍一开到长春时，因为其中的伪军官和伪士兵都是东拉西凑而来的，名符其实的乌合之众，所以军官既不认得兵，兵也认不得他们所谓的官长。因此到了长春在正式整编时，有些士兵的阶级，则完全由于自己的委派而成为当时的正规编制的。例如有些比较狡黠的伪军士，便在自己的肩头上，安上一对上士的肩章，那么他就成为一个正式的上士，而那些比较鬼头些的伪兵，也同样是用这种自我任命的方式，得到了二级跳或是连升三级的拔擢。在站岗时，因为各排各班都同样处在杂乱无章的状态中，既没有名册，也没有工作制度和规定，所以就专靠个人的高兴和个人间的互相通融，去执行对我保卫的任务。有些狡黠的兵，为要安然做一夜的好梦，便钻到木板床下去睡大觉，或是藏在不易被人发现的好隐蔽场所，于是到了换岗的时候，便得由他们的上级硬逼那些比较老实的人去替他们打补子。有的还以一顿饺子或是一碗面作为代替站岗的公平交易。于是，一些既无钱又窝囊些的人，有时就得在风雪交加的深夜里，或是在炎日当空的盛暑下，连站两三个小时的岗，也没有人前往替换，有时便不得不抛弃了所担任的岗位，回到兵房来大吵大骂。至于酗酒、赌博和打架、溜号等事，更是司空见惯的家常便饭，甚至还有一些兵士手持步枪或是扛着轻机枪时常到妓馆去寻欢取乐。有一次就有一个兵士因为受到了妓女的慢待，便开枪打死、打伤了五个人，然后就脱下军服塞在水沟内，而把武器背起一跑完事。

诸如此类的情形，在一九三二年伪组织乍一成立的当时，是很多的。等到日本人当了伪军官之后，逐渐掌握了伪军实权，就变成准奴隶兵营了。

3. 刘准尉的企图

在担任守卫伪宫的上记部队中，有个姓刘的准尉，因为他平日吸食鸦片，钱不够花，日本宪兵队内的特务腿子，就想利用他这一弱点，发现一些什么问题来邀功，于是便特意寻找机会和刘接近。不料他俩结识之后，明侦暗访多少日子，也没有发现出一些什么征候来，但这个为了自己向鬼子邀功不择手段的特务，便在寻找把柄不到的情急之下，想出了一个栽赃陷害的毒计来。

有一天，他故意作出同情刘的样子说："老弟，现在你既有这样的一口累——指吸鸦片而言——每月队里的那点薪饷是不会够的吧？不想个法子可不行啊……"

刘听了叹了一口气说："这又有什么法子可想？"那个特务见刘已上了钩，

便更进一步作出想替他设法的样子说：发财并不难，这就看你的胆量如何了！

刘认为他在开玩笑，便也笑着说：你别捣乱了，难道叫我持枪做强盗吗？

那特务却一本正经地说：我还能调理你，叫你去干那冒险的蠢事？我对你说实话，我有一个朋友，想要寻找一张宫内府的房舍位置图样，如果你能把它弄到手，我敢保你能发一笔大财。

刘听了吐了吐舌头说：这样的事，可不是闹着玩的。并且那样的详图，可叫我从哪里入手啊？

特务见他心已似乎有些动摇，于是又说：这样的事，是神不知鬼不晓，又有什么危险可言，我敢保不让你暴露出来就是了。接着又说：你不是成天际在那里服勤务吗？只要你能画出一张可靠的草图就行，我保你能够得到一大笔外财就是了！

于是这个求财心盛的刘准尉，便煞费苦心地画了一张伪宫概略位置的草图。那特务更同他约好，叫他在某月某日某时，把这张图秘密送到某处，交到一个届时在那里等候接图的人，并保证钱图两交，万无一失。于是这个刘准尉便如约前往，结果是在人赃俱全的事实下，被捉送到伪法院，被判了一个无期徒刑。这个特务，当然因为破案有功，受到了相当的褒赏。

二、卖国密约——伪执政的代价

日本帝国主义对待汉奸，是一贯使用放高利贷的方法来劫持他们的。首先是有效地采取了欲取先予的偷鸡撒米方针上赶着先把钱给你送到面前，等到你要伸手去拿时，他们便又会另换一副面孔，不但是毫不留情地先从其中扣去几成的所谓"利息"之外，还用惊人的盘剥方法去进行无止境的剥削。而这个借钱的人更是无法摆脱这种利上加利、利中滚利的反复剥削的了，于是只得干脆落到他的债务圈子内，永远也不得翻身。日寇就是用这种阴狠毒辣的办法来对待我的。

当我在一九三二年三月到了长春，当上了所谓伪执政后，当时的日寇关东军司令官本庄繁便立即摆出债主的架子来，经过郑孝胥之手，把一张彻头彻尾的卖国密约拿到我的眼前，不但是把东北所有的矿山、港湾、航运、陆运（铁路交通）等一切的权利，罄其所有地断送到日寇之手，更从广义的方面来看，真可以说是上自天空，下至地底，完完全全都由我全盘托出，双手奉献了。同时，其中也包括了日本帝国主义的移民政策，以及日伪之间的所谓经济同盟。此外，如用日本人来充当伪满的最高顾问，等等。像是这种包罗万象的卖国密约，如果拿它来和袁世凯的"二十一条"卖国条约相比，那么，那个曾经引起全国人民的无比愤怒和遭到世界各国人民舆论斥责的"二十一条"，还比我无条件承认的这个卖国密约有着天地之别呢！

本庄繁提出的这个要求，也就是因为日本帝国主义以正式承认我当伪满洲国执政，来提出这一带有要账式的交换条件的。而我呢，也就在患得患失、卖国求荣的心理下，丧心病狂地整个答应下这一罪恶要求，以致在以后连续而来的一步紧似一步的种种卖国殃民协定，全都是从这里脱胎而出，只不过是把其中的内容从密约变成正式公约，从笼统的章句，变成为更具体的条项，从非正式的东西，变成合法化的证契而已。

像是后来在同年（一九三二年）日寇关东军司令官兼驻伪满特命全权大使武藤信义和伪国务总理郑孝胥之间所签订的所谓《日满议定书》，则是把上记卖国密约做了合法化的正式手续，并把它添枝加叶地具体实现了。再加上所谓的"日满共同防卫"，那更是由我首先点头承认了日寇在东北的永远驻兵权利。因此，这不仅出卖了东北人民的一切利益，而且更由于我的甘心情愿，才把这块祖国的神圣领土，双手拱献于日本法西斯强盗，任其把它当作从事疯狂侵略的军事基地，不独使东北人民在过去十四年长期呻吟在日寇的皮鞭和刺刀之下，并且还使日寇充分利用了这块军事基地，而更进一步地侵略我们整个祖国的大片国土，大量屠杀了我国的父老兄弟姐妹，终于使自己的祖国受到了一千万以上的宝贵人命牺牲和五百亿美元的严重物质损害。还不止于此，就连日寇侵略越南、缅甸、菲律宾、爪哇以及威胁苏联的罪恶活动，也都是因为它充分利用了这块军事基地上的人力、物力、财力所造成的。足见这个出卖祖国全东北人民利益的罪恶协定，真可以说是伪满十四年来一切罪恶的总出发点，而这个总出发点上的罪恶者本人就是我！

三、到长春以来的生活一斑

明明采用的是伪执政的制度，可是偏偏又有了什么伪大同的所谓年号；明明绝对不是"复辟"，可是偏偏在当时的敌伪之间，却有很多人把我称为"皇上"。诸如此类，真是一种荒诞离奇的现象。因此，就连我当时在长春伪执政府内的生活，也当然不能出乎上述的矛盾情况之外，总是有着两重或是三重的性格。

固然，日本帝国主义分子在当时是承认我是个伪执政的了，可是除了公式，在那些日本帝国主义分子当中的某些人，也还是公然地对我以"皇上"相称。至于在那帮封建残余者之间以及在我家庭之内的小圈子里，那更是一切都要率由旧章的了。请想一想，就连当我狼狈遁入北京日本公使馆的时候，以及在天津做"租界寓公"的时候，尚且没有一天丢下过"皇帝"的臭架子，何况是到了长春，当上了伪执政。尽管当时的我是一个纯粹的大傀儡，但总算是又登上了政治舞台，在某种程度上，又可以公然地摆出统治者的臭架子来，并且在那时拿我当作求差混饭对象的寄生虫豸，也比过去繁殖了不知有多少，在拍捧齐下的生活中，也就使我身上的"皇帝"气息当然越发浓厚起来。像是那些向我称臣跪拜、歌功颂德、献功邀宠以及卖身投靠等应运而生的人物，真如麻蝇聚粪一样，都纷纷围绕着我乱乱哄哄地闹着。不用说，在我那称孤道寡的生活中，是会越发增添了不少活气的。同时，也使我那以帝王自任的雄心也就同吹肥皂泡一般越发胀大了起来。不过是，我在当时所谓的"君主"威风仍然是被局限于在我那家庭的小范围内，只能是袍笏登场地饱尝那身为傀儡的滋味，而未能达到真正专制魔王的独裁野心。不论当傀儡汉奸，或是当专制魔王，总之，这都是背叛祖国人民和危害祖国人民的罪恶行为。

1. 我钻进新鸟笼子

在我爬上了头号汉奸——伪执政的交椅后，有一天，我忽然逸兴遄飞地想要到当时长春的唯一公园（西公园）——即现在的胜利公园去散步，于是便同我的妻子和两个妹妹坐上汽车逛公园去了。不料，我这种不告而出的举动，却惊动了日本帝国主义的宪兵和警察等，他们便立刻大惊小怪地慌作一团，就在刹那之间，把这个公园完全包在严密的警戒网中。成群结队的汽车，一批一批的敌伪当地官吏，都一齐由四面八方向这个公园"杀"来。我看到形势不对，便急忙坐汽车回伪执政府。从此以后，便在日本帝国主义分子"善意"的压力下，把我重又收入到长春的"新鸟笼"内，除了所谓必要的正式出门之外，一直到"八·一五"为止，我从未自由地出过这只"鸟笼"一步。

2. 不揣其本地制造党羽野心

我为了蓄养我的实力，曾想出了不少"不揣其本，而齐其末"的方法，想要替自己培植出一批专为我个人效死的武装心膂股肱来，于是就干出了不少件既卑鄙可恨又愚蠢的事情来。我想先从比较远些的事例说起。

例如，在"九一八"事变后，我便想起了曾经在一九一七年到北京亲身参加过张勋叛变的所谓复辟事件的张海鹏来。这时张正带兵驻扎在东北洮辽一带。恰巧这时，我的本家侄子宪原、宪基刚从日本士官学院毕业回国到天津来见我，并说他们将要往东北去投奔张海鹏。我听了认为良机莫失，便用黄绢写了一封所谓的信，信中大意是勉励他要好好地静俟时机的到来，俾能帮助我进行复辟的罪恶活动。并找出一些行贿的所谓礼品一齐交到宪原等之手，使其面交张海鹏。后来宪氏兄弟见到了张海鹏之后，便都被留在他的部队里，当上了军官。

在一九三一年，日寇甲级战犯土肥原和我做了勾搭后，又在天津日本驻屯军通译官吉田忠太郎向我建议，说现在有几个从日本陆军士官学校毕业的军官留学生都在东北，我可以给他们写一封信鼓励鼓励他们，在将来能给"新国家"效劳，并说现有一个叫森赳的日本军官将赴东北，可以托他给他们带去。

我听了这种实获我心的"高见"，当然是高兴异常，便又拿出黄绢来，本着下诏书的心情，给宪原、连组、郭文林（连为善耆之孙，郭为蒙族）等写了信，叫他们伺机帮助我，并"封给他们以上校的空头军衔，还送了他们和当时蒙古贵族凌升一些礼物，都交森赳给带去了"。

除了我在当时曾极力拉拢想拼凑一些能给自己卖命的打手之外，以后在伪满更想进一步培育一批自己的嫡系炮手，于是，便利用了伪执政的地位，从自己的亲属和亲信之中选出了十名自认为可靠的"可造之才"来，而把他们送入了日本士官学校里去留学。

我现在先介绍一下这些位所谓可造之才与我的关系。

我的弟弟溥杰，我的内弟兼妹夫郭布罗·润麒，我的叔伯兄弟溥佳（即金智元，伪执政府侍卫官），我的堂侄毓峻（伪执政府侍卫官），我的使用人祁继忠，熙洽的外甥马骥良（伪执政府侍卫官），张彪的儿子张梃（伪执政府侍卫官），我的族侄裕哲（伪执政府侍卫官），赵国圻（伪执政府侍卫官），还有所谓非"嫡系"的"杂牌"留学生庞永澄、孙经纶和孙文思（孙其昌的儿子）共十二个人。

不过是，这些位在当时所谓的陆军将校候补生，因为不是所谓皇亲国戚，就是官僚子弟的缘故，都是纨绔积习熏染甚深的人物，所以到了毕业的时候，只剩下九员"大将"了。后来这帮人在毕业回来后，都被当时的伪军政部给吸收了过去，都被正式编入在伪军之中，然后并把他们分散开来调到伪军的各部队去，结果是并未能达到以我为中心从事工作的预期目的。

此外，除了我由天津原来带来的十几名"保镖"之外，我还在当时从蒙古、北京等处陆续共招来了三百来名青年，编成一支分三个队的所谓护军。不过这种编制是和过去在北京清宫里的护军不同，并不是皇宫警察的性质，而是一种变相的陆军，不但拥有步枪、轻机枪之类的武器装备，就是教育训练等，也都是按照正规陆军的方式去施行。当时任该伪统领的是伪上校郭文林和三个伪少校队长，其中的两个队长都是拿我的亲信来充当，并且还使我那心腹喽啰头目——伪执政警卫处处长佟济煦亲自管辖着这支伪部队。当时，对这个队的士兵所灌输的思想教育，都是以我为中心的绝对奴化教育，同时还时常使佟济煦到队里进行所谓精神讲话，对他们进行尽忠于一人的封建反动教育。一方面我还经常用赏赐的名义给他们以野猪、鳇鱼、酒肉之类的东西，作为邀买人心的钩饵。还把其中认为成绩优秀的人，选送到日本陆军士官学校去进行所谓军事上的深造。固然，日本帝国主义者很快就发现了这个"漏洞"而把它堵死，但是我也送去了两批一共四五个人到了日寇的"军阀育成所"——陆军士官学校。

不过是日本法西斯强盗们是绝对不会让它的傀儡——我，能够制造自己势力的。

恰巧有一个星期日，当这批变相的陆军放假出营的时候，在长春的公园内，因为游船的关系，起初是和一个拒不卖票的朝鲜人发生了争端，后来园中的日本人群起干涉并围打这二十几个人的"护军"。后来日本鬼子越聚越多，于是发生了团体的斗殴。日本鬼子放出的警犬，也被"护军"踢死了。因为这些"护军"都多多少少会一些我国的拳脚之类的武术，所以便以绝对劣势的少数人把他们打得落花流水。这时，日本人当中还有两个横行无忌的日寇关东军参谋也受了轻伤。因此，这给日寇关东军提供了寻衅的借口。后来，日本宪兵队用汽车从伪宫内府里逮捕了很多的护军，都给关押在宪兵队内，进行了惨无人道的严刑酷讯，如灌凉水，用皮鞭抽打，并迫令他们裸体跳舞等等，而日寇则围观取笑。并且还打算把这件事扩大到"反满抗日"的方面去。所以当日寇一把这顶"大帽子"祭了起来，我这个"畏日如虎"的伪皇帝便沉不住气了，只好一再向吉冈安直（关东军参谋、伪帝室御用挂）哀求，乞其转圜了。结果是由吉冈代表着日寇关东军参谋长东条英机向我提出了几项要求：①撤换负责人；②驱逐肇事人出伪满"国境"；③派人向关东军两个参谋道歉和慰问；④保证今后永远不再发生类似的事件。

当时我只有一一照办，速求了事的了。

结果是，日寇对我尚算"开面"，把关在日本宪兵队的伪"护军"放了出来，于是我就抱着斩马谡的心情，以行政处分的形式处分了佟济煦，撤换了一个伪队长并把那些"肇事"的人全部驱逐出"境"，才算是把这件事勉强平息下去。

事件固然在表面上，总算是以我这方面的屈服而告终，但日本帝国主义分子并不以此为满足，还是一步紧一步地对我这个唯一的基本武装小团体做了再接再厉的进攻。结果是不但把队里的步枪之类的武器全部收缴了去，而换上了仅够支撑门面的为数有限的手枪，并把这个陆军式的部队编制也给改变为纯伪宫中警察的组织，最后索性把伪宫内府警卫处长也给换上了日本人的长尾吉五郎。不仅如此，连士兵也逐步替换了新人——他们认为可靠的人。

3. 我当时的日常生活

在我乍一尝到当傀儡头子的滋味以后，固然还认为不如当专制皇帝过瘾，但由于饥者易为食的心理上的关系，也还觉得"慰情聊胜于无"而有些勃勃的兴致。同时在伪满初期，还有许多溜须捧盛的汉奸伪官吏能够随时地来见我。因此，我尚能每天从早晨九时起，便由我所住的缉熙楼到勤民楼去勤勉一次。可是后来，情况变了，我受日寇、特别是吉冈安直的限制，所以后来除了每周定期的伪总理和伪参议府议长向我做报告以外，那些溜须捧盛的伪官吏便不能随便来见我了。所以除了在每次所谓正式接见和"特任式"，并关于一切所谓典礼上的重要事情，我对于勤民楼的兴趣，也就一天不如一天。因而也就以歪就歪地大倦其勤，同时也逐渐对于睡早觉相对地感到了兴趣。后来索性不每天到勤民楼去"尽勤"了，反正是到那里去，根本也就是一种形式，什么办公不办公，只要能按照日本关东军所决定的事项，由它所派来的高级腿子——吉冈安直，把他写在纸条上的话照方抓药似的念一遍，就算尽到了头号汉奸的职责。此外，对于"火曜会"（详见后篇）所给内定的，更由伪国务院和伪参议府所通过的伪政策法令等，只要是它们认为应该叫我签名的，我给签上，应该需要我"裁可"的我就给写上一个"可"字，就算是我百分之百地完成了自己的义务！

我因为既然无须乎到勤民楼去走形式，那么，在我的寝室内，甚至有时我坐在恭桶上，又何尝不能尽自己的"职责"？本来要我签可的东西，只要在上面涂一个"可"字就行，差不多连内容都可以不必去看，并且也无须去看，因为看也等于白费工夫和徒劳自己的眼睛。所以我有时候，就坐在便桶上，从用人的手中，把一沓一沓的"裁可"文件接过来，便用他给蘸好了的墨笔，写个"可"字，就算是完事大吉，负责处理完毕。

不但是我积极地卖国投敌曾给我祖国人民招来了不可估计的灾害；就是我在消极尸位的时候，也不知由于我的大笔一挥，曾给我们祖国东北人民造成无限灾祸。不论积极也罢，消极也罢，我的罪恶是百死不能赎的。因为灾难是事实，是铁一般的无情事实！

自从我开始"倦勤"以后，我的迟眠晏起习惯便逐渐有了发展。最后则竟自到了非至深夜一两点，甚至三点不睡，早晨则是除了有事情，非到十时或是十一时前后不起，每天两顿饭的时刻也没有一定，"早饭"是十二时至下午一二时都不一定。并且到了四五点钟的时候，还得睡一个"中觉"，不到晚上七八点钟是不肯离床的。因此，我当时的所谓"晚饭"差不多早者九时或十时，晚者非至十一十二时，一般人在好梦正浓的时候，我才能吃。

所以，在当时甚至还有人误会我吸食鸦片。我认为这种误会，并不是无因的，因为这种俾昼作夜的生活，在旧社会中也确是除了鸦片瘾者，是太少见的。

此外，我在当时，还沉湎于佛学之中。因此，我就经常吃起斋来了。尔后由于我对佛学的造诣逐渐加深，我的吃素次数也就相对地有了增加，到了最后，简直是到了见肉便皱眉的程度。那时我所爱诵的有关"轮回思想"的诗，如：

"人吃死猪肉，猪吃死人肠，猪不嫌人臭，人反道猪香，彼此莫相啖，连肉生沸汤"之类。

总之，一句话，在当时，我几乎认为吃肉，简直就是一种罪孽，甚至迷信地认为自己所吃的猪肉，可能就是自己死去的亲人今世托生为猪的肉。所以在当时，在我的食桌上，差不多嗅不到荤腥的气味。

我那时对厨房的工作员也是极端苛刻的，经常是像防贼一般防范他们赚我的钱，除了使用比较亲信的仆从，对于上市买菜的人，做特务式的秘密跟踪以外，有时还用间接补助的方法，向我的弟弟妹妹们打听：你们买一只鸡是多少钱哪？或是你们买一斤鸡蛋得多少钱哪？等，并且给予这些厨房工作人员的工钱，也是限定在很低很低的框子内，特别是在伪满末期物价飞涨的时期，我所付出的工资甚至还在一般普通工资之下。不但如此，除了在给我做饭做菜时，经常派人去监视他们的清洁状态如何和严稽其有无轨外行动外，每当我认为所做的菜不很可口，或是有什么不洁之物混在菜里时，便一声令下：罚某人某人几块钱。当然，在这种罚款的数目来说，既没有明文的规定，也没有什么法的根据，只不过是随心所欲地冲口说出几个数目字而已。由于这种凭我喜怒的罚款，是时常有的，虽然也有时因为某某做的菜很不错，而得到奖金若干的时候，不过是，遗憾得很，总是奖的时候少，罚的时候多，结果仍是固定在罚不敷奖的状态之中。但是过去的那些位大师傅，也差不多摸着了我的脾气，他们并不以受罚为意，也不以每月挣钱少为忧，因为他们是自有弥补这一漏卮比较有效的方法的。那就是，他们可以时常利用"请愿"的方法，通过在我身旁的使用人的嘴，编出一些理由来，向我请求补助，在当时把这种"请愿"叫作"求恩"，我对于这一点，倒是差不多有求必应的。这也就是工钱既少，罚款又多，规矩又严，监视又紧，而他们尚能勉强和我相安无事的原因之一。

除了我当时的饮食起居确是处处与常人殊之外，还有一样与众不同的地方，就是我的嗜药成癖了。这种所谓嗜癖，并不专限于服用一方面，而是更兼有聚集收藏之癖的。在长春虽然已经没有像北京清宫那样的御药房以及太医院之类，但也有我自用的汉药柜和西药库以及儒而兼医的老侍医和一呼即到的所谓西医给我作着日常的伴侣。在我的那个汉药柜内，不但是把差不多的药材都准备得齐全，几乎每次抓药时，都可以用不着出门到汉药铺去买，就可以供我随时受用，甚至在伪满末期，普通药铺的缺货如犀角等，我都是绰有余裕，无须担心。至于西药，不论是内服、外用，或是注射等，也是应有尽有，丰富异常。特别是德国"拜耳"的药和日本的药。我就是这样以兼收并蓄死藏为乐的。

在我服汉药时，不但是自己经常擅于改窜大夫所开的药方，甚至还有自开自饮和给别人硬开药方的时候。对于西药则主要是专靠德国拜耳药厂所出的小册子，来作为掌握西药的最主要根据，对于医生的意见，反倒把它列在聊资参考的地位。并且我还打破了一般人所常爱说的恨病吃药的范围，而是进入了无病吃药的特殊范例之中，光是注射荷尔蒙就是一天一针地注射了不计其数。至于帮助消化，健体卫身的药，更是几乎无日或离的了。

总之，在当时药类对于我，就几乎同我每天不能不吃饭、不喝水差不多，它已成为在日常生活中经常不能离开的必需品之一。

此外，我还想把我在当时的生活之中，最为愚蠢得可恨同时又奇怪得可怜的一个突出的实际例子作为本项的最后介绍吧！

有一段时期，我因为迷信于坐禅的方法，便时常关起房门静坐，因此，便最怕在附近发生一些什么杂音。不过是在那时，我在庭院附近养有一只仙鹤。一般服侍我的人，当然是在"楚王好细腰，宫中多饿死"的当时环境下，人人都屏声息气地连咳嗽一声都怕惊了我的"入定"。可是仙鹤却不然了，它不但不懂得保持极端的肃静，反倒时常以"鹤鸣于九皋，声闻于天"的高鸣，毫不客气地来惊动我。我于是就派几个专人，轮流去监视仙鹤的"轨外行动"。我并且还给他们定出严厉的则罚来：如果鹤鸣一声便罚他们五角钱。因此，这几位"控鹤专员"都吃了苦了。想要用布条缠上仙鹤的长嘴，又怕受到"谋杀仙鹤"的罪，不缠上吧，仙鹤是随时有引吭长鸣的"天赋自由权利"的。不过是，他们却有"穷思通"的好窍门的，他们终于在几次受罚之后，掌握住鹤鸣的生理惯态，于是就在长期的积累经验之下，得到了一伸颈就用小棒敲的科学方法。从此这只仙鹤则是饱受了缩颈哑子之苦，而我则是得到了万籁无声的参禅妙谛。

四、国际联盟调查团

在一九三二年三月，伪满傀儡政权成立之后不久，便由当时的国际联盟派来了以李顿为首的调查团到东北来做调查。

固然在西方资本主义国家操纵下的这个调查团到东北来是别有用心的，并且尽管在西方国家和日本帝国主义之间，是存在有某种程度讨价还价的隐蔽意图在内，但不论怎样说，在当时到东北来做实际调查的这个国联调查团，则是以调查日寇侵略罪行为任务而来到东北从事实地调查的一个国际团体。可是当时的我却完全和日本鬼子走上了一条道路，简直是不顾一切地给日寇当上了传声筒和宣传工具，竟自甘心在日寇的辔勒之下，厚颜无耻地向调查团说出了弥天大谎：硬把手执武器侵入自己祖国东北神圣领土的狗强盗说成不是侵略，而是仗义执言，并死也不肯放口地说日本军队纯粹是为了替东北三千万人民来扫除张氏父子的秕政而兴的"义师"。所以东北人民才如"拨云雾而见青天"地建立了满洲国这块"独立自主"的新"王道乐土"。同时那帮汉奸大官也都和我一样，也都是各如其分地在"一德一心"的鬼名词尚未出现在伪国字典以前，就把"一德一心"的实际行动，活灵活现地表示出来了！

在当以英国李顿为首的国际联盟调查团来见我以及到伪满各处调查时，都有日寇关东军将校跟在一起，寸步不离。这说明日寇是一面利用汉奸，一面是贼人胆虚，防范极严，恐怕走漏了日伪的罪恶秘密。而我更是一意仰日本主子的鼻息，而欺骗了国际联盟调查团。

这只能说以我为首的这帮汉奸，难道不是为了要去舔一舔日本鬼子杀害自己同胞的鲜血残渣，才这样丧心病狂地拼命给民族敌人打掩护？这不是完全成了日寇的忠实走狗，甘心和全国人民以及全世界爱好和平的、正义的人民为敌吗？

当然，凡是帝国主义国家，都是一丘之貉的坏东西。日寇想要独占我国的东北，把它变成为它的殖民地；而西方帝国主义国家也是满心里不愿意日寇独吞这块肥肉，但又在扶日反苏的一贯阴谋方针下，更不甘心替那腐朽无能的当时的南京政府去过分得罪那另有妙用的日本帝国主义；并想能和日本帝国主义之间酝酿出一种两下让步的缓和空气来，好形成它们牺牲中国利益，给日本一些便宜，因而另外制造出一个在它们操纵之下的"国际共管"新局面来。而达到既可抑制日本愈闹愈甚的疯狂野心，又可把东北这块所谓的肥肉用分赃的办法，借以维持一下帝国主义国家之间的均衡状态。

话虽如此，但是我这种帮助日寇来共同欺骗国际联盟调查团的态度，则确实实是一种利敌卖国的严重罪恶行为！

不但如此，尔后我还更进一步地忠实执行了日本帝国主义者的罪恶侵略政策，更卑鄙无耻地用我的名义派丁士源到日内瓦去替日寇的侵略行为做颠倒黑白的辩护，硬把日寇将东北攫为己有、变成为纯粹殖民地这种铁一般的事实，说成是"日本并没有干涉满洲国的内政"，还把傀儡的汉奸政权说成"独立自主的新国家"，并且要求它们承认伪满。像是这种丧尽民族气节、背叛祖国人民到底，蓄意欺骗世界人民的滔天罪恶行为，除了拿甘心卖国求荣，不择手段来做解释，是绝对不能再有其他的话可说的。

特别是日寇为什么要在国际联盟调查团到来以前，就手忙脚乱地要把伪傀儡政权快快地组织起来？因为不如此，等到这个国际联盟调查团来到之后，日寇的这次侵略行为便会完全站不住脚，日寇便没有在世界舆论面前做狡展的余地。这样，即使西方帝国主义国家并不是对于中国有什么"仗义"的好心肠，那么最小限度，也不会让日寇从那时起就从心所欲地把这块殖民统治地盘蹂躏达十四年之久，至不济也能使我东北的父老兄弟姐妹少受多少地狱般的痛苦。同时也不至于使日寇安安稳稳把全东北利用为它有力的军事侵略基地，那么，对我国的全盘侵略行动，也不会竟自到了那样严重的地步。回想起来，汉奸的帮凶罪恶，特别是我的助桀为虐的罪恶，真是百死莫赎的滔天大罪！

我常想只要把我前半生中的无数罪恶，挑出其中一件来，就充分够得上被处极刑，可是现在的我，却在祖国人民政府的父母般的人道主义待遇下，过着学习改造的认罪自新生活，真使我不能不痛定思痛地来恨我自己的过去，痛悔我过去的前半生。也使我不能不想到这里，有时就忍不住地要流下那惭感悔恨交并的泪！

祖国人民，我真是万万分对不起你们！

我真是万万分没有向你们抬起头来的勇气！

真是欲报之德，除非是"春蚕到死丝方尽"的啊！

第十章　伪满帝制时代

为什么要实行伪帝制？

这也可以从两方面说起，也就是须从我和日本帝国主义者这两方面说起。

过远的不用说，因为本来是自从我初懂人事起，就深深中上了积重难返的所谓皇帝迷。后来固然是好容易才借着日寇的侵略势力，爬上了"准皇帝"的伪"执政"椅子，但总仍然觉得不大过瘾，总还想要重温一下真正黄袍加身的顽迷旧梦。

固然在当时，也有熙洽、郑孝胥、罗振玉等一帮老反动家伙，为了要把我的这把伪执政交椅，变成为一个伪皇帝的宝座，曾费尽了他们不少股肱之力，可是在这帮汉奸的所谓全能主宰——日本帝国主义的绝对压力下，任凭这群忠贞有余然而力量毫无的反动封建余孽怎样盼望、怎样呼号和怎样奔走，结果仍然是胳膊拧不过大腿，仍然是不会生出怎样反响的。当然就更不用谈什么效力的了。例如熙洽就曾在伪政权成立后的第二年，觉得我始终没有当上伪皇帝而心痒难熬起来，于是便唆使他的心腹喽啰林鹔等纠集了所谓奉、吉、黑三省的前国会议员约四五百人，冒冒失失地在长春市某小学内，开了一个假冒民意的请愿实施帝制的大会。这在殖民地内，不得宗主国当局的事先许可，而凭空聚众开会，当然是不会得到好结果的。所以就在这群冒牌人民代表慷慨激昂地发言盈庭之际，就遭到了日寇宪兵的到场阻止，因而这出自欺欺人的丑剧，也就毫无结果而各作鸟兽散。

而这个望帝制如大旱之望云霓的我，当然不会死去这拼命往金龙宝座上去爬的所谓雄心的。固然明知大非易事，但仍是在明知不易办、情急且试看的封建统治阶级的阶级本能下，就使那个曾为日本浪人，在当时身任伪执政府"侍卫处长"的工藤铁三郎——因为我在当时，竟认为这样的人是忠于我，于是就与他改名为"忠"的工藤忠，赴日本去见那对我曾有过灵验的南次郎，并谆嘱工藤不要把我的名字抬出来，而是要用见机而做的投石问路方法，暗中刺探一下日本帝国主义分子中的铮铮佼佼人物，对于伪满的实行帝制，是否认为还有可能？同时我还恬不知耻地告诉他，还可以抓紧机会暗中对那帮"东京上国"的"汉奸司命之神"，做一些当作的侧面或幕后的运动。

后来，日寇关东军的参谋长小矶国昭，不但曾向熙洽表示过帝制未尝不可为，但时机尚未成熟的"明谕"；到了一九三三年三月，日本关东军司令官菱刈隆又正式通知当时的伪国务总理郑孝胥说，日本政府可以承认我为伪"满洲国皇帝"。

既然为了侵略，一贯无孔不入的日本帝国主义分子，在承认我任伪"执政"时，曾捞到了很多的代价，那么，对这次承认我去当伪"皇帝"当然也是同样不肯丝毫放松相当代价的。代价是什么？那就是日寇想更借此进一步来巩固它的殖民地血腥统治。例如和伪帝制接踵而来的所谓第一次访日，和由此而出现了的"一德一心"的公然表面化，以及在政治经济各方面加强日寇统治势力等，便都是那次所以承认我当伪"皇帝"的代价。

我在得到了日寇正式承认的"宠命"以后，便于该年的三月一日，在菱刈隆等的"莅临"之下，在当时所谓的"新京"，向着临时用黄土筑成土坛的——所谓"拟装代用"的天坛，举行了"先告天而后即位"的、自以为颇属隆重的封建古礼。我在当时，更不惜费尽力气，把一些由东拼西凑而来的清代皇帝礼服等，好好歹歹地装扮起来，演出了一次——仅仅是穿戴了一次的宿愿克遂的所谓平生第二次"登极"礼。

我所以由伪"执政"变成了伪"皇帝"，也只是日寇所玩弄的一场鬼把戏而已，其目的不过在玩弄汉奸。因为自我以次的反动封建残余分子，不都是一个个日日夜夜地在梦想着"重登大宝以君临万民"的么？那么，它就可以在形式上，使这帮人尝一尝君侯将相的"黄粱梦"滋味。不过是，这个"宝座"在实质上却是和过去封建王朝时代的"天子宝座"大不相同，日本帝国主义之所以要让你爬到"宝座"上面去，为的是让你爬得愈高，就越发可以使你"孤高在上"而自然成为替它摆样子、装门面的装饰品。至于实际权力，则根本操在日帝的手

265

中，并且还是一步紧似一步地收紧了绳套。干脆一句话，反正是我东北人民愈发遭殃罢了！我固然也曾在当时和在事后，当咀嚼到某种滋味时，也有时觉得被人摆弄得"啼笑皆非"，但同时也不是没有几分"事竟成也"的快感成分在内。要不然，我怎么能会在所谓"架秧子"或"耍大头"式的第一次访日中，那样出尽了淋漓尽致的汉奸洋相呢？总而言之，渴望多年的"皇帝"，是终于当上了，可是在当时我对于它的真正心情呢？则是"弃之可惜，食之无味"八个字足以尽之，这就是当汉奸的一种普遍心理罢？姑且不管是"可惜"也好，"无味"也罢，每月却总是定而不可移地能够拿到五位数字——六万六千六百六十六元伪币的民脂民膏，供我日常享受之用，比起天津时代来，当然是不可同日而语的。至于自我以次的高级汉奸们，也都是在某种程度上，各自有着恰如其分的富贵生活，不过是，绝对不能忽视的问题则是：

日本帝国主义分子，对于这帮人中败类所给予的物质上的"恩惠"，绝对不是什么平白的施舍，它是在一本超非法盘剥的阎王账上，拿鱼肉东北人民来作为它的利上加利唯一对象，至于汉奸们所得到的"恩惠"，则只是由于日本鬼子吃完了祖国同胞的血肉之后，经过消化而排泄出来的一些尿滴、粪渣而已。

例如，为什么还要使伪"皇帝"去当那伪"陆海军大元帅"？

当然，在当时的人心惶惶、朝不保夕的混乱情况下，有一个伪"皇帝"来统率着伪军，这不能说对伪军不起什么作用。并且这对于刺激伪军"以中国人打中国人"的所谓"士气"，也会在某种程度上能起有"打气"作用的。在伪"军人敕谕"中，就有"朕为尔之大元帅"以及什么"当尽股肱之节"的一类条文，这就是要麻痹那些被迫当炮灰的可怜青年，以伪"皇帝"为中心，为"头首"，去替伪"皇帝"，也就是替日本帝国主义去卖命，而去镇压他们自己的爱国同胞，去摧残抗日救国的人民武装正义斗争力量，所以才肯把这一"兵马大权"的头衔，挂在伪"皇帝"的脖子上。

不过是，话虽这样说，那狡诈阴险成性的日本鬼子并不傻，它并没有一时一刻松懈过它身为殖民地统治者所应有的警惕性。它不但是平日对于伪军，早在中、下级伪军官中插进去日本人，使他们都成为操纵整个伪军的绝对力量；同时，还在这种所谓"骨干作用"之外，另外更成立了一个在这直接指挥系统之外的、又一层无所不包的强力直接控制机构，那就是在当时的"军事顾问"制度。

伪满军队中的军事顾问网，是直接隶属于日寇关东军的。那是以所谓"最高顾问"为首的，包括伪军各兵科、各军事机构的一个"全般指挥系统网"。不但是伪军各个部队统统被笼罩在这一巨网之中，就连各个伪军事学校和与"军"字沾边的一些单位，也无一不在这一巨网之下。直到团级部队以及科以上的各单位为止，没有一处不设置专门顾问的。特别人事、财政、赏罚等权力，更都完全操在顾问之手，所有一切的命脉，都成为它所操纵的主要对象。此外，在伪军成立初期，另外，还有所谓"应聘官"——"军事教官"的制度。那就是以厚币聘请日本的退役军官，以"客卿"身份，在军事顾问和日本人伪军官之间，起着承上启下的桥梁作用。这还不算，还有一个绝对的所谓"保险绝招"，那就是不但在平时，或在所谓"讨伐"之际，伪军都必须受日本侵略军的直接节制和调遣；特别是在所谓"必要"的时候，伪"皇帝"还得把这个"陆海军统率大权"，按照伪"国有铁路"把管理等一切权力，"委托"给日本满铁的办法，双手交与关东军司令官，由他来任意支配一切。这是有明文规定的事实，日寇当然是可以放心的。

这就是日本帝国主义者，敢于让伪"皇帝"的我，掌有"陆海军大元帅"的最高头衔，而不怕被它所豢养的走狗来咬他手的缘故。

总之，它既要使伪军有个"中心"的存在，能够做得出"以中国人打中国人"的实际行动来；还要使伪军始终脱离不了日寇的魔掌，这便是日本帝国主义最为奸狡的地方，也是它在伪满十四年中，一贯所打的如意算盘。

在我的前半生中，都是把自己的"荣华富贵"建立在祖国人民的鲜血和痛泪之上的。特别是在"九一八"以后的我，更是每当我向上爬了一步的时候，便有无数血肉狼藉的祖国人民，在我的双脚下，给我垫起了人肉的台阶，而日寇则是一次比一次更多地吮吸着我国人民的赤红鲜血。

这就是汉奸和日寇"相依为命"的结果！

也就是日寇的滔天罪行，处处和汉奸的弥天大罪无法划清界限的唯一主要原因！

一、冷酷的家庭生活

不错，我也是一从生下来，就有父母，并且还是受祖母疼爱的一个普通孩子。在我三岁入宫以后，固然是和我的祖母及父亲、母亲，由于冷酷无情的封建制度所给砌起的峻严大墙，遮断了我们之间的人的关系，但在同时，却又有四位"并肩在上"的所谓名义上的母亲在照顾着我的日常一切。同时也还有弟弟妹妹等骨肉至亲，时常和我保持着经常地联系。就是在我结婚之后，不但有了妻子，并且还有一个在当时所谓的"妾"，也曾给我的家庭生活中，添上了不少所谓温暖气氛。可是我在前半生中，所身受的真正家庭的爱情滋味，又都是些什么呢？

父母和祖母同我之间，是隔有一堵绝对不许逾越的、封建君臣上下的万仞高墙。弟弟妹妹更不用说，尊卑上下的所谓"大义名分"是会冲淡了骨肉之情的。至于我那四位过继母亲和我之间的关系，不管怎样说，人为的骨肉爱再加上宫中的环境、制度等，也是会把"近而不等于亲"的一层薄膜横隔在我和她们之间的。但这些都用不着再去多说它，我在这里所着重要说的事情，就是在我那"一妻一妾"生活中的一些问题。

我想先从天津时代说起，然后再转入本文——就是到了长春以后，我当时的平日家庭生活。

在北京时代的结婚和"一妻一妾"所由来等，因为已在前文中叙过，在这里不再赘述，仅从我由"一妻一妾"成为"一夫一妻"的事情说起。

在北京的时候，婉容对于文绣的关系，以常情来说，当然是不会和衷共济来过那相安无事的生活的了。因为这本是人情之常，丝毫不足为怪的。于是就在她们之间的貌合神离和勾心斗角的情况下，也逐渐影响到我对于文绣的感情。所以我就和文绣日见疏远起来。差不多我总是和婉容在一起而经常不到文绣所住的地方去。后来到了天津，这种有薄有厚的情形，也就更加严重起来，因此，当时文绣的处境确是很痛苦。有一天，恰恰因为某一件小事，婉容便误会文绣是诟骂她，于是就要求我各派遣自己手下的用人，郑重其事地到文绣处当面进行"奉命斥责"。文绣受此不白之冤，便要到我住的房间来，向我当面诉苦。而我却狠心地给她来了一个拒而不见。同在一个家庭之中，同住一幢楼房之内，竟会形成咫尺千里般的人为隔绝，这真是在现代人的头脑中，所不易理解的怪事。这就是万恶的封建专制制度，把人与人，甚至把夫妻间的感情，也都会连根毁掉的一个实际例子。不是从那个旧社会的不合理、不近人情的制度中度过来的人，当然要有不容易理解的地方了。因此，致文绣在忍无可忍的情势下，便下定决心脱出这座"家庭监狱"，到当地法院，提出了同我离婚的请求，结果是我给了她若干赡养费，便算是和她正式离了婚。现在想起来幸亏她早日和我离了婚，到后来才没有成为婉容第二，我认为这不但是她的一个胜利，也是她平生幸福的一个起点。

此后，婉容固然是在当时，总算是得到了所谓"胜利"，而拔去了她所认为的"眼中钉"，但是我对婉容的感情，反而一天坏似一天，到了伪满的时期，婉容终于和我的家中用人，乱搞起恋爱来。当我发觉这一事件之后，本打算和她离婚，但是日寇的关东军司令官菱刘隆竟蛮横地干涉到我的个人家庭事务上来，他居然表示对于我的离婚不能同意。而我这个惯于对家庭中人横眉立目、唯我独尊的专制者，却对日本帝国主义分子的一颦一笑，总是奉命唯谨，无敢或违。结果是既然不能——也就是不敢离婚，便只好和她也去过那——文绣所尝过的那种咫尺千里的冷酷家庭生活罢。我不但从此以后，更不去搭理她，并且还严命她周围的用人，须担当对她进行不断监视的任务，事无巨细，都得随时向我报告；就连她的生身父亲（荣源）、哥哥（润良）、弟弟（润麒），也都在我的专制淫威之下，不许可和他们的骨肉亲人见一面，因此，致使她在这种家庭地狱的悲惨环境中，过了十几年的痛苦生活。直到伪满垮台为止，她只能拿吸食鸦片当作唯一自慰的良伴。"八一五"以后，她虽然也和东北人民一样，前后得到真正的身心解放，无如病势已深，终于病死在哈尔滨而了结了她那极其不幸的一生。

是的，在当时我的家庭生活，确是一贯冷如冰的，确是很使我感到寂寞与空虚。但是拔本塞源来分析，这都是谁的责任和罪过？

专怪她吗？不能够。专怪我么？固然这些不幸的发生，都是由于我的事事光顾自己，丝毫不肯替旁人着想而起，以致终于使她饱受精神上的折磨而死，但同时，我也是万万不能忘掉过去的万恶封建坑人制度。使文绣和我离异的是它。使婉容终身抑郁以死的也是它。使我在前半生中，不但饱尝了"家庭地狱"的冷酷无情滋味，并且还把我变成为一个既自私自利又冷酷无情的也是它！

我当然永远不敢忘掉我前半生的一切错误和罪恶，但我同时，仍要重复地说：我同样也忘不了导致我种种不幸和一切罪恶的"万恶之源"——封建专制制度！

二、第一次访日的丑剧

在一九三五年四月二日，我为了自从伪满卖国汉奸政权成立以来，对于日本帝国主义所给予的所谓"不断援助"表示"奴颜婢膝"的感谢和对于裕仁派他的弟弟雍仁来祝贺伪"皇帝"的"即位"，表示"诚惶诚恐"的答谢；以及为了对"日满亲善"的"以躬示范"起见，就在日本帝国主义分子自欺欺人的导演下去访问日本，表演了一出能使观众作呕的"第一次访日"的丑剧。

溥仪访日

裕仁以下为了要使这出骗人丑剧，演得更为出色和逼真一些，于是便大吹大擂地把这件事作为大肆宣传的唯一好材料。特意组织了一个以当时日本"枢密顾问官"林权助男爵为首的"十四名接待委员会"；并派出它的军舰"比睿号"到大连来迎接我；另派出"白云""丛云""薄云"等各舰艇作对我"随航护卫"之用；还在我由大连拔锚启航时，特意更把"球摩""第十二""第十五"驱逐舰队的"威力"摆出来，先给我上了下马威的第一课；等快到横滨港的时候，更使海军航空队的百机编队飞到我的头上来，做了一阵以编队攻击军舰的"欢迎"演习……就是这样地把日本帝国主义所谓的"实力"，不怕费事地给我做了一连串的"实际灌输教育"。可是当时的我，却在美酒佳肴的招待下、"恭敬而殷勤"的烟幕下失迷了方向，忘记了自己是谁，竟兴高采烈地在第一日的航海中，作了一首"骄谄交织"的四言诗：

　　　海平如镜，万里远航。两邦携手，永固东方。

这还不算，当我在航海第四日，看到他们不嫌麻烦地特意把一支以七十个舰艇编成的所谓"联合舰队"，向我显露了一次"海上威风"之后，我尽管在那船晕的狼狈情形下，还没有忘掉"呕心呕肝"地作出了一首七言绝句诗，向我的"主人"——日寇当局，去表示一下我的"鞠躬尽瘁"和"矢志靡他"呢！诗如下：

> 万里雄航破飞涛，碧苍一色天地交，
>
> 此行岂仅览山水？两国申盟日月昭。

我现在真觉得，这短短二十八个字，活活地把一个汉奸头子的龌龊心理和卑鄙面目，竟给描绘无遗！

我到了东京之后，便向裕仁表示了：

感谢日寇的援助伪满建国和实行伪帝制；

感谢他派雍仁到长春来庆祝我的即位；

感谢雍仁来时曾代表裕仁赠我以"大勋位""菊花颈饰"和"菊花大绶章"，以及赠我妻子以"宝冠章"的恩宠；

最后，更以表示在今后，更当致力于"日满的永久亲善"，来作为这篇"字字粪土"的感谢词的全篇总结。

裕仁也曾向我表示了一下，他也愿意致力于"日满永久亲善"，并以对我这次的"登门叩谢"表示感激来作结语。

这便是伪满大汉奸和日寇头号大战犯裕仁初次会见的第一幕丑剧的大致剧情。

我在东京的一共九天之内，和他们所做的往还是：

第一天，是裕仁到东京车站来接我；我到他的住处去访问；跟着他又到我的住处"赤坂离宫"来回拜，又赠了我一个大勋位、菊花章颈饰；晚间他又请我吃了一顿饭。

第二天，是我到裕仁的家庙——"明治神宫"做了参拜；又到裕仁母亲那里表示了敬意；然后又到日本帝国主义祭祀历来侵略战争炮灰的"靖国神社"，向那些，也包括曾经因为侵略我祖国、屠杀我人民而遭到正义反击，因而丧命的狗强盗凶手，表示了"敬悼"之忱；然后又和那些曾经在我国神圣领土上干下了无数滔天罪行之后而又回到日本的军政两界中恶名彰著的所谓"要人"以及其他各方面的著名刽子手和特务——如森连、土肥原贤二、冈村宁次、片仓衷、驹井德三等，在我的寓所会了一次面。

第三天，则是接见了日本帝国主义的所谓"元老、重臣"等……

第四天，和裕仁一同到东京"代代木练兵场"检阅了正在侵略我国的法西斯军队……

第六天，给裕仁的父亲（大正）上坟。

第七天，休息。

第八天，赴日本陆军第一病院，对于因为侵略我国以致负伤的一百一十五名日寇法西斯兵士和军官，做了丧尽民族气节的"殷勤慰问"。然后又赴裕仁母亲那里，同她在庭中散步，每当她走上坡路和下坡路时，我的那只汉奸手便伸了出来去搀扶她。因此就使那帮"善捧臭脚"的人们，当作了一段"佳话"而别有用心地大肆宣传。还不惜编造事实说，这和我在长春伪宫内府中，当我父亲上台阶时，我亲手去搀的心情是一般无二。其实，我对我父亲，遗憾得很，还没有搀过他一次呢。就连到了现在，我每当回想到这段"不堪回首忆当年"的回忆时，便深感这只汉奸手的龌龊不堪。真是只有封建统治阶级才能恬然去做这种平常人所做不出来的"不平常"的事情。

第九天，赴裕仁处辞行，然后他又到我住处来送别。当夜间我临离开东京时，雍仁又代表他的哥哥裕仁到东京车站来送我，他对我说：

"皇帝陛下这次到日本来，对于日满的亲善是有重大贡献的。我们天皇陛下对此感到非常满意。务请皇帝陛下抱定日满亲善一定能够做到的确实信念而回国。这就是我的希望！"

我对于这种满含教训气味的"欢送"词，便也立即回答道：

"我对于这次日本天皇室的无比优越和日本国民的热诚欢迎，实是感激已极。我现在已下定决心，一定要尽我全力为日满的永久亲善而努力。并且我对这件事，是抱有确实信心的。"

然后，我就离开了东京，赴京都、奈良、大阪等处游览了一趟，直到四月二十七日才回到长春。

当我从日本临登船出发时，又和担任接待我的林权助谈了一篇临别的感想，大意是：

"这次的访问，增进了两国皇室的亲善，我真觉得就像是一家人一样，我认为这也就是东洋精神完全一致的地方……我这次回国后，当为日满彻底亲善和确实保障东洋和平以及增进人类幸福而拼命去干。因此，我认为，如果日本人图谋不利于满洲国，便是不忠于日本天皇陛下；同样，如果有图谋不利于日本的满洲国人，也就是不忠于满洲国的皇帝。……这就是由于我这次的访问所得到的新认识。因为由于这次访日，已经获得了皇室互相亲睦的成果，至于今后，则是非努力两国政府之间的亲睦和两国人民之间的亲善不可的了……"

然后，我就以"请林权助向裕仁以次的皇族人等，把我的感谢之意代为传达过去"，并"请他把我对裕仁母亲的感谢和怀慕之忱转达过去"作为结束。

最无耻的是，当我向林提到裕仁母亲的时候，我的两只眼内，竟自满含了泪水。嗐，我在当时的丧心病狂、卑鄙无耻竟自到了这种程度！

同时，居然把老奸巨猾的林权助也给逗哭了。回想起来，真是连一点点起码的中国人味也没有。但是，这还不算是这出丑剧的尾声哩。当我回到了长春之后，在第二天的二十八日，还把当时的关东军司令官南次郎邀到伪宫内，也向他发表了这次访日的感想。二十九日又赴南的住宅，参加了庆祝裕仁生日的祝贺会。三十日更把当时在长春所谓的"简任职"以上的伪官吏召入伪宫，亲自把访日的感想向他们作了发表。五月一日又请日本方面各机关代表吃了一顿饭。最后，则是在五月二日画龙点睛地颁布了所谓"回銮训民诏书"来毒化和奴化我全东北人民。

到这里，这出臭名远扬的可耻丑剧，才算是在日本帝国主义的总导演下完全闭了幕。

伪"回銮训民诏书"的内容如下：

"朕自登极以来，亟思躬访日本皇室，修睦联欢以伸积慕。今次东渡，宿愿克遂。日本皇室恳切相待，备极优隆，其臣民热诚迎送，亦无不殚竭礼敬。衷怀铭刻殊不能忘。深维我国建立以逮今兹，皆赖友邦之仗义尽力，以奠丕基。兹幸亲致诚悃，复加意观察，知其政本所立在于仁爱，教本所重在于忠孝，民心之尊君亲上如天如地，莫不忠勇奉公，诚意为国，故能安内攘外，讲信临邻，以维持万世一系之皇统。朕宿躬接其上下，咸以至诚相结，气同道合，依赖不渝。朕和日本天皇陛下精神如一体，尔众庶等更当仰体此意。与友邦一德一心，以奠定两国永久之基础，发扬东方道德之真义，则大局和平，人类福祉必可致也。凡我臣民，务遵朕旨，以垂万祀，钦此！"

关于这篇充满奴化毒素的伪"诏书"的出现，也是曾有种种非个中人不易得知的内幕情形的。

那就是我这次到日本游历了京都、大阪之后，到了须摩的"武库离宫"，准备上船回东北时，当时伪满国务院总务厅长——后又改为伪国务院总务长官的远藤柳作就告诉我说，在"回国"之后，应当发表一篇"诏书"来表示对日本的感谢，并须把这种精神昭告于"全国人民"。当我回到了长春之后，果然郑孝胥便拟出了这一"诏书"的草稿拿给我看。同时，专门操纵我的吉冈安直，便也来替我出主意道："在这'诏书'里面，应该添上'依存不渝'和'与日本天皇精神如一体'以及'一德一心'等字样。"并说：由我这样亲笔增改，这篇"诏书"的价值更增大了。我于是就在"从命如流"的一贯老态度下，亲笔把上训三项写出，交与郑孝胥看。当然郑孝胥也不会表示什么异议，只表示了"依存"二字不太像中国话，因而把它改为"依赖"二字。于是这篇由日寇示意，由郑起草，由我增改的伪《回銮训民诏书》便于一九三五年的五月二日，在日本帝国主义的事先安排、适时导演下，在我同郑孝胥的同心默契下，以毒害我东北人民的妖符魔咒形态出现了。

日本帝国主义为什么要我去访日？为什么要那样招待我？为什么会在我决定访日之后，因为我听了某"遗老"传过来的占卜不吉消息，想要中止赴日本时，关东军方面和郑孝胥等，会着急得不得了，而非要说服我到日本去一趟不可？为什么在我还没有离开日本的时候，日寇当局就使远藤柳作立即对我提出了在"归国"之后，非颁布一个表示感谢日本的伪"诏书"不可？为什么在我刚一回到长春，就让郑孝胥连忙地把那篇伪"诏书"的底稿拟了出来？为什么在五月二日就那样迫不及待地把那篇伪"诏书"发表出来？为什么吉冈安直非要由我之手在那篇伪"诏书"中添上"依赖不渝"和"与日本天皇精神如一体"并"一德一心"的字样不可？

　　不问可知，还不是日本帝国主义积极地要利用我这汉奸头子当时的地位，好使我这个傀儡更能发挥出偶像的作用来，借以移转一下东北人民对日寇的疑虑和憎恨的眼光，同时还可以更进一步地把这个既傀儡又被偶像化了的我，用来麻痹当时的人心而让他们暂时可以在"日满一家"和"一心同德"的骗人烟幕下，迷失了民族应走的方向，这样便可以逐步把敌伪的罪恶统治基础巩固下来。等到相当巩固以后，日寇便可以放心大胆地摘下来"伪善"的假面具，露出了侵略者本来的凶狠面貌，来做那鲸吞虎噬的如意打算。也就是说，它可以肆无忌惮地把它对付台湾和朝鲜的老办法公然拿出来，套用它一贯行之有素的"插条嫁接"的最后绝招，由"精神上的一体"，再逐渐过渡到后来朝鲜总督南次郎所大声叫嚣的"日鲜一如"和"满鲜一体"之类，来达到它那"八纮一宇"的白日梦呓和痴心妄想。又如后来它索性拉下脸皮，硬把裕仁的神话祖先——"天照大神"弄到伪满来，强迫所有的人们都要拜它、祭它与恭敬它。还诌出一个"伪满建国元神"的鬼名堂，打算拿这种宗教上的侵略来达成民族同化的卑劣野心。所有这一些可耻罪行，还不都是由于这次的伏线给引出来的么？从这里，不但可以清楚看出日本帝国主义处心积虑地想要用放长线钓大鱼的一贯阴谋老套数，同时还可以看到汉奸飞蛾投火、愚蠢的实际行动以及甘心认贼作父的卑鄙可耻面目，此外，还可以把它联系到其他种种方面，如所谓"日满亲善"的本质和帝国主义与封建统治阶级的反动本质，等等。

　　另外，还可以从这篇伪"诏书"的臭文章中，明白看出这些汉奸，不但是心甘情愿地彻底执行了日寇的殖民统治罪恶政策，而且还俯首帖耳地带头做了"日满亲善"的示范典型人物。同时还可以看出，不但汉奸本身甘自堕落，还要迫使我国东北在当时正在遭受着沦陷之苦的广大人民，既须老老实实地顺受日寇的残暴统治，还须强行忍受日寇的烧杀淫掠和奴役。不论遭到怎样的蹂躏摧残，也必须向我来看齐，必须和那血海深仇的民族敌人去"一德一心"。总而言之，就是因为我这个——由卖国换来的"丕基"，是由于日本帝国主义的"仗义尽力"；我的"躬访日本皇室"，又受到了意想以外的"备极优隆"的恳切相待，所以才在我"积慕已伸""宿愿克遂"的奴才心理下，说出了衷怀铭刻的感涕之词。同时还把我亲眼所看到和衷心所艳羡的"万世一系"的"皇统"做了一番特别恭维。一方面是想谀扬一下日本的"政体"与"国体"；一方面还想借此机会"训示"一顿自己势力下的"众庶",好使他们也去模仿一下日本的"臣民",也必须把我这个伪"皇帝"看作是"天"和"地"一个样,也对我发出"尊君亲上"的"东方道德之真义"来,然后更把伪"皇帝"和裕仁的关系向他们大大显示一番,好进一步要求他们必须把"忠勇奉公"的精神和行动,再应用到两国永久的"一德一心"方面。这样,这个媚敌祸民的伪政权,便可苟延到"万祀"之久了。这便是这篇臭不可闻的伪"诏书"的概略经过和立意骨子的真正所在。

三、"枢轴国家"的一根小尾巴

日本帝国主义强盗自从"九一八"事变以来,在世界国家中,形成了像它所自画自赞的那样——"光荣地孤立"之后,便本着反动阶级本质——一步一步地和久蓄恶意的法西斯老前辈墨索里尼意大利以及贪婪凶狠青出于蓝的纳粹希特勒德国互相勾勾搭搭地逐渐接近起来,想要在重新瓜分世界的帝国主义国家群狗争食的战场上,抢先占一个欧亚互为犄角,东西互相呼应的有利局势。例如,在当时它们之间所叫嚣的"枢轴关系"等,便是表现这种野心迷梦的确实罪证。

伪满既是日本帝国主义的一块殖民地,伪汉奸政权又是在日寇操纵之下的一群泥胎木偶,所以也就在拟态的"国家"伪装下,成为一个帮助日帝扩大侵略和反共反人民的无耻帮凶家伙。

在一九三九年,日本外务省就命令日本驻伪满大使馆转告伪国务院外务局,在日本帝国主义政府的介绍之下,也使伪满傀儡政权参加了一九三一年在东京签订的"日德意防共协定"。这就是我执行了日本帝国主义者的反共、反人民的罪恶政策,把伪满也加入了日、德、意三个法西斯国家的"防共协定"中去。后来更在我的又一次执行日寇侵略政策的罪恶行为下,还和纳粹德国、法西斯意大利签订了同恶相济的"物资援助协定"。

因此,它们两国曾先后派来了所谓"经济使节团"到东北来做了"增进亲善"的调查和访问;伪满政权也同样派出过一个所谓"使节团"到了德、意两国,做了装模作样的回访。

现在回想起来，我不但是曾经帮助日寇严重地祸害了东北广大人民，而且更曾帮助了日寇，进一步把侵略战争灾难扩大到自己祖国的全土。这还不算数，现在则是由于我的实心实意做帮凶，结果竟自把这一恶劣影响，居然更扩大到全世界范围内。我不但成了祖国人民的罪人，而且成了整个法西斯侵略集团的走狗——全世界人民的公敌。就是由于我的缘故，才使这帮杀人不眨眼的血腥刽子手们，能够在伪满的输血下，增加了疯狂挣扎的凶杀力量，助长了他们公开反共反人民的邪气。所以我现在已经深刻认识到，像我这样的人，现在已不仅仅是背叛了自己祖国，出卖了自己人民的一个罪大恶极的大汉奸，同时也确实是一个一贯反共反人民，帮助人类公敌进行法西斯侵略战争的世界战争犯罪人！

固然是按照伪满当时所处的地位比重来说，伪满诚然只不过是"枢轴国家"后边的一条小小尾巴，也只能是在它主人的脚前脚后，做着东摇摇西摆摆的邀宠乞怜丑态。但如果从这一罪行的深刻、巨大影响去看，这当然是一件不可饶恕的严重滔天大罪了。

正如我国古谚所说的"蜂虿有毒，孰敢轻其小"一个样。

要知道，短少一个小零件，哪怕是一个小螺丝钉，那架法西斯杀人机器就会运转不灵的。因此，我决不敢以"小尾巴"的缘故，而轻视自己过去所干出来的罪恶严重后果！

四、对于日寇的逢迎谄媚

要说我对于日寇的逢迎谄媚实例，真可以说是十四年如一日地一贯不断做着。因此，反倒使我有"一部二十四史不知从何处说起"之感。只能择尤地把其中的一些特别突出的事例，举一例百地来暴露一下我在当时的可耻嘴脸而已。

过去，每当我见到日本人时，经常在口中机械般地表示过，例如什么"满洲国建国以来，赖贵军的同心协力式奠丕基"；和什么"深赖贵国之同心协力，多方援助，朕及臣民，皆甚感念"；以及什么"日满两国邦交亲密，乃如辅车唇齿关系，永远无间"；或是什么"一德一心""日满亲善""日满有不可分割关系"等，都是我在过去说惯了嘴、喊哑了嗓子的可耻口头禅。不过是这些个还都是在当时所谓等于日常茶饭的稀松平常的事情，至于比这些还使我深感惭怍无地的种种可耻回忆还多得很，请看下面，便知分晓。

例如，我在第一次访日时，对于日本帝国主义者的逢迎谄媚——对于裕仁、特别是对于裕仁母亲的大献肉麻殷勤，以及后来更无条件地按照日寇关东军的吩咐，甘心执行日本帝国主义者的思想奴化侵略政策，亲自第二次访问日本，把所谓裕仁的老祖先——"天照大神"，恭恭敬敬接到长春来，把它当作伪"满洲国"的"建国元神"来祭祀，同时还强迫一般人都必须对它"每过必行礼"和"定期来祭祀"，还为了更好地执行日本帝国主义的扩大侵略政策，支援它的太平洋侵略战争，而发布了"从贼到底"的伪"时局诏书"，把东北的一切人力、物力、财力，献给日寇，并带头"献纳金属"，停止伪新"皇宫"的修建，还派什么"谢恩大使"和"慰问大使"，赴溃败前夕的日本，去表示感激涕零与忠诚不二。又如我还曾对当时的日寇关东军司令官梅津美治郎和后来曾在伪满当过日寇"防卫司令官"的山下奉文等，都说过："现在日本既然正在实行'南进政策'自必须先和北方的苏联'和好'以巩固北方，这样才能无有后顾之忧。"还说过："日本应该多多制造飞机，必须把制空权完全操在手中，才能万无一失！"更在一九四二年前后，当东条英机当上日本首相，到伪满来做所谓的"闪电访问"时，他曾向我表示，他曾怎样挺着疾病初愈的身体在东京国会中，连续做了好几个钟头的演说，等等。这也就是他在向我夸耀他的"为国宣劳"以及"鞠躬尽瘁"的意思。而我呢，也竟自对于这个大量屠杀着祖国人民的血腥民族敌人，对于这个正在疯狂蹂躏着祖国人民和祖国神圣领土的万恶法西斯强盗头子，居然"义形于色"地对他说："请放心！当尽'满洲国'的全部力量去支援'亲邦'日本的'圣战'！"还曾和历次来见我的关东军司令官不止一次地表示过，日本和"满洲国"乃是一体不可分的关系，我一定竭尽一切力量，为"日满亲善"、为"大东亚圣战"的最后胜利、为以日本为首的"大东亚共荣圈"各国的"共存共荣"而奋斗到底。

还有，当日寇侵略军沦陷了我国的武汉以后，吉冈安直便对我建议，让我给当下从事侵略武汉的司令官冈村宁次写几个字，鼓励鼓励他屠杀我国人民、侵略我国神圣领土的"功绩"，我居然也恬不知耻地照办了。这还不算，我还在吉冈向我报告日寇侵占了我国武汉消息的瞬间，竟完全忘记了自己也是一个中国人，而站立起来面对武汉方向，恭恭敬敬地敬了一个礼，并且还对因为屠杀我国人民致遭到正义诛灭的法西斯兵将，做了相当时间的默哀。唉！写到这里，我不由得想起了我在当时的那种既肮脏又丑恶的卖国奴嘴脸来。当然，我国的全体人民，会对这个"不知人间尚有羞耻事"的我，要表示深恶痛绝，就是现在的我自己，也同样是对当时的我，深深觉得既憎恨又厌恶，并且就连我自己，也觉得对自己的所作所为，阵阵作呕呢！

岂但如此而已，就当到了敌伪一齐垮台的前夕，甚至在已经垮了台，将要抱头鼠窜的瞬间，也还曾做出不少"极尽诡谀之能事"的可耻丑态呢！因为那些将在后面各项专题内去做叙述，现在姑且谈到这里罢。

总起来说，"哀莫大于心死"的这句话，是一点也不错的。本来么，既是从根本上丧尽了民族的起码应有的气节，而当上了不知民族良心为何物的汉奸，那么，一举一动，便自然会成为种种样样可耻可恨的"丧心病狂"行为。我真不愿意再回顾那些龌龊不堪的过去臭事，但同时，又不能不好好地回顾那些过去的埋汰东西。因为现在我已完全懂得：铁一般的事实，是永远也消灭不掉的。更不是能够依个人的意志而把它轻轻忘掉的。同时，我现在也已初步懂得，唯其是自己不要怕疼，更谈不到什么怕难为情或是自己觉得受不了，而是必须老老实实去回忆它、深刻而仔细地去分析它，大胆地公开暴露它，这样，才会由于创剧痛深的缘故，逐渐认清自己过去的真正病源所在以及病势进展的一些过程，然后才有可能，对那些由此而生长、壮大起来的，根深蒂固的旧社会反动思想残余，以及对那些深深渗透骨髓之内的反动阶级本质，去做艰苦的长期斗争。

姑息自己的过去，轻视自己的过去或是害怕碰着自己过去的创疤，都会对于激烈而持久的思想斗争、对于长期而艰巨的学习改造，发生极其不利的重大影响。至于所谓的"人类自尊心"之类的庸俗说法，在我更是根本谈不到话下的问题，主要是站在什么立场来看待过去的自己。因为我既是当过人类之中最为卑鄙可恨、龌龊不堪的汉奸，还谈得到什么"自尊"？只有痛恨过去、痛悔过去、和自己丑恶的过去来做毫不留情的自我斗争，才会有"革旧装新"的希望。我现已初步懂得，真正的自尊，是应该抛去了自己个人立场，而站在人民立场上来看待自己过去的严重罪恶，尤其是应该要往远大的将来去看。只要能把这身肮脏的汉奸皮干净脱下之后，才能谈得到什么将来的自己，否则，汉奸还配谈什么"自尊"的问题！

五、日寇的种种阴谋

在日本帝国主义统治十四年的日子里，可以说从"九一八"到"八一五"，没有一天，没有一件事不含有阴谋性质。要想列举它的种种阴谋，真是说不完写不尽的。现在只就我记忆中和对我来说，比较有突出性的一些事例，来做择尤的介绍。

甲、伪协和会

在伪满的那段黑暗时期中，始终成为推行日本帝国主义侵略、奴化政策的有力工具之一，一贯和伪傀儡政权狼狈为奸，对我东北广大人民，进行了十四年欺骗、奴役、压榨和掠夺等阴谋工作的伪协和会，当然它也是"来源有自"和有其成套的酝酿、组织、生长和壮大的过程。无怪乎当时的东北人民曾经把当时的伪"新京"——长春——诨叫作"心惊"一个样，也把这个受尽唾骂、痛恨的伪协和会叫作了"蝎虎会"。言其是毒如"蝎"、狠如"虎"，既毒又狠犹如"蝎虎"一般的意思。从这里还可以充分看出，这个"蝎虎"般的伪协和会，对于东北人民，曾是怎样毒狠得"邪乎"的了。我还认为，单就把它唤作"蝎虎会"这一个名词来说，并不仅仅局限于当时东北人民对它的一种冷嘲热讽，同时也是十足地表现了东北人民对它的无比憎恨与愤怒。因为这是当时东北人民的一句心里话，也就是东北人民对敌伪血腥统治心怀怨愤的一个具体表现，也就是广大东北人民的一种正义呼声！

它的前身是什么？

在当时执行日本帝国主义对我祖国从经济、政治两方面，进行双管齐下侵略政策的重要桥头堡——南满洲铁道株式会社（简称"满铁"）内，形成两条毒虫触须的"青年联盟"和"雄风会"，就是伪协和会的前身鬼胎，在当时满铁的所谓青年联盟，就是被当时日本帝国主义所组织起来的满铁之内的全部日人青少年职工，为的是要使他们在法西斯的组织之下，替日本帝国主义做一支在侵略阵头第一线的阴谋部队，好去做那种种不可告人的工作。而雄风会也就是在满铁内的又一个法西斯组织。其目的虽然和青年联盟并无丝毫本质上的差别，但是在雄风会的组织内，却不仅仅局限于该社内的青年阶层，而是一个更广泛包罗了一切阶层在内的、另一个野心团体而已。

日本帝国主义的陆军和海军，既是从它们乍一设立的那一天起，一直到一九四五年九月三日日寇正式无条件投降为止，一天也没有停止过为了争权夺利而不断进行的猛烈的同室操戈，甚至在海军方面，竟会发出过"宁败于美国，也不要败于陆军"的"豪语"。那么，青年联盟和雄风会的同床异梦和相互争风吃醋，可又有什么奇怪之处？因为这也就是资本主义制度最高阶段中的一个普遍现象——也可以说是一般通病。如果不去损人利己，在那样的国度中，便会在优胜劣败的物竞天择下，成为注定要被淘汰下去的失败者。所以尽管它们都是满铁的两个被包客体，可是在它们两者之间，总是有着水火般的不可调和的尖锐矛盾。

等到日本法西斯匪帮侵略军，侵占了我国的东北之后，当然就得从满铁这个培植殖民地统治势力的温床中，挑选大批从事侵略的爪牙。于是这些走马上任的大批殖民统治爪牙，便都摇身一变，成为伪满政权组织中的各级统治者。

在平日——也就是在温床培育时期，它们二者之间，尚且为了"争功妒能"而互不相下，何况现在在这块新殖民地的"肥肉"之前，又怎样能够不更为变本加厉地红起眼睛去作愈发激烈的狗争食丑态呢？

所以，在伪满的这个腐臭组织中，它们自然仍是分成两派：一派就是前满铁青年联盟的化身；另一派便是雄风会的借尸还魂。

又因为在当时伪满的这块新殖民地，既是日寇"大和魂"的"武士"们用刺刀抢来的，那么，不管他是做了伪官的青年联盟派，或是雄风派也好，也不管他是官运不亨尚未能挤进伪组织大门的满铁内的"斜阳族没落派"也好，如果不首先紧紧抓住"威灵赫耀"的关东军内的一个实力分子，那么即使是已经分踞要津的得意派，也将会富贵不长而致失脚，当然那些被关在大门之外的失意分子，就只能永远踏在门槛上，而作徒然的馋涎下垂了。

于是，那些干馋难到嘴的一派，便想依靠冰山，组织一个协和会或者协和党，来作为要分一杯羹的政治赌本。同时，那些已经钻入了伪组织中的新官吏，也就狐假虎威地成立了一个伪"咨政局"，企图永执伪政界的牛耳，来保持他们的利权不致外溢。这一场逐臭争粪吃的竞争，终于在双方靠山的强弱情势转变下，分出最后胜负来了。

"咨政局"被取消，而"协和会"宣告成立。

在一九三二年七月二十五日伪协和会正式成立。在当时身任伪"执政"的我，便被推为伪名誉总裁，伪国务总理郑孝胥也被推为伪名誉会长。日本关东军司令官本庄繁则是当上了伪名誉顾问。伪产业部长张燕卿则是被推为伪理事长。伪协和会中央事务局长则是伪外交部长谢介石。

当时的倡始者为本庄繁、板垣征四郎、片仓衷和汉奸方面的于静远、阮振铎以及阎传绂。

在一起初，日寇方面曾有把这个伪组织，定名"协和党"好呢，抑是"协和会"好呢的两种意见。后来由于后者的意见占了上风，其理由是：

如果把它叫作"党"，它的范围就会仅仅限于党员，把它叫作"会"，那么它便可以达到无限扩大到把全东北人民都包括进去的目的。于是终于决定把它叫作"协和会"。

那么，对于这个"蝎虎会"所赋予的罪恶任务，都是些什么呢？

在一起初，因为尚在创办初期，须要摸索门路、试探进行的缘故，所以它在当时的基本任务，只是专门从事迷惑人民视听的反动欺骗宣传以及协助日本侵略者进行伪善的所谓"宣抚"——"绥靖人民"的欺骗工作，例如散传单、印小册子、施疗以及施舍药品的小恩小惠，等等。

当其乍一创设当时，在伪中央设有伪"协和会中央事务局"，它所负的主要任务，就是旨在对于全东北人民的坚强统治。在日本帝国主义方面，认为单独倚靠伪满政府来做唯一的统治机关，还有些不放心。为要达到它未来的吞并目的，便又在伪政权组织之外，更成立了推行殖民统治政策奴化人民的组织，使它和伪政权成为表里一体。其最后目的，是企图把全东北人民，都能应乎"必要"，包罗在这一有机体的里面。这样，日寇便能随心所欲地达成它的侵略目的。

还有，在该伪会乍一成立之初，曾采取了吸收会员入会的形式，规定了入会的人，每月须交出一元会费来，便可以买取一个写有"协和会会员之证"的门标钉在自己家门口。

这时，在地方只有伪"协和会中央办事处"。在某些伪省会中，也有的设立了伪"协和会地方事务局"。任务是专门跟在日寇的腚后，从事所谓"宣抚"——即欺骗宣传和所谓民"匪"分离的特务工作，以及与伪警察、宪兵等通风报信之类的里应外合的阴谋工作。在所谓"东边道大讨伐"中，这个狼披羊皮的伪协和会，就曾干过吃里扒外、拿老百姓送礼请功的勾当。

到了一九三六年，由于日寇法西斯殖民统治势力的日益增大，它对于东北人民的野蛮控制也就随之日益加紧，于是，当时的关东军司令官植田谦吉便发表了人人唾骂的所谓"植田声明"。这一殖民地最高统治者的声明，就等于过去封建时代的"九重圣旨"一个样。因此，这个伪协和会，便由一个等闲的存在，一跃而成为能够在当时的政治上，起绝对作用的有力工具了。在那篇声明中的主要用意何在，就是把这个协和会大力强化起来，把它规定成为一个不附属于伪政府势力的机关，而把它抬高为一个"举国一致的唯一国民组织体"。并强调它和伪政府之间的联系是："既非从属，也非对立，而是一个政府精神上的母体"。然后那帮帝国主义强盗以及它的那群走狗，为了歪曲理由，更不惜绞尽脑汁制造出一连串很难自圆其说的"脸上贴金论"来。就在这种欲盖弥彰的自欺欺人的烟幕下，编造着不成其为理由的歪理说：

"政府既是人民的父亲，那么协和会便是人民的母亲。在这父严母慈的原则下，协和会便是一个爱护人民而给人民谋福利的唯一组织。"

像是这种梦呓一般的胡说八道，在今日看来，固然只会觉得它愚蠢得可嗤和浑得可恨，但在当时，这种不值得一听的疯言癫语，因为是出自头脑糊涂但枪杆子在手的日寇高级军阀之口，所以尽管他的"道理"是完全狗屁不通，可是它的罪恶影响与严重后果，却是大得不可估计。当然，它所排列出来的什么"母亲""慈爱"以及什么"谋福利"之类一连串好看的字眼，都是些恰恰相反的阴谋结晶体，其目的只不过是想借这些油漆彩画来遮盖一下伪协和会对于日寇则是为虎作伥，对于汉奸伪政权则是互相狼狈的反人民罪恶本质而已。

请看一下在当时所发表的伪"协和会纲领"便可以明白：

（1）显扬建国精神。

（2）实现民族协和。

（3）彻底宣德达情。

（4）使国民生活向上。

（5）达成国民动员。

在种种陪衬的左遮右盖下，终于在最后的第五项内，才算是图穷而匕首见地作出了吐露真情的结语——就是奴役全东北人民。

还有，在上记的五项之外，另外还有一个包括一切的总目的。在表面上的字句来看，固然是"建设道义世界"几个字，可是其内部所含有的真正意义，则是想要建立一个可以任凭日帝宰割的强盗世界。

我们现在可以不必管它那浓脂厚粉下的丑婆娘化装怎样，且看它的罪恶实质是些什么：

（1）提倡彻底出卖祖国东北人民全部利益的卖国精神。

（2）实现日本人做主人，其他民族甘心做奴隶的所谓"民族协和"。

（3）彻底进行狼狈为奸的欺骗工作。

（4）把东北人民的生活压缩到零点水平线以下，而把一切财源、人力、物力都双手捧献给日本帝国主义殖民者。

（5）要达成奴役全东北人民的殖民统治理想。

而其最后的总结论则是：把日本帝国主义殖民统治任意吃人肉、喝人血的黑暗世界建立起来！

在这里，再把当时所发表的伪"协和会成立的目的"照抄一下来看：

首先便是根据上记五项纲领来办事。然后更无耻地自加注释道："须展开协和运动来实现这五项纲领。"

从上记两句简而明的明文规定中，不是已经把伪"协和会"设置的目的，完全暴露无遗了么？

我们再从下列的各项事实来看：

伪"协和会"的概略组织

在伪中央设有伪"协和会本部"，其中有：伪总务部、实践部、辅导部三个部，各部有科。另外还设有一个伪"企划局"，其下为班。

在各伪省内有伪"协和会省本部"。由伪省长兼任伪"协和会省本部长"。伪省次长（日本人）兼伪"协和会省本部次长"。在其下有伪"事务长"。再其下为科。

在各伪县（市、旗同）内，有伪"协和会县本部"，该本部长为伪县长兼任。伪副县长（伪副市长、伪旗参事官——俱为日本人伪官吏——同）则兼任伪县本部次长。其下也有伪"事务长"。再下为伪科或班。

至于在城市中的各伪区长和乡村中的各伪村长，也都兼任各地的伪"协和会分会"的伪"分会长"。在其下有班。

足见伪"协和会"的罪恶网，曾是包罗了当时的伪组织各机关单位的全部。在当时，还把伪行政官吏兼任的"协和会"负责地位的这件事，美其名为"二位一体制"哩！伪"协和会"之所以为"蝎虎会"真是再恰当不过的一种看法。所以要把这一推行侵略政策的天罗地网，笼罩当时所有各个阶层的缘故，其主要目的就是要把伪汉奸大小官吏和日本人的伪官吏以及各地方由最基本阶层的汉奸分子——土豪、劣绅、地痞、恶霸等全都紧密地结合到一起，好拿这种敌伪合流、上下一体的整个反动势力来统治当时东北广大人民，而进行欺骗、镇压、劫掠、奴役、压榨的血腥殖民地政策，打算借以维持它们的暗无天日的法西斯统治于永久！

自从我爬上了伪"皇帝"的"宝座"之后，我当然不能再兼这个"君王"所不应干的伪"协和会名誉总裁"了。于是当时的伪"国务总理"张景惠便当上了伪"会长"，同时，伪"协和会会员"也不采取入会的制度，而把它变成为进一步的"绑架方式"，规定了凡是在伪满统治势力下的二十岁以上的全部男子，都得吸收为伪会员的所谓新制度。

至于所有的伪官吏（除伪军人）更是都得以所谓"协和会精神最高体得者"的资格交会费入会。

在这里，我想再谈一谈伪协和会所承担的各项罪恶工作。

（1）在所谓"显扬建国精神"方面，那就是专门从事于欺骗宣传和企图以小恩小惠来麻痹当时东北广大人民爱国抗日意识的种种罪恶活动。例如，在平日的宣传"日满一德一心"和"日满不可分"关系，以及在所谓"讨伐"中的散放药品、进行"民匪分离"的宣传，并所谓"施舍救济物品"等。又如在敌伪掠夺粮食前后的骗人宣传，"物质奖励"和在征粮中的协助伪官吏、警察进行督促搜翻，逼人致死等的罪恶实例。还有，在日寇移民、夺田、归村并屯、鸦片毒害和征兵抓丁等的罪恶工作中，那些"蝎虎会"的会员，也都经常大卖力气的。

（2）在所谓"实现民族协和"方面，它也是从事种种欺骗宣传和变本加厉地去搞助桀为虐的工作。如对农民进行"青年训练所轮训"时，它便着重去宣传奴化教育以及所谓"协和会常识"等。又如在日寇施行移民掠夺政策时，它就大力宣传只许州官放火、不许百姓点灯式的片面"民族亲善"。同时，还公开帮助日本殖民者强收人民耕地，并强迫我国农民给日本的"开拓团"去做义务劳动——如替他们修筑道路，建造水渠，等等。

（3）在所谓"宣达"方面，例如，每年在长春举行一次的伪"联合协议会"就是为了一方面拿"上意下宣"与"下情上达"的骗人幌子，来宣传所谓"宣德达情"的伪善拟态，打算借此来掩盖一下殖民统治的法西斯真正面目。例如，说什么伪"满洲国"虽然没有议会制度，但并非一个专制政体；另一方面，则是借着这个伪装民意的特务机关，来实现和伪政权"同恶相济"的不可告人的罪恶企图。

其具体的阴谋方法、手段是：先由各反动基层——伪分会内"选"出可供利用的土豪劣绅等，使之充当替敌伪罪恶政策做专门应声虫的伪"协议员"，然后由伪"县联合协议会"开始，而伪"省联合协议会"，而最后到伪"全国联合协议会"，去一层一层地发言。他们发言的底稿，当然用不着他们费脑筋去想、去做，而是照例由伪市、县事务长（日人）预先把发言稿子做好，只要他们能够到会上照稿子宣读一遍，他们便可以算是完满达成"民意上达"的任务了。

在开伪市、县联合协议会时，也是照例先由伪市、县公署提出所谓的议案来，也就是说先把需要伪政府做决定和施行的罪恶政策写到议案上，然后再让这些应声虫——伪协议员按照事先的授意做一次传声筒式的讲话。例如当伪政府要施行进一步奴化教育的所谓"新学制"（一九三七年）时，便在伪"全国联合协议会"上，由伪文教部负责人装腔作势地先把打算推行"新学制"的意图，以官样文章传达一遍，于是在各伪地方的议案上，便把各地方希望自费办校的假民意，加以大吹大擂。又如，在一九三八年当伪政府发表了"鸦片十年禁绝"的欺骗政策时，各伪地方便又一齐制造出来"要求禁绝鸦片"的挂羊头卖狗肉呼声。于是伪政府便可以根据这种"民声"，理直气壮地来办什么志在捞钱的"瘾者登记"和设立志在扩张鸦片的"禁烟总局"伪法案了。此外，如强征伪"国兵"和掠夺民粮以及移民侵略政策，等等，没有一样不是由于这种赝造的"民意"给开辟道路的。

总之，伪协议员把伪政府的罪恶政策，向地方去做"应声虫"式的宣传，这便是所谓"宣德"；再把根据敌伪罪恶企图，照章宣读出来的"民声"，作为伪政权作恶凭借的理由，便是所谓"达情"。

（4）在所谓使"国民生活向上"方面，例如，揭示出来的招牌，虽然说是为东北人民着想，但实际则是事事替敌伪的罪恶统治专门服务。譬如它所实施的"识字运动"，也就是为了宣传奴化欺骗工作上的方便；说是志在"奖励农村大力生产"，实际也就是利用当时的罪恶统制——利用殖民独占统治下的民需物资奇缺，以微不足道的棉布、水袜子之类为饵食，蓄意到当时的广大农民中来钓鱼，同时还可以奖励土豪、地主的大力盘剥，以便和他们站在一条共同反人民的线上，一同去吮吸大多数早已筋疲力尽的农民的最后一滴血；硬说目的是为要"调解都市、农村之中的纷争"，其实就是打算里应外合地大力推行敌伪对东北人民的各种残酷掠夺政策。如好话说尽、坏事做尽地强征人民耕地、口蜜腹剑地以官价去硬抢农村中的各种牲畜，以及为虎作伥的所谓"增产出荷"等，这都是所谓的要"使人民生活向上"的内容和实质。

（5）在所谓"达成国民动员"方面，这更明显，它是为谁来动员？为什么要进行动员？不用问，也就是要把东北的全部人力、物力、财力完全归拢在敌伪双方同心合力、竭泽而渔的大掠夺网中。特别是对于当时东北人民的肉体与精神的摧残，更是残酷凶狠到了极点，同时，也周密严刻得到了极点。例如，曾把二十岁以上的东北男子，都完全收入到伪协和会会员的奴役罗网中，同时更把二十岁以下（十五至二十岁）的男青年，也都给圈入到伪"协和会青年团"的奴化组织内；还把由十岁到十四岁的小学生也都赶到伪"协和会少年团"的毁人炉里，让他们去受军事训练，去听训奴教育讲话，以便在一朝有事之际，去给日帝侵略者充当廉价的炮灰。即在所谓平日，也可使之去充当牛马一般的忠实奴隶。此外，对于差不多达东北男子半数的妇女，也并没有轻轻放过。例如所谓"国防妇女会"，也就是伪协和会的一个外廓团体，也就是针对全东北妇女的一个害人大樊笼和针对广大妇女阶层的一座大奴圈。

这就是伪协和会的一篇历史罪恶缩影，也成为在日寇种种侵略阴谋中一个重要罪恶环节。唯其是有了这个"蝎虎会",才给敌伪做了不少有力掩护,才给我东北人民愈发增多了家贼难防的超额损害。今日回想起来,使我不能不更进一步认识到日本帝国主义的阴险狠毒,真是到了何等程度。同时,汉奸的罪恶——我的挑头作恶的罪恶,也真是达到怎样的地步。因此,我对此的结论是:

日寇的罪恶,就是汉奸伪组织的罪恶。

汉奸的罪恶,也就是伪协和会的罪恶。

伪协和会的罪恶,也就是我的罪恶。

因为我曾是万恶的创始人,哪样罪恶没有我,便不会发展扩大。真是百身莫赎的滔天大罪。我愈回想过去,便愈发认清了过去的自己,便愈发认清了自己的反动阶级本质所在。这就是我对此所下的结论。

乙、得寸进尺

日本帝国主义对于我东北十四年的血腥侵略和殖民地罪恶统治,可以说没有一样不由于它的得寸进尺的由"蚕食"到"鲸吞"的一贯惯用手段而来。我在这里所要特意说明的,固然仅仅局限在我耳目所能及的小小范围内,但如果从这条线索去找其根源所在,也可以看出没有一件事不出于日本帝国主义战争贩子的"大本营"和当时伪满汉奸政权之手。因此,我敢断言:凡是吉冈安直对我所用出来的种种得寸进尺一步紧似一步的办法,无一不是由日寇关东军的魔掌所操纵;而在关东军后面,更是有着日本法西斯匪首的操持。以下我想举出几项比较突出而且是使我终身难忘的实际事例,来作为对日本帝国主义分子所一贯采用的得寸进尺政策的一些旁证。

爬得愈高范围愈窄。

在伪满政权乍一成立时,像是臧式毅、袁金铠、赵欣伯、张燕卿之类,尚有时到我这里来,随便和我谈谈话,或是在我这里吃顿便饭。由北京远来的宗族人等,也都可以随随便便在新年,或我生日时单独来和我谈谈话。可是自从我当上了伪"皇帝",吉冈安直也当上了我的"全权直接监督人"——所谓"帝室御用挂"之后,对我接见人的事情,便一步紧似一步,一天紧似一天,逐步地把我挤到爬得愈高,范围愈窄的小圈子里。从此伪满的大小官吏,便除了在所谓正式的"谒见",完全不能像过去那样随随便便来见我了。就连在北京的我的宗族人等，也都是除了被特别许可的极少数人以外，谁也不能随便单独地来见我。

不过是，这种愈来愈紧的局面之所以形成，并不是没有直接的近因。例如当我在一九三五年所谓第一次访日之后，我因为在当时已被受宠若惊的奴才心情冲昏了头脑，所以从日本回到长春之后，便抱着异常兴奋的心情，觉得自己好像是怪不错似的，召集了长春伪政权下的大小伪官吏，做了一次满怀信心的吹嘘讲话。当然在那次讲话之中，并没敢遗漏掉那些"日满亲善"之类的惯用护身咒文。也并没敢省略那些汉奸常用的谀词赞语，但是那些奸猾成性的日本帝国主义分子，是不会陶醉于我的拍捧言辞的，也不会被我所认为的华藻丽句迷惑，他们是善于从谀赞之中，去寻找不能合乎他们口味的言外含义的。特别是，我曾慷慨激昂所强调的"不利于伪满洲国的日本人，就是不忠于日本天皇……"的那套滥调，更是使那些口是心非的日本帝国主义分子感到了老大的不受用。于是，他们从那次最初而且成为最后的"自由发表意志"以后，便收缩了我对任何人随便发表自己意见的范围。"非正式不得见一般伪官吏"的"禁令"也高揭出来了，照条宣读的"新制度"也制定出来了，吉冈安直陪坐见人的新规章也设置起来了。结果是拍既未成，反倒挨了马踢。

但是那帮帝国主义分子，对于利用汉奸，也不是在某种程度上，没有一套操纵之术。固然是从此以后，曾限制了我自由见人的范围，也限制了我向人自由发表意见的范围，然而当他们在需要我带头出嘴的时候，却又会把他们的紧绷绷的面孔一变，临时放松了我的"衔辔鞍勒"而让我做例外的自由发言。例如当需要我对伪国务总理或是伪总务厅长官等发表一些"积极"意见的时候，吉冈也会对我讲，可以拿"皇帝"的身份，积极地鼓动鼓动他们。并且还说"怎样说都可以，他们是能在皇帝的动员之下而去积极干的"。所以每当到了这样的时候，甚至连照条宣读的发言范本都不必用，而只把应说的大意告诉我，就叫我去做带头发言人。这就是日本帝国主义分子"紧中有松，松中又有紧"的操纵我的一种秘诀。

一方面，固然是我爬得越高而自己的自由活动范围越狭窄；同时也是我爬得愈高，自由所受到日帝的侮辱也就愈大；同时也是我爬得愈高，就愈患得患失地无耻屈从起来。

特别是由于这几年的学习改造，才开始认识到帝国主义的本质，才逐渐认清了自己过去的本来面目，同时还使我痛切感觉到：上记的两项，不仅是次要又次要的末梢问题，也是尚未能脱出以自己为中心的旧立场观点的范围。最主要的问题，还是我爬得愈高，自己的罪恶就愈为严重。因为是如果从人民的立场观点上来看待自己的过去，便不会专从自己个人的得失荣辱去看，而是要着重于自己的罪恶方面去看。

所以，在最近我对这件事所得出的结论是：日寇欺侮，愚弄汉奸，并不可恨，因为这是汉奸应有的后果。日寇祸害我国人民，才是我们和它的不共戴天之仇。这段介绍，只是为要说明日帝的步步加紧政策，而不要认为这是汉奸向人诉苦才好。

丙、我弟弟溥杰的结婚

溥杰自从在日本陆军士官学校毕业，于一九三五年冬正式参加了伪军之后，便在长春伪"禁卫队步兵团"当伪排长。当时的那些日本帝国主义分子便别有用心地一心要使他和日本女性结婚。我和他也曾暗暗感到了他们这种阴谋企图。于是有一天我便和他谈到了这一问题。我对他讲：你如果和日本女子结了婚，往后可不好办了。我并说，我可以负责从北京给你找个适当的对象。我遂把婉容的一家亲戚请到长春来，打算撮合我弟弟和她的女儿结婚。经过几番磋商之后，双方都同了意。不料吉冈安直听到了这件事之后，便把我弟弟找去，竟自拿出公然干涉个人家庭私事的岂有此理态度来，对他干脆地说出："现在关东军方面，很希望你能和日本女性结婚，因为这是有关日满亲善的重大问题。所以你得做一个关于此事的模范才行。并且这是军方的意旨，现在你最好先不要忙于和中国女子订婚。至于替你张罗日本人对象的事，由我来负完全责任，你只管放心好了。"

于是溥杰就屈服在吉冈的压力下，而使已经有了相当眉目的结婚问题，一旦归于泡影。

果然，这个吉冈安直便自告奋勇地跑到北京去找早在三年前就和我弟弟离异，但在法律上尚未做正式解决的他他拉怡莹（珍妃的侄女），打算借着关东军的那张狗皮去吓唬她，好迫使她放弃要求巨额赡养费的一贯主张，而宣布正式和我弟弟断绝关系。同时，也想逼她写出"自愿离异"的甘结来，好使我弟弟和日本女性的结婚问题容易进行。不料那时怡莹并未在北京，吉冈由于扑空情急之下，便发挥出他法西斯强盗的本来面目，进了怡莹家门之后，便先来了一个下马威，使他的随身喽啰——日本宪兵把住该家大门，禁止人们出入，然后就闯进内院，找到了她的两名弟弟，逼问怡莹的去向。因为他们说怡莹早赴上海，并且他们姊弟之间，也因为她和溥杰的离异，已早断绝了姊弟的关系。吉冈便蛮不讲理地厉声说："你们断绝姊弟关系与否，我全不管，你们既是她的弟弟，就得负责给我写一张代表姊姊承认和溥杰正式脱离夫妻关系的字据！"不但在他这种强暴威迫之下，使这两个魂不附体的弟弟，替姊姊立了非由情愿的甘结，更荒唐的是，还把该地区的警察署长找来，也逼他在这张契约上签上了固辞不获的自己的姓名。于是吉冈便拿着这张"情愿离婚，情愿不要赡养费"的所谓证据，亲自跑回日本去找那"九一八"事变中的罪魁本庄繁和在"九一八"事变中身任日帝陆军大臣，后来又在朝鲜当上了殖民地总督的南次郎，托他们负责给我弟弟溥杰物色结婚的对象。结果是从若干"候补对象"之中，溥杰和当时的日本华族——公、侯、伯、子、男在日本被叫作华族——嵯峨实胜侯爵的女儿嵯峨浩结了婚。

不但是日本帝国主义者充分利用了这一国际结婚，当作鼓吹"日满亲善"的宣传材料；另外，还有一种最主要的毒恶阴谋，那就是，想要利用偷梁换柱的办法，预备在溥杰和嵯峨浩之间，如果生了儿子之后，便可以利用这个未来的混血儿去继承伪"皇帝"的地位。以便在将来，能从这个未来的混血儿伪皇帝的身上，去捞取更多的便宜。

因此，就在一九三七年四月，我弟弟结婚后不久，便由伪傀儡政府制定出一个伪"帝位继承法"。其中主要的地方是：

大意说"……皇帝死后，由其子继之。无子时，以其孙继之。无子和孙时，以其弟继之。无弟则以其弟之子继之……"

总之一句话，不论是以弟继也罢，或是以弟之子继也好，还不是他们的最后目标就在于此？

为什么我其他的弟弟和妹妹等在结婚后，谁都没有从伪宫内府经费预算中，得到过任何物质上的补助？而单独在溥杰结婚以后，特别从伪帝室财产中，拨给五十万元的公债券以其利息作为他们夫妇生活之用？不但如此，就是当他们二人结婚时的一切费用，也都是由伪宫内府给拿出，并且还派伪宫内府次长日本人入江贯一和伪宫内府日本人高级职员加藤某前往日本东京，去操办他们婚礼的一切呢！

这就是日本帝国主义分子处心积虑无所不用其极的又一明确罪证。

自从我弟弟溥杰和嵯峨浩结婚之后，便成为一个名符其实的亲日家，致使我对于他也不能不加以警惕，不敢再像过去那样尽情无隐地向他去吐露对日寇的不平不满了。固然也有时在某种限度内，曾对他谈过一些对日本帝国主义者的憎愤言辞，但每当说完之后，便谆谆嘱咐他在回家后不要向妻子讲。也曾警告过他："日本人的反动教育，是比较彻底的。她虽然是你的妻子，但是她对于自己的国家，是会比对你要密切得多，说不定她就是日本政府的女间谍……"尽管我对他这样谆嘱，他总是不以为然。甚至在"八一五"苏联进兵解放东北以后，我弟弟几乎没有用手枪替日寇做了殉葬品。足见日本帝国主义的毒谋辣手，是怎样无孔不入和无所不至的了。

我记得大约是在一九四二年或是一九四五年的时候，日寇的当时首相东条英机曾到伪满做过一次所谓闪电式的访问——即突然来访之意，在当时的报纸上，曾谀称为"闪电访问"，那时曾秘密地送给我弟弟一万元日币。这是为了什么？还不是别有一种不可告人的用心？并且在当时，我弟弟为何也不对我讲，到了苏联之后，才对我明言此事？足见我弟弟在当时，早已当上了所谓"美人计"的俘虏，完全无条件地当上了"日满亲善"的唯一实行者了！

丁、我未来儿子的问题

关于我未来儿子的问题，那更是日本帝国主义者日夜念念不忘的所谓一件重要大事情。就如同在前项中所述说过的那样，它们是一方面想要利用我如果没有儿子的时候，便可以采取李代桃僵的方法，让溥杰未来的混血儿子，来当将来的伪满"皇帝"，那么，它们便可以更进一步地使伪满成为"日满混血关系"的更为"亲密"的关系。但同时，它们也并没有忘掉，如果我有了儿子的话，它们也可以从中得到稳抓稳拿的办法。那就是在植田谦吉当关东军司令官的时候，他曾使那个吉冈安直对我讲，如果我在将来有了儿子，那么当他长到六七岁的时候，就必须使之赴日本去留学，绝对不能让他继续留在我的身旁，受我的抚养与教育。并且还煞费苦心地编出"美词丽句"打着掩护说，日本天皇的儿子（所谓的"东宫太子"）也是从幼时便不在他父母身边教养，而是派定专人担任他的教育，以及生活起居的一切工作。并说，唯其是这样，所以才会得到特别的教养而能够成为将来继承天皇的适任者。因此，"满洲国"也必须效法日本皇室的办法才行。

这些异想天开、专门想要坑害人的恶魔们，竟自无中生有地对尚在未知之数的我的未来的儿子，也给盘算在它们的如意算盘之内了！它们不但是把我将来的所有道路，都预先结结实实地逐条堵死，并且还怕口说无凭，更要让我对于渺茫难期的未来，也要事先签订下事前承认的字据，来作为永世不能翻悔的确实凭证。于是，我也就只能是对于我那完全尚在未知之数的儿子，在他有无尚未可知的那张未来卖身契上，老老实实地签了名。

请想一想看！日本鬼子的坑人到底的坏办法，可想得有多么周到！并且是有多么远的远见！

不过，幸亏是，伪满垮台垮得早，并且我也没有儿子。否则我一人当上了大汉奸还不够，还得搭上我的儿子。还要把我的儿子，在他尚未出世以前，就由他的父亲，事先预定好，也要把他拖到万劫不复的罪恶泥坑中去！这种残忍到了家的阴谋毒计，做得够多么彻底！因此，现在我很庆幸我幸而没能再做出连自己儿子也都对不起的罪恶行为来！

不过是，日寇的这种想入非非的恶辣手段，也并不是由于植田、或是吉冈的作恶"天才"，而是早在他们的老老前辈——伊藤博文等老牌帝国主义分子的时代，就曾经做过，并且是已经发生过相当罪恶效用的老办法。例如，他们对于前朝鲜国王的儿子李垠，就曾经使用过这套办法——并且是总括了上记的双重办法的：首先是拿日本皇族"梨本宫"的女儿，当作了钓取朝鲜国王的饵食，利用她当作了移花接木的嫁结幼芽，终于使李垠的儿子成为一个半朝半日的混血儿。另一方面，则是使李垠从小就远远离开他自己的生身祖国——朝鲜，日日夜夜在不怀善意的教育环境下，受着坚固确实的帝国主义奴化教育，同时，还使他在家庭环境的影响下，彻底变成为一个只知日本、不知朝鲜的既不朝又不日的浮游寄生动物，迫使他在一九四五年日本帝国主义降服，祖国朝鲜翻了身之后，成为一个有国难奔只能老死异乡的终身朝奸！

植田等对于我，就是想套用这套坑人到底的老阴谋办法，并且还"活用"了这套老办法，才一方面让我给自己的未来儿子预先就填写好卖身契；一方面更想利用我弟弟溥杰来补填我的不足之处。固然是他们的这个法子是和对朝鲜李家的那套老法子，根本是同出一源，但是他的"活用之处"，也同样是不能轻轻看过的。

从这里，更可以清清楚楚看出，日本帝国主义分子的作恶"天才"，确是入骨三分而有余。固属是社会上的一切恶事，都有被它一概做尽之观，然而他们的那些如意算盘，究竟是在社会发展客观规律的严正科学论断下、在世界人民的正义愤怒声讨下，始终是不会把算盘子拨得准确，而且结果也是"无一如意"而告终的。

戊、日本宪兵的"保护"

我自从一九二四年十一月二十九日堕入北京日本公使馆的帝国主义魔窟以后，便开始有日本使馆的警察对我负起"保护"之责；到了一九二五年二月二十四日移到天津前日本租界之后，更由日本驻津领事馆的警察，对我做更进一步的所谓"周至的保护"；到了一九三一年我从天津到了"九一八"以后的东北后，便由日本帝国主义的宪兵，代替了日本警察而对我做更前进一大步的所谓"保护"。例如，在旅顺时，我就是在这种水泄不通的严密"保护"下，不独使我和当时的社会离开，而且把我那所余无几的民族联系也给完全割断。就连我和我妻子之间的夫妻关系、和我妹妹的兄妹关系，以及和随我多年的所谓"遗老"之间的长年关系，也统统被一刀割断了。就是后来，当我到了长春，爬上了伪执政的椅子，以及后来又爬上了伪皇帝的"宝座"之后，日本帝国主义的武装爪牙——宪兵，不但没有丝毫放松对我的"保护"，而且反倒愈益加强起来。例如，在伪宫内府我所住的"缉熙楼"庭院外边，就有几名关东军派来的宪兵，日夜不离地住在"勤民楼"旁的厢房内，脱下了他们的所谓虎皮——日本宪兵的正式军装，改穿上特制的一种制服，成立了一个伪"宫内府宪兵室"。凡是来见我的人，除了他有神话中的隐身法之外，是谁也逃不脱他们的监视双眼。而他们的最高头子，就是那位死盯住我决不松口的大特务头子吉冈安直！

这些以吉冈为首的特务们，不但是有谁来见我，他们都能一目了然，并且每个宪兵都抱定了一本"阎王账"，而夜以继日地从事于"有闻必录"和"有见必报"的监视工作。

他们为了要做好对我更进一步的"保护"，有一天便在关东军的指示、吉冈的传达和这帮特务的炯炯目光下，不独公然限制了我的自由接见伪满的大小官吏——除伪宫内府的伪职员外——之权，就连对于我的宗族人等，吉冈也竟自拟出了一张严格限见的人名单。除了在伪满的家族人员不在此例外，譬如对于由北京到东北来的宗族本家，也限于我的叔父载涛和我的族兄溥忻、溥侗等极少数几个人。至于其他的宗族人等，则是不分亲疏远近，一律限定只能在向我公开祝寿等等时候，排列在一般祝贺人员之中，遥遥向我行礼，而不许可他们能够随便单独来见我。吉冈在拟定了这一极端局限的人名单之后，便把它交到伪宫内府大臣熙洽之手，令他照单进行限制，并配合着伪宫内府日本宪兵的几只眼睛，对我做了得寸进尺的严密"保护"，一直到一九四五年八月敌伪一齐垮台为止。不，就连当我从长春逃往通化大栗子沟更由大栗子沟逃往沈阳飞机场，以及在该处被苏联军逮捕以后，我还是在吉冈和他手下的一名喽啰——日本宪兵的四只眼睛监视下，受着最后的"保护"。直到坐上苏联飞机，由沈阳飞到了通辽之后，由于苏联军的伟大力量，才把我那块犹如附骨之疽一般的吉冈等给分开了。从那时起，我才算是由历时二十二年有余的日本帝国主义分子的所谓"保护"下，得到了真正的解放。从那时起，才让我长舒了一口气，我才能脱离了恶魔的毒掌。

己、名符其实的"孤家寡人"

在伪满当时，所谓我在政治上的地位，真可以说是孤高在上，毫无根底可言，只能是仗着在反动封建末期社会中的空头地位，利用这一点作为我在当时的唯一政治资本。也就是纯粹靠着这一笔空虚的本钱，当上了专门供日本帝国主义尽情利用的罪恶工具的。

正如以前各项中所说的那样，我在伪满当时的一举一动，甚至在个人家庭中的一颦一笑，也都是在日本关东军司令官所派来的中将参谋吉冈安直的"杜渐防微"眈眈虎视下，受着周而且密的监视，以及其他种种有形的限制和无形的防范。

曾在我身旁多年，给我做过一贯帮凶工作的所谓"前清遗老"们，到了这个时候，已经是死的死、变的变、离的离、散的散。即或如胡嗣瑗、商衍瀛之辈，尚始终留在我的身边，但是处在当时那种"时不利兮"的当时环境下，并且日寇的压力更是有增无减地笼罩住当时的整个空间，所以那些久已过时的"老古董"们，不但都形成了强弩之末，并且是为了苟延残喘，真是连一篇聊泄不平的文章都不敢写，聊表寸心的诗句都不敢题，只能是蜷集在我那有限阴影之下，过着委曲求全的失意生活。

郑孝胥被关东军给撵下伪国务总理的椅子，连回北京西城自己的故宅去住，也竟自遭到关东军的多方刁难，终致悒悒而死。罗振玉也是在关东军的"敬远政策"下，了却他的亲日一生。胡嗣瑗则是因为当本庄繁恶事做尽被调归国，武藤信义新来继任之际，向我建议，叫我可趁武藤新官上任的机会，向其提出缩减伪总务厅长官政治上的权限，而使各部伪大臣得以负责办理各自部务的要求。我遂把这种意见写出概要对武藤讲了一遍，武藤对此并没有表示什么意见，只是不动声色地把这份意见节要拿了回去。我和胡还认为庶几有望而做着殷切期待呢，可是一天天地过去了，这位"汉奸司令"的新主人，却一直保持缄默，既无任何征兆可见，又没有什么反响可闻，就如石沉大海一般，消息全无。结果是，这帮帝国主义分子，探知这一提议，是由胡的建议而来，于是胡便不能继续在我身边当那伪宫内府的秘书处长，而被明升暗降为伪参议府的参议了。但是这一伪参议的席位，也并没有使他占据多久，便把他一抹到底而使他退出了伪满的所谓政治界。还有，按照伪满当时的惯例，凡是属于高级的伪官吏，去职以后，差不多总是在一些所谓的"会社"（公司）里，给他们找一些不工作光拿钱的相当地位，让他们享几年变相资本家之福。可是对于胡却不然了：他在去职以后，便立即失了业，以致专门靠我出钱来养他的余生以及他的一家大小，直到伪满垮台为止，才算完事。这说明了什么？这就是由于日本帝国主义分子从一开始就不满意胡的行为，所以才这样对待他的。

至于在伪军中的，我的那些家属、宗族、亲戚以及亲信之类，也都是在日本人、伪军官、日本军事顾问和关东军司令部的层层严密控制下，犹如大海漂豆一般，星星点点地分散在伪军的各机关、各部队里。和我既不能有所联系，他们彼此之间，也都成为互无联络的状态。所以在当时的我，已经是除了在伪宫"内廷"的一亩三分地中，尚有我自由回翔之余地，其他各方面，完全是条条道路都走不通的了。

可是，就是在那仅仅几幢楼房的所谓"内廷"的范围内，也就是说，在我当时的家庭之内，我也并没有尝到过一些什么家庭的温暖与幸福。就以我的第三个妻子谭玉龄为例，就可以知道当时家庭中的那种与众不同的空气了。

自从我到了长春以后，因为我和我的妻子婉容之间的感情已达到完全破裂的地步，于是便托我在北京的亲戚，给介绍了谭玉龄，我们便结了婚。结婚以后，我们二人之间的感情尚不错，过了几年之后，她便患了重病。经中医诊治的结果，认为是患伤寒，但屡次服药总未见效。后来又使日本医生给她治疗，据日本医生说，她是患着粒粒结核症。不料第二天她就死了。但我总疑心她是被日本人害死的。因为当日本大夫乍一来诊时，还对她相当地热心，并且还有护士给她输了血，医生也是频繁地给她做了注射。可是当吉冈安直闻知此事亲自赶来之后，便把这个大夫找去，和他谈了很长时间的话。于是这个大夫在和吉冈谈话回来之后，我便觉得医生对病人的诊治便不像以前那样地热心，也不那样频频给她注射了。同时这个吉冈安直还为了她的病，特意搬进伪宫内府来住，并命他手下的虾兵蟹将——住在伪宫内府的日寇宪兵，时常给担任看护病人的日本护士打电话。就是在这种情况下，过了一夜之后，到了第二天早晨她死去的。

综合上记的各种情况来看，尽管我对于她的被谋害，并没有什么十分的证据，但在我的当时主观判断上，我总认为她的死，可能是日本人下的毒手！

在谭玉龄死后不多的日子，吉冈便屡次督促我非再找一个第四次结婚对象不可。我因谭才死去未久，心中悲痛异常，便不愿再做第四次的新郎。但是，那个完全支配我的吉冈，却死皮赖脸地拿来许多日本女子的照片，就像是硬按不想喝水的马脖子，非让它喝水不可一样，非叫我从其中选择出一个对象不可。那时我就在心中暗想：

我如果是和日本妇女结了婚，岂不等于给吉冈添上了一双从内部来监视我的又一特务眼睛。

于是我就借口说："我必须选择一个我认为最理想的对象才行。"并推脱说："这些像片都使我不能感到满意。"

因为我在当时，不敢公然说出不愿要日本妇女那样的话来，所以只能对吉冈委曲婉转地找寻着一个借口说：

"结婚这个问题，乃是有关自己终身幸福的大事。唯一的条件，就是得完全符合我自己的理想条件。至于什么民族，我是概不介意的。"

吉冈听了，也没有相当的话来反驳我，便又看风使舵地拿来一张饱受日本帝国主义奴化教育的旅大某中学女生的照片给我看，我遂把这张相片留下，说等我仔细看看之后再做决定。但这时，在我心中已看中了她。但我的二妹韫和却不赞成，认为如果选中了这个人，又和选中了日本人有什么区别？于是我也就托言没有看中而做了拒绝。

过了些时候，吉冈又带来一个在学校教书的中国女教师来，结果我又没有看中她。

我因为看到吉冈这种不辞劳瘁而再接再厉的情形，于是我又在心中暗想：

"看情形既是非让我再结一次婚不可了，否则吉冈是不会'善罢甘休'的。与其叫他纠缠不休地和我捣乱，夜长梦多，真说不定他会更弄出什么可怕的新花样来，倒不如一了百了地赶快找一个年岁小的中国女性作为我的结婚对象吧。这样的人既不会受吉冈的什么影响，并且还可以由于年岁小而能够听我的话，服从我的约束，任凭我怎样'教育'，她都有接受的可能，岂不比自动地给吉冈安上一条里应外合的内线强得多。"当我打定了这样的主意以后，便对吉冈说：

"不妨把小学生的照片，也给我拿来看看。"

过了一些日子，便在吉冈的魔力之下，果然给我拿来了六十多张伪满当时的所谓"国民高等学校"——约等于现在的初级中学程度——的女学生照片供我恣意挑选。结果我选中了李玉琴。据说由于吉冈的这一大卖力气不要紧，还曾逼哭了一位伪满学校的校长哩。从这里也可以知道，敌伪合流下的淫威凶焰，曾是让人怎样不能活下去的啊！

这时，我遂对吉冈说，我希望先和她本人见面谈谈话，等征取她的同意之后再做决定。而这个外国媒人也就立即把李玉琴带到了伪宫和我见了面，谈了话，结果是以她的同意而结合。

但是这种抢亲式的结婚，根本既不是根据着双方的爱情，更不是基于什么其他巩固的条件，只不过是由于为要应付吉冈对我的过分热心，所以才在迫不得已的情况下，演出这幕等于抢亲的丑剧。

先从我这方面的理由说起。我只是由于吉冈的不住纠缠，特别是为要躲避和日本妇女结婚的严重后果，所以才选中了在当时仅仅十五岁的李玉琴，来做我的第四个妻子的。并且在其中还掺杂有不少我的利己主义，那就是：打算把这个少不更事的天真烂漫少女，制造成为一个让她方就方，让她圆就圆的婉婉服顺、任我摆布的家庭玩物。所以在当时，我只是把她当作一个小孩子来看，并没有什么深厚的爱情可言；而在李玉琴这一方面，则是在当时，她的年龄既那样小，任何人情世故社会经验都没有，并且在那敌伪残酷无情的压力下，她又怎敢拒绝我的要求，怎能逃出这样的魔爪？

这就是在当时我们二人之间的所谓结合的唯一基础。

根据上述情况来看，当然我们二人之间的结婚必要基础根本就不是巩固的，不但谈不到什么巩固，并且也是违反社会常态和极不人道的一种强迫胶合。因为我曾假借敌伪合流的罪恶政治压力，来压迫奴役并诱惑一个天真纯洁的女孩子。现在深深觉得我真是一百个对不住她，因为我曾毒害了她的宝贵青春的前半生！

在我和她结婚以后，我不但经常拿她当作一个"不识不知"的小孩子来看待，并且我对她，也曾经极端地发挥了封建专制透顶的家长威风和夫权高于一切的蛮横恶劣作风。例如，当我高兴的时候，就去搭理她，不高兴时，就把她完全不放到眼内，甚至有时候，她还会受到我的严厉呵斥。不但如此，后来我索性不和她同居在一起，因此，在我们二人之间，根本就谈不到一般夫妻之间的情爱。换句话说，她和我的关系，也就是统治者和被统治者的关系，是用压力给凑合到一起的。

在伪满的十四年罪恶生活中，不独我在当时的政治上，是一个独夫，就是在家庭环境之中，也如同戴有千年不化积雪的高峰一样，永远矗立在冰冷的大气中，连丝毫的温暖气息也感觉不到。

我说这些话，并不是我想要向谁来诉苦，尤其不是我自认为过去的处境堪怜。因为我自己深深知道，我之所以会受到这样冷清凄凉的家庭风味，一切都是由我自己给亲手造成，也可以说是完全由于我的自作自受！

我所以这样不怕絮烦地来罗列这些个人家庭琐事，就是想借着这些在现今新社会中已绝对不能再遇到的旧社会中的一些丑恶残酷实际事例，来暴露一下封建腐朽制度的罪恶，以及我既曾坑了人，也更害了自己前半生的"前因后果"而已。

庚、历任的日寇关东军司令官和我

日本帝国主义侵略者，对于当时的全东北人民，既曾拼命地进行了惨无人道的屠杀、奴役和压榨，同时也进行了与此相辅而行，并且是无孔不入的欺骗宣传和奴化教育。就是对于当时的所有大小伪官吏、伪军人等，也同样是用威压与利诱双管齐下的办法，做出了彻头彻尾的实际奴化训练，以及志在"攻心"的种种毒素灌输。那么，对于我这个头号大汉奸——伪"皇帝"，当然更不能例外了。岂但不能例外而已，简直是费尽苦心地非把我的身心都完全掌握到它的魔掌之中不可的。就以当时的日本关东军历任司令官对我的种种"异常关心"和周而且至的"培育、调教"来看，就可以充分看出：它们对于我，曾是怎样大费苦心的了。

除了那个"皇室御用挂"的吉冈安直参谋中将，是十年如一日地如影随形一般死盯住我不放之外，就是那些身居伪满"太上统治者"实际地位的历任关东军司令官，也都是曾以彻底掌握我、完全支配我和确实奴化我为己任的。所以他们都给我定出了一个定期输毒的正式计划来。那就是在每月的一日、十一日和二十一日这三个逢一的日子里，他们都必须在所谓百忙之中，分出身子到我那里去，和我作风雨无阻的定期会晤。

固然是历任的傀儡戏操线人——关东军司令官们的态度、作风、心理和论点，犹如他们彼此之间相貌各自不同一样，也曾各有一套所谓神通；并且他们的方针、政策等也都是经常会随着时局的推移变化，而有轻重、软硬、松紧和缓急的临时不同，但是日本帝国主义的一贯传统侵略政策，特别是对于我的既防范，又利用，既限制，也抬捧的根本方针，却是始终无有丝毫变化的。所以我想：如果是撮其要而记其事地把他们在十四年间，对我所做过的"训育培植"工作，加以轮廓概貌的记述，也并不是一件完全不可能的事情。

现在我就择尤括总地来做叙述。

（1）风花雪月的寒暄与口是心非、别具肺肠的谈笑酬对。

（2）强调日伪的"亲善"和"日满一体不可分"的所谓"辅车唇齿"关系。

（3）宣传日寇的侵略行为是百分之百的"正义"，引经据典地强调日本军的强大无敌，并援引在侵略战争中的暂时优势，来做扩大宣传的唯一材料。

（4）宣传日本法西斯强盗所狂妄叫嚣的"大东亚圣战"的意义和"大东亚共荣圈"的意义。特别是对以日本为中心的所谓"日、满、华同心协力"以及"共存共荣"之类的必要性，加以生拉硬凑的注解，与矛盾百出的结合。

（5）对于这个身为汉奸头子的我，加以别有用心的揄扬称赞。例如夸奖我对"日满亲善"，对于所谓"神道"的努力带头以及事事"率先垂范"等。同时也没有忘掉勉励我和"鼓舞"我，还须更进一步去忠实执行日寇的侵略政策。越是到了末期拼命挣扎阶段，便愈发故意对我的"以全东北的人力、物力、财力支援它们从事毫无希望的罪恶的侵略战争"所做的种种努力，表示了嘉勉感谢之意。

（6）本着"防微杜渐"的贼心，经常对我来强调，伪满的政治，乃是采取了"总理负责"的制度。特别强调着伪皇帝只能是高高在上，垂拱无为，绝对不应该以"察察为明"去干涉或是驳改伪国务院、参议府所决定和通过了的议案或法令等。并说，这样，正是所以"培养君德"的地方。就以菱刈隆为例：

有一次他曾这样对我讲过，愈是"身为人上"的人，便愈发应该保持有装聋作哑的"雅量"才行。能够这样，才能做到"无为而治"的地步。他说到这里时，并做了实际表演：以他的双手作蔽目、掩耳的姿势。更说，他现为三军司令的关东军司令官，就是一贯采取了这种不闻不问、听之任之的态度，所以才能使他的部下，都能展开放手去干和负责去干的"积极"工作作风。然后更把话归入本题，以教训的口吻强调说：

"皇帝更是应该采取这种'垂拱无为而天下治'的态度作风，才能够把国家大事搞好。"并同时自作结语道：

"这就是'为君之德'，也就是身为皇帝所必须具有的最高政治道德和品质。"

（7）对于我家庭之内的个人私事，也做了露骨的干涉。如菱刈隆反对我的离婚。当谭玉龄由北京来到长春和我见了面，彼此都同意了结婚之后，也遭到了植田谦吉的干涉——干涉的理由是：必须由他先派吉冈安直赴北京到谭家做详细调查，认为"合格"之后，经过植田的正式许可才行。结果是在令出如山倒的情势下，经吉冈赴北京调查认为"合格"，并和植田见了一面之后，才允许我们结婚的。

后来我和李玉琴的结婚也是如此。尽管李玉琴是由吉冈的直接介绍，还是先在所谓的"正式手续"上，经过了梅津美治郎的点头，并和梅津见了一面之后，我才和李结了婚。

这也就是吉冈安直所说的"……关东军是代表日本天皇的，所以你得事事听从它的话"。

（8）在日本侵略者制造出所谓的张鼓峰①和诺门坎事件②当时和事后，曾极力吹嘘日本侵略军的武装威力，同时也大力诋毁苏联军的"脆弱无能"。等到日寇在苏联和蒙古人民共和国的正义反击下，被揍得头破血流之后，还不惜对我打肿了脸来充胖子，反复解释日本军的力量"强大"。

现在就以曾经吹炸了猪尿泡的植田大将为例，介绍一下日本帝国主义者的自欺欺人、丢人现事的丑态吧：

在"诺门坎"事件发生后，日本关东军不但把伪国务总理张景惠和伪治安部大臣于琛徵等，都给架弄到第一线阵地，使他们饱尝了几天苏联军飞机大炮毫不客气的"欢迎"，就是对于我，也没有忘记进行所谓的实际教育。有一次，植田谦吉便特意邀我到他们的军用飞机场去参观，并把"掠获"的一架苏联飞机摆在那里。于是植田的幻术表演便开始了：他使日本制的一架军用飞机和这架苏联制的飞机一起飞上天空，对我说，是要比较一下这两架飞机的速度性能如何。当然是在这种别具深心的"比赛"下，绝对不会让苏联制飞机尽量发挥它的固有能力的了。于是就在这"大有问题"的"比赛"下，结果是以苏联制飞机的失败而告终。但是，我在当时，却对于这场势所必至，理有固然的结果，尚未能悟到这就是日寇故意弄出来的骗人鬼把戏，居然也就信以为真，认为日本的科学技术成就，确比苏联"高明"得多，而老老实实地向这位志在骗人的"幻术大师"贡献了入耳不烦的谀词。

不管植田谦吉以次的法西斯盗魁们，怎样能欺骗、愚弄像我这样昏天黑地的"傻瓜"，怎样擅长于内心空虚而表面炫耀的欺人幻术，但在毫不留情、铁一般的现实，却不是专靠空口大话所能混淆和掩盖得住的。果然过此不久，那位大言壮语不可一世的关东军司令官植田谦吉大将阁下，便在"诺门坎"事件刚刚以日寇的求饶而告一段落的瞬间，立即遭到撤职而匆匆回国了。据说，按照日本帝国主义政府每次接待战罢归来将领的惯例，只要不是弃甲曳兵而回的高级军官，

---

① 1938年7月末8月初，日本与苏联围绕张鼓峰、沙草峰这两个高地进行的一场军事冲突，最后以日军的失败告终。

② 又称诺门罕战役或哈拉哈河战役，是1939年日本和苏联在当时伪满洲国和蒙古边界地区爆发的一场大规模军事冲突。最后以日本退让，承认现存边界结束。

总要以"凯旋将军"之礼相待，除了裕仁特派专使和使一般高官显宦都到东京车站排列欢迎以外还得替他们准备一辆皇宫专用的敞篷仪仗马车，用金饰满身的御者，把那位所谓"凯旋将军"载到裕仁所住的皇宫里，最小限度也得请他大吃一顿"御厨"的西餐。如果是这位刽子手身上沾染得他国人民的鲜血愈多，那么，还得赏给他一笔钱，名之为"赐金"。甚至还有的会得到高级勋章或是公、侯、伯、子、男之类的爵位封赠。可是这位能吹善嗙的植田将军，却没能得到这种照例的"光荣恩礼"，只是悄悄地在东京车站下了火车，更悄悄地回到了自己的家中，便算是解甲归田无声无臭了。

不但是曾经在由他所给制造出来的"诺门坎"事件初起时，也曾叱咤风云、剑拔弩张地闹了一大气的植田关东军司令官，是以虎头蛇尾而告终，就连曾在当时辅佐着植田而运筹帷幄的关东军参谋长矶谷廉介中将，也同样是没有受到"凯旋"的迎接，而陪伴着植田，从日本陆军省的现役名簿中，被勾去了他自己的尊姓大名，而冷冷清清地去尝闭门思过的滋味去了。

除了上记的"司令官教育课程"之外，还有关东军历任参谋长的"加班临时教育"。这虽然没有定期可言，但也是对我的一种"辅助教育"。内容是：

在"军事介绍"的名目下，以吹嘘日本帝国主义法西斯军队"战无不胜、攻无不克"的所谓"威力"作主要项目，更配合一些夸大和赝造的自我陶醉的所谓"战绩"，以及日本的"总动员体制"等，来吓唬并奴化我。

还有，当日寇正在大力推广它的思想侵略——宗教奴化政策时，更特意替我从日本聘来以专门给日本神道捧臭脚为职业的——专门给裕仁母亲讲授神道的笕克彦，给我灌输自欺欺人的"唯神之道"。固然是他那迷信唯心达到疯狂程度的梦呓下，会使人听着忍俊不禁，但在当时的我，是不敢不强忍笑容而始终正襟危坐去敬听的。本来那些"神道专门权威者"，只是一些指佛穿衣，靠佛吃饭之流，所以从他们口中说出来的东西，简直是离奇荒诞得出乎古代神话以外，只要不是一个真正疯子或是傻子，我认为是绝不会信以为真的。

可是当时的我，在实质上却成为这种罪恶的"唯神之道"在我东北的创始者和推广者。真是叫我每一想到这里，就觉得我对于祖国人民没有任何话可说，没有抬起头来开口的余地。

以上所列举的，仅只是日本关东军司令官等，对我所进行的欺骗宣传和奴化教育的一斑而已，至于我所引用的菱刈隆与植田谦吉的例子，也只不过是在他们的自我暴露军阀政治的腐朽性和他们在自己打自己的耳光中是一些比较清楚的实例和比较清脆而响亮的一巴掌罢了。像是在日寇面临完蛋时的末代关东军司令官山田乙三，也曾在日寇无条件投降的前夕——在我已经登上了遁往通化大栗子沟的途中，还老着脸皮在梅河口车站，外强中干地登上了我的列车，向我做最后一次欺骗说：

"日本关东军的空军部队，已对于苏联军的大机械化部队，予以溃灭性的彻底大打击。"

其实，这时日寇早已把东北的全部制空权，乖乖地交到苏联空军手里。诸如此类不攻自破的谎言，在我说来，也早不是一件新鲜事体，因而我已经在这十四年的罪恶岁月中，在我的耳中，不知听有过多少次，把耳朵都听得长了茧子了！

这就是日本关东军司令官长年以来和我的腐臭关系。同时，也是他们在十四年间，始终如一、从未间断过的奴化教育与欺骗宣传的概略经过情形。

六、吉冈安直

一提起这个吉冈来，便不由得把我的牙根恨得发痒。他不但是在伪满时代，从中佐一直升到中将，一连十年多，总是缠在我的身边，就是我在天津的时候，就开始认识了他，但他总是愈来愈厉害地纠缠着我，影响着我，还不住地把我往罪恶深渊中推。就在他一贯和我狼狈为奸的情况下，真不知祸害了多少祖国东北人民！一直到了一九四五年"八一五"以后，才在苏联军队的伟大降魔宝剑下，把我和他的这种难解的怨缘给痛快地一刀两断了。

关于天津时代的事情，由于已在第二章中说过一些，现在不再赘述。此外，还因为他的魔影，已经是十数年如一日地不住贴上了我，特别是在伪满的那段时期，他更和我成为每当有我时，必定少不了他的情形，真如同形影相随一般，所以关于他的可恨的回忆——在我则成为可耻的回忆、可怖的回忆——因为多得犹如一部廿四史不知当从何处说起之概。因此，我想只就较为突出和比较严重的实例举出若干来，作为我对他的没齿难忘的纪念吧！

1. 从日本鹿儿岛来的"好消息"

他由日本天津驻屯军司令部被调回日本之后，便在日本鹿儿岛某联队内任大队长。那时我弟弟溥杰正在日本东京的"学习院"读书。大约是一九三一年夏季的事情吧，当他正打算利用暑假回国时，吉冈便去信邀他借回国之便，可先绕道到鹿儿岛盘桓几日。当住在吉冈家中玩了几天之后，临行的时候，吉冈便神秘已极地对我弟弟说："你回到天津之后，请对令兄说：现在张学良搞得实在太不像话了，也许就会发生什么事情也未可知。请令兄多加保重罢！他不是没有前途的！"我弟弟听了这种颇富含蓄的弦外余音之后，因为这种话，也正合乎他平素的口胃，他就认为这确是一个"好消息"，于是便兴致勃勃地把这几句充满日本帝国主义侵略阴谋的自供状，谨记在心。到天津之后，便立即一五一十地告诉了我。有这样的难弟一定也有这样的难兄，我听了这番话后，也认为这确是"好机会"即将到来，而不觉喜出望外。

请想一想吉冈所说的这番话是什么意思？

这岂不是等于说，不久日本帝国主义，就要对我东北来进行什么阴谋活动？并且，这岂不是意在言外地说，日寇已经准备好要利用我了么？只要是稍有一些起码的民族气节和起码人心的话，谁还能不满怀愤怒地立即向祖国人民大声疾呼而尽力揭发日本帝国主义者的这一卑鄙阴谋！而我则是由于有了甘愿供敌人利用的不良居心，所以不但是丝毫没有作为一个中国人所应有的义愤，反倒别有会心地认为良机即将到来，真是愈回想此事，愈觉得日本帝国主义的万恶，吉冈的万恶和我以及我弟弟的万恶！

他是这样来到我身旁的：

在伪汉奸政权成立后，也正是我弟弟溥杰在日本陆军士官学校学习法西斯军事教育的时候。偏偏冤家路窄，这个吉冈安直也被调到该校，当上了教授战史的教官。吉冈为了要从我的身上去找他自己的立身出世道路，便拼命地对我弟弟进行了一系列的套头、拉拢。例如每到星期日或是学校放假的时候，他总是死乞白赖地非把溥杰拉到他家去玩不可。当然不用说，每次都是好酒好菜地殷勤招待的了。有一天他忽然对我弟弟说："我不久或许能到满洲国令兄那里去工作也未可知。不过是，在那里工作也不很容易。如果没有关东军军部的力量来作后盾的话，简直是一步也行不通。如果日本陆军省方面一定非要我去不可，那么，我就非得先和他们约法三章不可。否则我宁可不去，也不能到那里去找罪受！我的主要要求是：得让我兼上关东军司令部参谋的名义才行。"他说到这里，深深地吁了一口气，感慨无量地继续说："像是中岛比多吉、石丸志都麿等，就是因为在关东军里没有根子可扎，所以他们才都一个一个地失了脚……"

过了些日子，他又对我弟弟说："现在日本陆军当局，已经决定要派我到新京——长春——去了。请你先给令兄写封信，就说吉冈要到他那里去工作。只要有我在那里工作的话，拿咱们的关系来说，还有什么不好办的事情？！不过得求令兄先给我准备一间办公的房子就行。你可以告诉令兄，我是不能和他们（指伪宫内府的伪官吏而言）成天际在一起鬼混的！"

于是，我弟弟就忠实地替他给我写了一封信，替他做了"先容"。

事后，我才恍然大悟，原来吉冈是为了用两面讨好、两面取巧的所谓两面光的办法，来制造并巩固他自己的地位。

他为什么非要兼关东军司令部的参谋不可？

那就是为要在日本法西斯军队的狗皮之上，再挂上一副金黄黄的参谋带，好来吓唬我以及伪满当时的所谓大官们，好使这些走狗在那明晃晃刺刀的背景下，服服帖帖地听凭他的任意摆弄。

为什么要通过溥杰之手，要求我事先替他准备好一间办公房间呢？

那就是为要使日本陆军省以及关东军看一看，他确是我的一个"老朋友"——也可以说是"好朋友"，好使日本军方认为除了他，便不会再有这样"胜任的"、能够操纵我的"适当人才"。他就是使用了这样的手段，因而得到并巩固了他在当时的重要地位。所以，他才能从一九三四年前后，一直到一九四五年日伪双双垮台为止，总在担任着支配我一切的特务——也就是操线工作。凡是日寇有什么阴谋企图，需要我去做开路先锋的时候，便由他口头命令，或是用什么纸条子台词的办法，让我去做传声筒，或是带头人。

总而言之，他在一起初，就是用这种两面取巧、两面挟以自重的方法，混进我的身边，并由于他能随时随地执行日本帝国主义的侵略政策，于是就把他的声望和地位，逐渐抬高和巩固起来了。

溥杰是在他的完全利用之下，替他忠实地铺平了十几年的为非作歹的道路。

我则是在他的整个操纵下，做出了无数祸国殃民的罪恶行为。

以上所列举的，只不过是他的魔爪刚才伸出来时的概略情景，至于以后，他更是变本加厉地逐渐发展到肆无忌惮的地步，看到后面就可明白。

1. 他是这样替自己增加了骗人的"政治资本"的

吉冈安直很喜欢绘画。如果从严格的艺术眼光来看，他的所谓"绘画天才"也只是曾把他过去在小学时代所学到的技能，更在几十年后的脑海深处，重新捞取上来的程度而已。他不但是拿他这种自以为了不起的"特技"，曾唬住了那帮满脑袋大和魂与满肚子法西斯精神的日寇军官，他也曾利用了他的所谓"文采风流"的"写生画笔"，当作他向上爬的阶梯呢！

他就是这样地自己把自己吹捧起来的。

有一次他画了一幅墨竹。他认为即使自己花多少钱把这张画装裱得多么富丽堂皇，依然不会唤起一般人的惊奇赞赏，所以就拿这幅画去求在伪满当时既有"大书家"之名，又有伪国务总理之位的郑孝胥，给题上一首诗。郑孝胥当然是不能而且不敢吝啬自己的笔墨了。于是他又把这张既画且诗的画拿到我这里来，要求我也在上面给他题几个字。我当然也不能例外，只有点头遵命的"自由"，而不敢摇首拒绝的。于是他又把这幅既有伪"皇帝"题字，更有伪国务总理题诗的画，拿回日本，献给裕仁的母亲——"日本皇太后"。

因此在当时日本的社会中，就喧腾起"采笔军人"的"国际佳话"来了。

他的"画名"，一瞬间被抬高了。同时他在敌伪间的所谓国际个人地位，也抬高起来了。

2. 敌伪双方上层人物之间的一座桥梁

这个吉冈安直，虽在我和日本帝国主义军部之间，巩固了他个人的所谓初步地盘基础，但他又怎能以此为满足？仍是时常找个题目回日本到陆军省等方面，去做"事务上"的联络。不过，他哪次也不肯空手来去，总是绞尽了脑汁想一些可以显示一下自己才能的方法，作为他衣锦还乡的装饰。

例如他经常在临行时，动辄来教导我说："可以做些点心，或是找些东西，交我给日本皇太后送去！"等到他从日本回来的时候，就把一些日本点心和礼品等带回来，说是裕仁母亲亲自交他送给我的。

还有一次，在他临赴日本之先，又来启发我说："你这里，不是有唱片录音的机械么，我教给你几句日本话，你可以把它灌入唱片中，交我给日本天皇带去！"我现在还约略记得他所教给我的那几句日本话，就是："我谨祝天皇陛下身体健康！"

不过，这次他却没有把裕仁祝我健康的"回礼唱片"带回来，因为裕仁是不会像我那样低三下四地问候的。

3. 他是专门往我脸上涂泥的

有一次，吉冈又画了一面山水屏风，拿来给我看，说这是为庆祝日本侵略军司令官山下奉文侵占了新加坡，而画出的精心弹力之作。并要求我在屏风上题上几句歌颂"皇军"战胜的诗。因为像是这样的事情，都是他在平日最擅长的本领，也用不着怎样去多分析它，我在这里所要说的，就是他怎样经常往我脸上涂泥的事情。

既然对我这样吩咐下来，我当然也就不能珍惜自己的脑力与时间——尤其是丧尽作为一个中国人的起码应有的良心，而必须呕心呕肝地给他题上几句赞颂"皇军赫赫战果"的昧心诗了。

不用问，这张有画有诗的屏风，不但可以满足了吉冈"阁下"的"画以诗重"的——向他上官献媚基本目的，同时也可以在无形中煽起这个法西斯匪首的凶心杀气，并且也可使我进一步完成当汉奸的卑鄙无耻差事，于是我这久已沾满了泥污的脸，又被他给厚厚地再涂上一层新污泥。

还有，每当日本帝国主义者在它所制造出来的侵略战争中，偶尔获得了一次暂时的所谓胜利的时候，这个万恶的吉冈安直，哪一次也未曾忘掉往我脸上一层一层地来涂泥。他总是一方面叫我给裕仁拍电报去祝贺"皇军的大捷"；一方面更是定而不可移地叫我到伪"建国神庙"那里，向所谓"天照大神"致祭，用来表示一下对"神佑"的"由衷感谢"和默祷日寇的"连战连胜"。

像是这样蓄意往我脸上涂泥，并不只是一次或两次，而是接二连三，并且是涂得越来越不像话。特别是后来当日本帝国主义败色愈来愈浓的时候——也就是当敌伪报纸上，也不得不愈发频繁地登载"皇军"大批"玉碎"消息的时候，吉冈让我赴所谓"神庙"去哀求"皇军战捷"的次数，也就日益增加起来。像是这种不是人干的丑事，这种不堪寓目的汉奸丑态，一直到"八一五"敌伪一齐垮台为止，才算是给画上了一个终止符号。

4．不同时期的不同态度

在吉冈刚来到长春时，尚不似后来那样嚣张，还懂得什么叫作客气。那时他曾对人吹嘘过他和我的关系是怎样的"密切"。他曾说溥杰和我是手足的关系，他和我虽还不够手足一般，但也可以算是"脚指头"的关系吧，等等。

等到他逐渐把自己的地位巩固起来的时候，也就是他在关东军中的阶级地位又高了一些，对于自己权势的自信又大了一些的时候，他的言语、态度也就如同水涨船高一般，跟着就有了变化。他曾对我说："日本天皇陛下就是你的父亲。关东军是代表日本天皇的，所以你得事事听从它的话！"像是这种论理学"三段论法"式的不科学言辞，真是使人听了比刀扎还难过。但是，既然当上了汉奸，只能是虽然不爱听，也得听下去。听了难过，又当得了什么？

再过些时候，由于他的势力又加大了些，于是对人便不再自居于我的脚指头的地位了，并且还飞跃一步超过了我的手足的地位，居然说出我像是他的孩子一类的话来了。

等到日本帝国主义已经宣布无条件投降，我这个汉奸"皇帝"也奉命退了位的时候，他在通化大栗子沟，当要"携"我起程时，那时他对我的态度，更是有了更显著的变化，连对于普通一般人起码应有的礼貌也不见了，简直是变成了一副凶手的形象。当我正在那惶惑不定的时候，他曾声色俱厉地对我说：

"挺起腰板来！挺起了腰板走！"

七、蒙奸德穆楚克栋鲁普和汪逆精卫

这个曾经勾结日寇祸害祖国人民的蒙奸元凶巨魁德穆楚克栋鲁普和我的关

系，并不是在伪满时代才开始，而是远在一九二二年前后在北京开始的。乍一起
初，他是和我弟弟溥杰有了相当的来往。那时，每当他从西苏尼特旗到北京去的
时候，必定先要到"醇王府"找我弟弟去玩，有一次还特地从蒙旗亲自带来一匹
好马送给我弟弟。在我结婚的时候，也曾特派专人给我送过厚礼。当我到了天津
以后，他还在溥杰的写信介绍下，到天津见过我，并送了我一万元。尔后虽然一
度断绝了联系，但到了一九二七年，因为他勾结了日寇在西苏尼特扬起甘心卖国
的叛旗，致被傅作义军队给打得落花流水，致把他的巢穴——百灵庙也丢掉了的
时候，他曾向日本帝国主义当局，发出了乞怜哀鸣：

"如果日本再不来帮助"，他便"将到满洲国来逃命"！后来他更配合着日
本法西斯侵略势力的向察绥地区扩张，他才又回到百灵庙老巢，成立了人人唾骂
的伪蒙疆政权。后来，他有一次到伪满来见我，我就在当时我所住的"缉熙楼"
寝室外的小客厅里接待了他。他和我谈话的时候，因为并无旁人在座，便对我发
出了对日寇在内蒙古的种种骄横跋扈行为的牢骚不平。不料第二天，吉冈安直便
来问我：

"昨天你和德王曾谈了些什么话？"

"仅仅是些闲谈而已。"我不安地回答说。

他更追问我："你们在昨天的谈话中，曾谈到对于日本人的不平不满问题
没有？"

我没敢承认这一点。只能是对他施展出封建统治阶级一贯使用的自保其身的
秘招，推个干净说：

"那一定是德王故意歪曲事实。编造出来的假话！"

虽然吉冈安直并没有拿出宪兵问案的神气，向我赶尽杀绝地穷究，但是从
此以后，德穆楚克栋鲁普便不能再单独地来见我了。只能是在所谓正式见面或是
在公式宴会上和我做一些仪式上的酬酢交谈，并且就连在这种所谓公式场面上，
也总有吉冈紧紧贴在我的身边，做着毫不放松的监视，还美其名叫出"侍立"或
"陪宴"呢。

自从这一"侍立"之风兴开以后，无论我见任何外国人，就连见日本人也
不例外——当然不用说，日本关东军司令官和与关东军有关方面的军官以及在伪
满的日本人伪官吏等，是不在此限的了——便都有这个吉冈，以伪"宫内府御用

挂"的名义，寸步不离地在我身旁，做着"侍立"或"陪宴"的差事。

现在再谈谈关于汪逆精卫的事情。

在一九四一年，当汉奸汪精卫登了伪南京政府的"大宝"，访问了他的日本主子之后，也曾以后辈汉奸的资格和"睦邻"的名义，访问了伪满。当他决定要到长春来的时候，吉冈安直便来告诉我，并说我应该亲到"新京"车站去迎接他。理由是：他也是"一国的元首"。我为了献媚取悦日寇起见，便厚颜无耻地对吉冈说：

"日本天皇所派来的秩父宫（雍仁）殿下到满洲国来的时候，这当然我根本应该亲自到车站去恭迎，但不愿意同样去迎接汪精卫。我怎能把汪精卫和日本天皇陛下的'御名代'——即代表之意——同样看待？"

说实在话，我所以要表示这种态度和发表这样谈话，除了为要取得日本鬼子的欢心而产生的卑鄙诡谀念头之外，当时在我内心深处，还有一个不甘亲到车站去迎汪的另一原因。那就是因为汪过去在辛亥革命当时曾一度潜入北京，悄悄在北城银淀桥畔埋下了炸弹，想要暗杀我父亲载沣的缘故。也就是我在这反动阶级本质的本能作用下，对于汪一贯心怀仇恨的唯一原因。

如果是对于我上述的两种心理——谄媚日寇和仇视汪的双重心情加以细密分析的话，那就可以立时清楚看出：

前者是我身为汉奸的本色；后者则是我的封建统治阶级的"家天下"一贯本质。

还有，当汪精卫来看我的时候，吉冈安直自然是不肯放松他那旁坐监视之责的了。因此，我和汪彼此交谈的内容，当然也就不会出于汉奸同行相互间的惯用术语——溜须捧盛的滥调之外。例如彼此都在无耻强调着"我们应该一致协力于日本的圣战，好来完满达成日本'大东亚共荣圈'的伟大历史使命"之类的汉奸习用套语。

当汪正式访问了我之后，我也曾到他住的寓所内回访过他一次。尔后还为他开了一个宴会。就连在那次的宴会席上，在这两个汉奸头子相遇之下，也自然都免不了要一同做出一番同床异梦的干杯。当我们各自举起酒杯时，当然也是要异口同音地"庆祝"一下所谓"日满华合作万岁"的了。从这里不独可以看出封建统治阶级残余分子和官僚资产阶级的同样反人民的反动本质来，同时还可以充分看出天下的汉奸都是怎样地异途同归于卖国求荣的道路上来。特别是那种丧失民族起码应有良心，失去民族起码应有的气节，拼命去谄媚日本帝国主义的奴颜婢膝丑态，真是已经都到了异曲同工的化境地步了！

这种不谋而合的丑态，这种心照不宣的卖国奴心情，这种使人作呕的卑鄙龌龊面目，现在回想起来，岂但是无以自解，简直是羞愧得无地自容！

八、第二次访日的内幕

关于这次赴日迎接伪"天照大神"的事情，先就我所知道的这一阴谋的远因来说。当那个曾在"诺门坎"事件中遭到惨重的失败致被调回日本闭门待罪的关东军司令官植田谦吉，在他临离伪满以前到我处来辞行时，尚还没有忘掉他在任中的未竟的阴谋毒计而含蓄颇深地对我说：

"现在日满在这样一体不可分的关系上，更应该在宗教信仰方面，也能取得一致才对。"

在当时我听了这番话，并未能悟到其中的涵义，只不过是姑妄听之而已，也并没有把他放在心上。

后来，当梅津美治郎继植田之后做上了关东军司令官，命吉冈安直告诉我说，应该亲往日本去迎接伪"天照大神"时，我才恍然大悟：哦！原来如此！

于是我就思前想后地把一些远因近因，都慢慢地想起来了。

在一九三九年的时候，有一天吉冈安直曾在我的住宅内看见供有佛像。他便意味深长地对我说：

"这乃是外国的宗教！现在日满既有这样的关系，在将来应当共同信仰一个神，共同信仰一个宗教才是正理！"

我还听说，关于关东军主张伪满应该祭祀伪"天照大神"这件事，决不是什么到一九四〇年才突然出现的偶然的事情，而是酝酿已久并曾经过相当曲折之后才逐渐出现的。我听说就是那素以"中国通"自命的前关东军司令官本庄繁对此表示不赞成，日本关东军参谋长饭村穰还为这件事亲自到日本向各方面做了疏通。但是我在这里还要附加几句话，本庄繁的不赞成，并不是本庄繁在替谁着想，更不是他真正从心里不赞成这个借宗教来谋同化的恶辣阴谋。只不过是对于进行侵略的具体方法手段，有着不同的想法罢了。因为这种宗教侵略，本是日本帝国主义的基本侵略方策之一，那个奉行日寇侵略政策，唯恐不及的本庄繁，又怎样独抱反对之见？结果还不是终于在关东军的策动下，把伪"天照大神"弄到伪满洲国内，来用做从事宗教侵略的有力工具。

关于以上所述各项实例，可见梅津美治郎命令的吉冈，吉冈的传达给我，并不是偶然的，而这一阴谋，是早在日本军部内部酝酿和蓄谋已久的事，只是在这时到了瓜熟蒂落的时期而已。

对于日寇唯命是听，对于丧权卖国早就积习成性的我，不但是无条件地接受了这一任何人皆难忍受的罪恶要求，并且还对于吉冈所吩咐的，既须表示出我是自动赴日本去见裕仁，更须在见到裕仁时，须向他明白说出：这完全是出于我自己的衷心自愿，甘愿把他的祖宗——"天照大神"接到伪满洲国来做隆重的祭祀。

于是，我就在这种牵线之下，发表了第二次访日的消息，坐上了日本特意派遣来的军舰，抱着又不甘心又不敢不去的矛盾心情，到了日本东京，见到那明明知道而故意装聋作哑的裕仁。至于他怎样到车站来接，怎样到我寓所来访问，我怎样去回拜，他们怎样接待我，我怎样回请他们，以及怎样去见裕仁的母亲并旅行中的生活等，都和过去的第一次访日如刻板文章一样没有什么特别可记的价值，一概从略。不过，我这里特别指出的，就是我在这次访问之中，并没有给我定出游览的计划来。因为我这次的访日，是负有"庄严肃穆"任务而来；也就是说，我这次是为"迎神"而来，所以只能是神气十足地求神而来抱神而去。因此，我当然是只有目不斜视、规规矩矩地来完成这"迎神"的唯一使命的了。

当我在日本皇宫正式会见裕仁时，我就按照日本帝国主义分子预先教导好我的话，一字无讹地对裕仁讲了一遍。这位明知故问的裕仁，真亏得他还能假惺惺地对我大打其官话说：

"既然陛下愿意这样做，我只好从命了。"

被命的人，成了"自愿"；创意的人，反成了"不得已而从命"，请问人类社会上，还有这样颠倒黑白的事情？真是除了帝国主义外，不会做出这样的丑事，除了地道汉奸外，也不会干出这样卑鄙可耻的事。这种场面，这种把戏，真可以说不是局中人，是不会懂得其中滋味的。

裕仁讲完了这篇口是心非的话之后，便站了起来，向着早就准备得妥妥当当，专等着我去接受的他的祖先"模制品"对我做了介绍。

他指着放在桌上的一个长方匣和所谓"三种神器"（即所谓象征"天照大神"的宝剑、勾玉和镜）一一对我做了说明。

这些不伦不类的模造家什，就是后来曾在伪满振过一时淫威的所谓"天照大神"的本来面目。

这次的"迎神"，也并不是白白地去迎，而是也曾带去了一份礼物呢，内容是伪政权从东北人民手中掠夺来的各种东北土产品，如各种矿产，水产以及其他等等的各种标本，古玩和瓷器等。

我这次是在一九四〇年五月赴日本的，在东京约住了八九天，归途中，在京都的大宫御所又住了几天，六月回到东北。

我于是就在"神体"的相伴下，仍搭乘了日本的军舰，回到了东北。

这次我访日的心情，则是和第一次的访日大不一样了。因为在上次，是我有生以来初次受到人家以"国宾"相待的滋味，所以对裕仁以下的招待，心里感到了很满意。至于这次的访问，则是在我的心里感到了一种有苦说不出的特别味道。首先是对于日本帝国主义的阴谋招数，久已饱尝，尤其是把裕仁的祖先接到自己的家里去祭祀，并且还得强忍着满腹的闷气，口口声声说是"甘心情愿"，特别是在封建的敬先崇祖观点极深的我，更是觉得认人家祖宗乃是对自己历代祖先的一个大侮辱，同时也是对于我自己的一种最大的耻辱。但是谁叫我畏日如虎呢？谁叫我这样怯懦怕死呢？既是在人家的凶焰之下，低首蜷伏下来，既是无条件地情愿忍受人家的任意摆弄，结果是，除了敢怒而不敢言之外，还有什么本事可使？

现在我想把我在当时的复杂心情，本着学习的态度加以分析。

这种心情之所以整个支配了我，可以说是又一次暴露了我那根深蒂固的封建统治阶级的本质。还可以充分说明，我的那种自私自利思想，是已经发展到怎样的程度。

首先，我对于日寇侵占了我东北多少年，对于它的屠杀、镇压和奴役我东北人民，对于它踩蹦着我祖国大部分的神圣领土……都曾漠然无动于衷，并且还为虎作伥地帮助敌人，忠实地执行着它的血腥侵略政策，尽心竭力地助长着它的侵略凶焰，使我全东北人民，都沦为殖民地的悲惨奴隶，长年过着有今天没有明天的悲惨生活。我并没有因此而激发出一丝一毫的人类应有的良心来，而单单一碰到自己，一碰到封建统治者所独具的痛痒之处，才开始感觉到是一种侮辱，这能说是出于自己的良心的正义感么？

其次，是这次更恬不知耻地把敌人的祖先迎接回来，作为"建国元神"加以崇敬，不但是自己把它当作"祖宗"般地来祭拜它，并且把它的压力，强加在我全东北人民的头上，强迫广大人民去崇拜它，信仰它，并以伪法律为后盾，定出了"渎神以大不敬论罪"的条款，以致更把东北进一步推入到日本帝国主义殖民奴化、奴役的黑暗深谷中去，而给自己的民族史上添上了亘古未有的奇耻大辱之一页。但我对于这样严重的事情，并未从民族荣辱民族利益着想，仅仅认为迎取别人的祖先到自己的家中来祭祀，是给自己祖先带来了极大的耻辱，同时也是自己个人的极大耻辱而已。从这里也可以充分暴露我真是随时随地仅仅是以自己一家一姓，甚至是一身的荣辱为荣辱，只知有己，不知有人，只顾自己，不顾民族、祖国与广大人民的全体利害，这正是封建统治阶级所独有的本来面目。相反地，如果是日本帝国主义者不这样硬逼我迎祭"天照大神"而尊敬我的祖先，更让我能在伪满去做专制独裁的君主而不加以任何限制与干涉的话，我还不是将会欢欣鼓舞地衷心对日寇去表示欢迎和感激？先不用说别的，就以我那次的第一次访日为例，不就是曾经对于日寇的所谓的"殷勤款待"表示过由衷感谢的么，难道这还不足以说明我的反动阶级本质？

若问反动阶级本质所由来，我可以更具体地来做概要的说明：它的所由来，就是已在前面所说的"一姓尊荣"思想和"敬先崇祖"思想两下互相严密地结合。

我在当时，正是在这种阶级烙印之下，受着反动思想绝对支配的。但是我既是自幼即被灌入了十足的"一姓尊荣"思想和"敬先崇祖"思想，为什么却这样驯顺地、无条件地听任日寇的摆弄，而把它的祖先唾面自干地恭恭敬敬迎到自己的家中来祭祀呢？为什么不设法加以拒绝呢？因为在当时既是一个习与性成的十足封建统治者，既是认为这乃是对于自己历代祖先的一种奇耻大辱，难道不会拿出三国时代对刘谌哭祖庙的浑劲来，做一个彻底的爱新觉罗氏的孝子贤孙？因为这在我根深蒂固的宗法观念极深的人来说，按常理说，并不是绝对办不到的事情。可是为什么没有能做到这一点呢？

那就是另一方面，封建统治阶级所具有的绝对自私自利的个人主义同时来作祟的结果。固然是就我当时的思想意识来说，"敬先崇祖"的思想，是在我的头脑中占有绝大的支配力量，然而由于极端个人主义、绝对利己主义的缘故，在"敬祖"和"顾身"的比重上，就会在紧要关头，因为贪生怕死的观念起了异样的增大作用，于是就在自我衡量之下，把个人一身的安危，给无条件地放在首要地位了。这就是说，正是因为以"个人至上"为基础的封建社会制度下的极端自私自利观点立场的缘故，所以才会在真正碰到自己个人的利害关头的时候，就连平日无条件所绝对尊奉的祖先——根深蒂固的"敬先崇祖"宗法观念，也为了自己个人而把它抛弃不顾。例如，汉刘邦在项羽以他父亲为要挟时，便会说出"如果一定要杀老头子的话，请把他的肉羹分给我一杯尝尝"！又如他在追兵紧紧赶来的时候，也曾把他的妻子和儿女推下车去，而自己一人逃了出去。像是这种绝对自私不顾一切的作风，不也就是封建统治者们，所最擅长的拿手好戏吗？

以上是我第二次访日的内幕，和我在当时的复杂心情。

九、奴化侵略政策与"天照大神"

我把伪"天照大神"带回了东北以后，便在我所住的伪宫左侧建立了一个伪神庙，名之为"建国神庙"以及它的"摄庙"（即副庙之意）——伪"建国忠灵庙"。

伪"建国神庙"的罪恶作用是，不但要以宗教的毒素，来麻痹当时的人心，并且是想用"认祖宗"的异想天开的思想侵略手段，达到同化的卑鄙野心。至于伪"建国忠灵庙"的作用，则是妄想套用日本"靖国神社"的老法子，来诱惑给它当炮灰的人，借以达到它以中国人打中国人的罪恶目的。

日寇为了要达成它的上述不可告人的阴谋企图，不独把这个伪庙，当作同化我东北人民的有力工具，同时还把它的范围扩大起来，成为由我带头扩展到整个东北地域。还规定出大、中、小祭的日期和仪式，每逢初一和十五，我都须前往祭拜。日寇的关东军司令官以及伪满的高级官吏，也同样来做祭拜。不论是各伪机关以及学校都须各自建立一个"神庙"，除了大、中、小祭皆须照章施行外，还规定不但是须向它下马下车，并且每在它面前经过时，不论是谁，都得恭恭敬敬地向它行甚至九十度的鞠躬礼才行。同时还颁布了伪《国本奠定诏书》，以及对伪庙"不敬"的刑律，抬出"大不敬"的三个字，来作为吓人的有力武器。更诌出了所谓"唯神之道"，作为汉奸政权对东北人民特别是青年学生等进行奴化教育的攻心手段。从此不论是伪满的机关或是学校，便都被笼罩在这种伪神的乌烟瘴气中。从这里可以看出，我不但是曾在伪满的政治、经济、军事、文化、教育方面，一贯大力奉行了日寇的种种侵略政策，就是在思想意识上，宗教信仰上，也是无条件地推行了日寇阴险毒辣的"攻心""同化"政策，企图用这种无形的麻醉性的东西来麻痹、欺骗我祖国广大的东北人民。因为这种宗教上的侵略，犹如以鸦片来毒害人一样，特别是对于天真无垢的儿童青年来说，更是不可饶恕的一件重大罪行。像是这样可耻的罪恶真可以说是在人类历史上，空前玷污了民族尊严。

例如，曾有一个伪军官的儿子，有一次从学校回家后，便极力向其父母说要赴某处去参加"勤劳奉公"的义务劳动。他的父母不让他去，他还声泪俱下地非要去参加不可，并说这是为了支援"圣战"。请想一想，像是这样深深受到奴化教育的当时的儿童和青年，在伪满的强制灌输毒素的教育下，可能不是少数个别人，曾在这种"恶疫"中，受到了种种慢性的毒害，这能不使我这个曾经以身作则的带头人，不仅觉得惭悚莫名和羞愧无地，而且实在是百死不足蔽其辜？

还有，在当时乌云邪气正在笼罩着我国东北的祖国神圣领土时，也曾有过这样的实际例子：

在当时凡是在伪"神庙"供职，或是与祭的伪官吏，按照"规定"都得穿戴一种特定的所谓"祭服"。帽子是和京剧中的"审头刺汤"里汤勤所戴的圆翅乌纱帽一个样，衣服也是和京剧中的腰横玉带的文官袍差不多。并且还用红黄等袍色来区别伪官职位的高低。听说有一伪官吏某，就曾被选为伪"祭祀官"，当然每逢"祭祀"之日，他就得穿扮如仪前往与祭。有一天他妻子的女友某某，向其妻子打趣说：

你看你的那口子，穿戴上那套衣装，简直活像"小上坟"里的"柳录景"！她听完了这番话，深以为耻，回家便向某伪官吏说："在什么地方还赚不了钱，何必还穿上那套人不像人，鬼不像鬼的衣服，活像戏里头的柳录景，现这份活眼！"于是便说服了这个伪官吏，叫他辞了职。于是他们夫妻二人便手携着手离开了伪满这块沦陷区域，到关内另谋生计去了。

当然这个伪官吏是不值得赞扬的。他妻子的劝他辞职的动机，也不见得怎样十分纯正。因为他辞去那个可耻的伪职，只是由于他妻子的说服的力量，只是由于一种外来的刺激，他才离开了这肮脏的敌伪巢穴，并不是由于自动的爱国心和什么真正的民族气节，而且是已经当上了几年的伪官吏，并且还被"拔擢"为参与伪祭的伪"神官"，根本就谈不到对他可以加以原谅的地方。

至于他的妻子，也并不是由于什么真正热爱祖国的民族良心，只不过由于女朋友一番嘲弄话的刺激，才发出了潜在的知耻之念。就是在这廉耻尚存的一点上，才下定了脱离匪窝的决心，说服了她的丈夫，一同另寻生路去了。至于他们进入关内之后，是否走上了真正人民所应走的道路，则是无法知晓的事情，也用不着再去替他们再做无谓的推测，不过是，她和他确是由于知耻而脱掉伪满汉奸的皮，则是一个可取的地方。

话虽如此，但是如果拿他们来和我们这批曾对日寇始终不变而帮凶到底的汉奸来做比较，那么，我却没有任何资格来批评，不，连评论人家夫妻二人的资格都没有。因为这个曾经做过伪官吏的人，毕竟是由于自己妻子的启发，把已经僵硬了的人类良心，自动地复苏过来，自动地辞去了罪恶的伪职，自动地脱弃了所谓"神官"的伪祭服，自动地脱离了敌伪魔爪，而重又回到自己的关内故乡去。像是这种放下屠刀的勇气和这种知耻立改的决心，像我这样的祖国大罪人，又怎样不对之自惭形秽呢？

十、伪满建国十周年和"亲邦"的名词的出现

在一九四二年的这一年，正是伪满的这个汉奸伪政权，不顾全世界人民的

怒骂和讪笑，达到了罪恶统治十周年的一个年份。回顾在这十年的岁月当中，由于这个伪组织的成立和成长，由于它的始终不渝地长期替日寇侵略政策忠实服务，致使我东北广大人民，饱受了多少不堪忍受的飞灾奇祸！使他们家败人亡妻离子散的都是谁？使他们终年吃不饱，穿不暖，背井离乡，走投无路，不是冻死道路，就是饿死沟壑的又是谁？使他们在敌伪的双重残酷统治下，在伪法律密如蛛网，伪监狱星罗棋布的血腥镇压下，在敌伪宪兵警察的严密监视和严刑滥罚下，在敌伪官吏地主恶霸的紧密勾结、流氓特务的肆行无忌的横征暴敛、敲诈勒索下，在敌伪狼狈为奸的征丁抓夫奴役酷使的恐怖下，在"三光政策""集家并屯"和"以中国人打中国人"的险狠毒辣政策下，在鸦片政策的亡国灭种罪恶阴谋下，以致十年如一日地都在过着求生不能、求死不得的水深火热的地狱般生活的又是谁？使他们的好父母、好兄弟、姊妹和儿女——抗日的同胞，救国的英雄们，日日夜夜在敌伪的铁蹄包围网中爬冰卧雪、吃草根、嚼树皮、披麻袋、系草叶，出生入死，前仆后继，受尽了千辛万苦，冒尽了千危万险，有的失去了宝贵的生命，又受尽了拷打非刑的又是谁呢……像是这种无可补赎的血腥罪恶真是已经做到罄竹难书的地步，岂但是死有余辜而已，简直是百身莫赎啊！

而这帮以我为首的大大小小汉奸们，则是在这充满罪恶的十年悠久岁月中，专门靠着给民族敌人去吹痰舔痔帮凶捧臭脚来达到卖国求荣的卑鄙向上爬的目的，专门靠着喝自己同胞的鲜血，吃自己同胞的肉，榨自己同胞的脂膏，来养肥自己的。

正当全东北人民大量流血，人人流泪的时候，正当祖国的大好山河，相继被日寇铁蹄蹂躏的时候，而这个狗彘不食的汉奸伪政权，却又在它的主子——日寇的指使下，毫无人性地兴高采烈大办其所谓"建国十周年"庆祝"盛典"。这不但是替日寇的侵略政策大庆其"功"，而做了麻痹人、欺骗人的罪恶宣传，而且也给日寇侵略军增添了不少无后顾之忧的安全错觉，因而也鼓舞了它对我祖国人民进行疯狂屠杀、掠夺、焚烧、奸淫和统治的力量。同时也给一向被蒙在鼓里的一些被欺骗了的人们，又打了一次麻痹爱国良心的麻醉药针。

于是，就在当时的全东北沦陷区内，在敌伪们强制下的城市乡镇，处处悬灯结彩，村巷里闾，处处开会"庆祝"，机关、学校、部队、团体是处处摇旗呐喊，报纸、杂志、广播、音乐、歌曲、图画、照片等，则是处处大吹大播地做着昧心的欺骗宣传。在这种一片漆黑的歪风邪气中，大大夸耀了日寇侵略军事基地的力量，作为当了十年汉奸的卖国纪念。更在那个时候，我还按照日寇的如意意图锦上添花地带头呼它为"亲邦"，来表示我对于主子的无限忠诚。关于"亲邦"这一名词的由来，经过情形如下。

在那所谓"建国十周年"的前夕，当时的伪满国务院总务长官武部六藏，为了要使伪满正式称呼日本为"亲邦"，便指使伪国务院总理张景惠召各部伪大臣到其办公室，由武部六藏把伪满必须称日本为"亲邦"的理由，加以说明；而另一方面，则由吉冈安直更向我来阐释应该呼日本为"亲邦"的"必要"性。他的主要理由是：没有日本便不会有"满洲国"，所以应该把日本看成是父亲一样才对。并做结论说：这就是"满洲国"对于日本须和对其他国家不同的缘故。也就是说称"亲邦"是为了要区别于称盟邦或友邦的缘故。

这还不算，还颁发了一个"建国十周年诏书"，在该伪诏书中，更是恬不知耻地写出了"明明之鉴如亲，睦睦之爱如子……"之类的奴才话。

但是还嫌奴才相作得不够，伪总务厅还指使伪国务院利用了我的手，写出了给裕仁的所谓"亲书"，表示了汉奸伪政权对日寇十年以来的扶助和豢养的掬诚致谢。还要派遣伪国务总理张景惠为伪"谢恩大使"到日本去做肉麻死人、憎恨死人的可耻谄媚行为。

我不但是甘心在日本帝国主义分子的尽情玩弄下，扮上了始作俑者的可耻角色，愣把敌伪狼狈为奸的盗伙关系，更进一步地上升为父与子之间的关系，并且还在弦外余音中，也把伪神的所谓"府佑"，无限界地抬高起来。像是这种异想天开的怪事与丑态，这种自欺欺人的浑到家的卑鄙可耻行径，日寇居然会想得出，说得出；而我呢，也就居然恬然地喊得出和做得出！像是这种事情再不算是奇耻大辱和弥天大罪的话，那么，在世上还有什么奇耻大辱和弥天大罪之可言？

十一、"谢恩大使"和"慰问大使"

派"谢恩大使"已经是够瞧又够瞧的丑恶罪行，可是还有比这个更丑恶、更卑鄙可耻的罪行哩！

那就是一九四五年，当日本法西斯强盗垮台前夕，以我为首的这些不知死的鬼——对日寇尽忠到底的汉奸们，还嫌自己的恶事做得尚未尽兴，还有追加补充的必要，还有继长增高的余地，所以便在日本帝国主义侵略势力，已奄奄一息时，还要卖弄卖弄祸国殃民的余力，除了更做一次对饥疲不堪的广大东北人民的倾囊倒箧搜索，在颗粒不留的所谓"粮谷出荷"并"报恩出荷"的名目下把人民赖以活着的大批粮食劫掠一空，陆续送到民族公敌日寇之手，供它做对自己祖国同胞和太平洋沿岸各国人民更多地进行疯狂屠杀劫掠之外，还在敌伪已至到了双双山穷水尽的最后一瞬间，更从早就陷到冻饿死边缘上的东北人民手中，挤出了无可再挤的一滴膏血——食盐七千担，大米三十万吨，而且在美国飞机大轰大炸下，还派专人冒着生命危险送往日本。

光是无声无嗅地用船送去，还嫌罪恶的影响不大，于是更在敌伪合谋，由我派伪国务总理张景惠扛上所谓"慰问大使"的头衔，堂而皇之地偕同一批由伪机关混合编成的伪官吏，带了这份最后一次的"孝敬"，冒空中袭击的直接危险，战战兢兢地坐上了主人特派来迎的飞机，抱着忠仆殉主的"悲壮心情"，去做那送终式的慰问去了。

这当然是一出使人不能不作呕的丑剧了。但是，即使在这出招人恶心的舞台内幕中，也是仍然有着只有局中人才能得知的敌伪双方互相勾心斗角的复杂微妙心情。那就是，在预定要选派适任的殉主义仆之先，日寇关东军方面，本来是曾看中了我，于是大狗腿子吉冈安直便到我这里来，对我先讲了一篇说服动员的大道理，最后才书归正传地说出了我应该到日本去亲见裕仁，面致"慰问"的意图。我固然在那十几年的傀儡罪恶生活中，对于日寇的吩咐指示，一贯是唯唯诺诺忠顺不违的，不过是，到了这位主人已将面临毁家的阶段，我这个多年的忠仆也就不能不把"爱自己身子甚于爱主人"的封建统治阶级本质拿了出来，本着"廿四孝"的曾参的"大杖则走，小杖则受"的逻辑，想一个金蝉脱壳的好借口了。

于是我就在心中暗暗盘算了。

日本之命，固不敢违，但自己之命，尤其要紧。现在日本东京是日日夜夜饱受着轰炸，不但我到了东京之后，立时就会有身遭池鱼之殃的可能，就是在赴日空中沿途上，也免不掉会随时受到美机的"洗礼"，我可犯不上去冒这种毫无代价可言的生命危险。

大主意虽然已经拿定，但不敢丝毫流露出不愿去的意思，于是就在竭虑苦思之下，情急智生地想出一篇比较冠冕堂皇的脱身妙论来。于是我就对吉冈说："当然我是应当并且衷心愿意到东京向天皇面致慰问之忱的。不过是，在现在这样时局情势之下，这个'北方镇护'的重任，更是重要异常，我又怎敢轻易离开这满洲国土一步呢？"

我想吉冈对于我当时的这种推托的心情，当然不会是个盲目者，然而他却在"容把尊意转达于关东军"的结论下，和关东军部做研究去了。

至于他们对于此事，都曾做了怎样的研讨，我当然是不会，而且不可能知道。不过是，一直经过了许多日子，并未向我做任何回答，足见他们对此事的计议，并不是怎样简单，而是曾经大费脑汁无疑的了。

后来有一天，吉冈又来对我讲，说是关东军当局认为我不必亲自赴日"慰问"，并说可以派张景惠去做"慰问大使"。

我听了这番话，真不亚如得到了"九天纶音敕旨"一样，又仿佛是喝到了"延命仙丹"一般，登时觉得遍体轻松已极。于是就想：反正是自己不去冒险就行。至于派谁去做替死鬼，和由于这次的访问，会发生怎样的罪恶后果，等等，则全是与我无关的事情了。

真是在那一九四五年的时候，由于日本帝国主义分子的明抢暗夺、疯狂镇压、拼命挣扎的结果，我东北的绝大多数善良人民，都正在怎样悲惨的环境中呻吟着？他们不都是身披麻袋，有的甚至赤身露体，连麻袋也遮不上身，全家男女老少都裸卧在稻草之中，忍受着零下几十度的东北酷寒？吃的东西也不是人类所能下咽的橡子面，甚至有的把草根树皮也都掘尽剥光。更在日本帝国主义分子的刺刀皮鞭之下，或是在折磨摧残暗无天日的监狱之中，徘徊于不是冻饿而死，就是刑狱而亡，要不然，就是在受尽苦役之后而丧失生命的种种绝路之上的么？可是我们这帮丧尽天良的汉奸走狗们，还从这样朝不保夕的广大人民手中忍心灭性地抢去他们的最后一粒米，或是他们赖以苟延残喘的最后救命物资，来作为甘心帮凶到底，最后还向敌人献媚的邀宠工具。这真是汉奸对其主子的卑鄙无耻和对自国同胞的残忍毒辣，可以说是到了登峰造极的程度。

　　至于在日寇这一方面，它们是不是因为要尊重我的意见，而免除了我这次"亲行"呢？不是的，绝对不是的。因为汉奸既是有汉奸自己的个人打算，那么，日本帝国主义分子，他们也会有自己的打算，据我所听说的他们的打算是：

　　如果让我亲赴东京走一趟，固然是要比张景惠的罪恶影响大得多，可是我一去，势必得使裕仁由防空洞里爬出来亲自迎接我和招待我。在那美国飞机不分昼夜轮流大炸特炸的日本东京，又怎能让那"既人而神"的天字第一号大战犯裕仁，亲冒那种无情炸弹的危险呢。反正是能把汉奸亲自送上门来的贼赃接到手，能用这个义仆殉主的"美谈"作为宣传的资料，能利用这件事作为鼓舞士气沮丧的强心剂，也就于愿已足。就是因为打了这样的算盘，所以才在尊重我意志的骗人伪装下，允许张景惠替换了我。

　　固然在这出扮演"义仆"的丑角中，免了我的出台现丑，但是，这并不等于我对主人不忠不义。因为所谓的"忠义"和"不忠义"，只是在外形表现上的一种差别。如果本着诛心之论来做分析审定，那么，我的不去，并不等于我比张景惠少犯了一件罪恶，而张的亲往"慰问"，同样也并不比我多增加了一桩罪案。因为这群汉奸既同属于一丘之貉，这帮人的整个活动，自然也就是从同一来源而来。何况张的赴日，又是在奉我命令而去的情况下，当上了"慰问大使"的。所以我认为既是由于"一莲托生"的整体而犯下的罪恶，就如同右手持刀杀了人，不能认为和左手无关一个样，尤其是不能认为右手的持刀杀人，不是由于脑中枢神经的整个支配。归根到底一句话，我的罪责是远远超过了张，绝对不会较张为小的。

　　从这里，不唯可以清楚看出，日寇的最后拼命挣扎，已经是到了怎样的程度。同时还可以由此看出，汉奸的奴才本相和蓄意卖国到底的行为，已经到了怎样的程度。还可以从这里看出以个人私利为基础的主与仆之间的所谓结合关系，究竟是个怎样的东西了。

　　并且也可以从这个"谢恩大使"和"慰问大使"的两个不同阶段的两个场面中，看出敌伪的一天天走向穷途日末的情形来。

十二、"献纳"金属的带头人

当日本帝国主义殖民统治势力面临崩溃的前夕，它是愈发做出了疯狂挣扎不择手段的行为来的。到了这样的时候，它就愈发要把整个兽性暴露无遗。这就如同一个将要溺死的人，见到一根草茎也要用手去抓一样。真可以说是这时的日寇，已经是由表面行劫，变成公然大抢了。这是一方面。

另一方面，则是我这帮万恶的卖国求荣的汉奸，也因为坍台在即而感到了走投无路，因此，便也配合着主子的招数已乱的抢法，跟随着主人的踉跄脚步，倒行逆施地做出了公然死不要脸的忠实帮凶行为。不论是日寇抑或这帮汉奸走狗，到了这个时候，不但是会把在一起初所戴的自欺欺人的假面具摘了下来，随着下坡路的倾斜面加剧，而把起码装人的伪装，也一并撕毁。这时已经是把丧心病狂的程度发展到不择手段的末期阶段。

拿一九四四年以后的敌伪末期的狰狞面目来看，就可以完全证明这一点而有余。

例如，在一九四四年前后，也就是说到了日本帝国主义侵略军在各个战场上，有的遭到覆灭，有的被大陆土地所吸干，有了变成了绝岛上的困兽的时候，有一天，那个无恶不作的大特务吉冈，又溜到我这里来，一本正经并且是拐弯抹角地替我出主意道：

"现在正是'东亚大圣战'的最紧要关头，日本天皇为了'建立东亚新秩序'，为了'大东亚共荣圈'各国的'共存共荣'而在辽阔的前线上，做了奋不顾身的正义战争，当然在这种条件下，自必须要求后方有充分及时的大量物资供应才行。"于是就在他自以为漂亮异常的口头禅式前提下，谈到了金、银、铜、铁等金属对于军需的重要性。然后更"彬彬有礼"地拿出开门见山的结论来，如"陛下如果能率先垂范亲自表现出日满一体的伟大精神……"的鬼话等，作为代替对我下命令的"启发"和"动员"。

而我这毫无一根硬骨头的大汉奸，便立即奉命唯谨地首先把伪宫中的铜铁器具和门窗上面的各种铜环、各式金属挂钩以及一些装饰品之类，拿出作为支援"亲邦圣战"的掬诚贡献。这还不算，第二次又自动拿出了许多白金、钻石等首饰和银器等交与吉冈，转递关东军，作为我对侵略战争的支援。

后来我又听到吉冈说，关东军司令部把地毯也都捐献出来之类的话，我为了逢迎日寇的意旨，便又自动地把伪宫中所有的地毯，不论是存储备用的，或是正当铺在地板上的，全部拿了出来交与吉冈。

另外，我还自动地——也可以说是更进一步地把我的数百件衣服，也都一并交与吉冈，托他转送于当时的司令官山田乙三。

当然，由于我的这一"带头示范"行为，再加上当时报纸等的大力宣传以及揄扬，便替日寇在我东北劫掠物资，敞开了可以肆无忌惮的方便之门。于是，日本帝国主义分子的大规模公然搜刮抢劫，便成为有口可借和正正堂堂的公开罪恶活动了。

听说在当时，竟致有些小学校的教员，在汉奸政府的威逼之下，公然在课堂之上，硬逼在学的儿童限期从各自家中拿一些金属之类的东西，来完成他们的任务。因此就形成了风靡一时的既爱伪国又大力支援敌人的广大范围的罪恶活动。有的儿童因为家中的一切金属早被劫掠一空，致无物可"献"；有的则因家中父兄不愿拿出致不得已而偷窃家中什物来做"捐献"；也有的实在无法完成教师所分配的"任务"，因而遭到由教师领头的全堂"鸣鼓而攻"；甚或还有的竟至受到教师的不法体罚……像是这种暗无天日的邪风毒气，对当时全东北人民所给予的灾难痛苦，特别是那些遭尽沦陷之苦的天真无垢可怜儿童所给予的毒熏恶染，简直是使我无法，而且也不忍再说下去。足见汉奸的卖国"示范"工作，曾是起了怎样严重的罪恶作用。

还有那个应运而生的伪"金属回收法"，也同样是以我的名义颁布出去的。日寇关东军之所以要叫我做那"捐献"金属的带头人，就是为要对于这一祸国殃民的伪法令的大力推行，寻找一个所谓说得出的借口。这就是要在我的带头之下，来强迫我全东北人民，让他们把所有属于金属之类的东西，都尽数拿出交到日本侵略者之手。俾使这帮法西斯强盗，可以在"以中国人打中国人"的狠毒政策之外，还能更进一步达到利用中国人的金属物资来屠杀中国人的罪恶企图。

我认为光就我的第一次的所谓"捐献"来说，如果是想来自做解脱，还可以勉强用后退一百步的自己原谅自己的方法，把它说成是由于吉冈安直奉了日寇关东军司令官的命令逼我拿出来的，作为自解。同时还可以归咎于自己平素的胆小如鼠，致不敢违忤关东军的意旨来做自我掩护。可是在这以后，所做的一而再，再而三的"捐献",并且是由于自动而做的不逼而献的媚敌祸国行为,这能拿什么来做自辩呢?真是百喙难解啊!

还有关于那次的"捐献"贵重装饰品的问题,也许可以这样自解,"我所拿出来的东西,并不是窃据我手中民脂民膏里面的最精华部分,只是一些我所认为不太贵重的东西啊"。但是这也不能作为自解的真正理由。因为,谁都知道,钓鱼用的钓饵,根本不会用高贵的燕窝、银耳之类的去诱鱼的。我所拿出用做钓取日本帝国主义分子欢心的金钢钻等,当然也不会用我手中上好的东西。但这又怎能用来标榜自己对于日寇的不忠实?同时我还认为,也用不着对于自己当时的卑鄙心情,来做浪费笔墨的详细分析,因为谁也能够察觉得出,我之所以不肯把上好的精品拿出来充作"捐献",绝对不是我不肯尽忠到底,只是由于我的反动阶级本质缘故——就是自私之中仍要进一步的自私。总的说来,如是而已。

也许从某方面来着眼,对于敌人的自私,要比对于敌人的无条件忠诚强得多些。不过我在这里所要说的,并不是这个问题,而是要从"媚敌""利敌"和"自私"的两个并行而不悖的反动本质中,来分析这一问题中的复杂关系。有人说:"谄媚永远是自私的孪生兄弟。"我认为这一铁锤,确是击中了我的要害。

十三、伪时局诏书

当一九四一年十二月八日,日本帝国主义者更在东太平洋沿岸点起了侵略魔火的时候,那个吉冈安直又来见我,说裕仁现已发出诏书宣布对美英宣战,跟着就把伪满支援日寇侵略的所谓"时局诏书"草稿给我看,并说当日晚间就须在伪"宫内府"中召开的"御前会议"上,就可以决定这篇伪"诏书"的发表,并希望我能在开会时亲自宣读,而且还必须表示一下伪"满洲国"应竭尽全力支援日本"圣战"的决心。

尔后,伪国务总理张景惠更在形式上把这篇伪诏书的稿子拿来让我"正式"看了一遍,于是这个所谓"御前会议",就在伪宫中的"勤民楼"开始了。除由我扮演了召开这个会议的主角之外,当然伪国务总理张景惠、伪国务院总务长官武部六藏以及各伪部大臣，也都"济济锵锵"地出了席。此外，如伪参议府议长臧式毅，同伪副议长桥本虎之助以及各伪参议等，也都在这一会议中扮演了主要的角色。

于是就由我首先说明原委大意，接着更表示了决心——使伪满定要竭尽全力支援"亲邦圣战"的决心。然后我就一字一句地把这篇伪诏书像背台词一般照文宣读了一遍，这个会议便算是"开幕如仪，并无事闭幕"。在该伪诏书中最卑鄙无耻的"警句"是：

"举国人而尽奉公之诚，举国力而援盟邦之战。"另外还有"死生存亡，断弗分携"等奴才滥调，充分表现了汉奸走狗甘心从贼、至死不悟的顽固卖国意志。

这充分说明我是如何丧心病狂，甘心自绝于人民的丑恶本质。只为了向日寇献媚固究，好维持自己的头号大汉奸地位，便胆敢把当时我国全东北人民的一切物资财富，一切人民的幸福，甚至把他们全部生命都双手拱献于民族公敌——日本帝国主义者，大力支援它残害自己祖国同胞以及亚洲各国人民的血腥侵略战争。由此可以断言，这次日本帝国主义者所犯下的滔天大罪，哪一件不是都和我这个汉奸头子的罪恶分不开的？因此这一严重罪责，完全应该由我来负。同时由于这一伪诏书的出现，随之而来的更产生一连串祸害人民的伪法令和罪恶政策。这也是我应负的完全罪责。

十四、给"肉弹"饯行

什么叫作肉弹？

这"肉弹"两个字，当然不是我们中华民族现在通用的语言。只是日本帝国主义者在它一贯施行的侵略战争中，为了要使它的炮灰能够高高兴兴地献出他们自己的肉体，向交战对方的坚强堡垒以及坦克大炮等，做舍命的肉搏进攻，所以就费尽苦心地创造出"肉弹"这两个字的血淋淋的名词来，那就是以人肉制成的弹丸的意思。

　　这一名词的诞生，是远在日本帝国主义的"大陆侵略政策"开始迈出第一步的时候，也就是日帝和沙俄在我国东北的神圣领土上，从事狗争食式的帝国主义战争的时候。自从那些嗜血成性的日本帝国主义分子，创造出这样一个带有诱惑性的欺骗人去做那所谓"殉国英雄"的罪恶名词以来，一直到一九四五年八月日本法西斯的统治势力完全崩溃为止，总是在他们的报纸、书刊杂志和广播等的反动宣传之中，经常拿这"肉弹"两个字，作为鼓动——蛊惑别人替他们卖命的有力工具。

　　后来当日寇在进行太平洋侵略战争时，因为他们在各个战线上逐渐出现了总崩溃的征兆，于是那帮专靠侵略战争来显身扬名和发家致富的战争贩子们，就愈发做出了毫无希望可言的疯狂挣扎。单就所谓振奋士气这一方面来说，因为他们也在实际的教训下，逐渐清楚认识到，仅仅依靠明治时代所给创造出来的"肉弹"的老名词，到了这个时候已经是作用不大，诱惑性成分一天天减退下来，于是更搜索枯肠陆续制造出一些给当时炮灰能够继续打气的骗人卖命的新名堂来。例如，对于在侵略战争中，能够在法西斯军官命令指挥下，拼命残酷屠杀被侵略国家人民，能够黏出死命侵占人家国土，因而遭到正义诛殛的法西斯炮灰，则把他们尊为"军神"，甚至还应乎如意算盘的需要，特别替其中某些人设立专祠，借以大肆反动宣传，来玩弄拜死人给活人看的骗人把戏。又如，为了鼓励侵略军中的浑小子拿肉体去和坦克摔跤，或是鼓励他们用自己的飞机以急降下的方法等和军舰做同归于尽的冲撞，或是鼓励他们拿时代落伍的旧式歼击机和对方的新式强大轰炸机做"空中碰头会"，等等。于是便又制造出所谓的"体当"——就是舍身撞击之意——之类的新名词来。不言而喻，日本帝国主义分子就是这样想利用法西斯侵略军士兵不值钱的肉体与生命，去和交战对方价值不赀的军舰、飞机、坦克等进行所费无几的不等价交换的战场买卖。

　　在一九四五年，当日本帝国主义的全面土崩瓦解已渐次迫近眼前的时候，在关东军内，当然也无例外地分批培养了许许多多专供廉价"肉弹"之用的候补牺牲者，准备在他们受训结业之后，便把他们运到别人的国土上，去作那代价有限的"体当"之用。

　　有一次，日本关东军司令部，竟会在智竭力殚之余，忽然妙想天开地想起利用我这个汉奸伪皇帝，给那些炮灰打气的新方法来。于是吉冈安直便来告诉我说：这批预备运往南洋一带去送死的炮灰，在他们临登上死路以前，将要到伪宫来见我。并叮嘱我说：我也应该对他们加以鼓励。

当这批被迫从事所谓"体当"的"肉弹"们如约来到之后，我也就忘记了自己究竟是哪国人，便装模作样地向他们说出了一篇"替民族敌人鼓舞士气"的无耻鬼话。大意我还记得是：

"希望你们要为'大东亚圣战'贡献出全部力量——包括性命在内——来完满达成所谓'圣战'的最后胜利。"同时还盲目地赞美了他们的"忠义勇敢"和"不怕牺牲"的日本"武士道"精神。

尽管我口口声声说出了日本法西斯分子所极端悦耳的所谓"好话"，但是那些受欺骗逼迫即将去打那有死无生牺牲仗的"肉弹"们，在他们的每个人脸上，却是完全充满了悲惨凄凉，有苦说不出的异样神情。还有的一边在作着立正的姿势，一边在落着有损于"大和魂"（日本"武士精神"）的眼泪。再加上当天的天气，阴沉得像一片用死铅块铸成的灰色丧幕一个样，还猛烈吼叫着好像是无数魔鬼正在齐声悲哨着似的大风，致使那灰黄色的沙尘，弥漫起来塞满了整个的宇宙空间，形成了天昏地暗的光景。同时在伪宫"同德殿"的大门旁，更堆有一堆堆防范空袭的沙袋与土囊，这就愈发助长了末日将临的沉重空气。我想，不但是那帮已在"勾魂牌"上被注了册的炮灰，会触景生情地生出一种只有个人才能知道的会心感觉，就连我这身居伪宫，不致有生命之虞的嘴皮上的勇士，以第三者说便宜话的心情，来扮演这出送人死的丑剧时，也暗暗感到有一种说不出的沉重空气在压迫着我。

当我朗诵了那篇既空虚又鬼气逼人的劝人送死文后，还像是和死人做诀别仪式似的一同和他们干了杯，并厚着脸皮丧廉寡耻地和他们一同发声喊了三声"日本天皇陛下万岁"，然后这幕丑剧才算是闭了幕。

而这个把专门骗人逼人赴死当作家常便饭的吉冈，这个专门把说昧心话当作唯一拿手的吉冈，大约是怕我看到了"肉弹"的两目流泪而致产生对皇军勇士的怀疑，便装出一副感慨无量的神气，对我说：

"他们是因为听到了'满洲国皇帝'的亲口鼓励，所以才被感动得流出了日本男子的眼泪的……"

真是鬼晓得这种打肿了脸充胖子的遮羞语，就是一个几岁的孩子，也会觉得他这种目动而言肆的空法螺中，也是蕴蓄有相当的话难出口的空虚悲哀的。

真亏他这样口是心非地说得出！

而我也居然会对他这样的鬼话，声入心通地点首者再。

像我这样忠实替敌人服务——给敌人的炮灰注射强心剂的利敌行为，并不只这一次，前后一共恬不知耻地同样做了两三次之多哩！

总的说来，我不但是把汉奸所独具的忠顺奴才相，在那十四年的卖国求荣的罪恶生活中，毫无遗恨地做到了满点的程度，并且还在敌人濒临垮台之前别开生面地做了几次如上所述的超越了国际界限的特别出力帮忙。这不是一个出色的空前大汉奸是什么？

回想一下，十四年以来，由于我对日寇一贯地千依百随，从无厌色的结果，岂但把东北广大人民的利益全部卖尽典光，把我东北的一切主权都毫无吝惜地双手断送罄尽，并且还助纣为虐地替日寇的一系列侵略政策，带头铺平了道路。致使日本帝国主义分子的凶焰，愈来愈嚣张地逐次覆遍了我祖国的大半国土，毁灭了多少祖国同胞的宝贵生命。至于人民的血汗财富，更是不知曾经遭到怎样的严重损害，即以这一件事而论我的罪恶就足够又足够了。

何况是当日本帝国主义侵略势力，覆灭迫近眼前的时候，我更超出了过去历史上卖国利敌的范围，竟自发展到教育敌人，鼓励敌人，使之更进一步向亚洲各国人民去做更疯狂地血腥侵略。这岂不等于当上了伪满傀儡皇帝还不算，更兼上了鼓励日本法西斯强盗卖命的"义务军事教官"的么？最小限度，对于延缓日寇溃灭命运的，也是与我有重大关系的。

十五、所谓"巡幸"的后果

日本帝国主义者，固然是处处谨小慎微地防范我，随时杜渐防微地限制我，不让我有直接接近任何方面的机会，不使我在当时的所谓政治上，有任何干预的机会，但是有时却又想利用我当作一面幌子，使我只能成为一个仅能受香火祭供而不能说话的泥胎偶像，而不允许我在实际上发挥什么作用和影响。就以当时的所谓"巡幸"为例，便足以充分证明这一点。

我在伪满的十四年罪恶生活中，也曾到沈阳、吉林、哈尔滨、鞍山、本溪湖、安东、延吉、牡丹江、齐齐哈尔、锦州、佳木斯、间岛、扎兰屯、王爷庙（乌兰浩特）海拉尔等处，做过"视察"。当然这都是在日寇关东军的"妙用"下，才打发我去走一趟的。

所谓的"妙用"是什么？那就是想拿我当作羊头，而由关东军去卖狗肉。例如，为了要麻痹一下抗日救国的当时激昂民气，便把我抬出来到吉林、间岛一带"巡"了一趟。因为我听张海鹏告诉我在哈尔巴岭一带时有抗日部队出现，我便害了怕，结果是调动了六个团的伪军，在该处筑了两边人墙，我所坐的那趟列车，才平安无事地从"人垣"当中钻了过去。

既然是想拿我当作城隍出巡式的一个传播迷信的偶像，当然每当我一出伪宫内府的大门，那种大吹大擂的排场，那种水泄不通的警卫，那种人为的太平景象，等等，便都到了既可恨又滑稽的地步。例如说，我所到之处，按照当时惯例，除了伪政军各机关单位等必须在指定地点排列迎送之外，当地的伪妇女团体、伪学生团体、当地的市民以及宗教团体等，也都在敌伪警察宪兵的协同强迫下，被骗往指定好的地点去迎送我。不管是严寒酷暑，也不管是风雨雪雹，一个个都得在敌伪军警的严密警戒网前，排成夹路而立的两层"人垣"，当我通过时，还得一个一个地把头垂到小腹之前，双眼直视着各自的脚尖，一齐向着连影子也无法看到的我，恭恭敬敬地来行上述那样的九十度鞠躬礼。这就是所谓对于我的送往迎来。

对于那些被驱来赶去的各伪团体来说，当然是一种不愿去又不敢不去的义务了。但是由于所谓"巡幸"而生出来的后果，则尚不只此。最可恨的就是企图利用这种驯奴式的方法，去奴化当时的东北人民，特别是对那些天真烂漫无邪无垢的青年、儿童们，简直是一种不可饶恕的严重犯罪行为，因为这种封建残余的麻醉毒素，愈是对于纯真可爱的儿童和思想纯简的青年，愈是最危险的东西。它可以拿这慢性的剧毒，深深腐蚀他们纯洁的灵魂，可以麻痹他们民族应有的神圣意志。就以我那几次"巡视"的后果来看，因此而受到毒害的人，我相信是会指不胜屈的。

例如，我有一次到沈阳去的时候，那些伪校的校长教师们，便在敌伪统治者的指令之下，大干其奴化灵魂的污染工作。不但曾迫使那些儿童青年荒课费时地排列迎送我，事后更迫使他们在课堂内必须写一篇迎送我的感想，为的是要达到进一步奴化的卑鄙目的，然后就把这些饱受思想毒害的可怜牺牲者所写出来的奴化成绩——奴化感想文贴到一册一册的贴相片簿内，大批给我送来。我在当时，又怎能对此有什么扪心自问的可能，只不过是稍稍打开一两册偶尔看了一下之后，就丢开了。但是到了今日，我却不能不努力在那淡忘已久的渺茫回忆中，去找一些可能仅存的当时印象。我概略还记得，那些所谓的"感想文"，固然可能是由于伪校教师的生逼硬迫而制造出来的缘故吧，其内容都是千篇一律地在"歌颂"着我。然而我总是觉得在那异口同音的谀词中，仍然是含有一种说不出的中华民族爱国热忱在潜流着。因为什么？因为是，那些奴颜婢膝般的连篇谀词佞句，绝对不会是儿童从心里所能写出来的话。这一点我认为是无可置疑的。同时也无可置疑，那样的奴化毒素，当然是曾经污染了多少沦陷中的祖国人民可爱的后一代。

不但是对于儿童青年是这样，就是在迷惑当日彷徨不定的人心上，当然也曾起过很大的罪恶作用。

由于所谓"巡幸"而受到的有形祸害，自然还不限于这一点，特别是对于广大的劳动贫苦人民，更是曾经给予了直接或间接的切身灾害。

我听说，当我每次出门的时候，我所到的地区不用说，就是沿途之上的一带居民，也都是远从一个月以前，就会经常受到伪警察等的调查，限制和啰唆。真是所到之处，无处不出现孩子哭、大人喊和鸡飞狗跳墙的骚扰情景。

特别是我预定住宿或是"巡视"的重要地区，更是要在一个月，或是比一个月还要以前的期间内，就有敌伪双方的警、宪、特务之类，接二连三地对于各旅店、娱乐场所以及各人民公共场所，尤其是对于所谓的贫民窟等处大肆搜查，遇到没有职业或是衣服褴褛以及他们认为形迹可疑的人，便不分青红皂白，押往伪警察署进行盘查审讯，除其中绝少数认为可保无虞的个别人物外，其余便都得等到我平安回宫为止，饱尝半月或是一个月的囹圄无妄之灾。

总之，在敌伪的残酷统治下，失业就是你的"罪"，穷困也就是你的"罪"。谁来保障你的起码人权？谁来尊重你的起码人格？你既是在弱肉强食的反动统治下，没有赚钱的"本领"而失了业，既是你没有损人利己，或是和敌伪不能同流合污而成为穷人，那么警察宪兵的镇压对象就是你，平白无故就可以让你饱尝牢狱风味。甚至还可以随随便便给你安上一个"形迹可疑"的"罪名"而审讯你，盘问你，搜查你，拷问你和判你的"罪"，甚至还可以随随便便地要了你的命。这就是在敌伪统治下，东北广大劳动人民的命运！这也就是因为我的缘故，所遭到的沦陷之苦！

就是因为这样的缘故，凡是我所经之路，所到之处，各伪警察署的拘留所内，每次都是人满之患。

看一看罢！伪满汉奸头子的淫威大不大？

敌伪的残酷统治恶不恶？

一言以蔽之，这都是我的缘故，才会使当时东北广大人民日日夜夜都在过着心惊胆战的悲惨沦陷生活。而这种暗无天日的殖民统治，竟长达十四年之久。先不用说由于我的大笔一挥随随便便写出的"可"字，或是由于我的图章一捺所颁布出去的伪政策、法令等，曾使多少人民受到走、死、逃、亡、杀、烧、淫、掳的严重灾害，就是我的一出门，一经过，也同样会使无数人民，饱受到种种意想不到的天外飞灾。

回想起来，我那十四年的生活，的确是完全建立在当时全东北人民的痛苦血泪之中。这是毫无疑问的。

我真不敢回忆那些，也不愿意回忆那些。但在同时，我却不能不好好地回忆，也不敢不时时地好好回顾。

因为我不能不深深悔恨我的种种过去，不能不好好地忏悔我自己罪恶的过去。

十六、伪侍从武官

伪"皇帝"既是一个低眉合眼、高高蹲坐在上、徒享香火而全无一点人性的泥胎木偶，那么，在那空备华藻而无丝毫意义的"莲台正龛"两旁，塑造一些面目狰狞而实际毫无作用的牛头马面之类，倒也可以助长一些正座本尊的所谓威信。别看那些饱食终日、日日夜夜在伪宫内府的一隅之地，长期过着"优哉游哉"干拿钱而无须办事的闲适生活的伪侍从武官，也并不是光知道在有什么"大事小情"的时候，站在伪"皇帝"的两旁，军服、马靴、佩勋章、挂军刀、雁行排列着来做站脚助威的徒然装饰品，也不是仅限在伪"皇帝"出门的时候，只在车前马后做亦步亦趋的保镖者。而是在所谓必要的时候，既可以摇身一变成为伪"皇帝"的分身者，又可以成为以实际行动帮助日寇推行殖民地奴化政策的有用工具。例如，当我派伪侍从武官代表我赴某地区，对日本侵略军医院中的伤病兵将进行慰问时，他便立时成为伪"皇帝"的一个化身，神气活现地对那些法西斯分子，去做精神上的鼓励和物质上的抚慰。也就是因此助长了他们在养足了气力之后，再来加倍地荼毒我祖国人民的所谓"士气"。又如，当我派伪侍从武官代表我到某伪军区去做什么传达，或是参加什么部队典礼的时候，那么他便是整个代表着我直接去奴化伪军的士兵、伪军官等，使他们在那种封建毒素的有形、无形的麻痹下，忘却他们自己也都是中国人，而去拼命镇压自己的同胞——父母兄弟和姊妹，来帮助日本帝国主义分子实行它的血腥统治政策。又如，在代表我赴某伪军事学校去参加什么毕业、结业典礼时，或是到某伪军事机关去颁发什么奖品，或是去传达什么伪"诏敕"等的时候，那便是直接替日寇去制造忠诚的奴隶和去毒化那些伪军中的骨干分子。更如当代表我到某地去做那别有用心的所谓"赈济"，或是视察灾区，以及参加一些特定地方仪式时，那便是想要把奴化的毒素，更进一步扩大到伪军范围以外的各地方团体、单位去，扩大到污染一般人的地方去。诸如此类的事，不问可知，伪侍从武官的罪恶作用，绝对不是仅限于站脚助威和车前马后的程度。

所以，在当时，不论是伪侍从武官代表着伪"皇帝"到什么地方去的时候，当地的各伪机关、团体等单位，照例都是以迎送伪"皇帝"略略具体而微的隆重排场去接待他们。例如，在沿途必经之路的森严警卫，所到之处的恭敬对待，所见到的人，都是以顺从的态度来做应酬，等等，都是不以他们个人的官等和本人的身份来作为待遇的差别，哪怕伪侍从武官是个校级伪军官，接待他的是个伪将级身份的人，那么那个伪校级的侍从武官，便可以高高在上地生受着伪将级军官的恭敬行礼。因为伪侍从武官是代表了我，所以他的一举一动，也就被神圣化起来，于是由他这代表我的身份所引起的坏影响与恶作用，也就和古时封建时代的如朕亲临的钦差大臣差不多。尽管在伪满时代，已经根本不可能再有先斩后奏的尚方剑制度的存在，但是它在奴化污染方面的罪恶影响，以及在帮助日本帝国主义兴风作浪的坏作用方面，所起的效力，则是大有可观和无可估量的。

这就是伪侍从武官所以在当时被一般人相当重视的主要原因，也就是他所以能够成为伪"皇帝"分身者的一个原因。

十七、日伪垮台前夕的尾声

当伪满傀儡政权在日寇的血淋淋侵略矛头愈来愈钝，日本帝国主义的法西斯旗色日趋暗淡失彩的时候，日本侵略者便也愈发变成了疯狗一般，不但是见人便咬，而且是东撞一头、西伸一脚地乱闹起来。而那些绕树藤萝般的汉奸走狗，也就在这风前之烛的余焰中，越发把帮凶到底的恶奴形象，日益鲜明地显现了出来。

例如，眼看着当时的东北广大人民，已经是在十四年敲骨吸髓的压榨下，给毁得只剩下奄奄一息，从粮食不够吃到了无粮可吃，由衣不能蔽体到了无衣蔽体，由橡子面、糠和豆饼到了草根、树皮和观音土，由挨饿受冻到了冻馁而死的悲惨绝路。而这些从贼不贰的祖国人民叛逆者反倒愈发像是瞎了眼和横了心一样，岂但是熟视无睹地无所动心而已，居然还想从骨髓全干的枯骨中，去榨取那最后一滴余膏，还想借此来向大势已去的万恶主人——日本帝国主义者邀宠竞媚。因此，不但是翻箱倒柜已成为搜刮余粮的常用手段；就连掘田刨垄、拆炕毁墙也早成为数见不鲜的惯用方法；甚至骂詈、殴打、关押、判"罪"；甚至纵火烧房、逼人投河上吊的恶辣手段，也都早成为对广大农民的常套手段。把穷苦农家赖以苟延残命的仅有藏粮，颗粒不留地抢走还不算，就连准备来年下地的微许种子，也是概不留情地席卷干净。

就在这样凄风苦雨弥漫了全东北的时候，我还在吉冈安直的牵线下，忍心害理地把伪国务总理张景惠、伪国务院总务长官武部六藏叫到伪宫，当面给他们打气，命令他们更要努一把劲，务必要从久已筋疲力尽的人民手中，挤出无可再挤的粮谷，以便从速运往日本去支援所谓"大东亚圣战"。

当然，由于我的带头祸民利敌，那当仁不让的张景惠和那红了眼的饿狗——武部六藏，更要摩拳擦掌，振振有词地去做积极布置了。于是就由他们传知于当时正在长春开伪省长会议的各伪省长，由省而县，由县而各地方伪官吏、伪警察，更在各地方的村镇头目以及地主、恶霸、流氓、特务并当地伪协和会会员的诸恶共济下，更进一步加强了劫掠粮谷、物资的广泛罪恶活动。

就是由于这一疯狂的最后挣扎，致逼得多少东北人民悬梁觅井，多少东北农村家破人亡啊！

东北人民就是在这山穷水尽疑无路之际，忽然听到了从北方传来的一声炮响。原来是在一九四五年的八月，苏联红军向日本帝国主义侵略者庄严地宣战了。跟着就以泰山压顶之势，分成四路大军，开始了解放我东北人民的迅雷不及掩耳的军事行动。

第一路苏联大军从后贝加尔湖方面直指长春及沈阳。十二天的工夫，就把敌伪的总巢穴长春和沈阳从十四年的沦陷苦海中解放出来了。

以承德、锦州为进军目标的苏联第二路大军，也以破竹之势，节节扫荡着日伪强弩之末的抵抗，做着怒涛般的迅速前进。

以解放吉林和哈尔滨为进军目标的第三路大军，以解放齐齐哈尔和哈尔滨为进军目标的第四路大军以及从事协同作战的苏联太平洋舰队等，在我国共产党领导之下的人民抗日军配合作战中，各方面都以雷霆万钧之势，压倒了日本帝国主义者所一向夸耀的关东军，解放了沦陷十四年的全东北。

在敌伪那方面说来，在这十几天中，真可以说是犹如热锅上的蚂蚁一般，个个都慌了手脚乱作一团。

那个曾在伪满十四年中，作福作威达十年之久的吉冈安直，当听到风声不好，察觉到大势已去的时候，于八月十一日前后的一天，带着既紧张又仓皇的神情和神气沮丧的关东军司令官山田乙三、关东军参谋长秦彦三郎曾先后来见我，对我说，日本由于"战略上的关系"将退守"南满"，再准备同苏联军"决一死战"，并叫我即日带领家属等移往通化大栗子沟（当时伪国务总理张景惠和各部、伪参议等差下多将全部移往通化，只把其中的一小部留在长春）。我因为和我同行的家属以及佣人并行李等物甚多，当天实在无法动身，便再三向他们做

了下气悲声的苦苦哀求，结果是还没有白白恳求，总算是好歹先得到缓限三天的
"恩准"。但是吉冈安直却已在心烦意乱之余，现出了凶狠的颜色，恶狠狠地警
告我道：

"你如果不走，苏军来了，一定会首先把你杀掉！"

但在当时，我内心里最害怕的倒不是苏联，而的的确确是狠心辣手的日本。

因为在这个时候，我已确实感觉到，这回日本定会彻底失败无疑，伪傀偏
组织，这次也定非随之垮台不可。但我同时也已认为这乃是当然无可避免的事，
还有什么可怕的？最可怕的是对于日寇在失败之后，可能先消灭我来灭口的这件
事。因为是，我正被人家完全握在手掌之中，叫我死我便不能活，可有什么办法
可想？

为什么当时在我主观上，竟会发生这样的想法呢？说起来话长，这倒不是
一朝一夕突然产生出来的思想，而是由于我在日本帝国主义的长年操纵下，产生
出来的奴化自卑感，同时，这也是在我那一贯疑惧丛生的心理下产生出来的东
西。固然以常理来讲，日寇和汉奸十四年相依为命的龌龊关系，并不是什么偶然
的事情，特别是对我这样一贯为虎作伥的大汉奸来说，既不惜卖尽祖国东北的一
切主权，更始终忠实地执行着日寇的侵略政策，而且是再接再厉地支持了它的侵
略战争，死心塌地地当着它的忠诚帮凶，难道在它失败的时候，立时便会杀害我
的么？可是我所以要这样疑惧不安，也并不是没有我的独特见解：那就是由于我
的绝对自私自利阶级本能所产生出来的。同时，这也正正说明了我唯其是事事鼠
目寸光地只能看到自己一身的当前利益，同时另一方面我又在空虚、孤独、胆小
多疑的本性下，成为一个贪生怕死的无骨懦夫。因此，在我当时的心理中，就发
生了严重矛盾的几个方面。例如，既是专门靠贴日寇以图维持自己的汉奸统治者
地位，因而抱有崇日亲日的思想，同时却又存在着极端恐日的思想感情；而且又
由于日寇经常在某些方面，不能满足我的意愿——受它的约束限制，致不能达到
我一贯朝思暮想的专制独裁统治人民的迷梦，所以我就在"崇""亲""恐"之
外，还掺杂有相当的"怨"和"愤"的成分在内。特别是关东军多年来对我实施
的步步加紧政策，尤其是吉冈安直的对我种种限制和束缚等，更都是使我的疑神
疑鬼心情逐步加深的推动力量，所以我在当时，就神经质地想：

"心毒手辣的日本鬼子，是充分可能在它垮台的时候，怕我落在别人手中而

泄露了它多年来的阴谋诡计，而要先杀我来灭口的。"

所以，日寇的败象愈浓，我的疑惧也就随之加深。愈是害怕，我那套对日寇的奴颜婢膝、逢迎谄媚的汉奸护身法宝，也就愈发频繁地使用出来。请看下举各例，就可以知道我当时的心理状态。

当我在苏联军队正以秋风扫落叶的威势，进兵解放东北的时候，我还抱着"佞鬼免灾"和"光棍不吃眼前亏"的心情，使出了封建统治阶级的"家传绝招"——也就是把极尽汉奸之能事的"绝技"全部使用出来。那就是当我正在收拾细软准备逃命的时候，把和我同样准备逃命的张景惠，武部六藏唤入伪宫，装腔作势地吩咐他们说：

"应竭尽全力以支持日本皇军作战，抗拒苏联到底！"

关东军这群恶魔尚且在苏联大军的正义进击面前，手忙脚乱地准备弃甲曳兵而走，叫那个昏聩糊涂的张景惠和那关东军的腿子武部六藏，可有什么抗拒苏联的办法？

我在当时，当然又是别有用心地故意这样做，总而言之，就是为了苟全自己而做出来的自欺欺人的丑剧。

这固然是我谄媚日寇的又一可耻罪恶丑态。但同时，这也就是日伪合作中带有讽刺性的一个素描特写。还可以由此看出所谓"日满一德一心"的实质，究竟是个什么东西。

我虽然使出了这一最后绝招，但仍旧觉得握在人家手中的自己这条生命不太保牢，于是我就在那几天六神无主的生活中，每天不知要摇多少次金钱卦，翻多少次我那本对我能起麻醉作用的小册子——《未来预知术》。同时在我那动荡摇摆无片刻宁静的心中，还经常念着佛，默求佛力的慈悲保佑呢。

愈是慌乱，时光就过得愈快。在那心绪如麻、寝食不安的紧张气氛中，三天的限期飘飘忽忽地消逝了，三天的时光真是如飞一般过去了。我只好是像个梦游病患者那样，有意无识地带了婉容、李玉琴和我弟弟妹妹以及伪宫内府的那帮日伪官吏并厨师用人等，成群结队地离开了伪宫出发罢！

这时伪祭祀府的总裁——日本人桥本虎之助（过去曾当过日本关东军参谋长、日本宪兵司令官、日本近卫师团长并陆军次官等法西斯军职的老家伙）以及专靠伪神来唬情形的伪神官等，仍然没有扔掉他们的"饭碗"——所谓"天照大神"的三种"神器"，还是拿腔作势地坐在头一辆汽车里，为的是好和我一道逃命。当然到了这样的时候，吉冈安直更是不能、而且是不敢和我寸步相离的了。当我们这一长蛇之阵的逃亡汽车刚一开动，我所坐的那辆汽车刚一驶出伪宫内府大门的时候，就看到在伪宫左侧犹如附骨之疽的伪"建国神庙"那里，黑烟滚滚冲天而起，原来是伪神庙起了火，是被人放了一把火。真没想到曾在伪满淫威风靡一时的日本裕仁的祖先——"天照大神"，现在也变成了无处容身的丧家之犬，而且那把火恰恰又是它的嫡系孝子贤孙的日本人伪神官亲手所放。为了怕苏联军进来之后，看到日本帝国主义者所干出来的不可告人的卑鄙阴谋罪证，所以才企图以一把火来消灭这一罪迹的。不过是，日本帝国主义者所企图以邪教、魔道来作思想奴化工具的罪恶实证，早已在全东北的广大人民眼中，人民的心中，成为永久不可能磨灭的铁一般罪证，决不是这区区一把火所能毁灭得了的。当我亲眼看到这一火化伪神庙的情景时，在表面上固然是装聋作哑地佯作视而不见的样子，但当时我却在心中暗暗点着头，称着快，认为我居然能够亲眼看到了伪"神"的末日！

吉冈安直当然不是个瞎子，当然也亲自看到了这种伪庙末日的光景，对我却仍在虚张声势的十足神气下，严肃地吩咐说：

"无论在步行，或是在上、下车时，必须由桥本虎之助恭捧神体走在前面！"并教导我，自我以下的列车中人，每逢上车、下车或是经过"神"的面前时，都必须先向它行九十度鞠躬的"最敬礼"！

现在这个狗神，却又摇身一变成为防范我、监视我另走别途的无言特务了。只要是，有桥本虎之助捧着它给我带路，只要我能够恭恭敬敬跟在它的后面走，那么，我便可以始终在"神"——日本帝国主义思想侵略工具的无言威慑下，毫不费事地和它一同走向死灭的道路。不过，日寇的这一个最后的如意算盘又打空了。因为苏联人民红军的力量，正如怒涛一般冲垮了日寇最后挣扎的梦想，在我还没有被那伪神导往毁灭深渊之前，就把我这沾满祖国人民鲜血和浑身罪恶泥污的人，从千钧一发的瞬间，给拯救出来了。

这样的后话暂且慢提，我仍想把敌伪的最后丑剧继续说下去。

当这列满载妖魔鬼怪的南逃列车，走了不少弯路，糜费了多少倍的行车时间之后，才到了梅河口车站时，看到在这车站的里里外外，有很多很多日本法西斯兵士，正在弓上弦刀出鞘地大戒其严。原来是那位鼎鼎大名的关东军司令官山田乙三大将"阁下"，也被苏联军的正义降魔宝剑，吓得坐不稳他那政治外交和三军司令三位一体的黄罗宝帐里的虎皮交椅，而一阵风地登上了我们这列列车，对我还狂吹了最后一顿牛（事见前），吹完之后，他便神不守舍地下车去了。

我们的列车仍旧是以蜗牛爬行般的速度行驶，从车窗里眺望着满载日本侵略军士兵的兵车，一列列擦窗而过，好容易才算是到达了大栗子沟车站。下车之后，我遂住在一个当地铁矿最高职员的家（早已给我腾出全部房舍来的空房子）中，过着一日数惊的不安生活。有一天，吉冈又来对我讲，在长春的伪禁卫队步兵团已起义反正，现在带在身旁的一个连的该队兵士，在这种情况下，也难免不会"变生肘腋"，已把他们遣回长春去了。并说已由日本法西斯部队，接过了全部"保护"我的责任。我听了还有什么话可说，只剩下向着带来的佛像不住叩头，和拿那个金钱卜当作唯一的麻药注射剂。

十八、鬼把戏最后的一幕

在大栗子沟过了几天惊弓之鸟的生活之后，日本法西斯强盗终于在苏联人民红军的强大铁拳下，无条件地宣布投降了。在日本帝国主义头号大战犯裕仁发表了无条件降伏的广播后，曾夸称百万神锐的关东军，便立即支离破碎地纷纷放下了侵略武器，乖乖地当了苏联军的俘房。可是那个大势已去的吉冈安直，却还不甘放弃他的所谓御用挂的责任，还想继续把我拽到给日本帝国主义做殉葬品的绝路上去，于是又来对我讲：叫我准备过几天向日本逃命，不过这次对我所发的命令，却内容空虚异常，结果是，日本现已降服，即使逃到日本去，日本政府对于我的生命安全，也是难负完全保护的责任。

我这时本来就六神无主地过着草木皆兵的疑惧交并生活，又听到了这样的话，当然更是心乱如麻，而希望能从他的口中说出一些有抓弄的话来，可是所得到的结果，却是他蓦地变了脸，恶狠狠地对我说：

"挺起腰板来！挺起了腰板走！"

这样的话，对我能发生什么作用？我要是挺得起腰板，还当不上大汉奸呢。不过却从这里可以看出这便是当汉奸的下场，也是帝国主义者对失去使用价值的奴才的最后对待态度。

在这以前，吉冈还曾和最后一天的伪国务总理张景惠，形同去势野兽的伪国务院总务厅长官武部六藏，以及大树已倒犹如将散猢狲一般的各伪大臣、伪参议等，无精打采地来见我。因为是尚有一幕将完而尚未演完的丑剧，须要完全演完才能散场。于是，就由曾在"九一八"事变后，不得不"拥戴"我当伪执政的老汉奸张景惠，又在这不得不"拥护"我"退位"的时势压迫下，由怀中掏出一篇早拟好的伪"满洲国皇帝退位诏书"来，叫我照章来一次最后的宣读，可是我这个奴才，就当这样地被主人正式"解雇"之际，还曾在吉冈的面前，不惜大作其卖国奴丑态说：

"我太对不起日本天皇了！尽管我现在退了位，我还是要始终如一地和日本一德一心到底的！"

我是真个地这样热爱日寇的么？

固然，我在那十四年的罪恶生活中，始终是日寇的一条驯顺走狗，真是呼之则摇尾而来，即叱之是也摇尾而退，但是在我内心中，也有时候对它抱有一种所谓怨恨。然而在这里必须指出，在我当时的所谓怨恨并不是、也绝对不可能是因为祖国广大人民的共同利益遭到了日寇的侵略损害，而只能是由于没有达到我那妄想一尝专制独裁滋味的自私自利的卑鄙政治野心。还有，我之所以要"怨恨"它，也只不过是因为我在当时的一举一动，无时无地不在受着日本关东军司令部所派来的大特务头子吉冈的周密监视与种种的约束，也就如同鲁迅先生所说的"忠顺的奴仆，也有怨恨他主人的时候"一般无二，我在当时，的确就是这样"怨恨"着日寇的。

同时在另一方面，我又充分表现了封建统治者所普遍具有的两重性格——既能骄又会谄的反动阶级本质。愈当看到了日寇的没落在即，我便越发疑神怕鬼地唯恐日寇对我生疑，甚至因此或将不利于我，所以，也就越发变本加厉地作出了层出不穷能够使人看着作呕的可耻丑态。

不过是，在那些使人不耐烦的连台丑剧中，也曾掺杂有一场会使人在恶心之余发出一阵笑声的东西。那就是关于伪"退位诏书"的一件内幕趣闻。

当日本帝国主义分子，为要结束它那本侵略罪恶账簿的总账，便又掩耳盗铃地替我拟出了这样一个伪"诏书"。据说，当他们在执笔起草的时候，也许是因为多年以来把笔运用惯的缘故罢，在该伪"诏书"中，仍然不假思索地写出了"仰承天照大神之神庥，天皇陛下之保佑……"之类的惯用套语。可是那位第一任，同时也是最末一任的伪"祭祀府总裁"桥本虎之助，却还保持一些比较清醒的头脑，便苦笑着把"天照大神神庥"和"天皇陛下保佑"的字样，用笔给勾去了。否则，一定会在这一"退位"的伪"诏书"中，出现"在神庥保佑之下，谨此宣告退位"的名文的。

和我出台这幕丑剧的同一天，吉冈安直便来见我，吩咐我准备逃往日本。张景惠和武部六藏也装出一副猫哭老鼠的面孔来，悲天悯人似的对我讲，现在日本关东军已经指命伪傀儡政权，把三亿日元的巨款汇往日本，充当我逃到日本后的生活费用。

在身为汉奸的我来说，这固然是出于我那位法西斯殖民地主人——日寇的对我额外的"照顾"，但却仍然未能减轻我对于逃往日本后的种种忧虑不安。因为在当时最使我惴惴于心的，已经不再是皇帝不皇帝的问题，也不再是三亿元或几亿元的问题，而是拼命地在悬念着"主人既是如此，奴才将何以堪"的这一切身的问题。更因为我已经看清了日寇的命运现正面临到最后阶段，即使逃往日本，结果它还不得乖乖地把我交到蒋介石之手？反正是"死"字已经注定在等着我，因此，钱财反倒成为次要又次要的问题了。最主要的，就是这条命，这时已经到了有多少钱也保障不了我这条性命的时候了。

固然在当时，我对日寇的这笔毁我到底的卖命费，曾抱有上记的看法。可是在当时，我仍然是在口头上接受了这一最后的"恩赐"。请想一想看，这笔巨大的赃款，是从哪里来的？是日寇从它的腰包里掏出来的么？不是的。是从伪傀儡政权那里挤出来的么？尤其不是的。结果是，在这三亿元的每张伪币上，张张都沾满了我东北广大人民的热汗、悲泪与通红的鲜血！

祸害了东北人民达十四年之久还不算，等到恶事做尽贼运告终的时候，还从早被敌伪压榨得无血可挤的广大人民身上，来一个最后的"卷包会"……每当我想到这里时，真是使我羞愧得不知道应该怎样才好。尤其是我对于自己的这块腐臭的疮疖，竟自在多少次思想斗争之下，总未敢向祖国人民坦白这一肮脏透骨的罪行，直到一九五八年思想检查时，才在同犯帮助之下，暴露了这件罪恶。现在扪心自问，这真是使我罪上加罪的一段可耻大罪。除了痛悔过去、痛恨自己之外，同时更是忘不了这一段人到底、而且是入骨三分的日本法西斯狗强盗！

十四年的帮凶报酬、出卖祖国人民的报酬，这不但是我当了十四年汉奸的卖国总账中的最后一笔，也是我在精神上极感痛苦的一个大包袱。因为它不独在我前半生的末尾一瞬之间，更加重了我掠夺祖国人民的一桩罪案，还曾在我思想改造的过程中，给我添加了额外的思想负担——添加了长期隐瞒罪恶的另一桩新的罪行。通盘想来，简直是无以自解，而且是无法自恕！

固然从事体的全部过程来看，似乎我在伪满末期的恶事，可以在这恶事推移经过当中告一段落，不过是，我对于日寇的余悸，在这时更和我的反动阶级本质结合起来，仍旧起着相当的"化学"作用，变为不惜对日寇的最后逢迎谄媚丑态。如果不在沈阳遭到苏联军的逮捕，我的丑态，恐怕还会多耍几次的。

例如，当吉冈对我讲"日本现在已宣告投降，美国政府也表示将维持天皇的地位和生命安全"的时候，——也就是当我听到这番"主子固然获救，而奴仆尚在危险状态之中"的时候，我便更进一步想从这生死未卜的险境中，来挽救一下自己的岌岌性命，于是就把我那坚持到最后五分钟的逢迎谄媚拿手精神抖擞起来，连忙双膝落地向着天蓝色的空间——也就是所谓的苍茫昊天大磕其头。磕了头还嫌做得不够，还在口中像白痴一般地嘤嘤嗡嗡嘟嚷着说："我感谢上天的保佑日本天皇平安无事！"我这一取瑟而歌的丑恶造作，倒曾使那个吉冈将军，也沉不住气了，他也连忙陪着我跪在地上，大磕其日本式的头，而同我合演了一出"敌伪叩天"的好戏。

在这里，我认为倒是可以从"孔家店"的那堆陈谷子烂芝麻中，找出一段恰好可以说明我当时实际心理作用的适当材料。那就是"……既得之，又患失之。苟患失之，无所不至矣"的几句慨叹式的尖锐分析。还可以说，从这一丑到极处的超丑态中，充分看出封建统治阶级的那种委曲求活的反动阶级本能来。同时也不难由此看出帝国主义者的忠实走狗——汉奸的势所必至、理有固然的可耻末日情况。

"这就是我在伪满当时最后一次的丑态了吧？"也许有人会对我这样"关切"地问。

"不，还有呢！"我也可以这样率直地来作答。

那不是：当我在日寇的挟持下，为了要赴自己的"宗主国"日本去受那保而不护的所谓不能保险的保险，而不得不丢下重病烟瘾兼而有之，致形成步履维艰的婉容，也不敢不抛下茕茕无依的"孩子"——李玉琴和我的亲爱的妹妹们，以及同我相依为命、既病且老的乳母等，而在那生离死别、两难逆睹的分手一刹那间，我居然还有余裕更对那帮蛆鱼般的伪宫内府汉奸职员和那批挟日寇以令伪满的伪宫内府日本人官吏等，聚精会神地做出了最后一次细腻加工的丑态。

我曾向他们表示，我在"满洲国"没有把我应做的事情做好，实在万分对不住日本"天皇"。我这次到了日本以后，也盼望你们都能在第二批中回到日本，那时我们再见吧！

说完了这篇违心又无耻的应酬词后，当我要登上供我亡命的汽车之际，我又灵机一动，更痛快淋漓地作出了一次肉麻死人、可恨死人的尾声丑态。

我竟和一个正在排队送我，向我举枪转头致最后一次军礼的日本法西斯侵略军排头兵士，突然出其不意地对他来了一个奇袭式的拥抱，借以充分表达我对日寇的最后忠诚。当然这一切一切，都是为要做给吉冈看的。虽然对我那种丑态久已司空见惯的刁黠的吉冈，对于我的加工细作似乎并没有感到什么兴趣，可是那个头脑简单的日寇炮灰，却被我感动得发出了呜咽之声。

此外，我这次当从长春临行之前，还曾命我的侄子，把我在伪满当时的日记全部烧毁。因为在那些东西里面，也有不少忠顺奴仆抱怨主子的话，我怕被主人发现，所以就周周到到地把应有尽有的心劳日拙的办法都想尽了。还有，在长春临行之前，还曾命我的佣人，在我所住的"缉熙楼"地窖内，把我所有的记录影片和相片加以烧毁，这倒不是为了日寇，而是为了对祖国人民湮灭自己的罪证。因此，致险些把"缉熙楼"付之一炬。殊不知我的一切罪证，早已在全东北，不，早在祖国广大的人民胸臆深处，早在亚洲各国人民的切身尝受中，存下了绝对不可能湮灭的铁一般的罪案，这种心劳日拙的徒劳办法，也是只有当过汉奸的人，才能懂得和尝到的妙味。

十九、被苏联军逮捕

我就在当夜上了火车，次晨才到达通化车站，这时站上的工作员便邀请我到车站的办公室去吃早饭。不料这一殷勤招待，却触怒了吉冈，他于是就怒容满面地厉声吩咐他手下现存的唯一武装腿子——日本宪兵说：

"严厉地注意他们，今后要请皇帝下车到什么地方去之前，必须先和我商议好才行。刚才皇帝下车，就没有在事先得到我的同意。今后再这样乱七八糟地搞可绝对不行！"

当然在我这次从站内办公室出来又登上这列火车之后，便没有谁敢再来和我随便打交道了。我们这一行人就像是被运的猪羊一样，谁也不知道今后的命运如何，往何处去，何时才能从这里出发。只能是呆呆坐在车厢中听候吩咐罢！于是就在呆候了几小时之后，才由吉冈宣布了向通化机场出发的临时指示。我们便又分乘了几辆小汽车，穿过通化城到了通化机场。我遂和吉冈、桥本和另一名伪"祭祀府"日本人"神官"以及我的弟弟溥杰搭乘了前头第一架日本军用的八人座小飞机。另外还有两架速度既慢、形式又陈旧不堪的民航小飞机，分载了我的三个侄子、两个妹夫、一名佣人、一名医生和一名已成丧家犬的日本宪兵。

据吉冈说，佣人由这里须先飞往沈阳，等在沈阳换乘大型飞机之后，再赴日本。

反正是由他说了算，叫我到哪里，我就乖乖地到哪里罢！

不过我却没有想到，当我们这三架飞机先后到达沈阳机场之后，我刚下了飞机，被引到一幢机场内小楼房的楼上客厅里稍事休息的时候，我便从玻璃窗内看到苏联的军用飞机连续不断地着了陆。跟着一队队手持冲锋枪的苏军空降部队，便一个一个从飞机上下来，不久便开始解除了在机场的日本侵略军的武装。站在楼梯旁走廊口的日寇步哨，也不知在什么时候，就换上了苏联军的战士。不过是，我在当时并没有感到什么畏惧，因为我在当时想：

"这样一来，就可以不往日本去了！"而产生出一种渺茫的安心之感。

不过是，当苏联军兵士尚没有进入室内之前，胆小多疑的我，也曾产生了一种额外的顾虑，那就是我怕日本军还没有完全被缴械；同时，苏联军也还未能把它的势力伸入到我的身旁来，而在这青黄不接的时刻里，如果日本帝国主义分子不愿我落到苏联军队之手，想要作杀我灭口之计，那么真说不定从窗外就可能放枪暗害我。于是我就疯子一般地掏出手枪预做防备。这时我的家属见我这样，以为我企图自杀，遂慌忙走过来拦阻我。我还命令我的侄子等持手枪专门站在楼上窗口向外监视，一直到日寇完全被缴械，苏联军进入屋中我被缴械为止。

在这里，我还附带着说一下当苏联军尚未上楼以前，在我这间房间内所发生的丑剧吧。

那位在平素一贯是"肃穆端庄"神气活现的伪祭祀府总裁桥本虎之助，便也随着时间的向前推移，而一点一点地把他那副靠神吃饭的假面具摘了下来。于是就一反其平日鸭步鹅行的老习惯，张皇失措地走进我的房间内，一句话也没有说，便对于曾在一分钟以前，尚须在出门入闱之际，必定要向之恭恭敬敬行九十度鞠躬大礼的伪"天照大神"的所谓"神体"伸出手来，打开了包裹它的锦缎包袍，现出它的并不神秘的原形。这还不算，这位伪总裁简直像是做贼一般，左顾右盼地把这块镜子，匆匆塞入衣服内，就步履仓皇地溜下楼去了。

不大的工夫，吉冈、桥本便同着苏联军的一位空军中将走进我的房间内。这时仅有我和我弟弟坐在这里。这位苏联的将军，完全和我平日所看惯的日本将官不同，并没有一点点战胜将军的可怕威风，而是很和蔼地在桥本的介绍之下和我握了手。于是大家就围着一张圆桌子都坐下了。

二十、在伪满十四年的滔天罪恶

在伪满以我为首的汉奸集团罪恶统治的十四年间，从全盘来看，可以把它分为三个时期。

在第一个时期之先，还有一段时期，乃是构成尔后一切严重罪恶的根基，亦即万恶来源所自，所以我首先要把它列举出来。

首先是一九三二年三月，我和本庄繁所签订的卖国密约。因为这个密约，是我出卖东北一切领土主权，断送东北人民所有利益的一切总出发点，也就是开始使我国东北完全变成为日寇殖民地的根本原因。其次随之而来的，则是在同年九月十五日，由我公布的《日满议定书》，其具体内容分为两项：第一项，主要是承认了在伪满洲国内，以前日本国及日本人，所谓中日间协定的条约或其他公私契约的一切权利和利益完全有效；第二项，主要是以日满共同防卫名义的要求承认了日本国军队驻屯在伪满洲国内。这样一来，不但把整个东北变成为日本帝国主义培养侵略势力的军事基地，并且在名义上也使日寇的无限期驻兵东北，成为所谓合法化的行为。不但使我东北饱受十四年的残酷蹂躏，也使日寇能够随心所欲地利用这一军事基地，把侵略魔爪更伸张到我祖国的几乎全部领土，甚至苏联也受到了严重的威胁，太平洋沿岸，亚洲各国人民也普遍遭受了严重灾害。因为，这个造成罪恶的议定书，就是更进一步地把一九三二年三月，我和本庄繁所签订的卖国密约加以合法化，使我的罪恶行为更具体化了。

根据以上的罪恶基础，于是我就当上了伪满的皇帝，而第一次访日罪恶的第一个时期便开始了。因为用我的名义发表了所谓《回銮训民诏书》，由于这个诏书所招来的种种严重的罪恶后果，才形成了日寇侵略政策步步加紧的局面。

第二个时期，则是从我的第二次访日后开始的，也就是说，由于我发布了所谓《国本奠定诏书》之后，所引起的一切对祖国人民的祸害，并不是偶然的东西，而是一步一步发展起来的。

第三个时期，则是当日寇在一九四一年发动了太平洋侵略战争的同时，我又发表了甘心从贼到底的所谓《时局诏书》，更进一步帮助日寇的法西斯侵略势力，把祸害人民的罪行范围，愈发扩大起来，一直到日伪垮台为止。

总之，从以上所分出的三个时期看来，日本帝国主义的侵略步骤是步步加紧的。而以我为首的汉奸伪政权卖国求荣的丑恶嘴脸，以及种种实际罪恶活动，也是随着日寇垂死的疯狂挣扎，而一天一天地厉害起来。一直到一九四五年日伪一齐垮台，才算是把那十四年的血腥罪恶统治，最后做了终结。

从一九三五年我第一次访日起，这种帮凶的面目，就愈发暴露出来，因为在这段时期内，主要帮凶目标，就是开始有计划、有步骤地拿所谓"日满一德一心"的这副骗人的罪恶幌子，去给日寇殖民统治有效地开始服务了。到一九四〇年的第二个时期，那就更明显不过，是又更进一步地把已够瞧了的"一德一心"骗人政策，变本加厉地扩展为替日寇忠实去推行"民族精神趋势的同化"和彻底奴化政策的主动力量。最可恨的是，这种丧心病狂的罪恶勾当，不但是为了我自己的地位，便不惜把自己的民族出卖到亡国灭种的万劫不复的地步，而且还想要从这一极力出卖民族的罪恶行为中，给自己的一家一姓，不，简直是为了自己个人的一身去找些粪渣尿滴来养肥自己。至于到了一九四一年的第三个时期，也就是，伪满政权的罪恶统治的最后阶段，那就更是越陷越深地把认贼作父的汉奸本色，愈发发挥得有声有色，达到了顶点的地步，真是一心一意地想去当那殉主的奴仆，大有至死不悔，情愿毁灭自己到底的所谓汉奸气概。

现在，我就把在这三个时期中，日寇对当时沦陷下的东北，所实行的政治、经济、军事、文教、司法，以及其他方面，步步加紧的侵略统治的全盘概貌，引一些实际事例，加以概要叙述，为的是好从我的罪恶行为中看一看，日伪对祖国东北人民所犯下的滔天罪行的轮廓。

1. 伪满的制度和机构以及法令的制定

在伪执政时期，从表面看来，伪满洲国似共和政体，对于伪执政侧近的机关，把它称为伪"执政府"。自从帝制实施后，硬说是改为立宪君主国，公布了所谓"组织法"，改变了政体，废止了"执政府"，新设了伪宫内府和伪尚书府，作为伪皇帝侧近的机关。它们担负着"辅弼帝室事务"的责任，并根据"组织法"的规定，有伪皇帝的咨询机关，即伪恭议府和伪军事咨议院。

伪恭议府是以伪恭议长、恭议和秘书局长组成的。关于法律、帝室令、敕令、预算和对外国协定的条约，对外宣言以及其他重要的"国务"事项，对伪皇帝的咨询，得"上奏"其意见。

伪军事咨议院，是以伪议长、咨议官和干事长组成的。关于重要军务应有伪皇帝的咨询。

伪恭议府的会议，从全般来看，伪恭议府是伪满一切政策法令的一个最高审议机关。会议是在每星期五举行一次，会议的成员，是伪恭议长、副恭议长和恭议，伪恭议长是会议的主席。在会议的成员以外，有伪恭议府秘书局长列席，还有伪国务总理大臣，伪总务长官（代表国务院），以及提出议案的有关部门的伪大臣出席。审议的方法是，先由有关部门的伪大臣，对于所提出的议案进行说明，以后便由各伪恭议对此进行审议。有质疑的时候，由提案的伪部大臣，或是由伪总务长官做解答。当审议终结时，照例是由伪恭议长取得副恭议长的同意，做最后的决定。然后由伪恭议长把这些决定的条件、附加意见送到伪宫内府，由我裁可。更由伪尚书府把裁可后的案件送到伪国务院公布实行。

再者，这个对于罪恶政策法令进行加工的伪恭议府，在伪组织中的地位是特殊的，因为它既是伪皇帝的所谓咨询机关，同时，它对于伪国务院所属各局、部、院、厅所提出的伪法令案件等，又是一个最后决定机关。也就是，它有向伪皇帝进行建议的权力，又有对伪国务院所提出的法令案件等做修改、通过或拒否的权力，它的特殊地位主要就在这里。

伪军事咨议院的会议，同"恭议府会议"的本质是这样的：恭议府会议是伪皇帝对于政治方面做咨询，军事咨议院的会议则是伪皇帝对于重要军务方面去做咨询。

我再说一下，在伪满时期，为我策划、制定各种政策法令的组织机构和执行机关。

中央机构：伪国务院、监察院、立法院。

地方机关：伪省公署、市县、旗公署。

伪国务院是统治伪满洲国政治经济的中枢机关。在伪国务院内一开始就设有伪总务厅，掌管伪国务总理大臣的职务和实行有关的政务。在伪帝制实施前后，伪国务院分民政、军政、财政、实业、外交、司法、交通、文教等八部。到一九三七年七月一日，日本帝国主义为了加强殖民地统治，伪满政府实行了所谓机构大改革，扩大了伪总务厅的权限，实行中央集权制。在这时，伪国务院直属的机关，有内务局、外务局、兴安局三个局和治安、民生、司法、产业、经济、交通等六个部，以及各伪省公署。

伪总务厅权限的扩大，首先由伪国务院的统辖机构来看，主要是在伪总务厅长改为伪总务长官。伪总务厅长是伪国务总理大臣的直属部下，而伪总务长官则是伪国务总理大臣的唯一辅佐者，他有权代行院务。由于伪国务总理大臣，是唯一的国务辅弼大臣，又兼有监督和统辖各伪部和各地方官厅的最高行政大臣的地位，自然伪总务长官就具有这些权限，也就自然具有强力的中央集权实力。

其次，从所谓国务院会议的经过过程来看，在一九三二年到一九三五年的国务院会议，是由伪国务总理和八个伪部总长组成的。在这时，伪总务厅长尚不算是一个出席会议的成员，只是列席，并没有议决权。在一九三五年又增设了一个伪蒙政部，会议的成员，成为一共十个人。在这个时候，伪总务厅长仍然是属于列席的资格。到了一九三七年七月一日，伪总务厅长改为伪总务长官，于是便一跃而成为该会议的主要成员——首席成员了。这时，会议的组成人数，是由伪总务长官和六个伪部大臣并伪兴安局总裁一共九人来组成。到了一九四三年以后，又增设了伪文教和勤劳两部，会议组成人数增到十一名。一直到伪满垮台为止，伪总务长官都是居于这个会议中的首席地位。

"国务会议"是审议伪政府各部、厅、局、院（指伪法院而言）所提出的种种祸害东北人民的反动政策和血腥法令的一个同恶相济的犯罪会议。会议是由伪国务总理大臣做主席，伪总务长官和各伪部大臣以及伪兴安局总裁，必须全部出席，如果伪部大臣不在，则由该伪部次长代理出席。此外，有伪总务厅的法制局长（在一个时期改为处长，最后又改为局长）和伪总务厅文书科长列席，但他们没有发言权和议决权。还有翻译一名列席。会议在每星期三举行一次，也有时召开临时会议，但次数不多。议案是由提出部的伪大臣来做说明，经过审议后，由伪国务总理大臣做最后的裁决。

在"国务院会议"席上，对于所有被提出的案件都是经过说明以后，照例予以通过的，偶尔有人对于议案的条文、词句等有些意见时，便会听到伪总务长官正颜厉色的"这是国策"，或是"这是由关东军决定好的不能变更"的命令式的答复。

为什么伪总务长官这样说呢？因为所有提到"国务院会议"的议案都是在事前由伪总务厅主持和有关各伪部参与策划制定出来，经过日寇关东军认可后，并由伪总务厅"火曜会议"（这个会议在一九三二年到一九三六年称为总务厅会议，一九三七年改为"水曜会议"，以后改为"火曜会议"。这个会议，也称为次长会议）审议通过。不过在"火曜会议"以前还有由伪总务厅各处和有关各部局院的有关人员，举行一次所谓"打合会"（即联络会议）做成草案提出"火曜会议"。

这个"火曜会议"，在伪政府官制中并没有明文规定每星期二开一次会议。由伪总务长官做主席，伪总务厅次长（在一九三七年以后伪总务厅设中国人次长一名）和各伪部次长，以及伪总务厅企划处长、法制处长、主计处长等作为会议的成员。有时还召集其他有关部门人员，如伪协和会中央本部长、伪警务总局长等参加会议。但是每次会议，必须有日寇关东军第四课长或者第四课参谋列席才能开会。审议的案件，有由日寇关东军交来的，有由伪总务厅企划处提出的，有由各伪部提出的。经过这个会议决定的法令和案件，再经过伪总务厅法制处加以"法律化"、条文化以后，即由伪总务厅文书科译成汉文，加封，在封面上盖有"极秘"的戳记，直接送交各伪部大臣，作为"国务院会议"的提案。因此，在"国务院会议"席上，伪总务长官一定要坚持通过这些提出的议案。

由以上的"参议府会议""国务院会议"和"火曜会议"的情况可以看出，我奉行的日本帝国主义对于东北殖民统治政策所制定出来的各种政策法令，就是这样的加以"合法化"，用来压迫、奴役东北人民和欺骗世界人民的。也就是伪满政府的每一件法令，从策划、制定到公布实行的程序，是必须经过这三个会议之后，再由我加以裁可实施。

至于伪立法院、监察院，虽然是在伪满政府成立的同时成立的，采取了立法、监察、国务所谓三权分治的形式，到一九三四年实行伪帝制以后，便将伪立法和监察两院取消。也就是，根本废止了"三权分治"这个形式。日本帝国主义的目的，是为了把事权集中在一起，由伪国务院来统治，也就是加强伪总务厅的权限，以达到日寇对东北残酷的统治野心。

伴随中央集权，对于地方机关的行政机构，也做了改革，在一九三四年，把原来东北的四个省划分为十个伪省，最后达到十七个伪省和一百五十九个伪市县，目的是为了使地方分权，用以加强伪中央的统治，好为实行掠夺经济服务。

2. 所谓伪满的三大国策

日本帝国主义为了对东北人民进行榨取和掠夺资源，实行了所谓产业开发、北边振兴和开拓移民三大罪恶政策。

1. 产业开发，实行全面的经济统治

在一九三二年到一九三六年，这五年期间，日本帝国主义在东北的侵略行动，主要是：一方面建立和充实伪满政府的各种机构，另一方面，驱使这个机构的各个组织，如伪国务院的总务厅和各伪部等权力机关，制定出各种血腥的法令来对东北地区实行产业掠夺。

到一九三七年，伪满政府为了适应全面的经济统制的要求，又实行了所谓伪政府的机构大改革。在这次大改革中实现和巩固了伪中央集权制度，就是扩大和加强了伪国务院总务厅的机构和职权，缩小和调整了地方行政的权限，也就是，集中力量在政治上加强对东北人民的压迫和奴役，在经济上加紧搜刮东北人民的物资财富，积累资金，为实施所谓由一九三七年到一九四一年的"第一个产业开发五年计划"制造条件。这个产业开发实施的目的，并不是民用生产，而是尽量掠夺东北的物资，来进行军需生产，以供应日本帝国主义对我国大陆的侵略战争。

在实行所谓"第一个产业开发五年计划"的同时，伪政府总务厅企划处又制定公布了所谓"重要产业统制法"，对主要的钢铁工矿企业以及农产品加工工业等二十一种产业，实行了统制。也就是，对这些物资的生产和消费实行了有准备、有计划的掠夺。

（1）关于生产方面的统制

在一九三三年三月，由我裁可公布了所谓"经济建设纲要"，对于各种重要事业，伪满政府得命令设立"组合"和"统制公司"（公司以后改称会社）。到一九三七年以后，伪满政府为了加强经济的统制政策，建立了许多生产会社。在开始实行所谓"第一个产业开发五年计划"时，新成立的会社和在这以前成立的会社，共有大、中、小九十余个。在一九三七年以后新成立的会社中，主要的有"满洲重工业会社""农产公社""满洲电业会社"等。在这以前，已经成立的主要会社，有"满洲炭矿会社""矿业开发会社""电信电话会社"等。这些会社都属于"特殊会社"，至于其他如"纤维会社""棉花会社""化学工业会社""盐业会社"等，是属于一般的大会社。所谓特殊会社，是由日寇垄断组织的输出资本和伪满政府以现物作为出资共同经营的。这些特殊会社，虽然是在伪满洲国内设立的，但不受伪满政府"会社法"的约束，而是由日伪双方组成的"日满经济共同委员会"来统辖的。

所谓"日满经济共同委员会"，是日本帝国主义掠夺东北资源财富的总枢纽。这个委员会是根据一九三二年九月十五日，由我公布的所谓"日满议定书"，即我和日寇关东军司令官本庄繁在长春签订的"卖国密约"化身的协定。这个委员会是由委员长一名、委员八名（在必要时得设日、伪同数的临时委员）和干事若干名组成的。日寇方面的委员，是关东军参谋长、关东局总长、日本驻满大使馆参事官、关东军经济顾问；伪满方面的委员，是伪总务长官、伪外交部大臣、伪经济部大臣、伪产业部大臣。干事是由日寇关东军第四课长，伪总务厅次长，伪产业、经济部次长和各"特殊会社"干部，以及其他有关部门人员担任。在开会时，由日寇关东军参谋长做主席，在每年末以关东军参谋长的名义召开一次报告会。

日本帝国主义通过这个委员会，好像是经过正式的外交手续似的来进行双方在经济上的共同经营和互相交流，但实质上则是以这个委员会做掩护，实行对东北物资财富的掠夺。同时，这个委员会，是垄断会社的垄断组织核心，用以进行对东北资源的掠夺和对东北输入它的剩余物资。这正是帝国主义对殖民地实行经济垄断的一种手段。

所谓各特殊会社和许多一般的大、中、小会社，是互相联系，纵横交织，形成为一个广范围的会社网，用以统制全伪满的生产。这个会社网就是以一些大的会社作网的纲领，以中、小会社作网的经纬。所谓大的会社，就是指"满洲重工业会社""满洲炭矿会社""满洲电业会社""农产公社"等二十余个会社而言。这些大会社，不仅互相联系，还与其他有关会社互相关联。例如：在"满洲重工业会社"之下，有"鞍山钢铁会社""本溪制铁会社"等。由这九个会社生产出来的钢铁，除了大部分运往日寇国内进行加工，制造杀人武器和钢轨供应"满铁会社"修筑铁路使用以外，还将一部分在当地加工交由"满洲电线会社"，制造电讯器材。这个"满洲电线会社"就是属于"重工业会社"的子会社。又例如，各种工业会社关于原料和食粮等，是和"农产公社"有着密切联系的。"农产公社"供给各会社以食粮和工业原料。

在各会社成立后，伪满政府就以行政命令来完成这些会社直接和间接掠夺东北地上和地下的资源。例如：特许"重工业会社"霸占临江地区大栗子沟等地以开采铁矿，特许"炭矿会社"霸占密山地区鸡西以开采煤矿等。伪满政府还特许一些会社占有原料产地，例如把辽阳、海城等地的农田，规定为产棉区，划归"棉花会社"控制，不准该地区农民种植其他农作物。在这些地方生产出来的棉花，全部归会社垄断。因此，它可以在收购棉花时，任意评等压价，使棉农遭受极大的损失。不仅如此，由于生产出来的棉花必须尽数交给"棉花会社"，棉农就是做自己穿的棉衣，也不准用自己生产出来的棉花。结果，棉农到冬天没有棉衣穿，还得挨冷受冻。并且由于植棉区不准种植其他农作物，所有棉农的食粮，须由产粮地区运来配给。等到食粮运来后，价格很高，数量不足，棉农卖棉花的钱，买不来足够的食粮，一年辛苦到头还得忍饥挨饿。不但"棉花会社"是这样，就是其他会社，如"制糖会社"对于种植糖萝卜地区的措施，也和产棉地区一样，农民是缺乏食粮，经常挨饿。在这时，如果农民私自买卖，就被认为是违反了"粮谷统制法"，就要被当作"经济犯"受到严罚。

从以上可以看出，由我裁可公布实施的统制经济的各种法令，完全是为了给日本帝国主义的经济掠夺服务的。日本帝国主义在一九三七年以前，对于东北的经济主要是实行产业的强抢，所采取的手段，首先是使用军事占领，占领各地方的厂矿和各大企业。其次是使用伪满政府公布的各种法令，其中如"会社法""会社登记法""矿业登记法"等，来成立各种会社，就利用这些会社来掠夺物质资源。到一九三七年以后，日本帝国主义更进一步对东北地区全面实行了经济统制政策，以伪满政府公布实行的所谓"重要产业统制法""矿业统制法""粮谷统制法"以及"动员法"等，来进行掠夺，以供应日寇的侵略战争。在一九三七年七月，伪满政府实行所谓"第一个产业开发五年计划"的同时，日本帝国主义就在我祖国大陆上发动了"七七"事变。这很明显地暴露出，日本帝国主义是以东北地区作为它侵犯中国大陆的军事基地。而伪满政权，则是以东北的人力、物力、财力供应日本帝国主义进行侵略。

更从各大会社的投资来看，在伪满政府方面，许多是以现物出资。这个现物，也就是把东北的矿山、农产、森林等资源和劳动人民的劳动力，供给日本帝国主义垄断资本去经营管理和奴役。而在日本帝国主义垄断资本，则是把东北地区作为军事生产的投资场所，来榨取高额利润。这就足以说明，在伪满成立的各特殊会社和一般会社完全是掠夺东北资源的强盗组织。

更严重的是，这些特殊会社的资金，在日寇方面出资的股份，不管会社的赔赚，必须由伪满政府保证每年给予八厘的股息。这就是说，如果会社营业亏损时，必须由伪满政府的"国库"补偿，并且还得支付股息八厘；如果会社赚钱有了利润，除一部分留作积立金（公积金）以外，其余则按股均分。也就是，股息的最小限度规定为八厘，而最大限度是没有规定的限制。例如："满洲采金会社"，自从成立以后，年年亏损，在一九四二年结算时，共亏损伪币五千余万元之多，完全由伪满政府一九四三年度支出预算中的准备金项下支出了。对于该会社的股份，仍然按照股票记载的金额，股息完全做了支付。这种亏损和股息的支付，完全是由伪满政府用征税的方法来做弥补。其结果，这个重担，是完全落在东北人民的身上。

（2）关于消费方面的统制

消费统制也和统制生产一样，在一九三九年，由我裁可公布了设立"满洲生活必需品会社法"，根据这个法令成立了"满洲生活必需品会社"（以下简称生必会社）。这个会社，主要是统制人民的消费品，特别是对食品和日常生活必需的物质，全面地加以统制。"生必会社"是和其他许多生产会社密切联系着的。例如"满洲罐头会社""水产会社""畜产会社""糖果会社"等，所有这些生产出来的产品，都是交由"生必会社"来分配给各地组合和贩卖商零星出售。"生必会社"还统制着各地各种各样的组合，例如"馃子组合""水果组合""菜蔬组合""肉类组合""海产组合""鲜鱼组合"等，甚至买卖零星鸡蛋的也成立了组合，归它统制。在一九四○年，在伪满的大都市里，都有六七十种组合。所有这些组合，主要是以农村的农民和城市居民作为剥削对象。产品的收购价格和出售价格，是由各地"生必会社"支店和各该地组合临时规定。在收购产品时，利用"只此一家别无分号"的手段，来垄断压价。在当时，农民虽然不愿把产品出卖给组合，可是又没有另外销售的出路。如果私自买卖，就成为"经济犯"，不但产品被没收，还得坐牢和挨罚。可是在各组合出售商品时，却任意抬高价格，因此在消费者方面，不仅要出高价才能买到所需要的东西，而且还必须抢购，特别是鲜货之类，不然，就会在一转眼的工夫还会涨价。

不仅如此，"生必会社"和各组合，在收购农产品时，还采用了不等价交换办法，实行双层的剥削。例如，种植果树园子的农民，许多是缺乏食粮的，而"水果组合"，则利用低价收购产品，用高价配给食粮，在这个交换过程中，农民就遭到双层的损失。

还有，"水果组合"在各地代理"生必会社"收购产品，不但是压等、压秤、压价，而且还对农民百般地刁难。例如"水果组合"叫农民把水果送到火车站去，等待"生必会社"去人验收，而"生必会社"却不按时前往，在这个时间，如果水果遭受损失，仍然要农民来负担。

这样一来，所有种植果树园的农民们，在一年中辛勤劳苦所得的果实，不但不能糊口，而且还要欠债，结果是一年不如一年。因而经营果树园的农民，有的把果树砍掉改种别的作物，用以避免和"生必会社"以及组合打交道。可是在改业之后，又要受到另一种组合的统制。总之，在伪政权下，逼得他们走投无路，无法脱离经济上的掠夺和压迫，因为那面经济掠夺的大网，已成为一面无所不罩的吸血罗网了！

（3）关于农产物的掠夺

伪满政府对农产物的统制，是极其残酷并且是逐步加强的。在一九三七年以前，对于农民生产出来的粮谷，是由"粮栈""大兴公司"（是伪兴业银行的附属营业）和日寇"国际运输会社"，组成一个粮谷"共同贩卖"网，主要是在黑龙江、吉林的粮谷交易市场上，以廉价收购农民的大部分农产物，去做出口贸易，而把一部分运到城市，以高价出售给居民。就是它们以廉价收买而以贵价出售，把农民一年间的血汗劳动果实攫为己有，这个"共同贩卖"等到伪满政府成立了"农事合作社"之后，才把它取消。到一九三八年，因为日寇国内实行了"物资动员计划"，要求伪满政府担当供应日寇国内食粮的任务，就由伪兴农部制定出由我裁可公布的所谓"粮谷统制法"，同时，成立了所谓"粮谷会社"。这个会社主要是严格地统制食粮和杂谷。不久以后，又公布了"特产物专管法"，同时成立了"特产物专管会社"。这个会社主要是严格地统制"大豆三品"（即大豆、豆饼、豆油）以及其他油料作物。到一九四〇年，又由我裁可公布了"兴农合作社法"，在伪满各地成立了"兴农合作社"。把原来的"农事合作社"也都改为"兴农合作社"了。

以上这些组织，对东北各地农村的粮谷实行了全面的统制。在一九三九年，伪满政府计划征收粮谷的数量为五百万吨，由于征购的价格过低，只征收到约三百万吨，未能达到预期的掠夺数量。到一九四〇年，就加紧了粮谷的统制，由伪满政府命令各省调查农产物的产量，并按照日寇的"物动计划"由伪满国务院总务厅企划处，做出所谓"出荷量"（即征收数量），向农民强制征收。同年计划的征收量为六百万吨，当即命令各省分摊这六百万吨粮谷征收量。到一九四一年七月，帝国主义发动了第二次世界大战的一开始，日本帝国主义也就进入了"战时体制"，更要求伪满政府加强食粮和工业原料的统制。这时，伪满政府制定公布了"农产公社法"，根据这个法令把"粮谷会社""特产物专管会社""面粉管理会社"合并为"农产公社"，加入日本帝国主义垄断资本，作为统制全东北农产物的一个特殊组织。这个"农产公社"，不仅是收购农产物的一个垄断组织，而且是农产物输出的一个垄断组织。

由于这种粮谷征收数量的分摊，在现地征收中，就出现了一个极不均衡的状态。对于官僚、豪绅、地主阶级，不但未使他们感到什么困难，而且还因此让他们得到了所谓"出荷奖励"的棉布和生活必需品等的配给。而在大多数贫雇农中，不仅食粮都被征收出去，而且有的为"出荷"出卖了土地，或欠了债，遭受到毁家破产、妻离子散的灾祸。

这种粮谷统制政策，是年年加紧的。所谓"出荷量"的年年增加，就是这种罪恶政策的实际表现。到一九四四年就达到了七百多万吨。这些征收来的粮谷除了每年必须供给日寇关东军七十万吨，每年约把征收量的半数运往日寇国内。这就使东北人民感到食粮缺乏，供不应求。因此，在伪满政府公布禁止粮谷运出县境和个人携带不准超过三斤的命令下，人民为了要活下去，就出现了私运、私买、私卖的现象，结果是成为"经济犯"，被逼得家破人亡。根据伪警务总局发表的数字，在一九三九年，所谓违反经济统制的案件即有九千四百余件，人数达一万人。到一九四〇年，这种案件更增加到二万五千余件，人数增加到三万人以上。这还是"农产公社""产业统制法"未公布前的数字。以后，由于"农产公社""产业统制法"的公布，案件的增加更是直线上升，人民的生活就愈发陷入悲惨的深渊里面了！

（4）关于"配给制度"

一九四一年十二月，日本帝国主义发动了太平洋侵略战争。伪满政府为了供应日本帝国主义的战略物资，在一九四二年，又开始实行了所谓"第二个产业开发五年计划"，更进一步掠夺东北的物资财富，来扩大它的军事生产。同时，为了加强经济统制，由伪经济部制定出所谓"产业统制法"，由我裁可公布了。根据这个掠夺性的法令，一九三七年公布实施的"重要产业统制法"中所统制的二十一种产业，扩大到了八十一种，几乎将所有的生产和消费全部投用在统制的范围以内。这时，在各城市里和农村中，关于日常生活必需的物资，普遍是极度缺乏。于是，伪政府又加紧了物资的配给制度。在开始实行配给制的时候，粮食的配给数量，规定成年人每人每月为二十公斤，未成年人酌减。实际在各城市都未按照这个数量实行。到一九四二年以后，配给的数量年年缩减。例如，长春市的配给数量，在伪满当时，尚是比较最多的地方，每人每月只能领到粮食十九公斤，最后缩减到十四公斤。沈阳市在一开始就规定为十七公斤，最后缩减到十一公斤。

不仅配给量不断地缩减，而且都是粗粮，由粗粮变为橡子面。可是日本人的配给数量则是始终不变，有时还增加品种和数量，并且都是细粮。

（5）关于金融财政的统制

从一九三七年起，伪满政府为了供应日寇军需物资，实行了"第一个产业开发五年计划"，对于各大会社投入了巨额资金。这些资金，主要是由伪满岁出预算开支的，因而在同年，伪政府的年度预算就有了很大的增加。例如，在一九三六年伪政府的预算仅为伪币二亿七千万元，到一九三七年就增到六亿余元，约增加了一倍以上。伪政府的岁入预算来源，主要是依靠横征暴敛和滥发伪纸币。在一九三七年，由伪经济部修改了"征税法"，由我裁可公布实行后，即进行了增加捐税的暴举，在旧有的"征税法"中，增添了许多新的税目和提高了税率。例如，新添了印花税和营业税等税目，提高烟酒税等税率，并提高产盐的专卖价格，同时还扩大加强了专卖制度。

就是这样，预算仍不敷开支，每年不断发生赤字。为了填补这些预算赤字，在一九三七年，由伪中央银行滥发了约五亿元以上的伪纸币。从此以后，伪政府的预算年年增加，税收也年年加征，伪中央银行发行的伪纸币也是年年增加。仅从伪中央银行发行的伪币额数来看，到一九四一年，就达到伪币十六亿元以上，到一九四三年伪币发行到三十五亿元，到一九四四年伪币发行到六十亿元以上。随着增加捐税而来的，是加重了人民的负担，生活日益陷入穷困。尤其是滥发伪纸币，致造成通货膨胀，更引起物价不断上涨，使穷苦的劳动人民生活愈加困难。

伪政府为了抑制物价的上涨，在一九三八年七月，虽然由伪政府公布了所谓"七·二五物价停止令"，实行了特价统制，但是实际上，由于伪币毛荒，物价在暗中仍然是时时地上涨。因而从这时起，在伪满各地普遍地发生了暗行交易的现象。这样，在有钱阶级方面固然受不到物价上涨和暗行市的胁迫，但穷苦的劳动人民则陷入了饥寒交迫无法生活的境地。

在一九四二年，由于伪政府开始实施所谓"第二个产业开发五年计划"，就愈发竭力搜刮人民，从一九四一年到一九四三年，实施了三次所谓"战时大增税"。第一次"战时大增税"是在一九四一年开始的，在"内国税"里，新添了营业所得税、通行税、特别卖钱税等税目，提高了盐税、烟酒税等税率，其中特别是由于盐税的增加，使盐的卖价提高，从每百斤四元上涨到伪币八元，加重了人民的负担，直接影响了人民的生活。第二次"战时大增税"是在一九四二年十二月实施的，主要是新添了游兴税等税目和提高交易税等税率，并增加了各种附加捐，愈发加重了人民的负担。第三次"战时大增税"是在一九四三年十月实施的，这次增税是全面地提高各种税的税率，并将所得税改为累进税，新添了许多苛捐杂税，更进一步加重了人民的负担。

这种所谓"战时大增税"，主要是为了支援日本帝国主义在一九四一年十二月所发动的太平洋侵略战争，这就是日本帝国主义对东北殖民地人民进一步敲骨吸髓的榨取政策。

日本帝国主义不仅实施了这种增税的掠夺政策，还实行了所谓"储蓄"的榨取政策。在一九四〇年，由伪经济部制定所谓"国民储蓄法"，由我裁可公布后，根据这个法令，在伪中央银行总行和分行以及其他各地方私人经营的银行里，都设立了储蓄部，办理储蓄的业务。这种储蓄首先是在各大城市里实施的，储蓄的名目很多，有定期、临时、零存整取、整存零取、养老、教育以及有奖储蓄等骗人的名目。由于伪币的不断毛荒，人民感到储蓄不但无利，反而损失了原本，因此储蓄的人很少。到一九四二年，伪政府鉴于这种随意储蓄办法，达不到预期的目的，所以，又实行了摊派的储蓄方法，也就是强制储蓄。

这种摊派储蓄的方法，是由伪中央银行所发行的伪币总数中，扣除它的分行库存和伪兴业银行以及各地方银行的库存，并扣除其他商工金融合作社，各税捐局等金融机关实存的伪币，余下的数目，就被看作是在流通过程中，停滞在市面和农村里的数目，以此作为储蓄的定额向各城市和农村实行分摊。在一九四二年，伪中央银行规定的储蓄总数，为伪币十亿元，其中摊派给各城市的储蓄数为伪币八亿元，农村为伪币二亿元。一九四三年的储蓄总数为伪币十六亿元，其中摊派给各城市为伪币十二亿元，农村为伪币四亿元。

在各城市里的储蓄办法是按户分摊。例如，在长春市是由伪市公署将应摊的储蓄总数，分派到各市区，由市区分派给各邻组（即街道），由邻组分派给各住户。各住户应摊的储蓄数是按照收入的多寡来分派的，在最初认储蓄数的时候是越多越好，可是经过规定以后，每月交纳的储蓄是只许多不许少。因为从市区分摊给各邻组的储蓄数目是有一定的，如果一户少储蓄，就得由其他各户来分担，所以在邻组对此是绝对不许可的。在当时一般居民把这种储蓄的办法叫作"绑票式的储蓄"，都认为比课税还厉害。在居民中交不上储蓄的户，市区就停止其物资配给，于是就得挨饿。

这种按户摊派的储蓄，是用伪币购买债券和储蓄票的形式来强制购买的。债券是从一九四一年到一九四四年，由伪兴业银行每年发行的所谓"兴业银行有奖债券"。储蓄票是从一九四二年到一九四四年由伪中央银行发行的所谓"爱国储蓄票"。都不能当作流通手段使用。特别是储蓄票，除每月分摊的以外，还在购买物品时，够伪币一元以上的东西，就摊一角钱的储蓄票，这就等于物价普遍上涨十分之一。同时，这个储蓄票，价值很小，一般人都把它当作废纸一样随手扔掉，因而使广大人民在无形中遭受到不可估计的损失。

在各会社和各商号所摊派的储蓄，与一般住户不同，它们不是按月定数，而是随时随意存储。由于他们都和银行有交往，也可以像活期存款一样，随时储蓄，随时取出，仅是在账面上改换一下名目就算了事。因此，从整个的城市储蓄来看，虽然每年都达到了伪中央银行所要求的额数，这不过是数字上的达到，实际上，并没有缓和通货膨胀。

在农村里的储蓄办法，那就更残酷了。对于农村的储蓄，是从一九四二年开始，同年由伪中央银行规定农村的储蓄数为伪币二亿元，一九四三年为伪币四亿元，以后，年年增加。这种储蓄，都是按照种地亩数摊派，也有由伪"兴农合作社"在粮谷交易市场上，从农民所谓粮谷"出荷"的粮价里扣除，这种扣除的钱，多被"兴农合作社"从中利用，不交给伪中央银行，也没有解决通货膨胀，而广大人民则受到了无限的损害。

日本帝国主义在太平洋的战争，到了一九四四年的时候，因为败相日益浓厚，需要更多的战略物资，伪满政府就广泛地搜刮资金供应各大会社，来扩大军事生产，不仅增加捐税，强制储蓄，而且还发行了大批公债，向东北人民榨取更多的财富。同时，并加紧对各地方私人经营的银行的统制。

早在伪政府成立的同时，由伪财政部制定了所谓"银行法"，由我裁可公布后，在长春市成立了伪中央银行总行。这个银行，是把旧东北政权时期，在各省的官银号集中在一起，作为伪政府的一个最高统制金融的机关。它的职权范围很广，掌握着全伪满的现金储备，管辖着各金融机关，并代理伪国库发行伪国币。伪中央银行还在各伪省和各大城市设有分行，经理伪政府地方各机关的出纳事项和经营一般人民的存放款、汇兑、借贷等银行的业务。

在伪中央银行以外，根据"银行法"，还成立了一个伪"兴业银行"。这个银行，是由日伪双方出资，主要是办理向各大会社投资的业务和经营各会社的资金存放，并作为各会社的借贷中心、结算中心。它和日本帝国主义国内的"日本兴业银行"密切地联系着。日本帝国主义垄断资本，在伪满各会社的投资，都是通过这个银行办理投资手续。

在伪满政府公布"银行法"的当时，对于各地方私营银行和私人经营的钱庄等金融企业，许可它们照旧营业，到一九三九年，修改"银行法"，将各地的所有钱庄，一律取消。在一九四〇年五月，在各城市设立了所谓"商工金融合作社"。这个金融合作社，是把各地方被取消的钱庄一部分和较大的商号网罗在一起，作为该合作社的社员，这个合作社，经营各城市商工业方面的存放款和抵押借款等业务。其目的为了是统制各城市商工业的资本。

对于散在各地方的私人银行，根据"银行法"，虽然准许作存放款、汇兑、借贷等一般的银行业务，但是，由于一九三七年伪财政部制定公布了所谓"汇兑管理法"，根据这个法令的规定，向伪满"境"外汇款时，伪币一千元以上，须经伪政府许可，至于贷款在伪币五万元以上，则必须取得伪中央银行的同意。所谓"汇兑管理法"实施的目的，是为了控制现金外溢，主要也就是限制劳动人民向关里家乡汇款。

到了一九四四年，伪满政府为了加强金融统制，对各地方的私营银行，实行了强制合并和限制营业的政策。就是对于每一个私营银行的资本，最小限度，必须在伪币五百万元以上，其不足五百万元资本的银行，需实行合并凑足五百万元的资本。伪满政府对这些合并之后的银行，限制资本的百分之八十，用来向各会社投资，不许另作别用。至于作一般的银行营业，只允许在资本的百分之二十以内，而在这百分之二十以内的资金，还是大部分需承购日本帝国主义国内和伪满政府所发行的一定数目的公债，并且还必需承担伪政府的一定数目的所谓"国民储蓄"，对于这种公债和储蓄，只准领取四厘利息，并不许向外出卖。

在一九四四年春，伪政府为了进一步加强对各农村的金融统制，由伪经济部和伪兴农部制定公布了所谓"兴农金库设立法"，根据这个法，在同年一月成立了伪兴农金库。这个伪兴农金库的资金，是由伪中央银行拨给的，主要是供给"农产公社"作为收购农产品的价款，它并办理农村贷款和储蓄的业务，来榨取农民，使农民因此遭到破产和失业的灾难。

除此以外，在我和日寇所签订的《日满议定书》里，还承认日寇在东北所经营的"南满铁道株式会社"，也有权对东北地方进行经济统制。同时，日本帝国主义的金融资本，如朝鲜银行、正金银行、日本兴业银行等，也都有权参与对于东北金融财政的统制。

这样，东北整个的经济命脉都掌握在日本帝国主义手中，也就是说，东北人民的生命财产都落在日本帝国主义的魔爪中了！

2. 北边振兴计划

一九三八年十二月二十五日，伪满政府根据《日满议定书》所定的"共同防卫"，由日寇关东军、满铁会社和伪满政府，举行了第一次所谓"国境建设"会议。在一九三九年一月十四日，又举行了第二次会议。这两次会议决定由伪满政府、特殊会社和满铁会社，共同出资十亿元，其中伪满政府为两亿元，特殊会社为两亿元，满铁会社为六亿元，用做所谓"国境建设"的经费。就在同年，伪满政府以开发北边产业的名义，制定了所谓"北边国境建设三年计划"，主要是，在伪满间岛、三江、牡丹江、东安、龙江、黑河、北安、兴安北省等八个省境内，充实和加强了所谓"国防"设施，其目的是给日本帝国主义执行开拓移民的侵略政策，和给日本帝国主义侵苏准备创造条件。

在同年九月十五日以后，把所谓"北边国境建设计划"改称为"北边振兴计划"。

这个"北边振兴计划"的内容，着重在伪满北部所谓"国境地带"，建设交通、通信和航空等军事设施，替日本帝国主义巩固军事基地和为它整备开拓移民用地。在这个计划实施期间，即从一九三七年至一九四一年的期间内，首先修建了铁路和道路。由满铁会社、铁路总局修筑了图们到佳木斯之间的铁路，从佳木斯到绥化之间的铁路和从牡丹江经过林口到虎林县境内虎头之间的铁路；同时，由伪满政府交通部修筑了所谓"国防"道路和交通道路，以及改修原有的铁路，总延长约一万二千余公里，并由伪邮政总局，在这一计划区域内分设了三百余个伪邮政局处。

其次，是由伪电信电话会社新建了通信设施，总延长达四万余公里，并新设了电台（即广播站）二千余处；由伪航空会社修筑了一百四十余处军用飞机场，仅在勃利和依兰两县境内，就修建了飞机场三十余处。

同时，以这些铁路、道路为骨干，由伪电业会社新修了火力发电所三十余个，由伪水力建设局修建了镜泊湖水力发电所一处，用以供应这一地区的用电；并由伪土地开发会社实施了所谓"农地造成"（即开垦荒地）约二十三万公顷，作为开拓移民用地。

此外，在乌苏里江和黑龙江沿岸一带，饶河、萝北等地区的森林里滥伐了大量的林木，用做建设的材料，掠夺双鸭山等地的煤矿，用作动力的燃料。并在所谓振兴地方产业的伪装下，新设了农产品加工工业、水泥工业、机械修理工业等企业。这些企业在实际上并不是为了振兴地方产业，而是这个计划中的一种辅助组成部分，也就是为了给日寇开拓移民、建设部落时准备条件。

与此同时，伪满政府也为了适应这一地区的"产业开发"，在一九三九年六月一日，实行了地方行政机关的改革。在吉林、龙江、滨江、三江、北安各伪省公署内废止了伪实业厅，改设了伪开拓厅，将牡丹江、东安各伪省公署的伪实业厅和民政厅，也代之以伪开拓厅，并在伪通化省公署里新设了伪开拓、土木两厅，目的都是为了准备日寇开拓移民的到来，并完成"北边振兴计划"。

与此同时，伪满政府在中央也把伪国务院所属的伪内务局改为伪地方处，归伪总务厅管辖，目的是为了扩大伪总务厅的权限，便于由伪总务长官直接主持"北边振兴计划"的执行和各地方开拓移民的行政。

更重要的是关于"北边振兴计划"所实施的各种建设工程，都需要大批的劳动力。这个劳动力的来源，是和伪满政府对于生产方面的劳动力，仰仗华北方面供给的情形不同，绝大部分是由伪满政府采用所谓国内劳动力自给自足的恶毒政策，驱使东北广大劳动人民来承担，其中仅一小部分的劳动力是由华北方面募集来的。

在这里，我要把伪满政府对"产业开发"和"北边振兴"所需要的劳动力统制的概况说明一下：

在伪满政府成立后，就开始实行对劳动力的统制，首先对于生产方面的劳动力，特别是对于各会社经营的工矿企业方面的劳动力，是指定由"大东公司"到华北招募。在一九三七年"大东公司"从华北招募来的人不到十万，可是自行流入的很多，根据同年的统计总数为三十二万人。在一九三八年招募的人数和自行流入的人数达到四十九万。因此，于同年十二月，伪满政府为了加强对劳动力的统制，制定了"劳动统制法"，由我裁可公布后，成立了伪劳工协会，用以限制华北"劳工"入境。但是，在一九三九年入境的劳动工人的人数，仍然是有增无减。到一九四〇年，增加到一百三十万人以上。伪满政府鉴于这种情况，为了进一步实行劳动力的统制，一方面为了防止现金外溢改正了"汇兑管理法"，用以限制境外的劳动人民向家乡汇款；另一方面，在一九四一年一月，由伪民生部制定公布了所谓"劳务兴国法"，解散了"劳工协会"，成立了"劳务兴国会"。这个"劳务兴国会"向华北方面招募了一部分有技术的工人，绝大部分则使用伪满境内的劳力，也就是，采取劳动力自给自足的办法，来实行奴役东北人民的恶毒政策。

这个政策，对于劳动力的供需加以统制，采用协商分配劳动力的办法；并为了防止劳动力的自由移动，实行劳动登记，成立了"指纹管理局"，专对劳动人民实行指纹登记。这个政策，对生产方面工人的工资也加以统制。在当时，各会社对于中国工人给予的工资很少，平均低于日本工人的四分之一。这个情形曾有日本帝国主义垄断资本家，得意忘形无耻地说："在中国使用人工比使用牲畜更有利。"这就把中国人看成比牛马不如，也足以证实在当时对于中国工人的工资低廉到如何可怜的程度了。

关于统制劳动力的机构是时时改变，步步加紧。当伪满政府在一九三七年七月，实行所谓机构大改革的同时，就于伪国务院总务厅里，成立了一个所谓"劳务委员会"。这个委员会是以伪总务长官为委员长，就是由他来主持策划，运用全东北人力的资源，同时，在伪民生部内设置劳务司，在各伪省公署内也增设了劳务科，专执行对"劳工"的分配和管理。

到一九四〇年，由于日本帝国主义、伪汪政权和伪满之间的协定，成立了一个所谓"自给自足的经济圈"，于是在伪满政府就以伪民生部为中心，又制定公布了"劳动行政方策要纲"，加强对于劳动力的统制。根据这个要纲的规定，境外的工人必须携带家属移住在工矿地区，并严厉管制无籍劳动力的入境。另一方面，在一九四一年九月，由伪满政府制定公布了一个血腥的"劳务新体制确立要纲"。这个要纲就是奴役全东北人民无所不包的统制网。根据这个要纲扩大了所谓"勤劳奉公"的范围，树立了"国民皆劳"和"国民总勤劳奉公"的恶毒制度。

这样一来，对于北边振兴所需要的劳动力，除了一小部分由华北供给，绝大部分就是援用所谓"国民总勤劳奉公"的制度，由各伪省、市、县强化摊派、征发和用抓"浮浪者"的办法来驱使全东北人民，为帝国主义建设军用基地服劳役。特别是，把伪国兵检查不合格的大多数青壮年称为伪"国兵漏"，迫使他们去服劳役，受尽那刺刀、警棍、皮鞭的侮辱和摧残，以及饥寒交迫、伤病丛生，不亚于地狱之苦。

所有这些劳动工人和所谓"勤劳奉公队"，到各工程地以后，对于劳动工人，归把头来控制；勤劳奉公队由各该省、市、县派人去监督。不管劳动工人或勤劳奉公队，所住的都是破席棚，不仅不能遮风挡雨，而且是极端阴暗潮湿；所吃的都是腐坏掺橡子面的窝头，终日不得一饱；所穿的都是一些破麻袋片，没有鞋，冬夏都赤着脚去工作。由于这样，吃不饱、穿不暖、睡不好，每日还得从事过度的劳动，每个人的身体健康都遭受了严重的损害。而且各工程地都没有医疗设施，患了病无处去治。并兼时常发生传染病，因而，劳动工人死亡率不断增高。

从这里可以看到这个"北边振兴计划"的实施，给我国东北人民带来的灾害是极其悲惨的。由于这样种种的悲惨事实，到今日为止，尚能遗留在受害的广大人民群众深刻的记忆之中。所以我在这里，只把我所闻知的一件使我最痛心、最惭愧的事例暴露出来，以概其余。

有一次，伪宫内府警卫处长佟济煦悄悄地告诉我说："他亲戚金贤认识的一个人，曾被日寇捉去押赴北部'国境'，替日寇修筑军事要塞。在完工以后，日寇为了保持这个工事的秘密，对于劳动工人实行了集体大屠杀。在这个大屠杀中残存的一个人，就是金贤认识的这一个人。"

从这里可以看到，由于北边振兴所实行的对于劳动工人惨无人道的待遇，说明了帝国主义对殖民地人民的残暴奴役和屠杀。

不仅如此，更可以看到，由于北边振兴霸占的铁路用地、道路用地、飞机用地等，抢夺了农民的土地，破坏了不少的村屯，赶走了许多的农户，使广大农民遭受破产、失业，流离失所，无家可归，或者被捉去充当"劳工"，而陷入饥饿死亡的绝境，这更是极为悲惨的。

3. 开拓政策

日本帝国主义蚕食鲸吞的殖民侵略政策是有计划、有步骤地进行的。首先是由于日本帝国主义垄断资本主义，向它的国内农村进攻，把大多数的农民造成赤贫，无法生活下去，使他们堕落成为无业游民，然后再将这些无业游民，按期分批移殖到我国东北的领土上来。日本帝国主义垄断资本的用意是，一方面使这些被迫出国的游民，在日寇侵略军的势力范围下，也逞一逞所谓大和民族的威风，来欺负中国人，用以助长他们的民族优越感，准备供应侵略军的使用；另一方面是为了缓和日本国内农村人民对于大地主和垄断农业的大资本家的不平不满。

在最初，日本帝国主义的移民是采用所谓自由移民政策。这个政策是在俄日战争后，由日本帝国主义垄断组织——满铁会社社长小村寿太郎所主持策划进行的。他在当时竟公然把我国东北地方，看作是日本帝国主义的殖民地。他的计划是预定在二十年内，日本向所谓满洲移民百万人。但是，由于大多数日本的善良人民都不愿向国外做侵略活动，所以这个计划直到伪满政权成立为止，其间经过了三十多年，仅仅不到二十万日本人侵入在我东北领土上盘踞，主要还是住在所谓满铁附属地里。这群日本人中许多是日本的无正业的无赖，时时由附属地分散到各地方去，依靠日本帝国主义领事馆的保护，不是开日本楼（妓馆）就是卖吗啡，而且经常移动，到处乱窜，所以未能达到日本帝国主义预期的移民侵略政策。

到一九三三年，即伪满政权成立的第二年，由日寇关东军、朝鲜总督府、关东厅和满铁会社，共同合议，成立了一个"日本移民部"，作为日本帝国主义向我国东北移民的一个中心组织。

在一九三四年，由日寇关东军司令官兼驻满全权大使武藤信义和伪满政府外交大臣谢介石，签订了一个日本人"土地商租权"的协定。根据这个协定，日本帝国主义才第一次正式开始向佳木斯地区七虎力移民。

原来，在旧东北时代，除了南满铁道沿线各车站的附属地里，日本人得以自由居住，在其他地方，日本人在中国是没有商租权的。虽然有些日本人私自租用土地，私下结有契约，或者是在"东洋拓殖会社"以土地做抵押借款时，土地执照落在该会社手里，土地归它经营，但是不能取得中国政府的登记。

自从伪满政府成立，由我公布了《日满议定书》，承认了日本人的公私契约有效；更由于这次的协定，日本帝国主义才通过所谓外交手续取得了商租权。

到一九三五年，日本帝国主义把"日本移民部"的组织扩大起来，由伪满政府和"东亚劝业会社""东洋拓殖会社"共同出资一千五百万元，成立了一个所谓"移民会社"，来办理日寇移民的事务。在这时，日本帝国主义向我国东北的移民计划，改为以在二十年内移民一百万户五百万人为目标。

就这样，还未能满足日本帝国主义的移民侵略野心，在一九三六年，又由日寇关东军司令官兼驻满特命全权大使植田谦吉和伪满政府国务总理大臣张景惠，签订了一个《拓殖议定书》。根据这个议定书，于同年成立了满洲拓殖会社，由日伪双方出资五千万元，其中各半数，在伪满政府方面，是以土地作为现物出资。在这时改变了自由移民的方法，实行了所谓"集合开拓"和"集体开拓"的办法。所谓集合开拓，是由日本国内成批地移来，到伪满指定的开拓地区，分散居住。所谓集体开拓，是由日本国内集体地移到伪满指定的开拓地区，集体地居住。

在一九三七年，根据日寇政府拓务省的要求，在伪满政府实行所谓机构大改革的同时，在伪产业部增设了"开拓总局"。

伪开拓总局专为给日寇开拓移民，收买土地。在伪龙江、三江、牡丹江等六七个省里，强制收买人民的土地，从一九三七年到一九三九年约三年期间，共强收人民土地三千余万垧①，其中有农民辛勤开垦的熟地，有一百余万垧。收地的方法，是由伪开拓总局派人到现地，召集村屯长，把预定收地的地方，照该县地图用红笔画上。凡是在红笔画的区域内的土地，告诉村屯长，从某村到某村，从

① 旧时计算土地面积的单位，各地区有所不同，东北地区1垧合15亩。

某屯到某屯，都是开拓用地，限期三月以内缴照，每亩地给一分钱。如过期不缴照，即没收土地，一分钱也不给。农民却不愿缴照，因为缴照后就得离开，故土难离，农民都观望，因此，土地被没收，还是得搬家。同时，伪警对于不缴照的农民，即加以"反满抗日"的罪名，轻者监视，重者逮捕。

在这三千余万垧开拓用地上，约有二十余万户，约一百余万人，由于土地被抢走，遭到了流离失所，走死逃亡的悲惨灾害。

到一九三九年，在日本东京由日寇拓务省大臣小矶国昭和伪满产业部大臣吕荣寰以及伪开拓总局长结成清太郎，举行了一个"日满开拓恳谈会"。由这个委员会发表了挂羊头卖狗肉的开拓三大要素，就是硬说什么"基于国防要情""日满一体共同增产粮食""平衡日本过剩人口"等三要素。日本帝国主义和伪满政府，根据这三要素，又规定出开拓的基本方针，就是所谓"巩固日满不可分的关系，达成民族协和，增强国防力量，振兴产业"等千篇一律自欺欺人的老一套鬼话，其实是要在东北地方实行喧宾夺主的侵略政策。

在日本东京举行的所谓"日满开拓恳谈会"结束以后，就在长春成立了一个所谓日满开拓委员会，作为推行日寇开拓移民的总枢纽。这个委员会，是仿效"日满经济共同委员会"的组织形式，由委员八名和干事若干名组成的。委员中在日寇方面是指定由日寇关东军参谋长、关东局总长、日本驻满大使馆参事官和满铁会社总裁担任；在伪满方面是指定由伪总务长官、伪兴农部大臣、伪外交部大臣和伪新京特别市长（临时委员）担任；干事是由日寇关东军第四课长、拓殖会社总裁和伪兴农部次长、伪开拓总局长等组成的。委员会在每年末，由日寇关东军参谋长以宴会的名义召开报告会一次。开会时，由日寇关东军参谋长做主席，由干事报告一年中的移民情况和次一年的移民人数，以及移民地点等，不到三十分钟即行了事。这个委员会的职能，监督各有关移民的特殊会社，因为特殊会社是不受伪满政府的"会社法"所约束的。

与此同时，在日本帝国主义国内，在拓务省、外务省以及对满事务局等侵略机关的大力支持下，于群马县境内的内原地方设立了一个所谓移民训练所。日寇政府用欺骗宣传的手段，把农村里的多数青壮年，纠集到这个训练所里，进行法西斯军队式的训练，并灌输所谓的"八纮一宇"①思想。经过相当时期以后，把他们都武装起来，背上屠杀中国人民的刀枪，用所谓集体开拓的办法，成批地送到我国东北北部来，作为霸占土地的强盗。在当时所谓武装移民团，就是这帮东西。

对于日本帝国主义开拓移民用地，除了由伪满开拓总局在北部强制收买了荒地和熟地，在南部的各省、市、县里，"开拓公社"（开拓会社的改名）也大宗地用极廉的价格强制收买了农民的耕地。特别是在沈阳、鞍山、抚顺等市郊区，以及铁路沿线，各大城市附郭，如铁岭、辽阳等地被收买去的耕地很多。

在一九三九年十二月二十一日，日本帝国主义政府和伪满政府共同发表了一个所谓"日满开拓政策基本要纲"，根据这个要纲计划规定把开拓移民地区划分为三个地带，就是所谓国境地带、山岳地带和以大工业区为中心的地带。

其中所谓国境地带，是指伪兴安北省的胪滨（即满洲里），伪黑河省的瑷珲，伪三江省的佳木斯、萝北，伪东安省的密山、虎林一带地区而言。所谓山岳地带，是指伪龙江省的嫩江、庆城、绥化，伪黑河省的龙门、孙吴，伪牡丹江省的东宁，伪东安省的密山、虎林，和伪间岛省的珲春一带地区而言。所谓工业区地带，是指沈阳、鞍山、抚顺、西安，以及临江的大栗子沟、汤原的鹤岗、密山的鸡西、牡丹江的穆棱等各工业城市和煤矿所在地而言。

日本帝国主义的开拓移民计划，为什么要实行这样的区域分划呢？主要是为了达成巩固它的殖民地政权和向外侵略的目的。它所谓的国境地带移民，就是为了要对苏联进行侵略做准备，它所谓的山岳地带移民，就是为了封锁抗日联军的活动；它所谓的工业地带移民，就是为了"保卫"工矿企业的军事生产。所以说，日本帝国主义这种移民，就是在平素里，作为镇压我东北人民并供应日寇军队粮食、蔬菜之用，一旦有战事发生，就作为侵略军的后备力量。

日本帝国主义的开拓移民，并不是日本人民的自愿，而是由于日本帝国主义政府的强制，也就是不得不离开自己的国家，到东北来。所以，这些开拓移民到开拓地以后，都怀着享受的心理，不愿劳动。因此，他们就雇用中国农民给他们

---

① "八纮"泛指天下，出自《列子·汤问》。"八纮一宇"字义为天下一家，出自《日本书纪》。传说神武天皇曾发布了所谓的建都诏书称："兼六合以开都，掩八纮而为宇。"日本以此作为宣扬大东亚战争正当性的用语。

耕种。这些中国农民，正是被日寇开拓移民而丧失了自己土地的农民。现在由自耕农一变而为日寇移民的佃户，给日寇移民团当牛马，受尽了日寇开拓移民的虐待，所得的报酬非常之少，还不敢不干。因为，日寇时常以反满抗日思想不良的罪名，加在农民的身上，而使农民遭到不白之冤。农民是敢怒而不敢言，只有忍气吞声地做着奴隶劳动，生活在吃不饱穿不暖的穷困境地中。

日本帝国主义在祖国东北的土地上，实行了一系列的奴役和掠夺政策，作为它进行扩大侵略战争的基地，它就必然是从经济上、政治上进行残酷的统治。因此，使东北人民日益贫困破产，由于贫困破产，这就给它造成了更多的贱价劳动力，达到它的奴役计划，进行残酷的奴隶主对奴隶式的奴役，以适应它掠夺战略物资的政策。所以，伪满所谓的"三大国策"，就是在这个基础上实行的。又由于三大国策的实行，给东北人民戴上了无形的枷锁，在不自由的生活中残喘着，悲惨极矣。

3. 所谓铁路的委托经营和邮电事业的控制

自从一九〇四年俄日战争后，由于我的祖先清朝和日本帝国主义签订了一个丧权辱国的租让条约，日本帝国主义就在我国东北地方强占了旅顺口和大连港，以及由大连到长春的铁路，即所谓南满铁路。一九〇七年由日寇皇室政府和财阀投资，以占据的南满铁路为基础，成立了一个很大的垄断组织，就是所谓"南满洲铁道株式会社"（以下简称"满铁会社"）。这个垄断组织，自从在我东北取得了经营铁路交通事业的权利以来，就把南满铁路沿线作为它的特殊势力范围。在这一带的地区里，驻有日寇军队（即关东军），设有行政机构，即所谓满铁的"地方事务所"，并置有关东厅管辖的警察署等，成为日本帝国主义侵略东北的一个政治和经济的中心地域。

在一九三一年"九一八"事变前，满铁会社仅以一条南满铁路就控制了全东北地区的交通运输事业。到事变后，由伪满政府把掠夺旧东北时代所修筑的铁路和以后掠夺的中东铁路全部委托满铁会社经营以外，它的势力范围，就更加扩大起来了。

"九一八"事变后，日寇关东军占领的旧东北时代所修筑的铁路，就移交给满铁会社接管经营。到一九三二年九月，由我公布了所谓《日满议定书》。根据这个议定书的细则规定，于一九三三年二月九日，由伪满政府交通部总长丁鉴修和满铁总裁林博太郎签订了一个"铁路委托经营"协定，这才算完成了日本帝国主义强抢东北铁路的掩耳盗铃手续，将东北的各铁路全都正式交给满铁会社经营管理，并由这个协定规定，以后在伪满境内新建铁路的筑路权、经营管理权，也交给该会社办理。于是，满铁会社就在沈阳成立了一个"铁路总局"，专门管理这种委托经营和进行新建铁路的事情。在一九三四年又掠夺了中东铁路，也移交给满铁会社的铁路总局接管，作为委托经营的铁路了。

从此以后，满铁会社就在每年终向伪满政府国务院提出一个"经营管理情况和结算新筑路工程的垫款"等的书面报告。根据一九四一年的报告，由一九三三年到一九四○年八年期间，除了扣除委托经营的各铁路每年的营业收入以外，伪满政府共欠满铁会社新修筑的铁路垫款达到二十亿元以上。这种垫款是在每年度结算后，即以所修的铁路作为担保，改成为伪满政府向满铁会社的借款。这种借款是年年累计增加的。并规定每年由伪满政府付给满铁会社一定数目的借款利息，这个利息，是由伪满政府每年的岁出预算中的借款项下开支的。结果这个负担，是落在全东北的人民身上。这个委托经营，实际就是由满铁会社霸占了东北的所有铁路，还得由伪满政府出资给该会社延长铁路线，也就是，由伪满政府搜刮东北人民的资财作为出资，给日本帝国主义修筑铁路。

满铁会社把既有的铁路如"京奉""大通""四洮""洮昂""沈海""吉海""吉长""吉敦"等和新修的铁路如"图佳""京白""绥佳"等和南满铁路衔接起来，就大大地延长了铁路线。以沈阳为一个交通中心点，把"奉山"（由沈阳到山海关）线、"安奉"线、"沈吉"线作为三个支线，结合在南满铁路的干线上。于是，由这个中心点起，南可以通往大连，北到长春；经过"奉山线"可以通往北京和热河；经过"安奉线"可以通往朝鲜，由"沈吉线"可以到达吉林。

又以四平为一个交通中心点，分有"四梅"线，"四洮"线两个支线，也把这两个支线接连在南满铁道干线上。由这个中心，向南可以到沈阳；往北可以到长春；通过"四梅"线可以通往通化到达临江；经过"四洮"线可以通往齐齐哈尔。

又以长春为一个交通中心点，南接四平，北达哈尔滨，分"吉长"线、"京白"线两个支线。由"吉长"线可以经过"吉敦"线到图们；由"京白"线可以通往白城子。

又以哈尔滨为一个交通中心点，由此分出"哈长"线、"哈满"线、"哈绥"线、"哈拉"线四个支线。经过这些支线，可以通往长春、满洲里、绥芬河、拉法等地。

此外，还有以牡丹江为中心的"图佳"线，可以通往佳木斯、图们以及虎头等地。

满铁会社把以上这五个交通中心，互相连接在一起，构成了一个很大的铁路交通网，这就完全掌握了全东北的交通运输命脉和经济命脉。

这样一来，不仅控制了城市居民和乡村农民的粮食运输，而且也限制了东北人民群众的行动自由。因为在各铁路的大小车站上和在每辆列车里，都配布有日伪警宪的特务，监视旅客的行动。凡是这群特务认为形迹可疑的人，就被扣留起来，严加盘查，受到百般的刁难、侮辱和勒索以后，才能够得到放行。倘言语有些支离或者应对不当，就被诬为"反满抗日"嫌疑犯而受到长期拘留。所以，在当时一般人民除了有不得已的情况，谁都不愿意乘坐这种担惊受怕的火车。不仅如此，在每次的列车上，对于日本人乘客，都另设有专车，这个专车，一概不准中国乘客入座，硬说是中国乘客的气味难闻。像这种同样花钱，受到两样待遇的事情，虽然是到处都有的现象，但在坐火车时，是特别明显的。从这里，也就暴露出日本帝国主义一向对我中华民族是怎样歧视的。

日本帝国主义不仅把东北的铁路交通事业整个地垄断了去，就是关于邮电通讯方面的电报、电话事业，也用所谓组织特殊会社的恶毒手段完全掠夺了去。在一九三二年伪满政府成立当时，日寇关东军将它占领下的东北各大都市的电报、电话事业，移交给伪满政府交通部掌管。就是由伪交通部将所有旧东北时代在各地方设立的电报局、电话局以及电政机关，如东三省电政监督署等，作为它的所属机关来统辖。

就这样，日本帝国主义还认为未能满足，因为这种事业是和军事有密切关系的。所以在一九三三年春，又由满铁会社、日寇国内财阀与伪满政府以共同出资的名义，组成了一个所谓"满洲电信电话株式会社"（以下简称电电会社），把伪交通部所管辖的电报局、电话局等全部财产作为伪满政府方面的现物出资，划归该会社去统辖。由于这个电电会社，是属于所谓特殊会社之一，不受伪满政府的"会社法"的约束，所以这种电报、电话事业，实际上就是由日本帝国主义直接来控制了。

在这个特殊会社成立以后，由日本帝国主义国内派遣海军退役中将山内静夫到伪满，在长春成立了一个"满洲电信电话设立委员会"。这个委员会是以山内静夫为委员长和伪满汉奸官吏为委员组成的。由这个委员会发行了大量的股票，强迫各城市里的工商业和地方私营银行分摊股份。于是，这个会社就以这笔股款，在长春市修建了楼房作为该会社的社址，利用原来各地的电报局、电话局作为资本开始了营业。可以说，这个电电会社的资金，并没有从日寇国内拿来多少现金，而是以出卖股票和掠夺东北原有的事业建立起来的，也就是这个会社是用通过股票的形式从东北广大人民的身上剥削下来的血汗而建立起来的。

尤其是，这个会社不仅经营全伪满境内的电报、电话事业，而且还经营管理着全伪满境内的广播电台和广播宣传事业。其目的是控制整个东北的邮电通信事业，使东北人民和祖国大陆人民，隔绝一切消息的传达和联络，并使东北各地方的人民在相互间也失去联络不能互通消息。除了能够听到日寇关东军和伪满政府的欺骗宣传外，完全像是聋子一样，听不到国际上和祖国大陆上的正确声音。例如，日本帝国主义在太平洋进行侵略战争的时期，每天发表的所谓战果，都是虚报胜利，谎话连篇，就是在它战败无法掩饰的时候，也说成是什么战略上的"转进"等，来欺骗和混淆人民的视听。

自从这个会社统治了全东北的邮电事业，也更控制了人民相互间以电话交谈的自由。因为在各个电话局里，都有日伪警宪的特务，窃听人民谈话的内容。时常有人因打电话而招到"反满抗日"的嫌疑，而致"犯罪"坐监。

还有该会社对于广播收听器，也加以限制，只允许听取伪满境内的广播电台所广播的节目，不准许听其他地方的消息，如果私自安装能听境外的广播，一被发现，除了没收收听器，还要加以严重的处罚。

日本帝国主义就是这样使东北人民都像聋哑一般失去和祖国人民的联系，也听不到国际间的一切正义的声音，而受其残酷统治达十四年之久。

4. 毒害人民的鸦片政策

在伪满政府刚一成立，为了筹款做经费，就由伪总务厅计划施行鸦片的专卖制度，在日寇关东军的决定，伪国务院的通过，和我的裁可下，便急急忙忙地颁布了一个所谓"鸦片法"。尔后，又颁布了所谓"鸦片法实行令"。紧跟着，又由伪财政部制定公布了伪专卖条例和关于专卖制度的组织，在长春成立了伪专卖总署，在各省成立了伪专卖署，把鸦片作为专卖品归专卖署专卖。从此以后，在伪政权的势力下，各地方都大种鸦片，并由伪政府正式发给种鸦片的特许执照。

因此，在一九三三年到一九三七年期间，伪满境内各省，都出现了大片鸦片田。后来，由于国际间的正式责难，日本帝国主义遂改变了方法。在一九三七年，由伪政府制定公布了所谓"鸦片断禁方策要纲"，把鸦片的专卖，由伪专卖署划分出来，成立了伪禁烟总局，作为伪民生部的外局。并宣传以十年为目标"断绝"鸦片，其实是借"断禁"二字为掩护，并不是真个要断绝鸦片。于是，伪满政府就口是心非地声称，只限于伪热河省境内和伪兴安西省的一部，作为鸦片种植地，其他地方都不准栽种。其实在伪满北部佳木斯、饶河、抚远等地都在秘密种植，反而比以前更扩大了栽培的面积。并且还公然地强化了所谓种烟省的机构，在伪热河省公署里成立了伪烟政厅，在各县旗里成立了伪烟政科，专门办理培植毒物的勾当。同时，并在各县旗境内，成立了鸦片组合，专门办理收购鸦片的工作，及委托专门办理零售鸦片业务的商号——"大中号"和"大满号"，承担出售鸦片给各地零卖所（即大烟馆）的烟膏。而且在伪禁烟总局和各伪禁烟分局里，还组成了"缉私队"进行检查，随意搜翻，借势欺侮和毒打附近地区的农民，甚而有因此致死的，这就给种植鸦片地区的广大人民带来了严重的灾难。

同时，对于吸烟者，由伪禁烟总局发给"鸦片吸食证"，在各伪省由地方警察机关代发。据不完全的统计，从事零卖工作的人数约为一千三百名，吸鸦片的人数仅差一名即达一百万人。

在一九三八年，伪禁烟总局把各地的"零卖所"改称为"管烟所"。从此以后，各市、县都直接改办所谓官办大烟馆，还在种烟的伪省份内，如热河、承德设立了吗啡制造厂。

日本帝国主义为了榨取殖民地人民的财富，以作为它侵略的资金，不仅在伪满境内公开地种植鸦片，还由国外输入鸦片原料，如从朝鲜、土耳其等地输入，在伪满制办烟膏或吗啡，大量地向我国上海、北京等方面出售。这就是从伪满更进一步地毒害了全中国人民。

总之，从伪政府成立起到垮台为止，据不完全的统计，鸦片中毒的人数达二百七十万人以上，因中毒而死的人数达十七万人以上。

到了一九四一年，日本帝国主义发动了太平洋侵略战争，为了加紧搜刮从事侵略战争的资金，便在所谓种烟省份之外，又把伪奉天、四平、吉林三省也列入在种烟省份之内；说是为了制造十万两医疗上的麻醉剂，又在沈阳设立了吗啡制造厂，每年需要鸦片五十万两作为原料。

从以上的概略情况，就可以充分看出这个鸦片政策之所以恶毒无比，就是因为在这种恶毒政策中，深深蕴藏着旨在把东北人民，特别是有为的青少年，陷入于懵懂麻醉生活之中的毒辣阴谋在内。所以在伪满当时所施行的所谓禁烟政策，其实，就是以扩张鸦片种植来害人毒世的一个代名词。伪禁烟总局的组织，其实就是想在禁烟的伪装后边，来推行日本帝国主义所企图的杀人灭种的殖民地政策。

5. 关于军政方面

日寇侵略中国主要是使用武装暴力，尤其是在帝国主义强盗们操纵中国军阀连年内战的阶段中，日寇更采用了"以华制华"的政策，收罗叛国的不逞分子，用来充作帮助他们祸害中国的帮凶。

当"九一八"事变后，在东北三省内，人民纷起抗日。东北军大部分自发抗战，一部分徘徊观望，一部分退到关里，另一部分则叛国投敌成为民族败类，还有和日本浪人勾结的土匪，局势极其混乱。

到伪满建国之后，于四月十五日发布了"满洲国陆海军条令"，在这一基础上建立了伪满傀儡军队。更依据伪组织法，我是伪陆海军大元帅，伪满陆海军应由我来统率，在我的身旁还设有"侍从武官处"，而在伪国务院的组织内也设有伪军政部，来执掌军令、军政、教育、训练等事务。更在"奉天"、吉林、黑龙江、"洮辽"和"兴安东南西北四分省"，设立了伪警备司令部，并于哈尔滨设立了伪江防舰队司令部，任命各伪司令官，分辖其直属部队，帮助日寇竭力镇压东北反满抗日的人民，并企图越快越好地完成所谓伪满洲国领土的统一。

在这里，我应该特别暴露出我的卖国秘约的重大罪行。当我企图得到和巩固这个伪汉奸头子的地位时，就在秘约中，让日本侵略军常驻伪满，更把伪满军的指挥权委托给日寇关东军。所以，当伪满军政筹设之初，就由关东军一手包办。同时，在伪军政部和各伪司令部里，都设立了军事顾问部。一切军令、军政大权，都移交与日寇执掌。到一九三二年九月十五日在郑孝胥同武藤信义签订的《日满议定书》第二项里，又把这个秘约合法化起来，成为具体的卖国条款。

日寇从"九一八"以武装力量侵略了我国东北，建立了殖民政权的伪满洲国以来，在这一罪行的初步看来，是由日寇关东军司令官本庄繁一手包办而成。但到了武藤信义继任关东军司令官兼驻"满洲国全权大使"和"关东州厅长官"的所谓"三位一体"之后，就更能看到日寇为了推行在我东北的殖民统治所犯下的奴役、掠夺和武力镇压的罪恶行为。所以，在一九三二年冬到一九三三年春，相继击退了在黑、吉两省的旧东北军的抗日力量，并侵占了热河省全境，完成了所谓"满洲国领土的统一"。这说明了我的滔天罪行，在这一罪行里，叛国军阀张景惠、张海鹏、于芷山、吉兴、熙洽、张文涛、于深徵等都曾在伪满军中起了很大的帮凶作用。

在"军事顾问部"掌握下的伪军政部，还有一个作恶的作用，就是，把曾在东北军阀割据下私人的、分散的军队，用我的"统帅大权"和"大元帅"名义，都集中起来，成为一个助纣为虐的武装叛国集团。一九三三年，先用编制全国军事预算和"国军"统一编制等办法，把饷、械、粮秣、服装和人事等，都由伪军政部一手抓过来统一执行。更依据新制定的"军队编制令"，把伪满军的划一编成和统一编号的工作统统给打下了初步的基础。计为伪混成旅26、伪骑兵旅7、伪教导队6、独立骑兵团8和伪江防舰队等。军事教育和补充机构一律归部直辖。更建立了伪"中央直辖部队"，如伪靖安军、伪近卫步兵团、伪宪兵队等。这些罪恶任务，到一九三四年，当我当上了"满洲国皇帝"，才算是初步完成。

我在爬上了伪皇帝的"宝座"后，首先就对于伪满军人下了敕谕，在里边曾强调说："朕为尔等的大元帅，统率大权揽在朕躬。"这就是让他们都必须服从我的命令。后边又说："因时制宜，特定规范。"这又说明根据我的密约更把用兵指挥大权，一齐委托在关东军司令官手中。就是这样，你们也必须遵从。更制定了"军人誓文"，要求他们向我宣誓，服这个乱命。所以，在伪满汉奸政权十四年中，伪军真正形成了"皇军之一翼"，随着关东军侵略罪行的不断发展，伪军也不断地加深了叛国、反人民的种种罪行。

再就是由于我做了伪皇帝，伪满军也渐次被染上所谓帝制色彩，而进行了机构改革。我既当上了伪皇帝，伪军政部总长张景惠就改称为伪军政部大臣。我既下了伪"敕谕"，并颁布了伪军旗，全伪军就要"奉读伪敕谕"和"拜受伪军旗"。我要观兵、观舰和看大演习，他们也就得依照计划来实施。既是以我的名义下令"讨伐"，那么伪军就得去干那镇压自己爱国同胞的罪恶勾当。同年七八月间，又改各伪警备司令部为五个伪军管区司令部，并增设伪地区司令部，更举行"特派或任命"，任命他们依次为伪司令官。更于翌年实行"特命检阅"和派遣伪"侍从武官"去慰问日满的病伤兵，用以表示我甘心从贼和鼓励炮灰之意。

在我即伪帝位后，到了一九三七年，伪满军的主要任务，仍然是所谓国内"讨伐"和"治安确立"。而随着伪满军的"精军训练"，兵种增加，兵器补充等，更逐步增强伪军的帮凶力量。我在当时，也曾致力于"精兵主义"，用以巩固我的地位。但到一九三七年七月，伪满机构大改革又把伪军政部改为伪治安部，把伪警务司也编入了该部，形成了伪军警的所谓"一元化"。不久，就发生了"七七事变"。这时，伪满洲国不但发表了声明，支持日寇的这个侵略行动，更于八月间编成"热河支队"和调派伪第三教导队，从热河方面出兵华北，参加了这一血腥侵略罪行。这就是伪满军正式帮着日寇侵略祖国的又一罪证。从此，直到一九四五年日寇投降，伪满垮台止，曾继续向华北方面派出了伪军，如甘珠部队、铁石部队等。可见，伪满军的罪恶作用，并不仅限于对东北人民的残酷镇压，更进而出兵关内，完全成为帮助日寇屠杀祖国同胞的一支武装侵略力量了。

这一支武装侵略力量，到一九三九年七月三日，更帮助日寇掀起了所谓"诺门坎战争"。这一战争，在日寇死伤一万八千人以上的情况下，到九月十五日才和苏联成立了停战协定。而伪满军也死伤逃亡达数千名之多。这又说明伪满军帮助日寇，也起着侵略苏联和蒙古共和国的作用。日本军国主义者自从受到这次教训后，才把所谓"北进政策"掩藏起来，对苏联改用了比较消极的策略。因此，为伪满建立"北部国防"，更奴役了大批人力，并增加了国防建设费二亿多元，虐杀被征工人不计其数。更于同年十月，决定由次年度起实行罪恶的征兵。

伪满初期兵员的来源，是一贯依靠封建军阀遗留下来的募兵制。但日寇认为这种兵不可靠，遂在加重奴役东北人民的反动政策下，更定出了征兵制。经过长期筹备，到了一九四〇年四月十五日，就公布了所谓"国兵法"。从该年度起，由各伪司令官和伪省长负责，逐年强征东北青年去充日寇侵略的炮灰，到一九四五年止，共征集了十四万人以上。

从一九三一年到一九四一年间，由于日寇侵略中国和"南进政策"的需要，伪满军政也进行了改革。一九三九年一月首先制定了伪"将军府"和伪"军事咨议院"的组织条例，把所谓伪满的将军和军事咨议官们聚集起来，作为我的军事咨询机关。更撤销了各地区的伪司令部，增设了伪6、7、8、9、10、11各伪军管区。到一九四〇年为止，是伪满逐步缩编兵额的时期，由最高额数的十四万余名，减少到八万名左右。更在实行伪征兵制之后，逐年缩减步骑炮兵的战斗兵额，增添防空、运输和伪工兵部队，用以保护日寇后方的侵略基地，替日寇运输由东北掠夺去的大量物资。这时所谓"国内治安"情况，除热河外，抗日武装受到很大损伤，已经减到最少程度。所以鬼子伪军遍地跑，到处横行。

一九四一年十二月八日，日本帝国主义者发动了太平洋战争，企图侵略全亚洲，建立臭名昭著的所谓"大东亚新秩序"。伪满洲国又声明支持日本的"大东亚圣战"，我也立即颁布了伪《时局诏书》，要求全东北人民，必须"举国人而尽奉公之诚，举国力而援盟邦之战"，更加残酷地加重对人力、物力、财力的奴役、掠夺。在这段时期里，伪满军政又有了一番的"改革"。同年十一月随着伪中央机构的改革，改伪治安部为伪军事部。把伪警务司令分出成立了伪警务总局。把铁路警护队编入伪军事部直辖。成立伪铁路警护总队司令部于沈阳，改编其直属部队为六个旅，计为锦州、奉天、吉林、哈尔滨、齐齐哈尔，牡丹江等铁路警护旅。更在伪军事部内增设伪铁路警护司，任命日本人的伪将官，充任伪司令官、旅长和司长。更由于伪"国兵法"的实施，把所谓"国兵漏"的适龄壮丁百分之八九十的东北青年，均课以一年期限的义务劳动。更以慰劳"皇军""国军"为名，在"全国"各市县组织了"国防妇女会"。在驻军地方建立了"军人会馆"。因此就进一步地奴役了东北男女青年，并强夺了大量人民财富。同时因响应日寇侵略中国和太平洋战争的需要，逐步把伪满战斗兵力，集结到长城沿线上，并派遣江上兵，在黄海、东海上掩护日寇的海上运输。最后由一九四四年末到一九四五年初，更应日寇的要求先后用伪满军编成了所谓"铁石""铁心""铁血"三部队，临时任命日本伪将官任部队长，率领步骑、炮、自动车兵和"铁路警护旅"与"宪兵团",进驻山海关内,帮助日寇镇压冀东抗日组织,并保护铁路运输,直到日寇投降为止。

在一九四五年八月九日,当苏联红军出兵解放东北之际,我还是依赖日寇关东军,表示愿尽伪满全力做孤注的一掷。所以我就通过伪军事部大臣邢士廉和最高军事顾问秋山义隆命令将伪满全军配属在关东军指挥之下,向南撤退,企图做最后的挣扎。在八月十二日,我也向大栗子沟逃窜。当道经梅河口时,还听到日寇关东军司令官山田乙三谎报日寇"胜利"的消息。当我在沿途看到强迫人民构筑防御工事等时,我还以为我的"皇位"尚可一时苟延。乃过了三天,日寇裕仁就宣布了无条件投降。我也在张景惠、武部六藏的摆布下,宣读了所谓"退位诏书",至此才结束了我在伪满十四年间异乎寻常的罪恶生活。今日回想我的这一罪行,不仅曾给祖国东北三千七百万人民,造成异常惨痛的灾难,就是在日寇侵略东南亚各国的罪行中,我都应负重大罪责,真是万死不足以蔽其辜。

6. 日寇的警犬——伪警察

日本帝国主义对于殖民地区,要彻底实现它的奴役和掠夺,它就必然要通过它的殖民统治政权,强迫实现它的各种残酷政策和万恶法令。因此,这个殖民地政权,就必然是一个残暴的镇压屠杀殖民地人民的"警察政权",所以伪满政权就毫无例外地培养了十多万所谓"皇帝陛下的警察官",用这些"警察官"的暴力,执行着伪满的各种罪恶的政策法令,并构成警察特务的罗网,竭力镇压人民的反满抗日的正义活动。

特别是到了一九四三年以后,日本帝国主义侵略战争节节失败时,对伪满这块军事战略基地,更加紧了奴役和掠夺。为了达到这个目的,它就愈发要加强伪"警察政权"的力量,所以,日本帝国主义在同年就把伪警察的最高统治机关,改为伪警务总局(在伪政府成立时,伪警察归伪民政部管辖,一九三七年改归伪治安部管辖),归伪总务长官直接指挥。从此,伪警察的统辖,就由上而下和由下而上地取得了紧密的联系。伪总务长官一个命令,全伪满的警察就都可以立时行动起来,以供它的驱使。日本帝国主义就是这样推行和执行了它的殖民政策。也就是说,由我裁可公布的各种为日本帝国主义谋利益的同时也成为东北人民严重灾难的伪政策、法令,都是通过伪警察的手,无情地加在我国东北人民的身上，使成千上万的人民在阴气森森的城市中呻吟着，在朝不保夕的贫苦农村里过着忍饥受冻的生活，在粮谷"出荷"的强盗政策下被抢去了农民的最后一粒粮食，在开拓移民的强盗组织下抢去了农民大片土地；用经济统制扼住了人民的喉咙，用集家并村烧光了人民的住处；在都市中则有伪都市计划，迫使人家漂泊街头，无家可归；再加上抓浮浪，征劳工，抓思想"犯"等，夺去了人民的无数宝贵生命；此外，如苛捐杂税、物动计划等无一不是残害人民的强盗手段。在伪满的十四年间，东北人民都把伪警察呼为"警匪"，就是因为日本帝国主义利用了伪警察政权来实现它的奴役和掠夺，所以，对于伪警察的权限就一步地扩大起来，可以说，在当时，东北人民在生活中无一时不在受着伪警察的威胁、监视。日寇固是可恨，汉奸尤其可恨，特别汉奸中的伪警察则更是可恨。

例如，伪警察多次施行的都市大检举中，当时还美其名为"都市治安确保"，其实就是替日寇来镇压东北的广大人民，在这种所谓大检举中，曾有多少被认为是"形迹可疑"的人民遭到逮捕，被认为是"浮浪者"的失业工人也同样不断遭到逮捕，被认为是"经济犯"的贫苦人民更是要遭到逮捕。特别是在敌伪末期所谓"经济犯"的人数为最多。因为日本帝国主义对东北食粮的掠夺，首先就实行了粮谷配给制度，人民因为吃不饱，要活下去，就得想法私自买卖。尤其是大多数的穷苦劳动人民，为了一家的生活，怎能不设法弄些粮食呢？但是这些万恶的伪警察，就以抓"经济犯"为名，有的没收了粮面，有的连人带粮一齐带走，甚至严刑拷打、投狱和判罪。

这都是所谓"皇帝陛下的警察官"的罪恶，也就是身为大汉奸头子——伪皇帝的我的罪恶。

7. 关于司法方面

日本帝国主义为了掩盖它的侵略行为，它就必须把伪满在外表上伪装得像一个所谓"独立国家"，并且在组织上形式上伪装得像一个法治国家的模样，来实施它挂羊头卖狗肉的残酷镇压、屠杀和奴役我东北人民的所谓司法制度。在伪政权成立同时，设立伪司法部和法院检察厅等暴力机关。这个司法制度，关于司法行政方面，由伪司法部来执行，关于审判方面，则归我直属的伪最高法院和最高检察厅及它以下各级法院检察厅来执行。在伪法院中有伪最高法院、伪高等法院、伪地方法院和区法院。在伪检察厅中，有伪最高检察厅、高等检察厅、伪地方检察厅、和区检察厅，以此构成为所谓三审的审判制度。

现在说一说伪司法部和各级法院、各级检察厅的关系。对于预算和人事任免等归伪司法部统一办理，对于各级法院的审判案件和各级伪检察厅侦讯案件时，名为不受其他的干预，但是在重要案件审判终结后，伪法院必须报请伪司法部备案，有不合法律条款时，可以使其更审；伪检察厅检举重大案件时，必须征求伪司法部同意后，方可施行。对于处极刑者必须经过伪司法部大臣的批准。这就是说，敌伪操纵着杀人、压迫人的机器为所欲为，也就是说，伪司法部大臣对各级法院、检察厅有监督权，尤其是有关所有司法的各种罪恶的政策法令，都由伪司法部大臣提案，经过我的裁可以后才公布实行。

日本帝国主义把伪满政权，挂上一个所谓"文明法制"的骗人招牌，涂上一层所谓"以法治国"的脂粉，这只不过是用来遮掩它的不敢使人看见的坏事罢了。

自从伪司法部成立以后，日伪曾经实行了许多次所谓大检举，即兽性的大屠杀、大镇压政策，例如在一九三六年，在伪黑龙江、安东省及其他地方的所谓"反满抗日事件"大检举中，就屠杀了数十名和判刑了数百名的爱国人士。在一九三八年，在伪三江省检举了三百八十余名共产党人，其中一百六十名起诉，十名判死刑，七名处无期徒刑。此外，类似这样的事件，可以说是层出不穷。

在一九四三年，由于日本帝国主义在太平洋侵略战争中逐渐处于不利的地位，于是，它为巩固侵略基地，对东北人民在思想上进行了严格的统治。伪满政府为了适应日本帝国主义的这一统治，于同年九月十八日曾以所谓"敕令"公布了"思想矫正法""保安矫正法"，其目的是为了实行法西斯集中营形式的恐怖政策。所谓思想矫正法，就是取缔反满抗日的爱国的思想，以民族英雄为对象，在高等法院内设置一级审治安庭，专门办理所谓思想犯事件。这如同国民党所叫嚣的"错杀千人，也不使一个人漏掉"的罪恶行为一样。所谓保安矫正法，就是以维持治安为借口，大肆逮捕善良的人民，迫使他们服劳役。伪司法部为了贯彻执行这两个血腥的法令，在伪司法部的管辖下设立了伪司法矫正总局，在沈阳、哈尔滨、长春、抚顺、鞍山、本溪湖、阜新、西安、鸡西、鹤岗、通化等地方设立了十余个辅导院，收容所谓思想不良的人，送到矿山工厂去服劳役。在一九四三年，在这十余个辅导院里就收容了一万余人。

在伪司法矫正总局所管辖的各地方监狱，到一九四四年就有一百三十余处。从来监狱归伪司法部行刑司管辖，由一九四三年伪司法矫正总局成立后，各地方的监狱拨归伪矫正总局管辖。从此，在这些监狱里关押的"犯人"生活，就愈发地凄惨起来，经常遭受到所谓监狱里的五种非刑，即手铐、脚镣、保护衣、防声具、链锁等惨无人道的恶毒刑罚，此外还有所谓笞刑，其中所谓的保护衣，据说是用硬性的衣型，把人固定起来，防声具是用一种面具，把人的嘴堵上，是最为残酷的刑罚。

在各"辅导院"里收容的人，主要就是强制使服劳役，动作稍为缓慢就被认为是怠工，不仅遭受棍棒、橡皮鞭子的毒打，也有时使用上记的监狱五种刑罚来折磨人。如果有逃跑行为，被捉回时，那么，就立即当着全体"犯人"面，活活地打死。

在伪满时期所谓"犯人"，无论是在监狱里或是在"辅导院"里都是九死一生。家属接见，必须花钱，否则见不着面。并且无论是在监狱里或"辅导院"里，生活条件非常不好，真是牛马一样，吃不饱，穿不暖，工作也没有安全设施，所以在服劳役中的所谓犯人，死亡率最高达到百分之二十左右。此外，还有以戒鸦片烟为名的"康生院"，也同监狱"辅导院"相似，就是把吸鸦片烟的人收容起来，强制戒烟并使服劳役，由于待遇的恶劣，以致烟瘾未戒成，人先送了命。伪满的这种监狱"辅导院""康生院"名义虽不同，其目的都是把善良的东北人民捉来服劳役，无偿地奴役东北人民给日本帝国主义构筑军事设施。

在一九四四年，在通河县收容的所谓思想矫正的"犯人"二百五十余人，在通河县所谓"康生院"拘禁中，由于不堪残酷虐待，在看守人员王金才等的同情下，把全部被收容的人，都开门放了。在往方正方面逃走的途中，被日伪军警追击打死了一百余人，其余的被捉回送到佳木斯监狱，以后开了特别治安法庭，将王金才等当堂活活打死。

从一九四三年到伪满垮台为止，在这短短三年中，共收容了有三万余人。日寇成立"辅导院"的预计收容人数为十万人。这要没有苏联红军和中国共产党所领导的解放军，解放了全东北，消灭了日伪统治者，东北人民将更要受到不可估计的灾难和痛苦。

一九四四年，日本帝国主义在太平洋的侵略战争中节节失利时，更加紧对东北人民的镇压，又由伪司法部制定公布了"时局特别刑法"，就是对于反对"大东亚战争"的人，处以徒刑和死刑。据伪满政府明文发表（满洲日报登载），在一九四四年一年里，因触犯了这个血腥的刑法，而被判刑的案件达八百余件。

从这里可以看出伪满的司法，也就是专供日本帝国主义利用的一把屠刀。十四年来在这柄凶刀上，不知道沾染了多少祖国人民的鲜血。而在长年以来，专门替日本帝国主义磨这把刀，替它挥动这把刀的人，则是伪满的汉奸头子，也就是我。

8. 对于东北人民思想意识的统治

日本帝国主义对于东北人民，不仅是在物质生活方面进行残酷无情的压迫统治，实行了各种侵略政策法令，而在精神生活方面也进行残酷无情的统治，实行了各种奴化的思想统治政策。主要是为了巩固它的殖民统治，所以在掠夺奴役之外，还要在人民的思想意识上进行一系列的奴化教育，灌输所谓"日满一德一心""唯神之道"等，企图扼杀东北人民的民族国家观念，以便驯顺地给它做奴隶。

关于学校教育方面，在伪满政府成立后，于一九三三年成立了伪文教部。在当时，规定学校教育方针是读四书、讲孝经的教育制度。仍然保留三三制，使用旧东北时代的教科书，仅仅在国民读本里面，将"中华民国"的国旗换上伪满国旗，用意是教育东北青年学生脱离祖国依附于伪满政权。

到一九三七年三月，废止了三三制，实行了所谓实务教育制度，由伪文教部制定出所谓新学制要纲。这个要纲规定教育方法是实现我第一次访日所公布的《回銮训民诏书》的意旨，灌输给学生以日满一德一心的奴化思想。要纲还规定缩短学校教育年限，就是把原来各三年制的初小高小改为国民学校三年和国民高等学校二年；把原来各三年制的初中、高中，改为高中二年，初中三年，也就是把中、小学校年限缩短了两年，这样一来，学生由高中毕业后就出现了升学困难的现象。在日本帝国主义的用意是，防止学生出境，因为这些学生的程度和伪满境外学生的程度，虽然都是高中毕业，但是相差很多，所以到中国内地升不上学，到日本国去也升不了学，只有到工厂、矿山去工作，这就是日本帝国主义所谓的实务教育。

尤其在要纲中还规定日本语是伪满洲国的国语，也是学校课目中的主要课目，是必学的课目，不问可知，其目的是给将来的同化和合并准备条件。所以，从这个要纲公布后，在伪文教部内设置编审室，就开始实行编审伪满的教科书，内容是推行日本帝国主义殖民奴化教育政策。

同年，伪满机构大改革，取消了伪文教部，在伪民生部里设置了教育司，专管文教事宜，根据这个要纲制定了学制，执行殖民奴化教育政策。

到一九四〇年，更强化了奴化教育的方针。这个方针，就是要实现我第二次访日后所颁布的《国本奠定诏书》的意旨，灌输东北青年学生以"唯神之道"。就是把日寇的祖先强加在东北人民的头上，由伪满立庙供奉，按期致祭，由伪满政府命令全东北人民，特别是学生，在每天早晨必须向我所住的"帝宫""遥拜"，和向裕仁所住的"皇居""遥拜"，尤其是对神庙的遥拜，更是不可缺少的主要事项。此外，在祭祀的日子里，各地方在午前十时，汽笛一响，全东北人民都必须遥拜，在路上行走的人也必须站下遥拜。在长春市因为有的行人不遥拜，伪警就命令长跪在街上，表示惩罚他的大不敬罪。

在一九四一年日寇发动了太平洋侵略战争，为了巩固它的后方侵略基地，就进一步对东北人民，特别是学校的学生，加强了思想意识的统治，又成立了伪文教部，实行支援所谓"圣战"的"勤劳奉仕"，通过"勤劳奉仕"，就进一步使青年学生加深对"日满不可分"的认识，这就是为了实现我的诏书中"举国人而尽奉公之诚，举国力而援盟邦之战"的意旨。

所谓学生"勤劳奉仕"，就是把中等学校以上的学生，迫使到工厂矿山去劳作，小学以下的学生去洒扫日寇的忠灵塔和伪建国忠灵庙等，企图污染他们的灵魂。由于工厂矿山的设备简陋，影响学生身体健康，致使这个"勤劳奉仕"，又给东北的青年学生带来了严重的灾难。

在伪满中等以上的各学校里专设一个课目，讲所谓"唯神之道"，所有讲"唯神之道"的教员，虽然通过了伪文教部的讲习、训练，但是，本人就不懂什么叫"唯神之道"，所以在教给学生的时候，学生也更不明白什么叫"唯神之道"，只有口里说"唯神"，心里却咒骂"神道"，可是要被日寇和它的忠实走狗们听去，这就是"大不敬"，就要被送到伪司法部矫正局设置的保护监察所里受"矫正"，这个保护监察所是专对青年学生和留日学生的反满抗日思想实行"矫正"的特设机关。在当时，就有许多的留日学生和伪满建国大学学生等，以保护监察的名义，由伪警宪逮捕，送往该所实行关押矫正。这个保护监察所和以上所说的"辅导院"的罪恶性质是相同的。

伪文教部既然以"唯神之道"为教育方针，于是就本着"唯神之道"，制定出各种宣传印刷品来讲解"唯神之道"，尤其是，在学校教科书上也更大谈其"唯神之道"。所谓"唯神之道"就是说：日本天皇是天照大神的后裔，伪满供奉天照大神，伪满皇帝也就成为天照大神的后裔了，这就是日本帝国主义所宣传的"八纮一宇"，它的简单的意思，就是说日本帝国主义是世界上唯我独尊、万国来朝的国家。我既然成了天照大神的后裔，那么伪满的国土就成了神的国土，在这个国土上所居住的人，也就被看成是神的子孙，这就意味着东北人民已经改变了自己的祖国，东北人的祖先就是天照大神，这也就是日本帝国主义的一种既极端阴险又万分拙劣的殖民奴化手段。

日本帝国主义用这种思想意识的奴化方法迫使东北人民走向亡国的道路，正如我颁布的诏书上所谓的"国本奠定在唯神之道上"，以"唯神之道"作为统治东北人民思想意识的基础。所以在伪满无论是在各机关、工厂、矿山、学校……都设有小型的建国神庙或神龛。由于这种思想意识的奴化教育方针，正是日本帝国主义对殖民地人民的攻心魔术，也正是我对于东北人民，实行"神道设教"的媚敌愚民政策，以此作为统治思想意识的基础，企图来巩固我那傀儡政权。

总的说来，伪满的"实务教育"，就是为了使学生去服劳役。"唯神之道"的教育，就是为要统治学生的思想。这样，就使东北殖民地的文化普遍落后，这样，就可以压低人民的思想水平，以便容易供敌伪驱使。日寇在东北殖民地政权的巩固，也正是我傀儡地位的坚牢，所以我所颁布的"诏书"，都是号召东北人民去做日寇奴隶的坑人"诏书"，我对于祖国、对人民所犯的罪，真是到了罄竹难书的地步！

日本帝国主义蓄意麻痹东北人民的思想意识，除了使用学校教育的方法以外，还施行了所谓"弘报宣传"的毒辣手段。

关于弘报宣传方面，在伪国务院总务厅里有伪弘报处的组织，这个组织的职权，是担负着向伪满境内和境外宣传和搜集情报的任务，它领导着伪满各省市县的弘报组织，来执行它的这个罪恶职务。

在一九三二年伪满政府成立后，伪国务院总务厅内即设有"情报处"的组织。到一九三七年伪满实行所谓行政机构大改革时，伪外交部改为伪外务局，把伪外交部的宣化司归并入伪总务厅的情报处里，改名为伪弘报处，加强了对内外的宣传和情报的搜集，实行对东北人民的思想意识的统制。

伪弘报处直属的"满洲国通信社"，每天出版发行着《国通简报》，登载所谓国内外的新闻，来统制伪满的言论。

伪弘报处和伪满协和会有直接的关系。伪弘报处供给伪协和会关于伪满施政方面的宣传和人心动向的材料。伪协和会中央本部的弘报科把这些材料向各省市县旗地方本部传达，进行各种活动，以达到欺骗宣传的目的。再由伪协和会各省市县旗地方本部搜集地方人心动向的情报，报给伪协和会中央本部的弘报科，转达给伪弘报处，作为伪满政府对东北人民进行统治思想意识的根据。

在一九三九年伪满为了加强对电影事业的统制，成立了伪弘报处直属的"满洲映画协会"，进行对电影片进口的统制；并成立一个"满洲映画会社"，制造奴化东北人民思想意识的影片。

在一九四二年伪满为了加强对于戏剧事业的统制，更成立了伪弘报处直属的"满洲文艺协会"，进行对于我国戏剧的统制。

在一九四三年伪满又为了加强对新闻事业的统制，成立了伪弘报处直属的"康德新闻社"，实行报纸的统制，出版《康德新闻》，进行对于报纸新闻的统一管制，用以迷惑东北人民的视听。

在一九四四年伪满为了加强对书刊、画报、杂志等的统制，成立了伪弘报处直属的"出版统制委员会"，对于一切出版物进行了统一的检查和限制出版。

还有"日满文化协会"所出版的各种宣传印刷品，都是一些宣传小册子和宣传画等来宣传"日满一德一心""王道乐土""唯神之道"等。

伪弘报处通过它的直属机关，以及和其他伪机关的联合下，实行对于东北人民思想的控制，尽力作了各种各样的虚伪宣传，来麻痹和影响东北人民的思想意识。

这样伪满的奴化教育，和弘报的伪宣传，就形成了对内的殖民奴化，对外的欺骗宣传。因而日本帝国主义就在这种骗人的招牌下，一步紧一步地进行了长期的侵略战争，终至演出第二次世界大战，这不仅全中国人民都遭到了它的蹂躏，就是世界人民也由于它的侵略战争，而遭到不可估计的损失，这一切一切，我都应该负有重大的罪责！

总之，日本帝国主义在一九三一年制造出所谓"九一八"事变，以武力占据了我国东北地区，并利用我来组织伪满政权为它推行殖民统治政策。尔后，日本帝国主义通过伪政权，在产业、经济上实行了强抢和霸占，把东北地区变成它的独占市场、原料产地、投资场所和有战略意义的军事基地。

这样一来，就使东北人民遭受了极端残酷的剥削、掠夺、压迫和奴役；使东北人民丧失了经济上和政治上的权利，处于日本帝国主义的奴隶地位。也就是日本帝国主义对东北的工矿业、农业、交通运输业、贸易、金融、财政等各个经济部门实行了全面的垄断，而把它的侵略战争、经济军事化所造成的一切恶果，都负担到东北人民的身上。到一九三七年，日本帝国主义为了发动向我国大陆的侵略战争，在这同时，更加强了对伪满的经济统制。伪政权为了适应这一统制，强化了为掠夺经济服务的伪中央和地方机构的变革，并把一百余个垄断会社结成为一个纵横交织的"会社网"来统制东北的生产和消费；在交通运输事业方面，由日本垄断组织满铁会社，以南满铁路为中心，结合境内的各铁路，组成了一个"铁路网"，来掌握全东北的交通命脉；又以伪中央银行为中心，结合各银行，组成了一个"金融统制网"，用以搜刮东北人民的财富。同时，也加强奴化教育和对东北人民思想意识的统制。

特别是，在一九三七年到一九四五年伪满垮台为止，强行了两次所谓产业开发五年计划和北边振兴以及开拓政策，尽量来掠夺我东北的地上和地下资源，并征发大批劳工，强迫动员了全东北的人力、物力、财力，从事军事生产，实行经济军事化以支援日本帝国主义疯狂的侵略战争。因此致使东北人民，处于极端贫困、破产、饥饿和面临死亡的境地。

从这里充分说明，日本帝国主义对于东北侵略的罪恶历史过程，就是伪满政权所实行的经济上、政治上和文化上统治的过程。也就是自从九一八事变起，给东北人民带来残酷黑暗的统治结果，不仅掠夺了东北人民的物资财富，而且也夺去了大批东北人民的生命。

以上的事实，自然是由于日本帝国主义对于我国实行侵略所造成的恶果，但是它所以能够毫无忌惮地进行侵略，是和以我为首的伪政权的帮凶分不开的。如果没有这个伪政权替他执行殖民统治政策，建立起军事根据地，它在东北是绝对站不住脚的，因为中国人民是始终一贯坚决反对、反抗着日寇，国际舆论也是谴责着日寇，唯独以我为首的这个汉奸伪政权，却始终如一地做着日寇的忠顺走狗！

　　总之，日寇祸害我国东北十四年的滔天大罪，样样都是和伪满傀儡政权分不开的，样样都是和我的罪恶分不开的。

第五篇

在苏联的五年

　　我自从到了苏联以后，固然是由于苏联人民的"降魔宝剑"把牵引我反人民罪恶活动的一切葛藤给一下子斩断了。但是在我内心中根深蒂固的整个反动思想意识，却只是暂时隐藏在我的灵魂深处，没有法子，也不敢在这时露出头来罢了。但是它那既强且深的根子，却仍旧坚固地盘踞在我整个脑海里。

　　例如，我到苏联以后前两三年，由于苏联对我的特别照顾，不把我和那帮伪满的"大官"们混在一起，因而使我仍旧能够在关起自己房门的自己天地内，对我的几个侄子和佣人，继续摆出家长的特权臭架子来，例如酷使他们日以继夜地服侍我，我还经常拿自定的规约束缚他们，甚至还有时责打他们。也可以说，他们虽然已经到了社会主义国家苏联，但他们仍然被困在反动封建残余的黑暗势力下，未能得到真正的解放，直到后来他们被转到别的收容所和我离开为止。

　　那时，我对于苏联的认识以及关于文件的学习，虽然在苏联当局的温暖照顾下，使能得到种种除旧布新的机会，但是由于我的反动思想意识，仍在起着绝对支配我的作用，所以只能是使我在皮毛上、在枝枝节节上，得到了一些皮相的认识，并未能对我那根深蒂固的反动思想意识起到改造作用。以下，我想就我在苏联的五年间生活，作一些概略的记述。

第十一章

一、赤塔市郊的莫洛阔夫卡

我由通辽飞到苏联的赤塔以后，天气差不多就要黑了。从东北起程时所穿的衣服，当快到赤塔的时候，便觉得单薄起来，越往北飞就越觉得寒气加重。这时苏联军官便把皮外套借给我穿在身上，这才使我渐渐觉得有了一些暖意。当这架飞机飞到了赤塔机场之后，便在机场附近停留了两三个小时，然后就坐上了给我们特意准备好了的小汽车，于是两个人一辆车从赤塔市出发，这条小汽车的长蛇阵便驰向愈走愈荒凉的原野。这时，在我们这一行人之中，便有一位不大沉得住气的人，半认真半开玩笑地说：

"是不是要把我们拉到无人之处去枪毙？"

固然这句话引起了车中同伴的笑声，但是在这种比较沉得住气的笑声中，也是含有几分不甚摸底的成分在其中的。等到这些汽车在黑暗中穿过了树林，爬过了小山坡，驶过了平坦的汽车路，钻过了曲曲折折的羊肠小道，渡过了木船摆渡之后，忽然一辆辆汽车，便一个挨着一个地停了下来。这时，忽然听到一声很清晰地道的中国话：

"想要解手的，可以下车在这儿小便！"

我不觉大吃一惊，不由得心中又忐忑不安起来，想道：

"莫非是将介石派人来接我的？这可要糟！"

后来才知道这只是一场虚惊，原来那位说中国话的人姓李，是个苏联籍的中国人。军队中的阶级是个中尉。这个人一直在赤塔照顾我们多少天，等到由莫斯科派来的专门负责人渥罗阔夫中校到来以后，他才离开我们。

解完手之后，又上了汽车，又继续走了很长的时间，才开进了一个山环，从这里又走了一段比较宽阔的路，才开到一幢明灯辉耀的楼房前停住。

这时我们这一行人中，又有人小声地说：

"这是一家饭店啊！"

进了这所楼房之后，便有一位四十多岁身穿洋服的苏联人和不少身着军装的人在等着我们，我就想，这穿西装的大概是这家饭店的大掌柜。

这位大掌柜便庄严地向我们宣布说：

"苏联政府命令：从现在起对你们进行拘留！"

然后又和和气气地告诉我们说，可以安心在这里住，并指着桌上的一个盛有满满清水的玻璃瓶子说：

"这是这里有名的矿泉，喝了可以增进人的身体健康。"说着就倒了一杯，一扬脖子喝了，并劝我也尝尝。我喝了一口，觉得它的味道和苏打水差不多。乍喝有些不大受用，后来简直爱喝得不得了。在这所风景幽美的莫洛阔夫卡疗养所内，有两种有名的矿泉，一种就是这个含有苏打成分的，对于胃病很有益，另一种则是含有铁质成分在内，说是常喝可以使身体健康。

经过了这位饭店掌柜——赤塔市卫成司令官少将某简单对携带物品检查后，便在深夜大约两点钟的时候，给我们准备了一顿极其丰美的俄国饭。我们是跋涉了好几小时的夜路之后，正在饥肠辘辘的时候，忽然吃到了这样美味，每一个人都像是把刚才的紧张不安以及疲乏等忘了个一干二净似的，而有说有笑地狼吞虎咽地吃起来。

吃完了这顿夜宵之后，便一个个地被分别领到预先准备好了的房间之中，立即躺到那平软舒适的铁床上，钻入到轻暖洁净的俄国长毛毯子之中，入了梦乡。

第二天差不多到了九点钟以后，我们才一个个地睁开了眼睛。吃完早饭之后，又洗了一个痛快的淋浴，并换上了所内准备的新内衣，从这天起便开始了有规律的"疗养生活"。

按照苏联当地的习惯，早晨十点多钟吃早饭，下午一两点钟吃午饭，还有一顿午茶（牛油面包等），到了八九点钟还有一顿晚饭。

我们到了赤塔的第二天，因为在我们头脑之中，是有一个"一天三顿饭"的影子，所以在吃完了那顿茶点之后，便认为一天的三餐已毕，所以到了八九点钟的时候，就有不少人，脱衣上床睡下了。等到开晚饭的时候，那些照顾我们的苏联姑娘，便来叫我们吃饭，有不少人因为已经躺到床上，甚至也有的已开始做着好梦，所以就纷纷说"我们不吃了"，这些姑娘当然很觉得奇怪并扫兴的了。第二天李中尉听到了此事，便笑着对我们说：

"我昨天忘了对你们讲，我们苏联是照例每天吃三顿饭的，你们因为不知道这种习惯，所以昨天晚上你们很多人都没有吃晚饭……"

有的人便抢着插嘴问道：

"我们昨天不是已经都吃了三顿饭的么？加上晚上那一顿，不就是第四顿了么？"

李中尉越发笑了起来说：

"不是的，你们所说的那个第三顿那不是晚饭，是一顿在午饭和晚饭之间的吃茶……"

又有人在抢着说：

"我们不知道那是吃茶，所以就大吃了一顿面包牛油，到了真正吃晚饭的时候，简直是饱得吃不下去了。"

自从经过这次"老赶失败"之后，才习惯了吃茶的事情。

在这两个多月的莫洛阔夫卡的生活中，苏联当局真是对我们这一帮人，给予了极温暖的人道主义宽大待遇。先就精神食粮方面来说，不但是急急忙忙就给我们安上了广播收听器，有时，还有苏联军官把广播中的事情消息择要地译给我们听。此外，还经常给我们报纸和介绍苏联事情的小册子看。在衣、食、住方面，尽管苏联正当艰苦的卫国战争初告胜利，对日寇的正义战争甫告结束，人民一般的物质生活，还未脱离战争状态的时候，却对我们做了极其丰裕的待遇。不仅衣食住方面如此，就是在医疗卫生方面，也都是做了十二分的关怀，有医生护士，经常和我们住在一个角落内，甚至连牙医、专门治痔疾的大夫等，也都特意从远处接到这里来给我们医治。洗澡理发等等方面，真是专人专职地分别被派到这里来。日用品以至纸烟等，更都是从来就没有缺乏过一次。可是我呢？却是在这种仁至义尽照顾下，仍旧面从心违地怀着不可告人的鬼胎，做着专门替自己一身做打算的卑鄙事情。例如，我曾屡次上书于斯大林元帅，求允许我留住苏联，不愿意回国；还在每次写有关自己罪行材料时，不但经常避重就轻，并且一贯地抱定了推搪遮盖的不老实态度，企图用这种自欺欺人的办法蒙混过关。

就拿我请求留住苏联这件事来说，难道我在那个时候，就已经对苏联有了相当正确认识，致愿意永留苏联，而对于社会主义国家，贡献出自己的一些力量？难道我在那个时候，就认识到反动国民党的反动罪恶，而不愿意回到它的势力下面来？难道是真个地不愿意重回生身祖国的怀抱，而偏偏愿意永住在在一个当时来说一无认识二无情感的苏联国土内？

当然不是的。我之所以一而再，再而三地上书，厚着脸皮死乞白赖地去做苦苦哀求，简单一句话，就是害怕回到祖国之后，会被治以叛国的重罪。所以既根本不是对于苏联在当时就有了什么憧憬，尤其不是对于国民党的反动有什么在政治上的正确认识，更不是甘心情愿永离祖国而葬身于外国土地之上。而只是为了自己的这块臭皮囊——这个无可原宥的万恶大罪身子，才这样违反恒情去做这样请求的。乍一看似乎奇怪，为什么愿意留住苏联呢？其实是说破不值半文钱的事情。从这里也可以看出封建统治者为了自己的生命安全，不论怎样违背本心的事情都能够像是变幻术似的在人们面前干出来，除了当汉奸出卖自己可爱的祖国以外，还宁愿在平素毫无认识甚至是一贯抱有阶级反感的苏联内了此一生，不充分说明了我这是为了自己利益的私心吗？另外，由于我那根深蒂固的剥削、寄生反动思想的严重存在，所以我对美、英资本主义的腐朽寄生骄奢淫逸生活方式，总是有些留恋，所以在我当时的心中就曾这样想过：

"如果能够被允许留住苏联，首先我的这条命是可以平安保住的；还说不定有可能在西方资本主义国家内去住的哩。"这就是我要求留住苏联的终极目的。

总之在那个时候，一言一笑，一举一动，无一不是从为了自己不顾其他的一点自私自利观点而来。当反动统治者失败的时候，在外形上是看不出他的本性来的，即使是怎样奇怪不可思议的举动，他都会怡然地做得出来。除非是在马列主义科学分析的眼光下，是不会也不可能洞烛其隐而把他的反动阶级本质暴露出来的。我真是由于学习改造才真正认识了什么是反动阶级本质，才真正认识了我自己。

固然是由于我的反动阶级本质，为了怕死而愿意留住在苏联，而那帮伪大臣呢？他们也同样由于他们的反动阶级本质，认为他们的罪恶比较小，或者不至于回到国内受到最严厉的法律制裁，所以又产生了另一种看法来。那就是他们认为回国以后，不但不会有性命之忧，甚至还可以借着他们自己认为的"声望地位"，说不定还可以钻着"国共矛盾"的空子，能够捞一把也未可知，于是张景惠、臧式毅、熙洽三人便代表着这帮伪大臣全体的意见，要求我向苏联当局替他们说说情，快些把他们放回去。不但我对于渥罗阔夫中校曾先后两次把他们的意见反映过，就是他们自身也曾于临离赤塔之前，于赤塔市卫戍司令官的晚餐招待会上，纷纷表示了愿意早得释放回国的心情。当然是苏联当局对于自我以次的这帮汉奸的利害不同而愿望各异的意见，是认为一丘之貉地同样肮脏的东西。既是我的请求永住在苏联是个不屑作答的龌龊事，当然对于他们的"别具慧心"的请求回国，也同样是得不到人家理睬的。

这就是这帮汉奸由于自己的利害不同，而产生出来的不同意见。尽管反动本质——为了自己不顾其他的阶级本性，是同出一源的货色，可是在实际表现上则发生了两个绝对相对的愿望与要求，我认为这件事实中，也可以证明我在上面所说的话：

当反动统治者失败了的时候，在外形上是见不出他的本性来的。

那位渥罗阔夫中校，平日对于我们，当然是在阶级感情方面，把是非爱憎的界限，划分得清清楚楚。例如，对于日本法西斯强盗，对于这帮伪满的汉奸傀儡，即在他言谈中，也能充分看出了这一点来。但是在对于我个人和这帮伪大臣则是极鲜明地表现出对事不对人的人道主义的温暖情谊。例如，替我们准备各人的房间，布置家具，供给我们娱乐用的苏联棋、苏联牌以及钢琴之类，还经常拿来各种酒菜罐头、糖果等物特别地招待我，还有时带着我们到附近的高峰丛林中去散步，等等。真像是待客那样地招待我们，使我在这段时期中，没有感到过什么不舒服不愉快的地方。特别是他那种豪迈诚恳、公平无私的态度、作风，自然会使我对他生出一种信赖的心情。

二、红河子

到了十月初，赤塔早就变成了冰天雪地的世界。但是自从我们到了赤塔第二天的各个房间内，便都在早晚烧起了俄国式的火墙，一直在过着室暖如春的生活。到了十月底，渥罗阔夫中校就对我们宣布说：将要把你们送到离中国近的地方伯力地区去。于是我们这一行人，便又坐上了苏联当局特给准备的特别软席带各个单间的列车，携带着极其丰富的旅途食品，前往伯力。渥罗阔夫中校还亲自送我们一直到了伯力市郊避暑别庄地带的红河子，把我们交到当地负责人员手中，才殷勤地和我们一一握手告别，我和我的侄子们，都情不自禁地和他做了拥抱。

在这个红河子我们所住的房舍，是一所背临乌苏里江江汊子的避暑风景地区。从我们所住的楼上，就可以在夏天远眺那在浩荡烟波之间，参差纵横张开绿阴之盖的群柳，以及翱翔在沙洲之畔往来于金波碧浪之中的钓艇和渡船。还时常可以听到悦耳的黄鹂和苏联青年男女的手风琴和抑扬合唱。每当明月当空、暮江如练的时候，还可以使人在那江风徐来的楼栏旁，去领略一下饱含诗意的境界。就是到了严冬的时候，也经常在那皑皑无垠、一望坦平的冰雪上去散步。我虽然不会滑冰，但也可以踏着积雪的地方缓步游览。这种生活，我不但在北京时，未曾遇到过，就是在天津以及长春时也是从未领略过的。特别是在夏天时，到江中去洗澡的快味，更是我平生未曾尝到的一个难忘的回忆！

在当时我也曾自己怀疑过：

这就是拘押生活么？这就是苏联对我的拘留吗？

在这里负责管理我们一切事务的是一位青年的少校，名叫节尼索夫。他虽然因为兼任着伯力市内第四十五特别收容所——专门收容日伪A级战犯的一个收容所所长，不能经常住在红河子，但也时常到这里来看望我们。特别是到了苏联的十月革命节或是新年的时候，还有时从市内带来酒糖果和种种的饭菜招待我们。日常对于我们的待遇，也是和在赤塔时差不多，后来还有一名中国人给我们做菜饭哩！

不过是，在这里担任屋中院内清洁整理和一切日常生活杂项工作的，已不是苏联的姑娘，而是十名内外的伪满俘虏——大多数为伪满兵士和伪警察等，所以在这里的生活环境，日常空气，便不能像在赤塔时那样的宁谧平静了。例如，有的俘虏则对苏联当局有不平不满；有的甚至和苏联士兵动手打架；有的则企图夺船脱逃；也有的则居然在江边和蒋介石派来的代表——据说是一个姓董的中将，是为了交涉引渡我们而赴苏联的——私通了声气，致被苏联当局查知，因而对他们分别做了讯问和调动；还有的则装出"跳大神"的样子，来迷惑那些专门盼望回家的人……真是奇形怪状，笔难尽述。

在这里，不但有苏联的报纸经常可以看到，并且还有中文的《实话报》经常拿来给我看。此外，苏联当局还时常地把日帝关东军俘虏在苏联所刊行的日文报纸送给我们看。因此，使我对于国际国内的重要事项能随时知道。

不过是在当时，尽管有这样的人道主义温暖好环境，然而我对于祖国正在进行着的人民解放战争，却是一向漠不关心。因为在当时，我对于共产党和蒋记反动国民党同样都是没有什么认识，当时使我最关心的问题，只是自己前途一点而已。我曾认为无论是共产党或是反动国民党谁战胜了谁，反正对我都是没有什么好处，只要我一回到祖国，不问可知，都是对于我绝对不利的。由此而得出结论是：

"唯有留住苏联，才是我唯一平安的道路。"

这种只顾自己不计其他的想法，简单一句话，就是，从我那封建统治阶级的反动本质而来，一切一切都是为了自己一身，至于祖国的前途如何，祖国人民命运如何，在我当时眼中看来，都是漠然不足以关心的东西。

还有在苏联的这段相当长的时期中，苏联当局也是本着启发我挽救我的人道主义精神，总想由渐而入地使我以次的这一帮大大小小的寄生虫比较年轻些的分子，能够从事于自己生活环境内的轻微劳动，如刷饰屋宇、除草栽花之类的工作——当然这根本算不了什么劳动，不过是在我这寄生虫成习的眼中看来，那些不足称为劳动的劳动简直是一种"苦役"了——因此，我们之中的一些人，就在这种由浅入深的善诱善导下，逐渐地改变了一些一贯轻视劳动、避忌劳动的旧思想观念，而渐渐地干起收容所小农场的耕种收获工作来了。可是我呢？虽然也同样受到了这样温暖耐心的启发，但仍是由于自己的那种根深蒂固的茶来张手、饭来张口的旧习性，仍然是轻视着劳动和过着酷使自己带去的侄子和佣人的养尊处优不劳而食的生活。总之，我在那个时候，成套的反动阶级思想意识和扎根极深的"人上人"习惯，还是完全在支配着我的日常语言行动。所以，像是请求留在苏联，而不愿回到自己的祖国，以及随时随地竭力替自己的罪行打掩护，并种种数不过来的欺人自欺的心劳日拙行为，等等，就整个概括了我在苏联那几年生活的全部过程。

在这段时期内，我还把携往苏联的一些民脂民膏——由伪满带去的封建统治者的贼赃，珠玉宝石之类，献给苏联。但是这一"捐献"的动机是不纯的，是要想借此买好，达到投机取巧的目的，而把其中好一部分的东西悄悄藏到皮匣箱底，以备日后在苏生活之需。但对于在箱底藏纳不下的东西——许多珍珠，穷于处置，于是就在我弟弟"深谋远虑"的建议下，把这些无法藏匿的余赃珠子使我侄子投入火墙炉中烧毁掉。像是这种献纳动机不纯和毁坏人民财产的罪恶行为，以及隐匿余赃的欺骗行动，从今日回想起来，不仅觉得脸上发热，而且是又一次加重了罪行。

此外，我在当时，还曾费了不少日子，每天从红河子到伯力市内苏联的内务局去，暴露了不少日寇在伪满十几年来的重大罪行。固然在当时，对于自己应负的罪责做了不少的推诿逃避，但总的说来，那些日子的揭发和暴露，也是曾给我后来到日本在东京国际军事法庭作证——和日本法西斯战犯首魁的当面对质提供了条件并开辟了道路的。因此，我认为对我说来，确是一种值得感到痛快的事情。

在红河子住了约九个月之后，我们就移到伯力市内的第四十五收容所去了。

三、伯力市内的第四十五收容所

到了伯力市内的第四十五收容所以后，虽然在那里收容着日本侵略军少将以上的法西斯战犯（日寇最后一任的关东军司令官山田乙三、参谋长秦彦三郎等都在内）和伪满的那批伪大臣等将及二百余名之多，但是在一起初，仍是让我和我的弟弟妹夫侄子等，另住在楼下的一角内，不和他们混在一起，我就是在院中散步时，也是在另一角落内，过着别有天地的生活。就连我每日三餐也是从不到大饭厅去吃，而是由我侄子等给我端到我所住的房间里来独自享用。因此，在关起我住的房门后，在我的那间居室中仍是由我说了算，我仍然是过着与众不同的生活。

　　尔后，收容所当局更指名我弟弟溥杰和我五妹夫万嘉熙二人，轮流给我们这批人讲一些苏联的布尔什维克党历史简明教程和列宁主义问题等的文件。在那个时候，讲的人只是照本宣读，口是心非地在讲；这些听讲的人差不多也都是身在而心不在地听着。虽然这样地学习了有一年以上，但是我们却并没有得到什么新的认识和收获。

　　我在当时的每日生活概况是：除了三餐之外，时常静静地念念佛，或是悠然地在院中散散步，有时也有苏联军官等人来到我居室内和我闲谈，后来我也学了最简单的苏联语，有时候，所方当局还特让张景惠的儿子张绍纪把苏联的有名小说等讲给我听。

　　而那些伪大臣呢，差不多也是在每日三餐之后，不是在院中散步，就是在走廊上摆好桌椅打牌和下棋，甚至还有的在房间内大开其宝局，用纸烟当作赌注来赌。

　　固然日寇的那些俘虏军官，都是另外住在楼上，但是在院中散步时，则是和这些伪大臣混在一起。所以在庭院中，经常可以听到我国的西皮二黄，乃至昆曲和日本的歌声混合在一起，成为一种莫可名状的骚音；同时也可以看到我国的太极拳、八段锦之类和日本的体操或西式健康法的气功运动，等等，汇合成为一种千奇百怪的人身动态。真是使人大有叹为观止矣之感。

　　可是，苏联当局对待这批日伪的反动分子，却是始终一贯极其人道的而且温暖的。在这段时期中，我们不独经常有俄文报纸可看，后来还特意给我们订了旅大苏联军发行的中文报纸——《实话报》。每月还给我们多次电影看，广播也是差不多每天都能收听得到，后来还曾组织我们逛公园、看足球运动，或是到附近江边洗澡。后来还领我到市内电影院看过电影，也到市内剧场听过音乐和歌唱，还参观过市内的儿童文化宫。那些伪大臣当然也不例外，有的曾参观了博物馆，有的参观了七年级的学校，甚至还有的去看了马戏杂技等。

　　苏联当局每月还发给我和伪大臣们三十卢布，为的是让我们可以随便购买一些日用的东西，如铅笔、针线、维生素、各种食品等之类，每月差不多还把市内的杂货售卖员叫到收容所内，专门给我们开一个临时的贩卖所。糖果、罐头、牛油、面包、香肠、酒类，甚至连冰激凌等真是应有尽有，随心所欲，购买方便。总之苏联当局对我们这帮人的待遇，真可以说是至矣尽矣，无微不至的了。

尽管如此，可是在我临回国之前不久，我还欺骗了苏联当局，例如，我曾和我的侄子们商议，把私藏在手未做捐献的一些珠宝首饰，为了销赃起见，竟命我侄子把它塞到暖气筒里边，不料在修理暖气筒时发现了这些东西，苏联当局就把它拿出逼问我们这批人，是谁藏的。问到我的时候，我又把死不承认的穷余之策使了出来，给它来一个矢口否认。不过是，在那金银首饰上还刻有北京某某首饰店的店号呢，虽然苏联当局也明明知道是怎样一回事，但也未予深究而以不问了之。后来我还使我的佣人，把几件首饰扔到房上烟筒内，才算是把那些余赃消灭掉。

这些都说明什么？

一来可以说明我那冥顽不知恩的本质，还可以说明我那怙恶不悛抵赖到底的反动阶级本能，同时还可以看出苏联当局对于我的人道主义待遇。我思前想后，愈发认识到自己过去的卑鄙可耻面目，在相形之下更感到苏联对我优厚待遇的恩情。如果是苏联不逮捕了我，我一定会被日本帝国主义残余分子给架到匪巢——东京去，不用问，结果是非得落到蒋介石之手不可。汉奸陈公博、周佛海等人的结果，当然也就是我在当时的下场。当然像我这样卖国投敌的罪魁，是死不足惜并且也是死也不足蔽其辜的。不过是拿我这段人生说起来，再和当前事实两下加以比较对照，那么，我当然不愿意和汉奸陈公博等同走那条把汉奸皮带到棺材里去的毁灭之途，而是深自庆幸能够赶上了新中国的历史上从来所无的千载难遇的好时代，深自庆幸遇到了共产党和毛主席。不然像我这样早就应该不复存在的人类历史上的腐臭垃圾物还能活得到今天——活得到能够有学习改造而争取重新做人的今天？

我敢这样断定说：

没有共产党和毛主席是绝对不会有今日的我。

同时没有苏联的拯救也是绝对遇不到这种唯一无二的重生机缘的。

喝水绝对不能忘掉打井的人，我之被苏联逮捕，是我和日本法西斯强盗永断葛藤的开始。我之在苏五年是我涮涤罪恶开始新生的起点。

没有这一开始的起点，我便不会有这样的今天。我既然感谢祖国人民、共产党和毛主席，我就得同样地感谢苏联。

共产党和毛主席既是我的重生父母，那么，伟大的社会主义国家苏联，便是使我能够重生的慈善"收生婆婆"。所以我对于在苏联五年来的生活，是我永远也忘不了，并且是使我抱有无穷怀恋之情的。

四、在东京国际军事法庭上我和日寇甲级战犯的初次"对垒"

我的前半生真是整个地被日本帝国主义者给完全毁掉了。当然，我决不是想把我前半生的全部罪恶都推到日本法西斯侵略者的身上，而是因为我现在既能在祖国人民的无比宽大恩情，共产党和毛主席改造人类、改造社会的温暖无私阳光下有了这样的今天，我怎能不痛定思痛地痛恨自己在那十四年中忠实地帮助日寇残害了东北广大人民的罪恶，同时也痛恨那几乎把我一毁到底的日寇！并且还因为现在我既是认清了日本法西斯强盗不独是中国人民唯一的死敌，也是我前半生中的唯一的大对头。所以我就愈发对于在苏联的降魔正义宝剑下，曾经得到了起死回生的机会，并且还能得到在日本东京的国际军事法庭上，和我前半生的死对头做了真刀真枪的对垒，不论是在赎罪上，抑或是在发泄自己的私愤上，都是使我感到了既感激又痛快的千载难逢唯一的好机会。

在一九四六年的八月，苏联政府答应了日本东京国际军事法庭的要求，让我往日本去出席国际军事法庭，给日寇侵略我东北的战犯裁判作证。于是伯力地区内务局的一位上校和另外二名苏联军官、一位苏联翻译员便偕同我从伯力市乘飞机出发。

飞到半途中，忽然遇到一阵大雨，我从机舱玻璃窗口往下一看，只见山峰接连着山峰好像是大兴安岭的模样，那时因为我不懂苏联话，再加上对于苏联的政策，尚未能十分信赖，于是我的老毛病——狐疑症便又犯了：

不是要飞往东京吗？怎么飞了这半天还看不到海？

特别是在飞机中苏联军官彼此之间的谈话，我又听不懂，只好是默然坐在一旁，一边在心里打着鼓，一边有意无意地听着，不料在他们谈话之中，我忽然听到了我仅能听懂的哈尔滨三个字，于是立即把这仅能听懂的三个字，又结合到我的疑心病上，因而不由得又在心中暗想道：

"难道这是往哈尔滨飞而不是去日本？……也许是苏联当局要把我送交蒋介石之手，怕我害怕，所以才故意说是要让我赴日本东京去作证……这样一来，可就糟了，这不等于前往送死吗……"

就在我这遐思万里、疑虑横生的时候，这架飞机也在空中轻快地飞翔着。

当我这胡思乱想尚未有丝毫头绪的时候，这架飞机却毫不犹豫地在一个机场上开始降落下来。

这时候才知道，这里并不是什么哈尔滨，而是离海参崴八十里地的一个地方。

这时我才化忧为喜地下了飞机，进入了当地海空军人俱乐部的军官宿舍，一共在这里住了几天之后，才开始动身前往海参崴。

从这里赴海参崴的途中，差不多随处都能看到优美风景，我们所坐的这辆汽车不是从滨海的山道上迂回盘行，就是从奇岩怪石图画般的地方钻出钻进。同时，车中的苏联军官等还用手指着一所一所建筑规模巨大而宽阔的疗养院和美丽堂皇的文化宫等介绍给我。到了海参崴之后，风景就愈发优美可爱起来。一幢幢的楼房，都是层次井然地排列在山脚和山腰上，这种风景，真是我平生第一次所看到的。

我所住的地方是个六层楼的大建筑物，从那里走到相当的地方，便可以看到碧绿的海波，有规律地翻腾着，此伏彼起的白沫，好像是从那无边的绿色中随时吐出了一团团白雪似的。这时我的种种疑团冰消云散了。尤其是每当想到我这次到日本东京，正是要和那帮日本法西斯头号战犯去做千载难遇的当面对质的唯一良机，因此，我的这颗心也就和摆在面前的大自然风景一个样，觉得真有一种海阔天空的心情。

和我住在一起的，一共有五个人，这里对于我的招待，也都是异常亲切和优厚的。但遗憾的是，在这里每天早晨都经常有浓厚的朝雾，加之天气又不好，所以每天只能在下午到海边去散散步。我真是每天都眼巴巴地盼望着能够快些到东京去。可是这个坏天气仍是一天天地在继续着，于是就在这焦躁心情之中白白空过去了。一直过了七八天之后，才由海参崴出发又回到来时所住的海空军人俱乐部住了一夜，次日才到附近的机场搭乘了一架水上飞机，从这里起飞了。

由中午起飞，到了下午五点钟左右就飞到了日本横滨附近的某机场。

当我们这架飞机还没有降落的时候，立时就有几架美帝的驱逐机像是苍蝇一般围着我们飞翔，不问可知那是来做监视的。当我们下了飞机之后，美帝的警察就来对我们做了不少可厌的盘问，并且对于我们的前后左右照了不少张相片，光是办这样所谓"手续"，就花费了很多时间。在机场一个多小时，然后才由苏联驻东京使馆武官把我们接走。于是我们就住在苏联使馆附近的一所楼房内，一切待遇都是很好的。过了几天之后，在远东国际军事法庭内从事工作的苏联检察长和美国检察长以及蒋记国民党反动政府的副检察长曾在我住的地方，关于我当证人的事，对我进行了事务上的讯问，像是我国现在著名的法学家梅汝璈先生，就曾在这个法庭内，担任了法官的职务。

我一共出庭二十多天，每天都是由上午九点到正午十二点，下午由一点到四点才算完事。

这个远东国际军事法庭的审讯，是从一九四六年五月三日开始，直到一九四八年十一月十二日才告终结。费时共达两年半之久，开庭次数共计达八百一十八次，出庭作证和书面做证的人近一千二百名，审判记录多达四万八千四百一十二页，判决书的页数也长达一千二百一十三页之多。我就是专门对于日本法西斯强盗侵略东北的罪行去作证的。

不论是从哪方面来看，这个国际军事法庭规模都是远远超过了审判纳粹德国战犯的纽伦堡国际军事法庭的，真可以说是有史以来第一次这样大规模的国际战犯裁判。固然是在处理战犯的时候，曾受到美帝国主义别有用心的拖延和包庇等，但是它确是不失为国际法律事业上的一种正义庄严的大举动。

参加了这次审判的共有十一个国家，这些国家曾在不同程度上，受过日本帝国主义侵略而直接间接受害的。就是中国、苏联、美国、英国、法国、荷兰、加拿大、澳大利亚、新西兰、印度和菲律宾。

因为在这个法庭上，按照法庭宪章第九条第三项的规定，所以，每个被告的战犯都各自有自己选定的美国籍律师，以及日本籍律师替他们进行辩护。

而当中的某些美国籍律师，我认为他们是抱有一种别具深心的工作目的来替日寇战犯做着辩护的。

我出庭作证时，是把工作分为下列几个阶段：

（1）首先我自己先介绍一遍我的履历。

（2）然后由法官发问，我作证言，对于日本战犯的罪行进行控诉。

（3）尔后则是日、美籍律师替日本战犯做辩护；并对于我的证言控诉进行质问。

在当时我对于日本战犯所作的证言，主要是控诉日本帝国主义战犯们如何侵略了我东北，如何操纵着伪满傀儡政权去统治、奴役、镇压和掠夺东北人民来进行它们的侵略战争，并利用伪"神道"作为思想上的侵略以及我在伪满当时如何受到日本关东军司令官所派的吉冈安直的种种监视和限制，等等，用来证明东条英机以下的日本帝国主义法西斯强盗确是罪大恶极的战争犯罪人。

溥仪在远东国际军事法庭

于是美国籍的某些律师便露骨地袒护着日本战犯而向我做了猛烈的回击。所以在我作证的后半段时期就成为我和美、日籍律师每天做着猛烈的辩论的时期。我记得有一次，有一个美国籍的律师，曾大发雷霆地对我咆哮道：

"你说日本战犯犯了罪，可是，你不也是对中国犯下了大罪的么？你将来回国后，也还是要受到中国法庭制裁的！"

当时的检察长，因为他所说的话，已经超出了问题的范围以外，并且态度粗暴，遂制止了他的继续发言。

在日本战犯方面，却拼命地把罪行责任往我身上推个不已，而那些日、美籍律师就是曾为此而特别大卖力气的。

现当我回想起来，最使我感到遗恨的，就是我在当时为什么不利用这一个千载难逢的好机会，在东京国际军事法庭上擒贼先擒王地把头号大战犯裕仁历史上的一贯罪恶，加以尽情地揭发，而舍本逐末地只以东条英机以下的战犯，作为揭发的唯一对象？

固然东条英机以下的各战犯，都是血淋淋的大刽子手，但是，在日寇所谓大本营中发号施令操纵全盘的中枢神经是谁？并且穷本溯源，那臭名昭著的"田中义一上奏"一文，是向谁奏上的？而且批准了这一罪恶计划的又是谁？不都是这个头号大战犯裕仁吗？

使我东北人民受尽十四年沦陷之苦的就是他！使我祖国大陆饱受八年余铁蹄蹂躏之灾，使我全国人民倍遭烧杀淫掠无穷祸害的也是他！同样由于这个裕仁，也使亚洲各国人民都遭受了侵略战争的灾难，不但如此，就是日本人民，也饱受战争惨祸，无数青年也因为他才当了侵略炮灰，并使日本现在成为美帝战车上的利用工具！

然而裕仁却靠着发侵略战争财，养肥了自己。他所以能够成为日本第一的大资本家和封建大地主，都是由于他历次的侵略战争和一贯榨取殖民地人民的血汗而来。我真后悔为什么不揣其本而齐其末地没有拿裕仁作主要揭露对象，而仅仅把东条英机以下的战犯，作为控诉的目标。

固然我在法庭作证以后尚未离开东京时，也曾想起了这件事，而在会见外国记者时，对裕仁的罪恶做了揭发，但由于日美反动派的狼狈为奸，未把我这篇谈话在当时的报纸上发表。后来我又利用和法国记者会见的机会，也曾做了同上的揭发，至于发表与否，我因又回苏联便不知道了。

第六篇．

回到了祖国

第十二章　我在当时的心情

一、我的惶恐不安

当我在伯力收容所内，于一九五〇年七月三十一日听到阿斯尼斯所长对我宣布了要把我们这一批伪满汉奸送还祖国的时候，我不由得心里头想：

"万事休矣！"

本来因为害怕回国，才三次上书苏联当局请求长留在苏联的，可是三次的请求的结果，并未发生任何效力，不管我愿意与否，送还这件事，已是不可改变的事实，除了认命之外，还能有什么办法？

固然是阿斯尼斯所长说他将来亲自送我，并把我安置在列车内特别厢间和他在一起，并给我买了一瓶洋酒和饼干糖果等等物品，但是我的这颗心，总是跳荡不住，认为丑媳妇难免见公婆，反正这条命活不多久了。

尤其是当我们这列列车开到了中苏国境绥芬河车站之后，在那里停了达一夜之久，到了第二天早晨，当听到远处嘹亮的军队起床号的时候，这固然是我耳朵所熟悉的祖国军队喇叭的声音，可是这时的我，与其说是听到了多年来未曾听到的一种非常耳熟的声音而感到了久别重逢的怀慕的情谊，倒不如说是听着有些心惊肉跳的异常情感，我觉得这倒还比较恰当些。

天空由鱼肚白色逐渐像染透一般，渗出了由浅而深的朝日光辉，渐渐一轮耀眼的红日从地平线爬上了云霞罗锦的天空。这时，阔别了五年之久的祖国的山河面貌，也都依然无恙地由浓黑的轮廓，逐渐清晰起来，终于清清楚楚地重新出现在我的眼前了。所不同的是，在过去是沦陷在日寇的污黑浊雾里，而今日则是显露在清新纯洁的空气里。悲惨的噩梦已经过去了，现在则是在有无限光明远景的前程之中，呈现出一种说不出的朝气勃勃的新气象来。我就是这样百感交集地从列车玻璃窗口，茫然无目的地在眺望着。接着祖国人民的蓝色衣服也看到了，渐渐地素日所熟悉的祖国语言也被凉爽的晨风，给送到我的耳中来了。我是对这些觉得有些怀慕呢？还是兴奋呢？或是惭愧呢？就是我自己在当时也是说不上来，只是觉得好像是打翻了餐桌上摆的五味瓶一样，酸、辣、苦、甜、咸的味道真是样样俱全的，并且还在这种混合滋味当中，更加了一种形容不出的强烈的味道，那就是害怕的滋味。

祖国的人民现在是在中国共产党的英明领导下，战胜了不可一世的日本鬼子，消灭了狐假虎威的汉奸政权，并且把近代化的美式装备的八百万蒋匪军队完全打垮，像是这样站起来的新中国人民，尤其是曾在敌伪血腥统治下，饱受了十四年煎熬的东北人民，对于像我这样的头号大汉奸，还能够不红眼来和我算一算数不清的血债吗？能够不向我报那血海冤仇么？况且共产党更是一贯对于汉奸、卖国贼是绝对不会稍留情面的。在苏联的报纸中，也曾经常看到祖国在土改的革命斗争中，什么"净身出户"什么"镇压土豪恶霸"等的记事，这对于我实在是一件切身的威胁，经常使我触目惊心得不能自禁。对于乡间的地主劣绅、地痞之类，尚且如此，何况……

当我想到这里时，我觉得我现在的这个身子，就好像在一片秋风中从树枝上刮下来的枯黄落叶一样，只有任凭无情金风的吹拂，不能丝毫自主地落下去罢。至于被吹到什么地方，落到什么地方，那只有听任未知数的渺茫安排罢！

愈是愁肠百结地在思前想后，光阴的前进速度就好像是故意要开慢车似的一秒一秒慢慢地踱着。但是，尽管它如何地慢，结果仍是应该到来的时刻终于到来了。这时阿斯尼斯所长便告诉我：

"中国政府派来接收你们的工作人员来了，要和你见见面。"

我听了心中猛起一震，就在心中暗想：

"见了面之后，不定会对我怎样呢？"

于是，心神不安地进入到列车中的另一个房间去，看见有一位首长和一位解放军的指挥员在那里。出乎我意料之外的，就是那位首长并没有拿对犯人的态度来对待我，而是和和气气地和我握了手并和蔼地对我说：

"你现在回到祖国来了，我是奉周总理的命令来做接收工作的……"

409

谈了一些话便走了。这是我回到祖国大地上，第一次和祖国政府工作人员的见面，这种和蔼的态度，这种亲切的谈话，简直弄得我又惊又喜！

过了些时候，我们这批汉奸们，便一个一个地被叫下车来点了名。这时便有许多苏联兵士争着看我，并问哪一个是溥仪。我当时真觉得有个地缝也要钻下去，但是避无可避，只好是佯作不感觉的样子任凭他们看吧！当大家从苏联方面的警戒线走向祖国人民解放军所担任的警戒线时，我们这群人在手里都拿着大小不同的包裹提包之物，无精打采地低着头走着，而我呢，则是单独下了列车和阿斯尼斯所长一同进入到祖国特为来接的一节车厢之内。并且公安人员还替我提着我那黑色的大皮箱哩！

这时特别映入到我眼帘的，就是缝在公安人员右胸衣兜上的那个标志，在那标志上印着"中国人民解放军"的七个大字。

这时我就想，上了车之后，像我所预想的冷嘲热讽、手铐脚镣甚至老拳和皮鞋的接待等，眼看着就要一齐来到眼前了。不料上车后的情况，和我所预想的完全相反。不过是在这个时候，唯一把我的心弦拧得绷绷紧的一个当前最为悬念的重大问题，就是死与活的问题，特别像我这一贯以胆小多疑作为支配我前半生绝对力量的脆弱心灵，便愈发把我全身的神经，都昂奋到了无可再兴奋的地步。也就是说，现已到了绝望的时候，不豁出去也不行了。

但是接踵而来的眼前事实，却完全和我所预想的结果不一样。接收我们的首长却是拿慈祥的笑脸迎接了我，以温和的声音和我谈了话。请想一想，在这一百八十度的急转直下出人意料之外的大变化中，又怎能不使我疑心是在做梦，怎能不对这种完全意想以外的现实，疑心是自己的一种幻视和幻听！

然而事实究竟仍是事实，我的眼睛既没有花，我的神经也没有任何异状。这是千真万确的事实，叫我又怎能加以否认呢？

当我坐在被指定的座位上之后，便听得一位干部向我们宣布了登上祖国列车以来的第一声：

"你们都回到祖国来了！你们都可以放心，祖国的中央人民政府，对于你们的问题，早已有了决定和安排，你们大家都放心好了！"

最后更是出人意外地继续宣布道：

"有病的人，可以前来报名，我们可以给你们医治！"

在事后我曾听说在这些同犯之中，确有一些人因为听到了"祖国"这两个字而流了泪；有的则是因为听到了这篇温暖的发言而放下了心。可是我在听了这番话之后呢？当然也是由于完全出乎我的意想之外，而愣了一下神，同时也松了一口气而放了心，但是由于我的反动阶级本能，却又一转念：

"什么'放心不放心'？什么'给我们治病'？还不都是一种安定人心的'法术'！那些公安人员又怎能知道政府对我们的政策？只不过是他们为了自己在途中的押送责任，怕我们或许在列车中发生什么意外的事故，所以才要拿这种'好听的好话'来安慰我们罢了……"

结果是完全没有相信这一篇话。同时在另一方面则是：

我的这次回国，本是抱着万念俱灰的心情回来的。本来么，从什么地方去看去想，像我这样的人，还不是早被注定要被判处极刑的？可是眼前在摆着的现实却又不是那种样子。所以反倒又使我愈想愈糊涂起来，愈想愈觉得忐忑不安。因为事实和我的预想完全相反了。特别是在我亲眼所看到的这种亲切照顾的同时，却又看到了列车玻璃窗上所糊上的严密的报纸，以及那武装部队的森严戒备，真使我如同堕入到五里雾中一个样，简直分不出东南西北来了。

不久就到了吃午饭的时候。这时有一位负责干部，便对于我们每一个人都分配给一个饭碗和一双竹筷子，并含笑对我们说：

"小心不要把饭碗打了，因为在旅途中，不容易补充新的！"

这固然只是平平常常的一句话，可是听到我的耳中，也是使我感到了一种轻松的感觉。不过是这种轻松之感，不久又被狐疑和害怕的心情所代替了。这时我又产生了一种另外的感觉。就是那双竹筷子也只是一双普通的长竹筷子，并没有任何出奇之处；饭碗也更是平日习见的富有民族风味的瓷饭碗，尤其是谈不到有什么特别引人之处。可是这个普通的竹筷和平凡的饭碗，对于我都仿佛是有一种旧友重逢的情感的，觉得它对于我是毫不陌生的，是对我有一种说不出的亲密之感，不由得使我在心内想：

"到了祖国了——我们的祖国！"

跟着热气腾腾的白米粥端到车厢里来了。那位负责的工作人员不但是分菜分粥地忙着，并且还把我们痰盂内的脏纸片、烟头、洋火头等，不嫌污秽地亲自下手替我们收拾。这种作风，在当时我固然还不能知道这就是新中国新社会的普遍工作作风，但也使我受到极大的默默之间的感动，因为这样的事是我有生以来初次看到的缘故。

大块的酱疙瘩——酱甘蓝疙瘩的咸菜分到手了，足够往饱里吃的热粥也盛到碗里了，咸菜的味道、粥的味道，实在是个使人难忘的一个味道，这时也不知道到底是为了什么缘故，只觉得鼻子一酸，两个眼睛一热，于是我也就从我的本能中，忽然喊出一声：

"好吃极了！"

那位负责人当我们吃到正进入"高潮"的时候，更亲切地对我们说：

"现在正在旅途中，天气又热，只能做出这样简单的东西来，等到了目的地的时候，就可以好好地吃了。"

"简单的东西"？"好好地吃"？凭自己良心说，这样的吃喝以及这样的待遇，已经是完全出乎我意料的事情了。因为在尚未回到祖国领土以前的时候，我所预想的是：

能把高粱米饭吃饱，能把窝窝头吃饱，就是万幸了。谁还能想到有精米粥和酱甘蓝疙瘩吃？现在不但如此，还说这只是些旅途中的简单的食物，真是，除了低头紧吃之外，还有什么话说。

结果大家是在放心地大吃之下，把我们这些人应得的部分都吃光了，这些位工作人员看到我们这种舔嘴抹舌的样子，知道我们有些人还没有吃够，便又忙着到别车厢去取。固然是我们都齐声说："已经都吃饱了，已经都吃饱了。"但是这种虚伪的"客套"话，是瞒不过这些位新中国的工作人员的，他们当然是不会理会我们这种言不由衷的"客气"话，而把又一大木桶的热粥端进来了。当然我们是不可能知道这桶粥的来历的，于是又把它吃了大半桶之后，才算是沟满壕平地人人吃个大饱。事后才知道这桶粥原来本不是我们这批人应吃的部分，而是公安部队工作人员应得的部分。只是因为我们吃得过分，所以这些位公安工作人员才把他们自己的东西让给我们吃了。因此，致使那些位工作人员迟延了很长时间，才又弄来些东西吃。

我当时还认为：公安工作人员是不会和我们吃一样的东西的。可是这一判断我又估计错了。公安人员不但是吃的和我们是一样的东西，并且还尽先让我们这批人吃饱，然后才自己胡乱弄些东西来吃，这在旧社会，不用说封建清朝时代绝对不会有这样的事,就是在中华民国号称共和制度时代,也是看不到这种工作作风的,当然我在当时是不会认识到这一点的,只是瞪眼看着而已。

我们在列车中头一顿吃的,固然是白米粥和酱咸菜,第二顿,第三顿⋯⋯还吃到了愈发出人意外的腌鸡蛋、熏鱼和白面包⋯⋯之类的东西哩!

不但如此,一位工作人员还特地从怀中掏出钱来买了一瓶啤酒和一大包花生给我。

一切一切都是和我的意料相反,在当时的我固然不懂得这就是新旧社会的种种根本不同之处,但也使我在不识不知中觉得事事新鲜,事事奇怪。

尽管这一系列活生生的现实,明明白白地摆在我的面前,尽管那些位公安人员的态度作风都是那样温和和亲切,可是做贼心虚的我,依然是把疑团和鬼胎装满了一肚子,愈想愈觉得自己的这条命就如同风中残烛一般,真是余光已经无几,于是愈这样想,心里就愈害怕,愈害怕,就觉得心里愈发窄了起来。可是载着我们的这列火车,却是无情地不停篆进着,让人觉得它好像是故意和我为难似的越发加快了速力,就仿佛是非要尽快些把我带往死路一般不可。等到过了哈尔滨之后,这节车厢便又挂到一列快车的后面,小站也不停了,一直向南,向南朝着长春急进着。

我这时愈发沉不住气了,真像快要溺死的人,见一根草茎也要抓一把一样,于是便对坐在我身旁的公安干部大谈其佛学,并驴唇不对马嘴地表示了一些追随日寇乃是自己的不得已的所谓“苦衷”。最无耻的就是我更把我在过去如何捐助罹灾人民的种种陈谷子烂芝麻也都倾了出来,为的是借着它来达到急来抱佛脚的目的。愈发接近了长春,我愈便由长春这两个字,联想到过去的所谓“新京”,由“新京”又联想到过去的一切一切,于是便由神经极度紧张变成了疑心,变成了兴奋甚至形成幻听和幻觉,觉得周围的空气也都不对头了。例如,看到有些公安人员彼此在小声谈话,便认为这是在谈论自己,看到某些公安战士持枪坐在车中,便又认为说不定在什么时候,就会在车中对我下手。就是在这种春蚕自缚的自我折磨中使我差不多成了疯子的状态。当火车在长春停车时,因为听到了唱歌的声音,便认为这是人民在庆祝抓到了汉奸而在高兴歌唱,于是我的神经过敏便达到了顶点。

当入夜睡觉时,我由于疑虑的纷扰,致形成了幻听错觉的状态,觉得在朦胧睡梦之中，听到有人在讲要对我进行处置，后来又仿佛听得像是有人在骂斯大林大元帅该死，我于是就想：

"骂斯大林岂不等于自求速死！"疯子般地站了起来，大声喊道：

"谁在骂斯大林大元帅，我要和他决斗！"

因为无人"应战"，又在公安人员的安慰下躺下合上了眼，但是，仍然觉得自己所表示的进步程度不够，便又作出向公安人员"买好"的态度来，根据自己适才的"幻听"，对苏联没有理解的人，作为"告密"的材料向公安人员讲了，目的不用问，是要表示自己的"进步"，尽管做了如是的丑表功，作了如是的"进步"表示，但仍然认为自己的这条命不见得，不是不见得，而是绝对脱不了危险，便如醉如痴地又作了一连串的丑态，最后在公安人员的安抚下，才抱着闭目等死的心情睡下了。到了第二天早晨从昏梦中醒来时，自己还惊讶自己没在昨夜被杀死，居然什么事也没有，又活到了今天哩。

也许是由于所谓"良心"的谴责，也许是由于神智的昏迷，曾向同犯某大磕其头，又对同犯某连说对不起你，为什么我要这样做？就是对在昨夜由于幻听而成为我告密材料的受害者来做热烈的忏悔；同时又因为看到了一辆公安部队的汽车停在附近，竟认为这就是一辆设有专供绞人用的专用汽车，于是就荒谬地认为：由于我的告密，他们也定将不免，所以才特意向他们叩头企图"解冤"的。

据我弟弟事后对我讲：说在我当时在怕极成疯时，我右颊上的肉和筋都在猛烈抽搐着。并说我曾肆无忌惮地在车厢中来回乱踱，并且在嘴里还嘟嘟囔囔地叨念着一些什么，致使他和其他的同犯每当我走到他们身旁时，都低下了头不敢看我……足见我由于怕死而作出的种种丑态是怎样大有可观的了！

当火车由长春开到沈阳时，我的丑态一直没有演完。例如，看见有公安部队在车外排队走过去，便以为这就是准备押犯人赴刑场执行死刑的武装部队；看到车站上乘客们跑着换车，便又认为这是争赴刑场去看枪毙汉奸的……诸如此类，大有风声鹤唳、草木皆兵的感觉。

当车中公安干部在呼唤我和几个伪大臣的名字，让我们下车时，我就想这更是千真万确的了，一定是要把我们这批首恶的分子押赴刑场无疑。

不过是，除了我和几名伪大臣之外，还有一个例外的人物，就是有我的一个侄子，我就想他也是要陪同我去挨枪杀的。

当我临下火车便对我弟弟溥杰和其他留在车中的同犯高声说：

"再见吧，祝你们平安无事！"

当我上了开进站内的一辆公共汽车之后，看见了手持武器的公安战士在车门附近站着，我就愈发认了命了。于是我就在心内说：

"既是'准死不能活'，我绝对不能在临刑前丢丑。"并在心中预先定下了"临死前的表演节目"——预定要在临刑前，高呼"太祖高皇帝（努尔哈赤，清朝第一代皇帝）万岁！"

我认为就是这种濒死挣扎的丑态，也仍然可以看出我那满肚子的封建统治者的反动本质——本能来的。真是既卑怯懦弱，又顽固到底，同时还可以看出自欺欺人的阶级本质来。

可是我却没有想到，这辆满载了惊慌失措人群的汽车并没有把我们载到刑场，而是把我们送到了沈阳市内的公安部。下了汽车之后，我们都在命令之下被排列起来，这时我站在后尾，遂命令我站在前面，我便悄悄对我侄子说：

"我带着你去见祖宗于地下吧！"

本来他现在已如同是一只惊弓之鸟一般，再加上听了我的这种鬼气森森的话，据他事后对人讲，他当时两只腿都吓得发软了。

这时我因为已经横了心，反倒不怎样害怕了。于是就把外衣团成一个乱团团，挟在肋下，在人引导之下，大踏步地进了大厅并上了楼。这时整个大厅的楼上楼下都挤满了人，都在争看我们这一群在东北干了十四年卖国勾当的大罪犯。上得楼来，看见有很多的椅子围着一个长桌，在桌上还摆有不少点心、水果、西瓜、啤酒、香茶和新烟之类。我固然看到了这种当前的现实，觉得和我所预想的种种大有出入，但仍是由于已经认定了非死不可的缘故，就抱着自暴自弃的心情，拿起一个苹果来，狠狠地咬了一口。我不但是自己这样做了，还劝我的侄子也来学我的办法，但他却没好意思这样地做。

这时，人民政府的各位首长都进来了，我当时也不认识谁和谁。但是首长对我却非常和蔼。可是我则是仍然处在痰迷心窍的状态中，不仅是不明了政府的意图，反倒错误地联想为：

在过去旧时代，曾听说每当犯人被处刑之前，辄给他一顿最后的饮食吃，现在岂不是让我来吃那最后一顿的"送终宴"？

因为我是在这样地想，所以尽管首长劝我可以随便地吃，我仍是难于下咽。并且愈是和蔼地让我，我就愈发起了一种反感。于是我竟抱着绝望的心情对首长说：

"快走吧！"

这句话是什么意思？

这就是说"不必让我吃东西了，要杀我就快些杀罢！赶快把我送往刑场去吧"的意思。

但首长仍然是悠然不迫地和我谈了半天话，例如，问了些我在伪满时的事情以及关于吉冈安直的事情等。并把张景惠的儿子叫了来，使他们父子见了面。然后更把我的族侄宪东等事情和我叔父载涛现在身任政协代表的事情，对我讲了。并说现在宪东等都在人民解放军中给人民服务，甚至还问我想见宪东等不。我在当时因为觉得没有脸面见他们，便说我不想见他们而做了婉谢。首长并耐心地对我讲：叫我可以安心，不必胡思乱想。并说共产党是为人民办事的，所以共产党对谁都没有所谓私怨，也不做报复行为，并举对蒋介石的事情为例，说他曾对共产党做了残酷的五次围剿，杀害了无数中国共产党人，但是在西安事变时，共产党却为了团结全国抗日力量一致对外的关系，不念旧恶地说服了张学良和杨虎城，才使蒋介石保全了性命。足见中国共产党是一贯抱定了对事不对人的政策。

并对我安慰说，你们的事情，已是事过境迁，现在给予你们的任务，就是好好学习改造，并谆谆嘱咐我说，现在政府对你们所期待的，就是要老老实实、安分守己地学习！

当我听到了这种仁至义尽的谈话以后，我才如梦初醒地认识到：

原来我的想法完全错了。

可是我仍然有所不解：

为什么共产党会对我这样的宽大？

二、开始了学习

据说留在沈阳车站上列车中未被指名叫去的那帮人，也都对于我和这帮伪大臣被唤下车，做了种种的猜疑揣测。就以我弟弟溥杰为例，他说当我们被指名唤去以后，他就想：

伪皇帝和伪大臣中的绝大部分都被叫去了，还不是第一批先处置了他们，然后再对我们进行处理。

尽管列车中的公安干部向他们说，是因为这些人都上了年岁，并且旅途既长天气又热，怕他们身体疲惫难支，所以叫他们下车休息休息去。

可是这帮被留在车里的人，并未信赖这位公安干部所讲的话，他们都认为这也不过是为了安戢人心的一种假话而已。

可是这是假话还是真话呢？终于我们都喜笑颜开地回到车里来了，并把和政府首长见面谈话的概略情形对他们发表了，同时还把从公安部拿回来的香烟分给他们一人一支，这些人都是从回到祖国以来初次尝到解放以后的祖国香烟，所以便兴奋地口里喷着烟圈挤作一团一团地问长问短。

这时车厢里的空气活泼起来了，把自从在绥芬河中苏国境上车以来的沉沉死气，变成为有说有笑的明朗气氛了。特别是张景惠的儿子也来到车上，把祖国人民对于在一个月以前回到国里的他们，所给予的无微不至温暖关照事情，做了简单而生动的介绍，于是在我们这帮人之中，便有人说出了一百八十度转换的得寸进尺的梦呓来了。

某人便得意忘形地在讲：

"抚顺我从前是到过的，我想少时我们到了抚顺之后，一定是先让我们到抚顺市的俱乐部里，先洗一个澡，再换换衣服，然后便可各自回家了！"

还有人兴高采烈地这样附和着说：

"对，对。我知道在抚顺市内还有矿泉浴池哩。说不定还许让我们先洗个痛快的澡，再休养几天哩！"

于是这些无自知之明的人民罪人，便你一言我一语地说出了成套的连篇梦话来。

不久便到了抚顺车站。

于是这帮忧尽而喜的人便一个一个下了火车，然后更一个一个地分上了来接的几辆大卡车，在前后左右武装部队的森严押送下，穿过了在当时尚未拆毁的抚顺旧城，到了抚顺战犯管理所。

417

这时，这些人因为既看到周围设有岗楼的监狱大墙，更被分别领入一排的监房之内，于是乎便又从忧尽而喜转入到喜尽而忧的心情中。

当然，我也并不例外。当我被领入到监房之后，房门便立即"咔嚓"一声地上了锁。这时候，我便又狐疑满腹地不安起来了。同时同在一个号内的同犯们，便都在默默无言之中，彼此作了一下互相心会的眼色。

不久，崭新的被褥发下来了，新衣服、帽子和鞋也发下来了，牙粉、肥皂以及香烟之类的日用品等也都发下来了，铅笔、钢笔、墨水以及书刊报纸等也都陆续发给了我们，接着所方便让我们开始了各小组的学习。

五年以来未曾入口的馒头、大饼、饺子、汤面之类都吃遍了，真是餐餐是精米白面，顿顿是有鱼有肉的出人意料的生活。并且每天还在休息时间从扩音机中给我们经常放送京剧、音乐、歌曲的唱片等。尤其是所长以次的各级工作人员，不论是谁对于我们，都是做着亲切的关怀、周到的照顾。例如：不但是大兴土木地给我们修理了暖气并给我们改造了浴池。当修理完成初次让我们洗澡时，因为水管尚未接好，所内干部就一担一担地从远处去挑水。当我看到那位干部满头大汗不辞劳苦地往浴池内放水时，真感到有一种说不出的难过心情来。在这种说不出的心情中，我觉得是把感激和惭愧的成分都混在一起了。

这时我不由得从忐忑不安的心情中，又生出一种随歪就歪的新念头来：

政府既是这样亲切地关怀照顾，又给我学习改造的机会，大概是不会再办我的罪了。说不定将来我还有到社会去做事的可能哩！

在乍一开始学习时，我觉得一切一切都是新鲜的东西。同时有许许多多词句，对我都是生疏的，很多不懂的，特别是最初在学习毛主席的伟大著作——《新民主主义论》的时候，尤其感到如此。因为其中有许多都是我们有生以来，初次所看到的名词，所以在相当的期间内，就把"抠名词"当作了讨论中的重点。

在乍一读报时，也是如此。也只是由室内同犯轮流地照章宣读一遍，便算是当天的任务圆满达成。既不懂得什么是应当作为重点讨论和分析的地方，也不懂得学习报纸的重大意义，就是这样迷迷糊糊地开始了时事政治的学习。

此外，还学习了"中国近百年史"和"新民主主义革命史"两个文件。于是，才使我初步了解旧中国之所以变为半殖民地的主要原因，以及过去清朝的封建统治和北洋军阀以及蒋介石政权和帝国主义之间的种种关系。特别是由于这种新认识的开始获得以后，才使我渐渐认识到，原来自己在过去所一贯坚持不放的"恢复祖业"的思想，正是使自己给日本帝国主义去充当走狗的主要相引相吸的媒介物。这时，也使我模模糊糊地懂得了什么是"新民主主义革命"以及新民主主义革命的概略意义。

但是，这决不是说，我在那第一次抚顺生活的仅仅两个多月中，就能使我得到这样学习的成果，我只是说，使我开始能够懂得了有生以来初次看到的新社会的人民语言，开始使我对于"恢复祖业"的牢固反动思想有了一点点和旧日不同的阙疑看法，使我一步一步地对新事物开始认识。总之，这只是意味着我嗅到了新社会新空气的一个最初开端，也就是说，这仅仅是我接受对我启蒙教育的第一步。

在这开始学习不久的时候，便从报纸上看到了以美国帝国主义为首的十六个国家的所谓"联合国军"，在仁川上了陆，致使朝鲜人民军自从开战以来连战连捷，几乎把胜利的旗帜插到釜山的战争有利局势，来了一个差不多一抹到底的大转换。可是我那崇美、恐美的唯武器论旧思想，又重新抬起头来。特别是正在这个时候，所方又突然向我们宣布了移往哈尔滨的命令，并且是在命令刚一发表之后，就让我们立即收拾行李准备出发。这就更把我的满腹疑团扩大到最大限度，认为这一定是为了避免美帝的空军轰炸，所以才这样匆促地把我们远远送到松花江北的哈尔滨去。我在汽车上更看到了在沿途有些商店和住宅玻璃窗上的防空纸条，于是更感到一种火药气味，似乎已经飘到了跟前。等上了火车之后，我便悄悄地问我弟弟溥杰，他对这次的移往哈尔滨有什么看法？他也说这一定是因为朝鲜战局发生了重大变化的关系，他并说，他也看到了糊在窗户玻璃上纵横交错的防空纸条。他更满有把握地判断说，也许沈阳以南，不久或将沦为战场也未可知。

于是，我们这批刚刚开始了学习改造的汉奸，便又在胡思乱想的心情下，到了哈尔滨。

三、由抚顺到了哈尔滨

到了哈尔滨之后，我们便被收容到道外的一个收容所内。据说那个地方，曾是伪满警察署经常关押反满抗日爱国人士的拘留所。当我被领进这一所楼房之后，看到了聚成正圆形、满布铁栅栏的各个监房时，便立即又倒吸了一口凉气，认为这又糟了。等到弯着身子进入到一间折扇形两边满立铁柱的房间时，跟着便"吱吜"一声关上了铁门，又上了坚牢的铁锁。我又开始感到失望了，同时又开始害起怕来，于是我就想：

这是开庭审讯的第一步啊！严厉的法律判裁不久就会临到我的头上来的！

当然这时情绪之恶劣是不问可知的了。但是没曾想到我们的学习又开始了。这时我又在报纸上看到了中国人民解放军现已开始了和平进入西藏的伟大历史进军，于是我的思想又混乱起来了：

朝鲜战争既是这样大有可虞；可是，为什么还有余力大举进军西藏呢？

同时又想：

既是这样严重地把我们关在"铁笼"之中，当然不问可知，定是要对我们进行法律处理的一个前提，可是管理所的所长、科长和各位看守员，却为什么对我们的态度反倒日益和蔼、亲切起来？迄今为止，不但从来没有一次疾言厉色的对待，就连憎恨轻蔑的表情，也从未在脸上、神情上流露过一次。此外，像是医务工作者各位，不论是大夫或是护士，也都是不辞劳瘁、不怕麻烦地对我们作着详细而亲切的治疗和无微不至的温暖照顾，哪怕是在夜间抑或星期假日，不论是谁，只要是有了病——哪怕是一点点微不足道的小病，都是立即过来进行诊治，没有一次不是这样的。同时看守员也是时常谆谆地嘱咐，只要号内发生了病人，必须负责立时报告。有的号内因为闹的病没有什么了不起，而不愿意大惊小怪地给所方添不必要的麻烦，就没有向看守员报告，以致受到了批评。还有，凡是患有比较沉重的病时，照例都是随时入了院。有些年老的病人因为受到了这种温暖的医治，常常对人讲，如果我在家里的话，谁还能这样给我一天好几次的注射，这样辛辛苦苦地照顾我呢？这些活生生的事实，当一次又一次地映入到我的眼中，听入到我的耳中时，真是使我觉得所有这一切一切，在当时我的头脑中，是无从认识的，所以反倒使我越发觉得有些不可解，事事都使我感到莫名其妙。

我在那段时期内的心境，真是使我一时忽然放下了心，一时又忽然提心吊胆起来，内心的情绪总是随着一些外界的不相干的征兆，起着波浪式的变化，因而形成了时松时紧，时喜时忧的状态。不但是在日常生活中如此，就是在学习中，也同样是时常发生了摇摆不定，为学习而学习的奇妙状态。例如：

"学习"这两个字，对我根本就是生疏的。因为我自从十七岁以后，就没有做过什么为了自己的真正学习。即使也曾读破了一些书籍，那也只不过是兴之所至的一种表现而已，甚至只是偶尔涉猎一下，便算是达到了用功的目的。我觉得与其说是用了功，倒不如说是消了闲、解了闷还属确切些。特别是为什么需要学习的这一真正意义所在，我更是毫无理解。因为像这样的学习，尤其是自我改造这样的事，在过去的旧社会中，不但是未曾听到过，并且也是根本就不可能有的事情，所以我在当时，对于学习改造这件事总是得不到一些要领。

最糟糕的是，对于新书刊里面的名词，连什么"主观""客观""人生观"和"宇宙观"之类都不懂，更不要说什么叫作"范畴"或是什么叫作"辩证唯物"了。于是我便开始了抄而藏之或是钻牛角式的教条式学习，经常是在啃名词、求知识的狭隘范围内打圈子，至于怎样去联系实际，怎样来结合自己的罪恶等，更是一窍不通。

再加上自己的旧社会思想意识，是相当根深蒂固的关系，所以随时随地都表现了自己思想的落后和行动举止的不对头，因此处处都有我的绊脚石，来妨碍着自己的学习改造。例如，既根本不懂得批评与自我批评的意义，更不知道怎样才叫作帮助别人和互相帮助。所以我对于批评和帮助这样的事，是最感到头痛的。一听到别人对我的批评，满心里就觉得老大的不高兴，认为这就是存心来和我找别扭，是故意借题打击我好来显示他自己的进步。特别是"伪皇帝"的这块过去的反动头衔，更成了我自卑的种子，觉得这个包袱大有沉重得能够压死人的样子。同时不肯也不敢帮助别人，恐怕对谁一进行批评，就会招到他的怨恨，甚至会立即遭到打击与报复。然而在当时，事实上也正是如此，不烧纸还能引鬼，何况是烧纸去引呢？本来么，在我们这些位同犯之中，当时不论是谁，确乎都是抱有"人同此心，心同此理"的共同态度的。所以，在当时的各个监房内，像是小声的叽咕、大声的争吵，甚至无情攻讦谩骂，等等，简直是经常发生，普遍存在的现象，此起彼落，几乎到了几无宁日的地步。

在检讨时也是如此。差不多每当开会检讨时，便会由你攻击、我防御而成为"兵连祸结"的"持久战"。只要开始攻击的号命一发出，差不多便会达到不闻学习终了的铃声不休止的结果。不但是不能从检讨中来解彼此之间的疙瘩，相反地，反会使这一症节愈发扩大和恶化，变成为一个彼此之间的牢固成见和感情上的公开破裂，并且关于那些经常纠缠不清的问题，也差不多都是属于鸡毛蒜皮一类的琐屑细事，对于带有原则性的大问题，反倒是熟视无睹地谁也不敢去碰它，因为谁也不敢衅自我开，否则这一"互不侵犯"的平衡局势一破，便会有"两败俱伤"的危险。因为彼此之间，谁也是免不了或多或少地背有涉及原则性问题的巨大包袱。

所以，尽管每天学习的时间并不能算少，可是由于学习而得来的收获则并不多。总而言之，就是热心学习的时候少，应付学习的时候多，就如同为别人来学习一个样，绝不是积极主动地为了自己改造而去学习的。

对于学习既是抱有这种态度，当然是不会起劲的了，所以像在学习中间打瞌睡，在学习中间思想溜号的情形，自然是在所难免，理有固然。同时，自然也就会生出自欺欺人的当差应付现象来。例如一听到脚步响，便"振作"起精神来，表示一下我正在"积极"地学习着；一看到所方人员的影子，便从朦胧之中张开了久闭之口而大声地叫嚷着临时抓来的空虚意见……就是因为这样，所以尽管我在当时已经学习了相当时期之后，但还是对政府，保持有相当大的距离。

因此，在谈到自己的罪恶时，总是企图避重就轻地进行欺瞒。

例如，我对于在天津时与日寇的互相勾结只字不提，而仅仅以被日寇绑架作为一种"隐身法"，把自己甘愿上套的事情加以粉饰……这就是我当时学习改造中的所谓"实际行动"。

的确是一方面由于在所方因时制宜的领导和启示下，毫无疑问是比没有开始学习以前多多少少有了一些收获。但是在另一方面，由于我那根深蒂固的反动封建统治者所独具的个人至上的极端利己思想，仍在我头脑中起着绝对支配作用的缘故，所以拿那浅浅的收获和学习的分量互相对比一下，除了以"费事不小，收效不大"来做结论之外，是没有其他结语可言的。这就是我在当时所谓的学习态度。

后来，在所方工作人员的领导下，学习了"关于封建社会制度"的文件以后，这才开始对我，起了相当大的启蒙作用。这才使我能够从一片漆黑之中，看到了一缕的光明。例如，对于土地私有制下的剥削罪恶本质的学习，使我初步地认识了这一反动制度曾给几千年来的广大农民带来了怎样的痛苦和贫困，也就是说这才是第一次使我在历史的宝镜中，照到了自己过去的真正面目。

譬如说，封建制度下的皇帝，其实质就是一个全国中最大的地主，而那些王、侯、将、相以及各级大小官吏并士绅等辈，也就是按照着他们各自的官职身份和等级，各如其分地在一级管一级，一层压一层的统治压力下，毫不留情地压在广大人民身上，就如同一座多层大塔，巍然矗立在大地上一般，而使那些被压在底下的人民群众，永无翻身之日，才算"河山永固，天子万年"！

这种新的启发、认识，在我说来，并不是一下子就能得到的，而是曾在多少次矛盾冲突的思想斗争之后，才逐渐有了最初步的认识。就是在这种从无到有，从小到大的认识过程中，才逐渐把我那"奉天承运而为天子"的一贯信念给打破了一个缺口，于是才使我那"劳心者治人，劳力者治于人"的思想坚强堡垒也随之动摇了。当时我就开始这样想：

原来那些"惟辟作福，惟辟作威，惟辟玉食"之类的看法和想法，并不是什么天经地义的特权，也不过是一小撮握有统治大权的统治阶级暴力集团的压力才把绝大多数的劳动人民给治得"服服贴贴"，因而才能保持住他们的特殊地位！

同时，我也初步设身处地地回想了一下：

就是由于他们的暴力统治作用，才使他们能够一层一层地压在广大人民的头上而过着骄奢淫逸、不劳而食的寄生生活。当然绝大多数人民群众就得过那任人宰割、牛马不如的悲惨生活的了。

总之，我这时才开始认识到：这种人剥削人、人吃人的反动封建社会制度，根本就是在人类历史中，绝对不合理的一种人为制度。同时也使我认识了为什么要革命和为什么要打倒封建主义和资本主义制度的真理。

固然由于以上所述的各种学习，使我在思想上逐渐扭转了把人民起义看作是"犯上作乱"的反动看法，和把改朝换代看作是"天命攸归"的自欺欺人看法，但是在我当时头脑中的种种旧思想，仍在占有统治的地位。既是认为压榨民脂民膏是一种罪行，可是对于在苏联时藏匿在皮箱底下的人民劳动血汗的结晶——珍宝等物，却一直隐瞒着不肯自动向政府拿出交代。我的侄子毓嵒就为这事特意给我写了一个字条，劝我把那些赃物，迅速向管理所坦白登记，而我则未把毓喦这次对我的帮助向所方去反映，装出像是自动交代的样子，做了"坦白"，把藏在箱底的东西拿了出来交还人民。我在当时为什么要这样做呢？就是，一方面想借此表示一下自己的学习进步；另一方面则是怕毓喦由于在关押中私自和我通信而致受到违反制度的惩罚；同时还害怕如果我不说，而我的侄子向所方反映了此事我又该怎么办哪？这足以说明我的极端自私自利和不肯把心交给政府、人民的反动思想，到了回国以来学习改造相当长时期之后，尚是这样浓厚地存在着，足见我是怎样顽固的了。

总而言之，就是我仍想以一手遮天的办法来企图骗取所方的信任，仍是和人民保持着极大的距离，所以才仍旧想用过去弄虚作伪长期谄媚日本帝国主义者的旧伎俩来欺骗祖国人民政府，愈想愈觉得自己这种极不老实的态度，不惟是卑鄙可耻达于极点，而且也是一种罪上加罪的严重犯罪行为！

这还不算。一直到了一九五四年重又回到抚顺开始检举认罪的时候，由于我的另一侄子毓嶦在检举认罪大会上当面质问了此事，我才向政府坦白了这一事实的真相。从这里愈发可以明白看出：

不但我的学习改造态度一直是这样不老实，这样地虚伪欺骗，还可以充分证明我在学习改造的长期过程中，我的思想进步是如何的迟迟不前和事事落后于其他同犯的啊！

在这里我还想自我暴露一下我曾经隐瞒过的几项罪行。

在检举认罪时，我还把一九四五年日寇当降服前，我为了谄谀日寇，特把伪国务总理张景惠和伪国务院总务长官武部六藏叫到伪宫，鼓励他们要使伪满尽全力支援日寇抗拒苏联到底的罪行，加以隐瞒，竟歪曲说成是吉冈安直让我这样说的。还有一件，也是在一九四五年日寇当降服时，曾由日寇关东军指令伪傀儡政权，把最后掠夺到手的我东北人民脂血——三亿日元的人民财富，作为我逃亡日本以后的生活费用。我在检举认罪时，对这一可耻罪恶竟只字未提，直到一九五八年在小组内做思想检查的时候，才由同犯的帮助以及自己的思想反复斗争，坦白了这一罪行。

由此可见，尽管我在所方数年如一日的人道主义温暖而耐心的启发教育下，过了多年的学习改造生活，也逐渐认识到只有彻底认罪，才有自己的出路，可是却这样一直隐瞒了多少年，这不是我理论认识和实践的严重脱节是什么？不是深负祖国人民的起死回生父母般的恩情是什么？

四、温暖照顾

在哈尔滨的几年之间，一贯使我深切感到的，就是管理所长以次全体工作人员对于我的无微不至的照顾和仁至义尽的关怀。并且这种照顾和关怀，更是大公无私和与严肃紧相结合的，决不是仅只对我是这样，而是对全体同犯都一视同仁。

在学习方面真可以说是费尽了苦心，拿出了最大限度的耐心，对我们这些一个赛过一个的典型犯罪人做了数年如一日的伟大改造工作。教育是采用了既绵密又切合实际的循序而进的方法，处处都是照顾到我们的思想认识水平，才把学习的步骤和改造的进度给制定出来的。所以我们才能在这逐步加强，陆续加深的计划下，自自然然地一步一步被纳入正规的改造轨道，在不知不觉中，提高了自己的思想认识水平。

每天除了被指定的学习文件之外，还有报纸广播杂志等作为辅助学习的资料，另外还从图书馆按期特为我们借来了多种多样的书籍，从思想理论起一直到科学文艺等各个方面的刊物，都是应有尽有，任凭我们都能随着各人的喜爱适宜选读。还有时由所方工作人员亲自给我们集体上课，或是领导我们进行集体的重要文件的学习。没有一样学习教育不是想尽了方法，定好了步骤，期待我们能从学习和实际互相紧密结合的条件环境下，获得较大的实际效果。对于时局问题，也是有时应付当时的必要，特为我们约请有关方面的首长，对我们来作专题报告。此外，所长和外来的各位首长，更经常地找我去谈话，曾对我作了适时适地的启发勉励以及抚慰。像我这样的人，尽管旧社会的思想习惯残余还没去净，可是也不能不使我在思想上有了渐次的转变，这能不说是对我的起死回生的大恩情吗？

其次是我们的衣食住以及医疗卫生等方面，同样也使我深切感到了无比的温暖，真是照顾得到了无以复加的地步。先从衣类方面来说，崭新的棉衣、棉裤、防寒帽、防寒鞋袜以及厚厚的被褥等，使我们经常过着冬尽不知寒的生活。夏季衣帽等物，也同样是按时发给，从来就没有使我们感到过一丝不便之处。

又如在饮食方面，每日三餐，不但经常是精米白面、鸡鱼虾肉等应有尽有，甚至有时连海参、江瑶柱和广东的蔬菜等等都能吃得到。有一次，一个后进所的同犯某，当他乍一来到的那一天，正赶上吃海参，他因为事出意外，便大吃一惊，不由得在心中暗自捣鬼地想：

"这可不妥，八成我这条命要保不住！"

他为什么要这样大惊小怪，为什么要这样吓得要死？

这也难怪，这就是因为他根本不认识新中国的人道主义宽大政策，仍然是以他的旧尺度来衡量新社会新事物的关系，所以他就认为犯人而忽然能够吃到了海参，这还不是在被枪毙以前的"催命宴"？于是就把他的惊惧的心情和"豁了出去"的"决意"自然地结合到一起，于是就抱定了"落个饱死鬼也还值得"的自暴自弃心情尽量饱餐了一大顿。

从以上这些人道主义的待遇的实例中，可以看出我们所身受的种种温暖关怀，真是已经到了过分又过分的程度，只要稍有人心，谁又能不从感激中生出了愧悔，从愧悔中而生出新的力量来呢？！

此外，每逢到了国庆佳节、"五一"劳动节以及年节等日，所方不独给我们更改善了生活，并且还应时按季发给我们以元宵、月饼、粽子以及花生糖果之类的食品，使我们都能快快乐乐地度过节日。并且还组织我们搞起文娱活动来，而把教育和文娱结合到一起。这种数年来如一日有加无已的深恩厚意，真是说也说不尽，感激也感激不过来的。

至于住的条件更不用说，给予我们以清洁的环境，阳光换气条件俱备的房间，外人来了差不多要惊叹地说：

"这哪里是监狱，简直是个学校的宿舍！"

真是的，如果拿这里和过去敌伪时代的监狱来比，完全就等于天上和地下一般。

在过去的铁链铿锵声音、鞭棍齐下的拷打声音、"犯人"的呻吟号恸声音等日夜不绝于耳的活地狱，到了现在竟自变成了学习讨论的声音，弦管锣鼓的声音，以及谈笑歌唱的声音，到处充满的改造人的大学校了。

特别是这个抚顺的监狱，在过去曾是一个在敌伪统治时代一直拘禁、虐待、奴役、屠杀我爱国抗日人民的血淋淋魔窟。在这里边曾经受尽了种种惨无人道的苦刑苦役的人，在饱受折磨之后而丧失了宝贵生命的人真不知要有多少。据说当日本帝国主义战犯有一年为了构筑花坛而掘土的时候，竟会挖出了一具年龄十八九岁的少女的枯骨。在她的头盖骨上还有一个鲜明的手枪弹孔。不用说这也就是在敌伪血腥统治时代的又一实证。足见在这个管理所中的一砖一石、一草一木上面，都不知曾经沾上了多少爱国烈士的英雄鲜血！而我们这批帮助民族敌人残害自己祖国兄弟姊妹的穷凶极恶汉奸，现在却在人民打垮了敌伪，翻了身，当上了国家真正主人的今天，在这个血迹斑斑的旧地方，过着这样破格宽大的生活，怎能让我不痛心疾首地憎恨过去的自己呢？

我们现在是在祖国人民的无比宽大包容下，在共产党和毛主席的无所不照的阳光下，活到了今天的。不但是不记前仇地使我们有了现在的今天，还使我们能够得到史无前例的脱胎换骨重新做人的学习改造好机会，这种伟大恩情，叫我说什么话才好？

我既是切身地深深感到了祖国人民和政府这样对我破格宽大的恩情，我就更应当时时刻刻反躬自省地回顾自己过去的严重罪恶；我既认识了自己的罪恶，就更应当对当前的学习改造态度深深自我检查和诚恳地自我反省才对。然而我扪心自问，我的反省等确是做得极其不够的。为什么我要这样说？那就是尽管我知道感激祖国人民和政府，也由于长年的学习改造，渐次真正认识了自己的罪恶是严重的，可是还不能把我那封建统治阶级所固有的个人自私自利的反动思想残余一刀两断地和它做彻底清算。例如，在前面所说的屡次替自己的过去罪行打掩护，甚至敢于欺瞒自己的祖国和政府，这不是充分证明了我的理论和实践依然是互相脱节的吗？！我现已下定决心，我决不能再这样下去了，我一定要改造好我自己，我一定不能辜负祖国人民对我这样史无前例的海样恩情。至于我怎样能够做到这一点，怎样能够确实保证这一点？这就是：

首先必须下定决心彻底地不断地和自己的旧思想残余做斗争，必须抱定"旧的不去净，新的进不来"的信念，才能进一步地使自己的理论和实践得到真正的结合与统一。只有这样，才能真正符合党和政府使我得庆重生的改造恩情。我现已深刻认识到：

空口说什么也是无用的。唯有在终身认罪，不断加速学习改造的基础上，实事求是老老实实地积极自我去做争取，并且一切都要从自己的躬行实践中，以实际行动来作为表示决心的誓言！

五、朝鲜战争

我在乍一回到自己的祖国，在抚顺开始了平生第一次的真正自我学习的时候，偏偏又赶上美帝发动的侵朝战争，由于所谓"联合国军"的仁川登陆，致给连战连胜几乎攻到釜山、把李承晚匪帮推入大海里去的朝鲜人民军由背后忽然来了一个"兜底捞"的战法，同时还把它那自以为"不可一世"的凶锋，一鼓作气地向北京推过来。这在一贯崇拜帝国主义"唯武器论"的我说来，真是一个不简单的事实考验。于是我那自从朝鲜战争开始以来，对于朝鲜人民军——人民力量的看法，连根动摇了起来。我在当时，不但认为平壤和新义州已形同累卵之危，就连我东北地区的南部一带恐怕不久也将变成为曝尸喋血的新战场。

我不但是这样地抱着一颗动荡不宁的心情，由抚顺到了哈尔滨，就连当我听到了我国的人民志愿军已开始抗美援朝，全国六亿人民都一齐掀起了烈火怒涛般的抗美援朝保家卫国的轰轰烈烈的伟大民族运动以后，我还是在崇美恐美的主观认识的狭小圈子里，打着神经质的小圈圈呢！

例如，我在当时曾"好心"而"满有自信"地认为：

美帝乃是当今帝国主义国家之中的一个了不起的大头子，连那猖獗一时的日本帝国主义，尚且在它的武装力量下，被压得一蹶不起，何况我国建国刚刚不久，长年以来的战争疮痍，尚待大力恢复，固然在共产党领导之下的人民解放军，也曾击溃了美式现代装备的八百万蒋匪军，但是想和美帝去碰，恐怕是有些问题。真是放着好日子不过，又何必替别人去冒这种没有必要的大险，去做那"烧香引鬼"的"傻事"？如果是兵连祸结起来，"胳膊又怎能拧得过大腿"？那无情的战火，定将会蔓延到我国整个国土上来。特别是我国刚刚从那可怕的战祸中喘过了一口气，并且国内建设还仅仅是个开端，这样一来，岂不等于自讨苦吃？不但元气将永不会有得到恢复的机会，就是这一点点社会建设，也必定会受到根本上的致命影响。先不用说旁的，光就美帝的空军威力来讲，罗马的半成废墟，德国各大城市的几乎全部毁灭，日本的一片焦土，还不是我们的一个前车之鉴？何况美帝还有原子弹和氢弹呢！我国的这一点点空军力量，如果和美帝比起来，还能成个问题？

于是我愈想就愈发觉得美帝势力的不可侮，我国的危险万状。

有一天，所方工作人员站在车轮形监房中央的高台上，大声地把一张报纸的号外特别念给我们听。那就是我们志愿军在开始抗美援朝的首次光辉大胜利。把已经迫近了鸭绿江边，并大肆叫嚣鸭绿江不算国界的美帝侵略军队，我们人民志愿军竟会用步枪手榴弹击溃了它们的坦克大炮，而且还用两条腿，大批大批地截获了向南望风奔溃的机械化兵团。把朝鲜当时的战局，疾风迅雷地扭转过来了。

不久，第二次、第三次直至第五次的一个接一个的光辉大胜利消息，一次又一次地传入我的耳中。这才如梦初醒地，使我开始认识了中朝人民的伟大正义力量，和我国共产党、毛主席的正确而英明的领导。同时也开始使我认识到我多年以来所一贯爱用的旧尺度，对于衡量新事物，确是已经失去了它的效用。因此，我才初步懂得了什么是抗美援朝、保家卫国的伟大精神和意义，也把我装满了一脑袋的崇美恐美思想，给清洗掉了不老少。

后来所方的金科长，又特为我们做了一次既全面又有系统的"关于朝鲜局势"的生动报告。这更使我无条件地相信了"美帝是个纸老虎"的这句话。

嗣后在一连串的事实教训之下，美帝终于不得不在谈判桌旁，乖乖地坐下签了字。朝鲜战争的结果，果然和所方的判断一样，是以美帝的彻底失败而告终。

我国人民这次大举抗美援朝，并不仅仅局限于保卫朝鲜，就是保卫自己祖国的范围以内，"救邻自救"的伟大之处，也正是对美帝国主义者想借朝鲜为跳板，重走日本侵略者所走过的老路，以便更进一步来侵略整个亚洲和独霸全世界的痴心妄想，做了一次"痛棒式"的教训。就是由这次的事实教训，才使我能够比较全面而系统地认识到，唯其是在共产党、毛主席领导下的中国人民，才是不可被战胜的一种正义力量。为什么在过去的旧中国，便不能战胜外侮而成为半殖民地？还不是亿万的中国人都怀着亿万个不同的心，所以才会被弄得四分五裂成为一块块适合于"分而治之"的各个好对象？现在在共产党毛主席领导下的中国人民，不但是整个地都站了起来，打碎了百余年来帝国主义者给缠在身上的锁链，并且还更进一步地打起了"救邻自救"的正义旗帜。这不独把帝国主义伸进亚洲来的猪嘴巴，给一下子打了回去，而且是为了全世界人类的永远和平幸福，也给铺平了一条走向共产主义的康庄大道。这能不说是中华民族在世界人类历史上的一件最伟大的光辉功绩吗？

同时也使我更深刻地认识了不论是怎样凶狠强大的帝国主义国家，在正义的人民力量面前，它是被注定非失败不可的。过去的德日意三个法西斯国家的彻底瓦解，以及这次以美帝为首的十六个国家侵略集团的彻底失败，都足以充分证明这一问题。

我在过去，确是深深中了"唯武器论"的毒，所以我一贯认为人类世界上是"只有强权没有公理"。也就是说：认为"强权就是公理"。现在我才明白了只有合乎社会发展规律的，才是公理；只有符合绝大多数人民利益的才是正义。不论武器怎样精良，科学技术怎样发达，结果是还得看使用武器和掌握科学技术的人，是否为正义的，是侵略或是反侵略，是为了绝大多数人民的利益或是违反绝大多数人民的利益。这也就是决定最后胜利的一个根本关键之处。

就拿过去的例子来看，日本帝国主义者的武器装备怎么样，而我国的抗日人民军队又是怎么样？还有在解放战争中，被美帝完全装备起来的八百万蒋匪军，比我们人民解放军的武器装备以及人数等又是怎么样？在这次抗美援朝初期以美帝国主义为首打着"联合国军"的大旗号的十六个国家侵略军队的武器装备比起中朝人民军队的武装力量又是怎么样？最后还不是日本帝国主义无条件地投了降，八百万的蒋匪军终于在大陆上彻底覆灭，世界上头等强大的帝国主义国家美国终于在头破血流的状态下，不得不乖乖地坐了下来在停战协定上签了字？所以我由此所得到的结论是：

正义的力量是无敌的，人民的力量是不可战胜的，共产党和毛主席的领导是绝对正确的。相反的，任何非正义的、反动的力量，不论它的力量有多大，结果是在社会发展的铁的科学规律下，必定会以最后失败而告终。

同时，也使我把这事实教育又联系到辛亥革命的事情上来。例如，为什么清王朝曾以天下的兵力，以及帝国主义列强在经济政治上的种种实际援助，并深深抓住了当时人心的"纲常名教"的无形武器等，做了最后的疯狂挣扎。可是在革命人民的振臂一呼之下，就会使清朝的"精锐军队"望风而逃，使帝国主义的金钱和武装势力也都对之束手无策，还使几千年来一直形成为一条钢铁锁链，一直拿"君君臣臣父父子子"的反动谬论拘束了亿万人心的思想武器，也都在一瞬之间，变成了人所共弃的历史垃圾物。这不都是由于社会发展规律所给规定出来的么？

封建制度在资本主义制度面前，既是形成了这样的脆弱相，那么帝国主义者在社会主义制度下的人民群众面前，形成了这样的脆弱相，又何足为怪？

因此我也就更进一步地认识到，梦想开倒车，其结果只能是枉费心机，以可耻失败而告终。社会历史车轮绝对是不可能使之倒退的。这就是社会历史发展的绝对真理。"顺之者存，逆之者亡"。这就是我在朝鲜战争中所深刻体会到的事实教训。

六、赵厅长的讲话

当我们正在哈尔滨道外管理所内过着学习改造的生活时候，在我们这些人之中，每个人的思想都是相当混乱的。有的人成天对着"铁笼子"的栅栏发愁；有的人每一听到铁锁上门的声音便低头长叹；有的人则抱定了"敷衍学习，恭候判罪"的消极心情，过着混吃等死的日子；也有的在焦躁之余，时常大耍无赖，借着和人争吵作为发泄；更有的怪话连篇经常扯人后腿和不断散放邪气；也有的卖傻装疯，有的积忧成疾……真是千奇百怪无所不有。正在这邪气上升正气潜匿的时候，当时哈尔滨的公安厅赵厅长便亲自来到管理所对我们做了对症下药的长时间讲话。

大意是说：你们要好好学习，争取改造自己成为一个新人。政府的政策，你们要认真学习，你们须要知道，现在你们如果不老老实实、诚诚恳恳地学习改造，那就等于祖国人民已经向你们伸出手来，而你们却偏偏不肯来握，反倒把手缩回去一样。

此外，还恳切地嘱咐我们许多话，主要是让我们必须认识什么是社会发展规律，并勖勉我们必须自我努力，清算过去，认识过去，才能认清什么是现实，以及如何才能赶得上新社会的跑步向前发展，才能不致成为一步赶不上，步步落后的新时代落伍者。并谆谆对我们阐明了党和政府人民对于我们的关怀和期待，等等。

我们听了这次讲话之后，每个人差不多都对各自的前途摸了底，因为已开始望到了一线曙光，便再不像以前那样各怀鬼胎地暗中摸索了。

特别是自知罪大恶极，若不死就等于没有天理的我，听到了这种诚挚而负责的讲话，看到了这种爽快而和善的态度，不但异常感谢党和人民政府的破格宽大和温暖，并且也初步有了"活下去"的信心，也初步懂得了应该怎样来掌握自己的命运，同时更以此为基础，逐渐觉悟到学习改造正是党、政府和人民所给予我的当前唯一任务，还认识了自我争取的重要意义。因此，把我在当时的学习积极性，又给提高了不少。

我敢这样地说：

这种心情的巨大变化，绝不仅限于我一个人如此，所有我们这帮人，差不多没有一个不是在听了这次讲话之后，犹如拨云见日一般，把长期郁积在各自心中的种种疑云暗影，一举驱散了一大半。若问为什么不能一扫而光呢？因为像我们这一类的人，个个都是曾在旧社会中身为"人上人"的上、中级以上的统治者，都是在整个前半生中被种种应有尽有的毒素给熏染得到了相当程度的人，所以决不会一下子就能根本肃清，而只能是在逐渐清洗之下慢慢消除。

所以，那次赵厅长对我们的讲话，尽管对于我们确是一付适时适地的对症良药，但尚未能使我们把各自不同的大小包袱悉数丢掉。不过是我却敢断言：对于我们尔后的学习改造，确是曾打下了初步的坚固基础。

这也是我们全体同犯所一致承认的事实。

七、志愿军某首长

在那一九五三年使我终身难忘的一个秋季里，正当我在所方长期以来适时适地的耐心启发开导下，以及不断以学习与实际互相结合的改造教育下，已经清楚地认识了美帝确是一只一戳就破的纸老虎，而绝不是什么"铁老虎"的时候，又使我受到了一次连做梦也绝对梦不到的好教育。那就是居然有一位在上甘岭战役中，树立赫赫功勋的中国人民志愿军的某首长，刚刚才从抗美援朝的前线胜利回来，竟自在那征尘仆仆的百忙之中，特地来到我们的管理所，首先便找我作了个别的谈话。

当我听到所长介绍，说这位就是六亿祖国人民最可爱的人——中国人民志愿军的一位指挥员时，不由得使我全身的神经都蓦地为之一震。这真使我既感到一种莫名其妙的兴奋，又觉得一种说不出的由衷感激，同时还掺杂有许许多多连自己也分别不清的惭愧高兴等的滋味在内，简直使我局促不安，不知应该怎样做才对。于是我就在心中暗想：

像是这样为全国人民所一致衷心敬爱的伟大志愿军首长，居然会找我做个别谈话，这真是一件完全望外而又望外的大事情。愈想就愈觉得昂奋，简直恨不得立时进前一步用尽了我的浑身之力，紧紧拥抱一下这位祖国人民最可爱的人，来发泄一下我那涌上心头不可遏制的极端冲动，但是同时我又想：

像我现在这样尚未把全身肮脏洗涤干净的人，像我这样卖国求荣、致成为全国人民所最痛恨、最鄙弃的大汉奸，可有什么资格去拥抱他！

于是这种冰冷的自责自制之念，便立即压止住我那烈火般的冲动。我只能是低着头，含着泪在这条凛乎不可逾越的人格界限边缘上，呆呆地望着那位首长。

身上穿着朴素的呢军服，脚上穿着质朴的黑布皂鞋，年龄约有四五十岁，虽然是在抗美援朝保家卫国的神圣民族反侵略斗争的一开始一直到了现在，曾经历尽了千辛万苦，立下了无数汗马功劳的一位血战疆场的民族英雄，但是在他的脸上，却挂着一些劳动人民所共有的纯朴笑意，并没有对于我这可鄙可弃的人，露出丝毫憎恶的神色，反倒像是要安抚我似的对我做了亲切而和蔼的谈话。

在和我谈完话之后，更是出我意料地把这些大大小小的汉奸都召集在院中，让我们都围着这位首长作了一个半圆形，盘坐在草地之上。而这位首长便在一棵大树底下，摇着白纸折扇，向我们做了一次关于抗美援朝、特别是他自己亲身所经历的那个举世震惊的"上甘岭战役"的光辉战例，做了长时间的既详尽又生动的一篇报告。

在刚要开始讲话之前，当所长向这帮人介绍了这位首长就是中国人民志愿军的高级指挥员时，我们这批人全部被"中国人民志愿军"这七个字给弄傻了。若不是所长提醒大家"我们对志愿军首长鼓掌致敬"的话，我们之中简直没有一个敢于带头鼓掌。这本来难怪：

因为第一是完全被这意外的冲动给弄昏了头脑；其次是，想到了自己当时的身份和过去的龌龊罪恶，简直不敢鼓掌，觉得鼓掌也是对六亿人民最可爱的人的一种冒渎。

当我听到了中国人民志愿军为了祖国的安全，为了祖国人民的幸福生活，为了朝鲜人民的独立自由；为了亚洲和世界的永久和平，在那严酷而激烈的反帝国主义侵略的正义战争中，竟以劣势的轻武器战胜了武装到牙齿的疯狂敌人，竟以两条肉腿和那飞机、坦克、装甲车等去做决定胜利的赛跑，以及我方从无到有，从小变大，由弱转强的种种忘我牺牲，并愈战愈勇、愈打愈强的种种超人的英勇事迹，等等，真使我觉得自惭形秽而不能抬起头来。

特别是当听到那些在言语笔墨所绝对不可能形容出来的千难万险不利条件下，使人被感动流泪的无数战场实例时，例如，同志之间的革命友爱精神；上下级之间的团结一致的革命传统精神；救死扶伤的自我牺牲精神；以及决不向困难低头的勇敢坚决精神；并对于朝鲜兄弟的伟大国际主义精神，等等，更是使我感觉到自己的龌龊和渺小，觉得简直和我自己犹如隔有另一世界那样的远大距离。

尤其是当我听到了黄继光、邱少云以次各位英雄烈士的英勇杀敌，视死如归的无数光辉事迹时，更使我以及其他的多数同犯，都不止住地落了泪，激动的有的甚至连笔记也记不上来了！

这位首长在讲完了这些深深感动人心的辉煌事例之后，还对我们这群丑恶肮脏的罪人，做了恳切的最后勉励，谆嘱我们要好好学习，要努力改造哩！

当我听到了这最后几句训勉的话之后，我就在心中想：

就连祖国人民最可爱的人，也居然还没有鄙弃我，还在期待着我的努力学习改造，还在期待着我能争取重新做人呢！

就在这同时，也使我在内心深处痛感到：

过去自己的甘心叛国投敌，甘心卖国求荣和贪生怕死的丑态以及所犯下的滔天大罪，这和适才所听到的可歌可泣的壮烈民族英雄事迹对比起来，又怎能不使我流下了感愧交并的眼泪！

总之，这次人民志愿军首长对我的见面与讲话，特别是对我的勉励，都是我终身也不会忘记的事。

我在这种无法按捺下去的激动心情下是无法再克制自己的，可是又非得痛加克制不可，没有法子，只能是双目饱含着热泪，用足了力气鼓了掌，直到所长示意停止才算罢休。

我自从听了这次意想之外的讲话之后，顿时觉得更有无限的光明出现我的眼前似的。于是我更下了决心：

决心非学习改造好自己不可！

一定不能辜负祖国人民最可爱的人对我的殷切期待！

第十三章　第二次到了抚顺

在一九五三年的冬季开始学习了《帝国主义论》，这是郭大力先生作的讲义，因为在当时我们的思想认识水平上，要让我们直接学习列宁的"帝国主义是资本主义的最高阶段"，我们是有"啃不动、钻不透"之虞的。所以所方就先让我们从经过郭大力先生充分消化过的《帝国主义论》的讲义入手，一直到三月中旬，才把这个文件学习完了，到了三月十七日，便从哈尔滨回到抚顺来了。

由于学习了这一文件，才把我对于朝鲜战争以光荣胜利结束的实际认识更能从理论方面得到了进一步的补充认识。这次学习对于我的最大启发，主要是使我初步地认识了为什么帝国主义的终局就是死亡在等待着它。也就是随着资本主义的进入最高阶段——帝国主义阶段，像那随之而来的"五大特征"和"三大矛盾"，也就由发芽成长而逐渐达到了壮大的程度。还有那由于它的反动本质而产生出来的"生产社会化"和"生产资料私人占有制"的无法克服的矛盾，也是它从先天就给带来的绝对无法摆脱的致命伤，因此，对于资本主义制度的本质以及它的最后命运，也使我从理论中找到了正确的根据。同时也使我初步懂得了它那无可避免，而且无从挽救的经济危机乃至政治危机的由来。也就是说，使我在理论上，也能初步掌握了帝国主义腐朽、寄生和垂死的缘故，以及它的结局，所以必定走向死亡而后已的社会发展必然规律。

我就是在这样的思想转变过程中，进入了检举认罪的阶段。

一、检举认罪

回到了抚顺管理所之后，到了三月二十七日，政府的工作干部便向我们做了关于"学习帝国主义论"的报告。除了总结我们三个多月来的学习认识成果外，更对解决我们本身的主要问题，给予了莫大的启发和明确的指示。这真是我自从回到祖国以来，对于我们每个人的前途，最有决定性意义的一件切身大事。

政府工作人员不但是对于我们做了这样详尽明晰的动员报告，所方也同时对我们做了严肃而具体的指示。固然，在当时我还不能了解政府的伟大政策的真正精神和意义，但是在事后的今天，把过去的种种经过加以全面的回忆和分析时，是能够痛切感到：

真是一贯不惜人力、物力、财力而苦口婆心地一心想要把我们每一个人，一个一个地往重新做人的生路上去拉，还恐怕我们在当时不可能完全了解政府的政策，一而再，再而三地教导我们，向我们伸出了温暖的双手。像是这种仁至义尽的治病救人态度，这种改造人的伟大精神，不要说人心都是肉长的，就是块顽石，也不能不在这种马列主义伟大科学力量下使之点头的。

在当时，最使我铭感五内的，就是政府干部对我们所说的这些话：

"现在有两条道路：一条是彻底检举日本帝国主义战犯以及汉奸对祖国人民长期所犯下的种种滔天罪行，而向祖国人民低头认罪，这便是你们的唯一光明生路；另一条则是抗拒检举，不肯认罪，这便是甘心自绝于人民的死路。而现在则是到了你们对这两条道路自行选择的时候！"

第二天，政府工作干部更分别到各小组内，亲自来主持我们的座谈会，并随时做了适当的指示和激励。

此外，更于四月七日，针对我们在检举认罪过程中的错误和偏差，做了进一步的教育和纠正。真可以说是对于我们每一个人，都做到了因人而异的"耳提面命"，都是不嫌费事地做了耐心的说服动员，处处做了对症下药的教育。就连对极少数的个别分子，也仍然是抱定了对事不对人、说服教育的态度来打通他们的思想，处处显示了宽大与严肃相结合的伟大精神。因此，在这整个检举认罪的时期中，并没有一次使我感到过被审讯人和检察工作者之间的感情对立，始终是在宽严相济的伟大政策下，也就如同是在医生和病人之间的双方关系下那样，度过了这段极度紧张的检举认罪时期。换句话说，我们之间的思想感情以及互相间的关系，差不多和师生一样。政府方面处处没有忘掉教育我、启发我并动员我，所以我在当时，是在欲罢不能的情况下，一步一步被引到正路上来的。

例如，我曾听到有一位工作人员对我们这样讲：

"现在就等于你们在作战，必须拿出积极负责的实际行动来，才能争取到做个起码中国人的资格！"

还有的工作人员这样说：

"这就是你们靠近人民这一边来的唯一机会，所以只有看你们如何努力争取了！"

不但是经常地这样启发、教育和鼓励我们，并且还经常纠正我们的缺点，批评我们的错误认识，并且还在那种日夜繁忙工作中，特意召集我们全体犯人来开大会，对于表现积极的人做了鼓励和赞许，对顽固不化的人做了严肃的教育。使大家都能在这种事实的感召下，愈发清楚地认识到，究竟应该走哪条道路才是正理。因此大家都在这种推动下，愈发认识了政府说到哪里做到哪里的真正大公无私政策，普遍地都积极行动起来了。

总的说来，固是如此，可是在当时，我的内心深处究竟是怎样的，究竟是经过了怎样复杂曲折的思想斗争过程才完成了这一检举认罪的任务？

那就是在乍一开始检举认罪的时候，我是这样想的：

我是这群汉奸中最大的一个，拿犯罪程度来说，确是一个罪大恶极的人。即使其他的人能够从轻论罪，而我则是万万不可能的。固然在认罪期间内，我曾听到一位首长对我阐明了"坦白从宽，抗拒从严"的道理，在镇压反革命和"三反、五反"的伟大群众运动中，我也看到了"坦白从宽，抗拒从严"的实际事例，因而也使我看到了出现在眼前的一线光明。但是在当时最使我感到苦恼的，则是有些事情我知道得太不具体，还有些事情则根本不能把它完全想出来，因此就使我在内心里结了一个疙瘩。认为自己的罪恶又大，自己对在敌伪时期的罪行又谈不出具体的东西来，这不是明明在眼前摆有一条"坦白从宽"的光明大道，而我也是满心里想去走，可是在事实上是无法走到的么？因此就使我顾虑横生、情绪不宁起来。

从这里还可以充分看出：

各位首长既经常对我讲要靠拢人民；我在口头上也经常这样地说着，可是我却又生出种种的顾虑来。这不是我仍然未能明确了解政府的实事求是政策是什么？不是还未能理解政府的宽大政策的真义是什么？

关于坦白交代也是如此，尽管我也做了坦白，但是因为怕的关系，也有把其中的真相加以歪曲以图减轻自己罪责的不正企图，甚至还有没有交代的事，这就是我对于在一九四五年苏联军进兵解放东北的当时，明明是我自动地鼓励伪国务总理张景惠等抵抗苏联，却把它说成是吉冈安直叫我这样做的来做歪曲，一直到了一九五六年，我才进行坦白，清楚交代了此事。再从这件事来看，我是站在人民的立场来看待自己过去罪恶的么？不是的，仍是在自欺欺人的小范围内打着圈子。在检举认罪时，各位首长以及管理所的所长，却都是耐心地启发我、激励我和安慰我，所以我才在这种思想斗争中，逐渐认识了认罪检举的意义，逐渐安稳了动荡不宁的情绪。

到了一九五四年年末，检举认罪运动基本上完了以后，有一天所长曾问我，在认罪之后，今后打算怎么办？我回答道：

"唯有束身待罪，静候政府和人民对我处理。"

所长听了便以极其恳切的态度教导我说：

"专门抱着待罪的心情来做等候，是不能解决什么问题的。应当更好地努力学习，更好地自我改造和自我争取才对！"

当我听了这段话之后，真使我如同绝处逢生一个样，不由得在心内这样想：

像我这样罪大恶极的人，政府的各位首长以及所长竟这样不断对我进行教导和鼓励，叫我怎能不由衷感激，怎能不由衷惭悔过去，痛恨过去？

因此使我也认识到，对于自己过去的种种罪恶，是应该痛切悔恨和惭愧的。对于祖国政府和人民的宽大恩情是应当感激的。自己的生命和灵魂乃是祖国政府和人民重新给予我的。但是光有悔恨和惭愧以及感激的心情还是不够的。最主要的，是要把上记的各种心情，化为努力学习、改造及争取的力量，这样才不辜负政府和人民的宽大恩情。如果按我过去罪行的严重性来说，我又怎有可能活到今日？

二、通信

到了一九五五年的六月七日，所方准许我们和家族通信了。这又是自从我回国以来的一件使我兴奋鼓舞的大喜事。固然在被允许和家属通信以前，政府就曾把我父亲载沣故去，以及所方把我弟弟金友之的现在生活与工作的概略实况告诉了我，但是这次又允许我和久别多年的妻子李玉琴以及我弟弟妹妹等通信，怎能不叫我欣喜欲狂呢？

所方不但是许可了我们通信而已，并且还对于改变了住处的家属通信地址等，也都是想尽了办法替我们做了精确的调查。例如，李玉琴和我四弟金友之以及我妹妹的住址等，就都是由于所方的帮助，才能和他们通了信的。

因此，在我们这些人之中，有的人由于和久别多年的家属取得了联系，得知自己的妻子和子女等，有的有了很好的工作，有的入了学，还有的当上了青年团员，也有的光荣地加入了共产党，或是当上了劳动模范以及抗美援朝的光荣军属等，真是皆大欢喜，并因而更坚定了学习改造的信心。

也有的人因为他的儿子站在人民立场，严肃地批评了他过去的罪恶，更叮问他有无彻底悔悟争取重新做人的决心，更经过所方的开导和同伴们的帮助之后，而能够更进一步地认识了自己的过去严重罪恶，愈发激起了努力学习改造的决心。也有的人由于家属的殷切期待，才更进一步地懂得了怎样以实际行动来自我改造的道理……像是这样使人感奋兴起的例子是很多的。

因此也使我认识到，政府这次准许我通信，当然是对我们这批人的进一步的温暖照顾，但同时也是出于要进一步加强我们学习改进的父母般恩情而来。足见政府和人民对于我们的学习改造，是曾费了多么大的苦心，真是有步骤地从各个方面来启发我们、教育我们！

像我这样的祖国人民大罪人，不但是活到现在，并给予我以学习改造的好机会，还允许我和家庭通了信……这种种说不尽的恩情，真是除了共产党和毛主席，除了我们新中国，无论在任何过去旧时代，或是在世界上的任何反动阶级专政的国家，都是找不到的。

伟大的祖国人民，伟大的共产党和毛主席！我唯有感激，唯有尽我全力来好好学习改造之外，是没有任何方法来表达我这由衷感激的心情的！

三、载涛

在一九五六年的三月十日上午，所方忽然叫我、我的弟弟溥杰、我三妹夫润麒和五妹夫万嘉熙，以及我的三个侄子到所长那里去。一进门忽然看到了和我别离已有十二年多的七叔父载涛和我寤寐难忘的三妹和五妹。我当时真疑心是在做梦，要不然就是我的眼睛看花了。

于是我就如同身在梦中一般，逐个地握了他们的手，一时心中的千言万语，反倒像是无从说起似的，只觉得心里又是惊奇，又是喜欢，既觉得好像是酸溜溜的，同时又觉得好像是热乎乎的。不由得我的眼睛里也充满了莫名其妙的热泪，真可以说是这种滋味，乃是我有生以来第一次所尝到的。

当定了心神之后，大家都坐了下来，我叔父载涛便以感动得似乎发颤的声音对我们宣布说：

"前些日子在人代大会上，见到了我们的伟大领袖毛主席，曾对我说：你们现在都在抚顺，并问我愿意去看你们与否……"当说到这里时我们不由都被感动得落了泪，有的人还哭出声音来了。

我就想：

"像我这样罪大恶极的人，可是人民的领袖毛主席却反而对我们这样关怀，我还有什么话可说……"我实在是太受到一种形容不出的强烈感动。

载涛更继续着说：

"……过了几天之后，彭真市长便对我讲，叫我在赴抚顺时，可以把你的弟弟或妹妹一同带去……"

这时我那两个妹妹便不等我叔父把话说完，你一言我一语地抢着说"政府不但每人给了旅费，还为了我们到东北去天气寒冷，还给我们做了一身防寒的外套……"

说到这里时，她们哭了，我们也都落了泪。

我听了这些话以后，就觉得我的整个身子，好像是曝在温暖的阳光之下一般，觉得这种意外又意外的恩情，简直是连做梦也不敢期望梦得到的事情。若不是在共产党毛主席领导下的中国新社会，哪会有这样的事情。同时又联想到在过去敌伪时代，对于祖国的广大抗日爱国烈士，曾是怎样地对待着来着？像是那些严刑拷打，凌辱折磨，虐待酷使，以及枪杀绳绞，等等，不都是对待这些成千上万至死不屈的民族英雄与爱国烈士的么？可是在人民抛去了无数宝贵头颅战胜了日寇，打倒了汉奸的今天，却对于像我这样的元恶大憝的汉奸头子的家属，竟会做出这样至矣尽矣的破格关怀；只要是个人，只要是尚有人类良心的人，谁还能不从感激涕零中来反躬自责，还能不从良心内疚中觉得自己置身无地！

这时所长又微笑着对我们说：

"你们随便谈吧！如果觉得我在这里谈话不方便的话，我可以走出去，你们尽量地谈好了。"

我们没等这句话说完，便抢着一齐说：

"没有什么不方便的地方，真是……"

但是我们的所长也不等我们把这句话说完，便笑眯眯地和所方的各位干部都一齐走出去了。并且还把房门给带上了。

于是我七叔便对我们讲，北京市彭市长怎样派了一位工作干部陪同他们一起到这里来，怎样让他们三人都住在抚顺市接待所里；怎样到这里来的时候还有汽车送他们……

然后又谈了我父亲逝世前后的一些情形，以及我的弟弟妹妹们都怎样在新社会的新环境下，各得其所地过着光明幸福的新生活。

我才知道了我的这位唯一的胞叔，也是在党和政府人民的教育培养下，不仅在解放之后，曾在我国西北一带地方对于马政方面的工作，有了一些贡献，并且现在还代表着我们二百数十万的满族人民，光荣地被选为人大代表。同时也听到了关于我们新中国对待少数民族的伟大民族政策所获得的种种史无前例的光辉成就。例如：现在全国的满族人民，都欢欣鼓舞地在我们的民族温暖大家庭中，过着富有光明前景的平等自由幸福生活。像是在旧社会里的民族之间互相仇视、互不信任的情形，现在早已成为一去不复返的历史上的过去陈迹了。

我们谈了约有两个钟头之后，所长才又走了进来，问我们谈得尽兴否？

我们笑着回答说：

"想要说的话都说了。"

所长又笑着说：

"多少年没见面了，好好地谈吧！"

我们说："实在是谈完了。"

所长又说：

"今天谈不完也不要紧（因为已经到了午饭的时间），明天还可以来谈。明天谈不完，后天来也可以。总之，你们多咱把话谈完多咱完事！"

然后，所长更领着我的叔父和两个妹妹到伙房、澡堂以及我们所住的房间等处都参观了一遍，我的妹妹，总的感想是：

"这里的一切一切，真都是太好了，简直和学校一个样，我们太放心了！"

又说："这都是共产党和毛主席的恩情，共产党和毛主席对我们实在是太好了！"

在临走时更握着我们的手对我们说：

"我们回到北京，一定更要好好为人民工作，请你们在这里也一定要努力好好学习。咱们挑战好吗？"

第二天是个星期日，可是所长以次的各位政府工作干部，仍是和平日一样地一清早就来接待我的叔父和两个妹妹。我们虽然觉得于心不安，但仍是罄其所有地高高兴兴谈了一整个上午。直到谈得确实是无可再谈，"央求"了所长说：

"我们现在实实在在都把要说的话都谈完了。"之后，我们的这次接见家属，才算是"超满意"地完满达成了任务。

恰巧在十一日第二次接见的这天早晨，我又接到了我二妹韫和的一封信，信中除叙述了政府和人民这次特别许可接见的恩情之外，还说她的长女英才，现在在祖国人民的关怀培育下，不但已成为一个优秀的汽车教练员，并且还曾驾驶着她最得意的摩托车走遍了十三陵和天津至汉口之间的长距离路程哩！然后更以感激和感慨无量的笔词继续写道：

"您们一定还记得在十二年前的那个瘦长的小女孩英才吧！现在她在党的温暖培养下，已成为新中国的一个健壮好青年了！我经常深切地感到：时代变了！过去的那个'小姐'式的英才也变了。不但是英才一人如此，就是弥弥和三秀，也都是和她们的姊姊一个样，都变成为祖国人民的好儿女和毛主席的好学生了……"

我们遂把信中所谈的事，和我七叔并两个妹妹讲了一遍，我的妹妹们又被感动得擦了眼泪。

这不但是我们接见家属时是如此，就是其余所有同犯也都没有一个人不是在祖国人民政府的种种温暖照顾下，接见了他们的父母、妻子、兄弟和儿女的。有的人由于接见了家属之后，对于祖国人民的种种大公无私的照顾和培育，被感动得落了泪。有的加深认识了自己过去的罪恶，特别是从新旧社会实际对比中，深刻感到了祖国人民的恩情；有的由于家人的勉励和帮助，消除了自己的消极悲观情绪；还有的因此认清了自己的前途和家庭以及祖国前途是一致的道理……总之允许接见家属这件事，对于我们每个人来说，在各自的学习改造上，都是起有绝大鼓舞力量的。

也使我从这一事实教育中，开始认识到：

不论是对我们在乍一回国时的强制学习，以及对于我们尔后循序而进的文件学习，或是检举认罪和许可与家人通信并这次的允许接见家属，等等，没有一样不是为了我们的学习改造和争取重做新人。我觉得中国共产党和毛主席不但是从帝国主义、封建主义以及官僚资本主义，百余年来三重枷锁下，完全解放了六亿人民，并且还把它那无所不照的温暖光辉，也同样照耀在像我这样人的身上。我感到新中国的一切一切，就好像是无所不包、无所不熔的大洪炉一个样，不论是怎样的顽铁，怎样杂质的矿材，只要一进入其中，就没有不被熔化的东西。

真是的，自从我重又回到祖国以后，数年如一日地一直在共产党毛主席的伟大改造人类社会的科学理想光辉下，受到了父母般的照顾和关怀，而且得到了不断学习、不断受到实际教育的机会。这不能不使我这个在旧社会里被认为是罪大恶极、不堪救药的顽固反动分子，也渐渐能够经过畏惧、疑虑、愧悔、感动的漫长过程而走上对伟大的共产党、敬爱的毛主席以及深恩厚谊的祖国人民政府表示衷心感激的新道路上来了。

我认为我妹妹所说的那句话：

"共产党和毛主席对于我们实在太好了！"

是能够完全代表我的整个心情的。

还有一件事，也是使我终身不能忘记的一件事情。那就是在一九五五年三月中旬有许多位解放军首长到这里来，并找我和我弟弟去谈话。我万万没有想到贺龙元帅和聂荣臻元帅也在其中，因为我在报纸杂志以及电影上时常看到两位元帅的照片，所以我一见就能认识，像是这两位曾在中国人民革命的伟大解放事业中，奋斗几十年劳苦功高的伟大将军，竟和像我这样的人谈了话，并且贺龙元帅还给我以勉励。我居然会受到这种完全出乎意料之外的破格待遇，真是使我太受感动了，真是使我永远也不能够忘记的又一件事！

四、李玉琴

在"八一五"，苏联进军解放东北，日寇使我和我的家属逃往通化大栗子沟以后，吉冈安直更令我逃往日本。这时我就把我的妻子婉容和李玉琴等都留在那里，我便乘飞机飞到了沈阳，被苏联军逮捕而赴苏联；而婉容以及李玉琴等则在人民解放军光复了通化之后，婉容不久得病而死，长春解放后，李玉琴便被解放军遣送回家。

一九四八年在苏联伯力，溥杰接到他的妻子嵯峨浩来信，信中说婉容已经死去，李玉琴则和他人结了婚。

这对于我来说，当然是个噩耗了。不过是我和婉容之间的爱情早已破裂，并且也知道她既患有严重的鸦片烟瘾，又曾染有重病，所以我对于她的死，也倒没有什么，可是对于李玉琴的事，却成为使我烦恼的一个"不祥之谜"。

嵯峨浩的话，究竟应该凭信呢？还是靠不住呢？

我当时是很难判断这一真伪的，因为我在当时无法把这个谜解开。

自从一九五〇年秋季我从苏联回到祖国，更经过了学习改造和检举认罪，一直到了一九五五年六月七日所方许可我们和家属通信之后，我才在所方的帮助之下，知道了她的住址。可是当我抱着试探的心情，给她寄去了第一封信之后，过了两天得到的回答是：原封退回。

我到了这个时候，是不能不相信嵯峨浩的话了。当然在和其他同犯陆续得到家人回信的欢声四起的对比下，我不免要"相形见绌"而感到一种空虚和寂寞。

管理所的工作人员安慰我，并说她还等着我呢。

从我五妹夫万嘉熙的家信中，因为听说我的五妹——金韫馨和李见过面和通过信，我遂从我妹妹处终于得到了李玉琴在长春的确实住址。

我和她取得了联系之后，她便到抚顺来看我，并给我买来了东西，从此我们便经常通信互相做了勉励。她非常关心我的学习，常常鼓励我须要好好学习，争取改造自己，重新做人。我也经常鼓励她应当竭尽一切力量，忠诚地给祖国人民服务。

李玉琴

从此以后，她曾到抚顺看过我好多次，并给我买来不少书籍和日用品等。

我对她这样长年月地等待我，这样殷切地惦念我，我又怎能不衷心感谢她呢？

同时，又因为回到祖国以后，我在祖国人民和政府的宽大温暖恩情下，使我得到了学习改造的千载难遇的好机会，于是才使我这个反动思想充满头脑的大反动家伙，也逐步认识到封建社会、封建家庭的腐朽堕落以及黑暗的概略实情和其反动本质，因而也就开始懂得了人剥削人、人压迫人的根本不合理。同时也深深感觉到自己过去的那种腐朽残酷到了极点的专制思想和作风，就是为过去的以上种种，才彻底坑害了她的前半生的。

过去既是由于这种反动阶级本质成为支配我一切的原动力，所以我对于她的关系，也就是建立在"损他利我"的原则之上，因此也就根本谈不到真正对她的爱情。

现在我既然懂得深刻悔恨自己过去的丑恶可耻面目，同时也因之开始认识到什么才是人情——人对人的关系，人与人之间本来就是应该平等，应该互相帮助，特别是夫妻间的爱情更是应该建立在平等互爱、互助与互相理解的基础上才行。我更回想到我过去对她的种种，都是不合乎这一原则的。我不但是没有平等地对待她，并且还对于她这仅仅十几岁的一个天真的女孩子，也在有形无形中，给予了浓厚的封建腐化、寄生、享受等不良影响，所以我总觉得从心里对不起她。

在通信以来的几次来探望我、鼓励我，以及给我带东西等，我觉得我和她在这段时期（两年多的期间）的感情是从来所未曾有过的。可是我完全没能料到后来她忽然对我提出了离婚的要求，她曾因为此事亲来抚顺和我面谈；她所主张的

主要理由是:

首先她和我在过去的结婚基础根本不巩固,而我们之间的年龄相差也太悬殊;由于年龄的过分悬殊,以致我们之间的感情和兴趣也难期一致,因此她得不到应有的安慰。并且我现在正处于被管制的地位,什么时候才能到社会上去也无从知道。结论是:她为了要另外去寻求她自己的幸福将来,所以才希望和我离婚。

我听到了她这篇话后,因为事出突然,我当然是不同意的。但是经过我再三平心静气地考虑,我才懂到了:

一方面,我认为我在过去的是曾种种对不起她;另一方面,我想通了,我既然是爱着她,我就不应该把我自己个人的幸福,建立在别人痛苦的基础上。

于是,我遂表示了对她的要求全面同意。

我们的政府——管理所方面,对于我们之间的这种事情,是非常地关心,曾多次地安慰我,并关怀我可能因而情绪不佳,甚至也许会影响到我的专心学习和身体健康,所以,一直是在希望着我们的"重归于好",并希望我和她都要对此事加以慎重考虑。但由于她的决心已定,别人也是没有办法。

还有我们这次的离婚问题,并不是由于彼此感情上的破裂而发生,始终我们二人之间,是在和蔼协商下来进行的。因此,她回家之后,又给我寄信、寄东西和安慰我。她在信中曾表示很惦念我,还说她的母亲、姐姐和她因此都没能把新年过好,她们都曾为此难过得流了泪。又说如果我能够早日出去的话,她还可以等待我一个时期,等等。

因此,也把我的这颗心弄得动荡不安起来。管理所当局因为始终关怀着这一问题的缘故,所以也希望我和她可以再做一次面谈,以求从根本上来解决这一问题。于是我遂又给她写了一封信,说想和她再做一次商量。

她接信以后,很快就来了。本来在当时正当春节放假的期间,按理说是不能接见的。可是管理所却特别许可在假日内也能会见,并且还为了照顾我们谈话方便起见,告诉我们有话可以尽量谈,谈几天都可以。

尽管政府这样为我们的终身幸福着想,但是我们经过这次尽量商谈结果,我终于仍是不得不尊重她的意志,我们双方同意,决定了离婚。

她这次回去之后,经过了人民法院的正式离婚手续,我们就正式离婚了。

总之，我们这次的离婚，始终是在所方至矣尽矣的关怀照顾下进行的。所方总是极力地想要成全我们的这个家庭，甚至还对她表示过，希望她也能协助政府来帮助我的学习改造。

请想一想：政府对于我的学习改造，是费尽了多么大的苦心？这不是父母般的恩情是什么？不论在过去什么时代，不论在过去什么样的社会里，能够找出这样对待犯人的事情吗？政府为了要使我能够由鬼变成人，一方面是由政府对我做了长期而耐心的教育帮助；一方面还得启发我促进我的自觉和自我努力；另一方面还在期待着她也能协助政府来帮助我的学习改造，这种从多方面来考虑我学习改造的心情，怎能不使我感奋兴起呢？

尽管是在所方的这种关怀和给予以最大的协商便利条件，但终于未能导致我们破镜重圆，但是党和政府对于我的这些破格的关怀和分外的温暖，却已然给予我在精神上的鼓舞和安慰。我真没有任何理由，因为这次的离婚使我心情沮丧，我反而由于这一事件所得到的所方激励和劝慰，使我更下定了决心，非加倍努力，以期能够达到真正改造好自己的目的。我现已深深认识到：只有这样，才不辜负党和人民政府的父母般的恩情。

五、学习和实际紧密结合的改造教育

自从我于一九五〇年回到祖国怀抱以来直到今日，政府为了教育我、改造我，始终一贯是以学习和实际紧密结合的实事求是的方法，来启发我，领导我的。

例如，在乍回国时，因为对于像我这样在头脑中装满了反动思想的顽固家伙，想要让我能很快地来一个彻底的大转变，而埋头去学习那在过去旧社会里从来就根本不会有且不可能看到或听到的马克思主义理论，以及素来就听不惯看不惯的新事物，那是完全不可能的一件事情，所以所方才一方面拿父母般的温暖恩情事实来感动我；一方面更以"宽大和严肃互相结合"的办法，来强制我非每天按部就班地学习不可。因为不这样做，像是过去的我，是不会死心塌地地来学习平生不习惯的东西的。

等到我形式上初步"认了头"，就了范之后，便又有赵厅长等各位首长和所方的适时教育启发，以及在初回国时让我学习了《新民主主义论》《中国近百年史》《新民主主义革命史》等文件，尔后又循序渐进地使我一步一步地去学习理论较深的东西。

尔后，更随着我学习改造的前进过程，适时地一针见血地使我学习了有关"封建社会制度"的文件，才使我初步认清了自己在过去的丑恶真面目。然后更照顾着我的思想认识水平，采取了逐步加强学习改造的方法。除了每天的正课以外更配合看报纸、无线电广播和电影，并且还特地从图书馆给我们借来了各种各样的书籍。真是从理论的东西起直到中外的文艺作品之类为止，可以说是应有尽有，任凭我们随着自己的爱好选读。这才逐渐由强制学习转入自我改造的学习。

此外，又如志愿军首长的讲话以及关于抗美援朝的文件学习，关于朝鲜新局势的报告并五次光辉胜利、上甘岭伟大胜利和迫使美帝不得不坐下来在停战谈判上签了字的一系列事实教育，都是始终在学习和实际互相紧密结合的亲切周至的教育下，把我一步一步领到进一步学习改造新阶段的。

后来又使我学习了"祖国三年来的伟大成就"以及"关于两大阵营力量的对比"等文件，因而才使我能够由浅入深、由远及近地望到了马列主义的宝库大门。然后更在我通过了这一循序而进的学习过程之后，又开始让我学习了《帝国主义论》，才使我不但能认识了自己的过去，也初步地认识了帝国主义的狰狞面目以及它必定走向死亡而后已的科学必然规律。

所方更在这一连串的长期耐心教育，使我们的思想起了相当变化之后，才正式给予我们以检举认罪的新任务。如果不是经过这样的学习改造过程，而在我们刚一回国就让我们从事检举认罪的话，我相信像我们这类的人，定会有十分之九完不成这一任务。岂但是完不成这一重大任务而已，我敢断言，一定会有绝大多数的人，当然首先要把我计算在内，在那样的检举认罪中，成为抗拒检举、不肯认罪的罪上加罪大罪人的，还能期望能有这样的今天么？这样，当然是进一步的宽大和加速学习改造的事情，便绝对不会，也万万不可能落到我们的身上，我们就将成为注定被消灭的历史垃圾箱中的弃物了。从这里还能看不出祖国人民政府在数年以来的旨在拯救和决心拯救的无限恩情吗？

就是那长达一年余的检举认罪阶段中，——在那日日夜夜紧张繁忙的作战一般的情况之下，所方以及检察工作人员各位，仍是没有一时一刻忽略了使我们从事自我的学习。除了报纸等以外，还配合着让我们看到了不少暴露日本帝国主义罪恶的电影，另外政府首长和有关工作干部还给我们做了多少次对症下药的报告，以及召开了好几次令人不能不感激奋发的认罪示范大会等等，都是想从各个角度来给我们视症投药的。

等到认罪检举在基本上告了一个段落之后，又使我们学习了"关于中华人民共和国宪法草案的报告"，有关两大阵营的文件和有关于我国民族政策的文件和报告等。

周恩来总理在一九五四年九月二十三日"政府工作报告"以及苏联政府的"国际局势和外交政策的报告"等，也都是在这一阶段中，让我们从事学习的重要文件，因之使我的思想认识也开始能够对于全般的国际与国内的当时情势有了比较系统的基本认识。也就是说：已经逐渐地把我的思想水平提高了一步。

到了一九五五年四月七日，所方便又使我们组织了我们的学习委员会。学习、生活、文娱、运动都选出了专人负责。从此我们的学习改造便划期地进入了名符其实的自觉、自愿和自我争取的更进一步的新阶段。

跟着所方又让我们开始了各自的写作。我们自己的墙报，也出现在我们的室内或走廊上了。同时所方还让我们按照自己的意志，开始了分科的学习，而给我们新买了不少种带有专门性质的书籍等，因而我愈发感到了政府、人民对我们无比的温暖，愈发痛感到这种治病救人的伟大人道主义精神和公正无私的伟大恩情。

随后又允许了我们和家属通信以及和家人会见。因而使我们这些人，不独是普遍地燃起了奋发兴起的热烈积极心情；就是在我们的思想上也都普遍地发生了基本转变的苗头。

这时，我们的管理所，愈来愈形成为一个伟大社会主义"思想革命"的大学校了。我们在文件学习上，不但是一步高似一步地学习了艾思奇先生的《历史唯物论——社会发展史》以及苏联康斯坦丁诺夫先生的"生产关系一定要适应生产力性质"的参考文件，也给我们后来学习"政治经济学教科书"奠定了初步的基础。同时也使我们把排演剧本的文娱活动搞起来了。真是从各个方面来促进我们的学习改造，所以才能使我们这些积重难返的顽固分子，终于能够由不敢不学习渐次变成为不能不学习和非学习不可的新阶段，而使我们都能够一步一步地接近了我们现在的新社会，接近了政府和人民。

六、参观

当我们学习了李富春副总理的"关于发展国民经济的第一个五年计划的报告"和毛主席的"关于农业合作化问题的报告""关于农业合作化的决议""全国农业发展纲要"、廖鲁言部长的"关于农业发展纲要的说明"等及其他有关社会主义革命、社会主义改造的文件之后，党和政府为了使我们能够收到理论和实际结合的学习改造效果，一九五六年的二月三日，所长给我们讲了话，指出了"真理只有一个"和"要正确地把握住客观事物发展的法则"的必要性。最后，忽然宣布了将使我们去参观祖国的社会主义建设事业，工业、农业、商业以及劳动人民的福利施设等的命令。我听到了之后，不觉吃了一惊，当时我简直疑心是不是我的耳朵听错了。像是这样完全出人意料的过分恩情，真是使我既感激又觉得无比兴奋。古今中外，像是这样对待犯下滔天大罪的民族罪人，居然让他到社会上去参观，真是从来所未曾有过的事情。不但我一个人这样感觉，就是所有的同犯，也没有一个人不是在惊喜交集的心情下，而在感奋兴起着。

经过了各小组两天的对于这一意外大喜事的讨论，以及各自谈了感想并表示了参观的决心和保证之后，还抱着喜气洋洋的心情，度过了一九五六年的春节，到了望眼欲穿的三月五日，才开始了这一毕生难忘的参观。

第一天的上午，我们参观了抚顺露天矿。在矿山事务所内听到该矿负责人员的说明，说到日本帝国主义怎样长期地做了掠夺式的开采，以及怎样惨无人道地虐待和残害矿山工人的种种滔天罪行。尤其是当听到在一九三二年由于汉奸的勾结，怎样使平顶山的三千名同胞，遭到了日寇的集体大屠杀，致使男女老少集体死在鬼子的机枪扫射下时，真使我觉得自己的脑袋，犹如千斤之重一般，简直无法抬起头来，更不敢拿眼睛去偷视一下发言人的脸。当他讲到有一位在当时年龄仅仅五岁的方素荣——现为矿山中的劳动模范——当她全家数口都倒在日寇的子弹之下，她因被压在她祖父的尸体下，才免去了死，但是也在她那小小身体上也受有八处重伤的惨绝人寰的敌伪过去罪恶时，不由得使我觉得她口中所说出来的一字一句，都像是一把把的钢刀一样，一下子一下子地不住往我心上刺来，那时我的心就如同千割百裂一样，我的手都有些颤动了，我的悔泪漾满两眶。

后来我们更在矿山负责干部的引导下，使我参观了饱经日本帝国主义劫掠过的露天矿矿场。到了今天，在日本鬼子掠夺后所遗留下来的罪恶残痕上，还冒着一缕一缕的白烟，也就是孽火还在燃烧着，祖国人民的地下财富还在不断地毁灭着，就如同向我做着血泪控诉一般，证明敌伪的罪恶，不论到了什么时候，也是消灭不了的。

我过去曾以伪满傀儡皇帝的资格，到这里来过一次，我还亲手按了一次电钮，做了爆炸的工作，这意味着什么？不是等于我曾亲手开了一次祖国地下宝库的大门，请鬼子去窃盗一个样的么？

思前想后，使我觉得我每走一步，都是步步踏在罪恶遗迹上一般，无一处不是敌伪滔天罪恶的俨然见证。

此后又参观了在今天从敌伪的虎口余生中翻了身、站立起来了的劳动人民的福利设施——一幢幢整齐洁净的职工宿舍楼房，一家家丰饶富庶的生活环境，天国般的托儿所，矿工的保健医疗设施，等等。抚今追昔，愈发使我遇到每一个人，都没有抬起头来的勇气。特别是当职工家属以亲切的笑脸允许我们进到屋内参观，并没有对于我们这批在过去曾坑害过他们的汉奸，表露出一点点仇恨之意，而且还和颜悦色地和我们谈话时，我又怎能不在心中暗想：

过去在敌伪时代，这一位一位的劳动人民以及他们的家属所长年受到的，不是牛马般的奴役、地狱般的折磨，就是说不尽的凌辱欺侮以及血腥的屠杀。在那长期的灾难岁月里，像是什么作业中的安全保障、什么生活福利、什么家庭之乐，根本是连做梦也休想做得到的。听说从一九三七到一九四四年之间，矿井的瓦斯爆发事件就有六次，遭难的工人就达数百名之多，幸而在当时保住了生命而因此变成残废的，也就有五百余名之多。在当时，残废就等于被判处死刑一个样。因此冻饿而死的，当然更不知多少了。工人们牛马般地劳作、工头的打骂剥削、吃糠咽菜的身子，甚至当工人病重不能行动时，便用皮鞭木棍来作对待。病势垂危尚未绝息时，经常便会遭到活埋。死了往万人坑中一扔，便算是劳动人民的一生最后着落之处。……这样的人间地狱都是由谁给造成的？还不是那帮万恶的日本法西斯强盗？还不是我们这帮卖国求荣的民族败类？

现在人民在共产党和毛主席的领导下，战胜了日寇，打垮了汉奸伪组织，光荣地当上了新国家的真正主人。可是人民对我们这群血海深仇的卖国贼，又是怎样的呢？

在我们眼前明摆着的事实，不是有位老大娘还在亲切地招呼我们说"进屋里坐一坐"的么？

这种宽宏大量、以德报怨的伟大胸襟，又怎能不使我在今昔对比下，良心上愈发觉得无地自容？真不如痛打我一顿，或是大骂我一场，甚至是……这样反倒会使我觉得心安理得的。

下午又参观了石油第一厂。

当我一进到这个现代化工厂，看到了那些完全摸不着头脑的机器设备时，真是大有目不暇接之感，觉得看什么都是新鲜的。

这个工厂，在过去也曾是毫无例外地遭到汉奸的出卖，日寇的掠夺，最后则是遭到了反动国民党匪军破坏的三个阶段。可是在解放之后，人民的财产又重新归到人民之手时，便不但是超速度地恢复了生产，而且是为祖国的社会主义建设做出了惊人的贡献。例如利用油母页岩便比敌伪时代的利用率提高到使人吃惊的程度；在制油和副产品方面，也做出了过去所不能制造的多种产品。

当我听到安全装置现在就有二千二百四十多件时，当我参观了工人保健食堂以及如托儿所、保健站、疗养所、休养所、技术学校、职工业余中学等福利设施时，既使我对过去有不胜惭赧愧怍之情，更使我对于今天有了无限兴奋鼓舞之感。

最后还使我参观了抚顺的工人养老院。当我们听完了院长的全般详细说明和细致参观之后，使我感觉到我们在管理所内的生活，简直和养老工人的生活一般无二。吃的、穿的、居住及文娱等，哪一样都没有什么差别。可是他们都是饱受过敌伪的摧残压迫，在解放以后又对祖国人民革命事业，做过光辉贡献的老工人，而我们呢，则恰恰相反，在过去则是专门骑在人民头上，祸国殃民的可恶汉奸，可是在今日却受着这种过分的温暖人道待遇，怎能不既自惭形秽又良心内疚呢？

尔后，更允许我们分批到养老工人的住室内去做访问。当我进入一位工人老大爷的清洁而舒适的房间后，蒙他和蔼地招呼我们坐下，并听到他谈到在敌伪时代所遭受的种种悲惨遭遇以及对于新旧社会所做的对比时，更觉得羞愧得无地自容。就如同是一个做贼的人和失主对了面一样，愈发觉得没脸抬头看人。

第二日（三月六日）我又参观了离抚顺约有十五华里的台山堡村农业生产合作社。一走进院中就听到音乐和戏剧的广播，真使我觉得嗅到了一种农业合作化高潮中的新农村的新气息。同时又看到家家户户大门上所贴的春联，已再不是那些带有封建时代的旧农村色彩的东西，而是完全换上了"战胜自然"和"建设社会主义新农村"一类的字句，也使我觉得有一种说不出的富有幸福远景的感觉。

当听了社主任对于敌伪时代的血泪控诉和对翻身后的喜悦并建设社会主义新农村的种种新旧对比之后，更参观了新式农具、养鸡、养羊场、蔬菜暖窖和自给自足的砖窑等。最后更允许我们分批赴社员的家庭访问。

我所访问的那一家，除了有一对姓刘的老夫妇而外，他们还有三个儿子，两个儿子在上学，一个儿子叫刘永兴是个残废。他们一家人都在过着翻身后、特别是农业合作化后的富裕幸福生活。

如果是在旧社会农村，他们的那个残废儿子，不用说是会成为家庭中的一个累赘，而受着家中以及村中的冷遇，可是在今日的新农村中，他则是有着很适合他生理状态的好工作——专门担任着蔬菜暖窖的记账工作，一个月就能挣四十多元。如果是在旧社会的话，不要说是个残废人，就连不残废的人，也经常会在地主恶霸的压榨下，过着累死吃不饱的悲惨生活，还能谈得到挣钱不挣钱的问题？

当我走进这一对老夫妇的居室时，我的脸上就觉得热乎乎地直发烧，于是只得抱着见不得人的鬼胎而木然地坐在炕沿上，低着头不敢拿正眼去和他们对眼光。这时，在我的内心里，曾起了很厉害的思想斗争。结果是我认为单凭我那中国人所应有的起码良心，也就不能不向这位老大爷和老大娘去低头谢罪。

本来么！回想一下伪满十四年中，东北广大农民所受到的无穷灾难，都是些什么？

除了受剥削、被奴役、遭压迫、任掠夺之外，还有集家并屯，烧房夺田，抓劳工，抓"思想犯"以及"经济犯"，经常挨打受骂，长年啼饥号寒，甚至法庭监狱、警察宪兵的摧残以及集体屠杀等，这些不都是东北广大农民所遭遇的命运么？

所有这些说不尽数不完的飞灾横祸，所有这些忍不下受不了的殖民地生活，还不都是以我为首的这群汉奸给日本帝国主义去当忠顺的帮凶所给造成的？

例如，日寇的移民政策，不就是我和当时的关东军司令官本庄繁所签订的"密约"而造成，还不是由于尔后所谓的《日满议定书》和什么《拓殖议定书》等而开始实行。

更如一贯支持日寇肆行侵略战争，而专门替它搜刮食粮等等重要民需物资的"粮谷出荷"罪恶政策，以及曾直接危害了广大农民日常生活的"农村经济统制"等等罪恶伪法令，不也都是由于我的签名盖章给造成的么？想到这里之后，我是再也不能不规规矩矩站在老大爷、老大娘的面前，低下头来，衷心来做自我介绍和深深认罪的了！

可是曾经饱受了日伪长期蹂躏的老人家们，不但听了我这元恶大憝的姓名，没有表示仇人见面的眼红状态，也没有丝毫表露出鄙蔑的神情，反倒平心静气、诚诚恳恳地对我做了劝勉：

"好好地学习改造吧！"

这种大海般的胸怀，这种不念旧恶的仁恕态度，叫我还有什么话能再说？只能是低着头、忍着泪、抱着一种无法说出的心情，走出了这家的大门。

第三日（三月七日）上午参观了龙凤矿。

矿山的负责人在介绍全般时，曾对我们介绍说，过去在敌伪统治时期——从一九三七到一九四四年的七年之中，矿井的瓦斯爆发事故就达六次之多，致使三百多名工人丧失了宝贵的生命，五百八十余名工人变成了残废者。在那个旧社会里，只要一成了残废，实际上就等于被判处死刑。因为失去了供驱使的劳力，就会立时失业，而失业的结果，等待他的不是冻死便是饿死。再加上矿井内的安全设备，可以说是一无所有，资本家的唯一目的，就是追求无止境的超额利润，又怎肯在工人的生命安全上多花一分钱？况且殖民地人民的生命，在他们看来，更是连半文钱的价值也没有，所以每当工人下井时，他们的爱人以及其他家属，便有的在坑外提心吊胆地焦候着她们亲人的平安完工上来，也有的哭哭啼啼在预想着不幸命运的随时"光降"。只要到时未能上来，她们的亲人，便算是和她们一旦永别了!

家破人亡、妻离子散的悲惨暗影,是时时刻刻笼罩在当时广大劳动人民的头上的。

自从解放之后,满天的乌云全散了,过去的惨痛暗影一去不复返了。共产党和毛主席的太阳般温暖光辉,普遍照耀在每一个劳动人民的身上。于是这座阴风惨惨的劳动人民活地狱,一变而成为建设社会主义社会的光明灿烂劳动人民自己的矿山。

我看到了矿井的无数安全设备,也看到了党和人民政府完全为工人着想的种种福利设施。

我亲眼看到了规模巨大秩序井然的工人更衣室,宽敞清洁的大食堂。既有淋浴又有浴池设备的大澡堂,有成排的铁床、清洁的被褥而且是清静无声足供上井后安睡之用的休息室,有专门医生负责照料的太阳灯室,还有亲切叮咛的卫生所和医院一般的工人业余疗养所等。

此外,还有托儿所和幼儿园以及营养丰富专为下井工人准备的保健食堂,在那里准备有特制的面包和牛乳等,我还亲口尝到了工人保健食堂的蛋糕,非常可口。

在文化娱乐方面,有专供职工使用的电影院和文化馆等,对年老工人的照顾更是无微不至,例如补助金的待遇等。

所有这些,都是在过去绝对没有的事情。可是在劳动人民自己当了家做了主的今日,这种情形却已成为各工矿企业中的普遍现象。因而我越看到劳动人民今日的幸福生活,便愈发不能不回想到过去的种种黑暗。愈回想到这里,便愈发清楚认识到自己在过去为虎作伥的种种不可饶恕的汉奸罪行。

同日下午,又让我参观了煤炭工业部抚顺工业学校。

在这里我深切感到的,就是:

共产党、毛主席和人民政府对于劳动人民的培养关怀真是无微不至。

使我对于"理论与实际相结合""学以致用"的新社会教育制度的科学理论,有了进一步的认识。同时也进一步地感谢政府这次让我们的参观。因为这也是为了要使我们把理论和实际互相结合起来的一种温暖教育的恩情。

从敌伪时代遗留下来的皮带车床和我国自制的种种新车床以及苏联、波兰、捷克斯洛伐克等兄弟国家的种种新式机器的鲜明对比中，我认识了在实际上的孰优孰劣。

教师的积极发明创造、学生的热心钻研，处处都把新社会的朝气勃勃新气象表现了出来，这是和我在过去所看到的"奴才专门养成所"——伪满时代的学校，有着根本的不同。

总之，我在这次学校参观中的总的感想结论是：

"毛泽东时代的青年，确是太幸福了！"

然后又让我们参观了抚顺第二国营商店。这也就是在这次抚顺参观中的最后一次参观。

最使我感到兴奋的地方，就是到处都充满了丰富多彩的国产品，这和过去我在天津所看惯的英美货充斥市面的情景以及在伪满时代的东洋货塞满东北的现象完全不同了。特别是在我参观的当时，正是处在社会主义改造三大高潮的风起云涌之后，在街头巷尾，"庆祝公私合营"的标语以及五色缤纷的彩旗等，还都生动地表现着锣鼓喧天、欢呼万岁之后的余波犹在鼓舞着人们的心意。所以我在这次参观国营商店，不但使我看到了新社会商业方面的概貌，也使我对于社会主义三大改造高潮的概貌，得到了新的认识，这对于我的启发和教育，我认为是极大的，是我终身难忘的一次理论和实际紧密结合的有力教材！

在这次参观之后，我们一直学习"政治经济学教科书"，其间还夹杂着学习一些其他合乎当前实际需要的新文件，如所长在十二月四五两日对我们所讲的"国际情势和有关学习的问题"以及"关于无产阶级专政的历史经验"和"再论无产阶级专政的历史经验"并周总理在一九五六年九月十六日的"关于发展国民经济的第二个五年计划的建议"，还有"八大"文件等，这都是对于提高我们对祖国以及世界新局势的认识，起有决定作用的。到了一九五七年的五月十八日，所方更发表了让我们赴沈阳等地参观的命令。在这全国都在增产节约来建设伟大社会主义的时候，竟这样不惜人力、财力、物力以及时间，又让我们去参观祖国各项伟大的社会主义新建设，固然是使我们兴奋鼓舞到了极点，同时，却又发生了强烈的感激和惭愧。大家差不多都做了保证：

定要在这一次的参观中，好好结合着近日的文件学习，尽可能多得些新的实际收获！

所方在去年不但是使我们做了意想不到的参观，更于国庆节和"五一"节时，让我们做了意想不到的参观抚顺市人民的庆祝典礼，这次又为了进一步提高我们对祖国社会主义伟大建设事业的认识，更令我们做了出乎意外的连日参观，请想一想我的激动又当如何？我的兴奋又是如何？

参观的头一天——五月二十一日，我们参观了有名的大伙房水库。除了听到工地负责干部介绍的情况而外，还在说明员的亲切说明之下，参观了水库全景的模型展览室，然后更到工地去做实地参观，使我亲眼看到了祖国广大劳动人民日以继夜地从事社会主义热火朝天伟大建设的实际情况，同时也听到一九三七年浑河泛滥成灾的罪恶往事。

那就是在敌伪残酷统治的时期，由于洪水肆虐，致使沿河两岸人民遭受了巨大的损害，房屋、田地、道路全被冲毁，人民的宝贵生命也丧失了很多。可是我们这帮汉奸们，只知一心一意地去伺候自己的主子——日寇，好来维持自己的特权地位，对于人民的灾害，根本就没有放在心上。就以在我的记忆中，并没有一九三七年水灾的印象这一事，就完全足以证明我对于人民的疾苦灾害是怎样毫不关心的了。不仅如此，甚至伪官吏借"防灾"为名更从人民身上来捞一把，好借此来填满自己的私囊，等到真个的水灾发生之后，他们还会拿杯水车薪的"赈灾"为名，来骗取一个"爱民如子"的美名哩！像是那年一九三七年的大水灾，共冲毁了房屋七万五千余间，淹没的良田共达二十余万公顷，罹灾人民约达三十万人，牲畜也损失了二千多头，致使两岸人民遭受流离失所、妻离子散的灾害。但是这只是在敌伪长期罪恶统治中，无数惨事里面的一个例子罢了。

因此，也使我愈发认识到，自己的过去罪恶，都是和敌伪统治的整个罪恶分不开的，就拿自己在当时对天然灾害的心情以及看法来说，当然在报纸上也时常看到有关这类记事的报道，可是当时的我，也只不过是漠然地看过就算完事，一次也没有对人民的疾苦，发生过一些真正的同情之心。这说明了什么？还不是自己的立场，和人民的立场，根本相反，所以才会终于每况愈下地忘了什么是民族的气节，结果是，甚至已当上了敌人的走狗，尚自觉是好不错的哩！回想起来，真觉得对人民永远抬不起头来。

那么，今日的共产党、毛主席和人民政府又是怎样关心人民生活的呢？

我们共产党和人民政府不但是把人民从帝国主义、封建主义和官僚资本主义三座沉重大山下解放了出来，还把人民组织起来使他们都能当上国家的真正主人，所以人民才能这样积极而自动地集结在共产党、毛主席的周围。人人皆能掌握了自己的命运，满怀信心地看准了一个共同大目标——建设社会主义、共产主义的幸福美好生活而忘我地劳动着。

从这里不但能使我看出了共产党的伟大和劳动人民的无穷力量和无尽智慧，同时也使我也从事实上更进一步地认识了苏联对我国的大公无私的真诚援助。例如，苏联建议了"就地取材"——利用当地附近砂石的办法，这不独给我国节省了许多建设社会主义的有用资材，同时还给我国人民建设工业化国家的伟大艰巨事业中，节省了多少人力和运输力，更吸取了苏联的联合作业方式和机械化的经验等。像苏联这样无私的真诚援助，像苏联专家们替我国这样的精打细算，这和过去帝国主义国家对我国的所谓"援助"来相比，我想就是傻子也会知道：

帝国主义的"援助"，只不过是给它的剩余物资找销路，给它的资本家开辟并攫取无穷利润的道路。因此它根本就不会替你设法省钱、替你节约人力，尤其是不肯真心给你援助。

能让犯人参观，这已是古今中外从来未有的事情，至于在参观之后，更让我们这群人在工地俱乐部看到了十余年来未曾看到的京剧。而这些位京剧演员，又都是为了来慰问为祖国日日夜夜从事社会主义伟大建设的劳动者的，而竟会让这群伪满汉奸和反动国民党战犯也来看这样的戏。这种恩情，这种过了分的温暖，真是除了新中国，就连做梦也休想梦到的事啊！政府是这样，工地负责人也是这样，就是那些位专门来慰劳人民的人民演员也是这样。不但如此，并且还都是聚精会神地给我们演了"十字坡"和"拾玉镯"两出好戏，甚至还向我们谢幕两次。这使我进一步地认识到：政府的政策，也就是一般人民的心情，这二者是一致的，是分不开的。嘻！这真是叫我说什么好呢？说什么也没有用，只有化感激、惭愧为力量，老老实实地学习再学习、争取再争取，除此之外，是说什么也不能解决问题的。

第二日——五月二十三日上午参观了东北工业陈列馆。当一下车乍一进门时，我第一眼就看到了门外亭子里的那块天然大煤块，这是我在几年以前，曾在报纸上看到的东西，所以使我对它感到十分亲切，我总觉得它就是象征着我国伟大工业建设似的，所以我一眼看到它，就觉得有一种说不出的愉快和兴奋的心情。至于馆内所陈列的钢铁实物标本、各种现代化的机器、现代化工厂的模型、第一汽车厂的解放牌汽车，和二楼的国产近海客艇、远洋拖船、和平号（型）机车、货车、元宝车、电力自动车、选矿机、棉纺机以及各种新式农具；并国产的各种风动工具、各种仪器、电力部门的电力网模型、各种变压器，以及三楼上的化学工厂模型、各种化学产品、石油、橡胶、纸张、医疗机械、药品等；还有在四楼上陈列的煤以及煤矿坑井的模型、有色金属、水泥、石棉制品、陶瓷、木料、玻璃制品；五楼上的亚麻工业制品、亚麻厂（哈尔滨）模型、柞蚕、毛织品、食品以及乐器等，真是五花八门应有尽有。并且其中的绝大部分都是出乎我想象之外的东西，也就是在过去任何时候，都绝对不会有，而且不可能有的东西。可是现在，在共产党、毛主席的领导下，仅仅在这几年之中，仅仅东北地区就有了这样伟大的成就，真是处处都给我以"中国人民站起来了"的感觉。这对我的民族自卑感和崇外思想残余，确是一付极有力的消毒剂，使我不独认识到过去所以落在时代后面的由来，同时也使我认识到现在新社会的可爱和将来的尤其可爱。不但祖国的前途是如此，就拿我个人来说，只要我能学习改造好，我个人的前途，也仍然是有无限光明的！

当日下午和次日上午，又让我们参观了第一、二机床厂。我首先感觉到的，就是敌伪的罪恶以及反动国民党的罪恶，同时也使我认识到，就是反动国民党的罪恶——破坏工厂的罪恶，也都是由于伪满这批汉奸所给促成的结果。因此还使我认识到，只有在共产党的领导下，只有在苏联以次的社会主义兄弟国家的真诚无私援助下，才会使这些工厂在过去曾经被日寇和反动国民党完全破坏的废墟上重新改建扩建起来，成为给人民谋求福利的有用工具。

特别是在第二机床厂，曾有机会使我瞥见了一部分工人宿舍的概貌和该厂俱乐部内的实际情况。尤其是在该俱乐部内，在我们发表了参观感想之后，这位负责人对我们所讲的话，确曾是一字一句地打动了我的心坎，使我更进一步认识到：

祖国人民的"对事不对人"——也就是说人民固然在憎恨着我们过去的罪恶，但仍是要把我们从罪恶的泥坑中救出来而使我们能够由鬼变成人的道理，也就是共产党一贯治病救人的伟大理想，同时这也就是马列主义改造社会人类科学理想的伟大精神所在。所以当我听到这位负责干部所讲的话：

"今天听到你们的发言，都很激动，这也是当然的事情。……根据你们的感想，我认为主要有两点：

（1）让犯人参观，这乃是历史上从来未曾有过的事情，只有共产党，才能实现改造社会、改造人类的伟大科学理想。过去日本帝国主义等对共产党员都曾是怎样来着？

（2）你们说好多的烈士牺牲了，他们再也看不到祖国这样的工厂和这样的新社会。因此，我希望你们能通过这次的参观，更多地去体验新中国的社会主义建设事业……来积极地努力改造自己……好好地争取吧！"

这是多么温暖又热情洋溢的讲话啊！我认为这一篇话，是充分代表了所有这次我们所参观过的工厂里工人阶级的宽大心情的。我认为只有好好铭记这一篇话，唯有永远把这种感激和谢罪的心情牢记心头，我们才不辜负这篇话，才不负祖国人民对我们的过分恩情。

第三日下午，我们又参观了风动工具厂。

对于风动工具厂参观后的感想，也是和参观第一、第二机床厂差不多。因为这个工厂，也曾经饱受过敌伪的破坏摧残，同样是在新中国劳动人民的忘我努力下，把它扩建成为制造各种新型风动工具的现代化工厂。现在不但是把产品遍供了全国，而且尚有一部分出口。

第四日——五月二十五日，我们参观了"工人新村"，当我看到了那些一望无际、整整齐齐的楼房、看到了衣服整洁的妇女和儿童、看到了一部分工人住宅的内部情况，看到了他们清洁、丰富、味美而价廉的食堂和品种多样的百货商店等时，使我觉得这简直是一座新城市，汽车、电车都横贯在工人村的中央。这和我过去所看过的工棚子，是天壤的不同。我当时，还认为住在这里的工人，不是模范工人就是先进生产者的家属，可是在事实上住在这里的，全都是铁西地区的一般工人，同时也使我认识到，为什么要在这里成立工人村的理由，原来这也是和敌伪时的反动统治罪恶分不开的：

在敌伪时代那些大腹便便的资本家们，不用问，照例都是只知拼命地攫取超额利润，而根本是不管工人的死与活的。所以他们每当建厂时，除了日本人职工，能有稍稍像样子的小房子之外，至于中国工人的住处，则完全是一种窝棚式的东西。在解放以后，因为"铁西"形成为一个新工业地带，所以对于那些有工厂而无工人宿舍的地方，不能不给工人修建新的楼房。而工厂又是分散形成的，因此对于凡是住在"铁西"的各工厂工人，都使之集中住在这个新工人村里。

我不但由此更能进一步地认识到过去帝国主义资本家的贪婪毒恶和新中国对劳动人民的亲切关照，同时也使我认识到，这也就是象征着我们的新社会人民幸福生活的一个雏形，也就是劳动人民所以这样忘我劳动的缘故。

跟着我们又参观了东北体育宫。这里的第一印象是，不独它那富有民族风格的艺术和那伟大而华丽的建筑物吸引了我，就连宫内的室内运动场的规模、设备等也都出乎我的意料之外。特别是当我看到那女子排球队的练习时，更是给予我以很大的启发和教育。

首先是我国现今的妇女体格和精神，若和旧日我所看惯的妇女来比，真是有了天地之差。尤其是在比赛中，例如某人把球发坏，其余的人总是用话来做安慰，如说："没关系，没关系"和"不要紧，不要紧"之类。就是在应当批评的时候，也都是抱着诚恳而温和的态度来做忠告，决不是用埋怨的口吻或是打击的态度。这种新社会的体育道德和运动精神，真是和过去的"锦标主义"和"风头思想"完全不同，因为现在的运动乃是着重于训练集体精神、交流技术经验和锻炼身体的缘故。这对于我的今后学习改造也是给予了莫大启示的。

第五日——五月二十六日上午参观了沈阳电缆厂。这也是日本帝国主义在一九三六年为了掠夺奴化我国东北人民而建立起来的。在当时，工人阶级所受的压迫虐待和吃不饱穿不暖的种种磨难，是说不尽的。就拿日寇到一九四五年为止，扣除了它的所谓"投资"以外，还赚取了八倍之多的利润一事来说，就足以充分证明日本帝国者的贪婪狠毒是达到怎样程度的了。这个工厂也是在回到祖国人民手里之后，从只有十七个工人的废墟，把它变为一个现代化的亚洲第一的巨型工厂，它的产品能供全国建设事业之用。在这里，首先使我深刻感到的，就是中苏的深厚友谊。如从一九五三年的开始建厂起，由施工以至投入生产没有一样不是由于苏联诚恳无私的帮助。苏联不但派来了大批专家，还供给我们以头等的装备和精湛的技术。我在参观中曾亲眼看到有一位苏联专家，穿着普通工人的服装，在那"纸浆包线"的车间里，和工人在一起，热心地正在研究着什么，这在我们新中国的一般人看来，也许觉得并不算是一件什么出奇的事情，可是在我看来真是稀奇。因为我既曾听说过西洋技师的高高在上、骄傲不逊，也看到日本工程师的颐指气使蛮横无理，所以我觉得苏联专家的这种真诚帮助作风，实在是一件难能可贵的稀奇事情。同时我还看到有另一位苏联专家（四五十岁的老大娘），也正在车间扎绑一个什么东西，并指手画脚地指导着几位工人在操作，并听说她现在就要回国，她为了要在自己动身回国以前，把她那全套本领统统传授给我国工人，所以她近来总是这样忘却一切地来做指导。又如"腊克线"的制造，原来是那些"先进"的资本主义国家绝对不肯传授他人的一种"独得秘法"，可是我们现在已在苏联的大公无私的毫无保留的援助下能够大批制造了，据说"纸浆包线"的方法也是如此，因为这个方法，现在世界上只有苏联和美国以及我国能制造。可是我国现已在苏联的援助下，能够采用"六个头"的新方法，而美国就是到了现在，也不过能用"两个头"的方法而已，足见我国在苏联的真诚帮助之下，我们的技术水平已经超过了美国，不但如此，还听说从事这一工作的机器，也是苏联把它新制出来尚未使用的机器，尽先地给我国送了来，无怪乎我国的工业建设在这短短的几年中，在这第一个五年计划当中，就能以飞跃发展的速度使资本主义世界大吃一惊。唯其是我国因为有了苏联这样的真诚帮助，所以才使我们少走了多少弯路，取得了光辉成就。更无怪乎不论是厂方负责人抑或是领我们参观的厂方干部，都是异口同音地在感谢着苏联的大力支持和帮助。

而我呢，也是由于这次亲眼看到了这些无数真人真事，因而也就使我把从书本上、报纸上得知的苏联对我国的无私援助，进一步地变成为亲耳所听和亲眼所见的种种事实，因而对苏联的这种大公无私、国际主义精神发生了更进一步的认识和感谢。真是百闻不如一见，真是理论和实际相结合的教育。

下午休息。

第六日——五月二十七日。我们上午参观了沈阳的市容——南至南湖、南塔，东至东陵，西至工人村，北至北陵。随后又参观了沈阳市百货公司第一商店和沈阳国营贸易企业联营公司。

在我参观沈阳市市容时，首先感觉到的是，旧市街现已成为新沈阳市的一部分，也可以说是一小部分，固然旧市街依然是繁华的，但是新建的工业、文化、教育区域的规模之大，却是远远超过了旧街市。这些新区域真是象征着我国将来新城市的远景，也象征着我国社会主义伟大建设的远景和前途，使人自然会对此感到有一种说不出的欢欣和辽阔的心情，同时还使我感觉到什么是人民生活的提高。因此我认识了现在的生活提高，就是指着一般人民生活普遍提高而言，决不是像过去旧社会那样"朱门酒肉臭，路有冻死骨"的贫富两极化的现象。既看不到"阔佬"独占的大洋楼，豪华的自用汽车和妖艳的"姨太太""小姐"之类的穷奢极侈的腐化享受生活——也就是所谓特权阶级的阔气，同时也根本看不到身披麻袋的乞丐和病倒街头无人睬理的鸦片瘾者以及赤身露体的儿童……所有一切的人都是穿戴得齐齐整整、干干净净，并且不分男女老少，都是快快乐乐地有饭吃，有房住和有适当的工作，这就是反映我眼内的新人民大沈阳市的市容概况。特别是拿过去伪满时代在所谓"日本站"和"商埠地"的日本人天下，并官僚军阀、政客、资本家等特权者为所欲为的过去情形，来和今日的新面貌来相比，真使我觉得沈阳的面貌真是完全变了样子了。

再当我参观沈百商店和沈阳联营公司时，首先使我感觉到的，就是：

日本帝国主义资本家曾经用来垄断我国商业的大商店，现在都已经为我国人民服务了。其次是我在过去所担心的，如在报纸上时常有什么猪肉不好买，和某些商品供应不上和涨价的消息，等等，但是，这次的参观中却把我的那种杞人之忧都给一律吹散了。买东西的人是那样拥挤，并且那一天还不是星期日，并且也不是一般职工下班的时间，店里的东西又是那样丰富——我所担心的棉布简直是堆积如山，货色也都齐备，其他的日常生活必需品之类，也都是样样俱全，应有尽有。这才使我进一步认识到报纸上所说的脱销或是供应不足的现象并不是由于来源枯竭的一种表现，而正是发展进程中所发生的局部临时现象。正如社论中所明白指出的那样：

"……这种供应不足，乃是发展中的不足，是供不应求的一时现象。"这也就如同我国年产的钢铁产量是年有增加月有增加，可是在社会主义建设中所需的钢铁数字，则是远远超过了产量的数目，所以我国的增产节约，并不能专把它看成是第一个五年计划中的重要任务，就是到了第二个、第三个五年计划时，我国仍然是必须大力增产节约的。因为这乃是人民生活水平不断提高的一种必然现象。

下午，我们又参观了北陵公园，在那里做了野外文娱小节目。

在我参观东陵和北陵时，因为在那里埋着的都是我的祖先，所以我觉得这次对于这两处的参观，对我的教育意义非常之大。

首先是对于我那根深蒂固的狭隘民族主义思想的残余——我从小就是在封建专制制度的民族狭隘思想的色彩极端浓厚的家庭环境中长大起来的，所以，对于自己的祖先，更是抱有一种与众不同的想法和看法。可是在这次的参观中，启发教育我的地方是：

起初我还以为在人民的新中国，对于那些过去的清朝封建君主坟墓，还能有谁来管！说不定会被糟践得成个什么样子！可是到了当地一看，却是被反动国民党给毁坏得不亦乐乎，而现在归到人民手里，则是得到了充分的保护与修缮，不但"宝顶"——坟头周围，都给安上了铁条网，防止游人随便攀登，还把残缺的地方都给修补一新。特别是在北陵还挖了一个三百几十万平方米的湖，还准备了许多游艇。两陵上也新栽了不少的树木。今后还打算在北陵安设电灯，并在其南面新修一座跳舞大厅以及儿童游园、动物园等。不但是对于这两陵如此，就是对于河北省内的东西两陵和南口附近的明十三陵等处，现在也都在祖国人民手中。把过去曾经骑在广大人民头上的封建帝王坟墓，变成为能让广大人民游览休息的文化、风景区域。足见我过去所担心的，正是因为尚未能明确认识清楚我们新中国的伟大，所以才会在自己的狭隘小圈子里经常打转转。因此，使我在这次的参观中，有了一种新的认识，就是不论他的过去历史如何，抑或是他的阶级成分如何，只要是现在能和人民在一起，改变了他原来的阶级本质，他就会有无限的前途，也就是说，如果能够和人民结合在一起，他便会长存下去。总而言之，脱离了人民群众，那么，他的运命就会是脆弱的、有限的、绝对不能存在下去的了。

到了六月三日，所方又发表了命我们赴鞍山、长春、哈尔滨等地参观的喜讯。六月四日下午五时，我们先到了哈尔滨。尽管我们都在火车中吃完了饭，所方仍照顾我们，怕我们饭吃得早，腹中会饿，下了车之后，先领我们到永安饭店饱餐一大顿面条，吃完之后，就领我们到"哈尔滨旅舍"去投宿。这里就是过去最有名的"马迭尔饭店"，乃是哈尔滨市的第一流的旅馆，可是竟会让我们这帮人住在里面，房间、被褥、铁床之类先不用说，就连每日三餐，就如同是赴宴一个样，真是使我觉得太过分了。请问：古今中外，谁听说过有这样对待犯罪人的！

我相信，只有在人民的新中国，只有在共产党领导下的社会主义国家才能这样！

全般说起来，在我们这次的长途参观中，随时随地都使我在心感身受方面，看出了所方对我们的无微不至的真诚照顾。例如，对于年老或有病的人的体贴入微，在走路中不让快走，指定专人来照顾，医生护士一步不离；对于不愿吃鱼，不能吃牛羊肉的个别人的特别关照；对于闹肚子的人（我就是如此）另给准备蛋糕之类的软食，等等。不但对老人、病人如此，就是对我们全体同犯，也都同样是做着胜似亲人的关怀。比如说，对于吃饭、睡觉、休息甚至大小便等也都是照顾得周周到到。特别是所方各位工作人员的这种不分昼夜，不顾疲倦的连日辛勤工作，以及有关各方面——各市当局，各工矿企业等单位，农业生产合作社、展览馆以及列车乘务员的无比诚恳，无比亲切的工作作风等，样样都是深深给予我以很好的实际教育，像是这种种感人心腑的动人事实，又怎能不使我受到了终身难忘的深刻感动。

我现在想按着这次参观的次序和地区，把我深刻的感觉择要概述如下。

参观第一日——六月四日参观了"哈百第一商店"和副食品商店以及四个公园——斯大林公园、兆麟公园、儿童公园和哈尔滨公园。最后还参观了哈尔滨市的市容。

至于对商店和市的观感，因与沈阳同，不作赘述，现在只就我对四个公园的参观感想，按着所受到的感动浅深依次记述。

首先是斯大林公园。过去的太阳岛，还不是专供官僚、资本家以及外国人游乐之用的地方？

就是面临江岸的过去所谓的"水上俱乐部"，还不也是与劳动人民素无缘分的地方？

而现在呢，太阳岛上的帝俄时代的别墅等，现已成为新中国劳动人民游息的好场所了。当时所谓的"水上俱乐部"现在也成为人民大众的公共食堂了。

特别是现在从江堤上向江北一望，便可以看到过去所无的一幢一幢的富丽典雅的楼房。不是新建的职工疗养院，就是给广大人民谋求福利的种种卫生、文化方面的建设。

在碧流动荡的松花江面上，来来往往跑着满载劳动人民歌声笑声的汽艇和游船。

在那绿树涟漪相衬成趣的平坦大堤上，则可以随处看到无数工人、学生，都在各乐其乐地，有的三三两两地散着步，有的坐在树下长椅上拉着幽雅的手风琴，有的则引吭高歌，有的则拿着相机来照像，有的坐在堤畔给那如画一般的风景写生，有的则在游艇售票口旁列成长队……这种充满朝气的新气象，是和过去只有特权阶级独自享受的杀气腾腾、死气沉沉的旧光景完全不同的。我听我弟弟说，过去他曾在那个"水上俱乐部"里摆过阔，在当时，在这里的厕所内，专有一名白俄老大娘左手持手巾，右手端肥皂地等在门口，每便一次便须恰如其分地给她两三角钱不等。更听说在当时，该俱乐部已成为日本人的天下，除了像我弟弟那样的"特殊人物"外，一般中国人差不多都是不敢进去的。因为日本人以及白俄的有力者，经常在那里乱唱乱闹地过着金迷纸醉的生活，不定什么时候，就有被醉汉"袭击"的危险。

抚今追昔，真觉得现在的一切一切，没有不是既明朗而且清新愉快的，像过去那样的畸形繁华和罪恶享乐的影子，早已被劳动人民的双手给洗涤干净，再也找不到那种阴晦黑暗的雾围气了。

其次使我受到感动最深的，就是儿童公园。

在那里简直是一个儿童的幸福小世界。在那里有儿童自己管理的——具体而微的儿童列车，和两个俨然如真的正式火车站：一个是"北京站"，一个是"莫斯科站"。开车的当然是儿童，至于站长、车长、打信号旗的人员也个个都是儿童。他们都是认真而严肃地各自执行着自己的"运输"任务。车站外面的花木，车站建筑物的擦拭装饰等，也都是由他们自己来做。另外还有电气的木马、飞机、小汽车、拖拉机、坦克、船艇之类的游戏器具。他们都是严格守着先后的秩序，一个一个地上去玩，玩毕就把座位让给依次的后补者。在那里，可以说是来来往往的，无一不是儿童，偶尔有一两位大人，在那里反倒会有在人家家里做客之感的。

那天使我认为最幸运的，就是恰巧在我们参观时，更有一大帮苏联的儿童和他们的老师来到这里，他们都和和气气地和我国儿童在一起玩。这和过去帝国主义日本人的孩子，不让中国儿童到他们身旁去的不愉快情形相比，真使我觉得感慨无量。

现在的孩子们，在他们的小世界里，不独从小就可以养成他们的集体观念，热爱劳动的精神，还可以在这里，养成他们的国际主义友爱精神哩。

不由得使我深切感觉到，毛泽东时代的儿童是真幸福的。除了共产党领导之下的新中国，在过去可有谁关心过儿童的事情？他们的生活、教育和幸福如何，谁还有闲工夫来作理睬？

同时我也深深感觉到，我的子子孙孙，他们一定都会比我幸福得多，因为他们生得是时候，一生下来就有无穷幸福光明前途在等着他们，绝对没有人来摧残他们，而是党和国家在关怀着他们。

因此使我对此得出一个结论是：

为了自己的孩子，为了民族的将来，如果不跟定共产党走，便根本谈不到什么幸福、什么将来的！

其次是兆麟公园，在这里我曾瞻仰了李兆麟将军的坟墓。在墓旁还供有人民所赠献的花圈。使我不由得痛感到：

将军的伟大人格和为人民而牺牲的革命精神，真是永远活在六亿人民的心中，他的生命可以说是和民族的生命一样永远无尽的。同时再回想一下自己的过去，我怎能还在将军的坟前抬得起头！

在哈尔滨公园里，虽然也看到了卢冬生将军的坟墓，但因为不知道将军的生平事迹，在当时只认为这也是一位革命烈士而已，后来到了东北纪念馆，才知道了将军的伟大事迹，所以在该公园内，只是默默地敬了一礼。

参观第二日——六月六日上午参观了东北量具刃具厂，下午参观了东北电表仪器厂。

参观第三日——六月七日上午参观了亚麻工厂。

参观第四日——六月八日下午参观了哈尔滨电机厂。

我在这四个单位中，主要所感到的是：

东北量具刃具厂、东北电表仪器厂以及哈尔滨电机厂，都是我国第一个五年计划中的重点工程之一。除了电机厂是由我国自己设计之外，其余的都是苏联援助我国"一五六"项中的一个，都是带有全国性的现代化工厂，最重要的重工业企业，对于我国的伟大社会主义建设事业，都是起着绝对作用。

我平日还主观地以为量具也不过是尺的一类东西，而刃具也不过是车刀而已。可是当我看到了它那五个重要车间和七个辅助车间，以及所生产出来的那些复杂多端的量规和那叫不出名堂，看不出用途的种种刃具，以及精妙入微不差毫厘的量尺之类，才使我初步地理解了量具和刃具的重要性。固然总括地来说，它们都是为了量东西的规格和切削东西的用具，但是决不像我所认为的那样简单，而是千变万化各有专用的精密工具，没有它们便不可能制造出来各种机器，也就和那些仪表之类一个样，都是在现代化工业中离了它们一步也不能走的。总之，当我看到了那些钟表似的精密仪器，看到了那些奇奇怪怪的刃具，和那想象不到的量具之后，才真正认识到这些工业企业的异常重要性。

同时我也感到这量具、刃具和电表仪器厂，简直不像是个工厂，而恰恰像是个什么科学研究室。还使我对于那种连一点点尘土也绝对不许可带进去，活像医院手术室那样清洁的地方，居然也让我们进去参观，即使在条件万分不能许可的时候，还组织各队的代表者进去细看，为的是好让他们在亲眼看过之后，把所见所闻普遍地传达给我们知道。祖国人民这种推心置腹的待遇，和为了使我们加速我们学习改造的苦心，真是使人感激得不知怎样说才好。

还有那些青年男女工人的学习热情，也是惊人的。他们不但是在一年之间，就可以熟练地掌握那样精尽毫发的高深而复杂的技术，特别是在那样紧张而细腻的工作之后，在那休息时间的分秒之间，每个人还都是抓紧了这些许的短时间，打开书本从事研究。这种勤修苦练的劳动人民积极负责精神，若是拿来和我现在的学习态度来比，真正是相形之下羞愧死人。

我现在的学习环境是怎样的？

有充分的时间，可以尽情地学习，同时也有充分的休息时间和自己研究的时间，尽我利用，并且还在精神上也可以心无二用地专门从事学习……这样的优良学习环境下，若和他们在百忙中仍是分秒不肯放松的学习来相比，真是会有天上和地下之悬殊的。

其次是我对哈尔滨电机厂的感想：

除了该厂是由我国的自己设计之外，更使我感到兴奋的，就是该厂内各种大得惊人的巨型机器（如苏联的大型龙门刨床等）和制造出来的无数巨大机器零件。同时也看到了我国全国规模的电气化远景，不由得使我想起了列宁所说的电气化和社会主义建设的关系。还有该厂领导我们参观的那位女干部，更是使我感动已极。她不断地从我们的队头跑到我们的队尾，一边跑着一边做着极其热心的说明，真恨不得把工厂情况给我们每一个人都做详细的介绍。看她的年纪，也只不过是二十多岁的样子，可是她那沉着而富有自信的态度，简直和我在苏联的影片中所看到的女工程师、女生产队长以及在小说中所看到的苏联女农业专家的神情态度，完全一般无二（在电表仪器厂领我们换了鞋子进去参观的那位女干部，也同样使我深有此感），足见我国的妇女现在是完全站起来了，这使我不由得由衷生出既敬佩又高兴的感觉来。

其次是我对于憧憬多年的哈尔滨亚麻厂的感想：

它虽是属于轻工业的一个工厂，但它是高度机械化自动化最先进的现代化的工业企业，它对于我国国防起着重要作用。

我对于它，真是从它建厂之日起，一直都抱有无限憧憬的念头。并且在沈阳的工业陈列馆内，也曾看到了它的全般模型，所以当我这次亲眼看到了它那富丽堂皇的建筑时，就使我如同看到了自己多年未见的熟人一个样，毫不感到一些陌生，并且不由得使我的心在那乍一看到的一瞬间，都激动起来，觉得热乎乎地跳个不住。

当我听完了厂方负责人的介绍和看到了那些令人生爱的巧妙自动装置和那生产出来的五彩缤纷的亚麻制品后，真使我加倍地对苏联之对我国的大公无私、毫无保留的热诚援助，生出了不可遏止的衷心感激心情。

由建厂安装到生产，苏联都是对我们一直地帮忙。就连勘查地质、调查风土、研究气候以及对亚麻的种种科学分析研究等，也无一不是如此。此外，还替我们培养了一千多名工人和大批的干部，真是从头到尾一点不剩地传授了我们，而使我们才会在过去的一片空地上，从无到有地有了这样能够供应全国人民需要的，能供工业等大量需要近代化装置的大亚麻工厂。

此外，最使我深切感到的，就是这一工厂对于工人的安全设施和对于工人的卫生福利的种种设施。像是那麻屑滚滚、尘土飞扬的车间内，居然会使人吸到不染纤尘的新鲜空气。这在旧社会的工厂里，能够梦想得到么？又如在各个机器上所安装的反光镜、信号灯、自动换电装置、自动安全装置，等等，不但大大减轻了工人的体力劳动，也充分保证了工人身体的安全，至于化学地板、自动防火设备以及对工人的种种无微不至的照顾，并在建厂时所倡导的"先建工人住宅而后建厂"的新办法，等等，哪一样不充分表现出新中国工人阶级和劳动人民现在当家做了主以后的新气象来？

在党的领导下，在这样的社会制度下，工人阶级又怎能不拿出认真负责的真正主人公的态度，为了建设自己的社会主义祖国，而积极地发挥出超人的热情和空前的创造热情来呢？

参观第三日——六月七日下午参观了朝阳区（前平房区）朝阳乡的金星农业生产合作社。

参观第四日——六月八日下午在参观了哈尔滨电机厂后又参谒了东北烈士纪念馆。

我在哈尔滨的四天参观当中，使我最受到深刻感动和终身也不会忘掉的，就是金星合作社和东北烈士纪念馆。按着参观的顺序，先从合作社说起。

当我乍一到金星农业合作社，看到墙上挂着的锦旗上写有"平房区"的字样时，我蓦然想起曾在苏联报纸上所看到的日本帝国主义"731细菌部队"的滔天罪行来，立时觉得有一种铅石一般的沉重空气，压到自己的头上，压得我抬不起头来。后来听到合作社主任述说到在敌伪时期该村所受到的这些灾祸：

过去村民们经常吃不饱、穿不暖，不是平白无故地被认为是"政治犯"，就是硬被指为"经济犯"而横遭逮捕。一被安上这样的"罪名"，不用说，轻者得饱尝残酷的吊打非刑和牢狱之苦，重者就得死于非命。此外，强征青年为伪"国兵"，以及强抓"劳工"等，更都是村民被注定的厄运。特别是日寇把饲养的带有细菌的老鼠放出的缘故，致使该村在一九四六年的秋季不到半个月的时间，就害死一百四十二个人。并把遭难人的真名实姓，一一列举出来，使我听到每句话都如同钢刀刺心一样，真是既难过又愧恨，简直恨不得有个地缝也想钻进去。

当我听到刘贤阁（听到的姓名音字）的爱人、孩子、弟弟、弟媳同归于尽，只剩下了一个小孙子的事情，以及听到老靖家全家十八口，在五天内就死了十三口的事情，并听到还有新结婚的夫妇，在结婚的第二天，便双双死于鼠疫的时候，我觉得我自己就是一个血淋淋的帮凶杀人犯，站在受害人的面前，是心如刀割的难过。

然后我又访问了劳动模范姜淑清老大娘的家，我因为想到了自己过去的一切一切，现在又听到日寇活生生的罪行，实在忍不住了，便向老大娘说，我就是在过去曾经帮助日本鬼子抢去了你们的粮食、害死了你们亲人的伪满皇帝溥仪；

我愈是亲眼看到了您们今天的幸福生活，便愈发想起了过去祸害您们达十四年之久的滔天罪恶……我唯有低头向您们衷心谢罪……我不由得哭了。可是这位老大娘，不但是没有对我表示什么仇恨，反而用温言对我说："……只要好好学习，政府是会宽大的……"

使我听了，愈发把感激、愧恨混合在一起，除了俯首流泪之外，已没有什么可说的话？

老大娘是这样，就是全社社员以及社主任也都是这样。按常理说，对于曾经祸害自己达十几年之久的血腥大汉奸头子，今日见了面，想起了掠夺粮食、征兵抓丁、苛捐陋税、经济统制、散播鼠疫等的血海深仇时，还不会一下子猛扑过来想一棒子打死我这个祸国殃民的头号大卖国贼？

可是在当我临要辞去的时候，合作社还把暖窖里长年辛辛苦苦的劳动结晶——黄瓜和小红萝卜摘了一大堆送给我们。

虽然我们激动地一再做了辞谢，但是那些位宽宏大量的社员，仍非要送给我们不可。到了这样的时候，又怎能不叫人感动流泪地接受呢？

受，当然是非受不可的了。并且也是非把它拿回去吃下不可的。因为这是人民对我们的宽大情谊啊！

在我接受农民各位的这种过分的赠与时，我的心中实在是既感激又羞愧，这使我怎能不想起曾经遭受敌伪残害致丧失无数宝贵生命的牺牲者？

他们已不可能看到今天这样繁荣幸福的新社会，也不可能看到今天这样光辉灿烂的新农村，也再看不到自己的家中亲人，也永远享受不着今天这样日益增进的幸福生活……可是我们这群曾经残害过他们的汉奸，反而看到了这样的新社会，并且还尝到由受害农民所辛勤栽植出来的蔬菜，我除了含泪接受之外，还有什么办法可言？

我在这种深铭肺腑的事实教育下，不由得产生了一种感情。

总之这件事，我是终身永远也忘记不了的。我决不应当白白吃掉这种万金难购的贵重礼物，一定要争取学习改造好，来补赎自己过去无穷罪恶于万一！

固然是，赎是绝对赎不过来的，历史上的滔天大罪更是永远也抹杀不了的。可是，我决不能白吃它，哪怕是一点一滴的赎罪行为也好，我非要这样去做不可。反正我决心万万不能白白地吃了它！

此外，像是我亲眼所看到的社员各位的现实幸福生活，所听到的将来无限幸福的远景规划，以及医疗所、妇幼保健站、图书馆、小学校、新式农具、像城市小百货店那样的供销合作社、养猪养鸡和大玻璃暖窖，等等，简直是像个自给自足的小市镇一个样。因而使我想起了"苏联的今天，就是我们的明天"这句话来，这不就是缩短城乡差别第一步的具体表现么？

特别是在社主任的说明介绍中，听到了他那有条不紊的规划，看到了合作社的种种设施和他那自信满满的革命乐观态度，真使我痛感到：

这就是千千万万农业生产合作社中的一个，也就是在农业合作社化高潮中，在土改的伟大运动中，经过了无数革命实行考验的一个农业生产合作社，以真人真事，以血泪的控诉，以"宽严相济"的伟大精神，以理论与实际相结合的具体教育一样一样地摆到我的面前。

我认为，我国农村现在所以有了这样的根本变化，并不是什么奇迹，尤其不是侥幸，这是在共产党的坚强组织、正确领导下，在无数革命烈士的流血牺牲下，人民用自己的力量赢来的革命胜利果实。

其次是在东北烈士纪念馆。

在我尚未到哈尔滨之前，我真是渴望着瞻仰一下烈士馆，因为我曾在"中华女儿"影片中，看到了烈士馆中的一部。可是当我这次真个地看到了"东北烈士纪念馆"几个字时，我的心又"扑通扑通"地跳了起来，觉得有一种极大的压力，压得我的心脏沉重异常，仿佛是透不过气来似的。

等到进了馆门，看到墙上满挂的日寇虐杀我东北人民的各种照片，特别是当看到了杨靖宇将军、赵尚志将军、赵一曼烈士以及其他各位曾在敌伪时代牺牲了的烈士画像、相片、英雄事迹和遗物等，更是叫我感到极端难过和惭悔，就仿佛是把我带到了各位烈士的面前受审一个样，我不能不深深低下了头，不能不落下了泪，不能不难过得要死。我由于良心的内疚，精神恍惚，虽然在听馆员介绍时，也曾记了笔记，但事后翻开来一看，当时所记的字迹，差不多都是歪斜潦草得不成个字，所记的话语，也都是支离破裂得不成其为整句的话。

特别是当我听到馆里的负责干部在给我们所做的专题报告中，介绍杨靖宇将军的抗日奋战英勇牺牲的壮烈事迹时，不但使我忍不住双泪齐流，同时简直觉得自己的这个身子，真是龌龊得不堪和渺小得不像个样子，觉得自己在今日的这个存在是多余的、不应该的，因而形成为一种茫然自失的状态。抗日英雄能那样地出生入死，能那样地不怕艰难危险，到底是为了什么？因为他们始终并没有想过自己的事，所以才能够拿冰天雪地当作涵育抗日杀敌的练武场，拿草根树皮当作保卫祖国的军粮，真是无时无地不在关怀着整个民族的前途、命运，整个国家的前途、命运和世界正义人类的前途、命运的。在将军英勇牺牲之后，就连穷凶极恶的敌人，当看到在将军胃袋中，满装着的草根树皮尚未消化的残滓时，也不能不低头暗中称羡。

将军的肉体，固然是消逝了，可是将军的精神却永远地活在六亿人民的心中。

可是像我这样的人则是虽生犹死，而且是徒有中国人之名，而无中国人之实。何况是像我这样的人，现在却在党和人民的破格宽大下，不但被允许活着，而且还给予学习改造的机会，甚至还被允许到这庄严的地方来瞻仰……总之，我除了万分惭悔之外，无法表达我当时的心情。

等到晚间，参观完了回到哈尔滨旅舍之后，所方又容许了我们的请求，允许我们在旅舍的小会场上，能够向所方、市方发表了我们的参观心情和我们对政府的由衷感激之意。这时，所方和市方也都相继讲了话。在这里，最使我受到感动的，就是所方所讲的要我们言行一致的一段话。我认为这真是对我们在学习改造现阶段的一个对症下药。因为我们——尤其是我现在所患的最大毛病，就是理论不能联系实际，也就是说，我的言行在很多地方，未能完全一致。如果不把这个最大的毛病克服掉，那么，知也等于不知，说也等于不说，总之要以实际行动来报答党对我教育改造的恩情。

参观第四日——六月八日上午，参观了哈尔滨毛织厂。

在这个工厂的参观中，使我得到启发并受到感动的，并不是它的宏伟厂房和现代化的机器设备，而是另外的一个问题。

那就是民族资本家在帝国主义时代，在殖民地、半殖民地的国度内所受到的压迫排挤的真正情形。怪不得民族资本家在他那二重性格之中所以会有革命性的一方面的所以然。

同时也使我认识到，我国利用旧机器设备来为祖国社会主义建设服务的重要性。

即使是只有较旧机器设备的工厂，只要有共产党的领导，它便会产生出"化腐朽为神奇"的奇迹。只要是劳动人民翻了身当上了国家的主人，他们就会把无穷的潜力、无尽的智慧发挥出来。总之，没有这样的社会主义优越制度，就不会把一切消极因素都转变为积极的因素。当我看到了那些美丽的毛毯和呢绒衣料等时，我就想，明明是同样的东西，在资本主义时代，它就为资本家提供利润。在帝国主义跳梁时期，它也就充当了掠夺我国人民财富的有力工具。现在它回到人民的手里，它才能开始为人民来服务。可是在这些日子的报纸上，却登载有右派分子，竟自敢钻我国共产党大公无私全国整风的空子，狂妄地说出"没有共产党也不会卖国"等等的荒唐谬论。这种颠倒是非、混淆黑白的胡说八道，又怎能不激起全国六亿人民的义愤！拿汉奸的罪例来看，拿反动国民党的所作所为来看，拿哈尔滨毛织厂的化旧为新的事例来看，没有中国共产党，中国人民还能活得下去么？还谈得到彻底翻身么？没有共产党，那些老厂房、旧机器等，能够像今日这样地超额完成国家所给予的光荣任务么？"没有共产党，就没有今日的新中国"的这句话，是任何人也否定不了的。

六月九日早晨从哈尔滨出发，下午三时许到了长春。当我们这列火车一开进长春站，我的心陡然又觉得沉重了起来，好像是被缚上一个大铅砣子一个样。等到下了火车，走出了长春车站，亲眼看到了长春市民时，我的那颗心就愈发沉重得几乎要把心弦坠断了一样，就和我在哈尔滨乍一进入东北烈士纪念馆时的心情一般无二，简直是不敢抬头去看一切人们的脸。本来么，我自从一九三二年在这里当上了伪执政，一直到一九四五年敌伪一齐完蛋为止，都曾是盘踞在长春的。可以说是那里的一草一木和每一寸土地上，都是和我的肮脏罪行，有着直接的关系。也就是说，凡是日寇所犯的罪行，都是和我的罪恶分不开的。因此，我到了长春，心里怀着鬼胎，就如同当盗窃的人，一旦被人给领到被偷人家中去一个样，这时心中的惊慌、羞愧、恐惧和难过等心情，都交织在一起。

到长春，所方更把我们安置在吉林省人民委员会招待所内，同时对我们的起居饮食等一切一切，真是关怀和照顾得无微不至的。我们这帮人就是这样过了四天在长春的参观生活。

参观第一日——六月十日上午参观了中国科学院光学精密仪器研究所。

当我参观这个研究所时，我的心情是和昨天乍一到长春时不同，始终是充满了欢欣鼓舞的心情。首先使我受到感动的，就是现在我国光学仪器玻璃的制造，现已达到国际先进水平的地步，并且也超过了曾在世界上被公认为第一位的德国"蔡斯"镜头。毫无疑问，这又是对于我那崇拜舶来品的崇外思想残余，上了一堂活生生的课。在过去也曾听到人们说日本制造的望远镜，在外形上固然也相当漂亮，就是镜头玻璃不行，日子一多，受到了潮气，就会生出斑点来，至于精密的显微镜等，当然更不能制造了。在现在，我们的新中国，却在全国解放后仅仅几年之间，不但已能制造光学玻璃，而且它的质量居然已超过了德国，这又怎能不使我感到无比的高兴？无比的自豪？

此外，在我听到该研究所的负责干部所做的情况介绍时，他那对于科学研究的热情，对工作的信心，深深地感动了我。我不由得想到，像他那样的科学工作者，如果是在旧中国的话，他还不是所学非所用地沉沦下去，还能容许他有发挥自己特长的机会？还能谈得到有什么机会对祖国做出贡献？他所以能够有了今天，都是由于有了中国共产党正确领导和社会主义的优越制度之所赐。无怪乎在他那研究所内研究出来的结果，立时就会被推广到全中国的各个方面去，这真是我国工业中一个重要环节。

下午，又让我们参观了长春市儿童医院。

对于这个儿童医院，也使我感到了一种感奋兴起的心情。这和在哈尔滨儿童公园内所受到的感动不相上下。在过去旧社会里的医院，固然也有小儿科，但是那种小儿科大夫，绝大多数只不过是为了自己的吃饭，才当上了小儿科医生，并且在那个时候，请得起小儿科大夫给孩子看病的，又都是些什么人？不是官僚就是资本家。至于一般人民的子女，尤其是广大劳动人民的后一代，不要说他们给孩子看不起病，吃不起药，就连吃饭还成为严重问题哩！可是在今日的新中国，所有的儿童都是一律地得到了人民政府的温暖关怀和至矣尽矣的照顾、爱护。像那飞机形的新型医院建筑物，像那照顾得无微不至的门诊处，最新设备的医疗和安全而周密的卫生处理，既清洁卫生又营养丰富的食堂，还有阳光充足、空气新鲜，看顾周到而且玩具设备齐全的儿童游戏室以及另外还有闻所未闻的母亲室，等等。这种无以复加的照顾，真诚为人民谋福利的精神，在旧社会里，就连做梦也休想梦得到。仅就这次参观的长春市儿童医院来说，政府的投资就达到八十八万元之多。这说明生在伟大毛泽东时代的儿童是多么幸福！

此后又参观了长春市的市容。

固然在乍一参观市容时，我的心情不觉紧张起来，因为，我不由得想起了过去自己在敌伪统治时期的种种罪恶。但看到种种生气勃勃的新气象时，才又逐渐地把我的紧张心情和缓下来。当我看到了当时在伪满时期的罪恶大本营——日本帝国主义的关东军司令部，现已成为吉林省党委和人民委员会。伪满的"国务院"和司法经济等部和"最高法院"等曾经摧残、屠杀人民的罪恶发源地，现也都变成为救治人民疾苦的医学校和医院以及专为人民谋福利的机关。伪宫预定地现也建筑成为培养我国伟大社会主义建设人才的地质宫。过去我所窃据过的伪宫，现已成为结核病疗养院。过去满挂着日本文字招牌的店铺等，现也都分别地做了我国人民的商店、俱乐部、住宅以及其他为人民谋福利的场所。特别是当我看到了日本殖民者的所谓"神社""庙宇"等奴化人民的罪恶工具，现已经有的脱了胎换了骨，有的则是根本被彻底清除干净的情形时，不由得既是惭怍又是心中称快。

尤其是在当时的所谓"日本站"一带，再也看不到一个耀武扬威、目中无人的日寇侵略军士兵的影子。也看不到欺压、侮辱我国人民的敌伪警察、宪兵和特务的横行，也看不到趾高气扬以征服者自居的日本人。也看不到在中国开铺子却不愿拿中国人当顾客看待的东洋铺子了。

还有在日俄战争时就开始侵略我国的日本帝国主义侵略军头子——儿玉的铜像也看不到踪影。在那里高悬的是我们六亿人民的伟大领袖毛主席的大幅画像。所谓"儿玉公园"现在则是成为名符其实的胜利公园了。这一切一切都是使我觉得既痛快又兴奋的地方。

尤其是解放后由我国人民之手所修建起来的高楼大厦，看它那种雄伟的姿态，立即感觉到它不是在日寇汉奸跳梁时代的罪恶遗物，因为它的规模形势，一望可知是和旧日的东洋化建筑大不相同。特别是在过去我曾认为是相当了不起的大建筑物，如伪"最高法院"、伪"国务院"和伪各部等，在我现在的眼光看来，都觉得它们并不怎样高大，因为把它们和现在新建的一比，它们的规模形势也就显得渺小了。

总之，在参观长春市容时，我当时的心情是相当复杂和不宁静的。

真是忽然觉得兴奋，又忽然觉得惭愧，既有时觉得高兴，又有时觉得难过……反正是不好受的时候多就是了。这也是只有做过亏心事的人，才会体验得到的一种微妙心情！

参观第二日——六月十一日。上午参观了伟大社会主义建设中的重点工程——第一汽车厂。

我国的这个重工业，也是我一向就最为关心的一个，每当听到了"解放牌汽车"这几个字，总是会使我感到了一种说不出的兴奋和骄傲。本来么，活了这么大，我坐过的，看到的，没有一辆不是外国的汽车，而现在居然把几十年来认为绝对办不到的事办到了，这使人怎能不兴奋鼓舞呢？当这次赴哈尔滨的途中，列车经过长春时，我就曾从车窗中，贪婪地注视着这个汽车厂，从前几站起，我那一双眼睛，就没敢离开过车窗，生怕是错过了看它的机会。终于在今天被领到这里来参观，当时我的心情，真是激动已极。

到了"汽车城"，首先映入眼帘的就是那一望无边的现代化的巨型厂房和商店、医疗机关、俱乐部、食堂、工人住宅……真是雄伟已极。还有那宽敞平坦的柏油大马路，来来往往数不尽的各式各样的车辆，谁又能说它不是一座近代化的新城市？它不但活像一座新城市，而且是活像一座最理想、最富有清新朝气的新型现代化的城市。把它叫作"汽车城"，我觉得真是最恰当不过的了。等到进入了那高大整齐的厂房，看到了那种种叫不出名字来的最新式的、完全自动化的机器设备时，真觉得犹如正在做梦一个样。看到哪一部分，都使人爱慕得不忍离去。尤其是对于苏联老大哥的真情厚谊，更是使人有一种说不尽的感激心情，真是没有苏联，就不会有这样社会主义建设的伟大事业。固然我对于机器，根本是个门外汉。而且又是走马观花地从事参观，但我却觉得样样都吸引了我，处处都使我产生亲密之感。

在参观了厂房之后，又由厂方负责干部在百忙中热心地领我们参观了工人的种种福利设施。由于规模宏大的关系，当然都是坐着汽车去的。首先看的是教育大楼，它包括从扫盲班起，直到大学为止，共有一万二千多名工人在那里从事技术钻研和文化学习。其次看的是设备规模比一般医院还完备还大的职工医院和幼儿园。

在教育大楼使我受到深刻感动的，除了该楼的规模宏伟和完善的教学设备以外，在该楼一进门的迎面墙上，高悬有周恩来总理对于职工技术、文化学习的一篇指示：须使职工学习由于自愿，且不要使学习时间过长，课程也不要过紧，以免妨碍职工的工作和身体健康……这种骨肉般的关怀，这种精神、物质两方面的殷切而适宜的照顾，这和父兄对子弟的关怀，又有什么不同之处？回想过去封建专制时代，封建大地主——皇帝对于农民的督饬盘剥，资本主义时代资本家对工人的挤血榨油，殖民主义者对殖民地劳动人民的敲骨吸髓，若和今日劳动人民的当家做主后的情形来相比，可以得出这样的结论：封建大地主对于其隶下的农民，所要求的只是逆来顺受，甘受宰割；资本家对于工人，则是超额利润；宗主国对于殖民地劳动人民则是志在掠夺奴役。而我们新中国的政府和人民，则是劳动人民是主人，而政府则是为人民服务的一个机关，是从骨肉至情出发，是血肉相连的一个整体。从周总理的这几句指示中，就可以完全看出这一新关系来的。所以，在这六亿人民的温暖大家庭中，每一个家庭中的成员，人人都能够鼓足干劲，在"我为人人，人人为我"的伟大共产主义精神下，为这个大家庭而各自贡献出自己的全部力量。

还有在幼儿园，我也受到了很大的感动。

当无数天真活泼的儿童，向我们表示欢迎并伸出那可爱的小手打招呼，有时还发出感人的声音说着："叔叔你好！"也有的说"叔叔抱抱我"等的话。真是使我自惭形秽，我暗想道，你们今天欢迎的这一群人，都是在过去曾经骑在你们父兄的头上，压迫过他们，榨取过他们，甚至还曾经杀害过他们的血腥凶手啊！

可是现在呢，却都怡然自得地受着这帮可爱孩子的欢迎！

不但儿童是不知道过去的事情的，就连各位教师、保姆也都是如此。我又怎敢用自己曾经沾染过他们父兄的鲜血的手，去握他们的那些纯洁可爱的小手呢？至于去抱他们更不用说，尤其不敢且不配的！

但终于因为情不可却、也无法去却的缘故，于是我只得一方面热泪盈眶地，一方面半哭半笑地握了他们的柔软可爱的小手。

他们还为我们唱了歌，跳了舞。

我在这种意想不到的温暖空气中，又怎能不使我啼笑皆非，拼命地拍手来回答他们的情意呢！这真是我一辈子也永远忘不了的一个最深刻的印象。尤其是在参观途中，看到了日寇100部队——细菌部队的罪恶遗址，这就更使我的良心受着极严厉的斥责。嘻！祖国人民，我对不起你们！可爱的儿童们，我更对不起你

479

们！我唯有永远把这次的参观牢牢记在心头，永远拿它当作督励我、鞭策我的力量，我定以今后的余生来向父母般的祖国人民来赎罪，来向这些天真可爱的儿童来赎罪！

此外，还参观了专为照顾工人上下班的安全，而特别建造起来的那座横跨在铁路线上的美丽天桥，领导我们参观的那位厂方干部，曾对我们讲：

"这就是只有现在的工人，才能享到这种真正幸福。"然后更向我们讲了一段新中国儿童对于汽车厂的感人事例。

有一个小学校的学生，一次曾给厂里写信，说他们希望能参观一下他们自己的汽车厂。

当厂方答应了这个诚恳的请求，并表示打算派几辆宽敞而舒适的外国制的公共大汽车去迎接他们时，他们却提出坚决的要求说：

"我们愿意坐我国自己制造出来的解放牌大卡车去参观！"

拿这段儿童爱祖国的纯洁的心情来和我在过去的那种"非外国货不爱用"的殖民地奴才思想来相比，真是让我愈发觉得愧对这帮毛泽东时代的好儿童——毛主席的好孩子！

真是的，我不但应该向新社会的广大人民来学习，同时也应该向新中国的后一代来学习！

参观第三日——六月十二日上午，参观了长春电影制片厂。

这个制片厂的前身是什么？它在过去日伪统治时代叫作"满映"，也就是伪"满洲国映画（电影）公司"的一个简称。它曾在惨杀过日本共产党员大杉荣及其幼子而臭名远扬的日本法西斯特务头子甘粕正彦的操纵下，欺骗和毒化了我东北人民。而现在呢，因为它已经归到了我国人民自己的手里，它的性质便完全改变了，它的规模和设备也完全科学化和现代化了。例如，最新式的放映会场，自动化的照光、布景和摄影设备等，都是和过去完全不同，成为给人民服务的人民影片制造厂了。在过去我曾对于这里演员们——尤其是女演员，总是抱有一种极端轻视的想法和看法，可是现在呢，完全使我变成一种对他们的尊敬心情了。例如，领我到厂内各处参观的那位女干部，她那热心的说明，熟练而诚恳的介绍，那引人入胜的口才，以及那满怀信心热爱工作的意气和态度，不由得使我深深感到新中国的文化艺术都是在突飞猛进地向前发展着，新中国的妇女都是了不起的，过去的历书，真是看不得的东西了。

在参观之后，又使我们看了几卷该厂制造的影片。其中最使我受到感动的，就是今年（一九五七年）"五一节"的纪录片——"检阅我们的力量"和世界驰名的"董存瑞"影片。

在前一片中，我看到了中苏两国的人民领袖，亲密无间地并立在北京天安门上一同观礼，以及各兄弟国家的人民各自努力于生产建设的种种镜头，很巧妙地把和平民主各兄弟国家的和平建设事业同我国的人民劳动佳节的意义，融合到一起，使我不由得对天安门前的人民力量的检阅，感觉到有一种愈发伟大的意义和越发兴奋鼓舞的心情。

在后一片中，真仿佛是亲眼瞻仰到了董存瑞烈士的生平英勇壮烈的事迹一个样。因此就使我愈发感到自己过去的所作所为是可耻的，是罪恶的勾当。董存瑞烈士的一举一动都是那样的天真率直，那样的英勇刚毅。唯其他是勤劳勇敢的劳动人民，所以才能在共产党的教育培养下，使我就愈发能够把它发扬光大起来。真是没有一幕不给我以深刻的感受，使我流了好几次泪。

同时又使我认识到，这也就是祖国人民给予我的又一次深刻而生动的事实教育，这种随时随地利用机会启示我们、教育我们的种种苦心，又怎能不使我深深受到感动，又怎能不使我要立志学好呢？

同日下午，又使我们参观了"兽医大学"。

这是我们在长春最末一次的参观。在这个大学内，最使我受到感动的，就是在各个教研室的各位教授的热情研究和教学的态度，以及为祖国伟大社会主义建设事业的积极性和自信心。

例如，饲料中毒的研究，卫生检验的研究，内科、外科、理学、X光、人工授精、检孕、寄生、家畜传染的教学研究，等等，都是对于我的伟大建设事业，起有推进作用的。这里也和长春的光学仪器研究一样，都是把研究所得的经验，普遍推广到全国的各个角落。特别是对于代用"治血液中锥虫药品"的发明推广，对于瘟牛发明的"牛兔山羊化"接种疗法；对于猪瘟的"兔化"方法，对于鸡瘟的"简便疫苗疗法"，等等；不独提高了防治的效率，同时也给我们祖国节省了不少的外汇。这种积极热心的教研精神，这种勤勉不倦的工作态度，这种处处精打细算为社会主义建设着想的细腻工作和实事求是的作风，都深深启发了我，感动了我！

第二日早晨七时到了鞍山，这一天的参观是相当忙碌的。共参观了鞍山钢铁公司联合企业中的大孤山选矿厂、第九号高炉、第二薄板厂、大型轧钢厂以及无缝钢管厂。

除了无缝钢管厂由于正在检修中，只能看到了厂房、设备的概略规模，而未能看到机器的实际操作外，其余的四个单位都在有关方面负责人的热心说明下，做了参观。在这里使我认识到：

鞍山所经过的三个时期——日帝统治（包括伪满十四年罪恶统治在内）时期、国民党反动统治时期和解放后的时期。固然在日寇占领下的时节，在鞍山是曾有了一些所谓"开辟性"的"奠基修建"，但是在当时的所谓"开辟"和"奠基"，曾是为了谁的利益？还不是日本帝国主义为了要大力掠夺我国东北人民的财富，才把从我国明抢暗盗来的钱作为从事经济侵略的投资，然后再从我国人民身上，来做循环不已的无厌掠夺？然而使它能够造成这种局面的又是谁？是不是和我们这帮汉奸，特别是我这卖国求荣的大汉奸的罪恶分不开？在光复后，国民党反动匪帮又乘机篡夺了人民用鲜血换来的胜利果实，并且还进行了残酷的破坏。而这个远因以及近因，又是由谁给造成的？归根结底，还是由于以我为首的这帮伪满汉奸走狗所给促成。

我敢做断言：鞍钢在过去所遭的不幸，人民所受到的人的、物的无数损害，完全都是和我的罪行分不开的。可是现在我们这帮人，却被领到这里来参观，使我看到了今日鞍钢的伟大面貌和它在我国工业化中的重要作用，既感到对今日和明天的喜悦和兴奋，又不由得痛定思痛地对于自己过去的出卖祖国民族利益的罪恶，觉得万分没有脸面见人。因为这是自己良心上的自咎自责，想要不这样去想，是做不到的。

鞍钢愈是有光辉灿烂的今日和无限前途的明天，那么，任何一个人也包括我自己在内，也就愈发不能忘掉它那黑暗而悲惨的过去，因为它的过去是和我的罪恶分不开的。我的罪恶，都是铁一般的既成事实，也就是在民族历史上永远也磨灭不掉的事实。我认为，我唯有永远认清这一事实，永远铭记这一事实，才会在现在，在将来，永远能够在衷心认罪的基础上，来加强自己赎罪的意愿，来磨砺自己学习改造与争取的志向。不这样，是根本谈不到还有什么明天的！

到了八月二十八日，所方又命我们到沈阳东陵附近的"辽宁省东北农业展览会"做参观，共分为十一个馆，使我在这次参观中，不独认清了全国农业合作化高潮后的大跃进的事实，也使我对于全部辽宁省的水田化、土壤保持、防旱防涝、果树上山、蚕业、药材、农村机器化、电气化、畜牧、养鱼等的前途无限光明远景，有了更进一步的认识和信心。特别是在农业合作化馆中，所看到的过去农村中的贫富两极化的对比，愈发使我深深认识了人剥削人的旧社会的罪恶。同时也使我从全省农业合作社社员每户的平均收入年有增加的事实中，更把它结合到学习过的有关农业合作化的文件上，愈发信赖共产党和毛主席的英明领导，真是处处为了广大人民着想，处处是在启发教育着广大的劳动人民，真是没有共产党、毛主席，就绝对不会有像今日这样的新中国。

第二天上午又参观了沈阳陶瓷厂。这也是我国的重要企业之一，它不但供应着全国的大小便器、洗面盆和澡盆，就连卫生瓷砖、耐酸砖、电缆管和暖片等，也都是正在这里大批制造。此外，如建筑上用的隔音、防潮、防寒的特种玻璃，以及工业上用的凿空板等，也都在这里大量生产。

下午又参观了沈阳重型机器厂。其规模的庞大，部件的巨伟，看着使人惊奇。据该厂负责人说，在一九三六年敌伪统治时代，只不过是日本住友财阀的一个"钢管株式会社"，到了一九三九年，才改为铸造机器的工厂。在那个时候，它只能生产一些火车上的一般零件和一些小型矿山用的机器，到了"九三"胜利之后，因为曾遭到了日本帝国主义溃败时的破坏和后来反动国民党的种种摧残，结果只剩下了一个徒有四方框框的废址，并曾被当作马棚来利用。在这废墟之中，除了马粪之外，简直成了鸟雀的一处乐园。至于现在的这座新型工厂，乃是在归到祖国人民手中之后，才新建起来的，现在则已成为拥有九千七百余名职工和能生产高达五米的大螺旋机，六米的大型机器和六十四吨重的水压机的大量生产能力的大型机器工厂。因此，致使它就成为在第一个五年计划中预定建设的两个重型机器厂中的一个，现在为了减轻工人的体力劳动，已装有能吊起七十五吨重的大吊车以及大型小型火车并电车的铁路输送线。

还有，过去在铸造车间里，经常由于对面不能见人的灰尘飞扬，致严重影响了工人身体健康的现象，现已基本上被消灭。现到处都安装了必要的喷雾器和吸尘机，还把加热炉的煤火改为煤气，所以不论走到哪里，也都看不到那样的烟尘。

在锻压车间内，现在已经能够生产二千五百吨的大型水压机，这都是在过去所绝对不能想象的。

总之，这里的一切一切，都是巨大的，这里的一切一切，都显示了我国工人阶级在共产党的领导下，有了无穷无尽的力量和智慧。

在次日，更让我们参观了"辽宁实验中学"。

这里先进的教学经验，先进的管理制度和教学方法，都是进步的富有革命性的东西。

这里不独有像是大学校似的既宽敞又高大的巨大楼房以供学生上课之用，在二层楼上还有理化馆和生物馆以及能容纳一千六百人的大礼堂。

另外，还有专供学生实验用的机器与木工车间，还有简单供实验农牧业之用的实习园地，更有收藏四万余册图书的图书馆。

在这里有一千多名学生，是男女合校制。在参观当日，虽尚在暑假期间，但已有不少学生陆续归来，有的欢天喜地和同学们在叙述假期中的生活，有的带着行李往宿舍里走，也有的在自己的宿舍内收拾着衣服杂物，有的和久别的老师亲热地握手谈话，还有的在课堂里领取新学期的课本……真是到处都呈现出一片青春活泼的气象。

该校的主要教学方针是，不尚纸上的空谈，而是把学习与实践紧密结合起来。不但是对于思想和知识方面，校方当局特别注重，同时对于学生的健康方面，也是做了无微不至的注意，例如该校所励行的五爱——爱祖国、爱人民、爱劳动、爱科学和爱社会公共财产的教学精神，就是该校所指向的唯一大目标。

我在参观了这一学校后，使我得到的最重要收获是：

该校师生在"学以致用"的伟大新理念下，致力于普遍把理论与实际互相结合起来的新式教学方法，这就是学习苏联先进教学方法的一个具体表现，同时也使我深深感到了我国青年前途的无限光明。我相信这种试点式的实验中学，也就是我们后世子孙的一个幸福前途的普遍缩影。我愈是看到了现在青年的幸福学习生活，便使我不由得愈发回忆起敌伪时代毒化东北青年的种种罪恶。像是过去的什么"崇奉唯神之道"，什么"建国精神"，什么"青年勤劳奉仕"以及拿日本话当作伪"国语"等奴化教育，哪一样不是毁灭人性，戕害民族良心的思想侵略工具？所以每当我愈是看到了青年光明幸福的现在，我愈是痛切认识到过去自己的严重罪恶！

同日下午，我们又参观了沈阳化工厂。这也是我国一个重要的现代化企业，除了担负供应全国各地的大量"六六六"药品之外，像是最近研究成功的农田除草剂以及特效杀虫剂等，也都正在这里试制中。

此外还生产着许许多多的副产品，都是利用正式生产的剩余物质研究制造出来的。

然后又参观了化工厂的幼儿园。按着儿童的年龄分为七个班，每班都有清洁宽敞、阳光充足、空气清新的寝室以及营养丰富的儿童食堂并锻炼儿童智慧、培养集体观念、爱护公共财产精神的种种游戏室等，共约可以容纳得下二百名儿童。请想一想这给工厂里的妈妈们，减去了多少内顾之忧啊！

据说，像是这样天国般的幼儿园，光在沈阳市的范围之内，就有数百处之多，这在旧社会真是绝对不可能有的。

把这几次参观中所得到的深刻认识，综合起来，约为以下几点：

（1）是对于祖国的伟大社会主义建设事业，感觉到它就是自己的事业，就是有关自己和自己后代子孙前途的伟大事业，因而感到有一种感奋兴起不能自己的心情。

（2）是对于祖国劳动人民的力量，有了更进一步的实际深刻认识，不独打破了日本帝国主义在临滚出去时所嘲笑我们的话，如"高炉附近等着种高粱吧"，以及"把高炉修复起来，至少得费二三十年的工夫"等，也打破了以美帝为首的帝国主义集团的"禁运政策"和他们想要看我们笑话的妄想；同时也纠正了我那"唯武器论"的崇外思想和"民族自卑观念"的残余错误思想。

（3）是对于和平民主阵营兄弟国家，特别是苏联对我国大公无私的真诚帮助，使我更进一步认识到国际主义精神的崇高和伟大。

（4）是对于党和毛主席、人民政府对我的温暖关怀和数年如一日的苦心、耐心教育指导，真是天高地厚犹如父母一般，真是始终一贯费尽了种种心思；按着我们的学习认识程度、政治思想水平，适当地给我们不断准备好开心的钥匙，不但是把我们一个一个从泥坑中救了上来，并且还替我们擦拭干净沾满浑身的泥污，而且还从多方面来启发我们，拿种种实际来与我们的学习互相结合，不论在精神方面，抑或是在物质方面，都经常使我们感到了无比的温暖和过分的照应。因而我痛切感觉到：

我之所以能有今天，我之所以能够逐渐由鬼变成了人，之所以能有像今天这样对真理有了初步认识，并不是由于我学习得怎样不错，更不是由于我自己积极努力，这都是由于我们的共产党和毛主席把我一步一步拉到现在这个地方来的。我觉得除了把感激的心情，化为加强学习改造的力量之外，是没有什么话可说的。

（5）是对于自己的罪恶，也有了更深刻的认识。真是日寇所到之处，都是和以我为首的汉奸集团的罪恶分不开的。日寇之所以能够侵略了我祖国的大半可爱山河，不都是这个伪满给它当了经济军事基地的缘故吗？祖国同胞牺牲了一千多万的宝贵生命，损失了五百多亿美元的人民财富，不都是由于我甘心给日寇当忠实走狗的缘故的么？给日本鬼子磨刀的是我！按住了我自己的兄弟姊妹的身子，让日寇能够毫不费力抢刀去砍的也是我！把自己同胞的血肉，使之变成为日本帝国主义强盗营养资料，然后再从法西斯匪徒所排泄出来的尿滴粪渣中来养肥汉奸集团的，也是我！我对自己的祖国人民是犯下了这样难赦的滔天罪行的，可是祖国人民对于这样的我，不但没立即治以应得的严刑，反倒这样地教育我，改造我，使我也能在这史无前例的破格宽大恩遇中，参观了祖国的工矿企业城市和乡村，使我能从这学习和实际的紧密结合下，得到加速改造，这能不让我从万分感激和惭愧悔恨之中，好好地来翻一翻自己过去的罪恶旧账么？真是愈感到了祖国的可爱，便愈发觉得自己的丑恶肮脏是万无可恕的。

（6）由于这次参观，使我愈发认清了敌我的关系，使我不独更能清楚地认识到日寇、汉奸、美帝和反动国民党的罪恶阶级本质，也使我认识到章、罗等右派分子集团的阴谋诡计的可恨可耻。就拿我自己来说，像我这样的人，如果是不跟定了共产党走，还能有我的第二条活路？真是有几条命也早就都交代了。如果我没有遇到共产党领导下的新中国，没有赶上毛泽东时代，我是早被注定绝对不会、且不可能有今天的，当然也就根本谈不到什么明天的如何如何了！

（7）是由于这次的参观，使我更深刻地认识到，光是感激祖国人民，感谢人民政府、共产党和毛主席是不够的；光是认识了自己过去的严重罪恶也是不够的。这样仍然是根本不可能用来报答党和人民对我的殷切期待。唯有把感激和悔恨化为力量，在感激和认罪的基础上，老老实实来学习，用实际行动来争取，这样才是唯一的报答之道。同时也是我在今后唯一努力的目标。

（8）我在这后两次的参观中，在我的心情上，确曾起了和在第一次参观时截然不同的心情。例如，我在第一次参观时，总是害怕看到过去敌伪的罪迹，害怕听到饱受过日伪蹂躏的人民对日寇和汉奸的血泪控诉，因而总是忐忑不安地作了参观。可是在后来的几次参观，则是抱有一种去受教育的心情。真是在所到之处，听到看到的一切事情，没有一样不是对我有着程度不同的启发和教育。就拿最明显的例子来说，例如当我看到了铁路沿线的绿化，便会想起在过去敌伪统治时代，不准居民在沿线两旁若干公尺内种植高秆植物（如高粱等等之类），原因是怕人民藏在其中向他们放冷枪反抗他们。又如当听到人民对我们加以勉励和各参观单位对我们做热情的说明介绍时，便会使我更进一步地认识到祖国人民的宽宏大度，是和党和政府的一贯宽大改造政策完全一致的。

总之，政府对我这样耐心地教育改造，就是为了要彻底改变我过去的一切反人民的立场观点，使我这样的人，也能建立起在新社会里所应有的新人生观。所以所方数年如一日地殷切教诲我们，对于我们的学习、文娱活动和生活，都是无微不至的关怀。

我只有从内心深处感激党和人民来加速改造自己。

七、沈阳人民最高军事法庭

在一九五六年，政府又命我出席沈阳最高军事法庭对日本帝国主义战争犯罪分子的审判作证。我认为这是我有生以来第一次为祖国人民服务的最光荣的一件事情，也就是我活了五十年第一次站在祖国人民的立场上，真正对于日本法西斯强盗进行正义斗争的最光荣的一件事情。

固然，在一九四六年，我也曾在日本东京国际法庭上对日本的A级战犯们，做了有生以来的一度斗争，但在当时的我，并没能真正站在人民立场上来从事这一千载难遇的战斗，只是站在自己个人的狭小圈子内，做一种外强内怯的冲锋，所以并未能达到祖国人民的期待，也未能对准日本帝国主义的心脏去做击中要害的进攻。我认为只有这一次才能算得是初次站到了祖国人民这一边，对于祖国人民初次做出了赎罪的初步实践行动。

由于祖国人民政府这次命我在沈阳人民最高军事法庭上去做证人，我不但感到了是我应尽的义务，也是无上的光荣，更感到了兴奋与鼓舞。我觉得人民政府居然叫我这样的人，也站在祖国六亿人民一边，来证实日本法西斯的滔天罪行，真使我感到有一种说不出的痛快。因为这是我有生以来破题儿第一遭，所尝到的快味，同时也是我向祖国人民悔罪的实际行动的第一步。

更从我们伟大的祖国方面来看，像是这次对于日本帝国主义战犯进行了正义裁判，真可以说是百年以来所未曾有过的事情，是在我国民族历史上值得我们自豪的光荣一页。

自从鸦片战争以来，帝国主义各国对于我们祖国，曾经怎样横行霸道地干出了多少血腥罪恶勾当。尤其是日本法西斯强盗更是自从所谓的"明治维新"时代起，就一年比一年、一天比一天地疯狂了起来，不但是侵占了我国的台湾和旅大地区，后来索性鬼迷心窍地鲸吞了我国的全东北，甚至到了最后更蹂躏了我祖国的大半山河。可是自从腐朽媚外的清王朝封建统治者起，经过了北洋军阀的反动统治和美帝奴仆蒋记政权的黑暗时代，在这悠长的百年岁月中，曾有谁对这些凶恶的民族敌人进行过有效的抵抗？更不用说对它们能进行什么独立自主的正义裁判了。

只有在伟大共产党、毛主席英明领导下的新中国，只有在站起来了的六亿人民当家做主的今天，才会用中国的法律，依据人民的意志，对于那些一向没人敢惹的帝国主义战争犯罪分子来做正义裁判。尽管我现在是个犯人，但当我遇到这种使人兴奋的史无前例的事迹，又怎能不抚今追昔地感到特别兴奋呢？

像是那些个沾满中国人民鲜血的日本帝国主义战犯，他们个个都是自幼就饱受了"天皇制"和军国主义的反动教育，他们灵魂深处，都渗透着法西斯的凶恶血液。他们之中，有的人是双手曾经沾满了我国同胞鲜血的侵略军的上层分子；有的则是专门喝人血、吃人肉的警察宪兵和特务；有的则是专门推行日本帝国主义侵略政策的日人伪官吏；还有的则是些个手执屠刀亲自下手屠杀人民的刽子手……这些人不问可知，都是在根深蒂固的反动教育影响下，变成了丧尽人性的凶狠野兽。可是这些穷凶极恶的日本法西斯强盗们，现在却在我们祖国的庄严法庭上，在伟大的中国人民正义力量面前，不但都深深低头认罪，并且有的战犯，愧悔感激，泣不成声，所有受裁判的人都表示甘心情愿地服从我国人民的严正裁判。

这说明了什么？这充分显示了我国共产党的伟大，我国人民领袖毛主席的伟大和我国六亿中国人民的伟大。我已深深由此认识到，在这种伟大正义的力量下，任何悍不畏法的狠毒罪犯，也势不能不俯首服罪甘心领刑的。

但是这并不是一件容易的事，这也是充分体现了我国人民政府数年如一日的教育和人道主义的感化，才会收到了能把魔鬼变成人的奇迹。也就是马列主义科学理论精神，在事实上的又一光辉胜利。唯其是正义无私的和庄严伟大的，所以才会在正与邪的对比下，发出了我国民族历史上从未曾有过的灿烂光辉。

这种人道精神，不但是表现在管理所内对犯人的一贯生活待遇上，而且还充分表现在人民法庭的庄严正义裁判上。不但是在人证物证铁案如山的阵势下，使犯人不能不悔恨过去而低头，同时还许可那些罪在不赦的民族敌人有我国律师替他做辩护，而且还允许罪犯当庭随时自己答辩，甚至还许可他们直到裁判程序的最后，仍有发言申诉的权利。这种光明正大的法治精神和伟大的人道主义，真是，就是个魔鬼，也不能不俯首帖耳衷心诚服的。

当我在这神圣的人民法庭上，和那些在过去曾经严重危害过我祖国广大人民，曾经对我国进行了长期血腥侵略的日帝战犯时，不由得激起了满怀愤恨与憎恶。但在同时，却又不能不使我深刻联系到过去自己曾经怎样开门揖盗，怎样媚敌求荣，怎样从贼到底的种种滔天大罪来。

这种心情的发生，是自然的，也是不会不这样反躬自问的。比如说，在当时没有以我这汉奸伪皇帝为首的伪政权组织来替鬼子忠实去效力，特别是没有像我这样甘心卖国求荣，情愿去当它的驯顺走狗，而乖乖地在各种卖国条约和伪法令上签署和颁布推行的话，日寇的殖民地罪恶统治和它的血腥侵略政策，又怎能为所欲为地继续达十四年之久？当然它们更不能那样肆无忌惮地来扩大对我国的侵略范围，致使我全国人民都直接间接地受到了空前惨祸。

当我想到这里，不由得使我灼痛般地深感到，日寇固然是个凶狠毒辣无比的万恶匪盗，可是开门揖盗和替强盗巡风，甚至还和它同谋合伙地来劫掠自己家中的财物什器、屠杀自己的兄弟姊妹的却是我！我还能算是一个中国人么？我深深认识到，像我这样认贼作父、助敌殃民的祖国人民罪人，不论是从罪恶的性质方面来说，抑或是从任何一个方面来说，我所犯下的罪恶，确是比行凶作恶的外来盗匪尤其可耻可恨，尤其罪在不赦！

结束语

我写这本书，是忏悔过去，是为了要把我那丑恶的前半生，赤裸裸地暴露在祖国人民面前，说它是自传也可以，说它是我的一篇忏悔录也无妨。因为我的主要目的，就是要把我那见不得人的过去的一切一切，原原本本地叙述出来，以便把我那主要病根所在，以及由于这一病根而发生成长，以至结成恶果的一系列经过，一一加以比较有线索可寻的罗列。一来是因为痛恨我过去的种种，所以我就把那封建制度的毒害，帝国主义的罪恶以及和我那反动阶级本质之间的丑恶复杂的内幕关系，加以毫不留情的揭发。二来是我由于祖国人民、政府和共产党、毛主席对我的天高地厚恩情，对于像我这样的历史上的犯罪人物，不但是该杀不杀，使我活到今日，而且是在回国以来数年之久，始终一贯是以绝大的耐心，无限的宽容，深挚的关怀，和苦心的教育，使我也能够得到学习改造争取重新做人的机会，所以我是再也不能不复活我的良心，老老实实地把过去的一切交代出来。这一具体表现是什么？就是我的思想转变的过程。

回想过去，在一起初，我就是一个清朝的末代皇帝，自幼即成为一个高高骑在广大人民头上的血腥统治者。当封建专制统治势力被人民推翻之后，还容许我在北京的"小朝廷"中继续过着"人上人"的特权阶级骄奢淫逸的生活，可是我还不肯老老实实地来正视社会的现实而向人民俯首投降，反倒利用自己当时的所谓身份地位，在"遗老"以及军阀的策划下终于爆发了危害中华民国的张勋"复辟"罪恶阴谋事件。但人民仍然原谅了我在当时年龄幼小，未予深究，故我又能够继续维持了好几年的关门皇帝的变态生活。而我呢，反更随着年龄的增长，愈发把我那反动阶级本质发展起来，结果是在封建统治阶级的为了利己，不择手段的思想意识支配下，更把"狭隘民族主义思想"，以及孔家店的"君权至上"思想，并过去反动历史的正统观念等结合到一起，而产生了专门想开倒车的卑鄙政治野心。当然这种违反社会发展规律的唯心痴梦，是经不住社会人类历史永远向前发展的钢铁巨轮之一轧的。所以就在客观实际面前的不断碰壁下，便又使我那封建统治阶级的残余的反动本质，在相感相吸的阶级意识下，便和它的唯一"亲属"——帝国主义发生了灵犀一点的脉脉相通。固然在封建统治阶级和帝国主义之间，在彼此对立的时候，是会发生互相利害冲突的矛盾，但是等到人民的新生力量，动摇了封建反动统治的基础时，志在奴役榨取他国人民的殖民主义者，便又会和封建残余势力建立起反动势力的联合战线来。因为镇压人民新生力量，乃是它们共同的唯一理念。例如，在英法帝国主义联军攻入清朝的反动势力核心北京之后，便又有戈登之类的外人部队，帮助摇摇欲坠的清军去攻打太平天国的人民起义军，不就足以说明帝国主义者是怎样看待封建统治者的了。又如在庚子义和团人民起义的当初，清王朝也曾经趁势对帝国主义各国做过一度反噬的姿态，可是一当帝国主义的八国联军占领了北京之后，逃到西安的清王朝破碎反动势力，便立即反过脸来，摇身一变，变成了追随帝国主义者来屠杀睁开了眼睛的人民的血腥刽子手。这种血淋淋的实例，在百余年来的过去历史中，是随处可见的。这都足以说明封建统治阶级是如何卑鄙无耻，如何贪婪无厌，如何自私自利地到了执迷不悟和不择手段的程度。而我正是继承了清朝封建统治阶级的反动衣钵，自幼即饱受了只知有己，不知有人的熏陶培育，因而就成为一个极端自私自利，妄自尊大的合格接班人。所以，我从小时起就衷心反对共和制度，反对中华民国。特别是由于冯玉祥将军的令我出宫，我竟认为这是要加害于我，于是便自动地投入到日本帝国主义的怀抱里，从此我的亲日崇日思想，就发展为和日寇的互相勾结，互相利用的实际行动了。

本来日本帝国主义，就是始终一贯妄想侵略中国，称霸亚洲，甚至支配全世界的。所以物色、培植、利用民族败类，人民叛徒，去给它充当走狗，就是它自从所谓"明治维新"（往远处说还不止此，如丰臣秀吉的侵略朝鲜，就是窥伺我国的一种实际表现）以来的一贯侵略政策。例如，日利用袁世凯以签订臭名昭著的"二十一条"，同时又利用善耆、巴布扎布之类以威胁袁，最后则是利用梁启超的和西南实力派合作来倒袁。又如尔后的扶植利用张作霖，继见张作霖渐渐不能满足它的无底野望，就不惜冒世上舆论的斥诟，公然使用暴力炸死了他。拿我来说，日寇是唯恐中国之不乱的，于是就利用了我的上赶着靠近他，对我做了一系列的拉拢扶植等阴谋工作。它怎能对我个人有什么好感可言，还不是想利用我过去封建嫡派余孽的虚名，可以影响一些封建残余分子，如"遗老"和封建军阀之类，以便使这些历史垃圾堆的腐臭废物，能给它的侵略政策服务。

日本帝国主义者和汉奸就是在这样的相吸相引的反动阶级本质的作用下，互相接近的，并且是一天天地紧密勾搭起来了，结果是逐渐发展到彼此携起手来，一同站在反人民的战线上，最后则是一同滚下了台，陷入毁灭的深渊。为什么会这样？

这就是由于我那主要的病根，所给结出来的恶果。

若问这一主要病根是什么？

那就是在我前半生中，始终一贯支配了我整个头脑的所谓"领袖欲"，更确切一点说，就是我那"皇帝迷"。

当然不能否认，这样"欲"和"迷"，是从我那狭隘民族主义思想生出来的。但同时也不能忽视，我固然是有狭隘民族主义的思想，不过在我那狭隘民族主义的中核内，并不是什么真正为自己民族的利益来着想，而是在民族的外衣下，藏着一颗绝对自私自利的心，也就是自己想要往皇帝宝座上爬的一身荣利的极端利己思想。

要不然为什么连伪执政的椅子我都抢着往上坐？为什么日寇的祖宗，也能够把它放在我自己的祖宗灵位之上……总之，我固然是一个狭隘民族主义思想的保菌者，但是我个人的荣利，却又在所谓"民族利益"之上，"一姓尊荣"的野心，也经常是被放在"一身尊荣"之下的。主要病根之中的最主要病根，就是封建统治阶级所独具的极端自私自利的反动阶级本质。

像是子曰诗云等专门替封建统治阶级服务的五经四书旧毒素，宦官宫女食前方丈的宫廷生活，专给帝王作起居注①的反动旧历史观点，天地日月、神佛祖先兼收并蓄的迷信思想，等等，又都是既补助了我狭隘民族思想，同时又增长了我那舍我其谁的特权思想。

至于崇拜帝国主义思想的来源，又是从封建特权思想中分出来的一条主要

---

① 古代专门记载皇帝一言一行的档案。

支脉。

总起来说，不论是封建统治阶级本质也好，狭隘民族思想也罢，崇拜帝国主义也行，都是脱离不了为了自己、不择手段的范围。我认为这种自私自利的思想是既反映了封建统治阶级的反动本质，同时也给狭隘民族思想奠定了基础，并且还给崇拜帝国主义思想开辟了道路。

我的反动思想，就是这样地一步一步登峰造极起来。结果是不但丧尽了民族起码应有的气节而俯首帖耳地给自己的民族公敌当了十四年忠诚不二的走狗，致给我祖国人民带来了民族历史上空前的大灾祸，就是日帝对于苏联以及全亚洲各国的广大人民，也是因为有了伪满这一经济军事基地，才使它们受到了人类历史上空前的祸患，这一切一切不都是由于我的缘故么？！

日本帝国主义既成为全世界人类的公敌，那么，我这个和日寇完全始终的主要帮凶，不用问，自然是断断不会，且不应该得到世界人民的宽宥的。因为我所犯下的罪，是和日寇的滔天罪恶一样。

可是当我走投无路被苏联重给送回自己的祖国以后，曾经因为我的缘故，致落得家破人亡九死一生的祖国广大人民，对于我这个人人得而诛之的民族败类，不但没有治以应得的罪，反倒向我伸出了温暖拯救的双手来，即使我能够在政府的无微不至的人道主义宽大政策下活到今天，而且还使我在这始终一贯、至矣尽矣的父母般关怀照顾下，得到了学习改造的机会。并且还耐心地不止一次地把无限光明前途，明明白白地指点给我。这还不算，还想尽了方法，费尽了苦心，再三再四地把我往那重新做人的光明道路上拉。我既是一个人，还怎能不生出一种人类应有的感激心情？同时也不能不使我的思想逐步有了转变。

当然是，像我这样的人，却竟在党和毛主席的改造社会人类的伟大光辉照耀下，有了今天，使我也能够逐步认识到什么是是非邪正，什么是真理，什么是社会发展的规律，这才使我像我这样的顽石也不得不点了头。

在一九五六年曾有一个英国记者到抚顺管理所来和我谈话。他问我："你是中国历史上最后的一个末代君主，你对于你现在的处境不觉得悲惨么？"我立即回答说："不对。我正和你抱有相反的见解；我认为我在今天的人民新中国才是我一生最幸福的日子。至于在过去的清朝时代，以及所谓的伪满时代才是我最悲惨的日子呢！由于我自从回到我们祖国——新中国的怀抱之后，在我们祖国人民政府的无微不至关怀下，数年如一日的耐心教育下，才使我认识到什么是真理。我过去完全是一个封建统治阶级自私自利的人，所以我才终于投靠了日本帝国主义，给它当了走狗。就是为了个人的地位和一身的安全竟不惜出卖自己祖国人民的利益，成为日本帝国主义的忠实帮凶，而给我们祖国以及亚洲各国人民带来了空前的灾难。现在我才认识到怎样做才能够上一个人的资格。这就是说，既是一个人，就应该为大家，为全体利益去着想。自己祖国好了，才能有自己的好。集体都好了，才谈得到个人的好。所以我们中国好了，也愿意全世界都好。因此我认为，过去活了几十年，只有现在，我才从过去的鬼变成了今天的人，才初步认识到真理，这就是我所以认为只有今天才是我最为幸福的日子。"

由于追悔过去，痛恨过去，以及认识现在，所以我才深深感到党和毛主席、政府和人民对我的重生再造之恩，真是比山还要高，比海还要深的。不过是，我的旧思想残余，还不能说是完全去净，在日常生活中，在思想意识中，还经常会在不知不觉间，露出旧尾巴来。所以我的学习改造，仍然是前进得很缓慢，处处赶不上祖国今日大跃进的新形势。今后唯有本着"人一己百、人十己千"的决心，不断从事自我警惕和自我斗争，以求加速彻底自我改造，才能不辜负祖国人民对我起死回生的深恩和脱胎换骨的大德。我定要由一个在前半生受尽世人唾弃的恶鬼，变成一个在新社会中的新人！

我现在的心情和决心是：

党和毛主席不仅解放了六亿中国人民，而且他的改造人类，改造社会的光辉，也普照到我这万死不足蔽其辜的民族罪人身上。

中国共产党和毛主席是六亿人民的伟大救星，同时也是与苏联一道保卫世界和平的巍然灯塔，同时也是我重生再造的唯一恩人。

太阳是消灭世界上一切黑暗，给全世界普遍带来温暖和光明的。

共产党是消灭世界人类不平等，剥削，压迫，战争——消灭一切恶黑暗势力，给全人类带来繁荣、幸福、和平与进步的。

太阳对于人类的温暖是无处不到的；

共产党改造人类，改造社会的理想是无所不包的。

人类的生存，必须依靠太阳；

人类的解放和改造，必须依靠共产党。

太阳给我以光明的生活；

共产党给我以彻底改造，由鬼变人的光明道路。

我不能离开太阳；

同样，我不能离开共产党。

我坚决洗心革面重新做人，我永远跟定共产党走！

我要在祖国人民面前立功赎罪！

我决不能辜负您们——伟大的中国共产党、毛主席和人民政府对我的破格宽大，耐心教育的重生再造大恩情！

这就是我的决心，

这就是我今后的唯一方向！

声　明

　　由于本书中选用的图片涉及范围广，年代较为久远，版权所有者无法一一取得联系，请相关版权所有者在看到本书后，通过以下邮箱联系，以便敬付稿酬。

　　联系邮箱：shutian@shutianbook.com